現代インド政治

多様性の中の民主主義

Evolution of Indian Politics
Democracy in Diversity

Norio Kondo
近藤則夫 ――【著】

名古屋大学出版会

まえがき

　本書は1947年の独立から2000年代まで長期にわたるインドの民主主義体制の構造変化を分析したものである。2000年代半ば以降，インドの経済発展はめざましく，その国際的プレゼンスも拡大しつつあるため，我が国におけるインドへの関心も徐々に高まっている。しかし関心の中心は，宗教やカースト制度に代表されるインドの文化や社会，そして，急速に発展しつつある経済分野であろうと思われる。現代インドの国内政治，特に民主主義に対する関心は徐々に大きくはなっているものの，文化や社会，経済への関心に比べればまだ低い水準にあると思われる。日本の途上国への関心は大体において経済先行であったといってよいだろうが，経済関係の希薄さが日本におけるインド政治への関心の低さにつながっている面があることは否めない。

　それに加えて，インドの民主主義体制が他のアジア諸国と比べれば相対的に安定しており，クーデターや大規模な内戦など，政治的に耳目を引くドラマチックな事件が起こることが稀だったからでもあろう。確かに1975年に「非常事態宣言」が出され民主主義は棚上げにされた。また，1992年12月の北部および西部インドや2002年2月のグジャラート州のようにヒンドゥーとムスリムとの間の大規模な暴力の応酬で少数派ムスリムの間に多数の犠牲者を出した宗派紛争，そして極左武装組織によるゲリラ闘争など，深刻な事件も起こっている。しかし，非常事態宣言は1977年には解除され民主主義体制は復活したし，宗派間の暴力も常態化しているわけではない。極左ゲリラ闘争も一部の地域にとどまっている。すなわち，深刻な暴力につながる多くの分裂要因を内包しつつも，インドの民主主義体制は「頑健性」を長期にわたり維持してきたのである。このようなインド民主主義体制の頑健性，安定性がインド政治への興味を低めているとしたら，それは皮肉なことである。

　だが，表面的な安定性とは裏腹に，インド社会の構造変動は否応なく民主主義体制にインパクトを与え，体制による対応を余儀なくさせてきた。そのよう

なダイナミックな動きは選挙などの制度の正統なチャンネルを通じての動きであるがゆえに，日本という遠い国からは大きな注目を集めることは少なかったが，にもかかわらず，世界第2位の人口を持ち社会矛盾に満ちたインドの人々の巨大なエネルギーが民主主義体制という枠内に収まっているという事実は無視することができない。何がインドの民主主義体制のそのような頑健性を支えているのか，この点に対する関心が筆者の現代インド政治研究を進める一つの大きなモチベーションであった。

日本のインド政治研究は歴史学の延長として行われてきた面が大きい。インドの政治が過去との断絶というよりは，連続性によって特徴づけられる以上，それはある意味では当然のことであり，多くの優れた成果を産み出してきた。しかし，歴史学的手法や叙述的分析だけでは現代のダイナミックに動くインド政治を十分に理解することはますます難しくなりつつあるように思われる。それだけでは，人々の選挙における投票行動やマクロな政治認識の構造など現代のインド民主主義体制の頑健性，柔軟性を支える重要な要素を分析しきれないからである。そのような要素の分析には，選挙や世論調査など数量データの統計的分析が欠かせないものとなっているにもかかわらず，従来の研究ではこの点が不足していたといってよい。筆者が本書において人々のマクロな政治意識を把握するために選挙データや世論調査データの統計的分析を付け加えたのは，そのような弱点を補うためである。

インドが世界において台頭しつつある今日，現代インド政治研究は日本においてもその重要性が増している。このような時期に，今までのインド政治研究を見直し，さらなる発展につなげるためにも，インド現代政治を包括的に見通せる研究が求められている。そのような要求に応えることが本書の大きな目的である。ただし，巨大かつ複雑なインド政治の現実を前にそれに成功しているかどうかは，読者の判断によるしかないだろう。

目　次

まえがき　i
略語一覧　vii

序　章　インドの民主主義体制の位相 …………………………… 1

1　はじめに——インド民主主義体制の「パズル」　1
2　最小限定義としてのインドにおける「民主主義体制」の確立　5
3　民主主義体制と民主主義的価値　10
4　「限られた階層・階級・集団による支配」という主張　17
5　「多数派の専制」という主張　21
6　選挙制度と政党の重要性　25
7　民主主義体制定着における政党の重要性　28

第Ⅰ編　政党システムの変容

第1章　民主主義体制の成立と課題 ……………………………… 36
　　　　——インド国民会議派を中心とする「一党優位体制」の展開

1　インドの独立とインド国民会議派　36
2　会議派政権と「一党優位体制」モデル——民主主義体制の定着　43
3　「一党優位体制」と会議派政権　51
まとめ　85

第2章　危機の10年と会議派政治の変質 ……………………… 87
　　　　——経済危機と体制変容

1　会議派内の権力闘争と「社会主義型社会」政策の急進化　88
2　経済危機とインディラ・ガンディー政権——非常事態宣言　99
3　非常事態体制——抑圧と「改革」　106

4 ジャナター党政権の成立と崩壊　115
5 非会議派政権としてのジャナター党政権の政策と実績　119
6 中間的諸階層の台頭とジャナター党　122
まとめ　127

第3章　政党システムの多党化と変容 …………………………………… 131
　　　　── 包摂的民主主義の可能性

1 インディラ・ガンディー会議派政権── 復活と挫折　135
2 ラジーヴ・ガンディー会議派政権── エスニック問題融和の試みと経済自由化　145
3 国民戦線政権　158
4 ナラシンハ・ラーオ会議派政権── 構造改革とコミュナル暴動　164
5 統一戦線政府　182
6 第1次BJP連合政権── 連立戦略の成功と失敗　188
7 BJP主導のNDA政権── 経済改革の継続・発展と隠されたヒンドゥー・ナショナリズム　192
8 会議派を中心とする第1次「統一進歩連合政権」　204
9 第15次連邦下院選挙と第2次UPA政権　221
まとめ　228
資料1　1989年以降の政党システムの構図（選挙直後の状況）　235

第II編　政治意識の変化と民主主義体制

第4章　社会変容と政治参加 …………………………………… 244
　　　　── 連邦下院選挙の分析

1 政治参加の一形態としての投票率を決める要因　245
2 選挙制度の変遷とデータセットの整備　250
3 投票率の性格　254
4 社会的動員と州政治の多様化　264
まとめ　282
資料2　バッラとシンの県区分へのデータの再編成　284

第 5 章　政党システムと経済変動，宗派間亀裂 …………………287
　　　　──連邦下院選挙の分析

　1　選挙における政党選択研究の特色　292
　2　選挙におけるヒンドゥー多数派と宗教的少数派　304
　3　経済投票およびヒンドゥー・ムスリム間の宗派間亀裂が政党選択に与える長期的影響　310
　4　宗派間亀裂投票と経済投票の顕在化──1962-1999 年の展開　325
　　まとめ　334

第 6 章　民主主義体制における「トラスト」……………………338
　　　　──政治的安定性の認識構造

　1　トラストと民主主義体制　341
　2　インド大都市部住民のトラストと民主主義に関する認識モデル　351
　　まとめ　375

第 III 編　民主主義における多様性の中の調和

第 7 章　ヒンドゥー・ナショナリズムと多数派主義 ……………383
　　　　──州政治と宗派間の暴力

　1　パンジャーブ問題と反シク暴動　386
　2　ヒンドゥー・ナショナリズムとコミュナル暴動──問題構造の把握　399
　3　ヒンドゥー・ナショナリズムとアヨーディヤー問題の展開　406
　4　マハーラーシュトラ州 1992-1993 年──コミュナル暴動とヒンドゥー・ナショナリズムの拡大　410
　5　グジャラート州 2002 年──コミュナル暴動とヒンドゥー多数派の専制　420
　6　ウッタル・プラデーシュ州──ヒンドゥー・ナショナリズムの「抑制」　432
　　まとめ　438

第 8 章　中央-州関係の展開 ………………………………………446
　　　　──多党化と協調的連邦制

　1　「ステート・ネーションズ」としてのインド　451

2　会議派による一党優位体制と中央-州関係の不安定化　457
　　3　行政改革委員会における中央-州関係の検討　459
　　4　非会議派州政権の分権化要求　464
　　5　サルカリア委員会と政党　477
　　6　非会議派連合政権の成立と中央-州関係の進展──1980年代末以降の展開
　　　　489
　　　まとめ　512

終　章　多様性の中の民主主義 …………………………………517

　　1　経済改革と政治的自律性のポリティカル・エコノミー　519
　　2　会議派政治の後退とアイデンティティ政治の高まり　528
　　3　民主主義体制の頑健性　531
　　4　多様性の中のインド民主主義体制　534

参考文献　539
あとがき　577
図表一覧　581
索　　引　584

略語一覧

AIADMK	All India Anna Dravida Munnetra Kazhagam	全インド・アンナ・ドラヴィダ進歩連盟
AICC	All India Congress Committee	全インド会議派委員会
AITUC	All India Trade Union Congress	全インド労働組合会議
Assocham	Associated Chambers of Commerce and Industry	商工会議所協会
BJP	Bharatiya Janata Party	インド人民党
BKU	Bharatiya Kisan Union	インド農民組合
BSP	Bahujan Samaj Party	大衆社会党
CCTG	Concerned Citizens Tribunal—Gujarat	グジャラートの殺戮を調査する市民法廷
CII	Confederation of Indian Industry	インド産業連合会
CPI	Communist Party of India	インド共産党
CPI(M)	Communist Party of India (Marxist)	インド共産党（マルクス主義）
CSDS	Centre for the Study of Developing Societies	発展途上社会研究センター
CTBT	Comprehensive Nuclear Test Ban Treaty	包括的核実験禁止条約
CWC	Congress Working Committee	会議派運営委員会
DISIR	Defence and Internal Security of India Rules	インド防衛および治安規則
DMK	Dravida Munnetra Kazhagam	ドラヴィダ進歩連盟
FDI	Foreign Direct Investment	海外直接投資
FICCI	Federation of Indian Chambers of Commerce and Industry	インド商工会議所連合
GDP	Gross Domestic Product	国内総生産
GOI	Government of India	インド政府
IAEA	International Atomic Energy Agency	国際原子力機関
ICS	Indian Civil Service	インド文官職
IMF	International Monetary Fund	国際通貨基金
INTUC	Indian National Trade Union Congress	インド全国労働組合会議
IPKF	Indian Peace Keeping Force	インド平和維持軍

IRDP	Integrated Rural Development Programme	総合農村開発事業
JD(U)	Janata Dal (United)	ジャナター・ダル（統一派）
LTTE	Liberation Tigers of Tamil Eelam	タミル国解放の虎
MGNREGS	Mahatma Gandhi National Rural Employment Guarantee Scheme	マハトマ・ガンディー全国農村雇用保証事業
MISA	Maintenance of Internal Securities Act	国内治安維持法
NDA	National Democratic Alliance	国民民主連合
NPC	National Planning Committee	国民計画委員会
NPT	Treaty on the Non-Proliferation of Nuclear Weapons	核拡散防止条約
NREGA	National Rural Employment Guarantee Act	全国農村雇用保証法
NREGS	National Rural Employment Guarantee Scheme	全国農村雇用保証事業
NWFP	North-West Frontier Province	北西辺境州
OBCs	Other Backward Classes	その他後進階級
RBI	Reserve Bank of India	インド準備銀行
RSS	Rashtriya Swayamsevak Sangh	民族奉仕団
SAARC	South Asian Association for Regional Cooperation	南アジア地域協力連合
SCs	Scheduled Castes	指定カースト
SDR	Special Drawing Rights	特別引出権
STs	Scheduled Tribes	指定部族
TRIP	Agreement on Trade-Related Aspects of Intellectual Property Rights	知的所有権の貿易関連の側面に関する協定
ULFA	United Liberation Front of Assam	アッサム統一解放戦線
UPA	United Progressive Alliance	統一進歩連合
VHP	Vishva Hindu Parishad	世界ヒンドゥー協会

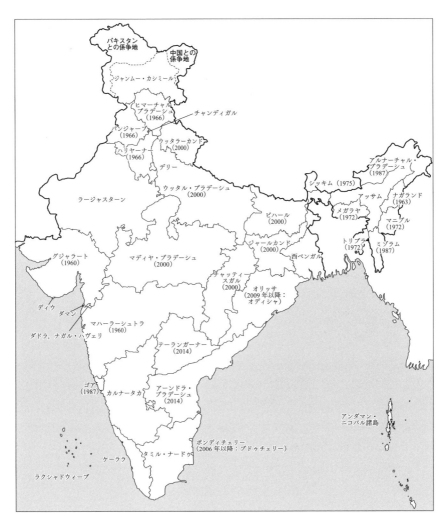

地図　現代インド

出所）筆者作成。
注）（　）内は1956年の大規模な州再編成以降，州が創設された年，州名変更などである。

序章　インドの民主主義体制の位相

1　はじめに――インド民主主義体制の「パズル」

　今日，インドへの注目はその経済成長に集中しがちである。しかし，インドは1947年の独立以来，自由な政治活動が停止された1975-1977年の「非常事態宣言」期を除き，ほぼ一貫して自由民主主義体制を維持してきた。独立時，貧困に窮し，様々な分裂要因を抱えていたインドが，自由な政治活動を基本的に許し，選挙，議会，司法などの民主主義の諸制度を中心に政治を行ってきたことは特筆に値する。これは発展途上国の中では数少ない事例であり，注目されてよい。しかしながら，インドの民主主義体制の研究は大きな注目を集めてきたとはいえない。特に欧米の民主主義研究においては，むしろ一般論と異なるインドの動態は「例外」として処理される場合が多かった。

　かつてS. P. ハンチントンは，政治の「制度化」が進まない状況で人々の政治への「参加」の急速な拡大は政治の不安定化を招くと主張した（Huntington [1968]）。この主張に従うと，インドは民主主義制度を独立時に備えていたとはいえ，独立後様々な形の政治参加の高まりによって体制の不安定化が起こって然るべきであった。しかし，このような欧米の「一般論」に基づく「不安定化論」がインドにおいて多少なりとも意味があったのは，1975-1977年の非常事態宣言の一時期だけであり，他の時期においては民主主義体制は比較的安定的に機能してきたといえる。その意味でインドは「例外的」であった。

　また，経済や社会の発展と民主主義の関係を探った研究でもインドは例外的

な事例として位置づけられることが多い。S. M. リプセット（Lipset [1960]）を嚆矢とする比較政治学の伝統的な「政治発展論」に従えば，近代化と自由民主主義の発展は比例関係にある[1]。それは逆にいえば，一般的に社会の近代化が進まなければ自由民主主義は存在することが難しいということを意味し，後進的なインドでは自由民主主義体制は存続しがたいということになる。今日ではこのような単直線的な政治発展論は影響力を既に失っているが[2]，「近代化と自由民主主義の比例性」という考え方は依然として多くの研究に底流として存在するといってよい。

　例えば近年の代表的研究では，1950年代以降の国単位の横断的データに基づいて経済発展と民主主義の関係を統計的に探り，大きな影響を与えたA. プシュヴォルスキらによると，独裁体制から民主主義体制への移行は経済発展レベルでは説明できないが，しかし一旦民主主義体制が誕生した後，その「生存率」は経済発展レベルが高いほど高く，逆に貧困な国では民主主義体制は脆弱で崩壊する可能性が高いという[3]。また複雑なエスニシティや民族社会構成を持つ国ほど，民主主義であれ権威主義であれ，体制を維持することが難しいとされる（Przeworski et al. [2000：116, 124]）。一方，C. ボイクスとS. C. ストークスは，このプシュヴォルスキらの研究を批判的に検討した上で第2次世界大戦以前の期間も含めた長期にわたるデータを対象として研究を行った結果，彼らの研究とは異なり，経済発展レベルは独裁体制から民主主義体制への移行を促す効果を持つことを見いだした（Boix and Stokes [2003]）。またC. ホールの研究は，民主主義体制は経済的不平等性が高い国ほど脆弱であることを指摘している（Houle [2009]）。

---

1) 古典的な定量的な研究として，G. B. ポウェルの研究（Powell [1982]）などがある。ポウェルの研究においては，総じて近代化と民主主義「度」の正の相関が確認された。
2) 一昔前の政治発展論では，欧米先進国の自由で多元的な政治体制が達成されるべき目標となり，単直線的にそれに近づいた国が「発展」した国とみなされた。しかし，H. J. ウィーアルダなどによれば，このような欧米中心的な考え方は次第に影響を失った（ウィーアルダ [1988, 第1, 7章]）。
3) 近年の他の研究として以下を参照。Hadenius [1992]；Alesina et al. [1996]；Barro [1996]；Przeworski and Limongi [1997]；Burkhart and Lewis-Beck [1994]；Heo and Tan [2001]；Munck and Verkuilen [2002]．

このような統計的「一般論」に基づくと，経済的に後進的で不平等性が高く，そして，エスニックな複雑さ，不均質性が世界一ともいわれるインドは[4]，民主主義体制の持続には極めて不利な条件下に置かれていることになる。実際，上のプシュヴォルスキらの研究ではインドの民主主義体制を「例外的」と評している（Przeworski et al. [2000: 276]）。ホールの研究でもインドが民主主義を維持していることが特筆され，貧しいが「平等」であることがその大きな理由とされている（Houle [2009: 613]）。しかし，インドが他国と比べて平等であると評価するのは大きな問題であろう。インドの民主主義はホールの導き出した結論にも整合的に位置づけることが難しいといってよい。

このように一般論に沿って考えると民主主義体制の存続にとってマイナスとなる経済的後進性，不平等性，エスニシティの複雑性という諸要因が顕著に存在しているにもかかわらず，インドは民主主義体制を維持しているという事実があり，よってインドは「例外的事例」と位置づけざるをえないのである。

しからば，一般論を確率的な一般的傾向を述べたものと解釈して，一般論とインドの実態を折衷し，「経済的後進性，不平等性，エスニシティの複雑性という諸要因はインド民主主義体制を脆弱化している」としてはどうであろうか。つまり，インド民主主義体制は存在はしているが，マイナスの諸要因のために弱体な体制としてしか存在していない，という論理である。この点は本書の分析で検証されることになろうが，前もって筆者の考えを述べると，独立以降，今日までの歴史を眺めるとインド民主主義体制は必ずしも「脆弱」とはいえないと考えられる。

例えば，独立以降，インドで最大の民主主義体制の危機は，インディラ・ガンディー首相率いる「インド国民会議派」（Indian National Congress：以下，会議派）政権の独裁体制となった1975年から1977年までの非常事態宣言期である。これは独立後，民主主義体制が停止した唯一の時期である。政治的自由など基本権が停止されたこの非常事態宣言の体制は，社会経済開発の失敗により追い詰められたインディラ・ガンディー会議派政権が政治危機に陥ったことで

4）エスニシティ，言語などで計測された「分裂性インデクス」ではインドは主要国の中では最も複雑である（Asia Development Bank [2006: 54]）。

もたらされたものといえる[5]。しかし，これは民主主義体制を揺るがしたが，「憲政的独裁」（constitutional dictatorship）[6]とも呼ばれたように，形式的には憲法の非常事態条項に従ったものである。非常事態体制は憲法改正などを通じて，体制の一定の変質を引き起こしたが，1977年初めには選挙が行われ，民主主義体制に復帰した。選挙では当のインディラ・ガンディー会議派政権は国民の審判によって敗北し，野党の「ジャナター党」（Janata Party：「人民党」の意味）が政権を獲得した。唯一の民主主義体制の危機であったこの例を検討しても，少なくとも1970年代までは，インドの民主主義体制は，多くの政治指導者や一般人の間において定着したという意味で頑健なものとなっていたといえるだろう[7]。

　以上のような「民主主義の一般理論」とインドの現実とのギャップは，研究者によってしばしば「パズル」（難問）とされる。例えば，A. レイプハルトは深刻な亀裂にさいなまれるインド社会でどうして民主主義が存続しているのかというパズルを問い，その理由として政治勢力が権力の中心で多極共存的（consociational）な共生関係を保っているからと説明した[8]。中心的な政治エリートや政党の協調関係など「多極共存」的構造がインドの民主主義体制と連邦制を支えているという議論は他の論者にも見られる（O'Leary [2001]）。また，S. K. ミトラはインドの民主主義体制において頑健な「ガヴァナンス」が存在しているというパズルを，インド特有の社会構成を背景とするエリートの戦略的行動を分析することによって解明しようとした（Mitra [2006]）。しかし，レイプハルトの，多極共存性が民主主義体制の頑健性につながっているという説については，確かに多極共存的な構造は見られるが，それは基本的にイ

---

5) 本書で後述するように，会議派は後に何回か分裂する。本書で特に断らない場合は，会議派とは，総裁がジャワハルラール・ネルー，インディラ・ガンディー，ラジーヴ・ガンディーと続く主流派の会議派を指すものとする。
6) 非常事態体制と憲政的独裁との関係を，インドの例を含めて論じたものとして，Lijphart [1978] を参照。
7) この点に関して，Mitra [2010] はインド民主主義の成功をインド「市民」の拡大という観点から実証的に論じている。
8) Lijphart [1996]．これに対して P. ブラスは Brass [1991：342-343] でその説を否定している。筆者もブラスの考えを支持する。

ンドの民主主義体制の静的側面を捉えているだけであり，政党の分裂や政権交代など政党システムが常にダイナミックに変動しつつ，なおかつ安定している状況を説明しているとはいえない。またミトラの論も社会の構造変動に民主主義体制が長期的にどのように対応したか，説明に乏しい。

　インド民主主義体制の柔軟性，頑健性を説明するためには，従来の議論では不十分であるのは明白である。そのような状況を打開するために取り組むべきことは，欧米流の「一般論」からインド民主主義体制を説明することではなく，実証的・帰納的にインド民主主義の実態を深く検証していくことであろう。人口12億を数えるインドが，民主主義論で「例外的」あるいは「周辺的」な位置を占める事態が奇異なのであり，欧米的な一般論が入り込めないインド特有の状況や要因を深く分析することにより，一般論とインドの民主主義体制論との間のギャップを埋めなければならない。

2　最小限定義としてのインドにおける「民主主義体制」の確立

　このような研究状況を背景に，この章の一つの役割はインド民主主義体制の位相を点描することで問題構造の輪郭を示すことである。まず「民主主義体制」という概念を簡単に述べ，それがインドでどのような具体的形態をとっているか見てみたい。

　民主主義という概念はその歴史的含蓄から様々な側面を有していることはいうまでもない。例えば，欧米の歴史的コンテクストの中から出てきた現代の民主主義は，歴史的に出自を異にする「自由主義」と結合したところの「自由民主主義」であり，本書でも通常の使い方に従ってこの意味で「民主主義」を使用する。民主主義の捉え方には規範的，実体的，手続き的など多様なものがあり，また多くの類型化がある（Held［1987］）。定義のパターンはいくつかに分かれるが，中でも重要な区分は「実体的定義」と「手続き的定義」の別である。前者では政治社会が民主主義プロセスや「自由」など様々な市民的価値を実体として備えているかどうかが判断基準となる[9]。例えばよく知られたR.

ダールの「ポリアーキー」（多元的統治）は，政治的自由競争（contestation）と幅広い人々の政治参加（participation）を両方とも高いレベルで達成している民主主義体制として定義されるが（Dahl [1971]），手続き的制度というよりも政治の実体を評価の中心に据えている点で実体的定義である。それに対して，手続き的定義は民主主義を制度およびそこで展開されるプロセスと捉え，民衆の意志が政治決定の中心に適正に反映され政策決定が行われる制度があればよし，とするものであり，この定義の下では制度やプロセスを通過してきた決定の内容や社会の実体は問われず，その意味で「最小限」の定義と呼ばれる。

　最小限定義の代表的なものとして多くの研究者があげるのは，今や古典となったJ. A. シュンペーター（Schumpeter [1950 : Chapter XXII]）のものである。現代の，規模が大きく複雑な民主主義体制では，一般民衆が実際に重要な政治的決定に直接的に関与するという意味で統治することはほとんど不可能であり，そのような状況を前提とすると，シュンペーターによれば，体制が民主主義かどうかの分岐点となるのは，人々が為政者＝代表を必要があれば拒否または選び直す機会を持つかどうかである。そのような制度または手続きによって選ばれた代表は正統的な場（＝議会）で合議による政治決定を行うことで自己の正統性を主張できるし，民衆は政策決定自体には関与しないが，政策が失敗し正統性を失った指導者を交替させることによって最終的なコントロールを保持することができる。このような考え方の基盤にあるのは直接民主主義が実際上不可能で，間接民主主義の体制をとらざるをえない現代国家において，政治的自由競争が維持されつつ，一方では市民によるコントロールが設けられることの重要性である。その制度的具象化が，定期的に行われる自由公正な選挙であり，それに基づく議会制である。このような政治制度とプロセスが実態として存在するかどうかが，民主主義体制とそうでないものを分ける基準となる。本書では，この最小限の手続き的定義＝制度的定義を基本にすることを示すために，民主主義「体制」という概念を強調したい。それでは具体的にインドの民主主義体制の制度構造はどのようになっているのか，次に簡単に説明し

---

9) このような点も含めて，自由主義については，グレイ [2006] などを参照。

ておこう。

　インドの民主主義体制を特徴づける制度は 1947 年の独立時に突如として現れたものではなく，イギリス植民地時代から徐々に発展してきたものである。その要点を簡単にまとめると次のようになろう。歴史的に見て大きな分岐点はイギリスの直接統治が始まった 1858 年である。1857 年の「大反乱」を機に東インド会社からイギリスに統治権を移すことを定めた「1858 年インド統治法」は，イギリスが任命したインド総督をして中央集権化された形でインドを統治せしめるものであり，インド人が政治参加する余地は極めて限られたものであった。しかし，民族運動の高揚への対応や，第 1 次世界大戦などでのインド人の協力の必要性が認められるにつれ，インド人の政治参加が徐々に拡大されていった。「1919 年インド統治法」では，行政管轄事項が中央と州とで明確に分けられ，中央レベルではインド人の参与は極めて限定的であったが，州レベルでは管轄事項を，中央すなわちイギリス側が責任を持つものとインド側に移管できるものに分け，後者については制限選挙で選出されたインド人エリートに行政をまかせるという州レベルでの「両頭政治」（dyarchy）が導入された。このようなインド人エリートへの統治の門戸拡大は漸次続く。

　特に植民地最後の統治法となった「1935 年インド統治法」の下，1937 年に制限選挙によって選挙が行われ，直接統治下の州[10]で不完全ながらも一応の自治をインド人に認めたのは重要な制度的発展であった。独立後，B. R. アンベードカルが委員長となり起草された新憲法は 1950 年 1 月に発布されたが，その 75% は 1935 年インド統治法を受け継いでいるともいわれ（Basu [1965：5]），制度的には植民地統治との断絶ではなく，継続性が目立つ。また憲法は今日まで多くの改正を経ているが，その基本的構造に大きな変化はない。

　しかし，成人男女による直接普通選挙が実施されたのは，独立後の 1951 年末から 1952 年にかけて行われた第 1 回の連邦下院選挙および州立法議会選挙

---

10) 独立前のインド帝国は，イギリス支配下のインド政庁の直接支配下にあった英領インドの「州」（Province）と，軍事保護条約などを通じイギリスの宗主権を認めた半独立的な「藩王国」（State）に分かれていた。1937 年に選挙が行われたのは前者のみである。なお，独立後藩王国は統合され「州」（States）と「連邦直轄領」（Union Territories）に再編成された。

が最初であり，よって最小限の手続き的定義における民主主義体制の確立は独立以降のことである。

このように分離独立は確かに過去の体制との決別であり，民主主義体制は独立に伴い確立したといえるが，しかし，制度的にはインドの政治体制は植民地時代から漸次的に発展してきたものといえるであろう。図序-1 は憲法を基本とする民主主義体制の統治制度である。統治体制の基本的な構造は独立以来今日まで大きな変化はない。その特徴は以下のようである。

憲法構造の第一の大きな特徴として，連邦制をとり立法行政権が中央と州で分かれることがあげられる[11]。例えば国防，外交，通貨，連邦議会および州議会の選挙，一部の高等教育機関などは中央政府管轄事項であり，治安，地方自治体，農業などの産業は基本的に州政府管轄事項である。また，両レベルの政府が共に管轄しうる共同管轄事項があり，経済社会計画，教育など様々な事項が含まれる。しかし連邦，州両方の管轄が対立する場合は連邦政府に優先権がある。また統治体制は議院内閣制を基本とする。連邦議会は5年ごとの直接選挙によって小選挙区から選出される議員からなる下院（Lok Sabha）および州立法議会が選挙母体となって間接選挙で選出される上院（Rajya Sabha）からなる。議会で多数を形成した党が首相に率いられる大臣会議（内閣）を形成し政治を行う。一方，国家元首として大統領が置かれる。大統領は連邦の両議会および州立法議会の議院による選挙で選ばれるが，基本的に首相の助言を得て行動し，通常は政治に介入することはない。

州に関しては5年ごとの選挙[12]で選ばれる州立法議会があるが，それに加えて上院として州立法評議会を持つ州もある。議会で多数派を形成した党が州首相に率いられて州大臣会議を形成し政治を行うのは連邦と同じである。州では大統領に相当するものとして知事（Governor）が置かれるが，知事は中央政府の任命である。また，各州政府の下で農村部では「パンチャーヤト」（Panchayat）制度といわれる一種の地方自治体が置かれている。パンチャーヤト制

---

11) 憲法の第7付則で規定され，リストⅠは中央政府管轄事項，リストⅡは州政府管轄事項，リストⅢは共同管轄事項となる。

12) ジャンムー・カシミール州は例外的に任期は6年である。

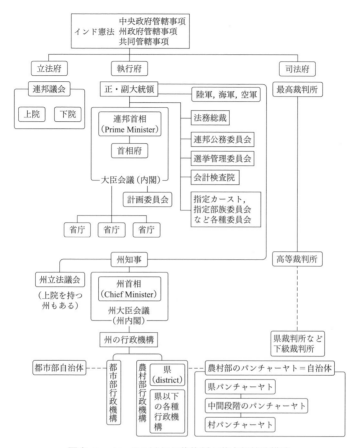

図序-1 インドの民主主義体制の基本的統治構造
出所）筆者作成。

度は一部の州をのぞき1980年代まで不活発であったが，1992年末の憲法改正によって全インド的に制度が強化され，人々の政治参加の重要なチャンネルとなっている。一方，都市部においても市，町など自治体が置かれている。司法制度に関しては，中央に最高裁判所，各州レベルに高等裁判所，それ以下に下級裁判所が置かれている。

　注意すべきは，国家の中心的制度として以上のような整った民主主義「体

制」が確立していること，すなわち，議会や選挙制度，連邦制，司法制度など諸制度が一応運営されていることが，民主主義の「実体的」価値である自由，平等などが社会の隅々まで行き渡っていることを必ずしも意味しない，という点である。実態として，カースト，宗派など様々なコミュニティ間の社会的，経済的差別や抑圧，分離主義的な少数民族への抑圧などの存在によって社会の弱者層が自由に政治に参加する条件が奪われている状況も存在するし，大きな不正，人権侵害も見られる。それら多くの欠点を総体として考えるとき，インドの民主主義体制は形式的な体制として存在するが，中身は空疎な形だけのものでしかないのではないか（Bonner et al. [1994]），という評価もありうる。本書で論じられていくように，インドの「民主主義」は政治体制としては一定の頑健性を備えているといえようが，しかし，未だ成熟したというにはほど遠く，「体制」という制度と，民主主義が持つべきとされる実質的「価値」との間には大きなギャップがあることを認めなければならないであろう。

3　民主主義体制と民主主義的価値

　民主主義体制をとりながらも，民主主義的価値が，様々な制約，欠点から，弱者集団へ到達するのを難しくする状況は，程度の差はあれ，どの国でも見られることであり，インドも例外ではない。否，差別的なカースト制度，宗教対立，分離主義的な少数民族の存在など，インドほど多くの制約を抱えつつ民主主義体制として出発した国はないであろう。この節ではインドの民主主義体制が中身が空疎な形だけのものであるのかどうか，簡単に検討してみたい。

　この点を考えるためには，民主主義体制と民主主義的価値はまったく独立・無関係に存在するのではなく，一定の関連性があるということをまず考慮する必要があろう。例えば，民主主義体制が実態として成立している場合，最小限の「市民的自由」と「政治的権利」という価値が存在するものと考えて間違いないだろう。なぜなら，これらがまったくない場合，自由公正な選挙はありえないからである。また民主主義体制は市民的自由と政治的権利を促進するが，

逆に市民的自由と政治的権利は民主主義体制をより強化する。なぜなら，これらの価値観が認められる政治社会でこそ，抑圧された人々，周辺部の人々も含めて多様な人々が政治に参加でき，それによって制度への支持やその正統性が強化されるからである。

　社会的平等という価値については，アプリオリには民主主義制度との相関性を仮定することはできない。しかし，インドは独立後，民主主義体制の中で，歴史的に抑圧されてきた階層の政治参加の進展を通じて平等という価値を確立すべく努力を重ねてきた。政治参加が全ての人に平等に保障されることは現代の民主主義体制の基本であり，政治参加の平等が，社会的平等につながる機会を歴史的に抑圧されてきた人々に与えてきたことは間違いない。その意味で民主主義体制と社会的平等は実質的に相関性があるといえる。このように人々の政治参加があってこそ，政治において社会的差別や抑圧の撤廃という規範が定着し，以下のように積極的差別是正措置が導入され，少数民族の保護措置などが制度化されえた。

　インドでは様々な民族，エスニック集団，カースト，階層等との間の社会的・経済的格差や差別，支配・被支配関係をなくすことが重要な課題であったし，現在でもそうである。典型的な例として，旧不可触カーストや後進的部族民に対する差別の問題がある。これは植民地期から大きな問題とされ，一定の積極的差別是正措置がとられてきた。1950年に制定された憲法は，1935年インド統治法に既にその原型が見られる制度を受け継ぎ，旧不可触カーストや後進的部族民をそれぞれ「指定カースト」(Scheduled Castes：SCs)，「指定部族」(Scheduled Tribes：STs)[13]と認定し，選挙や行政，高等教育機関において彼らが当選または採用される優先枠を設けた。これが「留保制度」(reservation)である。この制度は民主主義体制が本格的に動き始める前に既に制度化された措置であり，厳密には民主主義体制が生み出したものとはいえない。しかし，こ

---

13)「指定カースト」とは，憲法第341条に基づき指定されるカースト。指定されるのは主に歴史的に差別されてきた旧不可触民である。「指定部族」は憲法第342条に基づき指定される後進的な部族民。指定カースト，指定部族は優遇措置を受けることができることが憲法上認められている。「指定」は10年ごとに見直され，差別撤廃が不十分となれば連邦議会は措置を延長できる。今日まで指定が解除になったことはない。

の留保制度は独立後の民主主義体制下で, 社会的に弱体と考えられる他の階層に拡大されたという点が重要である。

例えば, 「その他後進階級」(Other Backward Classes : OBCs) といわれる, 従来は積極的差別是正措置の対象とならなかったカースト・コミュニティ集団に対しても留保制度は広げられた。OBCs は社会的, 教育的に SCs や STs と同じように後進的ではあるが, 不可触民とは位置づけられず, また部族民のように社会的疎外の対象となることがなかったカーストや部族である。OBCs, あるいはそれに相当するカースト・コミュニティ集団は, 最初は州レベルで, そして 1993 年からは中央政府レベルで留保制度の適用対象となっている[14]。また, 主に開発のための地方自治体であるパンチャーヤトは, 憲法改正によって, 1993 年以降, 権限が憲法上強化され再活性化されたが, その過程で, SCs/STs (あるいは州によって OBCs) への留保だけでなく, 女性へ 1/3 議席を留保することが定められた。

このような OBCs や女性への留保制度の拡張は, 「平等」への希求が大きな動因となっているが, それは民主主義体制における選挙政治において政治参加の平等な機会を与えることを通して実現したのである。留保制度が差別や格差の是正措置として適切な制度であるか否かについては様々な議論があるが, 少なくともそのような措置がより多くの社会的弱者層をカバーする上で, 民主主義体制が大きな役割を果たしたことは認められてよいであろう。

社会的弱者層や少数民族・エスニック集団に積極的保護措置が拡大されていく現象は, インドで顕著に見られる現象である。確かに, 留保制度や差別を禁止する様々な立法措置が社会的差別をなくしたとはいいがたいことは事実である。農村部などでは公共機関や村レベルの公共財へのアクセスなどにおいて現在でも SCs の人々に対する差別がかなり広範に残存していることは間違いない (Shah et al. [2006])。しかし, 独立前と比べれば, 全体的に差別は和らぎつ

---

[14] 社会的, 教育的に後進的とされる層。1951 年の憲法第 1 次改正で, 第 15 条第 4 項に後進階級が格差是正措置の対象となる場合は差別禁止の例外となることが定められた。このとき後進階級のうちでも SCs/STs 「以外」の階層として "socially and educationally backward classes of citizens" という概念が定義され, このように呼ばれた。

つあるし，平等が望ましいという価値観は広く普及しているといってよいだろう。問題は解消していないが，最低限このような状況にたどり着けたのは，民主主義体制という「制度」が，社会的弱者の保護や平等といった現代の民主主義にふさわしい価値観を実現する，いわば「触媒」ともいえる役割を果たしてきたからである。

　以上のように，最低限，インドでも民主主義体制の存在と民主主義的価値とが相関関係にあることは明らかであるが，その場合とりわけ重要なものが「市民的自由」と「政治的権利」である。この2つは政治参加の平等性の基礎となる価値観である。インドではこの2つの価値はどのような状況にあるのだろうか。

　注意すべきは市民的自由や政治的権利自体は一般的価値であるとしても，それがどのような状況にあるかは，各国が置かれた社会経済状況や歴史的コンテクストにおいて異なるということである。インドの場合もその独自の状況を考慮して考えることが重要である。しかし，インド独自の状況を見極めるためには他の国との比較という，より大きなコンテクストにおいて相対的に考えることが必要となる。このような考えから南アジア諸国，特にパキスタンとの対比でインドの特色を確認することは意味がある。なぜなら，南アジア主要5カ国は，第2次世界大戦前はイギリス帝国の影響下に置かれたという共通の歴史を持ち，また，文化的・社会的背景も共通性が大きく，いわば相互比較しやすい共通基盤があるからである。特に，隣国のパキスタンは同じ歴史的出自を持つとはいえ，民主主義の発展において著しく異なったコースを歩むことになった国であり，その対比から，かえってインドの特質が見えてくると考えられる。

　図序-2は「フリーダムハウス」が発表している市民的自由と政治的権利の変遷を南アジア5カ国について1972年以降プロットしたものである。1972年を区切りとしたのは，1971年にパキスタンからバングラデシュが独立し，南アジアの国家体系が現在の形になったからである。このうち市民的自由とは，表現や信条の自由，結社の自由が守られているかどうか，法による支配，個人の諸権利が保障されているかどうか，を評価したものである。一方，政治

インド

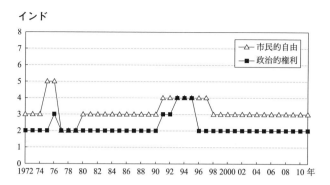

パキスタン

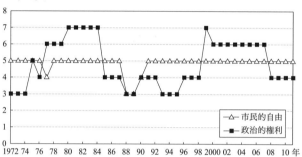

バングラデシュ

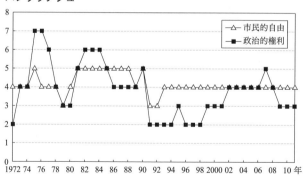

ネパール

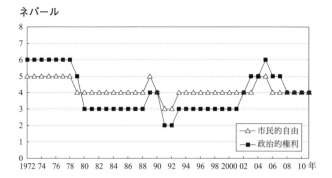

スリランカ

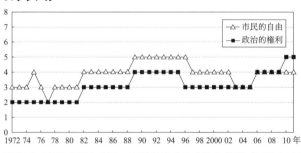

図序-2 南アジア5カ国の市民的自由と政治的権利（1972-2011年）

出所）Freedom House, *Freedom in the World Comparative and Historical Data*（http://www.freedomhouse.org/report-types/freedom-world, 2012年5月2日アクセス）より筆者作成。

注）グラフは値が低いほど良好な状態にあることを示す。1983年は筆者の推定値。各国とも1982年と1984年の値が「市民的自由」、「政治的権利」とも全て同じなため、同じ値を代入した。1983年にこの2つの指標に大きく影響する政治社会的変化はないため、無理のない推定と考えられる。

的権利は政府が公正な選挙で選ばれているかどうか、多元的な政党制が認められ政治参加が保障されているかどうか、選挙で選ばれた政党が政権を公正に運営しているかどうか、などを評価したものである。グラフでは指標が小さいほど市民的自由も政治的権利もよりよく保障されていることを示す。

　グラフから、1972年以降、大体において、インドは南アジア5カ国のうちで最も市民的自由や政治的権利が保障されている国であることがわかる。インドは様々な制約、欠陥を抱えているとはいえ、1975-1977年を例外とし、最低

限，市民的自由や政治的権利を多くの人々に保障してきた，といってよいであろう。それは分離独立で袂を分かったパキスタンとは対照的である。パキスタンは基本的に同じ諸制度を受け継ぎ，独立当初の制度的状況はかなり似通ったものであった。しかし，パキスタンでは独立後，直接普通選挙による国民議会（＝国会）の選挙は1958年の軍事クーデターまでついに行われなかった[15]。しかも，その選挙は暴力的で問題が多いものであった。パキスタンで成人普通選挙権に基づく最初の公正な選挙が行われたのは1970年であったが，皮肉なことにこの選挙で東西両翼のそれぞれの「民意」があからさまになったことで，東パキスタンがバングラデシュとして1971年に独立に向かう最後の決定的契機となった。

　内戦が本格化する1980年代中頃以前のスリランカも比較的に良好な状態であることが注目される。スリランカは独立以前に既に普通選挙を実施しており[16]，民主主義体制の歴史が長い国である。スリランカの例は，内戦のような大規模な紛争がなければ，やはり民主主義体制と市民的自由や政治的権利は一定の密接な関係にあることを示す。逆に1990年まで国王による独裁的な政治が続き，その後も内戦に揺れてきたネパールや，1971年の独立後，民政とクーデターによる軍政の間を行き来してきたバングラデシュでは，これらの権利は行き渡っていない。

　それでは一定の市民的自由や政治的権利が保障されているにもかかわらず，インドが「真」の民主主義国かどうか，さらに疑問を呈されるとしたら，それはどのような場合であろうか。一つの有力な批判は，インドは確かに制度的には民主主義を維持し，表面的には市民的自由や政治的権利も，そしてこの２つの価値から派生する政治参加も保障されてはいるが，実態は少数の有力な集

---

15) 1955年の制憲議会選挙は間接選挙で行われており，その意味で「民意」を反映するものではなかった。
16) スリランカの民主主義体制の特徴は，実質的に意味のある普通選挙制度が極めて早い段階から整備されたことにある。1931年のドノモア憲法（Donoughmore Constitution）によって既に普通選挙権が付与され国家評議会が設置された。政党もこの段階でインドの国民会議派にならってセイロン国民会議派が存在していたが，この政党は植民地社会エリートの寄せ集めという性格が強かった（de Silva [1993]）。

団やエリートの支配に陥っており，市民的自由や政治的権利は偏在し，それらが保障されない人々が多数存在したり，また，他の重要な価値，例えば，社会的・経済的平等，最低限の福祉など重要な価値が多くの人々に保障されていないとする批判である。そこでは選挙は，いわば「儀式」と化しているとされる。

4 「限られた階層・階級・集団による支配」という主張

典型的な例は，特定の経済的利害関係を持つ階級が社会を支配するとする階級論である。マルクス主義がその代表的なものであるが[17]，よりインドの現実にあった洗練されたものとして，例えば，以下の P. バルダンの論がある。

1980年代にバルダンは，インド政治は大資本家階級，官僚および専門職層，富農という3つのお互いに牽制し合う有産階級の相互作用で動かされているとして注目された（Bardhan [1984]）。この「3 有産階級論」は，3つの階級の間の「なれ合い」の過程を導入しインドの政治経済の動態を説明しようとした理論であり，それは裏を返せば3有産階級のなれ合いによって民主主義体制が骨抜きになっているという主張に通じる。確かにこの考え方は公共部門優先の1980年代までのインドで，いかに3つの有産階級の協調的なレント・シーキングによって，公共投資が食い荒らされ，工業成長の減速化と低経済成長の罠にはまっていたかということについて一定の説得力があり，その意味でインドのポリティカル・エコノミーの一局面をよく説明していた。しかし，選挙過程を含む民主主義の過程を必ずしもうまく論理に組み込むことはできておらず，この議論はその後，発展していないといってよいと思われる[18]。この議論で整合的に説明されるのは民主主義のプロセスがない国である。

P. チャテルジーの論はバルダンよりも精巧であるが，しかし，基本的には

---

17) インド共産党（CPI）やインド共産党（マルクス主義）CPI（M）のイデオロギーが典型的である。
18) これに関してはブラスの批判が正鵠を得ていると思われる。Brass [1990 : 272-276].

同じ批判を免れないと考えられる。チャテルジーは，1990 年代以降の経済改革の時代のインドの支配体制は，大企業などからなる近代的な「市民社会」，すなわち都市部の中産階級が倫理的・政治的ヘゲモニーを持ち，大土地所有エリートや官僚層などを従属化しつつ巻き込んでいく体制であるとする。大企業が主導する資本主義的発展過程はマルクス主義が言う本源的蓄積過程の一種であり，従って多くの人々は窮乏化，周辺化されざるをえない。しかし選挙民主主義の下においては，農村や都市の貧困層の要求を国家に伝える政党など「政治社会」[19]にも配慮する必要から，政府は窮乏化，周辺化から生まれる弱体な階層をそのまま放っておけず，様々な社会政策や貧困緩和政策を行わざるをえない。このようなプロセスによってインドの資本主義的発展は中途半端なものになっている，とする。彼は，市民社会の中心をなすブルジョアジーが主導するこのようなプロセスを A. グラムシの「受動的革命」[20]として理解した (Chatterjee [2008])。単純化すればヘゲモニーを強化，維持するためブルジョアジーが農村や都市の貧困層などを政治社会を媒介として取り込みつつ，新たな支配体制を不断に構築しているのが現在のインドの姿であると理解される。この論はより明示的に選挙過程を取り込むなど，バルダンの論よりもインドの実態に即したものといえよう。しかし，ブルジョアジーのヘゲモニーを究極的にはインド政治の核心的部分とするこの議論は，選挙を支柱とするインド政治の実態に必ずしも即してはいないと思われる。

　このようなバルダンやチャテルジーの主張から敷衍されるのは，選挙や議会制度など手続きが守られ，そして表面的には「市民的自由」や「政治的権利」が存在するものの，少数の有力な階級またはエリートの影響力が強いため，民

---

19) チャテルジーの言う「政治社会」とは国家と一般の大衆を媒介する領域であり，具体的には政党，運動体，非政党組織などである。「市民社会」概念が限られた近代的団体，集団を意味するのに対して，政治社会はそれとは区別されるところの大衆の要求を国家に伝える領域として概念化されている (Chatterjee [2001])。
20) 暴力的な闘争を経ないでブルジョアジーが伝統的支配階級に割って入り権力を握る「革命なき革命」としてのグラムシの「受動的革命」概念においては，民主主義体制が重要な役割を果たしている。興味深いことにグラムシはインドのガンディー主義を「『受動的革命』の素朴で宗教色をおびた理論化である」としている（グラムシ [2001：56-60]）。

主主義的手続きを通しても政治エリートは支配的影響力を及ぼすことができ，そのため民主主義の価値が実態として損なわれているという点である。

　しかし，このような主張には実態に照らして検討すべき多くの点がある。最大のポイントは，インドでは中央政府レベルで特定の階級やグループによる明確な権力の独占があったかどうか，という点である。結論的にいえば，インドの現代史を鳥瞰すれば，連邦下院選挙が形骸化し，議会と政府が一部の有力な階層や階級の長期にわたる独占となり，支配の道具となってしまったことを実証的に確認することは難しい。一つの理由はインドが社会階層的，民族的に，最も複雑な国であり，選挙民主主義を前提とする以上，広大なインドを単独または何らかの寡占によって支配するような階層や民族，あるいは階級が形成されることが難しい，ということがある。インドとパキスタンの民主主義体制を比較した P. オルデンブルグの言うように，独立インドでは長期にわたり権力を「支配」する特定の階級やグループは実態としてなかったと考えるべきである（Oldenburg［2010］）。

　確かに州レベルでは独立以降も地主や富農層の影響力は強力であり，地主・富農や「支配カースト」（dominant castes）[21] などが地方政治を牛耳るということはあったといえよう。社会主義的政策を追求する中でバルダンの言う大資本家階級，官僚および専門職層，そしてチャテルジーの言うブルジョアジーの影響力が経済政策で強まったことも一面の事実であろう。しかし，それらの階級・グループが主導して，与党，特に会議派を牛耳り，中央政府の政策において長期にわたり，彼らの利益を独占的に追求，獲得したことがあったということは事実として考えにくい。例えば，1950年代半ばから導入され経済発展に決定的影響を及ぼした公共部門重視の「社会主義型社会」[22] 政策は，バルダン

---

21) 社会学者の M. N. シュリニバスが唱えた概念で，村レベルで他のカーストに対して実態として支配的なカーストとして定義される。その場合，支配的たらしめる要素は，多数を擁し，土地所有などの面で経済力を持ち，これら多数性，経済力を背景に支配的な政治力を持つカーストである。例えば，Srinivas［1959］参照。
22) ネルー会議派政権が唱えた開発イデオロギーで，政府の主導（公共部門）の混合経済である。公的部門の指導的優位が想定されているが必ずしも内容は明確でない。1956年の産業政策決議で正式なものとなった。

の言うように 3 有産階級連合が望んだものであっただろうか。確かに 3 有産階級は「社会主義型社会」政策に「事後的」に対応はしたが，そのような経済政策体系を率先して構築したという証拠は極めて希薄なように思われる。

　バルデーヴ・ラージ・ナーヤルは，中央政府レベルで，「社会主義型社会」政策が打ち出され，その中核をなす公共部門が拡大し，そして 1970 年代末以降，次第にそのような政策が後退していくという過程を左右した基本的要因は，ブルジョアジーなどの特定階級の利益ではなく，何よりもジャワハルラール・ネルー首相からインディラ・ガンディー首相時代のイデオロギー状況，政策から利益を受けるその時々の階層の動き，そして選挙制度を通じて人々の「民意」が反映される政党の相互作用であったとする（Nayar [1989]）。このナーヤルの論の方が，インドの現代的ポリティカル・エコノミーの実態をより的確に表現していると思われる。

　また特定の民族やエスニック集団，社会階層が中央政府で独占的に優位な地位を築き，その民族や社会階層の利益のために著しく偏向した政策をとったということもない。

　一方，民主主義体制内から，「選挙を経ないで」特定の組織や集団が権力を奪取し，権力奪取後は民主主義体制を否定するということはありうるであろうか。結論的にいうと，それはインドでは考えにくい。そのような潜在的可能性を持つ集団は，パキスタンとの比較を待つまでもなく，軍である。A. クンドゥは 1987 年から 1989 年にかけての軍の将校クラスへのインタビューやアンケート調査で，インド軍の政治における位置づけを探っているが，インドにおいて軍が政治に介入する可能性は独立以降今日までほとんどなかったと結論づけている。アンケート調査では軍が政治への介入を考えなかった要因として，将校らの回答を 17 の範疇にまとめている。重要な上位のものを順に紹介すると次のようになる。(1) 軍のプロフェッショナリズム，(2) 言語，文化など人々の多様性，(3) 初期の政治的安定性と質の高さおよび民主主義的統治，(4) 軍の構成が全インドを代表するものとなっていること，(5) インドの巨大さ，(6) 支配的であるヒンドゥー文化，(7) 広く共有されている民主主義への信頼，などである[23]。この調査結果を見れば，多様性に富む巨大なインドにおいて一

定の信頼感を備えた民主主義政治が行われていれば，プロフェッショナルな集団としての軍が自ら政治に介入する意志を形成する可能性は極めて低いことがわかる。

　以上のように，インドの民主主義体制において特定の「少数」の階級，階層，あるいは集団が民主主義的価値を台無しにするような独裁的，あるいは権威主義的政治を行う可能性は非常に低いと考えられる。1975-1977年の非常事態宣言によるインディラ・ガンディー会議派政権の独裁化さえも，資本家，官僚あるいは軍，地主や富農などの支配と直接的に関連づけることは難しい。

　それならば，「多数」派が民主主義を台無しにする可能性はないのであろうか。社会の多数派がまとまれば，選挙や議会といった民主主義体制の手続きを通しても，いわゆる「多数派の専制」(tyranny of majority) を確立し，民主主義的価値を否定するような権威主義的政治を行う可能性が存在する。その場合，民主主義的価値が否定されるのは「少数派」となる。民主政治が多数派の専制に陥る可能性は，A. トクヴィル（トクヴィル［1991：中巻 166］）までさかのぼって様々な研究者に指摘されている（Beahm［2002］）。

5　「多数派の専制」という主張

　A. ジャラールはインドとパキスタンの比較から，インドは選挙や議会など形式的には民主主義制度を採用し市民的権利も相対的には保障されているものの，中央政府の中央集権化や官僚制の支配および中央と支配的な地方勢力との結びつき，さらには多数派ヒンドゥーの支配が中央政権に浸透しているとして，政治社会の実体は権威主義的構造が顕著であると考え，インドを「民主主義的権威主義」(democratic authoritarianism)（Jalal［1995：249］）と呼んだ。ジャラールの前半の議論は少数の権力者の支配について述べているが，注意すべきは「多数派ヒンドゥーの支配」を民主主義に否定的に働く要素としてあげ

---

23) Kundu［1998：6］. 69人の将校へのアンケート調査をまとめた結果である。

ている点である。ジャラールの主張するように，インドを，パキスタンよりは民主主義的であるものの，政治の核心的部分は「権威主義」であると理解することは，これまでの議論から無理があるが，ジャラールがパキスタンとの比較でインドの「多数派ヒンドゥーの支配」が民主主義体制を否定する要素であると指摘した点は傾聴に値するであろう。

　「ヒンドゥー多数派支配」という問題は分離独立以前から大きな問題であったことはいうまでもない。しかし，カーストや言語，地域などの諸要素で分裂が甚だしい「ヒンドゥー」が一つにまとまり「多数派」となりうるのか，なりうる場合はどのような要因・契機でなりうるのか，多くの議論がある。この問題を考える場合，とりわけ重要な論点は「ヒンドゥー・ナショナリズム」である。これは第7章において扱うので，ここではヒンドゥー・ナショナリズムが民主主義体制と民主主義的諸価値を決定的には損ねていないことをあらかじめ確認するだけにとどめたい。その前に国民国家形成における「ナショナリズム」とはどのようなものなのか，その概念について触れておく必要があるだろう。この西欧起源の概念は分離独立やヒンドゥー多数派意識の形成の問題を考える場合，認識枠組みとして現実に重要な役割を果たしてきたからである。

　そもそもナショナリズムとは，E. ゲルナー，B. アンダーソン，A. D. スミス，E. J. ホブズボームなど近年の西欧の研究者の考え方に従えば，近代化の過程で文化共同体と政治共同体の境界を一致させ「ネーション」を成立させる「運動」であるとされる（ゲルナー［2000（1983）：1］）。それはスミス［1998（1991）］の「エスニー」，あるいは，ホブズボーム［2001（1992）］の「プロト・ナショナリティ」などと概念化される，特有の歴史的過去や神話を起源としてネーションに成長する文化共同体の核を持つ。ナショナリズムが成功しネーションを生み出すためには，ネーションに含まれるべき集団と，排除されるべき集団が区別され，さらに，包摂されることになる様々な社会階層の統合を進める必要がある。そのために重要なのは人工的な共同体意識を成員すべてに持たせることである。この局面において近代化は社会の統合に大きく寄与する可能性が高い。近代化は，画一的な教育の普及や制度的基盤の確立を伴い人工的な共同体意識を成立させる基盤を作り出すからである。そこにおいて「人

工的」な共同体意識という側面を強調すれば，成功したナショナリズムが作り出すネーションは「想像の共同体」（アンダーソン［1987（1983）］）であるといえよう。

　以上の考え方に従えば，ナショナリズムが特有の歴史的過去や神話を起源として，ネーションを「完成」させる場合，文化共同体と政治共同体の境界は一致し，その政治共同体の内側には排除されるべき集団は残らない。なぜなら，異質の集団は排除されるか，同化されるしかないからである。このようにして生まれるのが国民国家である。

　このような意味でのネーションを生み出すナショナリズムを現代インドに当てはめて考えてみると，何らかのナショナリズムを生み出す土壌としてヒンドゥー教に注目せざるをえない。なぜならそれによって「特有の歴史的過去や神話」を持ち，かつ，その文化と政治の境界を一致させる運動が近代インドにおいて存在してきたからである。しかも多数派であるから，運動は民主主義の諸制度や手続きに抵触することなく，成長しうる[24]。近代以降，インドでヒンドゥー・ナショナリズムを積極的に追求してきた代表的な団体は，1925年に生まれた「民族奉仕団」（Rashtriya Swayamsevak Sangh：RSS）[25]およびその関係団体である。政治部門ではRSSが後ろ盾となって1951年に設立された「大衆連盟」（Bharatiya Jan Sangh. 1980年以降は，「インド人民党」（Bharatiya Janata Party：BJP））[26]がその中心となってきた。

　インドは，宗派対立が1947年の分離独立につながったということを踏まえ，自らの宗派の価値観を至上のものとする「コミュナリズム」（communal-

---

24) 1947年のインドとパキスタンの分離独立も「ナショナリズム」が当然関係するが，問題の巨大さ，複雑さのゆえに，そして本章の分析対象が現代インドであるということから，ここでは扱わない。これに関してはサルカール［1993］など優れた研究が豊富にあり，それらを参照してもらいたい。
25) K. B. ヘドゲワールによってインド西部ナーグプルで創設された。インドが弱体化しイスラーム勢力やイギリスの侵入を許した原因をヒンドゥー社会の分裂性，弱体性に求め，各地に支部を設立し民族としての社会の組織化を目指した。カースト差別の否定など社会改革的側面も有するが，実態としては高カーストが指導する組織である。
26) 大衆連盟は1977年に他の政党と融合しジャナター党を結成したが，1980年に分離して，BJPとなった。よってBJPは実際上，大衆連盟の後身と理解される。

ism）を極力抑える政策をとってきた。会議派中央政府の政策においてもそれは1970年代までは明白であり，世俗主義（セキュラリズム）が前面に掲げられてきた。この「コミュナリズム」という概念は多数派ヒンドゥーについても，そして，ムスリムなど少数派[27]についても語られるが，南アジアの歴史においてコミュナリズムは宗派間の紛争や暴力を引き起こしてきた歴史があり，多くの場合，否定的意味合いが込められている。問題はコミュナリズムの概念とナショナリズムの概念の連続性である。コミュナリズムも特有の歴史的過去や神話を持ち，その文化と政治の境界を一致させる運動と解せられるからである。従って歴史的に否定的意味合いが強いとはいえ，コミュナリズムは何らかの契機でナショナリズムとして正統化される可能性がある。「何らかの契機」の中で最も重要な要素は多数派であるという要因であろう。

　このような概念的連続性のゆえに，多数派のコミュナリズムという概念を包み込む形で「ヒンドゥー・ナショナリズム」概念が今日多くの研究者に使用されるようになった，と考えられる。そこには1980年代以降BJPが成長し，連立政権とはいえ中央でも1998，1999年に政権を打ち立てることに成功したという背景がある[28]。

　以上のような意味でのヒンドゥー・ナショナリズムは，インドでは果たして「多数派の専制」という状況を生み出し，宗教的少数派に対して民主主義的価値を否定しているであろうか。この問題は後の章で詳しく扱うが，結論的にいうと，現状ではヒンドゥー・ナショナリズムによる多数派の専制という状況は全インド的には確立していない，といえよう。確かに，1980年代から2000年代初めにかけてヒンドゥーと少数派であるムスリムとの間で「暴動」が多発し

---

27) 現在ムスリムなど宗教的少数派は，新聞などメディアでは「少数派」（minority）と呼ばれている。これは宗派間の緊張状態にあるとき「ムスリム」，「クリスチャン」など具体的コミュニティ名の暴露が事態を悪化させる懸念があるからである。この措置は1968年の新聞編集者会議で報道倫理として取り決められた（All India Newspaper Editors' Conference［1968］）。本書でも特に断りがなければ同様に扱う。
28) 1996年の連邦下院総選挙でBJPは第一党となり，組閣したが議会過半数の支持を得られずに2週間弱で退出している。政策を実行しうる政権という意味では1998年が最初である。

少数派に多大の犠牲者が出たこと，特にグジャラート州では2002年に大きな暴動が起こり，その結果，ヒンドゥー多数派の間でナショナリスティックな雰囲気の高まりが見られることも事実である。しかし，全インド的に見るとそのような状況はグジャラート州以外では続かなかった。

　ヒンドゥーによる多数派主義が民主主義制度の中で現れるとしたら，それは，そのような考えを持つ政党の拡大として現れるはずである。確かにBJPは党勢を拡大し1998年から2004年まで中央政権を率いたが，それは他の地域政党の協力を得て，しかも自らのヒンドゥー・ナショナリズムを自制した上でである。さらにBJP連合政権は2004年，2009年の連邦下院選挙で敗北した。また，ウッタル・プラデーシュ州の「大衆社会党」(Bahujan Samaj Party：BSP) や「社会主義党」(Samajwadi Party)，ビハール州の「民族ジャナター・ダル」(Rashtriya Janata Dal)，あるいは西ベンガル州やケーララ州の「インド共産党（マルクス主義）」(Communist Party of India (Marxist)：CPI (M)) など，コミュナリズムあるいはヒンドゥー・ナショナリズムに反対する様々な有力地域政党が存在すること，そして問題はあるものの，世俗主義を唱える会議派も依然として全国レベルの影響力を持っていることなどから，全インド・レベルの政党システムにおいてヒンドゥー多数派主義は優勢とはいえない。

　このように，インドでは，多数派の支配としてのヒンドゥー・ナショナリズムも，少なくとも全インド的には影響力は顕著でなく，民主主義体制の機能を決定的に損ねてはいない。

6　選挙制度と政党の重要性

　以上のようにインドでは，民主主義体制が少なくとも制度として政治領域では確立し，かつ最低限の民主主義的価値も備えており，特定の少数集団の独占，あるいは多数派の専制という状況もない，すなわち，民主主義体制は空疎なものではないとすると，そのような状況を支える制度的な前提条件とは何であろうか。後の章で分析されるが，最も重要な要素は選挙制度と政党であろ

う。

　選挙は政治の中心的アクターである政党を定期的に「民意」に沿ってリフレッシュする。選挙における秘密投票が公正に実施される限りにおいて，政党は常に民意の批判にさらされ，流動性が保障されるため，多様な階層，エスニック集団を抱えるインドでは特定のグループによる権力の長期にわたる独占という状況は生まれにくい。選挙では多様な階層，エスニック集団の支持を必要とするため，選挙で勝利しようとする政党は社会的利害関係を調整し，幅広い階層やグループの要求を吸収せざるをえない。また，選挙を経ることによって政党は体制における正統性を得ることができ，選挙で敗北したとしても次の選挙での可能性が保障される。従って与党が失敗したと選挙民が判断すれば，野党は次の選挙で与党に取って代わることができる。すなわち，選挙政治の定着が，流動化，包摂性，あるいは民主主義からの逸脱があった場合はその修正といったダイナミズムを与えている。最後の点は，インドの民主主義体制にはいわば「復元力」があるということである。

　この復元力という点に関して，政治学者の A. コーリーの民主主義に対する評価を紹介したい。コーリーは 1990 年の著書において，1980 年代までのインド政治の混乱を統治能力の危機と捉え，その最大の原因を政党システムの退行，特に会議派組織の退行に求めた（Kohli [1990]）[29]。しかし，同じ著者は 2001 年の著作においてインド民主主義の「成功」を説くことになる（Kohli (ed.) [2001]）。このような一見すると混乱と映る民主主義体制に対する評価の変化は，その時々の現実を映した結果である。1970 年代から 1980 年代にかけての時期は，後で述べるように公的部門中心の開発政策の失敗や社会不安の累積によって人々の不満が大きく現れ，そのため 1975 年の非常事態宣言のように政党システムと社会は大きく混乱した。これがコーリーが 1990 年の著作で民主主義の統治能力が危機に瀕していると考えた理由である。しかし，その後は選挙と議会制はおおむね決められた手続きによって運営され，1990 年代以降は多党化と連合政権が常態となっているものの，経済構造改革やヒン

---

29) インド政治の変動を会議派を中心とする政党システムの退行という要因に求める説として Manor [1994] [1997] も参照。

ドゥー・ナショナリズムなどの困難な問題に対して政府は比較的に柔軟に対処しているといえる。いわば，インドの民主主義体制は様々な混乱に直面したことは事実であるが，そのような困難を柔軟に処理できる能力を持つことが明らかになった。これが，コーリーが 2001 年の著作でインド民主主義に対する評価を「成功」と変えることにつながったと考えられる。要するにインドの民主主義体制は一時的に不安定化しても，中長期的には安定的な状況に復帰する復元力を備えているということである。

　復元力が働いた最も重要な例は，1975 年の非常事態宣言である。インディラ・ガンディー政権は結局，1977 年には選挙と政党政治に復帰せざるをえなかった。そしてその選挙で，人々は自由を奪ったインディラ・ガンディー会議派政権を拒絶し，史上初めて中央で非会議派政権を成立せしめた。これは選挙と政党政治という民主主義的制度に対する信頼感の「日常化」が 1970 年代までに既に広範囲の人々に行き渡っていたことを物語っている。これが復元力を担保するものである。このような経験の積み重ねによって民主主義体制と政党は別々なものという認識が政党や人々の間に定着し，政党システムとは区別されるところの民主主義体制の正統性が強化されていったと考えられる。その後，中央政府レベルでは 1989 年以降，頻繁な与党の交代と連合政権の時代を迎えるが，政権の危機はあっても，民主主義体制の危機はない。

　以上のように，いわば選挙や議会という制度と政党システムが補完し合って民主主義体制は支えられてきた。ただし，このような民主主義体制は歴史的に見て所与のものではない。以上の議論は一旦民主主義体制が人々の間で幅広い信頼を得た後に有効となるが，そのような意味での民主主義体制の定着以前の段階では体制は極めて不安定である。民主主義体制の成立はいうまでもなく，人為的なものであり，それを生み出す主体が定着のためには決定的に重要な働きをする。それが政党である。特に国家が成立した直後の政党の役割は重要で，政党が制度を確立し的確に運営できなければ，選挙や議会といった民主主義体制の定着は難しい。この点を検討するため，独立当初に民主主義体制の確立に失敗したパキスタンとの比較において問題を鳥瞰したい。比較によってこそインドの特質が明確になるからである。

7 民主主義体制定着における政党の重要性

インドが独立後,相対的にスムーズに民主主義体制を定着させることができたのに対し,パキスタンはすぐに挫折した。なぜであろうか。

パキスタンの場合,独立したときにインドと同じ制度を受け継いだとはいえ,インドとの軍事的対立や東西両翼への国土の分断,さらには,ベンガル人主体の東部と,武断的で権威的な社会構造を持つパンジャーブや部族社会の北西辺境州(North-West Frontier Province:NWFP)を抱える西部との民族的対立など,初期条件として国家統合には大きな困難があった[30]。また,封建的な大地主制度の存在は社会改革の大きな抵抗要素となった。このようにインドと比べ,パキスタンが民主主義体制の定着にとって困難な初期条件を抱えていたことは否定できない。それに加えて,独立時に権力を受け継いだムスリム連盟[31]は弱体ですぐに機能不全に陥ってしまった。1948年には独立を率いたムスリム連盟の指導者ジンナーが死去し,後をついだリヤーカト・アリー・ハーン首相も1951年に暗殺され,もともと脆弱であったムスリム連盟は統治能力を失い,1956年には憲法を発布するも内政の混乱を収拾できず,選挙と議会制という民主主義体制の中心的プロセスを開始できなかった。結局,1958年にアユーブ・カーン陸軍司令官によるクーデターを招いた。さらに,軍の下での権威主義的な統治は,軍,官僚,大地主など特定の社会グループの権力の独占を許す状況になり,そのような状況は翻って,民主主義体制の定着,発展をさらに妨げるという悪循環に陥ってしまった。

1971年のインドとの戦争での敗北によって,軍は威信を失い,「パキスタン人民党」(Pakistan Peope's Party)を率いるズルフィカル・アリー・ブットーが大統領となり文民政権を樹立した。このときが民主主義体制を復活させる好機

---

30) この点に関しては,例えば以下も参照。佐藤[1988];広瀬[1998];Stern[2001]。
31) イギリスの支持も得て設立された同党は,当初はムスリム上層の利益を代表する政党であった。第2次世界大戦中はイギリスに協力。M.ジンナーを指導者として1930年代末からムスリム大衆の支持も吸収し会議派に対抗して成長し,分離独立の結果パキスタンの政権党となった。

であった。1973年には新憲法を発布するなど政党政治の制度化に向けての一応の努力がなされた。しかし，同党は，社会主義政策や大衆受けのするポピュリスト的政策の失敗，党の独裁化と腐敗，州の抵抗，とりわけバローチの反乱に対する軍事的抑圧などによって，困窮する大衆の間で急速に支持を失う。ブットーは1977年に9政党からなるパキスタン国民連合を結成し，翼賛体制を敷いて強引に同年の国会議員選挙，4州議会総選挙を乗り切ったが，これがかえって野党や民衆の反発を高め混乱を助長する。カラチ，ハイデラバード，ラホールなどで反体制運動の激化，そして最終的には1977年にジア・ウル・ハック陸軍参謀長のクーデターを招くことになる。このようにして民主主義の定着の試みは再び失敗した。

　このような失敗の事例を見ると，パキスタンの特殊性として軍の影響力が相対的に強いことが指摘されなければならない。力関係からいえば，官僚や大資本家などは軍に従属的であるといえる。また大地主は，比較的に独自の政治的影響力を持つものの，その寄生地主的性格から急進的土地改革に反対するなど社会の保守的要素となっていることもあって，軍との利害関係が重なる面が多い。S. A. コチャネックはパキスタンにおいて，軍政がいかにして官僚，大資本家などを「政府化」していったか，詳細に分析した（Kochanek［1983］）。また，A. シッディクァは，軍産複合体および大地主がお互いに結合して強力な既得権益保持層となり，1988年のジア・ウル・ハック大統領の死後，民政と軍政の交代が続く不安定な状況の中でも既得権益を強固に保持する一方で，政党勢力は弱体で，民主化，改革が進まない状況をみごとに描いた[32]。

　このようなパキスタンの体制を概念化しようとするとき，バルダンの3有産階級論は，「官僚および専門職層」を「軍および官僚」，「富農」を「大地主」に置き換えれば，民主主義体制のプロセスがうまく機能していないパキスタンにおいてこそ，有効な説明理論となる。なぜなら，選挙による民主主義プロセ

---

32) Siddiqa［2007］. またパキスタンの支配エリートに関しては，山中編［1992］；Rizvi［2000］；Baxter［2004］などを参照。いずれもパキスタンの中心的政治権力構造を軍，産業資本家，大地主などのエリート，そして宗教勢力のなれ合い，相互作用で説明している。

スがうまく働かない場合，軍および官僚，大地主，そして大資本家のなれ合いがより純粋に機能するからである。

以上のように，パキスタンが民主主義から遠ざかってしまった大きな原因は，封建的社会構造などの初期条件もあるが，それに加えて政党システムが非常に弱体であったからである。政党は民主主義体制において様々な要素をつなぎ合わせ，体制を動かす最も重要な要素である。独立の初期に政治をコントロールできるしっかりとした政党が存在しなかったことが，民主主義体制をうまく始めることができなかった大きな要因であり，1958年に軍がクーデターに踏み切ったのは，政党に社会的混乱を収める能力がないことが誰の目から見ても明らかになった時であった。一旦挫折した政党は，軍の政治的影響力の拡大を許し，それは翻って政党が発展することを妨げ，さらに民主主義体制の定着を難しくする悪循環に陥ったのである。

これに対してインドは，ネルー率いる会議派の下，独立後安定した政党主導の政治が続き，民主主義体制の定着に大きな役割を果たした。あらゆる制度の発展は「経路依存」(path dependency)という特質を持つ。インドも例外ではない。民主主義体制の定着において，独立初期の重要な時期にインド特有の状況下で主要な政治アクターの間で体制を尊重する一定のコンセンサスが形成されたことが大きな意味を持ったと思われる。政治アクターの中でも会議派を中心とする政党の役割が決定的に重要であった。後に述べるように1960年代までのインドの政党システムは「一党優位体制」と概念化されることが多いが，この政党システムこそ，民主主義体制を社会に定着させる上で大きな役割を果たすことになった。

整理すると，分離独立時に民主主義の確立のためには困難な条件を受け継いだとはいえ，パキスタンが失敗した基本的な原因は政党システムの弱体性であったことは間違いない。それに対して，インドで民主主義体制が定着したのは会議派の存在によるところが大きいのは明らかである。このような対比的考察から，民主主義体制の成長や変動，そして定着を理解するために政党システムの分析が決定的に重要であることは間違いないといえる。インドの政党システムの長期にわたる分析がまず第I編で行われるのはそのためである。その場

合，長期的に見れば政党システムは社会の構造変動から大きな影響を受けるから，両者の相互作用に重点を置く分析が必要となろう。

　一方，インドの民主主義体制の限界も改めて指摘されなければならない。現状では民主主義体制はあくまでも「国家」の内部に包摂される制度であり，国家の境界を越えられないという意味で，大きな限界を抱えている。これはインドが多民族国家で，しかも，民族の境界と国家の境界が必ずしも一致しないことから非常に重要な限界である。具体的には民族独立を望むエスニック集団の問題である。ジャンムー・カシミール州や，ナガランド州など北東部地域はインド建国の当初からインドへの帰属は明らかでなかった。ジャンムー・カシミール州のカシミール地方では，パキスタンと隣接しムスリムが多数派であるということもあって，紛争が絶えず，住民はインド，パキスタン，そして自治の間で揺れている。またナガランド州を中心とするナガ民族の場合，独立当初からインド連邦への帰属を拒んできたという歴史がある。従って，インド国家によるこれらの人々の包摂は同意ではなく，基本的に力によるものであり，これらの地域では民主主義は機能不全に陥っているといってよい。

　ただ，これらの地域における機能不全の例をもってして，インドの民主主義体制全体が否定されるべきかどうかは，判断が難しい。それを評価するためにもインドの民主主義体制が実際にどのような道筋を歩んできたのか，見てみる必要がある。このような観点からも政党システムの展開をまず理解することがインド民主主義体制の実態を理解する上で欠かせない。

　以上の議論からインド民主主義体制の「パズル」に答え，さらにインド政治のダイナミズムを明らかにするために，続く第Ⅰ編において，まずは政党システムがその時々の環境の中でどのように展開してきたかが分析されなければならないだろう。

　最後に，本書は独立後のインド政治の内的なダイナミクスを明らかにしようとするものであり，国際的な要因は必要な限りにおいて分析に導入するにとどめることをあらかじめ述べておく。その基本的な理由は，独立後インドは確かに国際関係の中で様々な影響を受けてきたが，国内政治の流れを決定的に変えるような国際政治の介入を受けたことはないからである。もちろんインドは特

有の国際環境に置かれ，その環境に働きかける一方で，そこから大きな影響を受けてきた。例えば，インドは冷戦下では非同盟主義運動へ積極的に関与し国際秩序の変革を目指した。また，1971年のソ連との同盟形成により冷戦構造にコミットした。中国とは1962年に軍事衝突し，パキスタンとは3回にわたり戦争を行っている。一方，2度にわたる石油ショックでは大きな経済的ダメージを受け，1991年の経済構造改革・自由化後は国際経済の影響をますます強く受けるようになった。しかし，本書で以下論述されるように独立後の歴史を見れば，このような国際的要因がインド政治の最も重要な要素である民主主義体制と政党システムを決定的に変容させるような大きな影響を与えることはなかったといえる。インドの民主主義体制は与件として国際環境を与えられたが，国際環境に支配されたことはない[33]。従って，国際関係の変動が必要な場合は分析の対象に組み込むが，国内政治，特に政党政治のダイナミクスを主な分析対象とすることが，インド現代政治分析のための基本となるのである。

---

33) R. J. マクマホンは1965年までの南アジアの国際関係を「周辺部の冷戦」と呼んだが，それは1989年の冷戦崩壊まで当てはまる。「周辺部」であったがために，そしてインドが比較的に安定した南アジアの域内大国であったがために，アメリカやソ連，そして中国など域外大国に強く影響される場合は少なかったといえよう。McMahon [1994]；近藤 [1997] を参照。

第Ⅰ編
政党システムの変容

第Ⅰ編の3つの章は，現在までの政党システムの展開を中央政府を中心にして叙述的に分析する章である。その意味で現代インドの政党政治史でもある。政党システムの展開を分析する視角はいくつかあるが，重視するのは，政治と経済の関係を分析するポリティカル・エコノミー的視点からの理解である。独立闘争を担い，人々の支持と大きな期待を背負った会議派が，人々から何よりも求められたのは生活の改善，社会の発展であった。為政者にとっても，宗教やカースト，そしてエスニシティや地域など様々なアイデンティティが存在するインドで，そのようなアイデンティティを基盤とする分裂的政治を起こさせないためにも，つまり，国家の統合を維持するためにも，人々の信頼をつなぎとめるだけの社会経済発展が必要であった。十分かつ広範囲の人々に裨益する社会経済発展は，人々の期待を維持し既成の政治体制＝「会議派システム」への信頼をつなぎとめるために大きな役割を果たすことは間違いない。逆に社会経済発展が停滞，あるいは偏ったものであれば，それは人々の不満を高め会議派システムは支持を失うであろう。独立運動を戦った会議派は独立の時点では幅広い人々の支持を受けていたことは間違いない。しかし，そのような支持は決して無条件の支持ではなく，政策の失敗，特に社会経済発展の失敗により縮小しうるものであった。

　もちろん，与党を中心とする政党システムの展開を分析する上で重要な要因は他にも数多く存在する。しかし，それでもなお，ポリティカル・エコノミー的視点を主軸にしてこそ，独立から今日までの政党システムの展開をより適切に理解することができると考えられる。インドの民主主義体制は選挙によってダイナミズムが与えられるが，後に示すように，選挙における政党の動向は経済や社会の変動・発展に大きく規定されるからである。特に与党はそうである。会議派は1960年代中頃までに選挙で人々の支持を大きく失い，その後インディラ・ガンディー首相の登場によって1970年代初めには一時的に人気を回復するが，すぐに危機的状況に陥る。危機に陥った最大の理由は経済開発政

策の失敗であった。1970年代後半の危機は，それまでの社会主義的政策，宗派主義の排除といった会議派政治のフレームワークを揺るがし，そこで生じた政治的真空が，「ヒンドゥー・ナショナリズム」や「カースト政治」など，いわゆる「アイデンティティ政治」の成長を促し，ヒンドゥー・ナショナリズムを掲げる政党や特定のカーストを基盤とする州レベルの政党の成長を促す。それは，さらに会議派の基盤を蚕食し，1980年代末以降，多党化を不可避のものとする。予め分析のアウトラインを示せば，政党システムはこのように展開する。

　ただし，ポリティカル・エコノミーの視点を主軸として分析を行うことで，見通しのよい，より体系的な理解が得られることが期待されるとはいえ，インド社会の多様性を反映して，政党システムの展開をそれだけで整合的に理解することには無理があることはいうまでもない。経路依存する政治の展開において，社会経済発展という要因に加え他にどのような要因が各段階で重要になるかは，その時々の状況によって大きく異なり，分析の出発点で予め予測することはできないだろう。従って，政党システムの展開の分析においても，先験的にどの要因が重要か確定しないで，帰納的に政党システムの展開の歴史を丹念に追跡しつつ重要な要因を確定していかなければならない。

　以下の3章では，ポリティカル・エコノミーの視点，特に政府が与えられた環境の中でどのような経済開発戦略をとり，また社会の変動に対してどのような対応をとったかを主要な軸として，そして，それに各時代で重要な諸要因を折り込み，政党システムの展開を分析する。

第1章 民主主義体制の成立と課題
―― インド国民会議派を中心とする「一党優位体制」の展開

　民主主義体制においては連邦制度，議会，選挙，司法，地方自治などの諸制度と共に，政党システムが適切に働いていることが必要である。特に独立初期には，国家統一や社会の後進性といった難問を抱えて民主主義体制は様々な試練にさらされる。そのような試練を受け止め，民主主義体制において中心的な政治的決定を行うのが政党または政党システムである。また，民主主義体制の諸制度はいったん定着すれば比較的に安定的であるが，逆にいえば硬直的であり社会の変動にダイナミックに適応することは難しい。社会のダイナミックな変動を受け止め，そのインパクトを伝達し民主主義体制を社会変動に適応させるのも政党システムの役割である。従って独立後のインドの民主主義体制の変動を理解するためには，政党システムの動態，変容過程を把握することが重要となる。この章では，まず，インド独立に至る過程と独立当初の重要課題を簡単にまとめる。制度，体制の展開を理解するには，それらが出発点でいかなる状況にあって，どのような問題を抱えていたかという初期条件を把握することが重要だからである。そしてそれを踏まえて，1960年代までの政党政治の展開をポリティカル・エコノミーに重点を置きつつ，主要な政治的事件，宗派・カーストといった政治社会の構造変動も組み込んで整理したい。

1　インドの独立とインド国民会議派

　現在までインドの政党システムの中心となっているのは，1885年に誕生し

た「インド国民会議派」（以下，会議派）である。歴史的に見ると会議派の正統性あるいは大衆性は民族運動を戦うことによって，インド独立の主役となったことに起源がある。会議派の歴史的発展の特徴は，多くの階層を運動に取り込み成長した点にある。独立後多くの政党が生まれるが，1925年に生まれた「インド共産党」（Communist Party of India：CPI）やヒンドゥー・ナショナリズムを代表する政党として 1951 年に組織された「大衆連盟」（-1977 年）やその後身で 1980 年に生まれた「インド人民党」（BJP），地方政党を除けば，多くが会議派と何らかの関わり合いを持って生まれてきたものである。従って初期の会議派の歴史的特質を把握しておくことが，独立後の政党システムの展開を理解するためにも重要である。まず，民族運動の中の会議派の発展の歴史を簡単に振り返るところから始めたい。

　会議派はその名の通り，当初は自治・独立を目指す団体ではなく植民地当局に対して主にインド人の代表機関の設置や，インド人への高級官僚の門戸開放を求めるインド人エリートの穏健な会議であった。しかし，会議派は 19 世紀末から「穏健かつ物乞い的な」政治に飽き足らない「民族主義過激派」の流入や，1905 年の「ベンガル分割令」など植民地当局による分割統治策がかきたてた民族的憤慨の高まりなどによって，その性格は次第に変化し，自治独立を求める運動へと変化した。しかし，パンジャーブ出身の L. ラージパット・ラーイ（1865-1928），マハーラーシュトラ出身の B. G. ティラク（1856-1920），ベンガル出身の B. C. パール（1858-1932）などを指導者とする民族主義過激派は，伝統社会の上層に偏っており，運動の社会的基盤は非常に狭く，むしろ「大衆」の参加を歓迎しない傾向を持っていた。そのような運動の限界を打破し会議派を「大衆化」したのがマハトマ・ガンディー（1869-1948）であった[1]。

　ガンディーは 1919-1920 年，および 1921-1922 年の非暴力不服従運動，そして 1930-1931 年および 1932-1934 年の市民的不服従運動などを指導する過

---

1) ロンドンで弁護士資格を得た後 1893 年に南アフリカに渡り，「サティヤーグラハ」（Satyagraha）と名付けられた大衆の非暴力抵抗運動を生み出す。1915 年にインドに戻り，1920 年には会議派で指導的地位に就く。

程で幅広い階層の民衆の共感を得，彼らのエネルギーを反英運動に結集することに成功する。ガンディーの運動の特徴はできるだけ包括的であろうとした点であるが，しかし，大衆運動が加速すると内部の矛盾が表面化し，その矛盾が運動に一定の制限を課した。例えば地主と一般農民では，運動が地代不払いに転化する場合，利害関係は対立的となる。また「サティヤーグラハ」（真理の把握）と呼ばれる運動の規範をヒンドゥー教に置くガンディーの独特の運動スタイルは，ムスリムにはあまりなじみのないものであった（長崎［1996：156-158］）。運動の過激化，暴力化は運動の内部矛盾を激化させる可能性を高めたが，矛盾が暴発しない限界内で運動を停止しえたのがガンディーであった。ガンディーの運動を受け継いだ会議派は，独立後このような一定の制限付きの「穏健な大衆性」を受け継ぐことになる。運動は植民地当局の弾圧を受けながらもその大衆性と非暴力性のゆえに力のみでは抑圧しがたいものとなり，植民地当局は限定的ながら次第に自治要求に譲歩する姿勢を見せていく。最後の統治法となった「1935年インド統治法」に基づき1937年に行われた選挙を通じて不完全ながらも一応の自治を州レベルでインド人に認めたのはその成果であった。一方，1906年に現在のバングラデシュのダカで設立され，後にムスリムの支持を集めることになる「ムスリム連盟」はこの選挙では敗北し，それがムハンマド・アリー・ジンナー（1876-1948）を指導者とするムスリム連盟をしてその後会議派へ非妥協的姿勢を取らせる大きな要因となる。このような歴史的展開の延長上に独立が位置づけられることになる。

　インド独立の最後の一押しとなったのは，1939年に勃発した第2次世界大戦である。戦争勃発とともにイギリス植民地当局は一方的にインドも参戦することを宣言し，会議派などインド人指導層の大きな非難を浴びた[2]。これに対してガンディーは1942年8月に「インドを出て行け」決議を行い，最後の大衆運動を展開する。運動は力で抑圧されたが，大戦後は，戦争に疲弊し1945年7月に政権が労働党に変わったイギリスには植民地インドを維持する覚悟はなかった。また，徐々に進行したインド文官や軍の将校のインド人化は既に

2）会議派は，当初は戦争がファシズム対自由主義の戦いであり，インドに即時自治が保障されれば戦争に協力するという態度を示したが，イギリスはそれに応じなかった。

相当なレベルにまで進んでおり，激しい民族運動の中でイギリスは，彼らの忠誠を当然のものと考えることは難しくなりつつあった。さらに，スバース・チャンドラ・ボース（1897-1945）[3]を指導者として日本の庇護の下で結成されインド独立のために戦ったインド国民軍を裁こうとした植民地当局に対する人々の反発，1946年2月の一部のインド海軍の反乱，そして何よりも各地で起こるハルタール（ゼネスト）など民衆の反発と広範に広がった不穏な状況などを，疲弊したイギリスが，力で押さえ込むことはもはや難しかった。このような状況から，いかにスムーズにインドに権力を委譲するかがイギリスにとって不可避の政治課題になったのである。

最大の問題はヒンドゥー対ムスリムの宗派対立，すなわち，「コミュナリズム」の問題であった。歴史的にはコミュナリズムはインド社会の特質，イギリス植民地主義による各宗派の分割統治政策，そして会議派やムスリム連盟が織りなした民族運動の性格などの様々な要因の結果として形成されたが，両宗派間の暴力事件など宗派対立によってコミュナリズムは政治に浸透し，逆に政治におけるコミュナリズムは社会における両派の対立を激化させた。その矛盾は1946年3月に権力委譲を前提に送り込まれたイギリス閣僚使節団による折衷的な連邦案でも妥結しなかった。8月以降に頻発したヒンドゥーとムスリムの間の大規模なコミュナル暴動は多大な犠牲者を出し，両者の問題はもはや統一国家内では処理しきれないものと認識されるようになり，ガンディーの反対にもかかわらず，会議派，ムスリム連盟，そしてイギリス当局もムスリム多住地域とその他地域の分離独立を認めざるをえないという認識に至る。こうして分離独立の道が選択され，1947年8月にインドとパキスタンという2つの国家が誕生するのである[4]。

独立当初のインドにとって最大の課題は国家統合の維持であった。分離独立と国境の画定はパキスタンからインド側に夥しい数のヒンドゥー教徒やシク教

---

[3] 第2次世界大戦中のガンディーなど独立運動指導者やボースの役割については，長崎［1989］を参照。
[4] 独立までの近代史については，例えば以下の多くの優れた著作を参照。チャンドラ［2001］；サルカール［1993］.

徒などを，反対にインドからパキスタン側にムスリムを追いやり，その過程で発生した暴力によって多数の犠牲者を出した。一方，大小様々な藩王国の統合も大きな問題であった。特に，インドの中央部デカン高原に位置し，インド連邦への加入を拒否していたハイデラバード藩王国の問題，ムスリム多住地域ではあるがヒンドゥーの藩王が統治していたカシミール藩王国がインドとパキスタンのどちらに帰属するかは，国家統合において極めて大きな問題であった。ハイデラバード藩王国の場合は「警察行動」と称された1948年9月のインド軍の介入によって併合された[5]。しかし，カシミール藩王国の場合は1947年にはパキスタンと帰属を争い，第1次印パ戦争につながった。同地域は戦争停止時の「実効支配線」によって分割されることになる[6]。

また，北東国境部のナガ民族の独立運動などの動きにも対処する必要があった。ナガ丘陵地帯では1946年に「ナガ民族評議会」（Naga National Council）が設立され，1947年にインド政府の庇護の下で10年間の暫定自治政府をつくるという要求を行い，また同評議会の急進派はインド独立に合わせて独立宣言を発した。しかし，ジャワハルラール・ネルー率いる会議派政権は結局要求を取り合わず強制的に同地域のインドへの編入を行い，それに対して弾圧を受けたナガの人々は武装闘争路線に進む[7]。北東部の分離主義に関しては，中央政

---

5) 同藩王国はインド連邦への加入を拒否し独立を求め国際連合に提訴していた。しかしヒンドゥー住民が多くを占めるにもかかわらず，ムスリムの藩王によって支配される巨大な封建的藩王国がインド連邦の中央部に位置することはインド政府の容認するところではなく，インドは1948年9月には警察行動と称してインド軍を介入させ同藩王国を併合した。

6) 独立当時，同藩王国は帰属をはっきりさせていなかったが，パキスタンに支援された部族が反乱を起こし州都へ進攻する事態に直面して1947年10月にはヒンドゥーの藩王は急遽インド連邦への加入を決心しインドへ救援を求める。インド政府はそれに応じて軍を派遣し，インドとパキスタンは独立直後に早くも干戈を交えることになった。中村［1977：185-189］；落合［1970：150-165］［1975］などを参照。なお現在の実効支配線は1971年の第3次印パ戦争で定まったものである。

7) 1935年インド統治法ではナガ丘陵地帯は通常の統治からはずされ，アッサム州知事が直接統治する「除外地域」（excluded area）とされていた。ナガ地域の戦争からの復興を目的とした「ナガ丘陵トライブ協議会」が1945年に設立されたが，これが「ナガ民族評議会」の前身である。ナガ民族評議会の指導者A. Z. フィゾらは1948年7月に一時投獄されたが，1951年に住民投票を独自に行い，99％の住民が独立を支持してい

府は 1958 年に「軍特別権限法」(The Armed Forces (Special Powers) Act, 1958) を制定し軍事力による押さえこみをはかった。同法で紛争地域と指定された地域で，軍は治安維持のために武力行使，政治的自由の制限，令状なしの逮捕など強い特別権限を認められたが，それは人権侵害を頻発させ問題はさらに歪んでゆく[8]。

一方，封建的抑圧や第 2 次世界大戦に起因する困窮などによる農民の階級闘争激化も大きな問題であった。特にベンガル地方のテーバガ運動やハイデラバード藩王国のテーランガーナー運動は激しく，また CPI の指導が行われたこともあり，中央政府にとって見過ごすことのできないものであった。前者はベンガル地方の地主階級である「ジョトダール」対刈分小作人層の「バルガダール」の闘争で CPI の影響を受けた農民組合（キサーン・サバー：Kisan Sabha）に指導された運動である。ベンガル地方は第 2 次世界大戦中，天候不順に加えて，日本軍の侵攻に備えて，あるいはインド軍への食料の供給のために食糧穀物の買い占めが行われ，農村部では退蔵，価格の高騰などによって下層農民は食糧を得ることが困難になり，1943-1944 年には数百万人ともいわれる餓死者を出した。このような背景の中，階級的対立が激化した。従来ジョトダール，バルガダールの両者の収穫物の取り分は半々に分けられていたのに対し，前者の取り分を 1/3（テーバガ）にせよ，という「テーバガ」運動が広がったのである[9]。これは 1947 年 4 月には弾圧され，分離独立に伴うベンガルの分割という大変動の中で終息した。

テーランガーナー運動とは前述のハイデラバード藩王国内で起こった農民階

ることを示した。さらに，同地域では 1951 年末から翌年に行われた総選挙をボイコットすることに成功した。中央政府は 1955 年に軍を投入することを決定し，翌年ナガ丘陵は「紛争地域」と指定され軍の支配下に置かれた。同評議会は 1956 年には「ナガ連邦政府」の樹立を宣言した。以下を参照。National Campaign Committee Against Militarisation and Repeal of Armed Forces (Special Powers) Act［1997：5-7］；詹［2007］；井上［2009］；イラル［2011］。

8) この法律は様々な人権侵害を引き起こし，現在までたびたび廃止が求められているが，軍や一部の州政府の反対などがあって実現していない（GOI (Ministry of Home Affairs)［2005a］）。

9) この運動に関しては，佐藤［1970］などを参照。

級闘争である。同藩王国では，藩王の下で抑圧的封建的支配体制が敷かれており，小作農や下層農民は疲弊していた。そのような状況の中で 1946 年 9 月から CPI の影響力が強い「アーンドラ・マーハーサバー」(Andhra Mahasabha) は，地主・大地主による小作追い立ての禁止，強制労働の廃止などの土地改革を目標として，地租・地代記録破壊運動，さらに解放区の設立など急進的な運動を進めた。藩王体制にはこの運動を弾圧する力は既になかった。中央政府がハイデラバード藩王国へ軍事介入した一つの目的は，この運動を抑圧することにあったのは間違いない。このような革命的な階級運動が他地域に波及することをインド政府は恐れたからである。ハイデラバード藩王国への軍事介入においてインド軍が真に対峙したのは，むしろこのような革命的な農民運動であったといってよく，その鎮圧が完了するのは 1951 年に入ってからであった。

　会議派は独立時に以上のような国家統合に関わる様々な難局に対処しなければならなかった。従って，会議派にとって安定した官僚制や軍を植民地時代から受け継いだことは，そのような難局にすぐさま対応できたという意味で幸運なことであったし，逆に官僚制や軍にとっては，人々の間で威信を保持し安定した会議派が政権に就いたことは自らが政治化するリスクを減じた。独立直後，会議派が統治機構内で民主主義体制の，いわば核となる部分にスムーズに入り込み，旧植民地体制の官僚制や軍を指導するという形で役割分担がなされたことは，生まれて間もない民主主義体制が難局に対処することを可能にしたといえる。ただし，この国家統合の確立期においては，一方で力による国家統合が，民主主義よりも優先されるというインド民主主義体制，あるいはより一般的にいえば国民国家形成の限界も露呈された。一般的に，このような限界は階級間対立が激しい国や，国家の境界が人為的で民族の境界と一致しないポスト植民地国家において顕著である。それゆえに，インドが初期の困難を乗り越えて民主主義体制を発展させられるかどうか注目されたのである。ポイントとなるのはやはり，政党であった。

2 会議派政権と「一党優位体制」モデル——民主主義体制の定着

　以上のように，インドでは民主主義体制は様々な限界を抱えつつ発足した。その限界が先鋭に現れる政治社会領域を改めて「民主主義体制の周辺部」と呼ぶことにしたい。民主主義体制が一応機能している領域は，前章の民主主義体制の最小限定義に従えば，民主主義体制の諸制度，とりわけ選挙が自由かつ公正に行われている領域と定義できる。この周辺部の問題を考えることは非常に重要であるが，それを考える上でも，民主主義体制の中心がどのようになっていたのか，特に，政党システムがどのように展開してきたのかを考える必要がある。まずこの点を見てみたい。

　民主主義体制の周辺部以外の部分で，民主主義制度に対する高い信頼感が定着したのは，初期の会議派政権の存在によるところが大きいと考えられる。どのような制度も政党がその運用に失敗すれば政党のみならず制度そのものに対する信頼も徐々に失われていくが，特に制度の運用が開始される初期は非常に重要な時期である。それは前章で述べたように，分離独立したパキスタンがムスリム連盟の衰退から議会や選挙制度が機能不全となり，結局1958年にはクーデターで民主主義体制が崩壊してしまった例からも明らかである。結論的にいうと，インドでは独立を勝ちとった会議派に対する民衆の信頼は高く，またジャワハルラール・ネルー首相率いる会議派政権が政治的に安定し，選挙と議会を尊重したことで，民主主義体制の定着に大きな役割を果たしたといってよい。1960年代までの政党システムは後に詳述するように「一党優位体制」(One-party dominant system) と概念化されることが多いが，それは，ネルーの指導権が党中央で確立され，また，中央，州，地方各レベルの党組織の発展によって巨大で安定した会議派が政党政治の中心を占め，他の小政党はその周辺で会議派内の様々なチャンネルを通じて利害関係を投影するという政党システムである。R. W. スターンはパキスタン，バングラデシュと比較してインドで民主主義が定着した大きな要因の一つとして，国家建設の初期に一党優位体制のもと議会が安定的に運営されたことをあげている（Stern [2001: 156]）。そ

れでは，そのような体制はどのように成立したのであろうか。

1950年代初めまでに会議派内ではネルーの指導権が確立していくが，それはある意味では会議派の党としての「純化」の過程でもあった。民族運動期から会議派内には様々な勢力が存在した。党内の右派に関しては，初代内相として藩王国の統合など内政で辣腕を発揮しネルーと並ぶ実力者であったサルダール・バッラバイ・パテールなどがいた。しかし，パテールは1950年に死去し，また，会議派右派で党総裁 P. D. タンドンが1951年にネルーとの指導権争いに敗れて辞任し，ネルーが会議派総裁を兼任すると，党内右派の影響力は低下した（森 [1970a][1970b][1970c][1970d]; Kochanek [1968: Part I]）。

左翼勢力も民族運動期から会議派内に影響力を築いていた。1934年には，土地改革など急進的な社会改革を要求するナーレンドゥラ・デーヴ，ジャヤプラカーシュ・ナーラーヤン等により党内で「会議派社会党」(Congress Socialist Party) が結成された。同派は非暴力不服従運動の停止に反対し，議会への参加を通じて会議派がイギリス植民地政治に参加することに反対するなど，ガンディーや党内主流派を批判する勢力でもあった。またCPI党員も会議派に浸透していたが，第2次世界大戦で会議派が「インドを出て行け」運動を展開するさなか，CPIはソ連の参戦とともに戦争支持を打ち出したことにより会議派と対立した。そのため大戦が終結した1945年には会議派はCPI党員を党から追放した。また，会議派社会党も1947年には会議派から分裂し，「社会党」(Socialist Party) を結成する。このような経緯を経て会議派は1948年には党内の「党」を認めない方針を打ち出し，党内の左翼勢力も会議派を離れていく。

しかしCPI党員や会議派社会党が正式に抜けた後でも，派閥は党内で実質的に生まれ続ける。例えば，会議派総裁選挙で上述のタンドンに対抗するため1950年には「民主戦線」(Democratic Front) が党内左派のA. J. B. クリパラニーやR. A. キドゥワイ[10]によって結成されている。1951年の総裁選挙ではタンドンが勝利するが，上述のようにネルーとの主導権争いに敗れ，翌年には辞任する。一方クリパラニーやキドゥワイはやはり会議派を脱して，1951年

---

10) キドゥワイは1952年には会議派に復帰している。

6月には「農民・労働者・人民党」(Kisan Mazdoor Praja Party) を結成し，第1回総選挙後の1952年には，「社会党」と合併して，「人民社会党」(Praja Socialist Party) となる。

　以上のように，独立後会議派内でネルーの指導権が確立していった過程は同時に党内の明確な異分子が排除される過程であり，また，排除された異分子が，会議派の周辺で政党を打ち立てる過程でもあった。このような会議派，および会議派を起源とする諸政党に加え，CPIや大衆連盟などいわば非会議派起源の諸政党が競い合って初期の政党システムは「整理・編成」されていくのである。そこでの重要なプロセスが選挙であった。この点を1951年末から1952年初めにかけて行われた選挙（以下，1952年選挙とする）と1957年の選挙を比較して確認してみたい。

　インドの選挙では独立当初は非識字人口が多かったため，選挙民が政党を選択する場合に便利なように，政党に図柄＝シンボルが割り当てられ，それを目印として政党が選挙される。そのため，政党は選挙委員会によって，全国的に支持基盤を持つ政党と，特定の州あるいは地域限定的に支持基盤を持つ政党に分類され，シンボルが分配される。逆にシンボルの割り当てを通して，どのような政党が全国的であるか，あるいは州限定か，おおよその状況がわかることになる。

　1952年の第1回総選挙の前，選挙委員会は「全国政党」(National Parties) として14政党，「その他州政党」(Other State Parties) として39政党を認定した。しかし，次の1957年の選挙直前の段階では各々4政党，11政党になる[11]。すなわち，1952年の第1回の総選挙によって，全国政党は14から4

---

11) 制度の運用，政党の定義にはかなりの変遷がある。1951年，1957年の選挙ではこのような分類であったが1962年，1967年の選挙では「全国政党」，「その他認定政党」(Other Recognised Parties)，「登録（非認定）政党」(Registered (Unrecognised) Parties) と分類され「その他州政党」の分類がなくなっている。しかし，"Election Symbols (Reservation and Allotment) Order, 1968" の制定以降は「州政党」(State Parties) が再び定義されている。例えば，2000年までの改正が織り込まれた同法令によると，「全国政党」は，(A)前回総選挙で4州以上で候補者を立て，それらの州においていずれも6％より多い得票率を達成し，かつ最低4名の当選者を出した政党，あるいは(B)前回総選挙で連邦下院定数の2％以上の当選者を出し，かつ当選者が4州以上か

に,「その他州政党」は39から11に淘汰されたのである。1952年の選挙後,全国政党として残ったのは,会議派,大衆連盟,CPI,人民社会党であった[12]。

次に政党システムの中心を占め,政党システム全体に安定性を与えた会議派がどのような状態であったか見てみよう。会議派指導体制の安定化には中央,州,地方各レベルの党組織の発展も欠かせない条件であった。州以下の会議派組織は,州-県(district)・都市部-地区(徴税郡(taluka)や,ブロック(block)等)など各地域レベルで会議派委員会(Congress Committee)が組織された。また党と社会を結ぶ各種の組織も発展させている。例えば,全国レベルの労働センターとして「インド全国労働組合会議」(Indian National Trade Union Congress : INTUC)[13] が1947年に設立されている。

会議派は独立時に中央,主要州で政権に就いたこともあって独立後の党組織はかなり広範に広がっていたことはそのメンバー数が示すところである。会議派組織の基盤を支える党員は「初等メンバー」(primary member)と,党の活動を社会の基底レベルで支える「活動メンバー」(active Member)[14] に分かれるが,1950年代中頃から1960年代中頃の平均は各々479万人,7.2万人であった[15]。またメンバーの社会的出自は多岐にわたっていた。例えばS. A. コチャネックの研究によると,1958年の西ベンガル州,ボンベイ州[16]の活動メン

ら出ている政党と定義される。「州政党」は「全国政党」を除き,(A)前回の連邦下院総選挙あるいは州立法議会選挙で6%より多い得票率を当該州で達成し,最低2名の当選者を州立法議会に出した政党,あるいは(B)前回州立法議会総選挙で議会定数の3%以上,または3名以上の当選者を出した政党と定義される。

12) インド選挙委員会(Election Commission of India)データによる(http://eci.nic.in/eci_main1/ElectionStatistics.aspx, 2012年1月5日アクセス)。

13) 1920年に設立されたCPI系の「全インド労働組合会議」(All India Trade Union Congress : AITUC)から1947年に分離した。

14) 当時の党の憲章によると,「初等メンバー」は18歳以上で,党の規範に賛同し,登録を行い,毎年党費を支払うメンバーである。「活動メンバー」は21歳以上で基礎メンバーを最低2年間は経験し,より高度の党規・規範に従うことを宣言して登録し,党費を支払うメンバーである。後者が党の基盤であることは明らかである(Kochanek [1968 : Appendix III])。

15) 1955年,1957年,1959年,1960年,1961年,1962年,1963年,1964年の平均値。Weiner [1967 : 57] のTable 7より筆者計算。

バー 13,461 名の職業の内訳は，農業：28.1％，サービス：24.7％，ビジネス：22.2％，専門職：18.5％，教育関係：11.8％となっている（Kochanek［1968：346］）。活動メンバーは特定の階層というよりも多様な社会階層からなっていたことが推測される。

　会議派党員のこのような多様性は，多くの階層を巻き込んで展開された独立運動の性格によるところが大きい。しかし，それに加えて，独立後，政権党として様々の政府ポストを統制し，よって権力とパトロネッジを分配する一種の「マシーン」政党になったことによるところも大きい（Weiner［1967：472-474］；Chhibber［1999：Chapter 3］）。後述するように，経済発展を国家主導で目指すとする社会主義的政策がとられ，政府，公的部門が拡大したことも，そのような傾向を助長し，多様な階層の多様な有力者を党組織に吸収してゆくことになる。有力者から見れば，政権に就いた会議派は社会的権力と地位を最大化する政治的「道具」でもあった。従って，会議派の組織は多様な階層を含むとはいえ，その多くは社会の既得権益層からなるもので，それは選挙の時の集票には大きな威力を発揮したものの，他方で自らの権益を脅かす可能性が高い社会変革に進む動機には乏しいという性格を持っていたといえる。また，権力とパトロネッジという資源が不足すると，党はそれらの集団や個人の忠誠心を継続的に確保することができなくなるという限界を見せることになる。もっとも，それはネルー在命中は顕在化することはなかった。

　いずれにせよ，独立当初の会議派の威信，権力とパトロネッジなどの諸要因によって，表1-1に示すように1960年代初めまで会議派は選挙で安定した支持を確保し，安定政権を維持することができた。そのような状況は主要州でも同じであった。ただし，注意すべきは制度の影響，すなわち選挙で小選挙区制が採用されたことで会議派に有利に働いていた可能性があるという点である[17]。小選挙区制によって，候補者は過半数に満たない得票率でも当選できる

16）1960年にマハーラーシュトラ州となる地域とグジャラート州となる地域のバローダ県およびアーメダバード県のデータ。

17）憲法制定会議ではムスリムなど少数派の代表確保のために，比例代表制を採用する改正意見に対して，憲法起草委員会委員長のB. R. アンベードカルは識字率が低い中で比例代表制という複雑な制度が人々に理解されない可能性があること，小党乱立で議

表 1-1 主要政党の連邦下院選挙結果（1952-2009 年）

年	選挙議席	投票率(%)	会議派 得票率(%)	会議派 獲得議席	インド共産党（CPI） 得票率(%)	インド共産党（CPI） 獲得議席	インド共産党（マルクス主義）（CPI (M)） 得票率(%)	インド共産党（マルクス主義）（CPI (M)） 獲得議席
1952	489	45.7	45.0	364	3.3	16	—	—
57	493[a]	47.7	47.8	371	8.9	27	—	—
62	494[b]	55.3	44.7	361	9.9	29	—	—
67	520[c]	61.2	40.8	283	5.0	23	4.4	19
71	518[d]	55.3	43.7	352	4.7	23	5.1	25
77	542[e]	60.5	34.5	154	2.8	7	4.3	22
80	542	56.9	42.7	353	2.6	11	6.1	36
84	542	63.6	49.1	405	2.7	6	5.7	22
89	543[f]	62.0	39.5	197	2.6	12	6.6	33
91	543	55.2	36.5	232	2.5	14	6.2	35
96	543	57.9	28.8	140	2.0	12	6.1	32
98	543	62.0	25.8	141	1.8	9	5.2	32
99	543	60.0	28.3	114	1.5	4	5.4	33
2004	543	58.1	26.5	145	1.4	10	5.7	43
09	543[g]	58.2	28.6	206	1.4	4	5.3	16

年	大衆連盟／インド人民党（BJP）（1980 年-） 得票率(%)	大衆連盟／インド人民党（BJP）（1980 年-） 獲得議席	ジャナター党 得票率(%)	ジャナター党 獲得議席	ジャナター・ダル 得票率(%)	ジャナター・ダル 獲得議席
1952	3.1	3	—	—	—	—
57	5.9	4	—	—	—	—
62	6.4	14	—	—	—	—
67	9.4	35	—	—	—	—
71	7.4	22	—	—	—	—
77	—	—	41.3	295	—	—
80	—	—	18.9	31	—	—
84	7.7	2	6.9	10	—	—
89	11.4	86	—	—	17.8	142
91	20.1	120	—	—	11.9	56
96	20.3	161	—	—	8.1	46
98	25.6	182	—	—	3.2	6
99	23.8	182	—	—	—	—
2004	22.2	138	—	—	—	—
09	18.8	116	—	—	—	—

出所）インド選挙委員会のデータ（http://eci.nic.in/eci_mainl/ElectionStatistics.aspx, 2012 年 5 月 25 日アクセス）および Butler, et al.［1989：10］より筆者作成。

注）a：新選挙区区割り適用。3 人区廃止および 2 人区増加。b：2 人区を廃止して全て 1 人区に。c：新選挙区区割り適用。d：ヒマーチャル・プラデーシュが連邦直轄領から州に昇格し、それに伴い議席が 6 議席から 4 議席に減少。e：新選挙区区割り適用。f：1987 年にゴアが連邦直轄領から州に昇格したことに伴い、1 議席増加。g：新選挙区区割り適用。

可能性が高まり，民族運動を背負い既に与党となった会議派に対して優位に働いたことは間違いない。そのため表に示されるようにこの時期，会議派は全体として過半数以下の得票率で連邦下院議席の約3分の2を獲得することができたのである。しかし，逆にそれは過半数以上の選挙民の民意が議会に直接反映されない状況であったということも意味した。

1960年代初めまで典型的であった会議派を中心とする以上のような政党システムは，R. コターリーやW. H. モリス=ジョーンズにより，「会議派システム」(Kothari [1964]) または「一党優位体制」(Morris-Jones [1964, 1978]) と概念化された[18]。彼らによると一党優位体制の特徴は以下のようなものである。(1)議会において優位を誇り，多様な政治的意見，利害関係を可能な限り共存させようとする「コンセンサス政党」が存在すること，(2)コンセンサス政党の内部には派閥が存在し，派閥を通じて外部の政治的諸団体の意見や利害関係を党に吸収できること，そして，(3)他の小政党は議会では小勢力であるが，「圧力政党」としてコンセンサス政党内の利害関係の一致する派閥を通じて一定の影響力を政治的決定に及ぼすことができること，である。いうまでもなく，会議派がコンセンサス政党で，他の政党が圧力政党である。小選挙区制の採用は，会議派の得票率に比べて大きな議席を会議派に与えることとなり，このシステムの維持に重要な役割を果たした。

このモデルはこの時期のインドの政党システムを語るとき，常に参照される。その最も大きな理由は会議派という議会で圧倒的多数を誇る政党が存在し，かつ会議派が党内派閥だけでなく，野党の意見も重視する性格を有したという意味において，このモデルにかなり適合していたからである。確かに党内派閥のみならず，「全て」の野党の意見も取り入れて幅広い「コンセンサス」を厳密な意味で作り上げたことは現実にはない。しかし，1960年代半ばまでの会議派政権期の政党システムは一党優位体制のモデルに近いものであったと

　会，引いては議院内閣制民主主義体制が安定しないなどの可能性をあげて反対した。結局，連邦下院，州立法議会への選挙では小選挙区制が採用された。1949年1月4日の議論を参照 (Constituent Assembly of India [1967: 1261-1263])。

18) この概念はG. サルトーリの類型化では，競合的政党システムの一種である「一党優位政党制」という政党類型とほぼ重なる（サルトーリ [1992]）。

思われる。そこに，このモデルでこの時期の政党システムを分析する意味がある。

ただし，このモデルは議会で単に圧倒的多数を確保している政党があるという基準だけで乱用される傾向がある。また，このモデルは中央レベル，州レベルの区別を踏まえないまま使われる場合も多く，現実の政治をクリアに理解するモデルとしては問題を生じさせる場合もある。例えば中央レベルと州レベルのコンセンサスの内容は食い違う場合が考えられ，その場合，政党システム全体のコンセンサスを語る意味は薄れるだろう。

以上のような点に注意しつつ，会議派を中心とする政党システムの展開を見ていきたい。その前に，インドの民主主義体制に対して，人々はどの程度，信頼感を持ち，政治参加していたのであろうか。この点をまず確認しておきたい。なぜならば，広範囲の政治的信頼感，あるいは政治参加が欠如しているならば，民主主義体制を分析する意味がないからである。

そのバロメーターとしては選挙の投票率が重要である。表1-1の通り，投票率は1960年代まで順調に増加した。独立前までは一部の有権者しか投票できない制限選挙であったのに対して，初めて21歳以上の成人男女普通選挙となった1952年の第1回総選挙で45.7％の投票率を記録したのは画期的であった[19]。連邦下院選挙や州立法議会選挙は，ジャンムー・カシミール州や北東地域の一部などの地域を除けばおおむね公正に行われていると評価されており，民主主義諸制度への信頼感の定着を目指す上でよいスタートをきったと評価されてよい。民主主義体制の周辺部を除く，という制限はあるものの，次に述べるように様々な課題が現れる中，1960年代初めまで会議派が一定の高い得票

---

19) 独立前の州立法議会選挙は，一般選挙区の他に，ムスリム選挙区，ヨーロッパ人選挙区，インド・クリスチャン選挙区，地主選挙区など複雑に分かれ，さらに有権者は地税などの納税額で制限が置かれた制限選挙であった。また州によってもかなり状況が異なる。いずれにせよ，普通選挙の実施によって有権者は数倍になった。参考のため，連合州（United Provinces）の場合，1946年の立法議会の有権者は724万人である（Reeves et al. [1975 : 1]）。独立後，連合州はウッタル・プラデーシュとなるが，その最初の1951年の州立法議会選挙の有権者は3,170万人であった。普通選挙の実施により有権者は1946年から1951年にかけて4.38倍になったことになる。なお選挙年齢は，1988年の憲法改正で18歳以上に引き下げられた。

率を維持しつつ，かつ，投票率が順調に拡大したことは，一党優位体制の安定性を高めたと考えてよいだろう。その後，会議派の得票率は政治社会変動の波の中で大きく変動していくことになるが，投票率自体は1967年の総選挙以降，6割前後の水準を維持する。1975年から1977年までの非常事態体制によって選挙は一時途切れるものの，選挙に復帰したのち投票率がほぼ6割を維持していることは，政党とは別に，基本的に民主主義体制が人々から支持されていることの現れといってよいと考えられる。

3 「一党優位体制」と会議派政権

「一党優位体制」では，ネルー指導下の会議派が中央および主要州の議会で安定多数派を維持していたため，多くの課題に対して比較的に有効に対処しえた。一党優位体制が初期の段階で政治に安定性を与えたことは，会議派政権をして諸問題を処理する一定の余裕を与え，民主主義体制の定着に大きな役割を果たしたものと思われる。しかし，それは全ての課題に有効に対処しえた訳ではない。例えば，州の言語州への再編成および公用語問題は比較的に大きな困難なく対処されたが，土地改革など会議派の基盤を揺るがしかねない問題に対しては有効に対処できなかったといってよい。各々の課題にどのように対処していったのか検討することで，この体制の性格，特徴がはっきりする。以下，まず言語州と公用語，土地改革，工業化政策という課題を検討してみたい。言語州と公用語の問題は，サブ・ナショナリズムや地域主義など，いわゆる「アイデンティティ政治」の諸問題を理解するための，いわば下敷きであり，その意味で重要な問題である。一方，土地改革と工業化政策は政治問題と経済問題が絡み合うポリティカル・エコノミーであり，後に明らかにするが，1970年代までの会議派政権が，これらの分野で大きな成果をあげられなかったことが，経済発展がはかばかしく進まなかった大きな要因の一つとなった。そして，それは翻って会議派への信頼を揺るがすことになる。その意味でこれらの問題が一党優位体制の期間にどのような展開をたどったかを分析することが重

要である。

言語州への再編と公用語の問題

　独立時のインドの統治体制は植民地期の複雑な歴史的経緯を受け継いで，州の境界は旧英領と大小様々な旧藩王国領が複雑に入り組み，人々の言語や文化と一致しない歪な形をしていた。従って歪みの解消は何らかの基準に沿ってなされる必要があったが，その最も重要な基準が「言語」であった。会議派は独立前の民族運動で既にインド近代諸語を軸とする州の再編を目標としていた。1920年の会議派ナーグプル年次大会では言語別の州再編成が決議され，翌年会議派組織を言語州別に再編している。さらに1928年のモーティラール・ネルー（1861-1931）[20]を議長とする全党協議会（Committee of the All Parties Conference）でも言語的統一を軸に州再編がなされるべきとの決議がなされた。

　ただし，独立直後は分離独立の衝撃もあり，言語州への再編成は慎重に避けられてきた。言語問題は各地域の民族の様相と密接に関係し，それゆえサブ・ナショナリズムや地域主義につながりやすいと考えられたからである。独立当初のジャワハルラール・ネルー会議派政権の懸念は，言語問題が各地のサブ・ナショナリズムを刺激し，国家の統合を揺るがす可能性があることであった[21]。国家の安全保障，統合，経済発展が最優先であり，結合力とも分離的な力ともなりうる言語の問題は，混乱や紛争を生まないように時間をかけて慎重に扱われるべきと考えられたのである[22]。しかし，1952年に入ると南部のアーンドラ地方でマドラス州（当時）から分離して言語州を求める運動が暴動化した結果，ネルー政権は州の設立を認めざるをえなくなり，翌年にアーンド

---

20) ジャワハルラール・ネルーの父。1919-1920年および1928-1929年に会議派総裁。
21) 制憲議会当時の指導者はインドの「バルカン化」まで懸念したという（Das and Choudhury［1990：36］）。
22) 1948年の「ダール委員会」（Dar Commission）報告は，憲法制定議会に当時の不安定な状況を考え州再編を先延ばしするように勧告した。また1949年の会議派の「JVP委員会」（JVP Committee. Jawaharlal Nehru, Sardar Vallabhbhai Patel, Pattabhi Sitaramayyaの名を冠してこのように呼ばれた）報告はこのような問題に加えて，言語的多数派と少数派の不平等性が顕在化する可能性に対する危惧を表明した（Sarangi and Pai［2011：7］）。

ラ州が成立する。ここに至っては，言語州への再編成を遅らせること自体が連邦制全体の不安定化につながることは明らかであった。中央政府は1953年に「州再編成委員会」（States Reorganisation Commission）を任命し，同委員会は言語や地域の歴史，設立される州の経済規模などの諸要因を考慮した上で1955年に報告書を提出した[23]。これに基づいて中央政府は1956年に州の再編成を行い，現在まで続く州と連邦直轄領の原型がほぼ定まる。放置すれば様々な紛争の種となりうる州再編成問題を，安定していたネルー政権の時期に処理したことは長期的に見ると大きな不安材料を取り除いたことになったといってよいであろう。

　部分的な州の再編成はこの後も続き，1960年にはボンベイ州がマラーティー語圏のマハーラーシュトラ州とグジャラーティー語圏のグジャラート州に分離された。1955年の州再編成委員会の勧告では，重要な経済都市であるボンベイ市の帰属が大きな焦点となり，州の分割が見送られた。しかし，州分割を望む勢力による暴力事件が起こるなど，分割が見送られたことに対する不満がかえって高まった。そのような背景から，マハーラーシュトラ地域では統一マハーラーシュトラ委員会（Samyukta Maharashtra Samity），グジャラート地域では大グジャラート人民評議会（Mahagujarat Janata Parishad）などの運動が勢力を得て，両地域の分割不可避との情勢が動かしがたくなり，結局，分割が実現した[24]。

　言語と地域主義の問題に関して，この時期，もう一つ大きな問題となったのは，公用語問題である。多様な民族からなるインドでは公用語が何になるか

---

[23] 州再編成委員会報告はネルー政権の方針に従い，言語だけが州再編成の絶対的基準ではないということを前提としたが，植民地期の歪な境界を受け継いだ州構成に国民は我慢の限界に来ているとして再編が急務との認識を示し検討を行った。同委員会は安全保障と安定，州再編にまつわる行政的・財政的費用，地域感情の高揚とそれによる地域的経済主義の高まりによる経済計画への打撃などを言語州への再編成のマイナス面としてあげた。一方，プラス面として統合による心理的満足感，教育や行政における便宜をあげ，可能な限りの少数言語集団の不利益を除去することを条件として実際上，言語州への再編成を促した（GOI［1955: 253-265］）。

[24] 暴力事件の頻発など運動の激化により，結局，会議派は分割を認める。ボンベイはマハーラーシュトラ州に帰属することになった。井坂［2011］を参照。

で，行政や教育，雇用の面で人々の利益が大きく左右される。従って，不利益な公用語が特定の州に押しつけられる場合，当該州に大きな反発が生まれ，政治的に中央対州の対立，中央への反発をベースとする地域主義やサブ・ナショナリズムの高揚に結びつく可能性が大きくなる。

　公用語問題に関しては，インド憲法は施行後15年間は連邦レベルでは暫定的に英語の使用を認めるものの，それ以降はヒンディー語が連邦の公用語となるとの条項を有していた[25]。この規定に従って連邦政府は1963年に「公用語法」を定め，1965年1月には「連邦公用語」としてヒンディー語が用いられることになり，英語の地位は補助言語となった。これに反発したのがドラヴィダ民族主義[26]の伝統が強い南部のマドラス州(1967年にタミル・ナードゥ州と改名)であった。ヒンディー語が連邦公用語となるや否や，同州ではドラヴィダ民族主義を掲げる「ドラヴィダ進歩連盟」(Dravida Munnetra Kazhagam：DMK)や学生などによる反ヒンディー語運動が激化し，暴力事件が多発した。連邦の公用語としてヒンディー語が採用され，それがドラヴィダ系言語を母語とする南インドに押しつけられることは北部インド支配層，特にブラーマンなど高カーストによる支配強化と映ったし，また，教育や就職といった面でも不利となる可能性があったからである。

　このような事態の推移に対して，ネルー首相の死後，1964年に首相に就任したラール・バハドゥル・シャーストリ首相は結局妥協せざるをえなくなる。シャーストリ首相にはネルー首相のような党内での威信はなく，同首相率いる

---

25) 憲法第343条は，連邦の公用語はデーヴァナーガリー文字を使うヒンディー語であると規定するが，憲法施行後15年間は連邦の公的目的のために英語を使用しても良いと定められている。

26) マドラス州では独立以前から反ブラーマン運動，自尊運動(Self-respect Movement)がラマスワミー・ナイカルらに率いられて勢いを得た。ナイカルは1944年に「ドラヴィダ連盟」(Dravida Kazhagam)を結成した。この系譜に位置付けられるドラヴィダ民族主義，文化主義を掲げたのがドラヴィダ連盟から分裂し，1949年に結成された「ドラヴィダ進歩連盟」(DMK)である。DMKは，伝統的に会議派の支配を北部インドのブラーマン支配と見なし反発する傾向が強く，ヒンディー語に対する反発も強かった。反ヒンディー語運動により，DMKへの支持は拡大し，1967年の州立法議会選挙で勝利することになる。ドラヴィダ民族主義については，Barnett [1976]。

第1章　民主主義体制の成立と課題　55

　会議派中央はマドラス州が暴力に揺れる状況で，南インドなど非ヒンディー語圏出身の党有力者である K. カマラージ，サンジーヴァ・レッディー，S. ニジャリンガッパ，アトゥルヤ・ゴーシらの意見を入れ，英語を引き続き連邦の公用語として使用することを法的に保障することに同意した（Hart［1988：39］）。翌2月には公用語法の修正を提案し，英語が引き続き連邦の公用語であることが宣言された。これによって運動は収束する。連邦政府は1968年に公用語修正法案を成立させ，法的にも英語の使用を正統化した[27]。

　この時期に中央政府が公用語問題に関して，サブ・ナショナリズムや地域主義に妥協することを比較的に容易にさせた大きな要因として，会議派中央指導部が弱体化し，会議派内で州を代表する有力者による集団指導体制になったという政情も無視できない。シャーストリ首相の会議派中央は政権内のコンセンサスを重視する一種の集団指導体制であった。これに対応するためシャーストリ首相は，例えば，首相官房室（Prime Minister's Secretariat）を設置してスタッフ機能を充実させた（Frankel［1978：251］；Fadia［1980：165］）[28]。

　シャーストリ首相は1965年の第2次印パ戦争の終結を確認した1966年の「タシケント宣言」直後に客死する。これを受けて政権の座に就いたのがネルーの娘であるインディラ・ガンディーであったが，インディラが新首相になったのは，党内保守派の後押しがあったからである。従って首相の政権運営には保守派の協力が必要であり，そのため党内における政治基盤は弱体であり，この時期のインディラ・ガンディー首相下の会議派中央も党有力者のコンセンサスの下で政権運営がなされていたといってよいだろう。このような要因も中央政府をして地域主義に妥協させた要因であった。

27）同法の第3条(5)で以下のように規定された。「英語の使用を廃止する決議が，ヒンディー語を（州）公用語として採用しない全ての州の州議会で可決されるまで，および上述の諸決議を検討した後に連邦議会の上下両院により（英語の使用を）廃止することが決議されるまでその効力は失わない」。これによって実際上，英語の公用語としての地位は引き続き認められた。その後，1976年公用語（連邦の公的目的のための使用）規則でも，タミル・ナードゥ州への適用は除外されている（GOI（Department of Official Language, Ministry of Home Affairs）［1976］）。
28）これによってネルー首相在命中は威信が高かった後述の「計画委員会」の重要性は，相対的に低下する。

以上の1956年の州再編成，ボンベイ州の分割，マドラス州の反ヒンディー語運動において言語は一つの大きな焦点ではあったが，言語の背景には，各地域特有の地域主義あるいはサブ・ナショナリズムという大きな要因があったことは明らかである。会議派中央がこのような再編成や運動を許容したのは，要求を拒否し，暴力事件の頻発，社会の不安定化を惹起することよりも，国家統合の安定化および会議派の威信の保持のためには，むしろプラスになると判断したからであり，そのような判断を会議派中央に迫る一党優位体制の構造があったからである。一党優位体制モデルの特徴の一つは会議派内の派閥の存在であるが，派閥の有力な構成原理が州を代表する有力者（階層）の存在であった。一党優位体制モデルはこれらの勢力との妥協やコンセンサスを取りつけるモデルである。州の再編成や公用語問題で起こった政治過程は，州を代表する有力指導者が会議派中央指導部に影響力を与え，会議派中央はそのような条件の中で妥協的政策決定を行ったということである。

　注意すべきは，以上のような形での州再編成や公用語問題の政治的妥結は，会議派への支持を損ねることはなかった，という点である。それは選挙データを検討すれば明らかである。すなわち，表1-1より，連邦下院選挙における会議派の得票率は，1952年，1957年，1962年，各々45.0％，47.8％，44.7％であり，一連の州の言語別再編成が会議派の得票率に大きく影響したとは考えられない。一方，マドラス州における1962年から1967年にかけての連邦下院選挙における会議派およびドラヴィダ民族主義政党である前出のDMKの実績を見ると表1-2のようになるが，会議派の得票率は45.26％から41.69％へ3.57％減少しただけである。従って，少なくとも短期的には反ヒンディー語運動の影響は会議派の得票率にはそれほどマイナスにならなかったと思われる。むしろ，その影響はDMKへの支持が急激に高まったという所に顕著に見られる。DMKの総得票率は18.64％から35.78％へほぼ倍増した。また立候補者当たり平均得票数は，約12.9万人から22.1万人に大きく増加している。つまり，同州の反ヒンディー語運動の短期的影響は，会議派の支持基盤を掘り崩したというよりも，従来は必ずしも会議派にもDMKにも投票してこなかった層をDMK支持に向かわせたという点にある。もっとも1967年の敗北によ

表 1-2 マドラス州（タミル・ナードゥ州）における 1962 年，1967 年の連邦下院選挙結果

選挙年	政党	立候補者	当選者	得票率（％）	立候補者当たり平均得票数
1962	会議派	41	31	45.26	137,147
	DMK	18	7	18.64	128,645
1967	会議派	39	3	41.69	165,044
	DMK	25	25	35.78	220,981

出所）インド選挙委員会データより。

り，同州では会議派は現在まで党勢が低迷することになる。ともあれ，州再編成や公用語問題の政治的妥結は会議派の選挙における得票率を低下させるものではなく，その意味で政治的リスクは小さかったといえよう。

　以上の言語州への州再編成や公用語問題は，国家統合にマイナスとならない限りは，中央政権が地域主義，サブ・ナショナリズムの要求を比較的に柔軟に受け入れてきたことを示している。つまり，そのような柔軟性を一党優位体制は持っていたということがいえよう。それが可能であったのは，新しい地域勢力の要求を取り込むことが，会議派を中心とする一党優位体制の根本を揺るがすものではなかったからである。1960 年代半ば頃までは，中央で会議派に満足に対抗できる野党がおらず，いくつかの州で政権を失うことはあっても，中央レベルで政権を失う可能性はなかった。

　インド，パキスタン，ネパールの民主主義を比較研究した M. チャッダは，様々なエスニック集団や階層を民主主義体制に包摂する場合，体制側および異議申し立てをするグループのエリートの間でバーゲニングがスムーズに行われ，それによって問題が解消されるような体制が民主主義への移行またはその定着に成功したと主張し，インドをその成功例にあげた（Chadda［2000］）。またインドとパキスタンの連邦制を比較研究した K. アデニーは，パキスタンが民族問題を解決できず，東パキスタンをバングラデシュとして失った大きな要因の一つは，分裂前のパキスタンに東西両翼にまたがる「支配的民族」が存在しなかったこと，すなわち西パキスタンに対して当時の東パキスタンのベンガル人が人口的に拮抗していたこと，そして，それにもかかわらず政治権力が西

パキスタンに集中していたというアンバランスがあったことであるとした。それに対して，インドは支配的民族は存在しないが，しかし，連邦制が機能し，さらに中央で主要な民族，エスニック集団のエリートによる多極共存的な共存関係が確立していることが国家統合を安定化させている，とした（Adeney [2007]）。一党優位体制は，まさに，「エリート・バーゲニング」や「中央における多極共存関係」が行われるのに適した政党システムであったといえよう。

1960年代半ば以降，国家統合に反しない限り，体制に異議申し立てをする分離主義グループを抑圧するのではなく，「州」というステータスを与えることで，体制の正統性や安定性を維持するというやり方は，珍しいものではなくなってくる。

例えば，パンジャーブ州は従来からシク教徒の政党である「アカリー・ダル」（Akali Dal)[29]の自治権運動が盛んであった。同党は反英運動とシク教改革運動の過程で1921年に創設された政党で，シク教徒が多数派の州（パンジャービー・スーバ）の設立要求を従来から積極的に展開していたが，ネルー在命中は，中央政府は宗教的アイデンティティに基づく要求を受け入れなかった。しかし，1966年には中央政府の譲歩によって言語州の設立としてパンジャーブ語地域とヒンディー語地域に分かれることが決まり，パンジャーブ州とハリヤーナー州が設立された。結果的にそれはシク教徒とヒンドゥー教徒の多住地域の分離となる[30]。また，丘陵部は当時の連邦直轄領のヒマーチャル・

---

29) 「不滅党」の意味。
30) 1956年に「地域別フォーミュラ」といわれる，公用語の体制が制定された。その下ではパンジャービー語およびヒンディー語両方が州の公用語と認められ，さらに州は県レベル以下で各々の言語を公用とする2つの地域に分けられた。1966年に国会に提出された報告書では，結局このフォーミュラがうまくいかなかったこと，ヒンディー語地域のハリヤーナーの部分の経済的不平等感などが，州を分割せざるをえない大きな要因と述べられた（GOI [1966]）。しかし，州の分割が認められたのは以下のような政治的要因が重要である。すなわち，パンジャーブ州は印パ両国の国境に位置する州であるため，政治的安定が必要とされるという認識があり，特に1965年の第2次印パ戦争では州の重要性が認識された。またシク教徒はインド軍への兵隊の伝統的供給源であり，彼らの忠誠心を高いレベルに維持する配慮が必要とされた。さらに，1966年1月の発足間もないインディラ・ガンディー会議派中央政権は政権基盤が弱体であったため，シク教徒が多数派となるパンジャーブ州を求めるアカリー・ダルにも協

プラデーシュに統合された[31]。

　武装闘争が続く北東部のアッサム州のナガ丘陵地域では，懐柔策として運動の穏健派に 1963 年にナガランド州の設立が認められる。それは分離主義への対処という要素が明白であった。ナガランド州設立を皮切りとして北東部では民族を基盤とする州が次々に設立されていく。メガラヤ州は 1972 年，マニプル州は 1972 年，トリプラ州は 1972 年，ミゾラム州は 1987 年，アルナーチャル・プラデーシュ州は 1987 年に設立された。また，1990 年代以降，州の新設は，当該州の同意が得られれば，政治的には困難でなくなった。BJP 主導下の国民民主連合（National Democratic Alliance: NDA）政権期の 2000 年 11 月には，ウッタル・プラデーシュ州の丘陵部がウッタラーンチャル州（2006 年にウッタラーカンド州と改名）として，マディヤ・プラデーシュ州の南部の部族民が多く住む地域がチャッティースガル州として，そしてビハール州南部の部族民の多住地域がジャールカンド州として新設されている。これらはいずれも地域主義やサブ・ナショナリズムへの対応の結果生まれた州である。このように今や州設立の政治的ハードルは非常に低くなっている。例えば上のチャッティースガル州設立では，大規模な大衆運動や暴力事件が起きてマディヤ・プラデーシュ州政府が分離を余儀なくされたということではなく，マディヤ・プラデーシュ州の関係政党が自党の選挙戦略上都合がよいと考えたことが分離につながったという（Mawdsley [2003: 45]）。

　議論を 1960 年代までの政党システムに戻すと，いずれにせよ 1960 年代までの一党優位体制は「民主主義体制の周辺部」を除けば国家統合の問題に比較的に柔軟に対処してきたといえる。そして，そのような柔軟性が「定着」したことで，1960 年代以降の地域主義，サブ・ナショナリズムの問題にも比較的にスムーズに対処できたのではないかと考えられるのである。

　それでは，一党優位体制では十分に対処できない課題とはどのようなものであっただろうか。会議派を中心とする一党優位体制は中央でも多くの主要州で

　　　力を要請する必要があったことなどがある。なお州境上のチャンディガルが連邦直轄領となり，両州の共同州都となった。
31) 1971 年にヒマーチャル・プラデーシュは連邦直轄領から州に昇格した。

も，議会で会議派が明確に優位であることを必要とする。よって選挙において勝利を収めることができるかどうかに一党優位体制の存続はかかっていた，といえよう。選挙における会議派優位を保障する要因は，会議派が民族運動を担ったという歴史的役割のほか，地方エリート，特に大票田である農村部の支配的エリートの会議派に対する支持であった。従って，会議派内の州を代表する支配的エリート層と衝突するような政策は体制の基盤を掘り崩すものとなりえ，よって実施は困難であった。その典型的な事例が土地改革であった。次にこの問題を検討してみたい。

土地改革

　会議派が独立当初からしばらくの間ほとんどの選挙で優勢を誇った大きな要因の一つは，多くの地方の支配的エリートの支持があったからと考えられている。地方の支配的エリートの支持とその動員力がなければ，民族運動で得た威信があったとはいえ，会議派が一党優位体制の中心に長く座り続けることはおそらくできなかったであろう。

　大票田である農村地域における支配エリートとしては，地主やブラーマンなど高カースト層など伝統的支配層に加えて，社会学者のM. N. シュリニヴァスが概念化した「支配カースト」と呼ばれる階層が重要であった。これは，伝統的支配層ではなく，土地所有など一定の経済的基盤を持つことに加えて，多数であることから，近代化の過程で普通選挙の実施などによって優位性を手に入れ，政治的に支配的な影響力を持つに至ったカーストとされる（Srinivas [1955：18] [1959]）。支配カースト概念は典型的には村レベルに適用されるが，州によってはカースト協会など様々なネットワークを通じて地域以上のレベルで大きな影響力を持つこともある。例えばマハーラーシュトラ州のマラータ (Maratha)，カルナータカ州のヴォッカリガ (Vokkaliga) やリンガーヤト (Lingayat)，アーンドラ・プラデーシュ州のカンマ (Kamma) やレッディー (Reddi)，グジャラート州のパティダール (Patidar)，ウッタル・プラデーシュ州やビハール州のヤーダヴ (Yadav)[32]，ラージャスターン州からパンジャーブ州，ハリヤーナー州，西ウッタル・プラデーシュ州にかけてのジャート (Jat)

などがそうである。伝統的支配層や支配カーストのエリートは選挙の時に外部の政党の要求に応じて票をとりまとめ政党に渡すことができるとされ，政党にとっては重要な存在となる[33]。

州によって状況に違いはあるが，伝統的支配層にせよ，支配カーストにせよ，会議派など既成の大政党がいかにそのような支配構造に頼っていたかはF. フランケルとM. S. A. ラーオの研究[34]など多くの研究で明らかである。従って，農村の支配エリート層の既得権益を侵すような政策は会議派にとって自己矛盾となり，その実施は非常に難しいものとなった。その典型的な政策が土地改革であり，このような構図は独立前の民族運動期に既に明らかであった。

独立前の民族運動においては，ザミーンダール制など，伝統的な農村の支配構造と結びついた土地の所有構造の改革は農業生産性を高めるためにも，さらには封建的社会構造の変革のためにも，既に必要と認識されていた。しかし，急進的な改革が実行されることはなかった。なぜなら，民族運動では運動が過激化するとしばしば地租・地代不払い運動など過激な階級運動につながったが，それは地主や有力な農民層の離反につながり，民族運動の求心力を弱めることになったからである。従って農村の支配エリート層をその内に含む会議派は，運動が過激化することに対しては一定の歯止めをかけざるをえなかった。例えば，1930年から始まる市民的不服従運動の第1波が終わった1931年のカラチにおける年次大会で，会議派は地税・地代の改革を決議したが（Indian National Congress［1932：140］），一方でそれは民族運動の隊列を乱さない限り

---

32) 北インドにおいてヤーダヴ・カーストは農村において数も多く結束力も強い，社会的，政治的に重要なコミュニティである。社会変容，民主化におけるヤーダヴの動態に関しては，Michelutti［2008］．
33) そのため，彼らはしばしば"vote bank"と呼ばれた（Srinivas［1959：6］）。「支配カースト」概念は過渡期の農村社会と政治の関わりを考えるとき有効な概念であるが，支配性の内容や支配性を生み出す要因については，変化が急激な社会では定義が難しい場合があり，それに応じて実体を説明する有効性が減じると思われる。この概念の検討は，Mendelsohn［1993］．
34) 各地域の支配的階層の成り立ち，政治との関係などについて各州およびインド全体を見渡したものとして，Frankel and Rao (eds.)［1989］［1990］．

においての改革であるとされた。

　その後，1935年インド統治法下の1937年に行われた州立法議会選挙において会議派は7つの州（英領インドの）で政権党となった。そしてその政権担当の実績を踏まえ独立後の経済体制の構想に入る。それを担ったのが1938年に発足したネルーを委員長とする「国民計画委員会」（National Planning Committee：NPC）であった。NPCは29の小委員会に分かれて作業を行った。しかし，独立闘争と会議派への弾圧などもあって作業は中断し，結局小委員会の報告が出されただけで終わった。このようにNPCは中途半端に終わったが，独立前の経済開発構想として重要な位置を占め，その内容は検討に値する。NPCの土地改革は，中間介在者の有償廃止の実施と協同組合化の推進など，比較的に穏健な政策が謳われるにとどまった。そしてこのような妥協的で穏健な政策が独立後も基調となる。

　独立直後は，会議派内では生産力の増強のため，ザミーンダールなど直接耕作者と政府との間に位置する中間介在者の除去，協同組合化による農業の大規模化などが中心的に議論された。土地の所有上限も検討されているが，議論におけるプライオリティは低かった（Indian National Congress［1948：11-15］）。1949年に提出された「会議派農業改革委員会報告」でも改革は漸進的なものとし[35]，将来の土地所有面積上限などは決まらなかった。このような穏和な改革案が主流であった原因は，テーバガ運動やテーランガーナー運動の影響が冷めやらぬ中，急進的な土地改革が引き起こす可能性のある農村の混乱への懸念があったこと，食糧増産が喫緊の課題であったこと[36]，また，パテールなど急進的改革を嫌う党内右派の力がまだ強かったという要因もあった。

---

35) Indian National Congress［1949：83］．土地改革の必要性が訴えられ，小作人に対する高地代および追い立ての禁止，農民負債の強制的削減，農業労働者に最低賃金などが唱えられたが，急進的な改革案とはいえなかった。
36) 第2次世界大戦中，インドは日本軍のビルマ占領によってビルマからの米輸入が断たれてしまう。これを契機として食糧増産が大きな課題となる。インド政府は1942年に英領州，藩王国代表を集めて会議を行い，翌1943年から「食糧増産運動」（Grow More Food campaign）を開始した。その内容は金銭作物から穀物への転換，灌漑や近代的投入材の強化による食糧増産などであった。この政策は1946年にも継承発展することが決定される（GOI（Ministry of Food and Agriculture）［1952：9］）。

インドは経済開発を促進するために，1950年に「計画委員会」(Planning Commission) を設立し5カ年計画を下敷きに開発を主導する。第1次の5カ年計画は，植民地支配からの復興と戦後復興を目的とした既存の諸事業の延長であった。新政権の方向性が明らかになるのは，党内でネルーの指導権が確立した最初の5カ年計画である第2次5カ年計画においてであった。この1956年から始まる第2次5カ年計画で，土地改革の要点は以下のように規定された。(1)中間介在者層の廃止，(2)小作制度改革，(3)土地所有面積上限の設定，(4)土地の細分化の防止，細分化された農地の交換分合などによる農業の再編成，である（GOI (Planning Commission) [1963:3]）。各州は以上のような中央政府の方針を参照しつつも各州の状況に基づいて1950年代にかけて独自の土地改革法を作り，政策を実施していくことになる。

しかし，結果的には土地改革は大きな成果を収められなかった。憲法上，農業や各地域の社会改革は州の管轄事項で，各州は独自の法を作りえたが，多くの土地改革立法が欠点の多いものであり，それが強力な法となる政治環境はなかった。また，農村の安定を求める中央も強引な実施を強制できなかったからである。ザミーンダール制などの中間介在者層の廃止は一定の成果があったとされるが，小作改革は，改革を恐れた地主，中間介在者層によって小作農が追い立てにあう場合が多かったし，最も急進的な政策である土地所有面積上限の設定[37]および余剰地の政府補償による買い取りと再分配は，多くの州で上限が非常に高く設定されたり，名義変更で法の適用を逃れられる場合が多いなど，法の抜け穴が多く実効性は薄かった[38]。会議派州政府も含めほとんどの州政権

---

37) 中央政府は原則的に土地所有上限の設定を求めたが，しかし，第1次5カ年計画のレビューで生産性が十分高い農業経営を行っている土地については，土地の細分化が生産性の下落につながるような場合は上限設定において別扱いすることを提案している（GOI (Planning Commission) [1957:323]）。

38) また，地主など土地所有者は私的財産権を侵さざるべき基本権として司法に訴えて土地改革法を争い，施行の大きな妨げとなることもあった。これに対して政府は憲法改正で一定の歯止めをかける。憲法第31条では，憲法施行以前の土地改革法などは大統領の認証があればその補償や補償の原則などは法定で争われない，とされたが，パテールの死後，1951年の改正でこれが強化される。新たに設けられた憲法第31条bによって，憲法第9付則に各州の土地改革法など問題となる法律をリスト化し，憲法

は伝統的支配層，支配カースト層からなり，自らの利害関係を侵すような社会的，政治的に急進的な土地改革を受け入れる余地はほとんどなかったのである。この時期，州首相のほとんどが伝統的支配層あるいは支配カースト出身であったことは[39]，そのような状況を象徴している。土地改革が実際上効果的に行われていない状況は，例えば中央政府閣僚や州首相などで構成される国家開発評議会（National Development Council）（後述）が全ての州に第3次5カ年計画の終わりの1966年までに土地改革を終えるように要請せざるをえなかったこと，逆にいえば，1960年代の半ばにおいても実効性があがらなかったことからも明らかである（GOI (Implementation Committee of the National Development Council)［1966：1］）。急進的土地改革はその後政治の節目でたびたび大きな政治課題として浮上するが，大きな進展はついになかったといってよい。その後の展開を簡単にたどってみると以下のようになる。

　まず，1965，1966年の2年続きの旱魃による被害など，1960年代後半における農村部の困窮は，農村の社会経済変動および土地改革の歴史の中で一つの分岐点となったことを述べておく必要がある。農村部の困窮は例えば，この時期，貧困と抑圧にあえぐ階層からCPI系の一部の過激な指導者の指導によって暴力的改革を目指す「ナクサライト」（Naxalite）[40]と呼ばれる極左過激派を生み出す。農村部の困窮およびそれを背景にした暴力的運動の出現は，イン

　　　施行後の土地改革法などは司法で争えないとした。従って，私的財産権などの基本権に抵触するかどうかも原則として裁判所では争われないこととなった。
39) 例えば，1950年時点で主要州の州首相でブラーマン・カースト出身は，アッサム州：ゴピナート・ボルドロイ，ビハール州：シュリー・クリシュナ・シンハ，ボンベイ州：バラサヘブ・ガンガダール・ケール，マディヤ・プラデーシュ州（当時は中央州（Central Provinces）およびベラーラ（Berar），1950年以降マディヤ・プラデーシュ州）：ラヴィシャンカル・シュクラ，ラージャスターン州：ヒラ・ラール・シャーストリ，ウッタル・プラデーシュ州：ゴヴィンド・バラッバ・パント，である。他の主要州の州首相もほとんど全て高カースト出身者である。
40) 1967年ダージリン県のナクサルバリー（Naxalbari）で，CPI (M) のC. マジュムダールやK. サンヤルに率いられ農業労働者の実力による土地占拠運動が起こるが，これが警官などと衝突する中で武装闘争に発展し，広がった。このような運動を指導する極左グループおよび先頭集団は，地名から「ナクサライト」と呼ばれるようになった。河合［1994］などを参照。

ディラ・ガンディー会議派政権に強い危機感をもたらした。例えば1969年12月に中央政府内務省は土地改革が目に見える成果をもたらさず，その一方，農村内で階級的格差の拡大が起こり，農村内緊張が高まっているため，何らかの対策を講じる必要性があると強く訴えた[41]。1970年には，全国レベルで「土地占拠運動」が，CPIや路線対立によって1964年にCPIから分離したインド共産党（マルクス主義）（CPI（M））, 統一社会党[42] などの左翼勢力およびCPI系の「全インド農民組合」（All-India Kisan Sabha）などにより展開されるが，穏健な運動で大きな成果はなかった。一方，インディラ・ガンディー会議派政権は1972年に土地改革に関する州首相会議を開催し，土地所有上限の引き下げなど土地改革の徹底化を求め，その結果，多くの州で土地改革法が改正された。

このように農村の改革の必要性を示す多くの政治的潮流が顕在化したが，にもかかわらず，結局それに取り組むべき州政府レベルでは，土地改革を強力に推進する政治的動きは大勢とはならなかった。ただし，非常事態宣言期の1975-1977年の間は，強権を背景にして行われた改革によって，指定カースト（SCs）など弱者層に一定の土地が分配されるなど，それなりのインパクトはあった。しかし，これも非常事態宣言後，会議派政権が選挙で敗北すると，与えられた土地は奪い返されSCsが報復を受けるなど[43]，結局挫折する。

---

41) GOI（Ministry of Home Affairs）［1969］を参照。これは非公開報告書であったが，後にいくつかの研究論文などで内容が明らかにされた。大内［1971］を参照。

42) 社会党系では人民社会党（Praja Socialist Party）や統一社会党（Samyukta Socialist Party）が重要。後者は社会党（Socialist Party）と人民社会党の一部が1964年に統合してできたもの。1971年には人民社会党と再び統合し社会党（Socialist Party）となる。しかし，1972年には再び統一社会党と名を変えている。堀本［1982：73］などを参照。

43) SCsへの暴力事件は，以下の表のごとく非常事態宣言期にはかえって減少するが，非常事態宣言が解除された1977年に急増する。

年	1973	1974	1975	1976	1977
SCsへの残虐行為事件（件）	6,186	8,860	7,781	5,968	8,872

出所）李［1980：111］．
注）表の元資料は1978年3月の連邦下院で内務大臣によって示された統計である。

このような状況の中で、喫緊の課題であった食糧自給のための農業生産の拡大は資本主義的農業発展、いわゆる「緑の革命」戦略によって追求されることになる。緑の革命とは、改良種子、化学肥料などの近代的投入財を適切な水の管理の下で投入することによって単位当たり収量を大きく増大させ農業の生産力を飛躍的に高める戦略で、一定規模以上の農地を持つ農民がその主役となる戦略である。中央政府は州政府と協力して1960年には緑の革命戦略に適した県で灌漑など「重点的農業開発事業」(Intensive Agricultural Development Programme) を開始し、近代的投入財の供給、技術指導を行い、先進的農民層に緑の革命戦略が普及するよう後押しをした[44]。さらにこの事業を拡充した「重点的農業地域事業」(Intensive Agricultural Area Programme) が1964年に114県で開始され、また、1965/66年度から米と小麦の高収量品種の導入事業が開始されている。このような生産面での支援に加えて、政府は農民から食糧穀物を買い付けるための「インド食糧公社」(Food Corporation of India) および買い上げ価格を決定する「農産物価格委員会」(Agricultural Prices Commission) を1965年に設立し、食糧穀物を中心とする農作物を農民に有利な価格（最低支持価格）で買い上げ農家経営の安定を保障するとともに、食糧の備蓄および「公共配給システム」(Public Distribution System) を通じて比較的安価で食糧を配給する制度を設けた。買い上げ費用に流通・保管費用などを加えた費用から販売で得た収入を引いたものが「食糧補助金」となる。これらの技術革新や価格・補助金政策によって農業先進地帯のパンジャーブ州やハリヤーナー州、ウッタル・プラデーシュ州西部、南部のタミル・ナードゥ州などで緑の革命は成果をあげていくことになる[45]。

緑の革命により、後掲表1-7に示すように、量的には1980年代までに食糧穀物生産は「自給」のレベルに達し、食糧の安定供給という、政府に長年突き

---

44) 1959年にアメリカのフォード財団の研究グループによる中央政府への報告、"Indian Food Crisis and the Steps to Meet it" がこのような「パッケージ・アプローチ」を勧告し政府はそれに基づきこの事業を開始した（Ford Foundation [1959]）。投入財は主として、協同組合から調達するものとされた。

45) 食糧補助金、肥料補助金、輸出補助金という当時の3大補助金をめぐる議論は、GOI (Ministry of Finance) [1979] を参照。

つけられた政治課題の圧力は減じる。しかし，食糧生産で「余剰」が恒常的に発生するようになると，今度は農産物と工業製品などとの間の交易条件が前者に不利になり，農民にとって，政府による最低支持価格の値上げ，肥料などの投入財の価格の抑制を求めて政治的ロビー活動をする誘因が大きくなる。農産物価格委員会は1985年に再編され，「農産物コスト・価格委員会」（Commission for Agricultural Costs and Prices）となる。「コスト」が重視されるようになったのは，緑の革命で政治的にも発言力を増した，余剰穀物を市場に供出できる一定規模以上の農民層に，農産物の交易条件の悪化も考慮するという政治的アピールの結果でもあった（Bharadwaj［1997: 218］）。

このような余剰穀物を供出しうる一定規模以上の農民の政治的力量の上昇に加え，農村の社会経済構造の変化もあり，1980年代以降も土地改革はしばしば政治的に取り上げられるものの，土地所有上限の引き下げなど急進的な改革はますます難しくなってきた。また，その意味も薄れてきたといえる。表1-3から1960-1961年度には10ヘクタール超の経営面積を持つ大農は全戸数の4.5％を占め，総農地面積の29％を経営していたが，しかし，2003年にはそれぞれ0.8％，11.8％に大きく減少した。このような細分化は土地改革の影響というよりは，土地相続による土地分割などの結果である。結果として，零細農（所有農地面積1ヘクタール以下）と小農（所有農地面積1-2ヘクタール）の戸数および総農地面積に占める割合は，1960-1961年度の61.7％，19.2％から2003年度にはそれぞれ87.6％，43.5％へと拡大した。2003年の零細農，小農の増加，さらにこの表にはないが約1億700万人の土地を持たない農業労働者（2001年の人口センサス）の存在を考えれば，土地の農村弱者層への再分配を意味のある形で行うことは現在不可能になりつつある[46]。

2009年に中央政府農村開発省によって出された「国家・農民関係および土地改革における未達成課題に関する委員会報告」（Report of the Committee on State Agrarian Relations and the Unfinished Task in Land Reforms）は，土地所有および経営地の上限を各州の状況に応じて，灌漑が整った土地では5-10エーカー

---

46) 独立後の土地改革の概要，インドが急進的な土地改革を行いえなかった要因についての要領のよい説明として，大内［1982］；Jannuzi［1994］などを参照。

表 1-3 経営農地面積の分布の推定（1960-1961 年度から 2003 年度）

経営農地規模	経営戸数分布（%）				
	1960-61 年	1970-71 年	1981-82 年	1991-92 年	2003 年
（全国サンプル調査次数）	（17 次）	（26 次）	（37 次）	（48 次）	（59 次）
零細農（1 ヘクタール以下）	39.1	45.8	56.0	62.8	71.0
小農（1-2 ヘクタール）	22.6	22.4	19.3	17.8	16.6
小中農（2-4 ヘクタール）	19.8	17.7	14.2	12.0	9.2
中農（4-10 ヘクタール）	14.0	11.1	8.6	6.1	4.3
大農（10 ヘクタール超）	4.5	3.1	1.9	1.3	0.8
全サイズ	100	100	100	100	100*

経営農地規模	経営面積分布（%）				
	1960-61 年	1970-71 年	1981-82 年	1991-92 年	2003 年
（全国サンプル調査次数）	（17 次）	（26 次）	（37 次）	（48 次）	（59 次）
零細農（1 ヘクタール以下）	6.9	9.2	11.5	15.6	22.6
小農（1-2 ヘクタール）	12.3	14.8	16.6	18.7	20.9
小中農（2-4 ヘクタール）	20.7	22.6	23.6	24.1	22.5
中農（4-10 ヘクタール）	31.2	30.5	30.1	26.4	22.2
大農（10 ヘクタール超）	29.0	23.0	18.2	15.2	11.8
全サイズ	100	100	100	100	100

出所）GOI（Department of Economic Affairs）［2007：Table 1.13］．
注）全国サンプル調査に基づく推定値。＊：合計は 100%にならないが原資料のまま呈示。

（2.02-4.05 ヘクタール），灌漑がない土地は 10-15 エーカー（4.05-6.07 ヘクタール）にするように勧告しているが，たとえ厳密に実施されたとしても，実施に伴う政治社会的コストを考慮すれば，既にほとんど大きな意味はない。同委員会報告でむしろ注目されるのは農地のリース市場を積極的に肯定したことである。小作を認めるかどうかは州によって法的には違いがあるが，法で認められているにせよ認められていないにせよ実態としては小作や刈分小作がかなり広範に行われていることは間違いない。報告書はそのような実態を踏まえ，また，農地リース市場の発展が農業生産性の向上や非農業部門の発展を促すという考え方に基づいて，農地リース市場と小作制度を積極的に容認したのである。小作制度をできるだけ排除するという 1960 年代までの方向性とはまったく違うものになっている[47]。

一方，州政治や農業発展度の違いなどから，土地改革を行う政治環境にも州の間で大きな差が生まれていることも重要である。例えば1990年に行われた中央政府と州首相の会議では，パンジャーブ州やハリヤーナー州といった農業先進州では富農などの利益を州政府は代表しており，そのため土地所有上限の引き下げには否定的であった。また1950年代の土地改革（中途半端ではあったが）で利益を得た中間的カーストの中農が政権の支持基盤となっていたウッタル・プラデーシュ州では，既に土地改革は必要性がないと主張された。一方，左翼政権では，トリプラ州は上限の引き下げに賛成であったが，同じく左翼戦線が政権に就いた西ベンガル州では，既に一定の急進的な改革を実施しており，土地台帳記録のコンピューター化を推進する提案を出す，といった具合であった（GOI（Department of Rural Development, Ministry of Agriculture）［1990：1-29］）。州レベルの有力政党の協力を必要とする1990年代以降の連合政権時代においては，このような利害関係が鋭く対立する争点に，中央政府が効果的に介入することはほとんど不可能であった。

　以上のように，急進的土地改革政策は中央政府レベルでは大きな課題と認識されてきたものの，地方エリート層の利害関係と衝突することから，結局，州には浸透せず，極めて中途半端な結果に終わってしまった。独立の初期，ネルー会議派政権が，改革をあくまで議会制民主主義の範囲内で，かつ様々な社

---

47) GOI（Department of Land Resources）［2009：paras. 1.9.1, 3.2.2］. 農地リースの法的地位に関しては2008年時点では以下の通り。例外なくリースが禁止されている州：ケーララ州，ジャンムー・カシミール州，例外的にしかリースが認められていない州・地域：アーンドラ・プラデーシュ州のテーランガーナー地域，ビハール州，ジャールカンド州，カルナータカ，マディヤ・プラデーシュ州，チャッティースガル州，ウッタル・プラデーシュ州，ウッタラーカンド州，オリッサ州，特に禁止されてはいないが，小作農は一定の小作期間を過ぎれば小作地を買い取る権利が発生する州：パンジャーブ州，ハリヤーナー州，グジャラート州，マハーラーシュトラ州，アッサム州，基本的にリースに制限がない州・地域：アーンドラ・プラデーシュ州のアーンドラ地域，ラージスターン州，タミル・ナードゥ州，西ベンガル州，部族民から非部族民への土地のリースは当該機関の許可なしには行えない地域：アーンドラ・プラデーシュ州，ビハール州，オリッサ州，マディヤ・プラデーシュ州，マハーラーシュトラ州の指定部族地域（Scheduled tribe areas）（GOI（Department of Land Resources）［2009：Table 2.1］）。

会勢力，特に地方エリートのコンセンサスを得つつ進めることを基本としていた限り，急進的土地改革を行うことは政治的に非常に困難であったのである。

むしろ疑問は，なぜ州レベルで明らかに実行困難な急進的政策が，中央レベルで形成されえたのかという点であろう。それは，逆説的であるが，会議派中央政府が，土地改革に関して州政府に強制的に介入できない政治状況があり，たとえ中央レベルで急進的な政策が「唱え」られようとも，それを州政府に押し付けることは政治的に困難であるという，一定の，いわば「役割分担のコンセンサス」があったからである。

まず，制度的にインドの連邦制においては，農業・農村，地方自治などは州政府の管轄であり，中央政府の政策は多くの場合，実際上，「指導」「要請」の域を出なかった。強制力のある政策が形成されるのは州政府においてであり，州政府に土地改革を行う政治的意志がなければ実のある改革は行えなかった。確かに憲法的ハードルは高くとも，中央政府が決断すれば強い介入に踏み切ることも可能であったと考えられる。例えば，1951年の第1次憲法改正によって憲法第9付則を設け，付則に含まれる州の土地改革立法は裁判所では争えないとして州政府の土地改革立法を助けた[48]。しかし，ネルー政権はあえてそれ以上は踏み込まなかった。州政府は多くの場合，地主や富農層の影響下にあり，そもそも急進的な土地改革の抵抗勢力であった。そのような政治環境では，党内の州有力者の政治的抵抗に逆らってまで（Varshney［1995：44-45］；Sharma［1999：94］），そして農村社会をさらに不安定化しかねない状況で急進的な改革を中央政府の介入によって州に押し付けることは政治的に大きな困難を伴うものであるから，そのようなリスクを背負ってまで実行に移す意志はなかったといえよう。

一方，農村の有力な階層は州政府を牛耳ることによって既得権益を守ることができ，中央レベルで「急進的な政策」が唱えられようとも，中央政府が強引に州政治に介入して政策を実施する意志がない以上，それに表立って抵抗する必要性は薄かった。このように，中央政府と州政府との間で実質的に急進的土

48）注38）を参照。

地改革はできないとの共通認識が暗黙に成立していた状況が，かえって半ばレトリックとしての急進的政策を前面に押し出す政治的余地を中央政府に与えたといってよいだろう。

　それでも「レトリック」としてであれ，急進的「土地改革」が，なぜ中央レベルで登場しえたのか，その背景を探ることが重要であろう。その直接的要因は，独立前からの政策形成の歴史であるが，同時に重要な要因は，会議派中央内の左翼勢力の影響がこの時期徐々に強まっていったという点である。ネルー会議派政権においても，その初期の政策はプラグマティックなものであった。初期の食糧・農業大臣である K. M. ムンシ（1950 年就任），R. A. キドゥワイ（1952 年就任），A. P. ジェイン（1955 年就任），S. K. パーティル（1959 年就任）などは，急進的制度改革というよりは，むしろ喫緊の課題であった食糧増産のために農業への投資拡大，価格インセンティヴの創出などを主張した。これを反映して，表 1-4 に見られるように 1950 年代の初めの第 1 次 5 カ年計画期における農業関連部門への公的部門の 5 カ年計画の支出割合[49] は後年に比べて高く，工業・鉱業は非常に小さかった。しかし，徐々に社会主義的な考えを持つネルー首相[50]やその周辺が政策形成において主流となる。計画委員会の G. L. ナンダ（副議長：1950-53 年，1960-1963 年），V. T. クリシュナマチャーリー（副議長：1953-1960 年）などである[51]。

　さらに，ネルー首相および計画委員会や会議派内外の左派の存在をもう少し広いコンテクストで考えると，会議派を中心とする連邦議会内で左派の影響が大きくなりうる環境があったことが重要である。それは連邦議会の議員の性格であった。表 1-5 は連邦下院議員の出自であるが，弁護士，教師・教育者，ジャーナリスト・作家などの割合が第 1 次連邦下院では 55.8％，第 2 次では 51.8％を占める。彼らは，植民地期に発生した中間階層のエリートであって，大地主，富農など農村の既得権益層でもないし，資本家層など資本主義に強く

---

49) 政府の支出は，5 カ年計画の計画部門における支出とそれ以外の大きく 2 つに分けられる。前者は「投資」と重なる部分が大きい。
50) ネルーはイギリスのフェビアン社会主義の影響を受けていた。
51) 計画委員会の議長は制度的に連邦首相，すなわちこの時期はネルー首相である。副議長が実質的な長であった。

表 1-4　5 カ年計画における公的部門の計画支出（1951/52-1989/90 年度）

5 カ年計画	第 1 次	第 2 次	第 3 次	3 年の年次計画
年度	1951/52-55/56	1956/57-60/61	1961/62-65/66	1966/67-68/69
公共部門支出合計（1,000 万ルピー）	1,960	4,672	8,577	6,625
部門別内訳（％）				
農業他	14.8	11.7	12.7	16.7
灌漑	}29.8*	9.2	7.8	7.1
電力		9.7	14.6	18.3
村落・小工業	2.1	4.0	2.8	1.9
工業・鉱業	2.8	20.1	20.1	22.8
輸送・通信	26.4	27.0	24.6	18.5
社会サービス	24.1	18.3	17.4	14.7
5 カ年計画	第 4 次	第 5 次	第 6 次**	第 7 次**
年度	1969/70-73/74	1974/75-78/79	1980/81-84/85	1985/86-89/90
公共部門支出合計（1,000 万ルピー）	15,779	39,426	110,467	221,436
部門別内訳（％）				
農業他	14.7	12.3	12.3	12.7
灌漑	8.6	9.8	9.9	7.5
電力	18.6	18.8	16.7	17.4
村落・小工業	1.5	1.5	1.8	1.5
工業・鉱業	18.2	22.8	24.7	22.2
輸送・通信	19.5	17.4	16.0	17.1
社会サービス	18.9	17.3	18.6	21.6

出所）Tata Service Limited ［1989：187］［1994：199-200］.
注）中央政府，州政府などの公的部門。＊：第 1 次 5 カ年計画の時には両者は分けられていない。
　　＊＊：小規模灌漑は「灌漑」の項目に含まれる。その他の灌漑は「農業他」に含まれる。

コミットしている階層でもない。ネルー首相自身法曹界出身であったし，ナンダは労働組合運動出身であり，クリシュナマチャーリーは弁護士で同時にインド文官職（Indian Civil Service：ICS）という高級官僚出身でもあった。地主や資本家は自らの経済的既得権益に敏感であるのに対して，これらの中間階級は特定の経済的既得権益へのコミットメントは弱く，それゆえに様々な経済的イデオロギーを受容しやすい階層であったといえよう。このような階層が 1960 年代初めまで連邦議会で多数を占め，かつ，そのような連邦議会がネルー会議

表 1-5　連邦下院議員の社会的出自（1952-1984 年）

連邦下院	第 1 次 1952-57 年		第 2 次 1957-62 年		第 3 次 1962-67 年		第 4 次 1967-70 年	
職　　業	議員	%	議員	%	議員	%	議員	%
農業従事者	97	22.5	141	29.0	129	27.4	154	30.6
政治家・社会活動家	—	—	—	—	88	18.7	115	22.9
弁護士	153	35.4	147	30.2	115	24.5	88	17.5
商人・産業資本家	52	12.0	50	10.3	50	10.6	39	7.8
教師・教育者	43	10.0	55	11.3	27	5.7	33	6.6
ジャーナリスト・作家	45	10.4	50	10.3	27	5.7	24	4.8
官僚・軍	16	3.7	19	3.9	4	0.9	16	3.2
医療従事者	21	4.9	17	3.5	14	3.0	14	2.8
エンジニア・科学技術者	—	—	—	—	4	0.9	7	1.4
元藩王	5	1.2	7	1.4	10	2.1	7	1.4
工業労働者	—	—	—	—	1	0.2	1	0.2
宗教家	—	—	—	—	—	—	4	0.8
アーチスト	—	—	—	—	—	—	1	0.2
計	432		486		470		503	
議　席　数	499		500		503		523	

連邦下院	第 5 次 1971-77 年		第 6 次 1977-80 年		第 7 次 1980-84 年	
職　　業	議員	%	議員	%	議員	%
農業従事者	168	33.2	189	36.0	206	39.4
政治家・社会活動家	96	19.0	105	20.0	90	17.2
弁護士	103	20.4	123	23.4	116	22.2
商人・産業資本家	35	6.9	17	3.2	33	6.3
教師・教育者	36	7.1	44	8.4	35	6.7
ジャーナリスト・作家	32	6.3	11	2.1	15	2.9
官僚・軍	17	3.4	9	1.7	5	1.0
医療従事者	9	1.8	10	1.9	10	1.9
エンジニア・科学技術者	6	1.2	5	1.0	6	1.1
元藩王	2	0.4	3	0.6	1	0.2
工業労働者	—	—	9	1.7	4	0.8
宗教家	2	0.4	—	—	1	0.2
アーチスト	—	—	—	—	1	0.2
計	506		525		523	
議　席　数	521		544		544	

出所）Lok Sabha Secretariat［1985：6］より筆者作成。

派政権を支えたことは，それだけ連邦レベルにおけるネルー会議派政権の政策的自由度を保障したといえよう。

　以上が連邦レベルにおいてこの時期，表面上は急進的な土地改革路線が現れうる背景であった。連邦議会における中産階層は表1-5のように1960年代後半から減少していき，連邦レベルでも土地改革に対する政治的自由度は基本的に減少していく。それとともに中央レベルの農業・農村政策は食糧増産や貧困緩和政策など，よりプラグマティックなものに重点が移っていくことになる。

　このような連邦レベルにおける比較的高い政治的自由度を基盤として，イデオロギー的にかなり自由な政策形成を行うという1960年代初めまでの状況は，次の工業化政策ではさらに明白である。

「社会主義型社会」政策の展開

　以上のように，中央政府主導の農業・農村の改革は会議派自体の州以下の権力構造に阻まれて，大胆な改革が進まなかった。それに対して，工業開発政策は会議派政権にとって相対的に政治的自由度の大きい分野であったと考えられる。独立後，ネルー会議派政権は国家主導の輸入代替，重工業化戦略に突き進む。政策形成は会議派内外の多様な階級，階層の構成を反映して跛行的な過程を歩むが，それが形となったのが「社会主義型社会」(Socialistic Pattern of Society)をキーワードとする開発戦略であった。その中心的重要性は工業化に置かれていた。ここでは工業化戦略としての「社会主義型社会」概念の形成過程を追い，一党優位体制論の中に位置づけてみたい。

　会議派が初めて重要産業のコントロールという形で経済計画の考えを表したのは，1931年のカラチ大会においてであった。その決議では民族運動のスローガンである「スワラージ」(自らの統治)は真の経済的自由も含まなければならないということから，重要産業と鉱物資源の所有権は国家が管理する，と提唱された (Indian National Congress [1932：141])。もっとも後の1934年の会議派運営委員会 (Congress Working Committee：CWC) の決議ではカラチ決議のこの部分に対して，会議派は非暴力の立場から将来階級戦争や民間部門の接収をする考えはなく，資本と労働者の健康的な関係を打ち立てることが目標で

あるとわざわざ表明している（Ghose［1991：241］）。数年たらずで政策の穏健化がはかられたのは，前述のように1934年に党内に会議派社会党が結成されたことから，社会主義思想の浸透が会議派指導部の間で懸念されたことが大きな要因の一つであった。

その後，会議派は前述のように1938年にNPCを発足させ，中間報告を行った。それによって産業開発については，おおよそ以下のような方向性を示した。すなわち，(1)計画的経済開発を実施し，少数者への富と権力の集中を排除する，(2)国家による通貨，銀行，保健の規制および基幹産業の国有化または統制，(3)雇用のための村落工業の推進，(4)労働者の保護と最低賃金の保証，(5)外資規制などである。NPCは最終的な報告のとりまとめを行わなかったため，全体像は明らかではないが，社会主義的方向性が顕在化していることは指摘できよう。

独立前後にかけては権力を受け継ぐ会議派の経済構想が最も重要であるが，しかし，そのほかにも様々な提案がなされていた[52]。その中でも1944年にタークルダス，ターター，ビルラーなど主要な大民族資本家が共同で作成した計画案，通称「ボンベイ・プラン」は民族資本家が共同策定した案として注目された。15年で所得倍増を目指すとしたそのプランでは，開発が始まったばかりの国家においては政府の介入と統制が不可欠とされ，民主主義体制においても中央政府のもとで「計画委員会」を設置し，許認可＝ライセンス制度によって国家主導の開発が必要だとした[53]。民族資本家も，遅れたインドが開発を加速するためには国家の積極的な役割が重要だと考えていたことは間違いない。

このように独立前の時点では民族資本家も含めて，国家が経済開発において

---

52) もとインド共産党員のM. N. ロイの「人民プラン」，ガンディー主義者のS. N. アガルワルの計画などがあった。独立前後の様々な経済構想については，伊藤［1975］。

53) Thakurdas et al.［1944］参照。このプランは，大資本家が次の段階として資本主義の発展を加速するためのものであったという論者もいる（Patnaik［1997：116］）。しかし，「資本主義と社会主義の区別は実際上重要ではなくなりつつある」（Thakurdas et al.［1944：25］）という認識などから，開発のためのプラグマティックな案を提示するという側面が強いと思われる。詳細な分析は，Nakazato［2001：261-268］。

「何らか」の重要な役割を果たすべきという点については一定の共通認識があったといえよう。しかし，具体的にどのような役割を果たすべきかが問題となるとき，提唱する勢力によって大きな方向性の違いが露呈することになる。

例えば，独立直後，1947年11月に全国会議派委員会の経済計画プログラムが策定され，翌年1月に報告書を提出したが，それは大工業の国有化などを含むかなり過激な内容であった。委員には資本家や会議派内の保守派が含まれておらず，ジャヤプラカーシュ・ナーラーヤン，N. G. ランガー，ナンダなど左翼やガンディー主義者が主であったことから，そのような急進的勧告となったものと考えられる（Nakazato ［2001：284］）。しかし，このプログラムはパテールの反発で1948年4月にはもともとのNPCの線に沿ったより穏健なプログラムに取って替わられる（伊藤［1975］）。

このような展開が示すのは，独立当初の工業化政策の形成は，国家が何らかの指導的役割を果たすという基本的コンセンサスはあったにせよ，具体的内容には確固たる方向性が存在したわけではなく（Kaviraj ［1996：116］），様々な勢力の調整と妥協の産物であったということである。ネルー会議派政権は，州レベルの土地をベースとする有力階層の利害関係を大きく損ねるようなことがなければ，工業化政策においてはかなりの自由度を持っていたと考えられるから，ネルー政権のイデオロギー的特性が政策形成において前面に出てくることになる。以下，工業化政策の展開を見てみたい。

5カ年計画体制の展開——ネルー政権と「社会主義型社会」

独立後インドの産業政策は，政府の産業政策決議によって示される。1948年4月の「産業政策決議」（Industrial Policy Resolution, 1948）がその嚆矢であった。これは政治的には，ネルー首相を中心とするより急進的な会議派内の勢力とパテールなど保守派との妥協の結果であり，植民地経営と大戦への参戦によって荒廃した経済を立て直すために急進的改革を避けた穏健な内容であった。その骨子は以下のようなものである。

国家は産業発展において積極的な役割を果たすこと，しかし国家はさしあたりそのような役割を果たす資源を持たないため，現時点で国家の独占下に置か

れるのは，兵器産業，原子力産業，鉄道の 3 部門に限られること，また将来は石炭，鉄鋼，航空機産業，造船，電信電話，ラジオを除く無線の分野で国家の積極的な役割が果たされるべきこと，私的部門は当面は国家の指導の下に重要な役割を果たすべきこと，当面のインドの経済体制は混合経済であること，などである。この中では，例えば長年その弊害を指摘されてきた経営代理制度 (Managing Agency system)[54] の廃止などはまだ問題にならなかったことからもわかるように，会議派政権の政策はプラグマティックかつ穏健なものであった。

その後，ネルー首相は 1950 年のパテールの死，会議派の議長職選出をめぐるタンドンの辞退によって党内保守派に勝利し，指導権を確立する。それにより，ネルー首相および党内左派のイデオロギー，すなわち 5 カ年計画体制＝プランニング体制が政策に具体化される環境が整っていく。前述のように，1950 年には既に国家主導の経済開発を行うために中央政府の決議により計画委員会[55] が構成され，第 1 次 5 カ年計画の策定がなされ，また，1952 年には中央政府の計画と州政府の計画の相互調整を行う国家開発評議会が設置された。

一方，国家による経済開発への介入を正当化し，民間部門の投資や生産活動を規制する法的枠組みとして「1951 年産業（開発と規制）法」(Industrial (Development and Regulation) Act, 1951) が制定された。その主目標は産業開発を規制し，計画の優先順位に沿って資源を割り当てることである。具体的には，資本の独占を避け富の集中を排除すること，大企業の不公正な競争から小規模工

---

54) イギリス植民地で 19 世紀中頃から発達した企業経営制度。企業家は会社と経営の代理契約を結び，会社経営を取り仕切り長期的に経営手数料を徴収する。この制度を通じて企業家は多数の公開会社を支配し，1955 年には全インドでその払込済資本の約 7 割を支配していたという (Kling [1966: 38])。これは少数の有力者によって多数の企業が支配される経営形態で，近代的経営に反するものとされた。
55) 計画委員会の議長は連邦首相，すなわちネルー首相である。従って運営の実際は副議長が行う。初期の頃，メンバーには経済学の専門的な訓練を受けた者はほとんどいなかった。例えば副議長に関しては，前述のナンダ（在職 1950-1953 年，1960-1963 年）は労働組合運動出身であり，クリシュナマチャーリー（在職 1953-1960 年）はインド文官職（ICS）出身であった。

業を守ること，新しい企業家の育成，産業発展の全国的な分散，規模の経済と近代化により技術革新と経済の効率化を進めることなどが目標とされた。これによって一定規模以上の民間企業は企業の新規設立，生産品目の変更，工場の拡張などに関して国家のライセンスを受けることが義務づけられた。この法律により，憲法的には産業発展は州政府の管轄事項であるにもかかわらず，同法の対象となる産業については中央政府が5カ年計画に沿って強力に規制できることとなった[56]。ライセンスは限られた数量だけしか発行されないから，ライセンスによる規制は基本的に数量規制の色彩が強く，規制は必然的に硬直的なものとなった。国家による産業活動の規制は後年「ライセンス・ラージ」（許認可支配）とも揶揄される歪な国家官僚統制の形を生み出すことになるが，その基礎となったのがこの法律である。

1948年4月の産業政策決議を受け，以上のような制度的枠組みの下で1951/52年度から開始された第1次5カ年計画は既存の諸事業を寄せ集めたプラグマティックなもので（GOI（Planning Commission）［1957：2］），社会主義的政策というよりもまず生産の回復を目指し，食糧難を解消すべく農業を重視し，また公共部門が動員できる資源が極めて限られていたため，民間部門を重視したものとなった。前掲表1-4のように中央，州政府など公的部門の工業化における役割は極めて小さなものであった。これは一定の成功を収め，国民純生産は3.6％，農業生産は4.2％，工業生産は6.5％の年平均成長率を達成した（小島［1993：21］）。

以上のように，第1次5カ年計画期は中央政府による工業開発の強力な指導の枠組みができた時期ではあったが，会議派の経済計画はまだプラグマティックで穏健なものであった。この時期特有の「社会主義型社会」政策は第2次5カ年計画から本格化する。その方向性を規定したのは1956年4月に中央政府が出した「1956年産業政策決議」（Industrial Policy Resolution, 1956）であった。

56）憲法第7付則は中央政府と州政府の立法行政管轄権を規定するが，その中央政府のリストIの第52項では「公共の利益のために連邦の管理が必要と国会で認められたもの」について中央政府は管轄としうる，とされている。

国家統制は既に 1950 年代前半から国有化という形で現れた。1953 年 6 月には，独立後最初の民間企業の大規模な国有化として，航空会社が国有化された。1955 年 5 月にはインド帝国銀行（Imperial Bank of India）が国有化されてインド国家銀行（State Bank of India）が創設され，また 1956 年 1 月には保険業が国有化されて生命保険公社（Life Insurance Corporation of India）が設立された。このような政策と平行して，イデオロギーとしての「社会主義型社会」が掲げられる政治的環境が整えられていく。

　ネルー首相は，1952 年から 1953 年にかけて会議派内外の社会主義勢力の扶養に努めた。例えば 1952 年には，できたばかりの人民社会党を会議派内に再統合しようとした。しかし，人民社会党は，4 年以内に農業において余剰地の無償没収と共同耕作化，銀行・保健業・鉱業などの国有化など急進的要求を出してきたため，ネルー政権は統合を断念せざるをえなかった。一方，1954 年 12 月には連邦議会で「社会主義型社会」が将来的に国家が達成すべき目標として決議され，翌 1955 年 1 月にマドラス（現在の「チェンナイ」）近郊のアヴァディでの会議派年次大会において，主要な生産手段の社会的所有下における「社会主義型社会」[57]を達成するとの決議が採択された。

　ネルー政権の政策が社会主義的方向に向かうことに対しては，保守派に加えて民族資本家からも反発があった。1927 年に結成され，当時最大の経済団体であった「インド商工会議所連合」（Federation of Indian Chambers of Commerce and Industry: FICCI）は，1955 年の決議に対して，経済効率を無視し非効率な農村工業や小規模工業を優遇しすぎであると批判した。しかし，会議派の政治的影響力が圧倒的な時代においては，FICCI は他の政党を選択する余地はなく，会議派政権を支持せざるをえなかった（Fadia［1980: 103］）。民族資本家は会議派政権の政策に正面から反対するのではなく，個々の政治家や官僚制に個別的に影響力を行使することによって自己の利益を守っていくことになる。

　このような展開の中で 1956 年 4 月に出されたのが「1956 年産業政策決議」であった。この決議が 1991 年まで続く国家による産業統制の基本的政策とな

---

57) この段階では政府あるいは会議派によって厳密に定義されたことはなく，この後，時々の政治情勢に応じて柔軟に解釈されていくことになる。

表 1-6　1956 年産業政策決議における国家の役割

> 別表 A　国家が独占的に管理する部門：17 部門（そのうち，鉄道，航空部門，兵器，原子力は中央政府の独占）
> 　留意点：この部門においても，既存の民間部門は存続，さらには成長が許される
> 別表 B　国家の所有比率を徐々に上げていくべき部門：12 部門。しかし民間部門も国家の役割を補充すべき部門
> 　留意点：この部門においても民間企業に積極的な役割を期待。ただし外資は排除する方向
> その他　私企業に残して置くべき部門
> 　留意点：特に消費財生産部門としての小規模工業や家内工業の育成が強調される

出所）GOI（Planning Commission）［1956］より筆者作成。

る。同決議は具体的には表 1-6 のように産業を 3 部門に分け，国家が管理する部門の比率を徐々に上げていくとするものであった。

　ネルー政権は 1956/57 年度から第 2 次 5 カ年計画を開始する。これは「社会主義型社会」を実現すべく，急速な経済成長のために当面は消費を抑え資源を資本材生産部門に集中するという，計画委員会メンバーの統計学者 P. C. マハラノビス（在職：1955-1967 年）によって提唱された経済モデルに基づくものであった[58]。具体的には国家主導でインフラ，重化学工業への重点的投資を行う輸入代替工業化戦略であったが，その「国家主導」を支えるものが 1956 年の産業政策決議であった。もっとも，同決議は既存の民間企業の存続や発展も許容する余地を残しており，政府と密接な関係を打ち立てれば大資本家など既得権益層の利権保持も可能な体制であった。また農業分野は民間に残されたままであったから，「社会主義型」とは謳われているものの，実際は民族資本家も発展の余地を残す「混合経済体制」であった。この第 2 次 5 カ年計画も一応の成果をあげ，国民純生産は 4.1％，農業生産は 4.2％，工業生産は 6.9％（小島［1993：21］）の年平均成長率を示し，政府は 5 カ年計画体制に自信を深

58）同モデルは第 2 次 5 カ年計画策定で大きな役割を果たした（伊藤［1972：112-114］）。マハラノビスのモデルとされるものは 2 つある。初期のものは投資財部門と消費財部門の「2 部門モデル」であった。これはその後，消費財部門を 3 つに分けた「4 部門モデル」となった（絵所［2002：77-94］）。どちらにせよ，これらのモデルは絵所秀紀によると，一種の「ビッグ・プッシュ工業化戦略」であった（絵所［2008：18-25］）。

めることになる。

　しかし，1961/62 年度から開始された第 3 次 5 カ年計画は失敗に終わり，これが会議派政権を大きく揺るがす原因となる。結論的にいうと，同計画は国民純生産が 2.4％，農業生産が－1.1％，工業生産が 7.6％（小島［1993：21］）の成長に終わってしまう。失敗の最大の原因は，1965，66 年と 2 年続きの旱魃による農業への打撃であった。表 1-7 から旱魃の影響が顕在化する 1 年遅れの統計値で見ると食糧穀物生産は大きな打撃を受け，同時に輸入量が急増したことがわかる。これによって工業など他部門への悪影響が広がり，貴重な外貨を食糧輸入に費やすこととなった。製造業なども農村の需要，供給両面の減退の影響を受けて，図 1-1 からわかるように成長率は停滞せざるをえなかった。政府は食糧危機を乗り越えるためアメリカに援助を要請したが，それはアメリカや国際機関が求めた経済改革を一時的にせよ受け入れることにつながり，1966 年 6 月には 57.5％のルピーの平価切り下げを余儀なくされた。このときの，いわば外圧による平価切り下げはインド政界にアメリカに対する反発を引き起こし（Lewis［1995：142-143］），経済政策が外部に依存しないような，すなわち，よりアウタルキー的なものに向かわせる一つの伏線となった。

　農業部門の不振の最大の原因は，2 年続きの天候不順の影響である。しかし，それに加えて第 2 次，第 3 次 5 カ年計画期の重工業化路線によって灌漑などへの農業投資が低下していたことも大きな要因であった。この第 3 次 5 カ年計画の失敗により，計画の立て直しが求められ，続く 3 年間は年次計画が行われることになる。

　政治面でも，この時期は会議派政権の威信を低下させる一連の事件が発生した。まず 1962 年の中国との国境戦争におけるインドの敗北は会議派政権に大きな打撃となった。この軍事衝突により，インドはアメリカなど西側に軍事援助を求めたが，それによってインドの「非同盟主義」は色あせ，国防費の高騰により経済開発の資金は逼迫した。ネルー首相はクリシュナ・メノン国防大臣の更迭を行い，事態を乗り切ろうとしたが，威信の低下は明らかであった。また，公共部門の拡大や民間部門に対する硬直的な産業ライセンス制度の適用は，様々なレベルで腐敗問題を顕在化させ政府の威信を低下させた。例えば

表 1-7 食糧穀物生産・輸入・政府調達（1951-2010 年）

(100万トン)

年	食糧穀物生産（ネット）	輸入量（ネット）	政府調達	年	食糧穀物生産（ネット）	輸入量（ネット）	政府調達
1951	48.1	4.8	3.8	81	113.4	0.7	13.0
52	48.7	3.9	3.5	82	116.6	1.6	15.4
53	54.1	2.0	2.1	83	113.3	4.1	15.6
54	63.3	0.8	1.4	84	133.3	2.4	18.7
55	61.9	0.5	1.3	85	127.4	−0.4	20.1
56	60.7	1.4	...	86	131.6	0.5	19.7
57	63.4	3.6	0.3	87	125.5	−0.2	15.7
58	58.3	3.2	0.5	88	122.8	3.8	14.1
59	69.0	3.9	1.8	89	148.7	1.2	18.9
60	67.5	5.1	1.3	90	149.7	1.3	24.0
61	72.0	3.5	0.5	91	154.3	−0.1	19.6
62	72.1	3.6	0.5	92	147.3	−0.4	17.9
63	70.3	4.5	0.8	93	157.5	3.1	28.1
64	70.6	6.2	1.4	94	161.2	1.1	26.0
65	78.2	7.4	4.0	95	167.6	−2.6	22.6
66	63.3	10.3	4.0	96	157.9	−3.1	19.8
67	65.0	8.7	4.5	97	174.5	−0.1	23.6
68	83.2	5.7	6.8	98	168.2	−2.5	26.3
69	82.3	3.8	6.4	99	178.2	−1.3	30.8
70	87.1	3.6	6.7	2000	183.6	−1.4	35.6
71	94.9	2.0	8.9	01	172.2	−2.9	42.6
72	92.0	−0.5	7.7	02	186.2	−6.7	40.3
73	84.9	3.6	8.4	03	152.9	−5.5	34.5
74	91.6	5.2	5.6	04	186.5	−6.5	41.1
75	87.4	7.5	9.6	05	173.6	−6.0	41.5
76	105.9	0.7	12.8	06	182.5	−2.3	37.0
77	97.3	0.1	9.9	07	190.1	−4.7	35.8
78	110.6	−0.6	11.1	08	210.2	−9.7	54.2
79	115.4	−0.2	13.8	09	205.2	−4.1	60.5
80	96.0	−0.3	11.2	10P	0.8	−1.5	56.1

出所）GOI（Ministry of Finance）(*Economic Survey*) [2011 : Table A23]; GOI（Ministry of Finance）(*Economic Survey*) [2012 : Table A23].

注）P は暫定値，網掛け部は「純輸出」を示す．

1964 年に報告書を出した「腐敗防止委員会」（Comittee on Prevention of Corruption）はライセンス行政を問題視し，ライセンスはもし「売られる」とするとその額面価格の 1 倍から 5 倍の値段で売買され，また取引で相当の額が公務員の懐に入る，と問題の深刻さを指摘した[59]。

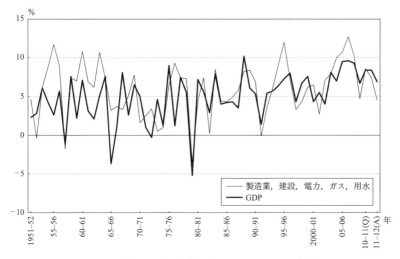

図 1-1　実質 GDP 年成長率（1951-52〜2011-12 年度）

出所）GOI（Ministry of Finance）(*Economic Survey*)［2012：Table A7］より筆者作成。
注）2004-2005 年価格を基準とする。Q は速報値，A は推定値。

さらに，ネルー首相自身の健康状態の悪化がこの頃あらわになり，「ネルー後」が模索されたことも「社会主義型社会」政策の展望を不安定にした。会議派内ではより急進的な社会主義的改革を目標として，既に 1962 年にネルー首相の後ろ盾も得て，内務大臣ナンダや K. D. マラヴィヤなど党内左翼の後押しで「社会主義者の行動のための会議派フォーラム」(Congress Forum for Socialist

---

59) GOI（Ministry of Home Affairs）［1964：18］．同委員会は独立以降の腐敗拡大の原因を以下のように指摘した。一つには，戦時中の物資の欠乏および統制さらに戦後の政府の許認可権限の拡大などという形での経済活動領域の急速な拡大が生んだ腐敗的行為による蓄財機会の増大が，適切な行政的腐敗防止機構の設置によって牽制されず，さらに戦後のインフレの高進によって公務員，特に中下級公務員の実質所得が低下したことにより腐敗的行為による蓄財への誘因が大きくなったこと，従来から腐敗した公務員を厳正に処分する行政的雰囲気が乏しく，また公務員は比較的厚く身分が保証されていることから厳しい処分が難しかったことなどの要因が，上記のような腐敗的行為による蓄財機会の拡大と結びついた。その結果いわゆる「スピード・マネー」，政府と民間業者の契約締結時に契約額の 7% から 11% が一般に関係公務員の間で着服されるなどの腐敗行為が既得権益化されることとなった，という（GOI（Ministry of Home Affairs）［1964：8-13］）。

Action) が結成されていた。同フォーラムは主要銀行の国有化など急進的改革を追求したが，しかし，ネルー首相在命中にはついに実現しなかった（Frankel [1978：232-235]）。

　会議派の威信が低下し，「社会主義型社会」政策実行の政治的意志も不鮮明になりつつある困難な事態を乗り越え「ネルーの威信回復と会議派組織の活性化」の中心となったのが，当時マドラス州州首相のカマラージであった。1963年8月にはカマラージを中心とするネルー首相周辺の指導部は，人事刷新のためモラルジー・デサイー連邦財務大臣など，中央政府6閣僚および自身も含めて州首相6人を自発的に辞任させた。この会議派指導部の刷新は「カマラージ・プラン」と呼ばれ，保守的なデサイーを権力の座から遠ざけることとなった。1964年のネルーの死後党総裁となったカマラージを中心とする指導部は，シャーストリを首相の座に就けた。一方，1965年のパキスタンとの戦争と，その中途半端な停戦も会議派政権の威信を低下させた。

　シャーストリ首相が1966年に死去したあと，首相に就いたのはネルーの娘のインディラ・ガンディーであったが，有力者のデサイーを押さえてインディラを首相の座に就けたのはやはり党総裁カマラージの一派であった。カマラージを筆頭として，連邦閣僚サンジーヴァ・レッディー，マイソール州（1973年にカルナータカ州に改名）州首相ニジャリンガッパ，連邦閣僚パーティルなどの党内実力者のグループは当時「シンジケート」と呼ばれ，会議派は首相とシンジケートによるいわば集団指導体制の下にあったといえる。シンジケートの指導者は州を基盤とする保守的な指導層で，彼らがインディラ・ガンディーを首相に推したのは，ネルーの娘としての知名度が，来るべき1967年の総選挙で有利にはたらくとともに，政治的に未経験なインディラは独走する危険性が少ないと考えていたからであった。しかし，シンジケートが選挙の候補者を決めるなど会議派の党組織を握っている限り，人々の会議派に対するイメージは新鮮さを欠くものであった。このような状況下で1967年に第4次総選挙が行われたのである。会議派は初めて大きく後退することになる。

　第4次総選挙で，会議派は連邦下院選挙で得票率を44.7％から40.8％に，議席は361議席から283議席に減らした（表1-1）。また同時に行われた州立

法議会選挙の結果，主要州ではビハール州，西ベンガル州，オリッサ州，マドラス州（1967年タミル・ナードゥ州に改名），ケーララ州で政権を失い，ウッタル・プラデーシュ州は連合政権となった。与野党の国会議員，州首相など政治エリート80人にインタビューして当時の状況をまとめたM. ブレヒャーによると，会議派後退の最も大きな原因として38％が「経済不振」と答えている。次に重要なのは19％の「変化を求める空気」であった（Brecher [1969：13]）。経済不振とネルー亡き後の会議派指導部への失望が会議派後退の大きな原因であったといえよう。

ま と め

　以上のように，1960年代中頃までの「一党優位体制」においては農村の急進的改革に踏み込まないという制約のもと，工業化政策においては，ネルー会議派政権は一定の「フリーハンド」を持ち「社会主義型社会」政策を描くことができたといえよう。しかしそのフリーハンドは，急激な変革を志向するものではなく，議会制民主主義の枠内で国家の所有比率そして計画機能を徐々に高めていくことによって達成される公的部門優位の混合経済体制という比較的穏健なものである限りにおいて，振るえるものであった。事実，銀行の国有化など急進的な社会主義政策は，急進的政策に同調しない党内の穏健派の抵抗からネルー首相在命中はついに実現しなかった。
　一党優位体制モデルは，農村の制約，そして会議派内での様々な勢力の均衡の維持という制約が組み合わさった政治で，それが政治的「コンセンサス」の実態であった。そのようないわば，権力に対して様々な制約が働いた状況は，約20年にわたって政党システムに安定性を与え，長期にわたる政党システムの安定は議会制民主主義体制の定着に寄与したといえよう。しかし，それは一方では，強い権力によって急進的政策を行うことが困難な体制でもあった。従って「急進的政策」が実行されるとしたら，それは一党優位体制が崩壊した後になる。

1967年の第4次総選挙における会議派の大幅な後退によって，会議派は中央でも様々な政治勢力を抱え込めなくなり，政党間の競争は激化した。また，多くの有力州で政権を地方政党に譲ったことは，中央と州との間の政治的妥協も相対的に困難になることを意味した。このような意味で政治的コンセンサスを形成することは一層，困難になり，一党優位体制は崩壊した。それは，逆説的ではあるが，政治的急進化が起こりうる状況が到来したことを意味する。

第2章 危機の10年と会議派政治の変質
―― 経済危機と体制変容

　ジャワハルラール・ネルー首相亡き後の第4次総選挙における会議派の勢力後退は一党優位体制を機能不全にさせ，その後，1967年から1977年までの政治の激動につながる。そのいわば「危機の10年」間に政党システムは実態として大きく変貌を遂げることになる。政党システムが大きく変容した原因は経済・社会危機である。それは選挙において会議派の基盤を揺るがし，そして会議派の後退はその内部で権力闘争を誘発した。

　第4次総選挙においてはシンジケートの勢力が大きく後退した。連邦下院選挙では S. K. パーティル，A. ゴーシ，同時に行われた州立法議会選挙では K. カマラージも落選した。党組織を掌握していたシンジケートの影響力の後退はインディラ・ガンディー首相が独自色を強める契機となり，それは会議派内の権力闘争を激化させた。

　当時の会議派政権が置かれていた状況は，深刻な農業不振に起因する経済，そして政治危機であった。食糧危機で物価は上昇し，ビハール州の一部で飢饉的状況が見られ，ケーララ，西ベンガルにおいては食糧暴動が発生した。経済危機と選挙における会議派の大幅な後退は，農業，特に食糧生産の重要性を再認識させ，重工業化優先の計画体制の見直しを迫ることとなる。また，アメリカからの食糧援助の受け入れと国際機関からの経済改革要求は5カ年計画体制への大きな疑問符となった。このような状況に危機感を強めたのが，5カ年計画体制を支えた党内左派であった。これをインディラ・ガンディー首相から見れば，未曾有の政治経済危機に対処する必要があるにもかかわらず，影響力を低下させたとはいえ依然として保守的なシンジケートが党組織を掌握してお

り，従って首相は思うような政治運営ができないという状況であった。政治経済危機を乗り越えるために首相が取ったのが，急進的改革路線と会議派の掌握であった。この2つの戦略は密接に関連し，1969年の会議派の大分裂を引き起こすことになる。

　本章ではこのようにして始まった政治の激動が，1975年から1977年の非常事態宣言体制につながるまでの道筋を示し，インドの民主主義体制が「危機」にどのように対処したかを分析する。

1　会議派内の権力闘争と「社会主義型社会」政策の急進化

　インディラ・ガンディー政権が政治経済危機に対処するためにまず行ったのは，5カ年計画体制の強化であった。そのため1967年9月にD. R. ガドギルを計画委員会副委員長として計画体制の見直しを行った。また1966年に設置された「行政改革委員会」（Administrative Reform Commission）の勧告を受け入れ，1968年3月には計画委員会の組織改革を行った。その上で1969年4月から第4次5カ年計画を開始する。しかし，経済危機によって突きつけられた5カ年計画体制への深刻な疑問符は，開発体制をより自由主義的なものに転換する政治的契機とはならなかった。経済危機を招いたとはいえ「社会主義型社会」イデオロギーは，党内においては決定的打撃を受けたとはいえず，むしろ党内，特に若い層の間では，シンジケートなど保守的な層が改革を押しとどめていることが経済危機を招聘したとして，「社会主義的」な急進的改革こそが危機を乗り越える政策と考えられた。その中心となったのが「社会主義者の行動のための会議派フォーラム」であった。インディラ・ガンディー首相がシンジケートやM. デサーイーに対抗して党内で権力基盤を固めるために依拠した勢力は，このような党内左派であった[1]。従って同首相の権力闘争は左翼的

---

1) F. フランケルによれば，「社会主義者の行動のための会議派フォーラム」の指導者で元インド共産党出身のモーハン・クマラマンガラムの首相への影響力が顕著であった（Frankel [1978 : 463-468]）。

な急進的改革と不可分なものとして現れることになる。

　最初の大きな争点となったのは主要商業銀行の国有化であった。経済発展を国家が目指す方向に誘導するためには，「1951年産業（開発と規制）法」に基づく産業ライセンス制度という直接的コントロールだけでなく，金融政策など間接的方法が重要とされた。また銀行は利益追求を主目的とする以上，従来は小工業，農業，後進地域などへ積極的に投資することはなかったから，これらの社会的に重要な部門への投資を進めるためには銀行の社会化が必要とされた[2]。さらに，ビルラーなど既存の財閥，大資本は有利な条件で銀行から資金調達でき，それによって市場での独占的な影響力をますます強めつつあると認識されており，それを防ぐためにも銀行の国家による管理が必要とされた。これらの理由から民間商業銀行の国有化が要請されたが，それを断行したのがインディラ・ガンディー首相であった。

　インディラ・ガンディー首相は1969年6月のバンガロールにおける会議派運営委員会（CWC）で長年課題とされた，銀行国有化，土地改革など社会主義的政策の実施を打ち出した。焦点となったのは首相による銀行国有化の決意であり，シンジケートは反発しつつも結局は首相の方針を受け入れた。首相は大統領令によって1969年7月に14商業銀行の国有化を断行する[3]。この時点ではシンジケートは首相と妥協したが，財務大臣であったデサーイーはこれに反対して内閣から辞任した。野党では大衆連盟，自由党（Swatantra）[4]が反対し，

---

[2] インディラ・ガンディー首相は，銀行国有化直後の1969年9月に以下のように述べている。「銀行は経済発展に密接に関連している以上，政治的必要性にまったく影響を受けない，というわけにはいかない。今日我が国の政治情勢を見れば，銀行制度は後進地域，または農業や小規模工業などの分野へもっと進出していくべきであるし，おそらく，銀行はより大きな社会的必要性に沿って運営されるべきである」（Gandhi [1975: 246]）。

[3] 大統領令は，大統領代行である副大統領V. V. ギリにより出された。大統領令は，基本的に議会の承認を得ることが危急において不可能な場合に大統領により出される。国会召集後6週間で自然失効するか，召集された議会の決議で失効する。または，法案の成立で失効する（憲法第123条）。

[4] 1959年8月結成。1954年に会議派から離党したC. ラジャゴパリチャリーが総裁となり，M. R. マサーニー（自由企業家フォーラム），会議派を離党したN. G. ランガー（全インド農業協会）などを指導者として結党。旧藩王，地主，大地主，民族資本家な

インド共産党（CPI）など左翼政党が賛成した。その後，この大統領令に対して1970年1月に最高裁は違憲判決を下しているが，首相は翌2月に再度大統領令を出して国有化を押し通すことになる[5]。

　銀行国有化問題は，インディラ・ガンディー首相派と反首相派を分ける分岐点となった。そして分裂は大統領選挙の問題によって加速した。1969年5月にザキル・フサイン大統領が病没したことを受けて次の大統領を選ぶ選挙が行われることになる。シンジケートは党としてサンジーヴァ・レッディー連邦下院議長を立てたが，それに対してインディラ・ガンディー首相は副大統領V. V. ギリを推し，党員には「良心的」投票を呼びかけた。党から候補者が立てられているにもかかわらず首相が他の候補者を立てることは異例であった。大統領選挙は間接選挙で連邦両院の議員，州立法議会の議員がそれぞれ人口に応じて票を持つ。当初，会議派議員の間ではシンジケートの影響が優勢であると伝えられたが，選挙が近づくにつれギリの優勢が明らかになった。野党に関しては両共産党など左翼政党，ドラヴィダ進歩連盟（DMK），アカリー・ダルなどがギリ支持に回り，8月の選挙では結局ギリが勝利を収めて大統領に就任した。党内における首相の影響力が拡大しつつあることは明らかで，CWCにおいて両派の和解が模索されるものの，行き着く所まで行かざるをえないことが明らかになる。

　これを転機として，インディラ・ガンディー内閣からシンジケート派が排除され，会議派の最高議決会議である「全インド会議派委員会」（All India Congress Committee: AICC）やCWCも分裂に向かう。また，州の会議派指導部も

　　どの支持を得て反社会主義，自由主義を唱えた。
5）連邦議会は1970年3月に「1970年銀行（企業の接収および委譲）法」（Banking Companies (Acquisition and Transfer of Undertakings) Act, 1970）を成立させ大統領令に代えている。その後，銀行国有化は当時連邦下院選挙で返り咲いたばかりのインディラ・ガンディー政権の下，1980年4月にも行われ，新たに6行が国有化される。商業銀行の国有化によって確かに農村部への店舗の拡大，政府により優先部門とされた農村や小規模工業・家内工業部門および公共部門への貸付額の増加など，銀行の「社会的役割」は拡大した。しかし，一方では収益性の低い部門への貸し出し増加による収益性の悪化，経営の硬直化などの諸問題が後年明らかになっていく。1969年の銀行国有化の経済的位置づけに関しては，絵所［1987：第2章］参照。

態度を決めざるをえない状況になった。1969年8月の大統領選挙の時点では，アッサム，アーンドラ・プラデーシュ，マハーラーシュトラ，グジャラート，ハリヤーナー，ケーララ，マディヤ・プラデーシュ，ラージャスターン，タミル・ナードゥ各州の会議派はシンジケート支持であった。しかし，人々の間でインディラ・ガンディー首相に対する人気が高まるにつれ，多くの州会議派はシンジケート支持から離れ，11月には，マハーラーシュトラ，グジャラート，カルナータカ，タミル・ナードゥ各州だけになってしまう（Singh [1981：76, 92]）。結局，1969年11月にCWC，AICCが分裂して会議派の大分裂が完了するが，それはインディラ・ガンディー首相派の優勢のうちに終わった。首相派の会議派は「会議派（R）」，シンジケートを中心とする会議派は「会議派（O）」と呼ばれることになる[6]。会議派は柔軟な組織で，小会派や政治家の脱退や加入は珍しくはなかったが，党を2分するような分裂は初めてであった。

　会議派内の権力闘争の激化と平行して進んだのが，政策の急進化である。1969年12月には「1969年独占および制限的取引法」（Monopolies and Restrictive Trade Practices Act, 1969）が立法され，民間の大資本，財閥に対する規制が強化されることになる。後年この法は本来の目的である「独占の弊害」を排除し健全な企業間の競争を促すというよりも，企業の成長をむしろ阻害するものとして機能することが次第に明らかになっていく。また，独立後インドに編入された旧藩王への補償としての年金や他の特権の取り消しも断行された。政府は年金の廃止を実現すべく，1970年9月には憲法改正を発議するが，下院では2/3以上の賛成を得て改正案を通過させるも，上院では通過に失敗したことを受けて，大統領令によって廃止を行おうとした。これに対して最高裁は12月には大統領令に違憲判決を下す。最終的に旧藩王の年金と特権の廃止が成ったのは，1971年3月の総選挙でインディラ・ガンディー首相の会議派（R）が圧勝し，同年12月に憲法改正を行った時であった。

　1971年の第5次総選挙は従来と様相が異なる選挙となった。インディラ・

---

6) 会議派（R）のRはインディラ・ガンディー首相が自派に結集する党員を「招集」（Requisition）したことに由来しているが，後にRulingの意味でも語られるようになる。会議派（O）のOは，Organisationの略。

ガンディー首相は政治が分裂した困難な状況では，国民に信を問い直す必要があるとして，任期終了前の 1970 年 12 月に連邦下院を解散し，翌年 3 月に選挙を行うことを決めた。これにより結果的に連邦下院選挙と州立法議会選挙の時期が分離されることになった[7]。これはインディラ・ガンディー首相の人気がより直接的に影響力を発揮する状況，すなわち，州レベルの様々な争点に妨げられることなく人気を集めやすい状況を作り出したといえる。急進的な改革を求める人々の雰囲気の中で同首相は改革のシンボルとなった（Tameri [1971 : 71]）。そのような中で同首相は「貧困追放」（ガリビー・ハタオ）のスローガンを掲げ，大衆に直接的にアピールする姿勢を打ち出し，会議派（R）は定数 518 議席中，352 議席を獲得して大勝した。また 1967 年の分裂前の会議派の得票率は 40.8％であったが，分裂後の会議派（R）の 1971 年の総選挙における得票率は 43.7％であり，会議派（R）は分裂前の会議派の支持基盤を基本的に受け継いだ可能性が高い。それは，インド世論調査研究所が選挙前に行った世論調査からも裏付けられる。同調査によると，会議派（R）の支持は幅広い階層に及び，中でもムスリムは半数以上が会議派（R）支持であった。また同調査によると，人々の間では，インディラ・ガンディー首相は国民を代表し貧困層の問題を考えてくれる指導者というイメージが顕著であったが，それに対して，会議派（O）の指導者は右翼で富裕層の代表というイメージが強かったことが示される[8]。

このような社会主義的方向への「急進化」と貧困層へのポピュリスティックなアピールという 2 つの姿勢は，その後の政策の方向性を規定する。

[7) 連邦議会の解散は，大臣会議＝内閣の助言により，大統領が行うから，実際上は首相の判断による。1971 年までは任期の途中で政権が崩壊したりした一部の州を除き，両レベルの選挙は同時に行われてきたが，これ以降，両レベルの選挙は分離して行われることになる。

8) 以上に関しては，Indian Institute of Public Opinion [1971 : 19, 36, 52]．サンプリングはアッサム州とジャンムー・カシミール州を除く都市，農村部で，約 8,200 人規模である。

「社会主義型社会」政策の急進化

　社会主義的方向への「急進化」に関しては，1971年以降の典型的な立法は「外国為替規制法」(Foreign Exchange Regulation Act) の大幅な改正である。同法は1973年に改正され翌年1月から施行される。この改正により，外国企業はインドへの投資が厳しく管理されるようになり，多くの部門で外資の株式所有比率は40％に制限された。結果的にインド経済はますます閉鎖的な方向に向かうことになる。

　民間部門に対しては以上のように1970年代初めまでに一連の統制強化が行われ，また，政府の公企業，公的金融機関は増加の一途を遂げた。これらの政策によって民間部門に対する政府の規制政策は官僚統制による硬直的なものとなってしまう[9]。それが経済成長に大きな障害となったことは後年多くの為政者に共通する認識となる。しかし，テクノクラートの間では1960年代終わりまでに，それは既に明らかであった。この点を理解することはインドのポリティカル・エコノミーの展開を理解するために重要なポイントであるので，代表的な政府委員会の報告に依拠してやや詳しく論点を紹介したい。

　最初に1965年に出された「独占調査委員会報告」(Report of the Monopolies Inquiry Commission) を見てみたい。同報告は，企業に対する政府のライセンス行政を評価して，小資本家に比べて大資本家は経営能力や組織力からライセンスを得る優位な立場にあること，そして，ライセンス行政自体が新規参入を妨げる制度となっていることを指摘した。そのためライセンス行政は，自由競争を妨げる独占の様々な弊害を規制する機能を担っていないとした。注意すべきは「経済力の集中」と「自由競争を妨げる弊害」を区別したことである。同委員会は，多くの経済部門において少数の大資本に経済力の集中が進んでいる現実を指摘しつつも，経済力の集中と結果的に生まれる「ビッグ・ビジネス」は国家の経済的前進に寄与してきたと，むしろ高く評価した。問題は「自由競争を妨げる弊害」をどのように規制するかという点であり，この点に関して委員会が主張したのが，ビッグ・ビジネスの様々な独占的・制限的行為から生じる

---

9) 産業統制，許認可制度に関しては多くの文献があるが，邦文では安田［1988］；下山・佐藤［1986］などを参照。

弊害を規制するために常設の監視委員会を作ること，そして既存のライセンス政策の自由化であった。自由化に関しては，特に輸入規制について外貨が貴重な資源であり，政府による輸入規制が必要なことを認めつつも，輸入政策についてもできる限り自由化が望ましいとした。なぜなら輸入による「脅威」は大資本が生産性を上げ，コストを削減する「健全な刺激」となるからである，と述べている。さらに注目されるのは，ターターなど大資本家が常設の監視委員会の設立に賛意を表明しつつ，そのような委員会が政府から真に独立したものとなりうるかどうか懸念を示している点である。ターターなど大資本家の認識は，公正な競争を保証する制度は受け入れるが，そのためには政府や官僚の恣意的行動や利害関係に左右されるような委員会であってはならないということであった（GOI [1965: 8, 136, 137, 140-142]）。

また計画委員会が委託した「産業計画および許認可政策委員会」（Committee on Industrial Planning and disensing policy）が1967年に出した報告書もライセンス行政が投資を計画に沿ってうまく配分できるかどうか非常に疑わしいとして，その本質的欠点を指摘した。同報告は，ライセンス行政は計画目標を達成するための包括的政策ガイドラインや計画の優先順位の決定について柔軟性が欠如しているためアド・ホックな基準に頼らざるをえないこと，ライセンスを発行しても計画通り生産目標が達成されない場合は外貨など貴重な資源が有効に利用されないこと，一部の大企業が多くのライセンスを独占的に占有し他の企業が参入することを阻止する例が見られることなど様々な欠点を指摘した。また，独占に関しては，独占そのものより，独占による弊害が問題であり，非経済的な小規模のプラントよりも，むしろ独占の方が良い場合もあると，上述の独占調査委員会報告と同じ考えを示した。そして改革の方向性に関しては，ライセンス行政の欠陥は本質的なものであり，単なる行政的改善では対応できず，よりよい計画策定に加えて，ライセンス行政の一部自由化，税制や金融政策を併用しつつマーケットメカニズムを意識的に使うことなどにより対処するしかないとした（GOI (Planning Commission) [1967: 17-20, 26, 30, 32]）。

1969年の「産業ライセンス政策検討委員会」（Industrial Lisensing policy Inquiry Committee）の報告も同様な論調である。すなわち，大企業によるライセ

ンスの先取りと他企業の参入阻止，ライセンスで与えられた生産能力を活用しないにもかかわらず何ら是正措置がとられないことなどが報告され，その結果，大企業は産業政策決議や5カ年計画で示された社会的・経済的目標の達成に貢献していないと指摘された。ライセンス行政は本質的に「ネガティヴな道具」であり，全ての規制対象産業部門において詳細かつお互いに調整のとれた計画が作成されなければ，ライセンス行政は官僚の自由裁量やアド・ホックな決定に左右されることになり，計画目標を達成できないとした。そして以上のような負の側面を是正する措置としては，ライセンス対象範囲を重要な「コア部門」に限り，その他の部門は計画委員会が既に指摘しているようにライセンス行政の対象からはずすこと，産業を計画に沿って誘導するための手段として金融政策や財政政策をより活用すべきことなどを勧告している（GOI (Department of Industrial Development) [1969: 184-195]）。

以上やや詳しく紹介したが，諸委員会の報告書には，結局は「ライセンス・ラージ」とならざるをえない計画体制の根本的非合理性が既に明らかになっている。そしてそのような体制下でも，大資本家など既得権益層は計画そのものの欠点や決定過程における官僚の恣意性を利用したり，さらには腐敗的行為によって利権を保護し，一定の成長を遂げることができた。これに対して，政府がとった対策はライセンス行政という直接的な手段から，税制や金融政策といったより合理的な間接的手段への重点の移動でもなく，部分的な自由化でもなかった。1970年代前半までの政府の対応は，規制をより強めることによりライセンス行政の欠陥を封じるというものであった。そして，そのような方向性に進む政治的エネルギーを与えたのが，既に説明したようにインディラ・ガンディー会議派の左方向への急進化であった。

もっともインディラ・ガンディー首相自身が左翼的な経済政策を信奉していたかどうかは極めて疑わしい。経済学者で1973年から1977年にかけて首相府の主席事務次官（Principal Secretary）としてインディラ・ガンディー首相の周辺で顧問を務めたP. N. ダールは，首相は経済に関しては特定のイデオロギーを持たなかったと評している（Dhar [2000: 114]）。インディラ・ガンディー首相が左の方向へ経済政策を急進化したのは，彼女が置かれていた政治

情勢によるところが大きいと考えるべきである。

それでは多くの人々，特に人口の大きな部分を占める農村の貧困大衆はなぜインディラ・ガンディー首相の会議派（R）を選挙で支持したのであろうか。その基本的な要因の一つは，農業と農村は「ライセンス・ラージ」のほとんど範囲外であり，急進的経済改革が何をもたらすか，よく認識していなかったからであると考えられる。インド世論調査研究所の調査で示されたように，彼らにとってインディラ・ガンディー首相は何より貧困追放を唱える新鮮なリーダーであった。そして人々のそのようなイメージにインディラ・ガンディー首相は巧みに応えたのである。それは農民，特に人口の多い農村貧困層への政策的アピールによってであった。これがこの時期のインディラ・ガンディー政権のもう一つの特色である。中央政府による貧困層への特別な政策は常にポピュリスティックな色彩を帯び，インド政治の大きな特徴となるが，それはこの時期から定着していった。その典型的な例である「貧困緩和政策」（Poverty Alleviation Programmes）と呼ばれる貧困層向けのポピュリスティックな政策が開始される背景をやや詳しく述べると次のようになる。

貧困緩和政策

従来，農村貧困は農業やその他の産業の自然な発展によるトリクルダウン効果によって解消されるべきものと考えられていた。商業銀行国有化の一つの狙いは，制度信用を農村部に拡大し，「緑の革命」を担う富農・中農層の資金需要に応え，食糧穀物などの生産を押し上げることにあった。先進的農民の発展により生み出された富はトリクルダウンを通じて貧困層にも裨益するだろうと考えられたことがその背景にある。国有化以降，農村部における銀行の支店数は拡大し，農村部の先進的農家や企業家の信用需要に応えたことは間違いない（絵所［1987：第2章］）。しかし，それは農村貧困層への有効な支援とはならなかった。なぜなら，農村内の社会的・経済的格差の存在ゆえに多くの場合，銀行の信用を受けられるのは一定以上の資産を持つ村の有力な階層であったし，またトリクルダウン効果が期待したようには見られなかったからである。前者についていえば，従来，農村における制度金融は，信用協同組合が担う部分が

大きかったが，協同組合は富農・中農など有力農民の影響下に置かれている場合が多く，小農以下の弱者層には極めて冷淡であった[10]。農村部における制度金融の強化は農村の既得権益層には援助となりえても，1960年代後半の危機の状況で社会的・経済的弱者層には有効な支援とはならなかった。

このように，農村の既得権益層しか発展の成果を享受できない状況は政府内でも危機感をもって見られた。例えば，インド中央銀行の「インド準備銀行」(Reserve Bank of India: RBI) の報告書は，「もし発展の果実が農村の大部分の人々に否定され続けるなら，繁栄は一部の人々にはもたらされるであろうが，その結果としての社会的・経済的な緊張は平和的かつ秩序立った農村経済の変容を台無しにするというだけでなく，農業生産を底上げするという国家的な努力をも台無しにしてしまう可能性がある」(Reserve Bank of India [1969: 579])と述べている。農村弱者層の支持を必要とするインディラ・ガンディー政権にとってこのような状況は政治的に容認しがたいものであり，従って，より直接的な何らかの支援策を開始するのは必然であったといえよう。

このような状況から，中央政府はそれまでは恒常的な直接支援の対象とならなかった農村の弱者層に対して自ら支援に乗り出す。具体的には第4次5カ年計画初期の1970年に，「小農発展事業」(Small Farmers Development Agencies) および「零細農・農業労働者発展事業」(Marginal Farmers and Agricultural Labour Development Agencies) を開始する。前者は，農村の弱者層に技術指導とともに贈与およびローンの形で援助を行い，小規模ながら生産手段を所有させ所得を向上させる試みである。小農による小規模生産は集約性が高く，近代化によって急速な農業生産の発展につながり，その数の多さから所得分配の平等化も期待されたのである。潜在的に生産性が高いことが小農が重視された大きな理由であった。

一方，支援を行っても経済的に自立できる可能性の低い零細農民や農業労働

---

10) 為政者の間では，農村の信用協同組合は農村の既得権益の下にあるため，弱者層へ信用供給がなされないことは認識されていた。1968年に開かれた州協同組合大臣会議では，農村の既得権益層の協同組合支配を論じる過程で弱者層への信用供給が問題とされている (Reserve Bank of India [1969: 566])。

者は，信用を与えるべき開発の対象というよりは，むしろ「リハビリテーション」の対象として認識され，成長の担い手としては考えられていなかった (Reserve Bank of India [1969 : 537])。このような考え方は一面で経済合理的なものであった。しかし，貧困追放を掲げるインディラ・ガンディー政権にとっては，小農だけを重視するような政策は政治的にとれなかった。そのため小農発展事業が5カ年計画に編入される時には，零細農や農業労働者を対象とした零細農・農業労働者発展事業も5カ年計画に編入されざるをえなかったのである。計画委員会の，「零細農民や農業労働者に対する同様な事業は経済的ではないとの議論」は，政治の力によって脇に押しやられてしまった (Frankel [1978 : 497])。この時点では小農発展事業は46地域で，零細農・農業労働者発展事業は41地域で開始され，まだ限定的なものでしかなかった (GOI (Planning Commission) [1974 : 88])。後者は政治的理由によって開始された事業で小農発展事業と内容はほぼ同じであるため，1974年には小農発展事業に統合されることになる。いずれにしても，このような対農村貧困対策事業は1970年代末以降，政治的に重要度を増していくことになる[11]。

　以上のように，党内の派閥抗争および総選挙に勝利したことを契機にインディラ・ガンディー政権の経済政策は，社会主義的方向への「急進化」と硬直的なライセンス体制の出現，そして農村貧困層向け政策の強化という方向性が明確になった。前者は権力闘争の中で党内の左派に押されてインディラ・ガンディー首相が選択した政策であるが，それがその後むしろ経済が停滞する一つの原因となることは1970年代中頃から次第に明らかになり，経済停滞は翻って政権の支持基盤を揺るがし，結局1975年の「非常事態宣言」に行き着くことになる。それは議会制民主主義体制の行き詰まりを示す独立以来初めての重要な事例であるので，その過程を次にやや詳しく説明したい。

---

11) 農村貧困の緩和のための中央政府の諸政策の展開については，近藤 [1998b] を参照。

2 経済危機とインディラ・ガンディー政権——非常事態宣言

インディラ・ガンディー首相は1971年8月にソ連との間で,「インド・ソ連平和友好協力条約」(Treaty of Peace, Friendship and Cooperation between the Government of India and the Government of the Union of Soviet Socialist Republics, 1971) を締結して同盟関係を結び,西側および中国の予想される圧力に備えた上で,1971年12月に主に東パキスタンをめぐる第3次印パ戦争に突入した。インドは圧勝し,東パキスタンの解放とバングラデシュの独立を成し遂げ,首相の人気は絶頂に達した。それは1972年3月に行われた16の州および連邦直轄領での州立法議会選挙において,14州および連邦直轄領デリーで会議派 (R) が過半数の議席を得て勝利したことでも示された。会議派 (R) 内における首相の権威は強まり,首相のワンマン化が顕著になる。党内でのコンセンサスを重視する会議派の伝統は消え,党内のポストを決める党内選挙はインディラ・ガンディー在命中は1972年が最後となった。もっとも,党内選挙が行われなくなったのには党の変質にも原因がある。1972年の党内選挙では,党分裂後の不安定な状況ゆえに,派閥対立,腐敗など多くの問題が発生し,そのような党内の政争激化が党組織の不安定化をもたらした[12]。こうした混乱ゆえに党人事やその他の重要事項の決定を権威的に下せる指導者はインディラ・ガンディー首相しかいなくなってしまったのである。このような党の変質が,首相がワンマン化傾向を深める大きな要因になったというべきであろう。会議派 (R) が政権を握る州においても州首相などの任命は,インディラ・ガンディー首相の意向が何よりも重要となった。

インディラ・ガンディー政権の中央集権的傾向は,政治と社会が不安定化したこの時期に様々な局面で見られる。例えば,中央−州関係が不安定なこの時期にあっては,会議派 (R) 中央政府はチャンスがあれば野党州政権に介入する姿勢を顕著に見せた。例えば,政治的混乱が続いていた西ベンガル州におい

---

12) 例えば,Jaffrelot [2003 : 133]. 党内選挙が復活するのは1992年のことになる。

ては1971年6月に同州を憲法第356条による大統領統治[13]の下に置き，新たに知事に任命した首相の腹心のシッダールタ・シャンカル・ライを通じて強引な治安維持＝会議派（R）以外の政党の圧迫を進めて，1972年3月の州立法議会選挙で会議派（R）を勝利に導いた[14]。

中央集権化傾向は，治安維持制度の強化という面でも現れた。1971年7月には，裁判なしで1年間予防拘禁できる権限を中央，州政府に賦与する「国内治安維持法」（Maintenance of internal Securities Act: MISA）を成立させた[15]。また，12月の第2次印パ戦争時には「インド防衛規則」（Defense of India Rules）[16]が出される。これらの法によって中央政府は抑圧的ともいえる治安維持権限を掌中にし，それは後の非常事態宣言下で威力を発揮することになる。

このように大衆の間での幅広い人気と党内でのワンマン化，多くの州政府の掌握，治安維持機能の強化という状況で，会議派（R）政権は表面的には安定的と考えられた。しかし，社会の構造的な脆弱性は根本的に解消されたわけではなく，大きな政治経済危機が発生すれば，大衆の不満が拡大し，政権の不安定化を招く可能性は常にあった。そのような不安定性は1973年の経済危機により顕在化する。

インディラ・ガンディー政権は政治的威信を高めたとはいえ，土地改革など構造的社会改革に踏み込むことは依然として難しかった。前述したように，

---

13) 憲法第356条で規定される大統領統治とは，州政府が憲法に沿った政権運営をできないと当該州の知事が判断したときに大統領にその旨の報告を提出し，それに基づいて中央政府および中央議会が当該州の行政，または州立法議会の機能を接収する，つまり中央政府が州を直接統治する仕組みである。知事は中央政府からの任命であるから，中央政府の意向によって政治的判断で行動しうるため，大統領統治は中央から州への政治的介入の道具となりえ，この点が長年批判されてきた。そのため改正が行われ，現在は，大統領統治は2カ月以内に中央の下院と上院の賛成決議が得られない場合は効力を失うことになっている。大統領統治の有効期限は6カ月であるが，両院の決議で6カ月延長できる。ただし，総適用期間は3年を超えられない。
14) 1972年3月の西ベンガル州の選挙に関しては，Dasgupta［1972］。
15) 1971年5月には大統領令によって国内治安維持令が出され，これを国会の立法によって法にしたのがMISAである。
16) インド防衛規則は「1971年インド防衛法」（Defence of India Act, 1971）に基づいて発令された。

1972年4月にはインディラ・ガンディー首相は土地改革に関する州首相会議を開催し，土地所有上限の引き下げなどを州政府に迫ったが，実質的効果はほとんどなかった。また，国家主導の計画体制は，既に述べたように様々な矛盾を抱え，腐敗の蔓延など多くの機能不全を既に露呈させていた。このような状況で危機を決定的に高めたのが1973年10月の第4次中東戦争勃発に起因する石油危機であった。石油の多くを輸入に頼っていたインド経済は，これにより貿易収支の悪化，物価の大幅な高騰など大きなダメージを受けた。とりわけ物価の高騰は深刻で，食料品の卸売物価は1973-1974年度は20.2％，1974-1975年度は25.2％の上昇を示した（第5章の図5-1参照）。これが大衆にとって大きなダメージとなり，政治危機につながっていく。1975年の中央政府内務省自身の説明（GOI（Ministry of Home Affairs）［1975］）でも，物価高と食糧不足が治安問題につながり，体制の危機につながったと認識している[17]。

政治危機が最初に顕著に現れたのは，グジャラート州とビハール州であった。グジャラート州では，会議派（R）は1971年の連邦下院選挙，1972年の州立法議会選挙を勝ち抜くために会議派のマシーンをフルに活用した。そのため選挙で勝利した会議派（R）州政権は選挙を援助した企業家，富農，あるいは密輸業者，密造酒家などの影響力を免れない腐敗した政権となり，また派閥抗争が絶えなかった。1973年7月に州首相となったチマンバーイ・パテールの会議派（R）政権も腐敗した政権であった。また1973年後半の食糧危機の中，商人の投機・隠匿は政府の無能を際立たせて人々の不満をつのらせ，食糧暴動が都市部で起こった。そのような中で反腐敗をスローガンとして教師や学生などによって始められた「新建設」（Navnirman）運動は，次第に反州政府運動の性格を強めていく（Fadia［1980：73］；Dua［1994：32］）。そういった動きに呼応したのが都市部中間層であり，野党の会議派（O）や大衆連盟などであった。運動は次第に過激化し，警察との衝突が繰り返され，1974年1月には「グジャラート・バンド」（バンドは一般にゼネストを指す）が行われる。こ

---

17) フランケルはそのような過程を説得的に描いている（Frankel［1978］）。また，政権に近いダールの以下の説明は，政治経済危機がインディラ・ガンディーを追い込んでいくプロセスを的確に叙述している。Dhar［2000：Chapter 10］．

こに至って事態は州政府の統治能力を超えたと見なされ，治安回復のために軍隊が投入された。2月には事態を収拾するためパテールの州首相辞任と大統領統治の導入がインディラ・ガンディー首相によって決定され，3月には州立法議会も解散される。

グジャラート州の運動の特徴は，学生が先頭に立ったことに象徴されるように，基本的に都市部中間層の運動であって，既成政党の体系的な指導があったわけではなく（Shah［1977：10-29］），その意味で人々の不満がより直接的に現れた点にある[18]。いわば無能で腐敗した州政府に対する都市部中間層の反乱であった。

このようなグジャラート州の反政府的機運は，全インド的な経済的困窮の中で他の地域にも広がった。それが最も先鋭に現れたのがビハール州であった。

ビハール州では1970年代初め，農村の困窮を背景にしてナクサライトの浸透，左翼政党の土地闘争など政治社会不安が広まっていた。そのような状況の中，1973年後半の物価上昇と食糧危機，さらには州政府による中間層への課税強化[19]などによって，パトナーなど都市部で学生や住民の不満が高まった。不満のエネルギーを利用したのが野党であった。1974年1月には，グジャラート州の運動の影響を受けて，CPI，インド共産党（マルクス主義）（CPI (M)），統一社会党，大衆連盟などからなる「統一闘争委員会」（Samyukta Sangharsh Samiti）に労働組合も加わって「ビハール・バンド」が行われる。また3月にはパトナーを中心に物価上昇，政府の腐敗，教育を受けた若者の失業などに抗議して学生を中心とする都市部住民の運動がエスカレートしていく[20]。その過程で運動は次第に政治要求を前面に出すようになり，アブドゥール・ガ

---

18) ただし，大衆連盟やその学生組織「全インド学生評議会」（Akhil Bharatiya Vidyarthi Parishad：ABVP）は運動を通してその影響力を広めたとされる。
19) 州政府は，月収300ルピーを得ている全ての層へ専門家税（Professional Tax）を課した。これに反対して左翼政党と労働組合は「物価高騰と専門家税に反対する労働者と雇用者のビハール州委員会」（Bihar Rajya Mahgai Abhaab Pesha Kar Virodhi Mazdur Swa Karmachari Sangharsh Samiti）を組織し闘争した（Shah［1977：83-85］）。
20) 1974年3月18日がビハールの運動の分水嶺といわれる。政府を追及する学生と警官隊が衝突し，暴動が起こった（Shah［1977：89-95］；Prasad［2002：208］）。

フール会議派（R）州首相の交代と州立法議会の解散を要求して抗議行動を展開し，警察との大規模な衝突で多くの死者を出した[21]。争乱はパトナーからランチー，ガヤなどビハールの多くの都市に広がり，それに対して政府は外出禁止令を出して，いくつかの都市には軍を治安維持のために出動させる事態となった。

　ビハールの運動の特徴は，グジャラートの場合と比べて早い段階から野党の参加があった点にあるが，野党は運動に統一的な指導を与えたとは必ずしもいえない。また，グジャラート州の運動と同じく，都市部の中産階級を中心とする運動であり，運動を先鋭化させたのは学生であるが，学生は高カーストの農村地主や都市の中間層の出身であり，農村の社会的・経済的弱者層を巻き込む可能性は低かった。ビハールの運動では既成野党の役割が重要になってはいたが，まだ明確な政治的展望のないまま進みつつあったといえよう。このような様々な限界を乗り越えてビハールの運動をまとめ，さらに全インド的に反政府運動のシンボルとなったのがジャヤプラカーシュ・ナーラーヤンである。1974年4月には，ナーラーヤンはビハールの学生組織の要請を契機として運動の指揮をとることになり，結局全インド・レベルの運動を指導することになる。運動は「ジャヤプラカーシュ」（Jayaprakash）の名をとって「JP運動」と呼ばれるが，それは以下のように展開し，インディラ・ガンディー政権を追い詰めていく。

　1974年5月には「全インド鉄道連合」（All-India Railwaymen's Federation）の会長で社会主義者のジョージ・フェルナンデスが，主に左翼政党の協力を得て，賃金引き上げ，物価手当，低額の食糧配給などを求め，全インド的鉄道ストを行った。労働者側は解雇者1万人を出す犠牲を払ったものの，鉄道輸送に大きなダメージを与えた。同年10月にはジャヤプラカーシュ・ナーラーヤンの指導のもと，ビハールでバンドが行われ，11月にはパトナーでの大規模な衝突で多数の犠牲者を出す。また1975年1月には鉄道相L. N. ミシュラ暗殺事件が発生した。そして3月には，ナーラーヤンの指導下に100万人規模

21）ガフール州首相は1975年4月に辞任することになる。

の人々が連邦議事堂を包囲して政府に圧力をかけた。

　以上，大まかに見れば，経済危機を背景としたインドの西部と北部を中心とする都市部中間層の会議派（R）政権に対する不満の爆発，体系的な指導がなかった都市部中間層の反会議派（R）運動への野党の参加と反会議派（R）共闘の成立，ジャヤプラカーシュ・ナーラーヤンを指導者とする反会議派（R）運動の統合と，都市部の大衆を巻き込む反政府運動の高揚という展開をたどった。この運動で，ナーラーヤンは「全体革命」（Total Revolution）をスローガンに掲げ，単なる反政府運動ではなく，腐敗し改革に失敗した体制全体の改革を目指すとした。この全体革命の具体的内容は必ずしも明らかではないが，このような考え方が違和感なく中心的スローガンとして現れたこと自体が，社会経済危機の広がりと人々の不安の高まりを示しているといってよいであろう。

　もっとも，必ずしも全インド規模の運動であったわけではなく，南部では低調であり，また西ベンガル州などでは会議派（R）に対してCPI（M）などからなる左翼連合が対峙したようにJP運動に連動しつつも独自の政治展開を見せた州もある。農村部の貧困大衆への影響も顕著ではなかった。しかし，深刻な社会不安を背景にした独立後，最初で最大規模の統一的反政府運動は，議会制民主主義体制の正統なプロセスで成立したインディラ・ガンディー政権を追い詰めるのに十分強力な運動であった。従って同政権から見ればJP運動は，会議派（R）に対抗する運動であると同時に反民主主義体制運動として捉えられた。特にJP運動が深刻な治安の悪化を伴い，かつ警察や軍に対して政府からの独立行動を呼びかけ，村においては政府ではなく「人民政府」（Janata Sarkar）の組織化を奨励し，政府への納税をやめるように呼びかけるとき，そのような認識は強まった（GOI (Ministry of Home Affairs) [1975]）。インドは1974年5月にラージャスターン州ポカラン（Pokhran）で「平和的核実験」を行い，国際的には大きな衝撃を与えたが，国内政治では政権の威信を回復することはなく，大きなインパクトを与えることはなかったといえる。

　1975年に入ると，政府の退陣を求めるJP運動の歩み寄りは不可能となり，インディラ・ガンディー首相の危機感は高まった。それを決定的にしたのが，6月12日のウッタル・プラデーシュ州アラハーバード高裁によるインディ

ラ・ガンディー首相の選挙違反・議員資格剝奪判決による首相個人の政治的危機であった[22]。6月18日にグジャラート州の州立法議会選挙で会議派（R）が，会議派（O），大衆連盟，インド民衆党（Bharatiya Lok Dal）[23]，社会党からなる人民戦線（Janata Front）に大敗したことも首相の危機感を強めた。一方，最高裁は6月24日にアラハーバード高裁判決を条件付きで猶予する判決を行い（Tandon [2003: 220]），議会で投票権は行使できないもののインディラ・ガンディー首相は首相に留まりうるものとされたが（Dhar [2000: 303]），しかし，翌25日には野党は首相退陣運動を大規模に展開した。これらの一連の事件と反政府運動の高まりがインディラ・ガンディー首相の危機感を決定的に高め，追い詰められた首相は6月26日には憲法第352条に基づき，ファクルッディン・アリー・アーメド大統領をして非常事態宣言を発令させ民主主義体制を停止した。

既に第3次印パ戦争の時の1971年12月から非常事態宣言が発令されたままであったが，この対内的な非常事態宣言は国内の治安が危機的な状況に達したとして発令されたものであった。非常事態宣言発令後の1975年7月に政府が出した報告書は，規律・治安・安定の回復のため政府によって出された非常事態宣言下の政府の措置は人々に歓迎されたと自画自賛し，また，その中でインディラ・ガンディー首相は，非常事態体制は民主主義を元のレールにのせ，組織された反政府運動が，国を代表する政府の諸機関を崩壊させることがないようにするためである，と理由を説明した（GOI (Ministry of Home Affairs) [1975: Preface]）。

しかし，非常事態宣言終了後の1978年に出された後述のシャー委員会報告

---

22) 1971年の連邦下院選挙で首相がラエ・バレリー選挙区において不正行為を行ったとして，選挙に敗れた統一社会党のラージ・ナラインが訴えていた裁判の判決である（Frankel [1978: 539]）。判決では首相が県職員を選挙に動員した点などが腐敗行為にあたるとされた。結局，大統領，副大統領，首相，下院議長の選挙は司法の審査が入らないという1975年8月の憲法第39次改正を経て，11月7日に最高裁はインディラ・ガンディー首相の選挙違反に無罪判決を下した。

23) 1974年7月に，インド革命党，統一社会党，自由党，ウトカル会議派など北部，東部の中道地方政党が合同して成立した政党。党首はウッタル・プラデーシュ州西部を基盤とするチャラン・シン。

によると，非常事態宣言直前まで内務省は州政府からいかなる緊急の治安悪化の報告も受けていなかったし，内務省下の情報局（Intelligence Bureau）は 6 月 12 日から 25 日にかけて内務大臣にいかなる報告書も提出しておらず，内務省は治安維持のための緊急計画などは準備していなかったことは明らかである（GOI (Ministry of Home Affairs) ［1978a : 26］）。従って，治安悪化を理由にしての非常事態宣言発令には根拠がなかったといえよう。非常事態宣言は政治経済危機を背景にした民主主義体制の危機に対応したものであったことは間違いないが，それは同時に会議派（R），そして首相個人の政治的危機ゆえに発せられたものであることは明らかであった。

3 非常事態体制——抑圧と「改革」

　非常事態体制は何より，インディラ・ガンディー首相とその周辺のサンジャイ・ガンディー（首相の次男），国防大臣バンシ・ラール，情報放送大臣 V. C. シュクラ，内務大臣オーム・メータなどへの独裁的な権力集中であり，反対派の抑圧であった。民主主義体制が停止されたインドがどのような状況に陥ったか見てみよう。非常事態体制が 1977 年に終わり，インディラ・ガンディー首相が失脚したあと，非常事態体制に至る経緯，その権力乱用を調査するために政府の委員会が J. C. シャーを委員長として構成され，1978 年に詳細な報告書を出した。以下，その報告書などに沿って非常事態体制の特徴を簡単にまとめてみたい。

　まず，非常事態体制は何より反対派に対する抑圧体制であった。憲法第 19 条に規定される言論・集会・結社の自由などの基本的人権は停止され，1971 年に既に出されていた国内治安維持法や 1971 年のインド防衛規則を改正した「インド防衛および治安規則」（Defence and Internal Security of India Rules : DISIR）に基づいて，政府に異議を唱える広範な人々が拘禁，投獄された。国内治安維持法自体も非常事態期に 5 回にわたって，より抑圧的な法律に改悪された。逮捕，拘留されたのは，ジャヤプラカーシュ・ナーラーヤン，ラー

ジ・ナライン，会議派（O）のモラルジー・デサーイーなど反体制派指導者だけでなく，会議派（R）内の若手の反対派であるチャンドラ・シェーカール，ジャーナリストのクルディップ・ナーヤル，その他労働運動指導者など広範な層に及んだ。政府を支持したのは親会議派（R）路線をとる CPI のみであった[24]。表 2-1 は州ごとの拘留および逮捕件数を示したものである。非常事態宣言下，約 11 万人の人々が逮捕，拘留されている。最も多い逮捕，拘留件数を出しているのがウッタル・プラデーシュ州で次いでマハーラーシュトラ州，ビハール州の順になっている。

また，自由な報道も統制された。反政府的ジャーナリストの逮捕，マス・メディアに対する検閲の強化，さらには反政府的と目された新聞に対する新聞用紙や電力の供給カットなど，様々な介入がなされ，野党寄りの報道は事実上禁止状態になった。国営の全インド・ラジオ（All India Radio）やテレビ[25]も放送プログラムが規制され，通信社は統合されて国の統制が強まった[26]。一般図書への検閲も「不穏当事項出版防止法」（Prevention of Publication of Objectionable Matter Act, 1976）によって強化された。また，政府公務員，政府系銀行，公社など行政機関，さらには，高等裁判所人事などへの介入も行われた[27]。

国内治安維持法や，インド防衛および治安規則を盾にした強権体制は，確かに，ある種の社会規律を現出させた。公共交通機関の規律は回復し，バス，鉄道なども正常に運行された。また労働運動は取り締まられ，図 2-1 に見られ

---

24) CPI は 1964 年に CPI と CPI（M）に分裂したが，会議派（R）を相対的に進歩勢力と見て，会議派（R），特にその内部の左翼勢力を通じて改革を図ろうとした。同党は親ソ派であり，また，インドはソ連と同盟関係にあったから，非常事態宣言はソ連，およびソ連派諸国に支持された。CPI（M）は反会議派（R）であったため，抑圧された。
25) テレビ放送は全インド・ラジオによって行われていたが，1976 年に Doordarshan（「テレビジョン」の意味）として独立した。
26) 通信社の Press Trust of India, United News of India, Hindustan Samachar, Samachar Bharati は Samachar 社に統合された。しかし 1978 年に統合は解消され元の会社に各々復帰した。
27) 憲法第 217 条によれば州の高裁判事は大統領によって基本的に任命されるが，その場合，州の首席判事（Chief Justice）は最高裁の首席判事と知事の保証（warrant）が必要とされる。また，他の判事については，州の首席判事の保証が必要とされる。

表 2-1 非常事態宣言期の拘留,逮捕件数:州／連邦直轄領別

	州／連邦直轄領	国内治安維持法（MISA）の下の拘留件数	インド防衛および治安規則（DISIR）の下の逮捕件数
1	アーンドラ・プラデーシュ	1,135	451
2	アッサム	533	2,388
3	ビハール	2,360	7,747
4	グジャラート	1,762	2,643
5	ハリヤーナー	200	1,079
6	ヒマーチャル・プラデーシュ	34	654
7	ジャンムー・カシミール	466	311
8	カルナータカ	487	4,015
9	ケーララ	790	7,134
10	マディヤ・プラデーシュ	5,620	2,521
11	マハーラーシュトラ	5,473	9,799
12	マニプル	231	228
13	メガラヤ	39	20
14	ナガランド	95	4
15	オリッサ	408	762
16	パンジャーブ	440	2,423
17	ラージャスターン	542	1,352
18	シッキム	4	—
19	タミル・ナードゥ	1,027	1,644
20	トリプラ	77	99
21	ウッタル・プラデーシュ	6,956	24,781
22	西ベンガル	4,992	2,547
23	アンダマン＆ニコバル諸島	41	88
24	アルナーチャル・プラデーシュ	—	1
25	チャンディガル	27	74
26	ダドラ,ナガル・ハヴェリ	—	3
27	デリー	1,012	2,851
28	ゴア,ハイラックス,ディウ	113	—
29	ラクシャドウィープ	—	—
30	ミゾラム	70	136
31	ポンディチェリー	54	63
	計	34,988	75,818

出所）GOI (Ministry of Home Affairs) [1978c: 134].

るように労使紛争におけるストライキは 1975 年から 1976 年にかけて劇的に減少した。

一方,非常事態体制の他の側面は,従来行いえなかった社会改革を強権を

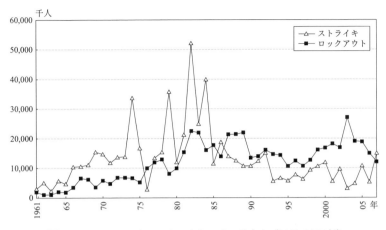

図 2-1 ストライキとロックアウト：インド全土（1961-2007 年）
出所）Datt［2003：12］および GOI (Labour Bureau)［various years］より筆者作成。

もって行おうとしたことであった。インディラ・ガンディー政権は1975年7月に社会経済改革を目標として定めた「20項目プログラム」を発表し、生活必需物資の確保と物価の抑制、土地改革の実施、農村貧困層の債務の解消、農業労働者の最低賃金の見直し、脱税防止と経済犯の即決裁判、密輸の防止、投資手続きの簡素化と輸入ライセンスの乱用抑制などを行うことを宣言した。また1976年3月には、権力の中心となりつつあった会議派青年部を率いるサンジャイ・ガンディーが家族計画の促進などを定めた「5項目プログラム」[28]を発表した。強権を背景にした非常事態体制は、何を成し遂げたのであろうか。

社会改革に関しては前述のように、土地改革が進められ、指定カースト（SCs）や指定部族（STs）など社会的弱者層へ余剰地の分配が一定程度進んだ。また1975年10月には、農村貧困層救済のために、行政の介入による負債額の引き下げが行われ、1976年2月には、債務により拘束された労働者の解放を規定した「1976年債務労働システム（廃止）法」（Bonded Labour System

---

28) 当初は4項目であったが、後の5月にダウリー（花嫁から花婿に払われる婚資で巨額の婚資が要求されることが大きな社会問題となっていた）廃止が加わった。両プログラムについては、Weiner［1978：117-119］。

(Abolition) Act, 1976）が制定された。

　しかし，改革に名を借りた一方的な犠牲の押し付けもあった。デリーなどの都市部スラムの強制的取り壊し等である。中でも特に反発の強かったのが，サンジャイ・ガンディーの5項目プログラムに含まれていた家族計画の強制である。表2-2のように，非常事態宣言期には実際上ほぼ強制的ともいわれる断種手術が約1,076万人に行われ，杜撰な施術の中で1,774人が死亡したとされる[29]。この強制断種政策が広範囲に行われたヒンディー・ベルトや西部などでは人々の反発は激しく，1977年の総選挙で会議派（R）がこれらの地域で敗北する大きな要因の一つとなる。

　非常事態宣言期の「改革」は受益者として確かに社会的弱者層を想定していた。しかし，様々な行政・立法措置によって社会的弱者層が実質的に受益者でありえたかどうかは定かでない。彼らは非常事態宣言期にいくばくかの利益を得たとしても，非常事態体制の終了後，上位カーストや有力な階層の反発でかえって大きな被害を被った場合が多く見られる。例えば，分配された土地が上位カーストによって奪い返されたりする例が多く見られた。また，SCsやSTsへの暴行，殺人などの「残虐行為」は1973年：6,548件，1974年：9,257件，1975年：8,865件，1976年：6,835件，1977年：10,010件と非常事態宣言期に一旦減少したものの，終了後のジャナター党政権期に顕著に増加した（李［1980：111］）。また，スラムの取り壊しで家を追われた多くの人々は社会的弱者層であったし，強制断種のターゲットとなったのもかなりの場合，社会的弱者層であった。

　ただし，このような政府による介入，その後の社会的暴力の拡大は，SCsやSTsなど社会的弱者層の政治的覚醒を促す一つの要因になったと考えられ，その意味で，逆説的ではあるが，歴史的に重要な契機になったと考えられる。例えば，非常事態体制をはさんで1974年と1979年に行われたSCsの意識調査

---

29) 州別ではラージャスターン（217件），ウッタル・プラデーシュ（201件），マハーラーシュトラ（151件），アーンドラ・プラデーシュ（135件）などとなっている。また未婚の男女に対する断種も548件報告されている。以上については，GOI (Ministry of Home Affairs) ［1978c：167］.

表 2-2　非常事態宣言期の「断種」（1975-76, 1976-77 年度）

年度 州／連邦直轄領	1975-76 達成数 （人）	1976-77 達成数 （人）
アーンドラ・プラデーシュ	165,163	741,713
アッサム	147,545	226,205
ビハール	165,531	680,000
グジャラート	153,000	317,000
ハリヤーナー	57,942	222,000
ヒマーチャル・プラデーシュ	16,830	100,740
ジャンムー・カシミール	9,502	15,794
カルナータカ	120,671	488,861*
ケーララ	156,622	206,600
マディヤ・プラデーシュ	112,000	1,001,000
マハーラーシュトラ	611,000	833,000
マニプル	847	6,286
メガラヤ	2,100	7,513
ナガランド		355
オリッサ	125,040	322,984
パンジャーブ	53,083	139,905
ラージャスターン	86,000	364,760
シッキム		262
タミル・ナードゥ	270,691	569,756
トリプラ	4,140	12,600
ウッタル・プラデーシュ	128,000	837,000
西ベンガル	206,421	880,000
アンダマン＆ニコバル諸島	242	1,376
アルナーチャル・プラデーシュ	22	268
チャンディガル	1,163	2,590
ダドラ，ナガル・ハヴェリ	241	695
デリー	22,510	138,517
ゴア，ハイラックス，ディウ	2,800	5,571
ラクシャドウィープ	56	149
ミゾラム	905	679
ポンディチェリー	4,688	8,030
計	2,624,755	8,132,209

出所）GOI (Ministry of Home Affairs) [1978c : 207].
注）＊：1977 年 2 月 28 日まで。

によると「他のカーストによる不当な扱いに対して自らを組織して暴力も辞さない形で戦いますか」という問いに，都市部においては1974年は21％しか同意しなかったのに対して1979年には34％が同意している[30]。このような政治意識の変化は都市部が中心であるが，それは徐々に農村部へも浸透し，社会の基底レベルの政治意識を徐々に変革していくことになる。

　最後に，体制を恒常的に変革するための憲法改正の展開についてまとめておきたい。非常事態体制における憲法改正は民主主義体制を大きく変質させる性格を持ったから，その改正を吟味することによって逆に与党会議派（R）が構造的危機への対応としてどのような考えを持っていたかを知ることができる。それは端的にいうと中央集権化であった。

　中央政府への権力集中は，インディラ・ガンディー首相とその周辺にとっては魅力的な体制であったことは疑いない。それは単に権力保持のためだけでなく，独裁的な権力によって基本的人権や司法権に拘束されることなく，政策が実行できたからである。そのような体制を恒常化しようとしたのが，非常事態体制下で行われた一連の憲法改正である[31]。非常事態体制中に5回の改正が行われたが，最も重要なのは1976年12月の第42次憲法改正であった。

　第42次憲法改正の特徴は，国会（連邦議会）は憲法の「基本構造」を変えることができないとした1973年の最高裁の判決[32]を覆し，国会は憲法の「基本構造」を変えうるとしたことである。それによって，憲法改正に対する司法審査の可能性が大きく制限され（下山［1980：27］），また，所有権を含むところの基本的人権に対して，政府によって社会経済改革を達成するために必要とされた憲法第4編の「国家政策の指導原理」の優位が確立された。「国家政策

---

30) サンプル数は都市部で1974年が434，1979年が248である。農村部の意識はそれぞれの年で19％，18％であり大差ない。Indian Institute of Public Opinion [1979：23]. M. ウェイナーは非常事態宣言期の諸政策が北インドの低所得層を政治化したのに対して南インドではそうではなかったとする（Weiner [1978：87]）。
31) 憲法第368条に基づき，基本的に憲法は定員の2分の1の出席で，その3分の2の賛成があれば改正できる。
32) 第24次および第25次憲法改正の合憲性を争った1973年4月 "Keshavananda Bharati" 裁判における判決。例えばDhar [2000：332-334] を参照。

の指導原理」とは社会の発展，公共の福祉などを達成するために国家が積極的役割を果たすことなどを定めた条項である[33]。他方，高裁から違憲立法審査権を奪うなど司法権は制限され，また，反国家的活動や反国家的団体の取り締まりに関して国会が制定した法は憲法違反とはされないなど，基本的人権に対する制限が強化された[34]。

　これらの憲法改正は，司法権や基本的人権など権力に対するチェック機能を弱め，政府に改革と社会不安の押さえ込みのためのより強い権力を与えることを意図したものと考えられる。

　以上のように，非常事態体制によって反対派は封じ込められ，治安は回復し，深刻な問題を含むがゆえに平時では行えないような「改革」が行われた。また，1975年から1977年にかけては天候にもめぐまれ食糧生産は順調に増加し，第1章の表1-7のように1976年以降，食糧輸入の必要性はほとんどなくなるまでになり，外貨の節約につながった。物価に関しては，卸売物価は1975-1976年度は−1.1%，1976-1977年度は2.1%（第5章の図5-1参照）と極めて安定していた。このような状況がインディラ・ガンディー首相をして，非常事態体制から平時への復帰を決断させることとなった。

　ただし，インディラ・ガンディー首相自身の非常事態宣言に対する考え方も民主主義体制への復帰を決断する要因であったと思われる。首相は権力を一時的に独占し，議会制民主主義体制を変質させたが，民主主義体制そのものを恒久的に廃棄したり，より権威主義的な体制に移行する意図はなかったと考えられる[35]。また，権力集中の結果として，皮肉なことに首相周辺には楽観的な政治情勢しか伝わりにくくなり，野党は分裂していて短期間には選挙態勢を整え

---

33) 具体的には，例えば適切な生存権や公共の善を保証すること，あるいは悪影響を及ぼすような経済力の集中の排除が含まれる。
34) その他，大統領は大臣会議＝内閣の助言に従って行動することが明記され，連邦下院と州立法議会の任期は5年から6年にされるなど，広範な改正がなされた。安田［1980］および稲［1993: 267-283］などを参照。
35) Dhar［2000: 351］を参照。1975年6月12日のアラハバード高裁の議員資格剥奪の判決の時も，首相自身は辞任の決意を一旦は固めたといわれるが，S. S. ライ，サンジャイ・ガンディーなどの説得によって翻意したとされる（Hewitt［2008: 116］）。

ることが難しく，選挙を行えば勝利できるという判断が加わった。これらの諸要因が政府をして総選挙という選択肢を取らせることとなった。1977年1月に，インディラ・ガンディー首相は下院を解散し，総選挙を3月に実施すると発表し，同時に政治家の釈放，政党活動に対する制限の解除，検閲の緩和を行った。このように政府の判断は楽観的であったが，野党の動きは素早く，人々の非常事態体制に対する反発は予想以上であった。

　政治活動が解禁されるや否や，ジャヤプラカーシュ・ナーラーヤンを指導者として，会議派（O），大衆連盟，インド民衆党，社会党は合併してジャナター党（Janata Party）を結成した[36]。党首はデサーイーであった。ジャナター党は，例えば，西ベンガル州でCPI（M）と選挙協力を行い，反インディラ・ガンディーの協力体制を整えていく。非常事態体制期の野党への弾圧は，皮肉なことに，分裂的であった野党の結束を促すこととなったのである。

　一方，会議派（R）の状況は政治活動解禁の後は分裂があらわとなった。サンジャイ・ガンディーに反発して，農業・灌漑大臣のジャグジーヴァン・ラームが「民主主義のための会議派」（Congress for Democracy）を結成して脱退し，ジャナター党に協力する。さらにH. N. バフグナ，N. サトパティ，D. N. ティワリなど有力な党員も会議派（R）から脱退した。このような状態で投票を迎えた会議派（R）は大敗を喫する。会議派（R）は34.5％の得票率で154議席しか獲得できず，首相およびサンジャイ・ガンディーも落選した。特に北インドでは反発が顕著となった。ジャナター党と民主主義のための会議派は合計295議席を得て過半数を制した[37]。大敗を受けて，インディラ・ガンディー首相は2つの非常事態宣言を解除し，3月22日に辞任した。

　注意すべきは，インディラ・ガンディー首相が選挙での敗北を受け入れて政権を退き，その後，ジャナター党政権が正常に政権に就いたことである。選挙での大敗を受け入れないで強権によって政権にとどまり続ける選択肢は事実上

---

36) 党の正式な結党は党創設大会が開かれた1977年5月である。総裁はチャンドラ・シェーカールであった。

37) 前者が270議席を獲得。両者ともインド選挙委員会の選挙行政上はジャナター党ではなく，インド民衆党（Bharatiya Lok Dal）として登録されているため，公式には合計として295議席となっている。

存在しなかったといえよう[38]。これは議会制民主主義体制の正統性が，非常事態体制によっても基本的には大きなダメージを受けなかったこと，すなわち，民主主義体制の制度化が非常事態宣言以前に高いレベルにあったことを意味する。

4　ジャナター党政権の成立と崩壊

「ジャナター・ウェーブ」と呼ばれた1977年3月の選挙で大勝したジャナター党は首相に旧会議派（O）のデサーイーが就任し，デサーイーと首相の座を争った旧インド民衆党のチャラン・シンが内務大臣に，旧大衆連盟のA. B. ヴァジパーイーが外務大臣に就いた。「民主主義のための会議派」は5月にジャナター党に正式に合流し，ジャグジーヴァン・ラームが国防大臣に就任した。

ジャナター党政権がまず行ったのは非常事態体制の否定としての会議派（R）勢力の一掃であった。中央政府は，会議派（R）は人々の信任を失い同党の州政権の下では政権運営が難しいとして，会議派（R）州政権に大統領統治を適用し，改めて選挙で民意を問うた。大統領統治によって州政権に介入するのは，1956年の言語州への州再編成後では，ネルー会議派政権が治安の混乱を理由として1959年7月にケーララのCPI連合政権を解任したのが最初である（中村［1977：215-219］）。その後1967年以降は，全般的に州政権が不安定化したことからその頻度は増加するが，ジャナター党の介入は政治的介入としては最も大規模かつ露骨なものであった。

ジャナター党中央政府は，1977年4月に会議派（R）政権のパンジャーブ，ハリヤーナー，ヒマーチャル・プラデーシュ，ウッタル・プラデーシュ，ビ

38）V. ヘウィットによるとインディラ・ガンディー首相が選挙結果を無視し政権にとどまるためには強権による抑圧しかないが，それはかえって大衆抗議運動の勃発，大混乱につながる。そして，政党など様々な政治勢力は2度目の非常事態宣言は受け入れなかったであろう，という（Hewitt［2008：149］）。

ハール，マディヤ・プラデーシュ，ラージャスターン，西ベンガル，オリッサの9州に大統領統治を適用し，6月に州立法議会選挙を行った。結果は，パンジャーブ州ではアカリー・ダル，西ベンガル州ではCPI（M）率いる左翼戦線[39]，その他の州ではジャナター党が勝利し全ての州で会議派（R）から政権を奪った。

同時に行われたタミル・ナードゥ州の選挙では，1972年にDMKから分かれた「全インド・アンナ・ドラヴィダ進歩連盟」（All India Anna Dravida Munnetra Kazhagam；AIADMK）が勝利した。また7月に行われたジャンムー・カシミール州の州立法議会選挙は，シェイク・アブドッラー率いる「ジャンムー・カシミール民族協議会」（Jammu and Kashmir National Conference. 以下JK民族協議会）が過半数を得て勝利した。分離主義の台頭が常に問題視される同州に対しては歴代の会議派中央政権は露骨な介入を行ってきたが，ジャナター党政権下で行われた選挙は同州の歴史で最も公正選挙といわれ，会議派政権時代との違いが鮮明になった（Quraishi［1979：66-69］；Lyngdoh［2004：130］）。

一方，会議派（R）は，1978年1月にさらに分裂し，インディラ・ガンディー元首相派の会議派（I）（IはIndiraの頭文字である。以下，煩雑さを避けるため単に「会議派」とする）と会議派（S）（1月の時点ではブラフマナンダ・レッディーが総裁であったが，3月にスワラン・シンに変わる）に分裂した。2月に行われたカルナータカ，アーンドラ・プラデーシュ，マハーラーシュトラ，アッサム，メガラヤの各州，アルナーチャル・プラデーシュ連邦直轄領の各州立法議会選挙では会議派が躍進し，2つの会議派中，インディラ・ガンディー派の会議派の優位が決定的になった。そのうちデヴァラージ・ウルス州首相率いるカルナータカ，ヴェンガラ・ラーオ州首相率いるアーンドラ・プラデーシュ州

39）同党の他は，「前衛ブロック」（Forward Bloc），「革命社会党」（Revolutionary Socialist Party），「マルクス主義前衛ブロック」（Marxist Forward Bloc），「革命的インド共産党」（Revolutionary Communist Party of India）および「ビプラビー・ベンガル会議派」（Biplabi Bangla Congress）であった。インド共産党は会議派（R）に協力しており，この時点では左翼戦線に参加していないが，1980年の連邦下院選挙の時に左翼戦線と議席調整を行い，1982年の州立法議会選挙から参加した（*Frontline*, Vol. 18, Issue 12, June 9-22, 2001）。

では過半数で勝利し政権を樹立した。

　このように，南インドではインディラ・ガンディー元首相の会議派の勢力が優勢であったものの，人口が多く，従って，議席の多いインドの北部，西部をジャナター党は押さえ，政権は一応の安定性を保持しているかに見えた。しかし結局，同政権は2年あまりで自壊することになる。問題はジャナター党に融合した元の政党間でイデオロギー，支持基盤などに関して大きな差があり，実質的な意味での融合がならなかったことである。

　派閥抗争はデサーイー首相やジャグジーヴァン・ラーム国防大臣と，チャラン・シン内務大臣との間で決定的になり，1978年6月に後者が大臣から辞任する事態に発展した。これに応じて旧インド民衆党系のラージ・ナライン保健大臣も辞任したが，翌1979年1月に一旦は両派の妥協が成り，チャラン・シンは副首相兼財務大臣として内閣に復帰し，同時にジャグジーヴァン・ラームも副首相に就任した。この妥協により危機は回避されたかに見えたが，旧インド民衆党系勢力とその他との分裂は州レベルで広がり，妥協は一時的なものとならざるをえなかった。北部，西部のジャナター党州政府では，デサーイー首相を支持する旧会議派（O）および旧大衆連盟系の勢力と，旧インド民衆党系勢力の対立が激しくなり州政権が揺らいだ。例えば，ハリヤーナー，ウッタル・プラデーシュ，ビハール州政権は旧インド民衆党系の州首相を擁していたが，党内の旧大衆連盟系の勢力の批判を受けて辞任に追い込まれた。反対にラージ・ナラインら旧インド民衆党系勢力は，旧大衆連盟系の勢力がヒンドゥー・ナショナリズム勢力である「民族奉仕団」（RSS）との関係を絶っておらず，セキュラリズムの原則に反するとして攻撃した。党内選挙も結局実施が不可能となった。

　党組織の統合を難しくしたのは，単に個人的な権力闘争だけでなく，元の政党間の解消しがたいイデオロギーや支持基盤の性格の違いにあった。特に北インドを中心にして農民に支持基盤を持ち，セキュラリズムと社会主義的イデオロギーを掲げる旧インド民衆党や社会党系の勢力と，RSSと密接な関係を持ちヒンドゥー・ナショナリズムを掲げる旧大衆連盟系の勢力との溝は深かった。

溝がさらに深まるきっかけとなったのは，インディラ・ガンディー元首相の扱いに関してである。元首相は1978年11月にカルナータカ州のチクマガルルの連邦下院補欠選挙で勝利した。もっとも連邦下院は議席剥奪処分決議を行い元首相は再び議席を失った。しかし内紛が絶えないジャナター党政権にとっては，南部とはいえ人々の間で人気が回復しつつあるインディラ・ガンディーは脅威と映った。従って，彼女が非常事態宣言期に犯した様々な越権行為をどう裁くかということは，政治的に息を吹き返しつつあった元首相を政治的に封じ込める意志があるかどうかの試金石となった。これに関してチャラン・シン内務大臣は厳格な処罰，すなわちインディラ・ガンディーの政治的な封じ込めを求めたが，デサーイー首相は必ずしも積極的ではなかったため，この問題は両者の懸隔をさらに広げることになった。非常事態宣言期のインディラ・ガンディー政権による「行き過ぎ」を裁くための特別法定は連邦議会の立法によって1979年5月に設置されたものの，ジャナター党政権が崩壊したため審議はなされなかった。結局6月にはラージ・ナラインのグループは旧大衆連盟グループと袂を分かってジャナター党から脱退し，ジャナター党（世俗主義）(Janata Party (Secular))を結成した。

　このようなジャナター党の内紛につけ込んだのが，会議派勢力であった。同年7月に会議派（S）によりデサーイー政権に対して不信任案が提出され，政権は両会議派やチャラン・シン派の支持を得られなかったため，議会多数の信任を得られず崩壊する。サンジーヴァ・レッディー大統領[40]は野党第一党であった会議派（S）に組閣を打診するが，多数の支持を得られず，結局ジャナター党（世俗主義），会議派（S），会議派の支持を得たチャラン・シンが政権を樹立した。しかし，会議派の支持は党利党略のためであって，8月にはインディラ・ガンディー元首相は同政権への支持を撤回し，チャラン・シン政権は崩壊する。チャラン・シン政権は選挙管理政権として1980年1月の総選挙まで留まったが重要な決定はできなかった。また政権にとって不運であったの

---

40) 1977年2月にファクルッディン・アリー・アーメド大統領が病没した。そのため連邦下院議長を務めていたサンジーヴァ・レッディーが同年7月にジャナター党，会議派（R），CPI（M）など主要政党のコンセンサス候補者として無競争で当選した。

は，1979年の第2次石油ショックの影響により物価が一転して急上昇し人々の不満が高まったことであった。第5章の図5-1で示されるように，卸売物価は1979-1980年度は17.1％，1980-1981年度は18.2％に急上昇し，人々の暮らしを直撃した。経済状況の悪化は政党システムのさらなる「脱皮」を促した[41]。

5 非会議派政権としてのジャナター党政権の政策と実績

ジャナター党は会議派以外の勢力として初めて中央政権に就いたが，以上のような内紛のため大きな業績は残せなかった。人々の評価もかなり低いものであったことは疑いない。例えば，1979年の世論調査（サンプル数1,000人）によれば，1979年の時点でジャナター党の実績に満足な者は25％であったが，不満足な者は52％にのぼり，全ての階層にわたった（Indian Institute of Public Opinion［1979：IV］）。しかし，ジャナター党政権は歴代会議派政権の政策の方向修正を行ったという意味で重要な政権であったといえる。ジャナター党政権の政策を簡単に検討してみたい。

最も重要な政策は非常事態体制の否定であった。1977年3月の選挙でジャナター党が掲げた「19項目要求」の多くの項目は非常事態前への復帰に関係していた。ただし，「所有権の基本権からの排除と仕事への権利の確保」という点については会議派（R）の方針を継続している[42]。非常事態宣言前への復

41）1980年代のまでの政党制の変転については，堀本［1982］を参照。
42）19項目は以下の通り。1．非常事態宣言の撤回，2．自由権の復活，3．国内治安維持法などの廃止，4．司法審査ぬきで政治団体禁止を禁ずる法律の廃止，5．第42次憲法改正の撤回，6．憲法第352条の改正，7．憲法第356条の改正，8．選挙費用，選挙年齢引き下げなど選挙改革，9．人民代表法の改正の無効化，10．法治の復活，11．司法の権威と独立性の復活，12．法の下の平等の確立，13．平和的抗議行動を行う権利の確立，14．検閲の廃止，15．不穏当事項出版防止法の廃止による新聞などの自由の保障，16．全インド・ラジオ，テレビ放送，映画の自律性の回復，17．新聞の政府からの影響の排除，18．所有権の基本権からの排除と仕事への権利の確保，19．政府雇用者の政治的圧力からの保護（Janata Party［1977：8-10］）。

帰という公約については，その多くが実行された。政府は1978年3月には国内治安維持法を廃止し，また4月に第43次憲法改正，1979年4月に第44次憲法改正を成立させ，それによって，自由権や司法の権限の制限などを行った第42次憲法改正の多くが元に戻され，また，非常事態宣言が乱用されることを防ぐため憲法第352条など非常事態条項の適用も厳格化された[43]。

　同政権の独自性が最も現れたのは経済政策である。経済政策は，ジャナター党が反会議派（R）を焦点としてまとまった政党であったため，元の諸政党の政策の折衷となり，また取りまとめに時間がかかった。発表されたのは1977年11月であった[44]。ジャナター党独自の「5カ年計画案1978-83」（Draft 5-Year Plan 1978-83）が国家開発評議会に提出されたのは1978年3月であったが，それは結局実施されずに終わった。

　このように経済政策は実効あるものとはならなかったが，いくつかの点で新しい方向性を打ち出した。その特徴の一つは，歴代会議派政権の「社会主義型社会」政策，特に重工業優先のイデオロギーの修正であった。デサイーがガンディー主義者であり，チャラン・シン[45]が農村の利益の代表であったことに象徴されるように，農村・農業への重点のシフト，そして，村落工業や小規模工業（Small Scale Industries）を重視するガンディー主義が特徴であった。例えば，1978年にはアソカ・メータ（Asoka Mehta）委員会報告（GOI (Department of Rural Development, Ministry of Agriculture and Irrigation) [1978]）でパンチャーヤト制度の活性化を勧告させ，カルナータカ，アーンドラ・プラデーシュ州な

---

43) 改正で連邦議会や州立法議会の任期も6年から5年に戻されたが，ジャンムー・カシミール州では戻されなかった。そのため同州では他州と違って州立法議会の任期は現在でも6年である。また，非常事態宣言前の憲法第352条によれば，非常事態宣言は基本的に2カ月中に両院の議決によって承認される必要があることだけが定められていた。第44次憲法改正で同条は権力の乱用の可能性を小さくするため両院の議決による承認が必要な期間は1カ月以内とされ，また，非常事態を続けるためには6カ月ごとに延長決議を行う必要があると改訂された。

44) "Economic Policy Statement" は形式的には同党の公式文書ではないが，主要閣僚が名を連ねていることから，党の実質的文書といってもよいであろう（Vakil [1979: 22]）。

45) チャラン・シンの歴史的役割については，脇村 [1994]。

どの一部の州の改革を促進した。また同年には貧困層を受益層とする「総合農村開発事業」(Integrated Rural Development Programme：IRDP) を開始した。これは貧困線以下の村民に贈与および資金貸与によって生産的資産を持たせ、それによって所得を恒常的に上昇させて貧困線を超えさせようという事業である。これはジャナター党政権期では一部の地域で行われただけであったが、次の会議派政権の1980年には、前に述べた「小農発展事業」を統合した上で全インド的に実施されることになる[46]。村落工業、近代的な小規模工業に対する政策も強化され、村落工業や小規模工業のみが生産を許される生産留保品目が大幅に増やされ、また各県に「県工業センター」(District Industries Center) が設置されて、村落工業や小規模工業の育成が強化された（近藤 [2003]）。

　もっとも、公企業の重視、経済力集中の排除、外資の制限など多くの基本政策は会議派政権から受け継がれた (Vakil [1979])。例えば、外国為替規制法が厳格に適用され (GOI [1977: Section "Foreign Investment"])、資本所有比率を低くするよう迫られたIBMやコカ・コーラなどは1977年にインドから撤退した。IBMがインドに戻ってくるのは経済自由化後の1991年、コカ・コーラは1993年である。

　ジャナター党政権と会議派政権との違いは外交にも現れた。前述のようにジャンムー・カシミール州に対しては会議派政権とは異なり融和的な方向に転換したが、同じような方向性が外交にも現れた。いわば、「善隣外交」であり、会議派政権期には妥協がならなかった隣国との懸案事項がジャナター党政権期に妥結された。例えば1977年11月にはバングラデシュとファラッカ堰における水資源の取り分に関して協定が締結された。また、ネパールとの間では1971年の貿易通貨条約がネパール側の希望に沿って2つに分けられ、デサイ首相が訪問した1978年3月に「1978年インド・ネパール貿易条約」(Treaty of Trade between the Government of India and His Majesty's Government of

---

46) 資金のうち、贈与 (Grant) 部分の比率は、小農：25%、零細農および農業労働者：33.3%、SCs/STs：50%となっている。他の資金部分は低利の貸与によってまかなわれる。受益者の最低30%はSCs/STsの人々でなければならないことが規定されている。詳しくは、近藤 [1998a]。

Nepal, 1978) と「1978年貨物通過条約」(Treaty of Transit between the Government of India and His Majesty's Government of Nepal, 1978) が締結された。大国との関係ではアメリカとの関係改善が模索された。また1962年の国境戦争以来関係が途絶えていた中国との関係も正常化が模索され，ヴァジパーイー外務大臣が1979年2月に中国を訪問したが，中国のベトナム侵攻で中断を余儀なくされた[47]。

　社会政策もジャナター党政権の支持基盤の特徴を反映して変化があった。それは「その他後進階級」(OBCs) に対する政策である。政府は1978年にB. P. マンダルを委員長として第2次の後進階級委員会を設置した。この委員会は委員長の名を取って「マンダル委員会」と呼ばれるが，OBCsをどのように認定し，その発展のためにどのような施策を行うかを検討した委員会である。報告書が出されたのは，ジャナター党政権が崩壊した後の1980年であったため，それはインディラ・ガンディー会議派政権によって棚上げされてしまう。しかし，その勧告は後年，大きな政治的焦点となる[48]。OBCsも含め中間的諸階層の台頭は重要な問題なので，次に状況を整理してみたい。

6　中間的諸階層の台頭とジャナター党

　歴代会議派政権の経済政策の失敗と並んで，この時期に会議派中心の政党システムを揺るがした，もう一つの構造的変動は，OBCsも含むところの経済的・政治的実力をつけつつあった中間的諸階層，とりわけ農村部の中間的諸階層の台頭である。農村部で緑の革命が拡大する過程で，大土地所有者ではなく中小規模の土地しか持たない中間的なカーストやコミュニティも経済的実力を強めたが，彼らは人口が多いため経済的実力の高まりは在地における政治力を高めた。

---

47) 両国の貿易は1978年から再開された。1984年には最恵国待遇を認める通商協定を締結している。GOI (Ministry External Affairs) [2005：8].
48) この報告書の内容については，山口[1984]を参照。

中間的諸階層の台頭は，北部と南部で時期的に大きなギャップがある。それはまず南部や西部の州で顕在化していく。その過程が北インドでも顕在化し[49]，さらに連邦レベルに及んだ一つの結果が，ジャナター党政権であったと考えることもできる。ジャナター党に融合した政党のうち，大衆連盟の支持基盤は高カーストや都市部の中間的階層にあったが，インド民衆党や社会党の支持基盤は北インドの農村の自立的農民や，社会の中間的な階層にあり，従ってジャナター党はそのような階層の代表という性格も持った。その意味でジャナター党政権は中央レベルで農村の中間諸階層の利害が反映される可能性を持つ最初の政権であった。1979年にジャナター党政権は崩壊し，結局その可能性が十分に追求されることはなかったが，それでも中間的諸階層の政治的代表が中央政界に達したという意味で画期的であった。これについて，ここで少し詳しく説明しておこう。

歴史的に見ると中間的諸階層の台頭は，植民地時代に南部のマドラス管区などの反ブラーマン運動，ドラヴィダ運動としてすでに始まっていた「後進的諸階層」(backward classes) の運動にさかのぼる[50]。この場合の後進的諸階層はブラーマンなど高カーストを除くそれ以外の広範な階層を含んでいる。この後進的諸階層の中でも影響力が強かったのは，数が多い中間的な層であった。そのうち，農村部で一定以上の土地を持ち，数が多い上位層は「支配カースト」として社会的・政治的に上昇を果たすが，他は取り残される傾向にあった。このような取り残された下位の中間的諸階層が，SCs/STs以外の「その他」の後進的な階層としてOBCsと認定されていくことになる。その最も重要な政治的要求は，行政機関，高等教育機関への採用における「留保制度」の創設で

---

49) ウッタル・プラデーシュ州やビハール州は中間的農民階層または中間カーストの政治的台頭の中心であった。ウッタル・プラデーシュ州に関してはP. ブラスの研究がその過程をよく分析している (Brass [1980])。ビハールに関しては，Robin [2009] を参照。
50) 当時のマドラス管区（現在のタミル・ナードゥ州を含む）における反ブラーマン運動や自尊心運動はブラーマンが行政職などを独占しているとして批判した。政府もその批判を受け入れ，行政職の採用枠の一つとして「後進的ヒンドゥー」のカテゴリーを1947年に設けている (Kondo [2001：367])。

あった。社会の最底辺に位置すると考えられたSCs/STsについては独立時に特別措置として留保制度が既に確立していたが，取り残された「その他」の後進諸階層にも何らかの援助が必要との認識があったからである。OBCsへの留保制度の創設は以下のように議論が進む。

ネルー会議派中央政権でも憲法成立当初からOBCsへの支援政策が検討されてきた[51]。中央政府は1953年にカカ・カレルカルを委員長とする第1次後進階級委員会を設置し，1955年に報告を提出させた。同委員会は，カーストに基づいて2,399カーストを「後進階級」（Backward Classes），うち837カーストを「最後進階級」（Most Backward Classes）と認定し，その発展のために留保制度などの優遇策を提言した。ここで「階層」ではなく「階級」概念が使われているのは，「後進性」の認定は社会的・教育的な基準で行うことが基本とされたからである。

この勧告に対して，ネルー政権は「カースト」を単位として「後進性」が認定されることなどを嫌い，中央政府としては結局勧告を受け入れなかった（GOI (Ministry of Home Affairs)［1982］）。もっとも，1961年には中央政府内務省は，各州政府は独自にOBCsのリストを作成し留保制度など優遇措置を行いうるとの説明を行い，これによって州政府は独自の基準でのSCs/STs以外の後進諸階級の認定と留保制度の創設を行っていく。このように州独自の基準で制度は開始されたが，1961年以前から後進的諸階層に対する何らかの留保制度があった場合は，それを統合する形で制度が整備された。そのため州ごとに制度の細部は異なるものとなっている[52]。

1980年におけるOBCs相当の階級への行政部門における主要州の採用留保枠は表2-3の通りである[53]。この割合はOBCsを代表する州レベルの政党が

---

51) 1951年の最初の憲法改正で，宗教，人種，カースト，性，などに基づく差別の禁止を定めた第15条に第4項が挿入された。これによりSCs/STs以外の「社会的，教育的に」「後進的な階級」が差別禁止規定の例外となりうることが明示され，特別の優遇策が政府に行われたとしても差別禁止規定に抵触しないこととなった。
52) 後年中央政府のOBCsリストが作られるが，このような経緯を反映して同じ州でも中央政府と州政府のOBCsリストには差異がある。特に南部諸州ではその差異は大きい。

表 2-3　1980 年における後進的階級への行政部門の採用における留保枠

(%)

ジャンムー・カシミール州	42
パンジャーブ州	5
ビハール州	20
ウッタル・プラデーシュ州	15
グジャラート州	5（クラス I, II），10（クラス III, IV）*
マハーラーシュトラ州	14
カルナータカ州	48
アーンドラ・プラデーシュ州	25
ケーララ州	40
タミル・ナードゥ州	50

出所）GOI［1981: 5-11］より筆者作成。
注）GOI［1981］での後進的階級の定義は各州で異なるが，ほぼ OBCs に相当する階層である。＊：一般に政府職員は 4 つの「職階」（クラス）に重要性に応じて区分される。グジャラート州の場合，上級クラス（I, II）と下級クラス（III, IV）に分けてデータが示されている。

政治的に勝ち取ってきたものであり，その意味で各州の OBCs の政治的力量を示すものとも考えられる。表ではジャンムー・カシミール州を除けば，ドラヴィダ系の南部 4 州の比率が目立って高いことがわかる。つまり，それは南部州において OBCs の政治的力量が 1980 年までに確立していたことを示す。それに比べて北部州など他の州で OBCs は政治的には遅れた状況であった[54]。

例えばウッタル・プラデーシュ州の歴代会議派政権の支持基盤は，ブラーマンなどの上層カースト，底辺層である SCs，そして宗教的少数派であるムスリムの比重が大きく，対照的に農村の中間的諸階層の比重は小さかった。P. ブラスがウッタル・プラデーシュ州の 1960 年代までの会議派政治を「極端な階層の連合」と呼んだのはこの点を指している（Brass［1985: 19］）。このようにウッタル・プラデーシュ州では OBCs も含む中間的諸階層の利害関係が州の政治に反映されにくい状況があった。

このような状況の転換点となったのがジャナター党政権の成立であった。ジャナター党は北部の中間的諸階層が大きな支持基盤であったが，ジャートな

---

53) M. ギャランターはこれらの州の含め 1970 年代の各州の OBCs への留保枠をまとめている（Galanter［1984: 182-183］）。
54) 南北の後進階級の社会的動員の比較に関しては，Frankel［1988］．

ど相対的に上位の階層に加えてOBCsも重要な支持基盤であったことは間違いない。

　OBCsは社会的・教育的に上位の諸階層よりも後進的であるが，ヒンドゥー社会における不可触性や疎外性によって厳しい差別を受けてきたSCsやSTsとは違って，目立った社会的差別は受けない層である。また，宗教によって区別されないので，ムスリムやキリスト教徒も後進性の基準に当てはまればOBCsとされる。つまり，「OBCs」概念は後進的な諸階層のうち，SCsやSTsを除いた，いわば残余概念として定義されるため，多様なカースト，コミュニティを含み，本来的にまとまりのある政治的グループではない。しかし，OBCsと認定されれば，認定されたカーストは留保制度などの恩恵を受けるし，一方，人口が多いため選挙政治において彼らをまとめて動員できれば政党にとって大きな政治力となる。そこにOBCsの留保制度をめぐって政治が発生することになる[55]。そのような運動も含めOBCsの政治を中央レベルで本格的に捉えようとしたのがジャナター党であり，利用するための政治的争点が留保制度であった，といえよう。そのプロセスが具現したのが，1978年の第2次後進階級委員会＝マンダル委員会の設置であった。

　マンダル委員会報告はムスリムなどの一部カーストも含んで3,743のカースト，実に総人口の52％をOBCsと認定し，OBCsには27％の留保枠を中央政府の公共部門と高等教育機関で設けるよう勧告した。27％という勧告となったのは，1963年の最高裁の判決で留保枠は50％を超えるべきではないとされ，SCs/STsに対して既に22.5％の留保枠が定められていたからである[56]。こ

---

55) 例えば，留保制度の便益を得るために本来中間諸階層の上位に含まれると考えられるカーストもOBCsとして認定してもらうために政府に働きかけを行い，政府与党は当該カーストをOBCsに認定することによってそのカーストの支持を選挙で期待できる。このような動きは不断に続いており，例えば北インドで有力なジャートさえも留保制度の恩恵を得るためOBCsとしての認定を求めて働きかけを行っている。2013年時点では9州のリストでOBCsの認定を受けている。中央政府もジャートを一部の州でOBCsと認定した（GOI（Press Information Bueraru）［2013］）。しかし，このような動きには大きな批判もある。

56) 1963年の最高裁の，バラージ対マイソール州（Balaji v. State of Mysore）の判決ではカーストは社会的後進性の唯一の基準でありえず，教育レベル，貧困，職業，住地な

の報告書は1980年に政府に提出されたが，前述のように1979年にジャナター党が崩壊し，翌年に会議派政権に移行するため棚上げされることになる[57]。しかし，1980年代末以降の政治展開の中でこのマンダル委員会報告は非常に重要な役割を果たすことになり，その意味でジャナター党政権の成立は中長期的に見るとOBCs政治の転機となったといえる。

ま と め

1967年から非常事態体制が終わるまでの10年間は，いわば，「危機」の時代であり，政党政治の様相を大きく変えた。その意味で独立後の政治の最大の分岐点であった。今まで見てきたように，分岐点に至る流れの背後には大きな政治経済的構造変動があったと考えられる。個々の事件の背後にある大きな変動の特質およびそこにおける政治の役割を明確に理解することは，次の段階の政治変動を理解するために必要である。この点についてまとめてみたい。

何よりも，非常事態体制に至る最も重要な長期的要因は，歴代会議派政権による経済開発の失敗にあるといってよいであろう。独立後のインドの経済成長は，独立前よりは評価されるとしても，他の発展途上国に比べると低く，国民の期待にそえるものではなかった。確かに，経済開発の失敗の原因を全て会議派政権に押し付けるのは適切ではないだろう。例えば，独立時に受け継いだ社会経済構造の後進性，特に農村の後進性を早期に克服できなかったことは会議派政権の責任であるが，しかし，農村の後進性そのものは会議派政権の責任ではない。農村の後進性は農業発展の桎梏となっただけでなく，農村社会の伝統的既得権益層が州政権，特に会議派州政権の権力基盤となったことで，土地改革，さらには初等教育の一般化など改革への政治的意思を州政府が強く持つことを難しくさせた。その意味で政治的にも大きな制約を政府に課したことは今までに述べた通りである。

ど総合的に考慮して「後進階級」の判断を行うべきとした（GOI [1981: 58]）。
57) その時の状況に関しては，例えばSrinivas [1996]; Prakash [1997].

しかし，工業開発は農業に比べて既得権益層も強固でなく，比較的に政治的自由度が高いセクターであり，会議派政権がどのような政策をとるかで，農村，農業分野よりは，発展の様相は大きく変わりえた分野であると思われる。I. J. アールワリアは1960年代から1980年代までの工業生産の停滞の原因を，農業部門の不振による有効需要の停滞に加えて，インフラ整備の停滞，「開発」というよりも「規制」に傾く産業政策というサプライサイドの問題に求めた（Ahluwalia [1985 : 170]）。アールワリアの指摘は他の多くの研究者にも共有されていると思われる[58]。中央政府が比較的に自由に決定を行いえた工業開発政策で，適切な政策がとられたとはいいがたいであろう。「社会主義型社会」イデオロギーのもとで期待された公共部門のインフラ建設や工業開発などにおける実績は中途半端であり，一方，硬直的な官僚統制によって行われた輸入代替工業化，重工業化路線は民間部門がダイナミックに発展する可能性を制限した。確かに1965, 1966年の2年続きの旱魃，1973年の石油ショックは外生的要因であるが，そのような外生的マイナス要因が大きく増幅される脆弱性を，「経済的自律」を求めたはずの「社会主義型社会」の経済政策は克服できなかった。

　問題はなぜ，このような硬直的な産業政策が形成されたのかという点である。そこには何らかの必然性があったのであろうか。確かに開発の初期においては，インフラや制度の整備にとって政府の役割は必要不可欠であり，その役割が大きくなる必然性はあるだろう。しかし，そのような役割を超えて政府が「ライセンス・ラージ」と呼ばれる硬直的な官僚統制の体制を作り上げる「経済的」必然性，あるいは「階級的」必然性はあったのであろうか。

　工業化政策が1960年代末から1970年代初めにかけて，より社会主義的なものに急進化するのは，インディラ・ガンディー首相を中心とする1960年代後半の激しい政治的競合が大きな役割を果たしたことは，本章において説明した。注意すべきは大資本家やテクノクラートがそのような政策的展開を積極的に推進したわけではないという点である。長年インドの政治と財界の関係を観

---

58) 例えば，Sundrum [1987].

察してきたS. A. コチャネックは基本的認識として，独立以来，「社会主義型社会」など経済政策の大枠の形成は政治主導でなされ，特定の階級，経済団体などが決定的役割を果たしたことはなかったとする（Kochanek [1974]）。A. コーリーの考え方もこの立場に近く，インドのビジネス界の影響力とは，経済政策のコースを創る「議題設定」（agenda setting）をする能力ではなく，むしろ，政治アクターが作った政策を受け入れるか拒否（veto）するかという，いわば受け身の形での影響力であるとする（Kohli [1989 : 317]）。すなわち，硬直的な官僚統制体制に至る何らかの「必然性」があったとすると，それは産業界ではなく，政治部門にこそあったのである。

　序章でバルデーヴ・ラージ・ナーヤルの論を紹介する形で示したように，要するに，「社会主義型社会」政策の急進化は，何よりもインディラ・ガンディー首相時代のイデオロギー状況および選挙政治と政党政治の相互反応のダイナミクスの結果起こったものであった。「社会主義型社会」政策の急進化過程により工業化政策は政治に従属することになり，外的要因もあって結局失敗し，経済危機，そして政治危機につながった。しかし，工業化政策の政治への従属化は特定の階級の要求に応じて生じたということではなく，基本的には政党政治のダイナミクスに規定された与党会議派が，その時々の政治経済状況に自律的に反応して行った決定の積み重ねによって生じたものである。経済危機が政治危機に転化する過程が帰着するところの非常事態体制も，特定階級の利害関係に応じて現出したというよりも，基本的には自律的な政治の流れから現出したものであると考えられる。もっとも非常事態体制は政党の自律性が停止された時期であり，政治の自律性は権威主義的な体制の中で最小となった。ただし，非常事態体制は政党政治の自律性を一旦は停止させたが，政党政治はこの頃までに社会に広く定着しており，一旦自由が回復されると，政党政治の「自律性」も回復し，それは会議派への反動となって現れた。それが選挙においてインディラ・ガンディー会議派の大敗とジャナター党政権の成立をもたらしたといえる。社会的に見れば，それはOBCsなど中央政治において従来無視されてきた中間的諸階層の台頭であった。このように「危機の10年間」の政治変動は，その時々の社会経済環境の中で政党政治の自律的な運動によって

基本的には引き起こされたのである。

　危機の10年を経て，政党政治と社会の関係は大きく変貌し，流動化した。また，「社会主義型社会」イデオロギーは存在意義が低下した。しかし，選挙を基礎とする政党政治と議会制民主主義体制は弱体化することなく，むしろ，危機をくぐり抜けてきたことでその自律性は安定化した。このような政党政治の自律性こそ，次章で説明するように，経済政策を政治から解放するという方向転換＝経済自由化・構造改革が大きな混乱なく行われる重要な要因である。

第3章 政党システムの多党化と変容
―― 包摂的民主主義の可能性

　1980年代以降の政党政治で顕著なのは人々の政党選好の流動化と多党化である[1]。ジャナター党への失望で1980年にインディラ・ガンディーの会議派が復活し，さらに，インディラ・ガンディー首相暗殺による会議派への同情票によって1984年の選挙で同派が大勝したこと自体，基本的には人々の政治意識の流動化によるところが大きい。特に，1984年の選挙は仮に暗殺事件がなければ，選挙直前までの州立法議会選挙や補欠選挙などのトレンドから考えて会議派は相当厳しい結果に直面せざるをえないと観測されていた。実際，以下に説明するように1980年代後半から，今度は会議派への支持が急速に縮小し，1989年の連邦下院選挙で大敗する。図3-1で示されるように連邦下院選挙でも当選者と次点者の得票率は確実に縮まる傾向を示している。それは，選挙競争が激化する中で，当選者を多く保持する与党は政権にあって実績をあげられない場合，選挙で票を減らし，野党は逆に票を増やす，というプロセスの繰り返しの結果，顕在化した現象である。当選者と次点者の得票率が縮まれば，小選挙区制においては選挙のたびに政党の議席数が大きく変動する。このような過程においてジャナター党の系譜を受け継ぐ諸政党やインド人民党（BJP），州政党が進出し，政治において多様な選択肢が現れることになる。いわば人々の政党支持が「かき混ぜられる」（Yadav [1999: 2393]）。それに応じ

---

1) 本書の執筆最終段階の2014年4, 5月に行われた連邦下院総選挙の結果，31％の得票率でインド人民党（BJP）が282議席を獲得し，30年ぶりに単独過半数を制した。しかし，これは各地の州政党との連携などの効果および他の政党の分裂という状況があったからである。かつての会議派のように，ほぼ完全に単独で選挙戦を戦い過半数を制したという状況ではない。

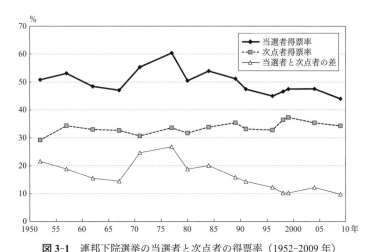

図 3-1 連邦下院選挙の当選者と次点者の得票率（1952-2009 年）

出所) Election Commission of India (http://eci.gov.in/eci_main1/index.aspx, 2009 年 12 月 12 日アクセス）より筆者作成。

て政党は人々の要求を競い合って先取りする「競り上げ」の政治を激化させ，従来なら抑えられて表面化しなかったような政策が現実のものとなるのである。

　これまで説明したように，会議派への支持が長期的に縮小した重要な要因は，経済発展や社会開発が人々の期待を満足させるようには進まなかったことである。人口増加率に比べて経済成長率は 1980 年代まで高いものではなく，図 3-2 に見られるように一人当たり国民所得の成長率は非常に低いレベルにあった。また，経済的不平等，カーストやコミュニティ間，あるいは地域間の経済格差も十分に解消されなかった。それに比べて，社会発展は，例えば識字率は表 3-1 のように 1951 年から今日まで比較的に順調に伸び，また，選挙投票率も，第 1 章の表 1-1 に見るように 1960 年代まで順調に拡大した。社会発展と政治参加の広範な拡大は，低カースト，指定カースト／指定部族（SCs/STs）など伝統的に政治から排除されていた人々をも平等な政治の場に引っ張り出すことを意味し，それはそのような人々の政治意識を高めたことは間違いないだろう[2]。すなわち，マクロ的に見ると，人々にとって生活レベルは長

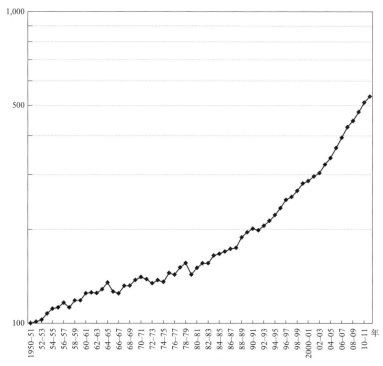

図 3-2 実質一人当たり純国民所得の成長（1950-1951 年度＝100：対数表示）
（1950-51〜2011-12 年度）

出所）GOI (Ministry of Finance) (*Economic Survey*) ［2013：Table A3］より筆者作成。
注）成長率の変化を図示するため縦軸は対数で表示した。2004-2005 年度固定価格で算出。
2009-2010, 2010-2011, 2011-2012 年度は推定値。

年，目立って改善せず，不平等や社会的問題が蔓延しているところに，社会的および政治的意識が高まったのである。それは広範囲の人々の不満を募らせる状況であり，不満が政権与党への批判に向かうことは自然な流れであった。しかも，1970 年代の非常事態体制，ジャナター党政権の成立と崩壊という政治

2）そのようなミクロなプロセスでは，「在来の文化的エートス」と「外来の民主主義」という 2 つの文化が混じり合い，人々の民主主義政治に対する各地の独特の「土着の民主主義」を作り出したであろう（田辺［2010：448］）。このような基底社会が上からの「民主主義」に接合される社会的プロセスは重要な問題であるが，非常に大きな問題でもあり，本書では扱えない。

表 3-1 識字率の増加（1951-2011 年）
(％)

年	男女平均	男性	女性	男女間のギャップ
1951	18.33	27.16	8.86	18.30
61	28.30	40.40	15.35	25.05
71	34.45	45.96	21.97	23.99
81	43.57	56.38	29.76	26.62
91	52.21	64.13	39.29	24.84
2001	64.83	75.26	53.67	21.59
11	74.04	82.14	65.46	16.68

出所）GOI（National Commission on Population, Ministry of Health and Family Welfare）(http://populationcommission.nic.in/content/933_1_LiteracyRate.aspx, 2014 年 3 月 29 日アクセス）より筆者作成。
注）1951, 1961, 1971 年の値は 5 歳以上について。それ以降の値は 7 歳以上についてである。ただし，1981 年に関してはアッサム州，1991 年に関してはジャンムー・カシミール州は，民族紛争の影響で調査が行われなかったので集計に含まれていない。

的激動を経ることによって，「会議派体制」の正統性は所与のものではなくなった。このような政治システムの中心を占めてきた会議派への信頼感の希薄化は，人々の政治意識が大きく流動化することにつながった。1980 年代以降，その他後進階級（OBCs）の政治化やヒンドゥー・ナショナリズムといった，いわゆる「アイデンティティ政治」が顕著になるのはそのような背景があったと考えられる。

　従来の会議派政治のフレームワークがしっかりしている間は，エスニック問題の深刻化，中央政府の公職における OBCs への留保制度の導入，政治のコミュナル化などの問題はあまり顕在化しなかった。しかし，それらは会議派政治が衰退する 1980 年代から 1990 年代にお互いに密接に関係する形で政治の前面に現れ，会議派の支持基盤をさらに揺るがし，多党化を進める。「競り上げ」の政治と多党化は，政治の不安定化をもたらし，1990 年代後半から，どの政党も連立政権でなくば，中央で政権を樹立できないという状況に対応せざるをえなくなる。連立政権には 1989 年の「国民戦線政府」，1996 年の「統一戦線政府」，1998 年の「第 1 次 BJP 連合政権」のように不安定な短命政権もあったが，しかし，2000 年代の BJP と会議派の連立政権は次第に安定化する。政党は連立政権と政治環境に適応し政治を安定的に運営する「技術」を学

習したからである。

　この章では政治と経済政策の関係を一つの軸として，「かき混ぜられ」，「競り上げ」られる政治の動態を分析してみたい．社会変動が急速で政党システムが多党化した時代においては，一党優位体制の時代と異なり，権力の座をめぐる合従連衡には多くの政党が関係し，また，多くの微妙な要素に影響される．従って，この時代の政党システムの動態分析は格段に複雑な様相を呈することは想像に難くない．経済政策，特に経済改革が政局を左右する一つの鍵であるが，それに加えてエスニック問題，政党間の権力闘争なども重要な鍵であり，それらの複合的作用として政党システムが展開していく．現在に直接的につながる多党化時代のより複雑化した政治を分析するためには，どうしても時系列的で詳細な叙述的分析を行わざるをえない．このような考えに基づいて以下，各政権ごとに分析を行い，政党政治の動態を追う．

1　インディラ・ガンディー会議派政権——復活と挫折

　ジャナター党政権の崩壊後，チャラン・シン選挙管理政権の下で1980年1月に連邦下院選挙が行われた．「強いリーダーシップと実行力のある政府」を唱え，新「20項目プログラム」を掲げた会議派は542選挙議席中353議席を獲得する圧勝を収め，インディラ・ガンディーが首相に返り咲いた．ジャナター党政権下の混乱に加えて，1979年の経済不振が会議派への支持を広げた．閣僚にはR. ヴェンカタラーマン蔵相，ザイル・シン内相，P. V. ナラシンハ・ラーオ外相などインディラ・ガンディー首相に忠実であった人物が重要ポストを占めた．

　インディラ・ガンディー首相は，連邦下院選挙での野党の敗北は野党が民意を失った証拠であるとして2月に9つの非会議派州政権を大統領統治で解散し，州立法議会選挙を行った．前ジャナター党政権が1977年に行ったことと同じである．その結果，ウッタル・プラデーシュ，オリッサ，ビハール，ラージャスターン，マディヤ・プラデーシュ，グジャラート，パンジャーブ，マ

ハーラーシュトラ州で勝利した。タミル・ナードゥ州ではドラヴィダ進歩連盟（DMK）と選挙協力を行ったが，全インド・アンナ・ドラヴィダ進歩連盟（AIADMK）に敗れた。新しく成立した会議派州政権の州首相の選択ではインディラ・ガンディー首相が主導的な役割を果たした。また中央政府が州に任命する「知事」についても，翌1981年7，8月にジャナター党政権時代に任命された知事が解任され新しい知事が据えられた。

　このような中央政府内における権力の強化，中央–州関係における中央政府の権力の強化は，党内選挙の停止などインディラ・ガンディー首相の権力をチェックする党内の機能がうまく働かない状況では首相への権力集中となる。こうして表面的にはインディラ・ガンディー政権の権力基盤は安定したかに見えた。しかし1980年の選挙で勝てたのはジャナター党政権の失政によるところが大きく，実態として，非常事態宣言による民主主義体制の停止，経済開発の停滞による「社会主義型社会」イデオロギーの失墜によって，会議派が歴史的に培ってきた，いわば支配の正統性も色あせてしまっていた。そのような状況へのインディラ・ガンディー首相の対応が権力の集中であった。

　権力基盤を安定化させるためには，信頼でき，かつ会議派をまとめることのできる後継者の選出が必要となる。1980年6月に次の指導者と目されていたサンジャイ・ガンディーが事故で死亡したため，同年12月にインディラ・ガンディー首相の長男のラジーヴ・ガンディー（サンジャイの兄）が政界に担ぎ出された。ラジーヴは翌1981年6月にはウッタル・プラデーシュ州アメティ（Amethi）選挙区から連邦下院補欠選挙で当選し，12月には会議派青年部の指導者となる。ラジーヴがインディラ・ガンディー首相の後継者となることは誰の目にも明らかであった。

　権力機構の強化も大きな課題となった。そこには社会不安と政党間の競合の激化に伴う政治的秩序の乱れを政府の権力拡大によって乗り切ろうとする欲求があった。経済不振，特に物価の高騰（第5章の図5-1）による人々の不満の高まり，ストライキの頻発（第2章の図2-1），パンジャーブ州やアッサム州などにおけるエスニック問題の噴出など，この時期は社会の政治化が最も進んだ時期であった。1979年から1980年代前半の治安の悪化は顕著であったが，警

察など行政機関はそれに有効に対処できなかった。例えば，S. P. コーヘンによれば，治安維持のために軍は1951年から1970年までに476回出動したが，これに対して1979年6月から1980年12月までは64回であった（Cohen [1988:124]）。年平均で前者が23.8回，後者が40.4回と，ほぼ倍増している。国内の治安維持に軍が投入されるのは，後述するパンジャーブ問題のように武装闘争が警察の処理しえないレベルとなってしまうか，もしくは警察など行政機関の機能不全のためである。いずれにしても軍の治安出動の多発化は，軍の士気や威信を揺るがす可能性を高め，一方で体制の統治能力の低下を示すものとなり，体制にとって好ましい兆候ではなかった。

このような状況で政府が統治能力を維持しようとすれば，それはより強力な治安立法に頼る必要がある。インディラ・ガンディー政権は1980年9月に大統領によって「国家保安令」（National Security Ordinance）を発令し，治安維持および重要物資の供給を乱す者を予防拘禁できる権限を政府に与えた。同大統領令は年末には立法化されるが，一連の中央集権化への動きは野党からは「非常事態」の再現になるのではないかと批判を浴びた。

一方，野党は選挙の敗北で分裂が進み，旧大衆連盟系の勢力がジャナター党から離脱し，4月にはBJPとして発足した。党首はA. B. ヴァジパーイーであった。「旧大衆連盟」は民族奉仕団（RSS）の全面的援助を受けて成立したという経緯もあり，「ヒンドゥー至上主義」あるいは「ヒンドゥー・ナショナリズム」という性格が極めて顕著であった。しかし，ジャナター党で他の勢力と融合した経験は党に，より広範囲の社会階層と接する機会を与え，BJPが1990年代に大きく成長する契機となった。

以上のように，インディラ・ガンディー政権は中央政府の権力を拡大し，野党も分裂している状況で，権力基盤は安定したかに見えた。しかし，経済の構造的脆弱性には大きな変化はなく，人々の政治的覚醒が進むにつれ，経済の急速な悪化など何らかの危機から生じる広範な人々の不満の噴出の可能性は，政権にとって大きな不安定要素であった。従来の「社会主義型社会」政策の手直しでは，慢性的ともいえる経済不振から抜け出せないことは既に明らかであった。

経済政策は、既に非常事態宣言下で政策転換の兆候があった。1975年10月には、生産を促すため、21業種を産業ライセンス取得義務からはずし、外資や、独占および制限的取引法対象外の30業種については能力以上の生産を認めるなど、過度の規制を緩和する傾向を見せた。1979年の第2次石油ショックから続く外貨危機、経済不振への対応としてインディラ・ガンディー政権が行ったことは、そのような動きをより確かにすることであった。インディラ・ガンディー政権は就任するや否や、1974年に開始された第5次5カ年計画を打ち切り、第6次5カ年計画を1980年4月から開始した（実際に計画ができあがるのは1981年2月であり変則的な措置となった）。7月には「産業政策声明」(Industrial Policy Statement) を出したが、その特徴は、雇用の供給、後進地域の開発など従来の政策を強調する一方で、経済再生のために、プラグマティックな政策転換の必要性を強調したことであった。同声明では、公企業は引き続き重要な役割を果たすと述べているものの、一方ではその信頼性の低下が指摘され、また、産業全般の生産性の向上、輸出志向産業・輸入代替産業の強化、産業発展の中核となる「コア産業部門」(Core sector)[3] における民間の生産能力増強に対する規制のさらなる自由化、海外市場でも競争力を持ちうるための規模の経済性の追求などが打ち出された。この声明では1956年の産業政策決議を踏襲することが表明されているが、政策の方向性が従来とは異なるものであることは明らかであった（GOI [1980]）。このような自由化への方向性は次第に明確になっていく。例えば第7次5カ年計画の方向性を表明した1984年の「アプローチ・ペーパー」では、「競争のなさが多大な悪影響を及ぼしており、今や効率、競争、近代化が新しい政策のフレームワークである」(GOI (Planning Commission) [1984: 2]) と明確に述べた。

　一方、政府は経済不振を切り抜けるため1981年11月に国際通貨基金（IMF）から3年間で50億SDR（特別引出権）の借り入れを行う取り決めを結んだ。このような大型借り入れは1966年以来のことであった。これを契機と

---

[3] これは1970年の「産業許認可政策」(Industrial Licensing Policy) で採用された概念で、より急速な成長が望まれる基幹産業で民間大企業の投資も積極的に望まれた部門である (Inoue [1992: 44-47])。

して，インド政府は，インフレ抑制のために信用の引き締め，政府管理物資の価格引き上げによる需要管理を行い，さらに輸出入，投資政策などにおける部分的自由化など改革の方向に動き出した。改革では1966年の時のようにルピーの切り下げはなされなかったが，IMFからの借り入れとそれに付随するコンディショナリティが課された。それに対して左翼政党からは大きな反発があった。つづく1982年は旱魃が凶作をもたらし人々の不満はさらに高まっていく。

このように新しい会議派政権の経済政策は，経済自由化の方向に踏み出した。しかし一方では，この時期は伝統的支持基盤を維持するため，従来の「社会主義型社会」政策も踏襲せざるをえなかった。例えば，組織労働者の保護がこの時期さらに強化された。

組織労働者の保護に関しては，「労働争議法」(Industrial Dispute Act, 1947)が1982年に改正され100人以上の事業所がレイオフ，解雇，閉鎖をする場合，州政府の事前許可を取得することが義務化されたことが象徴的である。この規定は非常事態宣言期に組織労働者をなだめストライキを防ぐために，1976年の改正で挿入されたものであるが（GOI (Department of Company Affairs) [2000: para. 2.8.9]），その時の基準は300人であったから，この改正でカバーされる事業所が大幅に拡大されたことになる（Zagha [1999: 165]）。労働側に良い顔をしたい州政府にとっては，解雇や事業所の閉鎖などでこの条項が要求する政府の許可を簡単に出すことは政治的に難しい。そのため労働や雇用の流動化を妨げる大きな障害となりえる。この法の対象となるのは労働者の限られた一部，すなわち組織部門あるいはフォーマルセクターの労働者が主であり，一方で経営不振企業の経営自体がこの法律によって改善されることはなく，不振企業の退出を妨げるだけで，労働者の利益ともならない場合が多い。後年，この条項が経済自由化，構造改革を進める上で大きな問題となる。

政治的に強力な組織部門の救済には国営化という措置も行われた。中央政府の公企業として1968年に設立された「国営繊維公社」(National Textile Corporation)は，民間の経営不振繊維工場を救済し再生するための機関であるが，1983年10月には，前年からの長期の労働争議で経営不振に陥ったボンベイ

（1995年に名称が変更され「ムンバイ」となる）の繊維工場13社が国営化され救済されている。国営繊維公社は，1995年までに119の経営不振の繊維工場を傘下に置いた[4]。

　以上のような経済自由化と従来の「社会主義型社会」政策の2つは，政策的に矛盾があることは明らかであった。その矛盾を政治的に持ちこたえ，人々の支持を維持するための政策が必要であった。それが「貧困緩和」や「雇用」の重視であったといえよう。前者に関してはジャナター党政権時代に一部地域で始められた総合農村開発事業（IRDP）が1980年に全国に拡大されたことが重要である。IRDPは1980年代の農村の貧困緩和事業の旗艦事業として多大の予算が投じられ，政治的に喧伝されることになる。

　以上のように，インディラ・ガンディー政権はようやく改革に踏み出そうとしていたことは間違いない。しかし，それは従来の「社会主義型社会」政策を激変させるものではなく，ステップ・バイ・ステップの部分的な改革の最初の一歩にすぎなかったといえる。しかもそれは労働者の保護，貧困緩和政策など貧困大衆受けのする諸政策と組み合わされて，いわば「バランス」のとれた形，すなわち一方では既得の利害関係者層の利害を考慮した形での政策展開であったといえよう。農民，組織部門労働者，あるいは伝統的な国家優位の社会主義的政策を支持する政治家や専門家などに経済自由化を急進的に押し付けることは，大きな反動を引き起こすことになるからである。特に改革が一時的にさえ雇用の大幅減につながったり，貧困を深刻化し，選挙において人々の大きな反発を招くものであるならば，与党政権にとって改革は危険なものとなる。そのため改革のプロセスは跛行的なものとなり，中途半端なものであった。改革プロセスが加速するのは，大きな危機に直面し大きな改革が「必然化」される1991年である。

　一方，選挙における会議派後退の危険性は早くも1982年以降徐々に顕在化する。同年5月には西ベンガル，ケララ，ハリヤーナー，ヒマーチャル・プラデーシュ各州で選挙が行われ，会議派の人気低落の可能性があらわになっ

　4）国営繊維公社のホームページ（http://ntcltd.co.in:84/index.php?option=com_content&view=article&id=95&Itemid=133, 2013年9月9日アクセス）より。

た。ケーララ州では会議派が率いる「統一民主戦線」(United Democratic Front) が勝利したが，ハリヤーナー州，ヒマーチャル・プラデーシュ州では会議派は単独過半数を確保できず，選挙後の多数派工作でようやく政権に就いた。西ベンガル州ではインド共産党（マルクス主義）（CPI（M））率いる「左翼戦線」(Left Front) に敗れた。

翌1983年1月に行われた3州の選挙で会議派は北東部のトリプラ州で左翼戦線に敗れたが，しかし，ショックが大きかったのは独立以来会議派の安定した支持基盤と見られ，1977年の連邦下院選挙の惨敗の中でも持ちこたえた南部州での敗北であった。カルナータカ州で会議派はラーマクリシュナ・ヘグデ率いるジャナター党に惜敗した。会議派82議席に対してジャナター党95議席であった。アーンドラ・プラデーシュ州ではN. T. ラーマ・ラーオが1982年に創設した「テルグー・デーサム党」(Telugu Desam Party) に会議派は大敗した。会議派の60議席に対してテルグー・デーサム党は204議席であった。わずか1年前に創設された地域政党に大敗したことは会議派にとっては大きな衝撃であった。

南部2州での敗北は，インディラ・ガンディー首相の政治的中央集権化が一つの大きな原因であったことは間違いない。州政府への頻繁な介入は無視しえない反発を生み出した。カルナータカ州ではデヴァラージ・ウルスが1972年から州首相として会議派政権をまとめていたが，党内で権力を集中しようとしたインディラ・ガンディーおよびサンジャイ・ガンディーと対立し1979年6月に追放される。ウルス派の州会議派は1980年1月の連邦下院選挙でインディラ・ガンディー派に惨敗し，インディラ・ガンディー派に鞍替えする者が続出した。その結果ウルス政権は辞職し，結局インディラ・ガンディー首相とサンジャイにより指名されたグンダ・ラーオを州首相とする会議派政権が発足する（井上［1988］）。しかし，グンダ・ラーオは州に政治基盤を持たない中央から「指名」された州首相であった。一方，野党のジャナター党は，旧会議派（O）の支持基盤であったヴォッカリガとリンガーヤットの2つの有力なカーストおよび1982年6月に死亡したウルスの政党の支持基盤を受け継ぎ，OBCsや宗教的少数派の支持も集めた。このような情勢変化が1983年の州立

法議会選挙におけるヘグデ率いるジャナター党の勝利につながる。

　アーンドラ・プラデーシュ州でも中央からの介入が頻繁に起こった。1980年から1983年にかけてインディラ・ガンディー首相の意向を受けて会議派の州首相は4回交代した。中央から介入がなされた背景には州会議派内の派閥抗争，腐敗などの問題に対して州会議派が自律的に対処できなかったということもある。しかし，頻繁な介入は州民の会議派に対する不満を高めたことは間違いない。このような時に現れたのが元俳優のラーマ・ラーオであった。ラーマ・ラーオはアーンドラ・プラデーシュ民族主義を掲げ，地元の利益擁護を唱えて州民の支持を獲得した。また1984年1月には地税の廃止宣言，マンダル委員会の勧告の受け入れを行い，州民の人気を維持した。これに対して中央のインディラ・ガンディー政権は1984年8月に，州立法議会休会中にテルグー・デーサム党内の反ラーマ・ラーオ派を抱き込み，知事にテルグー・デーサム党政権の議会過半数割れを報告させ，解任に踏み切った。しかし，ラーマ・ラーオは翌月には大衆運動を背景に議会での信任投票に勝利し州政権に復帰することに成功した。この事件は中央政府が恣意的に州政権に介入することが，もはや政治的に困難なものであることを示すものとなった。

　南部2州での敗北は会議派の政治姿勢の変化にもつながった。1983年6月にはジャンムー・カシミール州で州立法議会選挙が行われ，会議派はヒンドゥーが多数派のジャンムー地方で勝利した。その大きな要因はインディラ・ガンディー首相が，宗教感情へ訴えることを自制する姿勢を捨て，ヒンドゥーへのあからさまなアピールを行ったからとされる（Malik and Singh [1994：64]）。政党間の政治的競合の激化によって会議派は伝統的政策のフレームワークを自らないがしろにしたのである。それは後年，政治の「コミュナル化」が広がる一つの徴候であった。宗教や社会的亀裂を利用する形での州政治への介入が大きなリスクをはらむものであることは，パンジャーブ州への介入ではっきりする。

　パンジャーブ州は緑の革命が最も進み農業が発展した州であるが，その中で富農として経済的実力をつけたのはジャート・カーストのシク教徒であった。この経済的実力を蓄えたシク教徒の利害関係を代表するのが宗教政党のアカ

リー・ダルであった。彼らは1966年にシク教徒の多住地域をパンジャーブ州として獲得した後も，シク教徒の権利拡大，農民の権利拡大，自治権拡大を求めた。一方，同州での会議派の支持基盤はヒンドゥー教徒とシク教徒のSCsなど低カースト層であり，アカリー・ダルとは支持基盤があまり重ならないが勢力は拮抗していた。そのため両党の選挙における競争は激しかった。中央の会議派政府とアカリー・ダルが州政治で激しい競合関係にあったのは，このような要因からである。

　会議派は1977年6月の州立法議会選挙でアカリー・ダルとジャナター党，そしてCPI（M）の連合に敗れ州政権を失った。しかし，中央でジャナター党政権が自壊し，それに平行して多くの州で反会議派連合も揺らいだ時，パンジャーブでも会議派の政権復帰の可能性が見えてくる。そのような状況で会議派が，アカリー・ダルの基盤を掘り崩し州政権奪還のために行ったのが，1978年頃から運動が活発化していたジャイナル・シン・ビンドランワーレーなどシク教徒過激派の利用であった。しかし，アカリー・ダルも過激派を容認し，シク教徒への影響力を保持しようとした。1980年の州立法議会選挙は会議派の勝利に終わったが，問題は過激派が両党から活動を大目に見られることで影響力を広め，テロによってシク教徒の国「カーリスターン」（Khalistan）[5]を打ち立てようとする過激な分離主義を発展させたことである。ビンドランワーレー一派は1983年の終わりからシク教総本山の黄金寺院に立てこもり州政府の権威が及ばない領域を作り上げた。結局，州政府が事態を収拾できないことを見た中央政府は，1984年6月に黄金寺院に軍隊を突入させ武力制圧した。しかしシク教の聖域への軍隊の導入はシク教徒の反発を高め，同年10月にはインディラ・ガンディー首相自身がシク教徒警備兵の凶弾に倒れることになる。これを契機として反シク暴動が起こって多くの犠牲者を出し，その報復とカーリスターンの分離を求めるシク過激派と軍・準軍隊・警察の暴力の応酬

---

[5] 語の元になるKhalsaはシク教第10代教祖のゴーヴィンド・シンによって組織されたシク教徒の集団を指す。Khalistanはこのような意味での「純粋な国」を意味する。1940年にシク教徒の医師によって，ムスリム連盟のパキスタン決議に対抗し，シク教徒の国をつくることを呼びかけるために使われ始めたとされる（Grewal [1998: 65]）。

で多くの犠牲者を出す。1992年までに治安は回復するが，それまでに多数の犠牲者を出すことになる。

中央政府はパンジャーブ州の治安悪化に対して1983年12月には「パンジャーブ騒乱地域法」（Punjab Disturbed Areas Act, 1983）を制定し，軍が治安維持のための特別権限を持ちうることを定め，翌1984年7月に「テロリスト浸透地域（特別法廷）法」（The Terrorist Affected Areas (Special Courts) Acts, 1984）を立法化した[6]。またテロ，暴力事件に対応するため次のラジーヴ・ガンディー会議派政権の1985年には「テロリストおよび破壊活動防止法」（Terrorist and Disruptive Activities (Prevention) Act）が制定された[7]。この法は1987年には改正されたが，1995年に失効するまで全インドに適用され，強引な取り締まりで多くの人権問題を引き起こし，野党などから批判を浴びた。いずれにせよ，これら一連の治安維持のための法律が制定されたことは，この時期いかに「法と秩序」の維持が大きな政治課題であったかを示すものとなった。

パンジャーブ問題がこれほどまでに暴力化した背景には，シク教徒の社会構造の変容，会議派とアカリー・ダルの政党政治における競合の激化などがあるが，それに加えて州政権を奪還するための会議派中央政府の政治的な介入があったことは間違いない。パンジャーブ問題は社会構造が流動化する中で，中央と州を貫く政党政治の激しい競合が社会問題を増幅し，暴力的な事態を惹起した例であった。

インディラ・ガンディー首相の暗殺は一時代を画するものとなった。会議派は同年12月の連邦下院選挙で同情票を集め，得票率49.1％で542議席中405議席を獲得する大勝を収めた。会議派政権の首相となったのはラジーヴ・ガンディーであった。

---

6) 2つの立法は，いずれもそれに先立つ大統領令が元になっている。
7) 被疑者を24時間以内に治安判事の前に出頭させる必要がない，1年間拘束できるなど人権侵害につながる恐れのある条項を含んでいた。

2 ラジーヴ・ガンディー会議派政権——エスニック問題融和の試みと経済自由化

ラジーヴ・ガンディー会議派政権発足時の課題は，パンジャーブ問題などこの時期に噴出した多くのエスニック問題の解決，そして経済自由化であった。とりわけ前者は前政権から受け継いだ喫緊の課題であった。

エスニック問題と「合意」の政治

ラジーヴ・ガンディー政権は1985年1月の施政方針演説でパンジャーブ問題の解決が最優先課題と表明し，3月にはアカリー・ダルのハルチャンド・シン・ロンゴワル総裁など穏健派指導者を釈放し，デリーの反シク暴動調査委員会を設立するなど融和方針を示した。そして7月にはロンゴワル総裁と「パンジャーブ合意」(Punjab Accord) を結んだ。合意内容は1982年8月以降の騒乱犠牲者への補償，反シク暴動の司法調査委員会設立，全国のシク寺院（グルドワラ）の管理一本化，テロリスト浸透地域（特別法廷）法の廃止，パンジャーブ州と近隣州の河川水の分配の変更，ヒンディー語使用村と引き換えにパンジャーブとハリヤーナー両州の共通の州都であるチャンディガルをパンジャーブ州に委譲することなどであった。この実施にはハリヤーナー州の譲歩など難しい政治的調整が必要で，結局現在まで実施に至っていない[8]。分離主義とは距離を置く穏健派のアカリー・ダルを交渉相手として事態の収拾をはかろうとしたのが「パンジャーブ合意」であったが，ロンゴワル総裁は8月に過激派に暗殺された。9月には州立法議会選挙が行われ，会議派の明らかな譲歩もあってアカリー・ダルが単独過半数を獲得した。しかし，過激派のテロと治安部隊の抑圧という悪循環は収まらず，州政権の崩壊と中央政府による大統領統治が繰り返される。結局，武力による過激派の掃討がなり民主主義的プロセスがパンジャーブ州で回復するのは，1992年2月の州立法議会選挙であっ

---

[8] これに関しては，例えば以下を参照。*Indian Express*, August 19, 1998 (http://www.indian-express.com/ie/daily/19980819/23150694.html, 1998年8月21日アクセス)。

た。これは分裂したアカリー・ダルの主要各派がボイコットし，投票率は21.6％と低い中での選挙であった。117議席中87議席を得たとはいえ会議派の勝利は正常化につながるかどうかが疑問視されたが，過激派勢力が一掃されたこともあり，この後徐々に正常化に進む。

　この時期，国内最大のエスニック問題はパンジャーブ問題であったが，それだけではなかった。北東部のアッサム州や周辺地域でのエスニック問題も体制に深刻な影響を与えかねない大きな問題であった。

　アッサム州は歴史的に多くの民族，エスニック集団が流入し，その微妙なバランスの上に共存が成り立っていた。そのような中で植民地時代から問題となっていたのは，プランテーションなどへのベンガル人などの流入であった。ベンガル人は1971年の第2次印パ戦争の時にも難民として大量に流入した。彼らの流入は農村部では土地問題を生じさせ，都市部では限られた職を地元民と奪い合うことにつながった。これが1979年から「外国人」排斥運動が活発化した基本的要因である。1980年1月の連邦下院選挙は，「全アッサム学生連合」（All Assam Students Union）を中心とする「全アッサム人民闘争会議」（All Assam Gana Sangram Parishad）などの選挙ボイコット運動で，14議席中12議席で選挙不能となった。その後混乱はさらに広がり，州政府に事態の収拾は不可能と見た中央政府は1982年3月に大統領統治を適用し，翌1983年3月には州立法議会選挙を行う。選挙は，地元の部族民とベンガル人との間で起こった「ネリー村」虐殺事件（Kimura [2009]）など暴力事件が頻発して3,000人以上の死者を出し，また投票率も33％と低調であった。会議派は勝利を収めて政権に就くが，暴力的混乱は続いた。

　暴力的混乱が政党政治の次元で解決されなかった理由の一つは，流入してきたベンガル人が与党会議派の選挙における無視できない支持基盤となっていたからである。そのため会議派政権は不法移民をむやみに追放することはできなかった。会議派中央政権は1983年に「不法移民（法廷による決定）法」（Illegal Migrants (Determination by Tribunal) Act）を制定した。これは「少数派」（多くの場合，ベンガル人）が不法移民であるかどうかを法廷において公正に決めるとする法律であるが，そのような認定は容易ではなく，実際は逆に少数派を

保護し強制的追放がなされないように作用した[9]。

このような混乱が続く中，ラジーヴ・ガンディー政権が事態を収拾するために1985年8月に締結したのが「アッサム合意」（Assam Accord）であった。これは中央政府が州政府を飛び越えて全アッサム学生連合などアッサム運動の指導部と直接合意したものである。1966年1月以前にアッサムに来た者には市民権を与え，それ以降1971年3月までに流入した者には選挙権を10年間停止することにし，それ以降の流入者は退去させるという内容であった。この合意に基づいて同年12月に州立法議会選挙が実施され，全アッサム学生連合から生まれた「アッサム人民評議会」（Asom Gana Parishad）が126議席中64議席を得て勝利し，州首相に全アッサム学生連合のプラフッラ・クマール・マハントが就任した。しかし，近年流入してきた者を国外に退去させることは，流入民をそもそも把握できていない行政には不可能であって，アッサム合意は結局実行できず，かえって社会的不満を高めた。そのような社会不安の中で影響力を伸ばしてきたのが，「アッサム統一解放戦線」（United Liberation Front of Assam：ULFA）である。これは武装闘争によりアッサム州に独立国家を打ち立てることを目的として1979年に創設されたとされる組織であるが，1980年代までは影響力は極めて限られていた。ULFAは1990年4月にはプランテーション経営者殺害など武力闘争を激化させたが，それに対して州政府は治安を維持できなかった。結局，中央政府は同年11月に大統領統治を布き，ULFAの非合法化と掃討作戦で事態の沈静化を図る。翌1991年6月には州立法議会選挙，連邦下院選挙が行われ，会議派は126議席中65議席を得て勝利し，表面的に分離主義は押さえ込まれたように見えた。しかし，ULFAは影響力を残しており，また，ベンガル人と部族民の対立という構図は現在まで大きな変化はなく，問題は残されたままである。

一方，北東部のミゾラムでもラジーヴ・ガンディー政権は，分離主義武装組織である「ミゾ民族戦線」（Mizo National Front）と1986年6月に「ミゾラム合意」（Mizoram Accord）を締結し，長年にわたる武力闘争の終結を図った。

---

9) この法律は全インドに適用されるとされたが，実際に適用されたのはアッサム州のみである。2005年に最高裁によって違法とされ廃止された。

ミゾ民族戦線は1966年に独立国ミゾラムの建国を宣言し武装闘争を続けていたが，1975年の中央政府とナガランドの反政府ゲリラとの「シロン協定」締結を受けて，1976年頃から中央政府と交渉を開始していた。その結果1984年12月に両者は大筋で合意した。それがミゾラム合意であった。合意内容は，ミゾ民族戦線の武装解除と他の反政府勢力との連絡の取りやめ，ミゾ民族の慣習法や伝統の保護，会議派州政権を解任しミゾ民族戦線のラルデンガ議長を暫定的州首相とする連合政府を樹立すること，そしてミゾラムを連邦直轄領から州へ格上げすることなどであった。合意に沿って1987年2月に州立法議会選挙が行われ，ミゾ民族戦線が勝利しラルデンガが州首相に就任した。このミゾラム合意は成功例とされ，これによって武装闘争は下火となり民主主義体制が正常に機能し始めた。1992年から2005年の間に，エスニックな分離主義暴力での死亡者は，アッサム州では6,023人，マニプル州では4,016人，トリプラ州では3,327人，ナガランド州では2,167人であったが，ミゾラム州では30人に過ぎない（Hassan [2009 : 207]）。

インド北東部の歴史は，流入してきた多くの民族間の相互作用の歴史ともいえるものであった。その特質は，人口稠密で農地が限られている状況で，一つの民族の運動が他の民族の反作用を容易に引き起こす，いわば民族の「玉突き」的連鎖反応があるという点である。ゴルカ人の運動もこのような例といってよい。発端はメガラヤ州におけるネパール系住民の排斥であった。これに対して反発したのが，西ベンガル州ダージリン地域のネパール系のゴルカ人である。スバーシュ・ギーシンを指導者とする「ゴルカ民族解放戦線」（Gorkha National Liberation Front）は1980年頃から自治を求め，西ベンガル州政府を相手に運動を開始した。中央の会議派政権は西ベンガル州の州立法議会選挙が1987年にひかえていたため，左翼戦線政府を牽制し，またギーシン側でも州政府に対して交渉力を高めるため中央政府の思惑を利用した。これによって自治権問題が中央政府，州政府，ゴルカ民族解放戦線の3者の問題となる。結局，1988年7月には3者会談により「ダージリン・ゴルカ丘陵評議会」（The Darjeeling Gorkha Hill Council）の設立が合意され，州の権限が大幅に委譲されることが決まった。同年12月には選挙が行われ，ゴルカ民族解放戦線が26

議席中24議席を獲得して勝利する[10]。

　以上のパンジャーブ、アッサム、ミゾラム、ゴルカの場合のように「合意」によって事態を収拾しようとするやり方は「合意政治」(politics of accords) と呼ばれた。これは、単純化すれば、中央政府がエスニック問題で混乱する州に対して政治的譲歩を行うことによって、穏健派指導部あるいは暴力を放棄し穏健化した反政府グループと合意を結び、エスニック問題の解決を図るというやり方である。いわば中央政府と穏健派指導部あるいは反政府グループ指導者との政治決着である。しかし、この方法で問題が解決されるためには、穏健派指導部あるいは反政府グループが運動をまとめることができ、そして合意が実施されることが必要条件である。

　パンジャーブ問題の場合、アカリー・ダルは党自体が分裂し、かつシク教徒過激派をコントロールすることもできなかった。チャンディガルの委譲など合意内容も実現しなかった。そのため結局、力による抑圧でしか紛争は押さえ込まれなかった。アッサム州の「外国人」排斥問題については、アッサム人民評議会は反対運動をまとめられず、不法移民を規制する合意も満足に実行されず、分離独立を求める過激派は合意の枠外で武装闘争を続けた。ゴルカ問題については、自治領域が成立し、治安も回復して選挙が行われた。ゴルカ民族解放戦線の影響力はその後低下したが、州設立が最終目的であるため現在でもゴルカ人の運動は続いている。合意政治で最も成功したと考えられているのはミゾラムである。ミゾラムで合意がうまくいったのは、ミゾ民族戦線が社会的な統制力を持っていたという要因が大きいが、それは、ミゾラム自体が小さな州であることと、植民地時代からの社会発展により一定の社会統合があったことなどの理由による (Hassan [2009])。

---

10) 憲法第244条および第5付則は、部族など社会的に独自の文化を維持している地域を「指定地域」(Scheduled Area) として指定し、一定の自治を認める。その後2011年7月には中央政府、西ベンガル州政府、運動の分裂から生じた「ゴルカ人民解放戦線」(Gorkh People's Liberation Front) の3者間で、より広い権限を持つ新たな「ゴルカランド地域行政機構」(Gorkhaland Territorial Administration) を設置することが調印され、翌2012年8月には選挙が行われて同機構が設立された。それとともにダージリン・ゴルカ丘陵評議会は廃止された (*The Hindu*, July 19, 2011, August 3, 2012)。

ラジーヴ・ガンディー政権の時代，広い意味でのエスニック問題への対処として，スリランカのタミル人問題への介入もあげられてよいかもしれない。スリランカでは 1956 年に「スリランカ自由党」（Sri Lanka Freedom Party）によって，シンハラ語のみを公用語とする法律が制定されるなど，いわゆる「シンハラ・オンリー主義」が強まり，1983 年にはジャフナとコロンボで反タミル暴動がおきてシンハラ人とタミル人の対立が決定的になった。これを契機にスリランカ政府とタミル人分離主義武装組織は本格的な内戦に突入し，多くの犠牲者と難民を出した。タミル人分離主義組織のうち最大のものは「タミル国解放の虎」（Liberation Tigers of Tamil Eelam : LTTE）であった。内戦激化に対してインドのタミル・ナードゥ州は，同じタミル人の抑圧をやめさせるためにインド中央政府に介入を求めた。インドは 1987 年 6 月に強引に介入し，停戦のための「インド平和維持軍」（Indian Peace Keeping Force : IPKF）を派遣した。しかし，IPKF はタミル人武装組織の武装解除に失敗し，LTTE をコントロールできなかった。そのため IPKF は結局 LTTE と衝突し，LTTE を掃討することが目的になってしまう。結局 IPKF は，人々に溶け込みゲリラ戦を展開する LTTE を掃討できず，任務は失敗に終わり 1990 年 3 月に撤退する。ラジーヴ・ガンディーは 1991 年 5 月に，介入に反発した LTTE による報復自爆テロで暗殺された。スリランカへの介入は国際関係でもあり複雑な背景を有しているため，これ以上は詳述しないが，この介入が中央から周辺部への介入という点においては国内での介入と類似していることを指摘しておきたい[11]。

　これまで述べたエスニック問題は各地域の独特の歴史的コンテクストにおいて出現したものであり，一般化はできない。しかし，この時期に「合意政治」が一つのパターンとして出現したことは，ラジーヴ・ガンディー政権が積極的に州レベルの反中央の勢力とも妥協し，エスニック問題を解決しようとしたこ

---

11) 介入はスリランカ政府とタミル人，特に LTTE など分離主義勢力との間で妥協を成立させることが主要目的であり，タミル人地域の「分離独立」を望んだわけではない。スリランカ問題も含めてラジーヴ・ガンディー政権の外交に関しては，近藤［1997］．スリランカでは 2008 年 5 月に政府軍の攻勢により LTTE は壊滅する。このときもインドによる介入要請が国内の DMK などタミル人からあったが，インドは介入しなかった。明らかに過去の失敗の教訓からである。

との表れである。結果的に合意政治が成功したと評価できるのはミゾラム州，そして，成功の程度は低くなるがゴルカ人問題の場合だけであった。他の合意政治による介入はいずれも失敗で，問題は力による抑圧で処理される。社会的亀裂が複雑かつ深刻で，しかも交渉相手の政党や闘争組織，武装勢力の側が分裂している場合，合意政治が秩序をもたらすことができたのは短期間であり，複雑な勢力関係のバランスが崩れると合意は破綻せざるをえなかった。

　以上のように，各地の独自の社会経済変動や分離主義運動を背景とするエスニック問題は様々な形をとりつつ既存の政党，特に会議派の支持基盤を揺るがし，ラジーヴ・ガンディー政権の後，インドの多党化をさらに進めることになる。

　なお，エスニック問題に関連しては，ラジーヴ・ガンディー政権が1949年以来封鎖されていたウッタル・プラデーシュ州アヨーディヤーのムガル朝のモスクをヒンドゥー教徒の参拝に開放する措置を1986年2月に決定したことも述べておかなければならない。このムガル朝のバーブルの武将が建てたとされる，いわゆる「バーブリー・モスク」の開放がその後のコミュナリズムの展開を左右することになるが，この問題については後に詳しく分析しよう。

跛行的に進む経済改革

　エスニック問題と並んでラジーヴ・ガンディー政権が全力で対処しなければならなかった課題は経済改革であった。これは前政権が始めた改革を継続発展させたもので，基本的に自由化の方向に進んだが，それは跛行的なものとならざるをえなかった。

　貿易政策に関しては，伝統的にインドの輸入代替工業化戦略のボトルネックであった外貨の獲得のため，輸出には補助金がつけられ輸出促進が図られた。一方，輸入政策は徐々に自由化が進んだ。従来，輸入には数量規制，高い関税率など多くの障壁が置かれていたが，1982年4月にインディラ・ガンディー政権期の輸出入政策が転機となり自由化の方向に転換する[12]。輸出入の自由化

---

12) Inoue［1992 : 97］．これは1981年のIMFからの巨額借り入れに伴うIMFのコンディショナリティのためとされる（小島［1993 : 42］）。

はラジーヴ・ガンディー政権でも継続・発展した。1985年4月に3年間の長期輸出入政策が発表され，輸出業者など指定業者の輸入自由化が進められ，多くの品目（201品目）が輸入自由化品目（Open General License）に移行し，また，国営指定業者による「包括的輸出入取扱」（canalisation）によってしか輸入が認められなかった多くの品目が輸入自由化品目とされた[13]。

また独占および制限的取引法，産業ライセンス制度の自由化も徐々に進められた。例えば，1988年6月には独占および制限的取引法の対象外でかつ外国為替規制法の対象でもない民間会社に対して産業ライセンス制度の大幅な緩和がなされ，ライセンスの取得が必要とされる投資案件の規模がそれまでの5,000万ルピー以上から一挙に1億5,000万ルピー以上に，後進地域では5億ルピー以上になった。産業ライセンスの取得が必要な業種もさらに縮小され，規制対象業種も大分類化が行われてライセンス取得が簡略化された。外資提携も緩和された。

規制緩和とは別に，ラジーヴ・ガンディー政権の経済改革の特徴は近代化，特に「生産性」の向上，「効率」の追求であった（GOI (Planning Commission) [1985a: ix, 7]）。その特徴はハイテク指向に表れているが，それを象徴したのがエレクトロニクス政策である。1985年3月には新エレクトロニクス政策が発表され，同産業部門における産業ライセンス制度の大幅な自由化，外資提携分野の拡大などが認められ，1986年12月にはソフトウェアが輸入自由化品目に分類された（絵所［1987：185］）。

以上のような積極的な規制緩和，産業育成によって，図3-3に示されるように1980年代初めに公共部門の投資の割合はピークを迎えた後，ラジーヴ・ガンディー政権以降，低下するトレンドが明確に定着する。それは裏返せば，

---

13) 絵所［1987：130-131］。この時期，輸入に対するライセンス規制は「包括的輸出入取扱」以外の全ての輸入品目を，禁止品目，制限品目，制限的認可品目，自動認可品目および輸入自由化品目に分類している。輸入自由化品目は届出をすれば原則としてライセンス規制に抵触することなく輸入できた。また「包括的輸出入取扱」とは，大口の輸入品目を「国営貿易公社」（State Trading Corporation）や「鉱産物貿易公社」（Minerals and Metals Trading Corporation）など特定の政府系貿易公社のみが専一的に輸入できるとする制度。

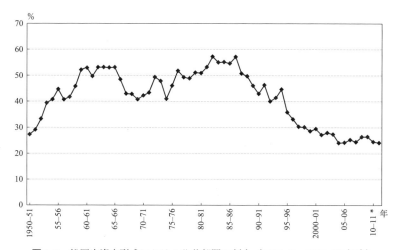

図 3-3 総固定資本形成における公共部門の割合（1950-51～2011-12 年度）
出所）GOI (Ministry of Finance) (*Economic Survey*) [2013 : Table A8].

この時期，投資においては民間部門の伸びが急で，民間部門が経済成長の主役となる兆しが顕著になったということである。

　以上のような経済自由化，構造改革を進めるとき，最大の政治問題は改革の影響を受ける層の抵抗をいかにうまく処理するか，という点であった。大きな問題は従来の社会主義的政策の下で経済の負担となっていた非効率な企業をどのように撤退させるかであり，その核心は労働者のリストラであった。ラジーヴ・ガンディー政権時代には，この問題にも取り組みが開始された。しかし，「社会主義型社会」政策の伝統から，あからさまな労働者の解雇は政治的に非常に難しかった。特に組織部門労働者は労働者全体の中では少数派であるとはいえ，先述した「労働争議法」など手厚い労働者保護政策，政党と密接な関係にある労働組合の存在，組織労働者にいい顔をしたい州の政治家の存在によって，企業は経営不振に陥り，不良債権の肥大化，労働者への給与未払いなどの問題が発生しても，容易に解散されず，経済全体の非効率性，負担を拡大した。大企業の場合は，例えば先に述べた国営繊維公社の場合など，経営不振企業は国有化されて政府の負担となる場合もあった。組織部門でも労働者の実質

的なリストラが，例えば自主退職，安価な請負労働者や日雇い労働者への転換，新規採用の抑制など様々な方法で行われていることは事実である（木曽［2012：69-70］）。にもかかわらず，あからさまに労働者の権利を制限する政策を打ち出すことは依然として政治的に非常に難しかったといえる。

　このような状態は，企業活動を自由化し経済全体の効率をあげるという観点からは大きな問題であった。そこで必要とされたのは，「社会主義型社会」政策から経済改革に移行するのを助ける政策であった。それが，1985年の「経営不振企業（特別規定）法」（The Sick Industrial Companies (Special Provisions) Act）および1987年に設立された「産業金融再建委員会」（Board for Industrial and Financial Reconstruction）であった（GOI (Ministry of Finance)［1993a：13］）。同法に基づいて産業金融再建委員会は，経営不振企業（1991年以降，公営企業も対象として含む）で再建が困難なものは裁判所に解散を勧告できるとされた。

　しかしこの制度でも，産業金融再建委員会の委員は「反労働者」という烙印を押されることを嫌って実際は会社の解散を勧告したがらなかったといわれる（GOI (Ministry of Finance)［1993a：77］）。また，諸手続きに時間がかかり，例えば，産業金融再建委員会による再建・解散の勧告が出た後でも，解散の場合は裁判所で判決が出るのに平均3年かかるとされた（GOI (Ministry of Finance)［1993a：87］）。その間も不良債権問題は深刻化し，労働者の生活は補償されないままで，問題の解決にはほど遠いものであった。そのため，この法は経営不振企業の再建や解散に効果を発揮していないとして2003年に廃止法が連邦議会に上程されることになるが，結局成立しなかった。しかし，廃止が具体案として上程されたこと自体，問題の根深さを示すものとなった。経営不振企業の撤退をスムーズにし構造改革を促すはずの政策は中途半端なものとしかならなかったが，それはラジーヴ・ガンディー政権が経済自由化に向かう過渡期の政権であったことを象徴するものであった[14]。

　ラジーヴ・ガンディー政権の経済改革は限定的ながら自由化をすすめ一定の経済成長ももたらした。しかし，輸入自由化や投資の拡大による需要の拡大は

---

14) この頃までのプランニング体制の硬直性，ハイコスト性については，伊藤編［1988］.

財政赤字，貿易赤字，インフレという相互に関連した困難な問題も拡大することになる。それに加えて，ラジーヴ・ガンディー政権の信頼を揺るがしたのは汚職スキャンダルであった。

ラジーヴ・ガンディー政権の失敗と反会議派連合の形成

発端は V. P. シン財務大臣による汚職問題の調査であった。この調査はアメリカの調査会社に委託され，リライアンス社など会議派中央と密接な関係にある関係者に調査が及んだことから，党内部から大きな圧力がかかった。そのため V. P. シンは 1987 年 1 月に国防大臣に配置換えされたが，それを不服として V. P. シンは 4 月に国防大臣を辞職した。そのさなか，同月にスウェーデン国営放送は，スウェーデンの兵器企業ボフォールズ社からインドが 155mm 榴弾砲を購入する際に，賄賂として 6,600 万ルピーがインド側関係者に支払われたことを暴露した。国防関係の取引は機密性が要求され，巨額の金銭が動くため昔から腐敗やスキャンダルが多い（GOI（Ministry of Home Affairs）［1964：20］）。しかし，ボフォールズ社のスキャンダルはラジーヴ・ガンディー首相周辺にまで疑惑が及んだため政権に大きなダメージとなった。この事件を契機に V. P. シンなど一部の議員は会議派から脱退し，10 月に「ジャン・モルチャ」（Jan Morcha：「人民戦線」の意味）を組織した。このジャン・モルチャはジャナター党と反腐敗共同キャンペーンを繰り広げ，徐々に反会議派連合の中核となる。1988 年 8 月にはテルグー・デーサム党，アッサム人民評議会，DMK など州政党も加わって反会議派で結束し，7 党からなる共闘組織「国民戦線」（National Front）が発足して，テルグー・デーサム党のラーマ・ラーオが議長に就いた。さらに 10 月には国民戦線内のジャン・モルチャ，ジャナター党，および民衆党の分派（旧インド民衆党系）が合同して，「ジャナター・ダル」（Janata Dal）を結成し，V. P. シンが委員長に就任する。このような反会議派連合の形成は人々の政治意識の底流にあった「会議派離れ」を顕在化させる役割を果たした。それが明確に現れたのが 1989 年の連邦下院選挙であった。

1989 年の選挙では，BJP，そしてイデオロギー的に BJP と本来は相容れないはずの CPI（M）など左翼政党が国民戦線と選挙協力を行い，会議派離れの

受け皿となった。これが会議派が大敗する最大の原因となった。選挙では会議派は39.5%の得票率をあげたものの，543議席中，197議席しか獲得できなかった。それに対してジャナター・ダルは17.8%の得票率しかなかったが142議席を獲得し，BJPは11.4%の得票率で86議席を獲得した。国民戦線は過半数は得られなかったもののBJPと左翼政党の支持を得て組閣し，V. P. シンが首相に就任した。

　この選挙結果が示す重要なポイントの一つは1984年選挙の会議派得票率の高さはインディラ・ガンディー首相暗殺によるインパクトによるところが大きく，本来の得票率よりも，いわば，水増しされたものであったという点である。世論が落ち着けば長期低落傾向が露呈することになる。特に反会議派の連合が有効に組まれれば，選挙で大敗する可能性が高い。それが現実のものとなったのが1989年の選挙であった。

　もう一つのポイントはこれ以降，中央レベルにおいても多党化が顕著になることである。小選挙区制では選挙を重ねるに従い「2大政党制」になりやすい，とされているにもかかわらず[15]，インドの場合，逆に中央レベルでは多党化が進んでいるのは，州レベルにおいて州独自の政党が成長し2大政党制状況になったとしても，中央レベルではそのような2大政党制への圧力が希薄なためである。そのため，州レベルの2大政党制の集まりとして中央レベルの政党システムが構成されることになる[16]。このような多党化は1977年と比

---

15) 有権者は自分の投票があからさまな死票となることを嫌い，投票先の候補者が第3位以下の可能性が高いときには，第1，2位のどちらかに次回選挙では投票先を変える可能性が高い。その結果勝利する可能性の高い，第1，2位の候補者に票が集中するようになるとの考えである（Duverger［1963 : 216-226］）。インドでは選挙でイデオロギー性が薄まるにつれ，政党は候補者を「勝利可能性」（winnability）で選択する傾向が強まっているといわれる（Singh and Saxena［2003 : 47］）。そのような傾向は第1，2位候補者への収斂傾向をますます強めるであろう。

16) Yadav and Palshikar［2003］．例えば，タミル・ナードゥ州におけるDMKとAIADMK，ケーララ州や西ベンガル州におけるCPI（M）を中心とする左翼連合と会議派（西ベンガル州では後年には会議派から分裂した「草の根会議派」（Trinamool Congress）），グジャラート州，マディヤ・プラデーシュ州，ラージャスターン州，ウッタラーカンド州におけるBJPと会議派，アーンドラ・プラデーシュ州における会議派とテルグー・デーサム党などが典型的である。ウッタル・プラデーシュ州のよう

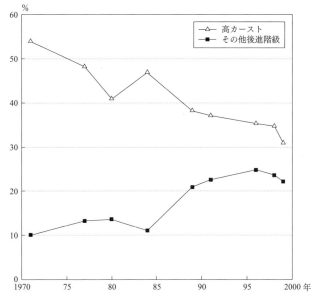

図 3-4 ヒンディー・ベルト地帯の連邦下院議員：高カーストとその他後進階級（1971-1999 年）

出所）Jaffrelot［2003：312, 351］より筆者作成。
注）ここでのヒンディー・ベルト地帯にはビハール，ハリヤーナー，ヒマーチャル・プラデーシュ，マディヤ・プラデーシュ，ラージャスターン，ウッタル・プラデーシュ，チャンディガル，デリーが含まれる。

べても 1989 年の選挙の場合のほうが明確に現出している。

最後に，北インドの OBCs の台頭が政治において再び顕著になったという点も付言しておきたい。ジャナター・ダルの台頭はそれを典型的に示すものである。図 3-4 はヒンディー・ベルト地帯の連邦下院議員の「高カースト」と OBCs の比重を示したものであるが，1989 年以降 OBCs 出身の議員の割合は顕著に高まっている。1977 年にジャナター党が成立したときもその割合は高

に 2 大政党になっていない州もあり，政党とその支持基盤のカーストなどの階層の社会構造によって 2 大政党制になりやすい州と，そうでない州があり，また，政党の組み合わせは各州で違うが，最低限，どの州においても 2 大政党制へ収斂するような圧力がある，といってよいのではないかと考えられる。

まったが，しかし，1989年以降はそれ以上に顕著に高まっていることがわかる。それに対して高カーストの割合は，低下がはっきりとしている。これがこの時期以降，OBCs の政治が顕著に表れる基本的理由である。それは国民戦線政権の成立ではっきりする。

3　国民戦線政権

　1989年12月に発足した国民戦線政府は，閣外からとはいえ，普段は敵対するBJPとCPI（M）など左翼政党が同時に政権を支持するという，通常では考えられない政権であった。それが現実のものとなったのは反会議派という一点で共通の利益を見いだしえたからである。このような微妙な政治的バランスは政権の大きな弱点であった。もっとも実際に政権が崩壊する発端は，国民戦線の中核をなす，ジャナター・ダル内部の派閥抗争であった。その過程で，政治競争が激化し，派閥は支持を獲得するためセンシティヴな政治的争点を持ち出す。そして社会的にセンシティヴな争点が一旦持ち出されると，それは派閥抗争に収まらず，他の政党も巻き込んでいく。政党は政争を勝ち抜くために利害関係集団を社会的に動員し，社会的混乱を増幅する。そのように政争はエスカレートし，政権を麻痺させる。派閥抗争はV. P. シン首相とデーヴィ・ラール副首相兼農業大臣の間の亀裂から始まった。

　デーヴィ・ラール副首相はハリヤーナー州を基盤とするジャート・カースト出身で，富農層の利益を代表する。同副首相の影響力のもとハリヤーナー州では1989年12月にデーヴィ・ラールの息子O. P. チョウターラーが州首相に就いたが，それは党内の派閥抗争を強めた。発端は1990年2月の州立法議会補欠選挙で不正が行われ，ジャナター・ダルの内部対立から候補者が殺害されたことである。そのため選挙は中止され，5月に選挙がやり直されるが，その選挙でも候補者が殺害される。この事件は与党自身や世論から大きな批判を受け，結局チョウターラー州首相は辞任する。後任はバナラシ・ダス・グプタとなったが，7月には同州首相は辞任し，デーヴィ・ラール副首相の影響のもと

チョウターラーが再び州首相に就く。このようなデーヴィ・ラール副首相の強引なやり方は反発を強め，州BJPは州政府に対する支持を撤回した。また，連邦レベルでもジャナター・ダル内部から，そして支持政党のBJPや左翼からも非難が噴出した。そのため，V. P. シン首相は辞表を提出し内閣が危機に陥った。結局，チョウターラーが辞任し，デーヴィ・ラール副首相の影響の強いフクム・シンが州首相に就任することで内閣崩壊の危機は一時的に回避された。

しかし，その後も一旦火がついた党内の派閥抗争はやまず，結局8月初めにはデーヴィ・ラール副首相は解任される。これに対して同副首相は政治的影響力を誇示するためデリーで大規模な農民集会を行おうとした。その機先を制するためにV. P. シン首相が行ったのが，同8月の「OBCsへの留保政策」実施の発表であった。それはマンダル委員会の勧告をもとに連邦政府の公職や公企業の採用においてOBCsに27％を留保するというものであった。OBCsへの留保政策はジャナター・ダルの選挙綱領にあったとはいえ，事前にBJPやCPI（M）などとは協議せず発表されたものであり，唐突な発表であった。OBCsは人口比が高く，また，南インドでは多くの州が既に実施している政策であるがゆえに，BJPやCPI（M）など主要政党も表立っては留保政策には反対できなかった。V. P. シン首相の宣言は，デーヴィ・ラールが支持基盤とする北インドの農民層をOBCsとその他に分裂させて切り崩しつつも，他の主要政党から与党への政治的攻勢を最低限に抑える巧妙な戦術と思われた。

確かにその後の展開を見るとデーヴィ・ラールの農民動員戦略は機先を制せられたように見える。V. P. シン首相のOBCsの留保政策が発表された直後，デーヴィ・ラールの農民集会が行われ，ハリヤーナー州やウッタル・プラデーシュ州を中心とする数万の農民がデリーに動員された。集会には，ジャナター・ダルのチャンドラ・シェーカールや，ウッタル・プラデーシュ州のSCsを支持基盤とし影響力を拡大しつつあった大衆社会党（BSP）の指導者カンシ・ラーム，北インドで影響力の強い「インド農民組合」（Bharatiya Kisan Union: BKU）の指導者マヘンドラ・シン・ティカイトなどが出席した。それは元副首相が北インドの農村の代表であり，農民をまとめることができることを

アピールするためであった。しかし，この農民の動員によってもデーヴィ・ラールは与野党の支持を自らに引きつけることはできず，具体的な成果は乏しいものであった。農民は地域，階層によって利害関係が異なり，本来的にまとまりは弱い。従って直接的な利害関係に乏しい争点に関して，継続的に運動を続けることは難しいからである。また，政治的に先鋭で，かつ農民層の内部で利害関係の錯綜する他の争点が現れると，まとまりはさらに弱まる。OBCs への留保問題はそのような争点であった。

　OBCs への留保政策は，南インドでは多くの州政府が既に実施していることもあって混乱はほとんどなかったが，しかし北インドでは V. P. シン首相の思惑を超えて大きな社会的混乱を引き起こした。北インドでの混乱は学生の反発から始まった。雇用機会が限られている中で公務員や公共部門職員への就職は極めて魅力的な雇用機会で，その採用機会が大きく制限されることは，北インドで教育を受けた一般の若年層にとっては大きな打撃であったからである。ビハール，デリー，ウッタル・プラデーシュ州などの学生や民衆の間では，各個人の能力（メリット）が否定されカースト基準が採用されることに対する反発が強まり，特に上位カーストを中心に大きな反対運動が起こった[17]。それに対して留保制度導入を支持する OBCs 層の学生も運動を行い，社会的混乱が広がった。9月初めには全党会議が開催されたが，結論は出なかった。また9月中旬以降，学生の焼身自殺が北インドを中心に多発し，V. P. シン政権に対する批判はさらに高まった。混乱が収拾されたのは10月初めに最高裁が，マンダル委員会勧告の実施に反対する提訴に対して，その合法性が確定するまでは実施措置を講じてはならないとする停止命令を下した時である（押川［1994］）。最終的に留保政策が実施されるのは，既に社会的に高い地位を達成した OBCs（いわゆる "creamy layer"（富裕層）と呼ばれた）を除いた上で実施を認めた最高裁の判決が1992年11月に出された後である[18]。

17) 例えば，Jaffrelot［2003 : Part V］参照。1990年8月中旬にデリー大学で「反マンダル委員会フォーラム」（Anti-Mandal Commission Forum）が結成され，反対運動を行った。このような事例から見ると，「カースト」は今日，世俗的な一種の利益集団の様相を呈している。例えば，Sheth［1999］。

18) OBCs に対する27%の留保制度は1993年9月から実施された。中央，州各政府に

OBCs の留保政策が招いた混乱は反留保運動だけにとどまらなかった。OBCs 留保政策はヒンドゥー社会を OBCs とその他の階層，特に上位カースト層とに分断させる性格を持つ。従ってそのような分裂が政治社会に持ち込まれることを嫌う勢力にとっては歓迎されざる政策であった。そのような勢力とはヒンドゥー・ナショナリズムを掲げる BJP であった。

　BJP は 1989 年の選挙では躍進したが，ヒンドゥー・ナショナリズムを定着させ支持基盤をさらに広めるためにより多くの人々に訴える戦略を必要とした。それがアヨーディヤーのバーブリー・モスクがあるところにあったとされるヒンドゥー神話上のラーム神の寺院を建立する運動であった。イスラーム勢力に破壊されたとされる寺院を再興することが「歴史の汚点」をぬぐうために必要と考えられたのである。この問題は宗教的紛争の種となる可能性が高く，モスクは 1949 年以来閉鎖されていたが，前述のようにラジーヴ・ガンディー政権は 1986 年にヒンドゥー教徒の参拝に開放する決定を行った。これを契機としてアヨーディヤーにラーム寺院を建立する運動が勢いを増す。BJP は 1989 年の連邦下院選挙ではラーム寺院建立問題を争点に押し出した。また，RSS や BJP と密接な関係にあり社会運動を進める「世界ヒンドゥー協会」(Vishva Hindu Parishad: VHP. 1964 年設立) や，その青年行動隊の「バジュラン・ダル」(Bajrang Dal. 1984 年設立)[19] は，1989 年 11 月にバーブリー・モスクの近くでヒンドゥー教徒を動員し寺院建立の定礎式を行った[20]。

　ヒンドゥー教徒を統合しようとするこのような運動にとって唐突に持ち出された OBCs 留保問題はヒンドゥーの間に分裂を持ち込むものであり，従って，

　　　"creamy layer" の基準を作成し，OBCs を認定する常設機関を作るように指示された。この段階では中央政府 OBCs リストでは，マンダル委員会のリストと州政府の作ったリストの両方で指定されたカースト・コミュニティを認定した。
19) VHP は RSS の人材を核に設立された団体で，他の宗派のヒンドゥー教への改宗，ヒンドゥー文化の普及などを行っている。イスラーム勢力によって破壊されたとするヒンドゥー寺院の再建は重要な運動目標の一つである。バジュラン・ダルは「ハヌマーンの軍団」の意味で 1984 年に設立。VHP などの運動の先頭に立って暴力的役割を担ってきた。詳しくは，Gupta and Jaffrelot [2007]．
20) 各地から聖なる煉瓦が信徒によって運び込まれ，建立予定の寺院の基礎としてそえつけられた。

対抗すべきものであった。そのため行われたのがアヨーディヤーにラーム寺院を建立することを訴える示威行進であった。1990年9月下旬には，BJPの総裁L. K. アドヴァーニはグジャラート州から示威行進を開始した。アヨーディヤーに向かう示威行進に呼応して各地の「カールセーヴァク」（Karsevak）と呼ばれるヒンドゥー勤行者が動員されヒンドゥー大衆の宗教的熱狂が高まるにつれ，ムスリムとの衝突，暴動の危険が各地で高まる。事態を憂慮した政府は10月下旬にアドヴァーニを逮捕し，示威行進を中止させた。これによりBJPはV. P. シン政権への支持を撤回する。示威行進とアドヴァーニの逮捕は，その後，ビハール州バーガルプルでの大規模なコミュナル暴動など各地で両コミュニティの暴力的衝突を引き起こした。

　これらの一連の事件によりV. P. シン政権に対する信頼は決定的に失われ，1990年11月の信任投票で連邦議会の信任を得られず，国民戦線政府は崩壊する。同時にジャナター・ダルは分裂し，V. P. シン派のジャナター・ダルとチャンドラ・シェーカール派のジャナター・ダル（社会主義者）に分裂し，後者が閣外から会議派の支持を受けて政権を発足させることに成功した。副首相にはデーヴィ・ラールが再び就任した。チャンドラ・シェーカール派は議員60名あまりで会議派に命運を握られた超少数派内閣となった。このような政権が成立したのは1989年末に選挙が行われたばかりで，どの政党も選挙を回避したかったからに過ぎない。チャンドラ・シェーカール政権は1990年8月にイラクのクウェート侵攻により発生した湾岸危機による石油価格の高騰，湾岸地域からのインド人出稼ぎ労働者の送金の停止などによって未曾有の外貨危機に見舞われ，IMFなど国際機関への援助を求めて奔走する。1991年1月にはIMFから総額18億ドルにのぼる融資を受けることに成功し，外貨準備危機はひとまず回避された。しかし，石油製品等の価格の高騰は農業生産が比較的に順調であるにもかかわらず，物価上昇を引き起こした。チャンドラ・シェーカール政権は超少数派政権であり，このような危機の連続の中で自律的な政治運営はほとんどできなかった。結局，1991年3月に会議派が支持を撤回して崩壊し，総選挙が行われることになる。

　第10次連邦下院選挙は1991年5-6月に行われたが，混乱し暴力的な選挙

となり，5月末の第1回投票までに選挙がらみで多数の死者を出した。特に先述したようにラジーヴ・ガンディー元首相が5月にLTTEによると見られる自爆テロで遊説先のタミル・ナードゥ州チェンナイ近郊のスリペルムブドゥルで暗殺されたことは国民に衝撃を与えた。この暗殺事件により，同情票で第2回投票以降，会議派の得票率はやや上昇する[21]。選挙結果は会議派が得票率36.5%で232議席を獲得した。野党が分裂し，ラジーヴ・ガンディー元首相暗殺事件があったにもかかわらず，前回より得票率が低下したことは，会議派の長期低落傾向が現れたものと考えてよいであろう。反対にBJPは得票率20.1%で120議席を獲得し，勢力を伸張した。ジャナター・ダルは分裂もあって56議席の獲得にとどまった。会議派は過半数に満たなかったが，AIADMKなどの支持を得て政権を打ち立てた。首相にはアーンドラ・プラデーシュ州出身で長老格のナラシンハ・ラーオが就任した。同時に行われた州立法議会選挙ではアッサムでは会議派，ケーララと西ベンガルでは左翼戦線，タミル・ナードゥではAIADMK，ウッタル・プラデーシュではBJP，連邦直轄領のポンディチェリーでは会議派が勝利した。

　以上，国民戦線政権が失敗した状況をまとめると，いくつかの構造的要因が浮かんでくる。第1に国民戦線政権の制度化の低さである。首相は副首相を指導できず，中央政府は同じ政党が統治する州政府を適切に指導できなかった。第2に政権が少数派政権であり，BJPや左翼政党の支持を必要としたが，反会議派ということだけでまとまった政権であったため，本質的に不安定であった。第3にこの時期に政治社会の亀裂を深めるOBCsへの留保制度の創設問題，アヨーディヤーのラーム寺院建立をシンボルとするヒンドゥー・ナショナリズムの問題が顕在化していた。これらの要素が政治的競争の中で，これまで説明した経過をたどって結びつき，政党政治の機能不全が引き起こされたのである。手詰まり状況から政治を前進させたのは選挙であった。

---

21) 近藤［1993］．ラジーヴ暗殺のインパクトは，1984年のインディラ・ガンディー暗殺の時の衝撃よりはかなり小さかった。

4 ナラシンハ・ラーオ会議派政権——構造改革とコミュナル暴動

　ナラシンハ・ラーオ政権が最初に直面した問題は経済危機を乗り越え，構造改革を開始することであった。構造改革は1991年に開始されるが，これは1956年の産業政策決議からの決定的転換であった。転換がどのように行われたか，その特質を把握することは民主主義体制の下の改革がどのようなポリティカル・エコノミー的特質を持つかを理解するために重要である。この節では詳しくその過程を追跡し，特徴を把握してみたい[22]。

経済構造改革と政治

　1990年末から1991年初めにかけて外貨危機が発生したのは湾岸戦争が直接的な原因であったが，その背後には1980年代のインディラ，ラジーヴ両会議派政権時代の経済自由化の試みによる消費の拡大，経済成長による消費性向の高い新中間層の成長，あるいは財政支出の拡大等による政府需要の拡大が，輸入の増大や外国からの短期借り入れの増大につながったという背景があった。しかし，より構造的な問題としては，結局は官僚主導の「ライセンス・ラージ」となってしまった輸入代替工業化戦略や，非合理な労働者保護政策など，「社会主義型社会」の政策体系があった。従って，新政権が経済状況を改善し成長を実現し人々の支持を広げるためには，経済自由化＝構造改革の方向に舵をとることは避けて通れなかった。インディラ，ラジーヴ両会議派政権時代の経済政策の自由化は跛行的なものであったにせよ，一応前進であったが，その経験も構造改革が可能であることを示していた。

　ナラシンハ・ラーオ政権がまず取り組んだのは，ライセンス・ラージを生み出し従来たびたび弊害が指摘されてきた，産業ライセンス制度や独占および制限的取引法，外国為替規制法などの改革であった。長期にわたる停滞の中で「社会主義型社会」イデオロギーは色あせ，また，ライセンス・ラージの弊害

---

22) ナラシンハ・ラーオ政権の，批判的評価として例えばByres [1997]；Stuijvenberg [1998] などを参照。

や経済改革の必要性に対する認識は，この頃までに，経済官僚などテクノクラート層のみならず，為政者の間に広がっていた．例えば，1980年代に経済政策に関して様々な政府報告書が出されるが，そこでは構造改革，経済自由化の必要性が既に繰り返し述べられていた（Bijukumar［2006：254］）．このような状況において，経済危機はむしろ為政者にとって大胆な構造改革を行うチャンスとなった．危機を乗り越えるために頼らざるをえなかったIMFや世界銀行など国際機関の示した援助条件も改革を必然的なものとした．ただし，インドは国際機関のコンディショナリティを無条件に受け入れたわけではない．特に改革の政治的必要条件として「貧困大衆」に対する配慮を重視せざるをえなかった．というのは，貧困大衆を切り捨てる改革では人々の支持を継続できず，改革は政治的に長続きしないからである．

　このような状況下でナラシンハ・ラーオ政権は構造改革に踏み出した．改革過程で大きな役割を果たしたのは経済学者でもあるマンモーハン・シン財務大臣やP. チダンバラン通商大臣など国際経験豊かなテクノクラートであった．ナラシンハ・ラーオ政権は1991年7月初めに新しい貿易政策を発表し，同月下旬に予算案とともに新しい「産業政策声明」を出した．

　7月4日にチダンバラン通商大臣から発表された「新貿易政策」では，輸出補助金が廃止された．これについて大臣は，政策発表の直前の7月1日と3日に行われた合計約20%のルピーの為替レートの切り下げで補助金が不必要になったと説明した[23]．チダンバラン通商大臣は8月13日に貿易政策の改革をまとめたが，その中で「インドは孤立ではなく，世界経済の一部としてのみ，より早い成長が可能である」と述べた（GOI (Ministry of Commerce)［1991：para. 3］）．これは従来の政策からの明確な決別であった．同声明では，輸出促進のために輸出業者が輸出額の一定割合を輸入できる従来の制度をさらに拡充し，輸出額の30%を原材料などの輸入に当てることができるようにした．また，輸出入に関わる多くのライセンスの廃止など貿易手続きの簡素化によって恣意的なコントロールや遅滞防止を目指した．政府系貿易公社による包括的輸

---

23) *Indian Express*, July 5, 1991 (New Delhi) を参照．

出入取扱については対象品目を輸出入とも大幅に削減し、輸入品目については多くを輸入自由化品目に再分類した[24]。

7月24日に発表された予算案[25]は構造改革の調整局面を見据えての予算案となり、財政赤字削減に貢献すべく、例えば、耐久消費財・タバコ等に対する物品税が引き上げられ、肥料、砂糖、石油など各種管理価格の値上げが発表された。しかし、「肥料補助金」[26]を削減するため、肥料価格を40％値上げする案が発表されるや否や、農民や主要政党が強く反発したため、値上げ幅は30％に圧縮され、かつ小農および零細農に対しては値上げは中止された[27]。関税率に関しては最高税率は150％に低下した。

一方、予算案と同時に発表された「産業政策声明」は従来の政策からの大胆な転換の表明となった。1956年の産業政策決議で国家が独占的に管理するとした部門（別表A）を、17部門から、兵器、原子力、鉄道など8部門に縮小し、他の産業部門は民間に開放した。また、産業ライセンス制度は指定された18業種についてだけ適用され、他の部門について同制度は廃止された。独占および制限的取引法も自由化・合理化が進み、従来は企業資産の規模で同法の適用が判断されたが、独占的あるいは独占的地位を利用しての制限的取引が行

---

24) GOI (Ministry of Commerce) [1991]. なお、新しい輸出入制度は"Eximscript"という制度で行われた。これは販売可能である。しかし、"Eximscript"は1992年3月に経常取引のルピー為替が60％まで自由化されることになったことから必要性が薄れ、廃止された。

25) 通常連邦予算は2月末からの予算国会で審議、採決されるが、前チャンドラ・シェーカール政権は政治的混乱のために4-7月をカバーする暫定予算を提出できたのみであり、通常予算は次政権に任されていた。

26) 肥料増産を急ぐ政府は1976-77年度以降、石油価格の高騰を受けて、輸入品だけでなく国内生産工場に対しても「肥料補助金」の支払いを開始し、全国の農民に安い価格で肥料を届けようとした。化学肥料の重要性は零細農民に至るまで認識されつつあり、手の届く価格で化学肥料を農民に届けられれば収量を高め、幅広い農民層に裨益するからである。次のジャナター党政権期の1977年11月には肥料生産を促すため「維持価格制度」が開始され、国内肥料工場に一定の価格を保障し生産を促す一方、全国同一価格で農民は肥料を購入できるようにした。化学肥料の工場受け取り代金に流通・保管費を加えたものから販売代金を引いたものが肥料補助金である。肥料補助金が支援するのは生産工場および農民である。肥料補助金は制度導入後急速に拡大していく。

27) この二重価格制度は管理が困難なため結局、同年中に一本化されることになる。肥料政策については、Shamrao [2011]。

われたかどうかが適用基準となった。さらに，外国資本は，従来，特別な例外はあったものの原則として出資比率は40％に押さえられていたが，「政府のコントロールからインドの産業を自由にするならば，外資のインドへの投資を促進する機会も十分に追求されるべき」（GOI (Ministry of Industry)［1991: para. 24］）として，34業種については51％までの投資が自動的に認められた（GOI (Ministry of Industry)［1991］）。海外技術提携についても自動認可部門の拡大など大幅な自由化がなされた。しかし公企業については，「多くの公企業が政府の財産というよりも負担になってしまった」（GOI (Ministry of Industry)［1991: paras. 31, 34］）とこれまでの政策を批判し，公企業でも競争的な市場の規律に従って運営されるべきとして政府の株式放出を示唆したものの，それ以上の急進的改革案は示さなかった。

　マンモーハン・シン財務大臣によって融資申請のために8月27日にIMFへ送られた「経済政策メモランダム」では，連邦政府は連邦財政赤字を1991-1992年度中にGDPの6.5％まで，1992-1993年度中に5％まで削減することを目標として示し，7月までに新政権が行った改革と，これからの改革の道筋を示した[28]。その特徴の一つは，貧困緩和を重視するなど「人間の顔をした」調整を行うことを明示した点である。このメモランダムは12月に連邦下院で公開されたが，大きな反発はなかった。一方，10月にIMFは約23億ドルのスタンドバイ・クレジットを承認した。構造調整のためのIMFや世銀の融資はこの後，順調に承認されていくことになる。防衛協定を結び長年バーター貿易の相手国であったソ連が1991年12月に崩壊するという国際環境の大きな変化も自由化を後戻りできないものとした。

　以上の新経済政策は大幅な変革であったが，貧困大衆の支持をつなぎ止めるため，大変革にあっても「人間の顔をした」変革が重視されなければならなかったことが特徴である。従って，困難な財政状況の中でも大衆のための補助金はほとんど削減されなかった。すなわち前述のように，3大補助金の一つで

---

28) GOI (Ministry of Finance)［1991］．前チャンドラ・シェーカール政権がIMFから借り入れを行う時に既に6.5％まで削減することを約束していたが，同政権の交代により，新政権の予算で改めて約束された。

あった輸出補助金は大きく削減されたが，肥料補助金と食糧補助金はほとんど削減されなかった（後掲図 3-8）。輸出補助金削減の政治的インパクトが小さかったのは，直前のルピー切り下げで輸出競争力が強化されたし，利害関係者の数が相対的に少ないため反発も小さかったからである。それに対して，農民や貧困大衆という広範な人々の利害に影響する補助金の削減は，選挙政治への影響を考えると容易ではなかった[29]。農民の大きな反発にあって肥料補助金の値上げ幅が圧縮されたのはそのような状況を示している。

「人間の顔をした」変革に関しては，経営不振企業の立て直しや解散，企業の近代化のための労働者のリストラ対策として「国家再生ファンド」（National Renewal Fund）が 1992 年 2 月に設立されたことも特筆すべきである。これは労働者の訓練や就労支援，公企業の自主退職制度を支える事業であるが，実際上，組織部門労働者を主要な対象とするものである。このように農民や組織部門労働者という「大衆」のために，補助金や再生ファンドというかたちで社会的なセーフティ・ネットが改革の不可欠の要素として継続，あるいは新たに設立された。それが真の社会的弱者層に対する援助になったかどうかは議論が分かれるが，そのような大衆を意識した政治的措置をせざるをえないことはインドの改革プロセスの特徴である。

このようにして構造改革は始まったが，改革は一部にとどまることなく，全面的なものにならざるをえなかった。なぜなら一部セクターを自由化しただけで関連他部門の改革がなされなければ，その部門がボトルネックとなり，経済全体の合理化・効率化が進まないからである。公企業や金融部門の改革はとりわけ重要であった。

公企業の改革は，経営不振企業の場合などは労働者のリストラ問題ともからみ，難しい分野である。公企業の改革は政府保有の株式資本の民間への放出という形で開始された。1993 年に提出された政府委員会報告書は，政府所有に残すべき企業については政府は 51％の株式資本保有，すなわち 49％までの株

---

29) 政府内部でも肥料補助金と食糧補助金について，裨益するのは主に小農以上の農民層，肥料工場，関連公企業などであり，真の貧困層には裨益していないとの批判がある（GOI（Ministry of Finance）［1993b：17］）。

式資本の放出を，政府所有が適切でないと判断される場合は 74％ あるいは 100％ の放出を行うべきとした (GOI (Ministry of Finance) [1993c: 3-5])。政府委員会報告書では，株式資本の民間への放出を行う場合，最も高い価格で放出が実現されるべきとされたが，同時に最大限の雇用が保障されるべきとした。この 2 点は矛盾する場合もあり，それは公企業改革の難しさを示している (GOI (Ministry of Finance) [1993c: 7])。

　公企業改革は難しい問題を含むとはいえ，インフラ部門が経済成長のための喫緊の課題であることを考えると改革は急務であった。例えば，経済発展の大きなボトルネックとなっていた電力部門の改革，特に各州で発送電および配電を独占する「州電力公社」(State Electricity Board) は慢性的な赤字体質から，その改革が急がれた。改革は 1991 年 10 月に中央政府電力省が民間会社 (Independent Power Producer) に発電部門への参入を促したことから始まる。それまで各州の州電力公社では政治的理由から経済性を無視した料金政策，特に農民に対する極端な低料金または無料の電力供給が問題となっていた。農業分野での赤字は，工業や家計部門の電力価格の値上げや，州政府からの財政補助によって補填されていた。このような不合理な価格体系，州財政の大きな負担を解消するために，外資を含む民間の参入，民営化によって改革を行おうとしたのである。例えばオリッサ州では 1993 年 11 月から世銀やイギリスの援助に沿って，州電力公社の分割と民営化による当時としては画期的な改革が開始された (Dubash and Rajan [2001: 3375-3381])。州電力公社の改革の問題は，中央政府レベルで一定の構造改革がなされた後は，経済改革の究極的な責任者＝構造改革の主役が州政府になることを象徴するものである (GOI (Ministry of Finance) [1993b: 27])。

　金融部門の改革の青写真もこの時期提示された。M. ナラシンハムを委員長とする「金融システムに関する委員会報告」(GOI (Ministry of Finance) [1992])が 1991 年 12 月に国会に提出され，改革が議論される。報告の中では，銀行システムの自由化，特に金利や利率の決定の自由化，農業や小規模工業に対する優先貸し付け枠の見直し，政治や行政からの介入の阻止，外国企業も含む民間企業の参入の自由化とこれ以上の国有化の阻止，法定流動性比率 (Statutory

Liquidity Ratio)[30]の低減などを勧告し，金融改革に大きな影響を与えた。勧告に沿って，例えば，1994年10月には商業銀行の20万ルピー以上の貸し出し利率が自由化された。

　1992年以降も改革は漸次進んだ。輸出入政策については1992年3月末に，「ネガティヴ・リスト」方式へ規制が移行した。同リストには輸出入とも，禁止品目，制限品目，包括的輸出入取扱品目が含まれるが，リスト外の品目については関税以外の規制はなくなった。資本財は基本的に全てネガティヴ・リストから外された。ネガティヴ・リストに含まれる品目はこの後，段階的に削減されていく。また，外国為替制度は1993年3月から政府の管理下の変動相場制となり，ルピーの兌換性が成立した。同制度の下ではルピーの為替相場は基本的にはマーケットで決まるが，急激な変動がある場合は当局が介入できる。1994年8月にはRBIは，経常勘定取引でのルピー取引を完全自由化し，IMF8条国に移行した。輸入関税に関しては，前述のように1991年には最高関税率が150％に引き下げられ，その後も1992年には110％，1993年には85％と段階的に引き下げられた。1995年には世界貿易機関（WTO）が発足し，インドも原加盟国となった。

　産業ライセンス制度もさらに自由化が進み，1993年4月に自動車，家電，皮革がライセンス制度から除外され，規制対象は18業種から15業種に縮小した。また，業種別では1994年5月に新通信政策が発表され，電話サービス部門に民間および外資の参入が認められ，9月のガイドラインでは外資に49％までの参加が認められることとなった。

　以上のようにナラシンハ・ラーオ政権時代に構造改革・自由化は大きく進んだ。確かに，急激な自由化に対しては抵抗もあった。例えば，上述したように補助金削減の問題においては農民や政党は反対した。また，雇用調整を含む公

30）インド準備銀行（RBI）は市中銀行に預金の一定額を国債など流動性の高い資産で保有することを義務付ける。その比率である。これにより家計部門の一定割合の貯蓄を政府は投資に向けることができる。しかし，国債は経営が必ずしも効率的といえない公企業のファイナンスなどに当てられる場合が多く，クラウディング・アウトとの批判を免れない。また，国債の利率は相対的に低いため，法定流動性比率が高い場合は銀行の収益を圧迫する。

企業の改革に対しては労働組合や左翼政党が抵抗し，大きな改革に踏み込めなかった。しかし，抵抗により改革の幅は小さくなったにせよ，改革は開始され，他の分野でも改革は全般的に波及していく。

　例えば，経済界では，対外的な開放は企業が国内で競争力をつけてから行うべきとの議論があり，外資参入自由化や貿易の自由化によって国内産業が大きな打撃を受けることを懸念した企業，業界団体であるインド商工会議所連合（FICCI）や「商工会議所協会」（Associated Chambers of Commerce and Industry：Assocham）などはロビー活動などを通じて抵抗した面もある。しかし，その反発も分散的であり，決定的な抵抗勢力とはならなかった。改革に積極的な「インド産業連合会」（Confederation of Indian Industry：CII）[31] などを先頭に，経済界も次第に適応していくことになる[32]。

　政党レベルにおいても改革は次第に受け入れられる。会議派党内でも改革は従来のイデオロギーや政策からの逸脱ではないかという批判があった。これに対してナラシンハ・ラーオ政権はジャワハルラール・ネルー以来の社会主義が柔軟な概念であり，それは時代の変化に応じて順応すべきことを，1992年4月の南インドのアーンドラ・プラデーシュ州ティルパティでの党大会から1993年3月のハリヤーナー州スラージクンドでの全国大会にかけて，多くの機会で説明した（Bijukumar［2006：123-127］）。例えば，伝統的に警戒感がある外資に対しては，外国からの投資は国際収支の悪化を招くことなく資源の流入を促進し，より多くの雇用と所得につながるということ，および現代では外資は政治的支配を求めるものではないと説明した（Indian National Congress

---

31) Chandramohan et al.［1993］; Jenkins［1999：117］を参照。Assocham は 1920 年に設立された経済団体。CII は 1972 年に Indian Engineering Association と Engineering Association of India が融合してできた。当時は Association of Indian Engineering Industry と呼ばれた。現在の名前となったのは 1992 年。本書では 1992 年以前でも便宜的に CII という名称を使用。CII は比較的に若い企業が多く，他の2つの経済団体より自由化にむしろ積極的で，政府に様々な局面で影響力を与えているという（Kochanek［1995］）。
32) S. A. コチャネックによると，これらの経済団体，利害関係が完全に一致することはなく，お互いに集合的行動をとることが難しいため政府の経済政策に決定的な影響力を持つとはいえない（Kochanek［1996］）。

[1992: paras. 31-32] [1993: 5]）。加えて，貧困緩和事業や社会事業を通じて，改革に伴う貧困層の痛みを和らげることを強調し，会議派の伝統的政策との連続性も強調した[33]。このような状況から構造改革は党内に亀裂を走らせる争点とはならなかった。

野党に関しては，CPI（M）など左翼政党が「反人民」的，「反貧困層」的改革に反対し，1991年11月，1992年6月および11月末には全国規模のストライキを組織した。しかし政治的には大きなインパクトとはならなかった。一般的に第2章の図2-1に見るように1990年代のストライキの規模は1970，1980年代に比べてかなり小さい。特に1993年から1997年にかけては非常に低いレベルで推移しており，構造改革が大きな政治的反発を引き起こしたとはいえない。また西ベンガル州のCPI（M）率いる左翼政権も自由化の流れの中で大企業や外資の誘致競争に巻き込まれざるをえなくなり，改革に全面的に反対できなくなっていく。一方，最大野党のBJPは従来から「スワデーシー」（Swadeshi：経済自立）を唱えているものの，もともと経済政策に関しては計画経済を批判し，自由な経済活動によって経済発展を目指すと主張してきたこともあり，反対は明確ではなかった。ナラシンハ・ラーオ政権の改革に対しては肥料補助金削減に対する反対など個別の事例では反対したが，「財政健全化」，「経済構造改革」という全体的方針には強く反対しなかった。BJPにとって焦点となるのは外資の参入およびグローバリゼーションに関してである。BJPはこの点に関しては急激な自由化よりはまず国内で競争力を養うことが先決であるとして急激な自由化に反対した（Bharatiya Janata Party (The Study Committee on Economic Affairs) [1995: 116, 124, 139-144, 164]）。しかし，これは改革自体に反対というよりも，改革の順序，戦略に対する反対でしかないということは，後にBJPが中央政権に就くと明らかになる。

経済自由化に向けた大胆な構造改革を，なぜナラシンハ・ラーオ政権のような議会過半数を確保できなかった弱体な政権が行うことができ，なぜ大きな政

33）ナラシンハ・ラーオ首相は，改革に伴う貧困層の痛みを和らげるため貧困緩和政策や社会事業を通じて貧困層に優先的に資源の移転をはかることを「By-passモデル」と呼んで重要性を強調した（Rao [1995b: 4-6]）。

治的反発を引き起こさなかったのか，そして改革の特徴は何なのか，このような点はインドの民主主義下のポリティカル・エコノミーの特質を探るためには重要なポイントであるので，ここで改めて要点をまとめてみたい。まず，基本的事実として，改革は1980年代から跛行的ではあるが徐々に始まっていたという点を確認しておきたい。また，改革が始まった理由は，改革の必要性が既にテクノクラートや政治家に認識されていた状況に，1990年から1991年初めの経済危機が重なり，IMFなど国際機関へ頼らざるをえなくなった状況が生じたからである。

　それでは大胆な構造改革が発表された時，なぜ，従来見られたような決定的な政治的反発が起きなかったのであろうか。これに関しては，まず，R.ジェンキンズの説を紹介しておきたい（Jenkins［1999］）。ジェンキンズの主張は比較的に影響力を持った論であるが同時に現実を説明するものとしては不十分であり，まず，ジェンキンズの主張に反論しておくことが，問題をよりクリアーにすると思われるからである。ジェンキンズは1980年代末から1990年代にかけて，よりセンセーショナルな他の政治的争点，すなわちヒンドゥー・ナショナリズムの高揚とコミュナル暴動が，構造改革という争点を隠蔽してしまったからだと主張した。後に述べるように，1992年12月6日にアヨーディヤーのバーブリー・モスクはVHPやバジュラン・ダル，カールセーヴァクなどヒンドゥー・ナショナリズム勢力によって計画的に破壊され，それを機に北インドや西インドでコミュナル暴動が起き多数の死傷者を出した。このような1980年代末から1990年代初めの状況によって，政党，メディアなどの関心がヒンドゥー・ナショナリズムの方に向かい，結果として構造改革への関心が薄れ，また政権もそのような状況を巧みに利用することによって，改革をスムーズに進めることができたと主張した。

　確かにこの時期はヒンドゥー・ナショナリズムの高揚とコミュナル暴動の時期と重なり，ジェンキンズが主張するように経済改革の問題の政治的露出度が相対的に低くなったし，構造改革に批判的な左翼政党がヒンドゥー・ナショナリズムやコミュナリズムの問題をより深刻な問題として会議派への攻撃を弱めたこともある（Bijukumar［2006：149］）。しかし，1991年7月からの一連の改

革，IMFからの借り入れなどは決してメディアから隠遮されることはなかったし，産業界でも大きな話題となった。経済改革争点の隠遮というジェンキンズの主張には無理がある。また，ジェンキンズが重要視する政治的テクニック，例えば他の争点を持ってくることで重要な争点に対する攻撃を避けたり，最初は目立たない形で小規模の改革を導入し，後にそれを拡大したりするなどのやり方は構造改革のみならず一般に行われているもので，その意味でジェンキンズの言うように「隠遮の政治」（Politics of stealth）というやり方は特別ではない。ジェンキンズの説は，政党政治レベルの改革のやりとりにおけるマイナーな部分を説明できるだけである。改革に大きな反発が起きなかった主要因は，むしろ，以下の4点にまとめられると考えられる。

　第1に，繰り返しになるが，官僚統制に陥った「社会主義型社会」政策の欠点がこの時期までにテクノクラートや政治家などに広く認識されるに至ったことである。第2に，経済危機が構造改革を政党など主要アクターに認識させ決断させる役割を果たしたことである。第3に，改革が「人間の顔」をしたものであったことである。肥料補助金や食糧補助金の削減，公企業や労働者に負担となる改革は試みられたが，「大衆」の反発が大きいと見るや改革は無理に導入されなかった[34]。また，厳しい財政事情の下でも貧困緩和事業の規模には大きな影響はなかった。これによって左翼政党の，構造改革が「反貧困層」政策であるという批判に反論でき，かつ大衆からの反発をかわすことができた。もっとも，このような状況は強力な既得権益層と対立する難しい分野の改革が先送りにされたということを意味するものであり，ナラシンハ・ラーオ政権の改革は強力な既得権益層との衝突を回避した改革であったとも評される（Manor［1995b：354］）。第4に，より大きな背景として，一般大衆の構造改革に対する認識の低さがある。発展途上社会研究センター（Centre for the Study of Developing Societies：CSDS）の全インド・レベルの世論調査によると，「経済

---

34) V. ジョシーとM. D. リトルは農業部門と公企業が改革の最も難しい分野であると述べている（Joshi and Little［1996：259］）。またナラシンハ・ラーオ政権は1994年には公企業も含めて広範囲に広がりすぎた政府の役割を適切なレベルまで縮小することが必要としつつも，労働者の削減は行わないと改めて保証している（Indian National Congress［1994：16, 24］）。

改革について聞いたことがありますか」という問いに対して 1996 年の場合は全応答者の 19%（n= 9,614），1998 年は 26%（n= 8,133）しか肯定していない。特に貧困層の場合は 1996 年は 6%，1998 年は 13% となっている（Kumar [2004: 1623]）。この調査を見る限り，ナラシンハ・ラーオ政権の構造改革は，そもそも，多くの人々に認識されていない。農村人口が全人口の 7，8 割を占めるインドにおいて産業ライセンスや輸出入，外資の参入などの自由化問題は，それが直に提示されようとも農村では争点となりにくい。実際上，上の CSDS の調査を見ると，構造改革が争点として重要と認識する層は一定の教育がある中産階級以上である。このような世論の状況では，構造改革に反対する政党が大衆を効果的に動員して反発することは難しい。

　それでは，改革当初に大きな反発が起きなかったとして，なぜ改革は継続的に進められているのであろうか。やりやすい分野が中心とはいえ 1991 年の改革は経済危機を背景にして一定の急進性を持った。しかし，それ以降の改革の歩みはむしろ漸進的であるといってよい。改革プロセスが漸進的なのは，多くのプレーヤーのコンセンサスを確保しつつ政策が行われるというインドの多元的民主主義に根ざすものである。しかし，それでは「政治的コンセンサス」を得やすい改革を行うことはできる反面，利害が対立する困難な改革は「手詰まり」状況になりやすいという議論がある（Ahluwalia [2002]）。これは一定の説得力を持つ議論である。しかし，政治的コンセンサスは政治経済状況が変化する中で不変ではない。ある分野での経済改革は他の分野の改革を必然化するし，ある州の経済改革は他の州に波及し，政治的コンセンサスを新しい均衡点に導く。例えばオリッサ州の電力改革はモデルケースとしてその後他の州に広まった（Dubash and Rajan [2001: 3382]）。ナラシンハ・ラーオ首相が述べたように[35]，外資の誘致はその後州間で競われることになる。一方，経済改革によって経済発展，特に民間の組織部門の雇用が大幅に拡大すれば，公企業や労働法などの分野で従来できなかった改革のための政治的コンセンサスができる可能性が高まる。このように，改革のコンセンサス形成を取りまく環境自体は

---

35) 1994 年 9 月 17 日の Assocham の年次会合での演説での発言（Rao [1995a: 201]）。

常に変化し，コンセンサスの均衡点も変化している。しかも，変化は改革をさらに促進する状況を生み出す傾向にある。改革は一時的に立ち止まることはあっても後退する場面は見られない。これが1980年代以前と決定的に異なる状況である。

以上のように改革はもはや不可逆的であることは間違いないが，依然として公企業，労働関係法，貧困緩和事業や補助金など難しい分野があることも事実である。それはいずれも「大衆」が利害関係者となる分野である。選挙政治で勝利を目指す政党にとっては「反労働者」や「反貧困層」と見なされる改革は依然として難しい。これは不平等な社会構造の中，膨大な貧困層を抱えるインドの選挙民主主義体制下の改革の必然的な特徴である。

ナラシンハ・ラーオ会議派政権は経済改革を導入し定着させた[36]。経済は調整局面の1994年頃まではインフレ率も高く，成長は緩慢であったが，1995年頃からインフレも低下傾向を示し，成長も堅調になった。また，政治面では1992年初めには1972年以来の党内選挙も実施し，また先述のようにパンジャーブ州立法議会選挙も実施して，政治正常化の第一歩を踏み出した。しかし，経済成長の成果が多くの人に行き渡るまでには十分な時間はなく，会議派の人気低下には歯止めがかからなかった。それに加えて，宗派間の軋轢や国民統合の悪化を防げなかったことは統治能力に大きな疑問符を突きつけた。この時期，最大の問題はアヨーディヤー問題を前面に持ち出し影響力を拡大しようとするヒンドゥー・ナショナリズム勢力の扱いであった。しかし，ジャンムー・カシミール州の分離主義など深刻な問題は周辺部でも発生した。

---

36) 1991年から開始される経済改革の性格については多くの見解があるが，A. コーリーは改革が基本的に大企業などのため，すなわち「ビジネス界指向」であり，そのため貧困層への再分配政策が軽視されていると主張する（Kohli [2012]）。構造改革・自由化によって大企業はかつての「ライセンス・ラージ」から徐々に解放されていくが，大企業一般を政策的に保護するということではない。確かに大規模な腐敗スキャンダルでは大企業と政治化の結びつきなどが暴露されるが，それはビジネス界指向の決定的な例証にはならないであろう。また改革によって貧困層への再配分は良くなってはいないかもしれないが，全体的に「窮乏化」を招いたという証拠はない。よってコーリーの主張は実態に合っていないと考えられる。関連して佐藤・金子 [1998] も参照。

国民統合問題と会議派政権

　アヨーディヤー問題は1991年にウッタル・プラデーシュ州立法議会選挙でカリヤーン・シンを首相とするBJPの単独政権が成立したことから展開が加速した。ナラシンハ・ラーオ政権はVHPやムスリム側を代表する「全インド・バーブリー・マスジッド行動委員会」(All India Babri Masjid Action Committee)（マスジッドはモスクを指す）など関係者の話し合いを優先し，それが不可能な場合は裁判所の決定に委ねるという方針であった。1991年10月にはウッタル・プラデーシュ州アラハバード高裁は，係争地を州政府が接収することは認めるがそこに永続的な建造物の建設は認めない，との判決を下した。しかし，1992年7月からVHPや関連組織はラーム寺院建立のための工事を実力で開始した。これに対して中央政府は工事の中止を州政府に要請したが，BJP州政府は拒否した。VHP，BJP，RSSは寺院建立のための動員を強化し，結局，12月6日には22万人ともいわれる信徒が結集し，同モスクを破壊した。破壊は明らかに計画的であり，州政府は破壊を防ぐ意思を見せず，州警察は事態を傍観するのみであった。モスク破壊のニュースが流れるや否や，北部，西部インドを中心にコミュナル暴動が拡大し，ムスリムを中心に1,000名を超える死者を出す。混乱を沈めるために中央政府は直ちにRSSなど関連5組織を非合法化し，BJPが政権に就いているウッタル・プラデーシュ，マディヤ・プラデーシュ，ヒマーチャル・プラデーシュ，ラージャスターン各州政府を大統領統治下においた。翌1993年1月には問題のモスク周辺の67.7エーカーを中央政府が接収する大統領令を中央政府は発令した。しかし，暴動の影響は続き，3月にはボンベイで大規模な連続爆破テロ事件が起こり，300名を超える死者を出して宗派間の緊張をさらに高めた[37]。

　モスク破壊に対する人々の反応は表3-2の世論調査に見られるように，ヒ

---

37) 爆破事件は，ムスリム側に大きな犠牲を強いたコミュナル暴動に対するムスリムの報復と理解されている。しかし，実行犯はボンベイのムスリムのマフィアと見られ，政治と犯罪組織の関係が問題となった。そのため政府は事件後調査委員会を立ち上げた。その報告書は，選挙などで資金が必要な政治家と政治家の庇護を必要とする犯罪組織が癒着し，その関係が広がっているとして情報機関の強化などへ対策を求めた（GOI (Ministry of Home Affairs) [1993]）。

表 3-2 バーブリー・モスク破壊に対する意識(1992年)
(%)

	全インド	会議派投票者	BJP投票者	ヒンドゥー	ムスリム	北部	南部
破壊を肯定	39.3	26.9	66.1	43.5	10.2	54.2	16.7
破壊を否定	52.6	65.1	28.3	47.7	86.1	37.8	70.8
意見無し	8.1	8.0	5.6	8.8	3.7	8.0	12.5

出所) *India Today*, January 15, 1993, p. 16.
注) 調査期間は1992年12月17-23日, サンプル数はインド全土にわたり12,592.

ンドゥーとムスリム, そして北部と南部で大きく異なった。北部のヒンドゥーのかなりの人々がモスクの破壊を支持した。また, ムスリム多住地域であるウッタル・プラデーシュ州のアムロハ (Amroha) とアリーガル (Aligarh), およびデリーで行われたモスク破壊直後の世論調査 (n=792) では, 高カーストや都市部中産階級の間で破壊に対する支持が多く, 学生や, 労働者の間の支持はかなり低いことが示された (Chhibber and Misra [1993:669])。それは北部のヒンドゥー, 中でも高カーストや中産階級の幅広い層にヒンドゥー・ナショナリズムへの共感が広がったことを意味する。反対に暴動で多くの犠牲者を出したムスリムの反発感情は明らかであり, それは与党会議派に対する幻滅につながった。宗派間の社会的・政治的亀裂を深めるモスク破壊事件を防げなかったことはナラシンハ・ラーオ政権の統治能力の低さを露わにした。

ただし, モスク破壊を是とする雰囲気が北インドのヒンドゥーの間で広まったにせよ, それがBJPへの支持の拡大につながったかどうかは, 確定的にはいえない。BJP政権が解任された4州では大統領統治が解除され1993年11月に州立法議会選挙が行われた[38]。4州でのBJPの得票率はマディヤ・プラデーシュでは1990年の39.1%から38.8%に, ヒマーチャル・プラデーシュでは1990年の41.8%から36.1%に, ラージャスターンでは1990年の25.2%から38.6%に, そして, ウッタル・プラデーシュでは1991年の31.5%から33.3%に変化した。BJPが政権に復帰できたのはラージャスターンだけである。マディヤ・プラデーシュ州とヒマーチャル・プラデーシュ州では会議派が

---

38) 同時にデリー, そして東北部のミゾラムの州立法議会選挙も行われている。

州政権に就き，ウッタル・プラデーシュ州は過半数を確保する政党が現れず政局は混迷する。BJP は 1990 年の段階ではジャナター・ダルと部分的に選挙協力があったのでマディヤ・プラデーシュ，ヒマーチャル・プラデーシュ，ラージャスターンでは両年間の比較が単純にはできないが，いずれにせよ北部ヒンディー語州の間で一様な変化は認められない。モスク破壊事件とコミュナル暴動の影響はあったにせよ，各州特有の要因が選挙では重要であったといえる。マディヤ・プラデーシュ，ヒマーチャル・プラデーシュ，ラージャスターンはこののち，会議派と BJP の 2 大政党制の状況となるが，対照的にウッタル・プラデーシュでは BJP の支持は縮小し，代わって 1992 年に設立されヤーダヴやムスリムを支持基盤とする社会主義党[39]と，1984 年に創設され SCs を支持基盤とする BSP[40] が台頭し，分裂した政党状況をもたらすことになる。

図 3-5 のように 1989 年から治安が悪化したジャンムー・カシミール州の問題も政権の大きな負担となった。中央政府は 1990 年に「軍特別権限（ジャンムー・カシミール州）法」（The Armed Forces (Jammu and Kashmir) Special Powers Act, 1990)[41] を制定して軍事力でゲリラへの対処，治安の悪化防止を行おうとしているが，カシミール地方の問題は自治権運動やパキスタンとの領有権問題，さらには 1989 年のアフガニスタンからのソ連軍の撤退により，イスラーム武装勢力の一部がカシミールの解放闘争に参加するなど複雑な様相を呈しており，押さえ込みには成功していない。1993 年 10 月にはスリナガルのハズ

---

39) ムラーヤム・シン・ヤーダヴは 1990 年 11 月に当時のジャナター・ダル執行部と対立してチャンドラ・シェーカール元首相と共に党を分裂し「社会主義人民党」（Samajwadi Janata Dal）を結成したが，1992 年 9 月にはチャンドラ・シェーカールとも分裂し，「社会主義党」を結成した。この党は社会主義的なイデオロギーを標榜し，OBCs への留保拡充などを主張している。その展開については，Verma [2004]．
40) 故カンシ・ラームが設立，党首はマヤワティ。1980 年代まで北インドの SCs は自己の政治的利害関係を代表する政党を持てず，大きな不満を抱えていたが，会議派の一党優位体制の崩壊と 1970 年代から 1980 年代の社会政治変動を機に独自の政党を模索する方向に進む。そのような流れの中で成長したのが BSP である（Duncan [1999]；Pai [2002]）。SCs の中でも「チャマール」（Chamar）または「ジャータヴ」（Jatav）と呼ばれるカーストが中心的支持基盤である。
41) GOI (Ministry of Law and Justice) [1990] を参照。北東部で施行されている 1958 年の軍特別権限法と基本的に同種のもので，深刻な人権侵害を引き起こしている。

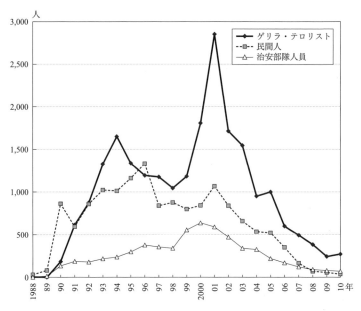

図3-5 ジャンムー・カシミール州における紛争の死者数（1988-2010年）

出所）政府系機関 Institute for Conflict Management のデータより（http://www.satp.org/, 2013年5月29日アクセス）。
注）データを2003年から2006年について検証すると，中央政府内務省のデータ（http://mha.gov.in/Violence.htm#ac）と1割から2割の差異がある。しかし，基本的トレンドは同じである。

ラットバル（Hazratbal）廟での「ジャンムー・カシミール解放戦線」（Jammu Kashmir Liberation Front）などの籠城事件で軍が介入したが，籠城した武装勢力を平和裡に投降・逃亡させて事件を収拾した。また，1995年5月にはスリナガル近郊のチャラレ・シャリーフ（Charar-e-Sharief）の聖者廟に国外からの武装勢力[42]が立てこもり，聖者廟が焼失したことをきっかけに軍および国境警備隊との間で大規模な戦闘が起こった。インド政府は住民の安全およびカシミール州への政治的影響を考えて，武装勢力にパキスタンへの安全な撤退路を

42）パキスタンやアフガニスタンの武装組織が関与。この事件の推移に関しては，例えば，University of Karachi (Department of International Relations) and Regional Center for Strategic Studies (Colombo) [2005：209]。

与えて撤退を黙認することで事態を収拾した。これらの事件に対するナラシンハ・ラーオ政権の対応には評価が分かれるが，政権の威信にダメージとなったことは間違いない。

　会議派の人気は1994年頃からはっきり低下する。1994年11月から12月に実施されたゴア，カルナータカ，シッキム，アーンドラ・プラデーシュの州立法議会選挙では，ゴア以外では敗北した。また，1995年2月から3月にかけて行われたグジャラート，マハーラーシュトラ，ビハール，オリッサ，アルナーチャル・プラデーシュ，マニプルの州立法議会選挙では，会議派はオリッサとアルナーチャル・プラデーシュでは過半数を獲得し，マニプルでは過半数は獲得できなかったが第一党となり組閣に成功した。しかし，グジャラート，マハーラーシュトラという重要州で会議派は敗北し州政権を失った。会議派の人気の低下とともに会議派中央の求心力は低下し，内部抗争が激化した。その結果1995年5月にはアルジュン・シンやN. D. ティワリなど実力者が党から離脱して新党を立ち上げた。また1996年1月には闇の外貨送金を原資とする政界への違法献金スキャンダルが発覚し，会議派現職閣僚7名やBJPのアドヴァーニ総裁など野党にまで嫌疑が及んだ[43]。この大規模スキャンダルの発覚によって会議派は党中央とスキャンダルで名前が発覚した議員との間で対立が深まり，党内の亀裂がさらに深まった。

　このような状況で1996年4，5月に第11次連邦下院選挙が行われた。会議派はスキャンダルの処理や他政党との連携，候補者選定などをめぐって分裂が進み，タミル・ナードゥ州でG. K. ムーパナルの「大タミル会議派」（Tamil Maanila Congress），マディヤ・プラデーシュ州でマダヴラーオ・シンディアの「マディヤ・プラデーシュ発展会議派」（Madhya Pradesh Vikas Congress）などが生まれた。選挙の争点に関していえば，経済改革についてはBJPや左翼政党も，改革の個々の分野では方針は異なるものの，その必要性はすでに受け入れ

---

43)「ハワラ」（Hawala）と呼ばれる闇の外貨送金は，ブラック・マネーの原資になるなど従来から問題となってきた。ナラシンハ・ラーオ政権は1992年4月に発覚した証券スキャンダルなど多くのスキャンダルに見舞われたが，この政権末期のスキャンダルが最大のものとなった。選挙戦への影響は，Parmanand [1996: 2, 66]。

ており、大きな争点とはならなかった。選挙は全インド的争点というよりも、州レベルの争点が顕著であった。選挙では、支持基盤の縮小と党内分裂に苦しむ会議派が大敗を喫する。会議派は 28.8％の得票率で 140 議席しか獲得できなかった。それに対して BJP は効率よく選挙を戦い 20.3％の得票率で 161 議席を獲得し、初めて第一党になる。それを受けて大統領は BJP に組閣を要請し、BJP は政権に就いたが、コミュナリズム／ヒンドゥー・ナショナリズムに反発する他政党の協力を得られなかったため議会過半数を確保できず 13 日で下野した。代わって議会過半数の信任を確保したのはデーヴ・ゴウダを首班とする「統一戦線」(United Front) であった。

5　統一戦線政府

　統一戦線政権は、BJP が議会の信任を得られる見込みが立たず、また、会議派も非 BJP 政権を支持する方針を明らかにした時点で現実のものとなった。戦線には旧国民戦線のジャナター・ダル、ムラーヤム・シン・ヤーダヴが率いる社会主義党、DMK、テルグー・デーサム党などに、CPI (M) 率いる左翼戦線および会議派の分派など地方勢力が加わった。統一戦線は州レベルの地方政党の集合体という色彩が極めて強い。これを閣外から会議派が支持して 6 月 12 日に議会の信任を得た。このような少数派政権が誕生したのは反 BJP という焦点があったからである。左派勢力は政権発足当初は閣僚に参加しなかったが、7 月初めの内閣改造でインド共産党 (CPI) のインドゥラジット・グプタ書記長が内務大臣に就いた。政権が会議派も BJP も含まず、州政党の集合体であるという特色は、統一戦線政権の政策方針の基礎となる「共通最小綱領」(Common Minimum Programme) で地方分権の強化、後進階級への配慮、農家所得保障のための農産物価格などが謳われていることに表れた。外資に対しては多国籍企業は優先順位の低い分野には参入を制限するとしたが、大体において経済改革は継続され規制緩和の促進が謳われた (United Front [1996])。

　これらの方針は 7 月の統一戦線のゴウダ政権最初の予算案にも反映された。

上述のように共通最小綱領では多国籍企業に警戒感が示されたが，予算案以降は海外直接投資（FDI）流入をさらに促進する方針が明白であった。例えば，新政権は工業部門の加速度的成長のために FDI のさらなる流入が最重要課題の一つであるとして，1991年8月に首相府につくられた「海外投資促進局」(Foreign Investment Promotion Board) を，工業省の下で再編強化した（GOI (Department of Industrial Policy and Promotion)［1996］）。また，専門家や CII, FICCI, Assocham などの代表からなる「海外投資促進委員会」(Foreign Investment Promotion Council) も設置され，海外からの投資促進の円滑化をはかった。成長のためには海外からの投資が不可欠との認識は極めて明らかである。

また，共通最小綱領では，公営企業の改革のために「株放出委員会」(Disinvestment Commission) の設置が求められ，公企業の株売却益は教育や保健衛生の改善のために支出するとされたが，それを受けて8月には株放出委員会が設置された。同委員会は後に58の中央政府公企業の株放出を勧告する（GOI (Department of Disinvestment)［2007：para. 1.2.5］）。

このように，州政党，左派からなる統一戦線政府も前会議派政権の自由化の流れを受け継いだことは明らかである。

ゴウダ政権は以下に述べるように短期で崩壊するが，一定の存在感は示した。例えば，騒乱で1990年1月以降中央政府の管理下にあったジャンムー・カシミール州で州立法議会選挙を1996年9月に行い民政を復活させた。選挙ではJK民族協議会が勝利した。また，外交面では7月から9月にかけての「包括的核実験禁止条約」(Comprehensive Nuclear Test Ban Treaty：CTBT) の交渉の結果，国連総会でCTBTが採択される中にあって，インドは署名拒否を貫き，その立場を明確にした。どちらの例もインド国内では一定の評価を受けた。

しかし，統一戦線政府は1989年の国民戦線政権と同じく，短命に終わった。理由は少数派政権のため会議派の支持が不可欠であったが，会議派の統一戦線への支持は戦略的なもので，政権を長期的に支える意図はなかったからである。また，内部に多様な政党を抱える連合政権ゆえの不安定性もあった。それは政権就任直後に露呈する。例えば，政府は1994年2月以来据え置かれて

いた石油管理価格を7月初めに25-30%の大幅引き上げすることを発表したが，それに対して政権を支えるはずの両共産党や労働組合，アーンドラ・プラデーシュ州のテルグー・デーサム党のチャンドラバーブー・ナイドゥー首相などが反対し，ディーゼル油の上げ幅を30%から15%に変更せざるをえなかった。

　もっとも，1996年中は会議派は選挙の敗北で内部対立がさらに進行したため，身動きがとれず攻勢には出られなかった。焦点はナラシンハ・ラーオ元首相であった。ナラシンハ・ラーオは首相任期中も様々な腐敗疑惑がつきまとったが，選挙後7月には新たな腐敗疑惑の嫌疑[44]が及び，内外からの批判によって党総裁を辞任せざるをえない状況となった。そのため9月に会議派総裁から辞任し，シータラーム・ケースリが新総裁に就任した。ただ，ナラシンハ・ラーオが総裁の地位から追われたことは，ナラシンハ・ラーオ派との対立から会議派を脱出した勢力の会議派への復帰の機会となった。M. シンディアのマディヤ・プラデーシュ発展会議派は11月に，アルジュン・シンやN. D. ティワリの党は12月に会議派に再統合した。ナラシンハ・ラーオは12月には会議派国会議員団代表も辞し，翌1997年の1月にケースリが同代表の地位も受け継いで，ケースリ体制が固まった。これによって会議派は統一戦線に攻勢を行う体制が整った。

　会議派が攻勢に出ざるをえない背景として，会議派のプレゼンスが低下しつつあることも大きな理由であった。2月にはパンジャーブ州で州立法議会選挙が行われ，会議派はアカリー・ダルとBJP連合に大敗して州政権を明け渡した。また，3月には，議会過半数政権が成立せず大統領統治が続いていたウッタル・プラデーシュ州でBSPとBJPの連立政権が成立するが，政権成立における会議派の存在感は希薄であった。これらの州レベルの動きは会議派の政治的プレゼンスが徐々に弱まっていることの表れであり，これも党中央がゴウダ政権に対して何らかの政治的攻勢を行うことを促した。

　ケースリ総裁は，1997年3月末に大統領にゴウダ政権の失敗を理由として

---

44) このときは，1983年に交友のあるチャンドラスワミーを介して政府調達に関して口利きを請け負ったとされる疑惑。

会議派は支持を撤回することを伝えた。これを受けて連邦下院では信任投票が行われ，ゴウダ政権は信任を得ることに失敗した。しかし，統一戦線も会議派も前回選挙より間もないため選挙は避けたいとの考えから，ゴウダ首相の交代で妥協し，4月末に外務大臣のI. K. グジュラールが首相に就任した。新政権と会議派は調整機関を設けて政局の安定を保つとした。しかし，汚職事件[45]への関与が疑われたラッルー・プラサード・ヤーダヴ（ビハール州首相）総裁が辞任して7月に「民族ジャナター・ダル」を立ち上げるなど，ジャナター・ダル自体が不安定化したため，政局の安定は保たれなかった。8月には1991年のラジーヴ・ガンディー元首相暗殺事件を調査した「ジェイン委員会」（Jain Commission）の中間報告書が提出されるが，そこでは暗殺の実行組織とされたLTTEとDMKの関係が指摘された。ケースリ指導部はそれを理由として11月にグジュラール政権への支持を撤回し，同政権は崩壊する。

　以上のように1996年から1998年の統一戦線政権は終始不安定な政権であった。そのため，政策決定能力は歴代政権中，1989年の国民戦線政府とならび最低レベルであった。図3-6は連邦議会における法律成立件数と大統領令の件数を集計したものである[46]。1980年代末までは単独政権であり，多くの場合，正常な立法過程によって政策決定が行われていたことがわかる。しかし，1989年から1990年，そして，1996年から1998年までの2つの期間は顕著に法律成立件数は低下している。さらに1996年から1997年までは大統領令，すなわち臨時的な法的措置が多発され，それによって政策決定がなされたことがわかる。1993年にも大統領令は多発されているが，これは1992年12月のバーブリー・モスク破壊事件により，3つのBJP州政権が大統領統治下に置かれ，それらの州の行政を行うため大統領令が多く出されたためであり，例

---

45) ビハール州では家畜飼育飼料などの購入で州畜産局から多額の国庫金が不当に支出されていることを1996年に州の会計検査委員会が明らかにした。不正は1980年代から続いていた。4月末には中央捜査局（Central Bureau of Investigation）は中央政府閣僚も含む有力者を起訴したが，その中にビハール州州首相のラッルー・プラサード・ヤーダヴも含まれた。同州首相は7月下旬に州首相を辞任し，代わりに，夫人のラーブリー・デーヴィを州首相にすえた。その後ラッルーは逮捕された。
46) 近年の連邦下院の運営実態の詳細な分析として，佐藤［2009］.

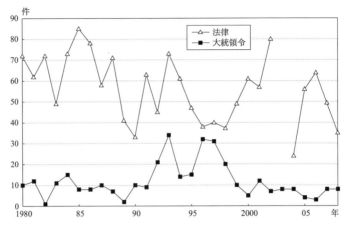

図 3-6 連邦議会における法律成立件数と大統領令の件数（1980-2008年）

出所）以下の資料より筆者作成。法律：Lok Sabha Secretariat [various issues]，2008年のデータに関しては，GOI (Ministry of Parliamentary Affairs) [2009：59-64]．大統領令：GOI (Ministry of Parliamentary Affairs) [2009：12]．

注1)「法律」とは，連邦の上院，下院とも通過し，かつ大統領の認証を得たものを指す。「大統領令」に関しては，大統領は基本的に大臣会議（＝内閣）の輔弼に基づき執行権を行使するので多くの場合，大統領令は議会の承認を得ることが危急には不可能な場合に出される。国会召集後6週間で自然失効するか，召集された議会の決議で失効する。または，法案の成立で失効する。

2)「法律」の件数は4四半期ごとのデータを集計したもの。1997, 1998, 2002, 2007年のデータは4つの四半期データのうち1つが欠落しているため，平均値で補い推計。2003年のデータは2つの4四半期データが欠落しているため，欠損値とした。

外的であった。この例外的期間を除けば，法律成立件数の少なさと大統領令の多発から見て，統一戦線政権の政策決定能力は最低レベルであったといってよいであろう。議会過半数を掌握していない州政党の連合政権は最初から統治能力に大きな制約が課されていたといえる[47]。

統一戦線政権の崩壊を受けて，会議派やBJPは多数派工作を行うが結局失敗し，解散総選挙が唯一の選択肢となる。12月に連邦下院は解散し，1998年

---

47) G. ツェベリスの「拒否権プレーヤー」の議論では連邦制で多党化し，拒否権プレーヤーの数が増えた場合でも，必ずしも政策決定は手詰まり状況とはならないとされる。それは拒否権プレーヤーの性格によるという（Tsebelis [2002：143]）。統一戦線政権時代の拒否権プレーヤーの一つである会議派は明らかに御しがたいプレーヤーで，それが議会での手詰まり状況につながった原因であろう。

2月から3月に総選挙が行われることになるが，単独で過半数を制する政党が現れる情勢ではなかった。

統一戦線は分裂して弱体化し支持基盤は急速に縮小した。会議派もケースリ指導部の不人気は明らかで，BJP などに鞍替えする者や，西ベンガル州のママタ・バネルジーが「草の根会議派」(Trinamool Congress) を立ち上げて分離するなど，分裂が続いた。しかし，ラジーヴ・ガンディー元首相夫人のソニア・ガンディーの選挙応援を得たことは，会議派の分解に一定の歯止めをかけた。ソニアは選挙では会議派政権時代の 1984 年のパンジャーブ紛争での黄金寺院の破壊に関してシク教徒に，そして，アヨーディヤー問題やコミュナル暴動についてムスリムに謝罪するなど，会議派と人々の距離を縮める姿勢を示した。

これに対して，BJP はマハーラーシュトラ州の「シヴ・セーナー」(Shiv Sena)，ビハール州の「サマター党」(Samata Party)，オリッサ州の「ビジュー・ジャナター・ダル」(Biju Janata Dal)，パンジャーブ州の「アカリー・ダル」，カルナータカ州の「ローク・シャクティ」(Lok Shakti)，タミル・ナードゥ州のAIADMK などと選挙協力を行って臨んだ。これらの政党のうち，ヒンドゥー・ナショナリズムを明確に支持するのはマラータ人のための地域主義を標榜しムスリムなど少数派に対して排他的傾向の強いシヴ・セーナーのみである[48]。シヴ・セーナー以外の政党が BJP と協力したのは，州レベルで会議派あるいは他の強力な州政党と競い合っている場合であった。

選挙結果は，会議派は得票率 25.8% で 141 議席を確保した。BJP は 25.6% で 182 議席と独立後最多の議席を確保し，従来支持基盤のなかった東部や南部でも協力政党の助けを借りて当選者をのばした。ジャナター・ダルは 3.2% でわずか 6 議席という惨敗となった。大統領は慣例どおり，第一党の BJP に政権樹立の要請を行い，ヴァジパーイーを首班とする政権が成立した。

---

48) 17 世紀にマラーター同盟を創始しムガール朝に対して戦った民族的英雄「シヴァージー」(Shivaji) の軍団の意味。1966 年設立。「土地の子」(Son of the soil) 優先のイデオロギーを持ち，当初は南インドからの流入民，後にムスリムなどに敵対的となる。Katzenstein [1979]；Gupta [1982]；Katzenstein et al. [1998]；Hansen [2001]；Banerjee [2000] を参照。

6 第1次BJP連合政権——連立戦略の成功と失敗

　BJP連合は過半数に満たなかったが，選挙協力を行った諸政党に加えて，統一戦線のテルグー・デーサム党の支持を得たこと，他に政権を樹立しうる政党がいなかったことなどから1998年3月27日に連邦下院の信任を得ることに成功した。州レベルの多くの有力政党がBJPと協力する決定を行ったのは，統一戦線の中核をなしたジャナター・ダルが分裂し支持基盤を縮小させたため協力を行う意味が失われたこと，一方，会議派は州レベルで有力な対抗相手であるため会議派とは協力できないこと，そして今や中央で政権に就くためにBJPも過激なヒンドゥー・ナショナリズムの主張を自制したことなどが理由である。

　BJPと協力政党は連立政権の政策協調文書として3月18日に「統治のための国家的アジェンダ」(National Agenda for Governance) を発表した。その特徴は以下の点である。まず経済改革については，中小企業，家内工業を重視し，FDI（海外直接投資）に関しては，「コア」産業では歓迎するが非優先部門では歓迎しないとするなど「スワデーシー」を打ち出した。中央‒州関係については，円滑な関係を目指し，また，ウッタル・プラデーシュ州ヒマラヤ丘陵地帯のウッタラーカンド地域，マディヤ・プラデーシュ州東部の部族民地帯のチャッティースガル地域，ビハール州南部の部族民地域のジャールカンド地域の分離と州への格上げを行うとした[49]。3州は2000年11月に分離して州となる。

　特徴的なのは，BJPの選挙綱領 (Bharatiya Janata Party [1998]) に含まれていた，アヨーディヤーのラーム寺院建立問題，ジャンムー・カシミール州に特別な地位を付与する憲法第370条の破棄，宗派に関係ない統一民法典の制定など，ヒンドゥー・ナショナリズムに関わるセンシティヴな主張が外されたことである。これは明らかに協力政党への配慮であった。一方，核兵器を配備する

---

49) アジェンダでは州名はそれぞれ Uttaranchal, Chhattisgarh, Vananchal となっている (Bharatiya Janata Party and Alliance Parties [1998: para. 25])。

オプションの行使が明記された点では BJP の主張が前面に出された（Bharatiya Janata Party and Alliance Parties［1998］）。

　発足直後の BJP 連合政権が世界に衝撃を与えたのは核実験を断行したことであった。1974 年以降インドは何回か核実験再開に踏み切ろうとしたが，アメリカなどの圧力で断念させられてきた経緯があった。そのような中でヴァジパーイー政権は 5 月 11 日，13 日に核実験をラージャスターン州ポカランで断行したのである。上述のように「統治のための国家的アジェンダ」には核のオプションを行使するとされていたが，新政権が就任直後にそれを実行するということはアメリカの情報機関も予想できなかった。核実験決定の直接的理由は，パキスタンや中国の脅威への対抗に求められる。しかし，G. パーコヴィッチによれば，その背景には大国としての認知，戦略的，技術的優位性の誇示，国内外に対する BJP 連合政権の威信高揚なども重要な要因としてあるという50)。核の兵器化路線は歴代政権の路線であり，それは左翼勢力を除き，会議派など野党の核実験への反応が極めて落ち着いたものであったことからも明らかである。従って核実験は従来の政策からの逸脱ではない。だが，BJP 政権の時にそれが実行されたのは，強いインドを求める BJP のナショナリズムという要素抜きには理解できないであろう。インドの核実験は核兵器化のエスカレーションを引き起こし，パキスタンが対抗措置として 28 日と 30 日に核実験を行い，国際社会は経済制裁を両国に科すことになる。

　BJP 連合政権は国際社会の経済制裁という重荷を負ったが，しかし核実験は国内政治的には大きな負担ではなかった。むしろ，政権の最大の負担は連合内の州政党からの圧力であった。特に大きな重荷となったのはタミル・ナードゥ州の AIADMK である。同党の党首であるジャヤラリターは 1991 年から 1996 年にかけて州首相を務めたが，数々の汚職疑惑のために，中央捜査局（Central

---

50）1995 年 12 月に核実験を行おうとするも，アメリカの情報機関に察知され取りやめたという。1998 年の核実験断行の直接的引き金は，パキスタンが 4 月に核搭載の可能性がある中距離弾道ミサイル "Ghauri" の発射実験に成功したことがあげられる。ヴァジパーイー政権は核実験と同時に発せられたアメリカへの説明として中国の脅威をあげ，核実験には控えめな反応を示していた中国を刺激した（Perkovich［2000：368, 439, 412, 417, 442］）。

Bureau of Investigation：CBI）や DMK 州政権による疑惑追及の矢面に立たされていた（Sáez［2002：64］；Dua［2003：160-161］）。ジャヤラリターが BJP を支持したのは，中央政府機関による汚職追及から逃れ，州政権を DMK から奪還するためであり，それを実現するために BJP に常に圧力をかけた。

　ビハール州に関しても連合のサマター党が州政権を奪取するため，汚職疑惑やカースト間の暴力事件に揺れる民族ジャナター・ダル州政権の解任を BJP に求めた。9 月には BJP 党員でかつ RSS のメンバーでもあるビハール州知事 S. S. バーンダリは，政権の腐敗と行政の混乱を理由として大統領統治を求めた。しかし，AIADMK など連合内の他の州政党が大統領統治の適用に反対したため大統領の承認を得られなかった。

　一方，会議派は選挙の敗北を受けて，ケースリ総裁が辞任し，ソニア夫人が 1998 年 4 月に総裁に就いた。ソニアの総裁への就任は，分裂ぎみの会議派に求心力を与えたことで重要な意味を持った。会議派は 9 月初めにマディヤ・プラデーシュ州のパチマリー（Pachmarhi）で党集会を開き，党の政策や戦術を再検討したが，その中で連立政権は絶対的に必要かつ合意事項がある限りにおいてのみありうる（Indian National Congress［1998b］），として他政党との協力を基本的に行わないことを確認した。11 月に行われたマディヤ・プラデーシュ，ラージャスターン，ミゾラム，デリーの州立法議会選挙では，会議派はラージャスターンとデリーで BJP から政権を奪取し，マディヤ・プラデーシュでは政権を維持した。この会議派の復調により，パチマリー路線が有効かと思われた。

　BJP は 1999 年に入ると連合の維持がますます困難になった。ビハール州では 1999 年 1 月から 2 月にかけて高カースト主体の「ランヴィール・セーナー」（Ranvir Sena）と呼ばれる私兵集団による SCs への相次ぐ襲撃事件が起こり，これを口実として 2 月に一旦は大統領統治が導入された。しかし，連邦下院の承認は得られたものの，上院では大統領統治の承認が得られる見込みがたたず，3 月上旬に大統領統治は結局撤回され[51]，BJP は統治能力の限界を

51）憲法第 356 条に基づく大統領統治は，後の章で詳述するように何回か改訂されている。1998 年の時点での条文によれば，大統領統治は原則として 2 カ月以内に連邦両院

露呈した。

　BJP 連合政権の崩壊は，予想されたように AIADMK によって決定的になった。AIADMK は BJP に自らの要求が通らないと見るや，4 月には AIADMK 閣僚 2 人を辞任させ BJP 不支持を明らかにした。これを受けて大統領は連邦下院での信任投票を求めた。BJP 政権は 269 票対 270 票の 1 票差で議会の信任を得られず崩壊し，総選挙が行われることになる。

　BJP は選挙までの間，管理内閣の役割を務めたが，その間，5 月中旬にはカシミールのカルギル（Kargil）のパキスタンとの間の実効支配線でパキスタン側から侵入した武装勢力が一帯を占拠したため，インド軍は空爆も含む軍事行動でこれを排除するという「事件」が起こった。これは 1971 年以来の大規模な戦闘で，核を持つ両国が対峙したことから危機感が高まったが，インド軍の攻勢とアメリカの仲介などで 7 月初めには武装勢力の撤退によって終結した。この事件は愛国的な雰囲気を高め，ヴァジパーイー政権の威信を高めることになった（ORG-MARG Research Limited ［1999 : 44, 52］）。

　1999 年 9 月から 10 月に行われた連邦下院選挙では，BJP は政党間の協力関係をより密にして成功した。AIADMK は抜け，AIADMK とタミル・ナードゥ州で対立する DMK が BJP 連合に参加した。BJP と協力政党は 5 月中旬にはあらためて「国民民主連合」（National Democratic Alliance : NDA）を組織した。特徴的なのは，BJP は独自の綱領を今回の選挙では持たず，NDA の綱領をもってしたことである。8 月 16 日に発表された NDA の選挙綱領は「統治のための国家的アジェンダ」をベースにして作成され，同アジェンダの内容を受け継いでいた。ヒンドゥー・ナショナリズムに関連する部分は触れられず（National Democratic Alliance ［1999］），BJP は自己の主張を棚上げしても，選挙で勝利しうる連合の枠組みを重視したといえる。

　選挙協力の結果，BJP は，得票率が 25.6% から 23.8% に減少したものの，獲得議席は 182 のまま変化がなかった。NDA とその友党は過半数の 304 議席を獲得した。会議派は 2.5 ポイント改善して 28.3% の得票率を上げたにもかか

　　の決議による承認を得なければ失効する。

わらず，議席は141議席から114議席に減少した。ソニア総裁自身はウッタル・プラデーシュ州から当選した。ソニア総裁誕生で支持基盤の縮小に歯止めはかかったものの，一方では党内の有力者シャラド・パワールやP. A. サングマーなどが，イタリア出身のソニア総裁が首相候補となることに反対して新党「ナショナリスト会議派党」（Nationalist Congress Party）を立ち上げるなど分裂もあったため，支持基盤の回復を議席獲得に効果的に結びつけることができなかったのである。単独主義の限界は明らかであった。

7　BJP主導のNDA政権——経済改革の継続・発展と隠されたヒンドゥー・ナショナリズム

　BJP主導のNDA政権の特徴は，BJPのヒンドゥー・ナショナリズムの主張を連合内の友党と軋轢を起こさないように自制しつつ，経済改革を継続・発展させようとした，という点であろう。ヴァジパーイー首相は10月15日の演説で経済改革に関しては金融セクター改革，税制改革，公企業のリストラと株放出などについて言及し，改革のスピードアップを宣言した（Bharatiya Janata Party［1999］）。このような方向性は以下のような政権発足後のBJPの動きからも確認できる。

「第2世代」の経済改革

　ヒンドゥー・ナショナリズムを自制する姿勢は慎重に保たれた。12月末にチェンナイでBJP全国執行委員会および全国大会が行われて宣言が採択されたが，そこでは中央政府農村開発相スンダルラル・パトワやスシマ・スワラージら急進派の不満にもかかわらず，ヒンドゥー・ナショナリズムには明確に言及されなかった。BJPの大会にもかかわらず，慎重な姿勢が示されたのは，友党への配慮からであった。12月中旬にウッタル・プラデーシュ州BJP州首相のラーム・プラカーシュ・グプタ[52]が，BJPは現在はNDAの綱領に従ってアヨーディヤーにラーム寺院は建立できないがBJPが勢力を増したら綱領は

違ったものになると発言したということなどがあり，友党のDMKや草の根会議派などはBJPの姿勢に反発していた。このためチェンナイでは慎重な姿勢が貫かれたのである。前政権がAIADMKの離反によってわずか1票差で崩壊したことはまだ記憶に鮮明であったから，BJPの大会とはいえ友党の反応に敏感にならざるをえない状況であった。

　経済政策に関しては，宣言は，今日の経済的困窮の大きな原因は歴代会議派政権の誤った政策にあるとしながらも，一方で1991年に会議派によって開始された経済自由化路線を加速させること，すなわち「第2世代改革」を明確に掲げた。それに対して自らが掲げる「スワデーシー」には実際上ほとんど重きを置かなかった。宣言は，国防や原子力など一部の戦略的部門を除いて，政府の役割を政策策定および開発の促進に限定するよう求め，さらに流通や工業部門，特に小規模工業などに課されている不必要なコントロールや手続きの除去，公企業の株式放出の促進，補助金の整理，政府支出の抑制，金融保険業部門の改革の促進など，明確に経済自由化の加速を表明した（Bharatiya Janata Party［2000a］）。以上の方向性は2000年8月のナーグプルでの全国評議会でも継続された。初めてのSCs出身党首としてバンガル・ラクシュマンが選出された同評議会では，経済改革については既に「幅広いコンセンサス」が存在しており，「我が政府は包括的な経済改革」を，貧困削減や雇用の拡大のための最も速く確実な方法として採用する，とした（Bharatiya Janata Party［2000b：16, 17］）。このような第2世代の経済改革を唱えるBJP主導のNDA政権で経済改革は以下のように加速される。

　中央政府の下の公企業の民営化に関しては，統一戦線期には「株放出委員会」は設立されたが政権が短期で崩壊したこともあり，成果はほとんどなかった。これに対してNDA政権で民営化は進展した。既に第1次BJP連合政権の末期の1999年3月に防衛，原子力，鉄道を戦略的産業，それ以外を非戦略

52）ウッタル・プラデーシュ州では1993年以降，2007年まで単独過半数を獲得する政党が現れず政党間の合従連衡と大統領統治を繰り返した。1997年から2002年まではBJPが政権を担当したが，党内の分裂により，前任のカリヤーン・シンが辞任し，1999年11月から2000年10月までラーム・プラカーシュ・グプタが州首相に就任していた。

的産業と分類し，後者に属する中央政府の公企業は政府の持株比率を原則として 26% まで引き下げる方針を決定していた[53]。ただし業種ごとに状況が違うため，引き下げは自動的ではなくケース・バイ・ケースで行われることとした。民営化後，規制機関が新たに必要となる場合もあり，例えば，1999 年 12 月に保険業が外資を含む民間企業に開放されたが，同時に財務省の下に監督官庁として「保険規制開発庁」(Insurance Regulatory and Development Authority) が設立された。保険業には外資は 26% までの参加が認められた。民営化をコントロールする行政機関も整備され，「株放出局」(Department of Disinvestment) が 1999 年 12 月に，「内閣株放出委員会」(Cabinet Committee on Disinvestment) が 2000 年 1 月に内閣に設置された。前者は 2001 年 9 月には株放出省 (Ministry of Disinvestment) となった (GOI (Department of Disinvestment) [2007 : paras. 3.1, 3.3.1.4])。中央政府公企業の株放出は段階的に行われ，図 3-7 のように株放出による政府の歳入は 2003-04 年度に一つのピークを迎える。

　外国投資に関しては，1999 年 12 月に従来の統制的な外国為替規制法に代えて「外国為替管理法」(Foreign Exchange Management Act) を成立させ，さらなる自由化の条件が整った。これにより RBI の規制はあるが，経常勘定での外貨取引が自由化された。自由化が大きく進んだのは 2000 年 2 月である。FDI の認可は，産業ライセンス取得を要する場合，小規模工業に留保されている品目で外資が 24% 以上の株式資本を取得する場合などが「ネガティヴ・リスト」の事案とされ，それ以外は，業種ごとの規制に従う必要はあるが，原則自動認可となった (GOI (Ministry of Finance) (*Economic Survey*) [2000 : para. 6.49])[54]。

---

53) 政府は 1998-1999 年度の予算で，既に中央政府下の非戦略的公企業の政府持株を 26% まで引き下げると宣言していた (GOI (Department of Disinvestment) [2007 : para. 1.2.6])。
54) 例えば，NDA 政権の下では，次のように規制が緩和された。2001 年 5 月には，政府は特殊なものを除き，一般の医薬品製造について外資 100% まで自動認可となり，また防衛機器製造については産業ライセンス取得を条件として 100% 民間に開放したが，外資も 26% まで認められた。銀行業務についても RBI のガイドラインを遵守するという条件下で，外資の上限を 20% から 49% まで引き上げた。2002 年 3 月の閣議では，自動車および部品部門は外資は 100% まで自動認可となった。2002 年 6 月末の閣議では，外資が最大の株主にならないことなど条件付きで新聞・雑誌事業の株式取得が

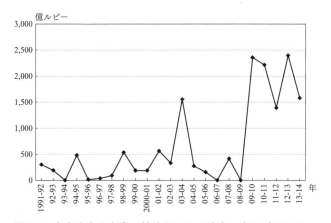

図 3-7 中央政府公企業の株放出による政府の歳入(1991-92〜2013-14年度)

出所)GOI(Department of Disinvestment)[2007:Annexure 7]より筆者作成。

また同時に外国機関投資家(Foreign Institutional Investor)の投資上限も資本額の30%から40%に引き上げられた。

貿易の自由化も進んだ。アメリカがインドの数量規制を不公平としてWTOに提訴していたが,2000年3月にWTOの裁定が下され,4月には輸出入政策の改定によって,714品目が輸入自由化品目に分類された。2001年4月には715品目が数量規制からはずされ,輸入禁止品目を除き,他は全て関税化された。関税率も急速に低下する。工業製品への最高関税率は,1999年:35%,2001年:30%,2004年:25%,2005年:15%,2007年:12.5%,2008年:10%と急速に低下した(Banga and Das(ed.)[2012:8])。同時に輸出や外資の呼び込みにも力が置かれ,2000年4月には「経済特区」(Special Economic Zone)政策が発表される。同政策は次の会議派連合政権期の2005年に経済特区法として法制化が進むことになる。

外資の参入自由化や貿易の自由化は,関連する他の領域の自由化も余儀なくさせる。例えば,家内工業や小規模工業に対する保護政策である。従来,これ

26%までが認められ,その他の出版事業では74%まで認められた。

らの部門に関しては，雇用を守り大企業との競争から保護するため，手厚い政策が行われてきた。しかし生産ライセンス制度の実質的な撤廃，外資の参入や貿易の自由化という状況で，見直しは不可避であった。1997年1月に提出された「小企業に関する専門委員会報告」(Report of the Expert Committee on Small Enterprises) は経済自由化との関連で小規模工業政策の全般的な見直し勧告を行った。とりわけ問題とされたのが「生産留保制度」で，その撤廃が求められた (GOI (Ministry of Industry) [1997: 19-23, 73-76])。しかし，当時の統一戦線政府は政治的に弱体で，大きな雇用を抱え，従って政治的影響が大きい家内工業や小規模工業部門の改革には踏み込めなかった。「インド小規模工業連盟」(Confederation of Small Scale Industries of India) など関係利益団体や膨大な非正規部門の雇用を抱える後進州政府など，多くの関係機関が反対に回ったからである。

　BJP連合政権になっても自らの関連団体の反対などで[55]，すぐには大胆な改革は行えなかった。政府の求めに応じて計画委員会の研究グループは，小規模工業政策を検討するための報告書を2001年2月に提出したが，それは生産留保制度は雇用に対する影響，生産と輸出への貢献などを重視して基本的に継続するものの，「状況に応じて」その存続を見直すという穏健な勧告となった (GOI (Planning Commission) [2001a])。しかし，自由化の過程で見直しに応じざるをえない「状況」が常態になってくる。例えば，2000年11月に政府は「新繊維政策」を承認し，その中で従来小規模工業に生産留保されていた各種の衣料品を留保からはずした (GOI (Ministry of Textile) [2000])。これは，国際的な自由化の進展で国際競争力のある国内企業を育成することが喫緊の課題となったからである。また，次に述べるように2000年には競争力増強に関する政府委員会の報告がなされ，従来の保護政策はいずれは維持できなくなることも確実であった。このように，生産留保品目はなし崩し的に削減されてい

---

55) RSS関連団体で1991年設立された「スワデシー覚醒運動」(Swadeshi Jagaran Manchi) は，「スワデシー」を掲げ無差別なグローバリゼーションに反対する。これはいわばBJPの身内の団体であり1998年9月から翌年2月にかけて，行き過ぎたグローバリゼーションに反対する運動を展開し，BJPには一定の圧力となった。

く[56]。留保品目数は 2001 年初めには 811 品目であったが，毎年徐々に削減され 2003 年 6 月には 675 品目，2005 年 3 月に 506 品目，2007 年 3 月に 114 品目，2008 年 2 月には 35 品目となり，生産留保制度は実質的に役目を終えた（GOI (Ministry of Finance) (*Economic Survey*) [2007：151] [2008：199]）。

以上のような自由化と成長への方向性は 2001 年 9 月の国家開発評議会における第 10 次 5 カ年計画の「アプローチ・ペーパー」の承認により鮮明になった。計画委員会は首相の指示に基づいて今後 10 年で一人当たり所得を倍増する可能性を検討し，政治的には紛糾することがあっても必要ならば過去との政策的断絶も行わなくてはならないとした（GOI (Planning Commission) [2001b：paras. 1.6, 1.17]）。例えば，関税を 3 年で東アジアレベルに近づけること，非戦略的公企業の民営化または閉鎖，労働関係法の改正，小規模工業政策の見直し，財政および税制改革などである（GOI (Planning Commission) [2001b：paras. 3.38-3.40, 3.45, 5.5]）。

改革はこれ以降も進み，2000 年の競争法および競争政策に関する政府委員会の勧告をベースに 2003 年 1 月には，「競争法」(Competition Law) が施行された。これは従来の独占および制限的取引法の弊害を改め，自由競争を保障するために，企業の優越的立場が「乱用」され競争を妨げたかどうかを基準として弊害のある制限的行為かどうか判断するものである（GOI (Department of Company Affairs) [2000]；加藤 [2009：170]）。また，2003 年 8 月には，2008 年までに中央政府の歳入赤字をゼロにすることを目標とする「2003 年財政責任・予算管理法」(Fiscal Responsibility and Budget Management Act, 2003) が成立し，財政赤字削減の道筋が示された[57]。同様の法律は 2005 年以降 21 の州でも立法された[58]。

---

56) この分析の詳細に関しては，近藤 [2003] を参照。
57) 2000 年に国会に上程されたもの。2004 年にはこの法律に基づき次の会議派主導の連合政権の下で規定 (rule) が制定され，具体的な運用が開始される。なお，この法律では，「不測の事態」に直面した場合は政策からの逸脱も可能であるが，説明が求められる（GOI (Ministry of Law and Justice) [2003：7-(3)-(b)]）。
58) 第 12 次財政委員会は，州政府が歳入赤字，財政赤字を削減した場合，州政府の中央政府への負債の整理および軽減を行う，「負債整理／軽減措置」(Debt Consolidation

以上のように NDA 政権期に構造改革・経済自由化は，少なくとも中央政府レベルでは大きく進んだ。改革の加速は BJP の支持基盤の性格にあると思われる。第 5 章の表 5-3，表 5-5 に示されるように，BJP の支持基盤は会議派と比べると社会的には高カーストが多く，経済的には中，上位層がはっきりと多い。これらの階層は経済改革の恩恵を最も受ける層であり，よって貧困大衆よりは速い改革に抵抗感がないと考えられるのである。

いずれにせよ中央政府レベルの改革がかなりのレベルに到達した今，企業にとって，州政府レベルの規制がより煩雑で非常にやっかいなものと認識されることの方が多いといわれ，改革のボトルネック＝焦点は徐々に州政府に移っていった（GOI (Planning Commission) [2001b: para. 3.41]）。1991 年から始まる経済改革において中央のコントロールが縮小し，州の独自性が拡大する中で，州政府の改革への意思・能力が極めて重要となることは，グジャラート州，西ベンガル州，そしてタミル・ナードゥ州を比較研究した A. シンハの研究で明らかである（Sinha [2005]）。

NDA 政権における BJP の政権運営

政治的には NDA 政権は議会安定過半数を維持し，中央レベルでは比較的に安定した政権であった。ただし，いくつかの失態はあった。例えば 2001 年 3 月には BJP 総裁ラクシュマンとサマター党のジャヤ・ジャイトレーが武器購入に関して口利きを行ったことが暴露され[59]，BJP 総裁ラクシュマンが総裁を，サマター党のジョージ・フェルナンデスが国防大臣を辞任することになり，草の根会議派がそれに抗議して NDA を離脱した。しかし，ダメージは一時的で，草の根会議派は 2001 年 5 月の西ベンガル州立法議会選挙で敗北した後，8 月末には NDA に復帰した。

NDA において BJP と他の州レベル政党の関係は比較的に安定したが，その

---

and Relief Facility）を提案した。これに応じて多くの州が財政責任・予算管理法を制定した（GOI [2010c: 22]）。

59) 雑誌『テヘルカ』（*Tehelka*）のおとり取材で，口利きをする代わりに現金を受け取る場面が隠し撮りされた事件。

大きな理由は，前述のようにBJPがヒンドゥー・ナショナリズムの宣揚を自制したことである。もっともBJPはイデオロギー的に方向転換したわけではなかったから，ヴァジパーイー政権はNDAの枠組みとBJPのイデオロギーおよびRSSや他の関連組織の圧力との微妙なバランスをとりつつ，政権運営を行う必要があった。

例えば2000年7月にマハーラーシュトラ州の会議派とナショナリスト会議派党連立政府は，1993年のコミュナル暴動を扇動したとしてシヴ・セーナー党首のバール・タークレーを起訴する決定を行ったが，これに対してNDAに参加するシヴ・セーナーのマノーハル・ジョーシー重工業大臣やR. ジェトマラニ法務大臣などは，同州に中央が大統領統治などで介入してタークレーを救出すべきと圧力をかけた。しかし，ヴァジパーイー首相は応じなかった。他方，1992年12月6日のバーブリー・モスク破壊事件で起訴されたアドヴァーニ内務大臣，ムーリー・マノーハル・ジョーシー人的資源大臣，ウマ・バーラティースポーツ・文化大臣に対して会議派は辞任を求めたが，これに対して2000年12月国会の答弁で，ヴァジパーイー首相は3名はモスク破壊を止めるためにいたと強弁し，ラーム寺院建立は「国民的感情」の表れと述べた。この姿勢は，野党はもちろんのことNDA内の他の政党からも批判を受けた。

このように中央政府レベルでは「バランスをとる」ということは基本的には現状を維持しつつ，可能な限りヒンドゥー・ナショナリズムを弁護することであった。このような姿勢は州や地方レベルで起こった問題に対しても同じで，ヴァジパーイー政権はヒンドゥー・ナショナリストが起こした事件に介入して事態を是正することはしなかった。例えば，1998年頃からオリッサ州やグジャラート州でキリスト教徒に対するバジュラン・ダルなどの襲撃事件が起きていたが，基本的に州政府レベルの問題とされた[60]。最も深刻な事件は，グ

---

60) 1998年中頃から，グジャラート州では，RSSやVHP，バジュラン・ダルなどによるムスリムとキリスト教徒を標的とした暴力事件が増加し，12月にはスーラト，ダーング県などでVHPや関連組織である「ヒンドゥー覚醒フロント」（Hindu Jagran Manch）などによると見られるキリスト教教会，施設への襲撃が頻発した。オリッサ州では1999年1月にはバジュラン・ダルによると見られるキリスト教宣教師殺害事件が起こった。会議派の州首相は辞任したが，その後も散発的に襲撃事件が発生した。

ジャラート州で 2002 年 2 月末に起きたコミュナル暴動であった。このグジャラート州ゴードラでの列車火災事故を引き金としてグジャラート全州に広がったコミュナル暴動ではムスリムを中心に多数の犠牲者が出たが，後章で分析するようにナレンドラ・モディ州首相率いる BJP 州政権はバジュラン・ダルや VHP, RSS そしてヒンドゥー教徒の暴力を看過し，適切に取り締まらなかったと見られている。責任は明確であったが，中央のヴァジパーイー NDA 政権，および BJP はモディ首相を免罪した。

州レベルで顕在化するヒンドゥー・ナショナリズム／コミュナリズムの問題は，ムスリムや他の少数派を支持基盤とする州レベルの政党には看過できない問題であった。特に本来ヒンドゥー・ナショナリズムにコミットしないにもかかわらず，NDA に参加した州政党にとってはそうであった。しかし，このような不安定要素を上回って州政党を NDA に引きつけたのは，中央政権に参加することが州政党の利益になるからであった。それは会議派が有力な州では会議派への対抗であり，あるいは，タミル・ナードゥ州の DMK 対 AIADMK のように他の有力州政党への対抗であった。それに加えて，この時期には BJP の主導性を高める国際的，すなわち国家的事件があったことも NDA の枠組みが持続した重要な要因である。それはカシミール問題とパキスタンとの対立の激化であった。

発端は，2001 年 9 月 11 日にアメリカで起きた同時多発テロであった。このときインドはアメリカによるアフガニスタンのタリバーン政権への攻撃を支持したが，それに反発するかのように，10 月初めにはイスラーム武装勢力によるジャンムー・カシミール州議事堂襲撃事件，12 月 13 日にはデリーの国会議事堂襲撃事件が起き，多数の死者を出した。イスラーム武装勢力[61]はパキスタンに支援され主にカシミールの解放のため戦っている勢力と考えられたが，インド国家中枢への攻撃はジャンムー・カシミール州の両国間の実効支配線を挟んで印パの臨戦態勢を生じさせた。2001 年には前掲図 3-5 のように同州におけるゲリラとの戦闘，テロは最悪の状況となった。さらに，2002 年 5 月 14

---

61) Jaish-e-Muhammad, Lashkar-e-Taiba などであるが，これらはパキスタン軍の統合情報局（Inter-Services Intelligence）によって支援されていたとされる。

日に起きたイスラーム過激派によるジャンムー地域の陸軍駐屯地への襲撃は，BJP内の強硬派やVHPだけでなく，国内世論を一挙に硬化させ，軍事的緊張と開戦の可能性を一気に高めた。インドは海軍艦艇を西部に移動させるなど，開戦決定寸前であったといわれる。しかし，核を持つ両国の軍事対立は核戦争の可能性を現実のものとしたため，アメリカなどの懸命な仲介と圧力により，軍事衝突の危機は回避された。アメリカにとっては，核戦争の危機を回避することと，アフガニスタンでの対アル・カイーダ（Al-Qaeda）作戦にパキスタンを協力させることが重要であったからである。危機は，2003年4月にヴァジパーイー首相がパキスタンに話し合いのジェスチャーを行ったことをきっかけに緊張緩和の軌道に乗った。2004年1月にイスラマバードで行われた南アジア地域協力連合（South Asian Association for Regional Cooperation：SAARC）首脳会議での印パ首脳会談では，両国間の懸案を同時並行的に話し合う「複合的対話」（composite dialogue）が定期的に行われることとなり，信頼が徐々に回復することになる[62]。

以上のような戦争を意識させる危機が生じ，それにヴァジパーイー政権が対処しえたことは，同政権の威信を増してリーダーシップの安定化に貢献し，ともすれば激化しかねない「友党」間の紛争を表面化させない効果を発揮したことは間違いない。

前掲図3-2に見られるように2003年以降，経済成長は加速するとともに一人当たり所得も大きく増加した。インフレも比較的に低レベルでストライキ件数のレベルも低く，総じて社会は安定の様相を見せた。また，2003年11月から12月初めにかけて行われたラージャスターン，マディヤ・プラデーシュ，チャッティースガル，デリーおよびミゾラムの5つの州立法議会選挙において，BJPはラージャスータン，マディヤ・プラデーシュ，チャッティースガル

---

62) 複合的対話では当初はカシミール問題など8項目の懸案事項について，両国の外務次官をはじめ，各担当者間で並行的に協議が進められた。第1ラウンド（2004年2-8月），第2ラウンド（2004年12月-2005年9月），第3ラウンド（2006年1-6月）が終了した。2007年3月からは「複合的対話」第4ラウンドが行われたが，2008年11月のイスラーム武装勢力のムンバイ襲撃事件で多数の犠牲者を出したことから中断された。

で勝利を収めた。大票田のヒンディー・ベルトでBJPはここ数年不振であったが，その地域で会議派をやぶって州立法議会選挙で勝利を収めたことは，BJPに楽観ムードを醸し出した。これがNDA政権をして連邦下院選挙を前倒しで2004年4,5月に実施することを決断させる要因となった。

第14次連邦下院選挙

　BJPはNDAの枠組みを維持し，ヴァジパーイー首相を前面に立てて経済政策など政権の実績を積極的にアピールし「輝くインド」をスローガンとして政府の実績を訴えた。NDAの選挙綱領は基本的には前回の綱領を受け継ぐものであった。しかし，前回にはなかったが今回BJPの主張がにじみ出ている部分がある。それはアヨーディヤー問題に触れた部分で，「NDAはアヨーディヤー問題の早期かつ円満な解決が国民統合を強化すると信じる」（National Democratic Alliance［2004：35］）という叙述である。この点に関しては，選挙前に出されたBJP独自の「展望ドキュメント」で，はっきりと「ラーム寺院をアヨーディヤーに建立することを約束する」（Bharatiya Janata Party［2004］）と述べられた。また，インド出身者だけが国家の重要ポストに就くことができる立法措置を講じることを約束したが，これは市民権を取得したとはいえ，会議派党首ソニア・ガンディーがイタリア出身であることを意識したものであった（National Democratic Alliance［2004：32］；Bharatiya Janata Party［2004］）。

　一方，会議派はソニアが総裁に就任して求心力は増したが，他政党と連立を組まないという単独主義に限界があることは明白であった。そのため，2001年3月に行われたバンガロールでの第81回全インド会議派大会で方針転換が表明され，「単独主義」から転換し連立政権を容認するという方針が示された[63]。この方針は，2003年8月のシムラ（Shimla）での会議で，2004年の選挙ではBJPに打ち勝つために選挙協力を行うとして具体化した[64]。2004年の選挙では会議派は民族ジャナター・ダル，ナショナリスト会議派党，DMKなどと協力体制を打ち立てた。このうちDMKは，BJPがAIADMKに対して強

---

63) *Frontline*, "Party Affairs", Vol. 18, No. 7, March 31-April 13, 2001.
64) *Frontline*, "Coalition offer, with a rider", Vol. 20, No. 15, July 19-August 1, 2003.

い姿勢をとらないこと，人権侵害など問題が多く廃止を求めていた2003年の「テロリズム防止法」(Prevention of Terrorism Act)[65]についても廃止の方向性は示さなかったことなどから，2003年12月にNDAから離脱し，会議派と協力関係を打ち立てた。また左翼政党は，会議派とBJPのうち，BJPの方がより危険な勢力だとして，BJPを敗北させるため自らの基盤が弱体な選挙区では，票の分散を避けるため候補者を立てずに，会議派連合または反BJPの地域政党に有利となるよう実質的に協力した。会議派の2004年の選挙綱領では，NDAの平均的経済実績は会議派政権時代を超えるものではないし，貧富の差を広げるだけであると批判され，雇用拡大事業の重要性が強調された。また，グジャラートでコミュナル暴動を引き起こしたBJPは，NDAの影に隠れて人々を惑わしているとした（Indian National Congress [2004]）。

　選挙結果は，思いがけず会議派勢力の勝利となった。会議派は，得票率は26.5％とわずかながら低下したが，選挙協力を行ったため議席は前回の114議席から145議席に増加した。BJPは，得票率は1.6％低下し22.2％であったが，議席は182議席から138議席に大きく減少した。勝敗を分けたのは，何よりも政党間の選挙協力関係であった。得票率が拮抗した状況では獲得議席が大きく変動する小選挙区制の特色が出た結果でもあった。それはNDA陣営の総得票率が約35.3％なのに対して会議派陣営のそれは35.2％とほぼ同じであったことからもわかる。

　このように選挙戦略の失敗がNDAの敗北の大きな要因の一つであるが，しかし，他の重要な要因として与党政権の「実績」をめぐる大衆の評価があると考えられる。マクロ的な経済指標で見る限り，この数年NDA政権の実績は良好であった。しかし，そのような「良好さ」は大都市および中産階級以上に集中した現象であったと推定される。地方の中小都市，農村部の貧困大衆はそのような経済成長の恩恵を受けるところまで未だきていない。いくつかの世論調査においてもNDA政権期の経済発展に対し，中産階級以上では評価は比較的に高いが，それ以下の貧困大衆の評価は低い[66]。貧困大衆が選挙民の大きな部

---

65) ジャンムー・カシミール州の大規模テロの発生を契機として2001年10月に政令として出され，その後2002年3月に法律として国会を通過した。

分を占める以上，選挙で与党の評価が低くなる可能性は高いものであったといえよう。

また，NDA という枠組みを維持するために BJP は，ヒンドゥー・ナショナリズムを前面に出す場面は少なかったとはいえ，州レベルでは 2002 年のグジャラートのコミュナル暴動での BJP 州政権，特にモディ州首相の責任を問うことはしなかった。このような事件はムスリムなど宗教的少数派にとって，BJP の「真のねらい」を疑わせるものとなったのは間違いない。投票では多くのムスリムは，NDA 候補に打ち勝つ可能性の高い候補に戦略的に投票したことが確認されている[67]。

以上のような諸要因が会議派連合の勝利につながったのである。

8　会議派を中心とする第 1 次「統一進歩連合政権」

会議派連合は多数を確保したとはいえ，議会過半数には届かなかったため，他の反 BJP 勢力とどのような協力体制を組むかが問題となった。協力政党および CPI（M）など左翼政党は，ソニアを首班とする連立政権を成立させることで合意した。ただし，左翼の中でも最大勢力を誇る CPI（M）は 5 月中旬の党中央委員会で，政権には参加せず閣外から支持するとの決定を他の左翼政党と協議の上で行った[68]。左翼政党が政権に参加しないと決定したのは，経済自

---

66) 例えば，以下の CSDS の調査によると，NDA 政権期に「状況が悪化した」と答えたのは経済階層別で，"very poor" カテゴリーで 26％，「好転した」と答えたのは，同カテゴリーで 20％であった。"poor"，"Lower middle"，"Upper middle" などその他のカテゴリーでは好転したという回答の方が多い。これは相対的評価である。しかし，状況の絶対的評価として「現在の状況に満足か」という問いに対しては，"very poor" および "poor" カテゴリーで「満足」としたのが，それぞれ 12％，15％であったのに対して，「不満足」との回答はそれぞれ，30％，19％であった。その他のカテゴリーについては「満足」が上回る。The Hindu, "How India Voted", May 20, 2004 で示された CSDS の調査による。
67) The Hindu, "How India Voted", May 20, 2004 で示された CSDS の調査による。
68) People's Democracy, Vol. 28, No. 21, May 23, 2004 (http://pd.cpim.org/2004/0523/05232004_left％20pc.htm, 2004 年 5 月 30 日アクセス)。

由化政策，とりわけ公企業の民営化政策や労働政策で会議派と大きな隔たりがあること，支持基盤とする西ベンガル州とケーララ州で左翼勢力の最大のライバルが会議派であることから，下部組織を中心として会議派との密接な関係には反発が大きいこと，などが主要な理由であった。

一方，新政権への参加をもくろんでいたウッタル・プラデーシュ州の社会主義党を会議派は受け入れなかった。それは左翼政党の支持によって議会過半数を達成している状況で，同州で競合する社会主義党を新たに引き入れる必要はなかったからである。加えて以下のような会議派の戦略もあった。1980年代末以降，同州ではOBCsやSCs，ムスリムの離反などで会議派は支持基盤を大きく喪失していた。大票田である同州での支持基盤の復活は中期的に見て大きな目標であり，ムスリムを有力な支持基盤の一つとする社会主義党と協力することはその障害となる可能性があったのである[69]。

以上のように会議派連合政権は，選挙で共闘した政党，閣外の左翼政党およびその他政党の協力から議会の信任を得るめどはついたが，首班に誰を据えるかという問題を抱えていた。第一党の総裁としてソニアの名前があがったが，イタリア出身であることもあってソニアは固辞した。ソニアの出自を問題とする勢力は多数派ではないが，無視できない割合に上るからである[70]。しかし，その知名度からネルー／ガンディー家の人間は選挙で票を獲得する重要な要素であり，また，分裂しがちな会議派に一定の求心力を与えてきた。

ソニアが政治の前面に出ないのであれば，それを補う仕組みを作る必要があった。その仕組みの一つが長男のラーフール・ガンディーの政界入りで，ラーフールはウッタル・プラデーシュ州アメティ選挙区で当選した。もう一つの仕組みはソニアと政治的に役割分担ができる人物を首相に据えることであっ

---

69) *The Hindu*, "How India Voted", May 20, 2004 で示された CSDS の調査による。社会主義党の選挙綱領では，ムスリムなどの少数派は社会的に差別されてきたがその原因として会議派や宗派主義的傾向の強い政党の存在をあげている。ムスリムの支持を取り付けるために会議派への対抗意識が明白である（Samajwadi Party [2004：5]）。

70) 例えば，以下の世論調査では37％の回答者（21の主要州から。有権者 n=50,632）が，ソニアのイタリア出自が首相就任にとって問題となるとしている（*India Today*, "AAJ TAK-Dainik Bhaskar-India Today-ORG-MARG Survey", April 26, 2004, p. 18）。

た。それが党を代表するテクノクラートで1991年以降の会議派による経済改革の中心的役割を担ったマンモーハン・シンであった。少数派のシク教徒に属するマンモーハン・シンを首相に据えたのは，1984年のインディラ・ガンディー首相暗殺に伴う反シク暴動で損ねたシク教徒の信頼を一定程度回復させる効果も狙ったことは確実である。このように新政権の陣容が固まった時点で，5月19日には大統領アブドゥル・カラムはマンモーハン・シンを新政権の首班に指名した。マンモーハン・シンは22日に首相に就任した。

政権発足にあたり次に問題となったのが政策調整であった。会議派と新政権に参加する協力政党は5月17日には連合の呼称を「統一進歩連合」(United Progressive Alliance: UPA) と定めた。UPAと，閣外から政権を支持する左翼政党は反BJPでまとまった連合であり[71]，調整は難航するかに思われたが，会議派が左翼政党など他の政党との協調を重視したため，実際は速やかであった。最低限の共通政策を定めた「共通最小綱領」(Common Minimum Programme) は，会議派が基本的なドラフトを作成し，CPI (M) やCPIの要求も加味して5月27日に最終的に合意された[72]。共通最小綱領の最初の部分で，「左翼政党に支持されたUPA政府」は，弱者保護と機会均等，社会的調和，成長の持続と人間の顔をした経済成長など6点を基本原則として掲げた。この一般原則に続く部分で具体的な政策が述べられたが，前政権との対比で以下の点が特徴としてあげられよう。すなわち，雇用重視，農村・農業部門の重点化，社会的弱者保護と社会調和，初等・中等教育の重視，教育機関や歴史教科書などへ前政権が行った宗派主義的色彩の強い介入の是正，公企業改革は選択的に行い慢性的経営不振企業は売却・閉鎖を視野に入れるが，利益をあげている公企業は民営化しないこと，労働者の権利擁護，人間の顔をした経済改革，協調的な中央-州関係の尊重，防衛力の強化，アメリカ偏重でない自主的な外交の確立，などである (United Progressive Alliance [2004])。

---

71) CPI (M) やCPIのそのような戦略は選挙綱領に示された (Communist Party of India (Marxist) [2004]; Communist Party of India [2004])。
72) 左翼政党の対応については，以下の両党の機関誌を参照。*People's Democracy*, Vol. 28, No. 22, May 24-30, 2004 (New Delhi); *New Age*, "Economic Reforms and the CMP", June 6-12, 2004 (New Delhi)。

労働者の権利擁護や優良公企業の民営化政策の停止などが強調されたのは，左翼政党の影響が大きい。会議派の選挙綱領は，会議派こそ労働者を保護する諸立法を行ってきた政党であること，公企業に関しては民営化は単に売却益を得るために行うのではなく選択的に行うと宣言していたが（Indian National Congress [2004]），UPA の共通最小綱領はそれをさらに左翼政党側に引きつけた。これは左翼政党が本格的に要求を出す前の会議派が作成した5月21日段階のドラフト[73]と比較すると鮮明となる。左翼政党が公企業の民営化に強く反対していることは，例えば，左翼政党の要求により株放出省が独立の省としては廃止され，局（Department）の地位に落とされたことが象徴している。これに対しては経済団体から懸念の声があがった。

　一方，UPA の州政党の影響は，左翼政党のようにイデオロギー的というよりも個別具体的なものが多い。しかしながら，多くの州政党が政権に含まれており，その総体的な影響は無視できない。例えばビハール州に対する特別経済パッケージの供与，アーンドラ・プラデーシュ州を分離してテーランガーナー新州を創設すること[74]，タミル語を古典語として公認すること[75]，ジュート産業の再生に力を注ぐことなどは，連立を組む各地方政党固有の要求であり，これらの点に関して会議派は大きな妥協を行った。これらは，連立する有力州政党の個別的利害関係の反映そのものである。共通最小綱領には州政党の利害関係が明白に投影されているのである。

　防衛に関しては「信頼性の高い核兵器プログラム」を維持することが最終版で書き加えられたこと，国際関係に関してはアメリカとの関係だけを強調するのではなく，ロシアや欧州との関係強化も加えられたことが特徴的である。

　UPA 政権は7月初めに，前 NDA 政権によって任命されたゴア，グジャ

---

73) 5月21日段階で会議派が配布したドラフトは，以下から取得した。http://www.asiantribune.com/show_news.php?id=9656（2004年5月28日アクセス）。
74) 「テーランガーナー民族会議」（Telangana Rashtra Samithi）の要求である。同党は2004年1月19日には同党のテーランガーナー独立州設置要求にはっきりと賛成する政党とのみ協力すると宣言している（http://www.hindu.com/2004/01/20/stories/2004012010830300.htm., 2004/01/24 アクセス）。
75) DMK の要求である（Dravida Munnetra Kazhagam [2004 : 5]）。

ラート，ハリヤーナー，ウッタル・プラデーシュ各州の知事を UPA 政権と整合的ではないという理由で解任した[76]。また，人権侵害，特に少数派に対する人権侵害を助長しているとして批判された 2002 年のテロリズム防止法を，9 月にまず大統領令によって，2004 年 12 月には連邦議会において正式に廃止した（伊豆山 [2009]）。テロへの対処の強化は 1967 年の「非合法活動防止法」(Unlawful Activities (Prevention) Act) の改正によって行われることとなった。これらの措置は，前 NDA 政権のイメージを払拭し新政権の方向性を明らかにした。

経済改革の減速

　UPA 政権の経済政策の特徴は，改革・自由化を継続したもののスピードが低下したことである。その大きな原因の一つは左翼政党の存在であった。具体的には，無原則な外資の参入拡大や優良とされる公企業の民営化が制約された。例えば，UPA は 2004 年 7 月上旬にチダンバラン財務大臣によって提出された新予算案で外資の持株比率上限を，国内航空については 40％から 49％に，テレコム部門は 49％から 74％に，保険分野では 26％から 49％に引き上げると発表した。しかし，これに対して左翼政党が一斉に反発したため，国内航空に関しては 2004 年 10 月 20 日に閣議決定が行われたが，テレコム部門は 2005 年 2 月まで閣議決定は遅れた。さらに，保険分野では 26％から 49％への引き上げが閣議決定されるのは，政策発表から 8 年後の 2012 年 10 月となる[77]。

　公企業の民営化に関しては，利益を上げている優良公企業は民営化しないとの共通最小綱領での合意のため，株式放出を通じての民営化は左翼政党や労働組合の反対で難しくなった。例えば，政府は 2005 年 5 月下旬に「バーラト重電機」(Bharat Heavy Electrical Ltd) の株式 10％を放出する決定を行った。しかし，左翼政党と労働組合は共通最小綱領違反であると猛反発し，左翼政党は

---

76) *Frontline*, "Marching orders", Vol. 21, Issue 15, July 17-30, 2004.

77) *The Hindu*, October 5, 2012 （http://www.thehindu.com/business/Economy/fdi-in-insurance-hiked-to-49/article3965619.ece）。2013 年 5 月現在，国会の承認待ちの常態である。

UPAとの公式協議をボイコットした。結局8月には，政府は政治的コンセンサスを得られないため，株式放出を撤回するとの決定を行わざるをえず[78]，株式放出は白紙撤回された。

　状況を打開するために，政府は公企業の株式放出に対する世論を懐柔することを目的として，公企業の株放出による歳入を教育や雇用などの社会事業に充てることとし，株式放出による歳入を受け取る「国家投資ファンド」（National Investment Fund）を2005年11月に設置した。もっとも，CPI（M）などは単なる方便として同ファンドの設置に批判的であった（Communist Party of India (Marxist)［2005］）。政府はさらに2006年7月には株式放出に関する決定や提案を一時的にペンディングした。この措置によって計画されていた，「電力金融公社」（Power Finance Corporation Limited）の株式の5％，「国営鉱物開発公社」（National Mineral Development Corporation）の株式の15％，そして「ネイヴェリ褐炭公社」（Neyveli Lignite Corporation Limited）と「国営アルミニウム会社」（National Aluminium Company Ltd.）各々の株式の10％の放出が停止され，民営化プロセスが混乱した（GOI (Department of Disinvestment, Ministry of Finance)［2007: para. 8.3.2］）。注意すべきは，公企業の民営化に反対したのは左翼政党だけではないことである。州政党も，自分の州の中央政府公企業の民営化については州の労働組合の圧力などによって反対に回る場合が多かった。2006年1月「ネイヴェリ褐炭公社」の株式10％の放出が決定されたものの，上述のように7月にそれが撤回された背景にはDMKの強い反対があった。このようなUPAの政治力学によって前掲図3-7のように2004年以降第1次UPA政権期には，中央政府公企業の株放出は停滞した。株放出が再びレベルアップするのは左派勢力と決別した第2次UPA政権になってからである。

　公企業の民営化は左翼政党や州政党と労働組合の関係を揺るがす問題であり，UPAの枠組みの中では政府の政治的自由度は限られていた。しかしその他の分野では自由化は進んだ。最高関税率は2005年3月には前年の25％から

---

78) *Business Line*, "BHEL disinvestment proposal put on hold", August 5, 2005（http://www.thehindubusinessline.in/2005/08/06/stories/2005080602880900.htm, 2013年9月13日アクセス）。ソニアが左翼政党に決定を正式に伝えたのは10月上旬である。

15％になり，2008年までに10％になる（農産物を除く）。また2005年3月には特許法が改正され，製法特許から物質特許にかわった。これはWTOの「知的所有権の貿易関連の側面に関する協定」（Agreement on Trade-Related Aspects of Intellectual Property Rights：TRIPs）に沿った改革である。また同年6月には「経済特区法」が成立した。経済特区は国内外からの産業誘致を求める州政府にとって重要施策であるが，土地収用の問題で住民との対立が生じる場合が多く，西ベンガル州のノンディグラム（Nandigram）など各地で，政治的紛糾を引き起こすことになる。

「人間の顔をした経済成長」と競合的ポピュリズム

UPAの経済政策のもう一つの重要な特徴は「人間の顔をした経済成長」である。これは，経済成長の成果を一般人，特に農村貧困層に及ぼすことを主眼とする政策である。農村貧困大衆に対する貧困緩和政策は会議派の伝統的政策であったが，1996年から2004年まで下野していたことが，同政策の再重視につながった。上述の2001年のバンガロールでの全インド会議派大会や2003年のシムラの会議でも，NDA政権の政策はこの点を欠いていると会議派は批判した。

農村貧困層を焦点とする政策は，UPAの本格予算が提出された2005年から開始される。農村世帯に単純労働雇用を保証する「全国農村雇用保証事業」（National Rural Employment Guarantee Scheme：NREGS）や，農村電化，道路，安全な飲料水，電話，灌漑設備，貧困世帯への住宅供給など小規模な農村インフラを整備する「インド建設」（Bharat Nirman）事業などが代表的なものである。特にNREGSはUPAの共通最小綱領でも第1に強調された公約であり，左翼政党がその強化を推した事業であった[79]。NREGSが2005年に開始された際には，会議派党首ソニア・ガンディーは「包摂的成長」（Inclusive Growth）が農村弱者層の貧困状況の改善の鍵を握ると訴えた（Gandhi [2005]）。この包摂的成長はその後，UPA政権の5カ年計画など開発政策の中心的なポイント

---

79) *India Today*, "Trade Unionism", August 15, 2005.

となる (GOI (Planning Commission) [2006:1] [2008b])。また，ヒンドゥー・ナショナリズムの高揚や大規模なコミュナル暴動の発生によって疎外感を強めるムスリムへの優遇措置の検討 (GOI (Prime Minister's High Level Committee) [2006]; GOI (Ministry of Minority Affairs) [2007])，近年における女性への留保議席拡大の動き，など従来マージナルな立場に置かれていたグループを包摂する制度的変革への動きも顕在化した。

NREGS は 2005 年 9 月に「全国農村雇用保証法」(National Rural Employment Guarantee Act: NREGA) に基づいて開始された。この種の農村雇用事業としては独立以来最大のものである[80]。中央政府が資金の 9 割，残りを州政府が手当てする NREGS は，単純労働を行う意志のある村民に小規模公共事業によって最低賃金で年間 100 日以上の雇用を与えることを法律で保証した。州政府がそれだけの雇用を供給できない場合は，その分の失業手当を支給することを法律で保証した。まず 200 県で実施され，その後 2008 年 4 月から全ての県で実施される。名称は次の第 2 次 UPA 政権の 2009 年 10 月に「マハトマ・ガンディー全国農村雇用保証事業」(Mahatma Gandhi National Rural Employment Guarantee Scheme: MGNREGS) となる。この事業は，執行手続きの杜撰さや腐敗行為によって批判されているが (Comptroller and Auditor General [2008] [2013])，そのような欠点にもかかわらず，多くの研究によると資金のかなりの部分が農業労働者など最貧困層に達していることがわかっている (Dutta et al. [2012]; Liu and Barrett [2013])。それは，すなわち，農村の労働市場の賃金水準に大きなインパクトを与え，農業労働者など弱者層の所得上昇に貢献していることを意味する。

---

80) 中央政府の農村雇用事業は，1980 年に開始された「全国農村雇用事業」(National Rural Employment Programme) や 1983 年から開始された「農村土地無し層雇用保証事業」(Rural Landless Employment Guarantee Programme)，これらを統合した「ジャワハール雇用事業」(Jawahar Rozgar Yojana: 1989-1999 年)，「雇用保証事業」(Employment Assurance Scheme: 1993-2001 年)，「ジャワハール農村繁栄事業」(Jawahar Gram Samridhi Yojana: 1999-2001 年)，「農村雇用補充事業」(Sampoorna Grameen Rozgar Yojana: 2001-2008 年) などがある。これらは内容的には大きく重なる事業である。

独立以来，このような農村貧困緩和事業は会議派政権が不人気なときに推進されてきた歴史がある。1960年代後半の経済危機のときには，「小農発展事業」や「零細農・農業労働者発展事業」が開始され，1980年代には「総合農村開発事業」(IRDP) が会議派政権によって大々的に喧伝された。また1989年のラジーヴ・ガンディー政権末期には「ジャワハール雇用事業」(Jawahar Rozgar Yojana: 1989-1999年) が同種の事業を統合して大々的に開始された。これらの事業が必要とされた理由は，不平等な社会経済構造の底辺であえぐ農村貧困の解消のために政府の積極的介入が必要との認識が高まったことが一つであるが，もう一つの理由は，選挙で人々の支持を得るため政党が大衆の支持を先取りする「競合的ポピュリズム」(Kohli [1990: 238-66]; Guhan [1995: 88]) の傾向が強まったからであった。1970年に開始された「小農発展事業」や「零細農・農業労働者発展事業」などは小規模で，いわば，貧困層への政治的アピールのための「付録」事業であった (Mathur [1995: 2704])。しかし，その後，貧困緩和事業は，会議派政権が危機を迎えるたびに拡充されてきた。いわば，競合的ポピュリズムは，多様な関係者の利害を調整してよりハードな政策決定を行う政治的調整能力が低下した会議派の姿を覆い隠すものであった[81]。

　NREGS/MGNREGS も貧困解消という要素と競合的ポピュリズムという要素が結合した結果である。競合的ポピュリズムという側面が強く出る場合，「ばらまき」という性格が強くなり，事業の質はなおざりにされる傾向が強い[82]。NREGS/MGNREGS もその傾向が強く，創出される農村の資産の質は低くて，経済的評価は必ずしも高いものではない。従って，事業はややもすれば「福祉事業」とされ，その点において他の農村・農民への補助金と同列に扱

---

81) A. バスによれば，会議派が正統性を失い，利益団体の紛争を調整する能力を失った1980年代以降，短期的なばらまき的な予算措置が増えたという (Basu [1995: 138])。

82) 露骨な例としては，2008年2月に財務省は小農と零細農の制度金融からの「借金棒引き」(loan waiver) を決定した。3,000万人に裨益したとされるこの決定は2009年に予定されていた連邦下院選挙のためであると批判された (Ganguly and Gulati [2013: 16])。

われる場合がある (Ganguly and Gulati [2013：6, 12])。

競合的ポピュリズムは選挙政治が政府予算の場において直接的に表れる現代インド政治の重要な一側面であり，この点を把握した上で，NREGS/MGNREGS も理解される必要がある。この問題の全体像に接近するためには NREGS/MGNREGS のみを取り上げるのは不十分で，食糧補助金や肥料補助金などの他の同様な中央政府の支出も合わせて考える必要がある。ここではこの 2 つの補助金を簡単に検討してみたい。

両補助金は従来から中央政府の 3 大補助金とされてきたものの 2 つで，財政健全化という構造改革の最も大きな課題であった[83]。補助金に関する政府の委員会が 1970 年代末に指摘したように，従来，経済・社会構造の不平等性，歪みを緩和・是正する効果を持つ補助金には一定の評価が与えられてきた (GOI (Ministry of Finance) [1979：44])。しかし，補助金は必要性を超えて肥大化した。そのため削減が求められたが，そこには「肥大化」に加えて他にも様々な問題があった。

例えば食糧補助金の存在意義は，生産農家に安定した買い取り価格を保証し，緩衝在庫の維持，公共配給システムを通じて比較的安い価格で食糧配給を行うことにある。しかし，緩衝在庫の水準は 1990 年代末以降，適正水準を超えて累積し，保管・流通のために支出がかさみ[84]，一方，セーフティ・ネットの主な対象となる貧困層，特に農村部の貧困層には腐敗などの問題から食糧を効果的に届けられていない。公共配分システムは農村部にも存在するが，「貧困線以下」の層により手厚い食糧配給を行うために制度が改善された 1997 年以降においても，食糧を効果的に貧困層に届けられていないのが実態である

---

83) このほかに石油関連の補助金が近年大きな比重を占めるようになってきた。これらも含め中央政府補助金は 2003-2004 年度には GDP の 4.18％にも上るという推定もある (GOI (Department of Economic Affairs) [2004：para. I. 8])。また州レベルで大きな問題は電気料金，特に農家の電気使用に関する補助金である。
84) 現在の食糧補助金制度は長期的には維持できないということが既に共通認識となっているといわれる (World Bank [2003：77])。例えばインド食糧公社の緩衝在庫の基準は，2011 年ではピーク時 (7月) で米・小麦あわせて約 3,200 万トンとされるが，2012 年 6 月の実際の在庫は約 8,200 万トンである (Ganguly and Gulati [2013：18])。

(GOI (Planning Commission) ［2005: xvi］)。また，肥料補助金で裨益するのは肥料生産工場，および化学肥料購入層であり，購入の規模から考えれば，主に小農以上である。UPA 政権は共通最小綱領で，「全ての補助金は貧困層，小農や零細農，農業労働者に限定する」(United Progressive Alliance ［2004］) として補助金を抑制する姿勢を示したが，補助金で利益を受ける中心はこれらの階層ではない。

　すなわち，これらの補助金は合理的かつ公正に運営されているわけではないし，また，実態として農村の最弱者層を主な裨益層としているわけでもない。もし，経済効率が考慮され，共通最小綱領で示された政策通りに補助金の裨益先が最下層に限定されるならば，補助金の規模はより小さくてすむ可能性が高い。しかし，実際は図 3-8 のように 2005 年以降補助金はむしろ増加傾向にある。それを説明するためには，やはり競合的ポピュリズムという政治的要因を考えなければならない。具体的には農民，中でも，中農・富農層の利益を主に代表する農民組織の圧力とそれを無視できない政党側の事情である。選挙政治において「反農民」というレッテルを貼られることは，どの政党にとっても大きなダメージになりえ，それゆえにどの政党も広範な農民の反発には敏感であらざるをえないのである。

　中小農以上の農民の利害を代表する農民組織は，1970 年代から 1980 年代に農業先進地帯で現れた。その運動は「新農民運動」とも呼ばれた (Brass (ed.) ［1995］)。タミル・ナードゥ州の「タミル・ナードゥ農民組合」(Tamil Nadu Agriculturalists' Association: 1973 年結成)，カルナータカ州の「カルナータカ州農民組合」(Karnataka Rajya Ryota Sangha: 1980 年結成)，マハーラーシュトラ州の「農民組合」(Shetkari Sanghatana: 1980 年結成)，ウッタル・プラデーシュ州西部からハリヤーナー州，そしてパンジャーブ州を中心とする「インド農民組合」(BKU: 1978 年に結成，パンジャーブ州では 1980 年に既存農民組合が参加) などである。これらの農民組合や有力農民の運動は既成政党とは距離を置いていることが大きな特徴であるが，主要な目的は，農家の利益を拡大するため，政府に働きかけて肥料や電力など投入財の価格を低く，そして小農以上の規模の農民にとっては余剰農産物の買い上げ価格を「利益があがる価格」(remu-

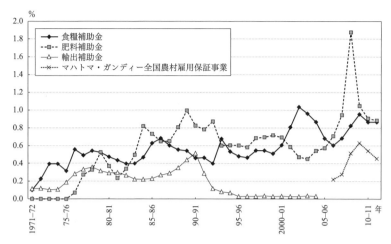

図 3-8 中央政府の主要な明示的補助金およびマハトマ・ガンディー全国農村雇用保証事業（MGNREGS）の規模（対 GDP 比）（1971-72〜2011-12 年度）

出所）インド統計のデータベース http://www.indiastat.com（元資料は連邦下院，上院での審議で提出されたデータ，2014 年 6 月 27 日アクセス）；GOI (Department of Economic Affairs) [2004]；GOI (Department of Economic Affairs) [1997]；GOI (Ministry of Finance) (*Economic Survey*) [various years] などより筆者作成．

注）輸出補助金のデータは 2004-2005 年度まで．2008-2009 年の肥料補助金の急増は，国際石油価格の高騰のため国際肥料価格や原材料が高騰したためである．

nerative prices）に設定させることである。これらの価格決定は政府が行う以上，これらの農民組織は政治的に運動を行う大きな誘因が存在する。ただし，運動で相対的に大きな利益を得るのは経営規模が一定以上の農民層であり，その意味で農民全体の利益を代表しているとはいえない。

　農民組織は，例えば肥料価格の引き下げなど，取り上げる争点によっては幅広い層の支持を得られる可能性があり，その限りにおいて多くの農民が連帯する可能性を演出する。しかし，一定規模以上の自営農民が中核を占めるという性格上，限界があり，零細農や農業労働者の階級的利益と矛盾する場合が多く，中長期的に農民の団結を維持することは難しい。例えば NREGS/MGNREGS は農村の労働賃金を上昇させ，農業労働者を雇用する中農や富農層にとっては利害に抵触するため積極的には支持しない[85]。また，全インド的に見るとこれらの農民運動は地域の多様性から利害が一致せず，連帯は弱い。

従って 2000 年代以降，利益団体としての農民組合の政治的影響力は低下しつつあるように見える。しかし，農民組合の影響力低下は「農民層全体」の政治的影響力の低下を意味しない。特に選挙で勝利しようとする政党にとって依然として農民の反応は重要である。競合的ポピュリズムはこのような農民に対する政党システムの反応といえる。

以上のように，現在，競合的ポピュリズムの政治において最も影響力があるのは，まとまりは弱いとはいえ「農民」であることは間違いない。しかし，その農民内では農村の最下層の声は効果的に反映されない。現在でも零細農や農業労働者を代表するような特定組織の影響力は限られている。CPI の関係する全インド農民組合や CPI（M）傘下の「インド労働組合センター」（Centre of Indian Trade Unions：1970 年設立）は零細農や農業労働者の要求を取り入れ政治に投影しようとしているが，力は弱い。このような状況において農村の最下層の声を政府与党側から積極的に捉えようとしたのが農村貧困緩和事業，特に，2005 年以降の NREGS/MGNREGS であったといえる。数が重要な要素となる競合的ポピュリズムは一旦，ある階層がその対象となると，他の階層にも連鎖反応的に広がる。なぜなら，選挙競争が激しい状況で政党は全ての階層の支持を掘り起こそうとするからである。社会的・経済的に弱い階層であっても数が多ければ，今やその「声」は無視されない。そのような声を妨害するようなかつての農村のカースト的階統制など封建的構造も弱体化し，OBCs の台頭，基礎教育とメディアの普及など農村の政治社会の流動化が進んだ状況もある。従って政治が「包摂的」になるのは必然的であって，競合的ポピュリズムはその一側面といえよう[86]。

---

85) 2013 年 3 月 18 日にインド農民組合やカルナータカ州農民組合の代表はマンモーハン・シン首相に農民代表として要望書を出した。その中で，「最低支持価格」ではなくて「利益があがる価格」を農産物に保証すること，農業の自由化反対など従来の主張に加えて，労働者不足に対処するために農家の仕事を MGNREGS の仕事として認定するように要求している（Indian Coordination Committee of Farmers' Movements [2013]）。

86) 競合的ポピュリズムが早い段階から典型的に現れたのは，タミル・ナードゥ州である。N. ラクシュマンは同州とカルナータカ州を比較して，同州で競合的ポピュリズムが顕著に現れる要因を，同州ではカースト的階統制が弱く，そのため州政党が多数を占め

2003年以降，経済成長が加速し，農村から都市への労働移動が本格化しつつあるとき，すなわち，成長の成果が本格的にトリクルダウンしつつあるように見え，農村貧困大衆に対する特別な政策の必要性が薄れつつあるように見えたときに，NREGS/MGNREGS が大規模に実施されたのは経済的合理性というよりも，政治的要求によるところが大きいといえる。この事業は農村貧困大衆の所得を一定程度改善しており，その重要性は疑いないが，しかし，UPA 政権にとって政治的に重要なのは，この事業が貧困大衆を政権に「包摂」するという点であった[87]。

農村の疎外された人々の抵抗

競合的ポピュリズムは選挙政治を前提として成り立つ。一方，選挙を通じて自らの「声」を政治に反映できない民主主義体制の周辺部では，競合的ポピュリズムは意味を持たない。そこでは，周辺部の疎外された人々の声を取り込むのは議会制民主主義を否定する勢力である。その代表的勢力がナクサライトなど極左武装組織である。

議会制を否定し，武力によって階級関係を変革することを目指す組織である極左武装組織ナクサライトはこの時期に再び大きく立ち現れた。ナクサライト問題は前述したように 1960 年代終わりから 1970 年代にかけて大きな問題であったが，政府の抑圧で分裂し影響力は低下した。特に 1975 年から 1977 年の非常事態宣言期には徹底して取り締まられた。しかし，2000 年代に入ると，アーンドラ・プラデーシュ，ジャールカンド，ビハール，マディヤ・プラデーシュ，チャッティースガル，オリッサ，西ベンガル各州の部族民地域や貧困地帯で次第に影響力を増してきた。それを象徴するのが，2004 年 10 月に「人民戦争グループ」(People's War Group) と「マオイスト共産主義センター」

　　　る貧困大衆の支持を競い合うためにはカーストを通じた垂直的動員ではなく，可視的な分配政策および階級的レトリックを多用せざるをえなかった，という点に求めた。それが貧困層向けポピュリズム，ばらまき政治が顕著になった大きな要因であったとする（Lakshman [2011]）。カースト的階統制の弱体化，階級的レトリックを多用することによる選挙民の支持の調達などは全インド的な傾向であるといってよい。

87) 第 1 次 UPA 政権の経済政策の概要のコンパクトなまとめとして，久保木 [2011]。

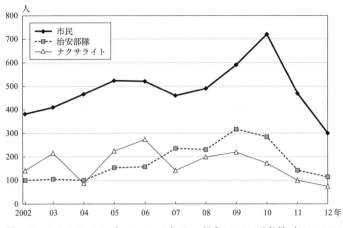

図 3-9 ナクサライト（マオイスト）との紛争による死者数（2002-2012年）

出所）政府系機関 Institute for Conflict Management のデータより（http://www.satp.org/, 2013年5月29日アクセス）。
注）元のデータは基本的には，連邦政府内務省のデータであるが，しかし，市民，治安部隊，ナクサライトの内訳は2012年の内務省の年報にはない。

(Maoist Communist Centre) が合流し，「インド共産党（マオイスト）」(Communist Party India (Maoist)) が誕生したことである（Bhatia［2005：1548］；Banerjee［2006：3160］）。極左グループ内でも同党は最大勢力であり，ジャールカンド，チャッティースガルなどの部族民の間で影響力を拡大し，「解放区」を広げた[88]。ジャンムー・カシミール州や北東諸州の分離主義を除けば，武装闘争や暴力の深刻さでナクサライトの運動は最大の問題である（図3-9）。

ナクサライトは近年単に「マオイスト」（毛沢東主義者）[89]とも呼ばれる。マンモーハン・シン首相はナクサライト／マオイストの問題が内政の最大課題と述べたが，それは，単に暴力が深刻なレベルにあるということだけでなく，運動を支持する後進地域の一部の部族民などの抑圧され経済的に困窮した状況を浮き彫りにしているからである。政府は2006年に計画委員会に，極左武装勢

---

88) 運動の展開，状況については，Louis［2002］；中溝［2009］などを参照。
89) このように自称しているが，中国と関係があるわけではない。中国自身，関係を否定している。

力が浸透している地域の問題を調査する専門委員会を設置させた。委員会は2008年に報告書を提出したが、マオイストの問題はSCs/STs、特にSTsの抑圧と搾取に深く関わっていることを見いだした。例えば、マディヤ・プラデーシュ、チャッティースガル各州の部族民（STsも含む）地域では2001年から2004年にかけて部族民に対する残虐行為が増加したが、そのような地域でこそマオイストの影響力が顕著に拡大していると分析し（GOI (Planning Commission) [2008a: para. 1.3.10]）、政府の方策は部族民の権利保障およびNREGSなどの政府事業による経済的底上げであるとした（GOI (Planning Commission) [2008a: para. 5.1.1]）。歴史的に搾取され抑圧された後進地域のSTsは、民主主義体制が保障するはずの法や最低限の権利保障が未だ極めて不十分であり、その意味で民主主義体制から「疎外」されていることは間違いない。政府の方針はそのような疎外された人々を体制に「包摂」しようとする試みの宣言であった。

2003年以降、経済成長の加速がはっきりし、都市や先進地域では豊かさを享受できる人々が確実に拡大しているときに大きく立ち現れたナクサライト／マオイストとその背後の差別や貧困問題は、格差拡大の解消という問題を政治に突きつけている。

左翼政党との協力関係の決別

UPA政権の最大の不安定要素は左翼政党であったが、経済政策など内政面では妥協により決定的な対立は避けられた。両者の関係を2008年に決裂させたのは対アメリカ外交政策であった。両国の関係は、2001年の9.11同時多発テロ事件や翌年にかけてインドのジャンムー・カシミール州やデリーで起こった大規模テロ事件によって、対テロ政策においてお互いに必要性が認識され、また、インドの急速な経済発展も両国の親密化を促した。2004年1月にはアメリカ・ブッシュ政権とインド政府との間で「戦略的パートナーシップにおける次のステップ」が合意され、原子力の民生利用、宇宙開発、ハイテク貿易、ミサイル防衛などの分野で協力関係の構築が目指された。インドにとってアメリカとの民生用原子力協力の実現は特に重要であった。1998年の核実験以降、

原子力政策では国際的に孤立化を深めていたインドにとって，経済発展に必要なエネルギー供給確保のため，そして国際政治的には核兵器保有国としてインドを国際社会に実質的に認知させるため，アメリカとの協力関係の締結は極めて重要であったからである[90]。問題はアメリカへの接近に反対する左翼政党の存在であったが，会議派は左翼政党との関係よりもアメリカとの関係緊密化を結局優先させた。

両国間の原子力協定のプロセスはマンモーハン・シン政権の早い段階で始まる。2005年7月のマンモーハン・シン首相の訪米における G. W. ブッシュ大統領との共同声明では，インドが核拡散防止条約（NPT）に加盟していないにもかかわらず，核技術を保有する責任ある国家として，例外的に民生用原子力協力を行うことが宣言された。2006年3月のブッシュ大統領訪印ではさらに一歩進んで原子力協力を再開することが両国間で合意され，ブッシュ政権は同年12月にインドを1954年の「アメリカ原子力法」（Atomic Energy Act of 1954）の例外とする「アメリカ・インド原子力平和協力法」（United States-India Peaceful Atomic Energy Cooperation Act of 2006）を成立させた。これはアメリカの国内法であるが，原子力協力の実現のためには国際機関の承認も必要とした。それが，IAEA によりインドの民生用原子力施設に対する査察を可能とさせる保障措置協定の締結と，原子力供給国グループ（Nuclear Suppliers Group）によるインドへの原子力輸出規制の例外的解除措置であった。左翼政党はこれらの協定の締結に反対したが，結局マンモーハン・シン政権がアメリカの協力を得て協定を結ぶ決断をしたことを踏まえて，UPA への閣外協力を破棄する。しかしマンモーハン・シン政権は社会主義党などの助けを得て特別国会の信任投票を乗り切った。その後2008年8月には IAEA 理事会でインドの民生用原子力施設の査察に関する協定が承認され，9月には原子力供給国グループは全会一致でインドに対する特別措置を認める。それを受けて10月に

---

90) 1974年，1998年の核実験によって核拡散防止条約体制の下でインドに対する国際的な禁輸体制が続いていた。禁輸体制中もフランス，中国，ロシアは，国際原子力機関（IAEA）の保障措置が適用されているタラプル原子力発電所には核燃料を供給していたが，供給は不安定かつ不十分な状況であった。

はアメリカ議会で，インドとの原子力協力を認める「123協定」[91]を承認する法案が通過し，ブッシュ大統領の署名を経て，両国間で調印される。この協定は単に両国の民生用原子力協力に道筋がついたということだけでなく，核兵器保有国としてのインドが実際上国際的に承認されたことを意味する。インドの国際原子力市場への復帰を見込んで2007年にはフランスやロシアと協定が締結された。アメリカとの条約締結後はさらに多くの国と原子力協定が締結されることになる。

9 第15次連邦下院選挙と第2次UPA政権

　以上のようにアメリカとの原子力協定の締結をきっかけとする左翼政党の支持撤回により，半年後に迫った第15次連邦下院選挙に向けて政局は流動化した。会議派が支持基盤の復活を模索して2009年1月に選挙協力は州レベルにとどめることを決定したことは，選挙結果をさらに予測しがたいものにした。会議派がUPAの枠組みを選挙で一旦棚上げしたのは，2004年から2008年の政権運用において左翼政党はもとより，UPA内の州政党からの突き上げによって，政策運用の自由度が著しく制限された経験に鑑み，選挙でできるだけ議席を上積みし，選挙後の連立政権でより有利な立場を得ることを目論んだからであった。特に，大票田のウッタル・プラデーシュ州やビハール州などヒンディー・ベルトでは，会議派の支持基盤は1990年代以降非常に低いレベルにとどまっていたが，他の州政党との協力なしで復活の道筋を立てることは党の政治的自律性拡大のために不可欠であった。ただし，ヒンディー・ベルト以外で会議派が支持基盤を失ってしまったことが明白な州においては協力を行っている。それがうまくいった州が西ベンガル州で，左翼政党と決裂したことを踏まえてママタ・バネルジーの「草の根会議派」と協力した。

---

91) アメリカ原子力法第123条はアメリカと諸外国との原子力協定に関する諸条件を規定するもので，原子力協力を行う場合は協定の締結が必要となる。

第 15 次連邦下院選挙

　2009 年 3 月下旬に発表された会議派の選挙綱領では、経済成長や社会的安定の維持、そして NREGS など貧困層向けの諸事業の実施など第 1 次 UPA 政権の実績が前面に出され、宗派対立をあおる BJP のように偏った政治ではなく中庸の政治、そして全ての人に成長の成果が届く「包摂的成長」を実施していく必要性が強調された（Indian National Congress [2009]）。

　一方、BJP も、前回 NDA の枠組みを維持して選挙に敗れたこと、また、NDA の枠組みによってヒンドゥー・ナショナリズムの主張が制約されてきたことの不満から、選挙では党の選挙綱領を復活させるなど独自色を強めた。もともと NDA で BJP が求心力を持つ理由は、州政党がイデオロギー的に BJP と親和性がある場合か、または、州レベルで会議派や他の地域政党と鋭い対立があり BJP との協力関係が必要な場合である。2 つの理由とも該当するのがシヴ・セーナーであり、主に後者の理由で BJP との関係を維持しているのがアカリー・ダル、ジャナター・ダル（統一派）（Janata Dal (United)：JD (U)）などである[92]。主要政党の中ではこれら 3 党だけが引き続き NDA にとどまった。しかし、後 2 政党のうちでもムスリムが多いビハール州の JD (U) は BJP のヒンドゥー・ナショナリズムに対する警戒感が強く、JD (U) の指導者でビハール州首相のニティシュ・クマールは BJP が極端なヒンドゥー・ナショナリズムに走ることに反対した[93]。人々の支持基盤が停滞気味の BJP にとっては、これまでのように NDA の枠組みを維持するためにヒンドゥー・ナショナリズムを前面に押し出さないよう自制することが、かえって停滞につながっているのではないかとの考えもあり、この選挙では制約はゆるんだといえる。

　BJP は 4 月 3 日に選挙綱領を発表した。2004 年の選挙では NDA の統一綱

---

92) オリッサ州のビジュー・ジャナター・ダルは 2008 年にカンダマル県（Kandhamal）で起こったキリスト教徒襲撃事件にヒンドゥー・ナショナリスト勢力が関与したことなどを理由として、2009 年 3 月に BJP との協力関係を断ち切った。
93) BJP は次期首相候補としてグジャラート州首相モディを指名したが、モディは 2002 年のコミュナル暴動に大きな責任があると考えられていることから、JD (U) はこれを問題視し、2013 年 6 月に NDA から離脱した。

領であったから，BJP 独自の綱領は 11 年ぶりであった。特色は強力な対テロ対策など安全保障の強調と強いリーダーシップを前面に出したことである。このような BJP の中心的政策を具体的に象徴する「顔」として党首のアドヴァーニを BJP が政権に就いた場合の首相候補とした。それに加えて，2004 年の NDA 統一綱領では控えられていたヒンドゥー・ナショナリズム的な主張が再び顔を覗かせたこと，そして貧困層へ 1 キロ 2 ルピーで穀物を供給するという宣言など貧困層へのポピュリスティックな配慮がなされていることも重要な特徴である (Bharatiya Janata Party [2009])。

表 3-3　中央政府与党の 5 年間の業績に対する評価（2004 年，2009 年）
(%)

	2004 年調査	2009 年調査
与党	国民民主連合（NDA）	統一進歩連合（UPA）
満足	57	65
不満足	28	20

出所）*Hindu*, May 15, 2009 (http://www.hindu.com/2009/05/15/stories/2009051588881200, 2009 年 5 月 29 日アクセス).

表 3-4　家計の状況と将来展望（2009 年）
(%)

家計の状況		家計の将来展望	
改善	46	改善するだろう	55
悪化	11	悪化するだろう	7
変わらない	35	同じ	18

出所）*The Hindu*, May 26, 2009 (http://www.hinduonnet.com/nic/howindiavoted2009/page8.pdf, 2009 年 5 月 29 日アクセス).
注）CSDS による選挙後の調査。サンプル数は 34,365.

　結果は，会議派とその協力政党の明確な勝利となった。その大きな理由の一つは表 3-3，表 3-4 に見るように UPA 政権の評価である。後の第 5 章の表 5-1 に見られるように，選挙民の「物価」や「失業」といった生活に根ざす経済感覚は選挙で非常に重要な位置を占める。2 つの表を合わせて考えれば 2009 年の選挙時点で UPA 政権に対する評価，特に経済的評価は過去の政権に比べてかなり高いものであったことは疑いない。近年の選挙では与党が敗北する方が一般的であったが，UPA が政権を維持できた基本的理由は経済的実績に対する高い評価であろう。

　もう一つ重要な要因は BJP が 2 つの意味で求心力を停滞させたことである。一つは NDA 内での求心力のゆるみである。政権にあったときは BJP は中央で政権を率い様々な政策的恩恵を他の政党に配分したことが求心力の一つの源泉であったが，野党である以上そのような強みはない。もう一つの求心力のゆる

みはBJPのヒンドゥー・ナショナリズムの影響力の停滞である。これは短期的な影響というよりも，中・長期的な要因と考えた方がよいと思われる。1980年代末から1990年代にかけてのヒンドゥー・ナショナリズムの高揚は，会議派政治の失敗とあいまって，北部，西部を中心としてBJPへの支持拡大の大きな要因となった。しかしヒンドゥー・ナショナリズムは，ウッタル・プラデーシュ州やビハール州などの例を見れば，ヒンドゥーをまとめるというよりも，かえって，ヒンドゥー内のカースト政治を活性化させ，BJPの支持基盤を掘り崩してしまう場合もあった。ヒンドゥー・ナショナリズムによってヒンドゥーをまとめ上げるのにある程度成功したのは，後章で分析されるようにグジャラート州だけであろうと考えられる。BJPが期待したヒンドゥー・ナショナリズムによるヒンドゥーの統合とその統合されたヒンドゥーのBJPへの支持は，部分的にしか実現しなかったといえよう。これが求心力停滞の2つめの側面である。

　以上のような諸要因が会議派とその協力政党に勝利をもたらした。第2次UPAは過半数に届かないまでも262議席を獲得し，NDAが159議席にとどまったため，他の政党の支持取り付けには大きな困難はなかった。5月19日の時点でUPA以外から社会主義党，BSP，民族ジャナター・ダルなどの支持を取り付けて合計316議席を確保した。安定過半数が確実となった時点でマンモーハン・シンが組閣をまかされ，5月下旬には新政権が成立した。

第2次UPA政権

　第2次UPA政権は第1次UPA政権の政策と課題を受け継いだ政権であり，大きな断絶はなかった。政策に大きな断絶がないのは選挙で再選された以上，与党連合の政策的合意，イデオロギー，利害関係などが大きく変更される必要性が認識されなかったからである。そのような政治的「慣性」は政局の悪化がない場合は問題にならないが，しかし，事態が悪化する場合は思い切った政策変更ができず，問題が生じることを意味する。治安面に関しては，大きな問題であった極左勢力のナクサライトによる紛争の犠牲者は前掲図3-9のように2009，2010年にピークを迎えるが，その後は徐々に押さえ込まれつつある。

一方，2012年7月にはアッサム州平野部のボド部族民とムスリム住民の衝突で多くの犠牲者が出るなど北東部の民族紛争の根深さが露呈した[94]。このように各地で民族紛争，エスニック紛争は引き続き発生しているが，全体的に見ると極端な事態の悪化はない。問題は経済状況の悪化であった。

経済は，第2次UPA政権の初期の2010年までは一時的な落ち込みはあったが成長を維持した。すなわち，2008年に入ると製造業を中心に停滞が目立ち，そこにリーマン・ショック[95]を発端とする世界同時不況や原油高が重なり，成長は落ち込んだが，インドは輸出依存度が低く，また，景気刺激策が奏功しサービス業部門や消費が堅調に推移したため2009年から2010年にかけて成長は持ち直した。しかし，景気回復はインフレ率の上昇をも同時に招き，それを解消するための金融引き締めが2010年中頃から段階的に強化されたが，世界経済の成長の停滞と需要減など外的環境の悪化なども加わり，結果的に鉱工業部門など経済にマイナスの影響を与えた。インド経済は2011年以降，インフレは高止まりしつつも，成長は顕著に減速し，スタグフレーション的状況に陥った。2009-2010年度から2012-2013年度の期間，消費者物価指数は12.3％，10.5％，8.4％，10.2％であったのに対して，同時期の実質GDP成長率は8.6％，8.9％，6.7％，4.5％と減速が明らかであった[96]。

このような経済停滞の要因として重要なのは，慢性的な財政赤字に象徴される中長期的，構造的要因である。中でも政治的に大きな要因としては前述の競

---

94) 先住民とされる「ボド」（Bodo）はアッサム州西部の平野部に住む州人口の約5％を占めるSTsである。この地域はムスリムや他民族が流入してきた歴史があり，土地などをめぐり暴力的紛争がしばしば起こっていた。このような背景から「ボド民族」の自治を求める運動が過激化した。2003年には中央政府，アッサム州政府，「ボド解放の虎」との間で協定が結ばれ「ボドランド領域協議会」が2005年に設立された。しかし，州を求める運動は収まっておらず，たびたび大規模な暴力事件が起こっている。2012年7月からの暴力事件もボドの自治権運動，流入してきたムスリム住民への反発などが背景にある（近藤［2013：473-475］）。

95) 2008年9月，アメリカの投資銀行であるリーマン・ブラザーズが破綻した。これを契機に世界的金融危機が起こり，世界経済に深刻な影響を与えた。

96) 同時期の卸売り物価指数は8.0％，3.6％，9.6％，8.8％，7.5％であった（計画委員会，http://planningcommission.nic.in/data/datatable/0306/table%201.pdf，2014年6月1日アクセス）。

合的ポピュリズムが指摘できる。特に農民，農村に関連する補助金は，「大衆」が関係するだけに削減は難しい。

　先に指摘したように，肥料補助金や食糧補助金などが大きく削減される傾向はほとんど見られない。石油価格の高騰を抑えるための中央政府の石油補助金は 2011-2012 年度は GDP の 0.28％であった[97]。電力補助金の重荷も大きい。州政府などの電力補助金は農業用電力に対する補助部分が大きいが，その比重は 2011-2012 年度は GDP の 0.64％を占めた[98]。また，NREGS が 2009 年 10 月に MGNREGS と改名されたことが象徴的に示すように，農村貧困緩和事業も比重が大きい。MGNREGS は確かに農村の小規模公共事業を通じて農村貧困層に雇用と所得を供給したが，作られた村レベルの道路・溜池などは農業生産にどれほど貢献しているか不明であり，一方，所得の上昇は貧困層の消費需要，特に食料品に対する需要の顕著な拡大につながり，食糧インフレの一つの要因になったとされる。さらに 2013 年 9 月には，8 億ともいわれる低所得者層に低価格で穀物を供給する「全国食糧安全保障法」(National Food Security Act) が成立した。これらの諸事業は必然的に補助金を増大させる。このような大衆に直接的に影響する補助金を容易に削減できない UPA 政治の特徴には大きな変化はなく，その分だけ財政赤字の削減は難しい。

　一方，他の部門に関しては，労働関連諸法など改革が難しい部門では改革は遅々として進んでいない。しかし，外資導入に関しては，跛行的であったが，経済停滞を背景に 2012 年からようやく政府は本腰を入れ始めた。2012 年 9 月には FDI の投資上限が民間航空業では 49％まで，放送業は 74％までと発表され，先に述べたように 10 月には保険分野で FDI の出資上限がようやく

---

97) 連邦政府予算資料 (http://indiabudget.nic.in/ub2011-12/eb/npe.pdf, 2014 年 6 月 1 日アクセス) より筆者作成。この値は 2012-2013 年度 0.43％，2013-2014 年度 0.57％と増大傾向にある。

98) 州政府の補塡を差し引いたネットの額で計算。補助金データは Indiastat データベース (http://www.indiastat.com/table/economy/8/subsidy/7457/767376/data.aspx, 2014 年 6 月 1 日アクセス) より。V. サンタクマールによると，第 1 次 UPA 政権では電力改革のスピードは低下したと考えられている。また，その分析によると，多くの人が補助金の恩恵を受けていると認識されているとき改革は難しくなる (Santhakumar [2008 : 47, 188-192])。この問題に関しては福味 [2013] も参照。

26%から49%に引き上げられる決定がなされた[99]。また，2012年12月には総合小売業へのFDIの出資比率上限が51%まで引き上げられた。総合小売業に51%までのFDIを認める閣議決定は2011年11月に出ていたが，同部門は中小の多くの業者を抱える部門であるため，外資の参入に対する反発が強く，主要野党，中小流通業界団体に加えて，UPA内のDMKや草の根会議派からも反対され，一旦は棚上げされたという経緯があった。草の根会議派はあくまで反対に固執し，2012年9月にはUPAを脱退した。

以上のように第2次UPA政権は，一方では競合的ポピュリズムの政治の重荷にあえぎ，構造改革も後手に回った。そのためもあって2013-2014年度では連邦政府の財政赤字（Fiscal Deficit）はGDP比で4.5%となり，税収および税外収入に占める利払い，主要補助金，年金を合わせた額の占める割合は62.7%となり，開発支出を大きく圧迫している[100]。CPI（M）など左派勢力と決別した第2次UPA政権は前掲図3-7に示したように中央政府公企業の株放出をレベルアップするなど財政赤字補塡を進めたが赤字解消には程遠い。これが政府によるインフラ建設が大きく進まない大きな要因の一つとなっており，経済成長のボトルネックとなっている。

農村の困窮については，様々な政府報告書が農業によって対処できる限界を超えていると評している（GOI (Department of Economic Affairs, Ministry of Finance) [2007 : 69]）。このように構造的に農村が行き詰まりを見せ，様々な貧困緩和事業や補助金事業の強化にもかかわらず，食料品を中心とするインフレの高進は貧困大衆の生活を圧迫している。一方，製造業など雇用創造に大きく寄与する部門の成長の鈍化は今や明らかである。第2次UPA政権発足時の人々の期待は落胆に変わったことは間違いない[101]。

---

99)「決定」はされたが，立法化はされず，結局2014年5月までのUPA政権中は実現されなかった。
100) 連邦政府予算資料（http://indiabudget.nic.in/ub2013-14/eb/npe.pdf, 2014年6月1日アクセス）より作成。
101) 第2次UPA政権の経済実績に対する低い評価から2014年の4, 5月に行われた連邦下院選挙では，会議派は惨敗する。UPA政権末期の国民のムードについては，*India Today* "Moad of the Nation", February 3, 2014を参照。

まとめ

　本章では1980年代から2000年代までの状況を各政権ごとに詳しく分析した。本章の末に添付した資料1は多党化が本格的に始まった1989年から2009年までの政党システムの変遷を示したものである。このような多党化と連合政権の常態化という政治展開をもたらした出発点は，開発政策の失敗から生じた危機の10年を経た後の人々の政治意識の流動化と，社会経済開発の停滞による広範な人々の不満である。それが独立以来，政治の柱となっていた会議派の支持基盤を大きく揺り動かすことにより，政党システム内の政治的競合を激化させ，それまで会議派政治が押さえ込んできた様々な争点を政治の中心に持ち込んだのである。

　そのような争点のうち長期的に見て最も重要なのは経済の構造改革であった。独立以来インド経済が他の途上国と比べて停滞し，たびたび経済危機に見舞われるのは従来の経済政策体系の欠点ゆえにであるとの認識は，1980年代までに徐々にテクノクラートや政治家の間に広がった。1980年代の2つの会議派政権は徐々に経済構造改革・自由化に向かったが，それはそのような認識の広がりとともに，政策変更を促す政治的競合があり，かつ与党政治が政策変更を行う自律性を保持していたからである。ただし，政策変更は様々な政治的・経済的条件に制約され跛行的なものとならざるをえなかった。例えば，1982年に改正された「労働争議法」の例のように経済自由化に逆行するような政策変更が行われ，従来の「社会主義型社会」政策の保持と自由化への方向性という2つの矛盾する方向性が混在することもあった。そのため2つの方向性を調整し，橋渡しする政策も現れた。例えば，輸入自由化品目の拡大，1985年の「経営不振企業（特別規定）法」や1987年に設立された「産業金融再建委員会」である。また，主に農村の貧困大衆の政治的支持を取り付けるための貧困緩和事業の強調は，改革を進め与党政権の政治的地盤を保持するため，不可欠の政策であったと考えられる。このようにこの時期，跛行的な過程をたどったが，にもかかわらず，全体的に見ると自由化は徐々に進んだと見る

べきであろう。そのピークが1991年の本格的な構造改革の開始であった。本格的な改革に踏み出しえたのは，改革の必要性の認識の広まり，政治的競合，与党の政治的自律性に加えて，1980年代に自由化への動きが徐々に開始されていたからである。このような諸条件がそろったため，経済危機や国際機関の圧力を引き金として，大胆な改革が開始されえたのである。改革を開始するにあたり大きな抵抗がなかったのも，同じ要因から説明されると考えられる。

1991年の構造改革の開始では，輸出補助金の廃止と貿易の自由化，産業ライセンス制度対象部門の大幅な縮小，外資規制の大幅な緩和などが行われ，独占および制限的取引法はより合理的な姿に改められた。これらによって「ライセンス・ラージ」撤廃が明らかになった。しかし，改革の特徴は貧困緩和を重視するなど「人間の顔をした」調整が同時に求められたことである。そのため，歳出削減の努力にもかかわらず，肥料補助金や食糧補助金は基本的に維持された。また有効性は必ずしも明確ではないが，経営不振企業の立て直しや解散，労働者のリストラ対策として，1992年に「国家再生ファンド」が創設されることになる。

その後，会議派から他の政党に代わっても改革は受け継がれ，基本的に後退はない。その最大の要因は構造改革が経済成長につながることが次第にはっきりしてきたからで，特に2003年から2010年までは顕著な実績を収めた。それに加えて一旦，構造改革が本格的に開始されると，改革は他部門にも波及せざるをえないことになるからである。例えば，貿易やFDIの自由化は国内の様々な不合理な規制を撤廃させる圧力になった。なぜなら，不利な規制を背負っていては国内企業は競争に敗れてしまうからである。

BJPの連合政権になってからは，そのような方向性が加速した。1999年3月には防衛，原子力，鉄道以外の非戦略的産業の中央政府の公企業は持株比率を，原則として26％まで引き下げる方針を決定した。また，同年12月には統制的な外国為替規制法に代わって「外国為替管理法」が成立し，2003年には「競争法」が施行された。村落・小規模工業の保護のための生産留保も対象品目が徐々に削減されていく。また，予算規律の回復を目指す「財政責任・予算管理法」を2003年8月に成立させた。このように改革が加速した理由の一つ

は，BJP の支持基盤の重心が改革によって恩恵を受ける，社会の中・上位層にあるからと考えられる。

　2004 年に政権に復帰した会議派 UPA 政権も改革を進めるが，会議派の支持基盤が貧困大衆寄りであることを反映する形で「競合的ポピュリズム」が明確になったことが特徴である。その象徴が NREGS/MGNREGS であった。この事業は確かに農村貧困層に安定的所得を保障するセーフティー・ネットとして意味のある事業であるが，しかし，それが実現したのは会議派が野党との政治的競合において農村貧困大衆の政治的支持を「包摂」するという競合的ポピュリズムの要素があったからである。各種の補助金政策についても同様である。また，この頃までに比較的に簡単な改革は達成され，改革が難しい部門が残ったことは，改革のスピードが低下する大きな理由となった。公企業改革，総合小売業部門への FDI 上限の引き上げなどは改革が徐々に進んではいるものの，スピードが遅い。UPA 政権は反労働者，反大衆というレッテルを貼られることを恐れて，急速な改革はできなかった。また，労働関係諸法など改革の必要性が叫ばれていてもまったく手がつけられていない分野もある。これらの例も，競合的ポピュリズムも，会議派連合政権の改革には「労働者」や「大衆」の利益と大きく衝突しないという制約があることを示している。

　競合的ポピュリズムは経済成長が順調なときには，政治的支持を調達する便利な戦略であるが，ひとたび成長が鈍ると，政府の開発予算を圧迫し，一方では貧困大衆の需要圧力を高めて，インフレの原因にもなる。これが第 2 次 UPA 政権の後半にインフレが高止まりし，貧困大衆の支持がかえって与党から離反していく一つの大きな原因になったと考えられる。

　以上のように中央政府の構造改革は，公企業や労働関係諸法のように難しい分野を取り残しつつ，また，競合的ポピュリズムという性格を色濃く残しながら，いわば，「まだら模様」の状態のまま進んでいる。しかし，まだら模様の状態とはいえ，構造改革は波及していかざるをえない。規制改革によって中央政府の役割が縮小すると，企業や FDI の誘致競争などを通じて州政府にも改革は広がっていくことになるが，州政府の政治社会状況には大きな違いがあり，改革をスムーズに進められるグジャラート州のような州もあれば，後進的

な部族民地域を抱え深刻な社会問題にさいなまれて改革を容易に進めえない州もあり，州レベルではまだら模様はさらに複雑な状況を呈しているといえる。しかし，全ての州は今や経済自由化という不可逆の環境の下で改革を進めざるをえない状況にある。

　この時期，構造改革の他に，政治の場に持ち出されたもう一つの重要な争点は，エスニック問題である。その大きな原因はやはり，人々の政治意識の流動化，会議派に対抗するための野党の戦略的結集などによる政治競争の激化であった。

　人々の政治意識の流動化が高いレベルにあったのは，1980年の連邦下院選挙で人々がジャナター党政権の失敗に対して反発し，インディラ・ガンディー会議派に勝利をもたらしたこと，1984年のインディラ・ガンディー首相暗殺に対して同情票というウェーヴが顕著に表れたことなどから明らかと思われる。そのような高い流動性があったからこそ，1989年には逆に会議派は得票率が約10％も低下し，大敗するのである。

　選挙民の政党選択の流動化に加えて，この時期，選挙のたびに勢力図が大きく変動するようになったのは，「反会議派主義」を軸として野党がまとまるという戦略が野党の間で徐々に学習されたことにもよる。優勢な与党会議派に対抗する必要上，イデオロギー的差異を超えて野党はまとまる必要があった。反会議派主義は小選挙区制の効果とも相まって，選挙で勢力の接近する2大政党的状況を作り出し，議席数の変動を得票率の動き以上にさらに大きく増幅した。反会議派主義が最初に典型的に現れたのは，1977年のジャナター党であった。1989年の選挙でも反会議派主義はジャナター・ダルを中心に中道の州政党が国民戦線を形成し，それを互いに相容れないはずのBJPと左翼政党がともに支持するという形をとった。この2つの例では，反会議派主義が成功し，政権を獲得した。しかし，反会議派主義は政党の連合を促す要因とはなっても，政党間で利害関係が異なる状況を大きく変えるものではなかった。従って，政権獲得後，政権内で紛争が起きる可能性は単独政権の場合より遙かに大きかった。ジャナター党政権も国民戦線政権も，会議派からの政治的揺さぶりというよりも，政権内の派閥抗争が失敗の致命的要因となった。別の角度

から見ると，反会議派主義は州レベルで会議派と争う州政党を結合させる要素であり，会議派政権が中央集権的な政策を行う場合，その反作用として現れるもので，従って，会議派が下野するとその意味を失う。よって，結束の弱い連合は政権に就いた瞬間から分裂傾向が露わにならざるをえない。反会議派主義は1990年代には会議派の支持基盤の縮小もあって弱まっていくが，会議派を超える政党も出現しないまま分裂傾向が顕著になる。その結果生まれたのが1996年の統一戦線政権であった。同政権の場合，内部の大きな亀裂は表面化しなかったが，閣外から支持を与えた会議派が長期政権を望まなかったことから短期に崩壊した。このような政党の合従連衡が政党システムの変動を加速した。

　以上のように，この時期に人々の政治意識の流動化，政党システムの変動の加速によって，中央レベルでも頻繁に政権交代があったことは，激しい政治的競合が政党システム内に生じたことを意味する。政治的競合の激化は，会議派政権の下では従来抑えられていた様々な潜在的な争点を政治に巻き込み競り上げる。それは社会の亀裂を深め，さらに政党システムを流動化させた。1980年代を通じて北インドを揺るがしたパンジャーブ問題，会議派中央政府と州政府の対立などは，当時の会議派の介入主義的性格を示すものであるが，会議派がそうならざるをえなかったのは政党間の政治的競合の激化という状況があったからである。

　政党間の政治的競合の激化によって，政治に巻き込まれ競り上げられた争点で重要なものは，中央政府関係機関におけるOBCsへの留保政策とヒンドゥー・ナショナリズムであった。これらは，政権の分裂劇，政党間の政治的競合などを通じて政治の前面に持ち出され，1990年の中央政府関連職のOBCsへの留保政策をめぐる北インドの混乱，1992年12月のアヨーディヤーのバーブリー・モスク破壊事件とコミュナル暴動など社会不安を惹起し，社会的亀裂意識を顕在化させることになった。社会的亀裂の構造は，インドの多様な社会構造を反映して州によって大きく違うため，これらの争点の顕在化はインド全体で一様な反応を呼び起こすものではなかった。しかし，北インドではこの2つの争点は重なり合い，大きな混乱となった。OBCsへの留保政策は，

OBCs を政治的に包摂しようとするもので，OBCs と他の階層の間の「まだら模様」をきわだたせるものであったが，それに対してヒンドゥー・ナショナリズムはヒンドゥー諸階層を均一化することでまだら模様を薄めようとするものであったからである。混乱の余波で会議派の支持基盤は蚕食されていく。大票田の北インドで支持基盤が縮小したことが，会議派が 1990 年代以降，過半数を確保できない基本的な要因となり，退潮が加速することにつながるのである。

　以上をさらに単純化すると次のようになる。まず，会議派の長期的な後退から政治的流動化と競合激化が起こり，そこから一方で経済構造改革の本格化の動きが生まれ，一方で，アイデンティティ政治の顕在化が起こった。そして，この 2 つの要因が重なって会議派の支持基盤は縮小し，政党システムの変動が加速したのである。重要な疑問は，このような流れの中で政治はどのように基本的な安定性を維持したのかという点である。最後にこの点を検討してみたい。
　一つのポイントは連合政治の常態化の影響である。政治の軸となる会議派，BJP とも中央で安定政権を確立するためには，戦略的に他の政党との連合を組まざるをえなかった。そして，政党間の連合を維持するために政策やイデオロギーの妥協をせざるをえないという制約が課せられた点が重要である。1991 年以降の会議派の構造改革が，左翼政党や州政党の要求で跛行的にならざるをえなかったのはその例である。改革が跛行的となったことで，経済的には構造改革は遅れたが，しかし，それは政治的・社会的に利害関係の調整が行われる過程であって，それによって徐々に構造改革の必然性が浸透し，改革が大きな混乱なく次第に定着する要因となった，と考えられる。また，BJP の場合，極端なヒンドゥー・ナショナリズムの宣揚は社会の分裂につながり，多様な社会的要素の反作用でかえって反 BJP の勢力を結集させるから，BJP は安定政権を打ち立てるためにはヒンドゥー・ナショナリズムを自制せざるをえなかった。仮に強引にヒンドゥー・ナショナリズムを進めるならば，それは政治的・社会的に大きなコストを覚悟しなければならないということになる。連合政治

はヒンドゥー・ナショナリズムにも大きな制約を課したというべきである。

このように，連合政治の制約が大きいということは，そのような制約から抜け出るための戦略が出現し，それがかえって政治経済の不安定性を拡大するという懸念もある。一つの戦略は「大衆」の支持を直接取り付けることである。中でも重要なのは，会議派が政権にあるとき典型的に現れた「競合的ポピュリズム」である。仮に大衆が長期的視野を持ち，構造改革のコストを受け入れるならば，政権は競合的ポピュリズムを持ち出す必要性はないだろう。しかし，インドのように格差が極端な社会では，改革のコストが集中するであろう貧困大衆はそのコストを一手に引き受けることには強く反発する。それは与党の不支持という形で現れる。このような事態を避け政権を維持するためには，貧困大衆向けに競合的ポピュリズムは残らざるをえないし，大きな不平等が存在する以上，ある程度の競合的ポピュリズムは一種の社会的な所得移転，福祉政策，あるいは政治社会の安全弁として必要でさえあるといえる。もっとも競合的ポピュリズムを必要以上に拡大し一般化することは，与党が大衆の支持を直接的に調達し，競合する政党に対して優位に立とうとする戦略の現れでもある。

しかし，競合的ポピュリズムは無制限に拡大できない。そこには財政制約があり，特に，経済成長が停滞するときは，実施は困難となるし，またそれが大規模になればなるほど，中・上位の階層の反発も大きくなり，またインフレという形で経済的反作用も大きくなり，かえって与党の支持は減少するであろう。このような形で競合的ポピュリズムにも大きな制約があることは極めて明らかである。

この時期の政治は会議派という伝統的な政治の軸を失って，時には民主主義からはみ出してしまうようにも見えるが，以上で説明したように，ヒンドゥー・ナショナリズムにせよ，競合的ポピュリズムにせよ，そのような「はみ出す」動きには一定の制約があり，それが復元力となって，民主主義体制にバランスをもたらしている。それが政治の安定性が保持されている基本的な理由であると考えられる。そして，そのような復元力をもたらす「制約」を生み出すベースにはインド社会の多様性という構造的特性があるのである。

資料1　1989年以降の政党システムの構図（選挙直後の状況）

【1989年総選挙後の主要政党の協力関係】
- 会議派とその友党［総計208］
  会議派［197］，全インド・アンナ・ドラヴィダ進歩連盟（AIADMK）［11］
- BJP［86］*
  BJP［86］
- 国民戦線［総計145］*
  ジャナター・ダル（Janata Dal）［142］，ドラヴィダ進歩連盟（DMK）［0］，テルグー・デーサム党（Telugu Desam Party）［2］，アッサム人民評議会（Asom Gana Parishad）［―］**，会議派（社会主義）（Indian Congress (Socialist)）［1］
- 左翼戦線［総計52］
  インド共産党（マルクス主義）（CPI（M））［33］，インド共産党（CPI）［12］，革命的社会党（Revolutionary Socialist Party）［4］，全インド前衛ブロック（All India Forward Bloc）［3］
- その他［52］

　*：BJPと国民戦線は北インド，西インドのかなりの選挙区で選挙協力を行った。
　**：アッサムでは治安悪化のため選挙は行われず連邦下院における議席は空席。

【1991年総選挙後の主要政党の協力関係】*
- 会議派とその友党［総計243］
  会議派［232］，全インド・アンナ・ドラヴィダ進歩連盟（AIADMK）［11］
- BJP［120］
  BJP［120］
- 国民戦線［総計74］
  ジャナター・ダル［59］，ドラヴィダ進歩連盟（DMK）［0］，テルグー・デーサム党［13］，アッサム人民評議会［1］，会議派（社会主義）［1］
- 左翼戦線［総計56］
  インド共産党（マルクス主義）（CPI（M））［35］，インド共産党（CPI）［14］，革命的社会党［4］，全インド前衛ブロック［3］
- その他［50］

＊：1992年に遅れて実施されたパンジャーブ州の結果などは含まない。ジャンムー・カシミール州では選挙は実施されなかった。

【1996年総選挙後の主要政党の協力関係】
・会議派とその友党 ［総計140］
　会議派 ［140］, 全インド・アンナ・ドラヴィダ進歩連盟 （AIADMK） ［0］
・BJP連合 ［総計195］
　BJP ［161］, シヴ・セーナー （Shiv Sena） ［15］, サマター党 （Samata Party） ［8］, ハリヤーナー発展党 （Haryana Vikas Party） ［3］, アカリー・ダル （Akali Dal） ［8］
・統一戦線 ［総計179］
　《地方政党》ジャナター・ダル ［46］, 社会主義党 （Samajwadi Party） ［17］, ドラヴィダ進歩連盟 （DMK） ［17］, 大タミル会議派 （Tamil Maanila Congress） ［20］, テルグー・デーサム党 ［16］, アッサム人民評議会 ［5］, 会議派（テワリー）（Indian National Congress (Tiwali)） ［4］, マディヤ・プラデーシュ発展会議派 （Madhya Pradesh Vikas Congress） ［1］, カルナータカ会議派党 （Karnataka Congress Party） ［1］
　《左翼》インド共産党（マルクス主義）（CPI (M)） ［32］, インド共産党 （CPI） ［12］, 革命的社会党 ［5］, 全インド前衛ブロック ［3］
・その他 ［29］

【1998年総選挙後の主要政党の協力関係】
・会議派とその友党 ［総計162］
　会議派 ［141］, ジャールカンド解放戦線 （Jharkhand Mukti Morcha） ［0］, 民族ジャナター・ダル （Rashtriya Janata Dal） ［17］, インド共和党 （Republican Party of India） ［4］
・BJP連合 ［総計259］
　BJP ［182］, シヴ・セーナー ［6］, サマター党 ［12］, ビジュー・ジャナター・ダル （Biju Janata Dal） ［9］, アカリー・ダル ［8］, 草の根会議派 （Trinamool Congress） ［7］, ローク・シャクティ （Lok Shakti） ［3］, ハリヤーナー発展党 ［1］, NTRテルグー・デーサム党 （NTR Telugu Desam Party） ［0］, 全インド・アンナ・ドラヴィダ進歩連盟 （AIADMK） ［18］, 労働者党 （Pattali Makkal Katchi） ［4］, 復興ドラヴィダ進歩連盟 （Marmaralchi Dravida Munnetra Kazhagam） ［3］, タミザガ・ラジーヴ会議派 （Tamizhaga Rajiv Congress） ［1］, ジャナター党 （Janata Par-

ty）［1］，その他［4］
- 統一戦線　［総計 98］
《地方政党》ジャナター・ダル［6］，ドラヴィダ進歩連盟（DMK）［6］，大タミル会議派［3］，テルグー・デーサム党［12］，社会主義党［21］，アッサム人民評議会［0］，JK 民族協議会（Jammu and Kashmir National Conference）［2］
《左翼》インド共産党（マルクス主義）（CPI（M））［32］，インド共産党（CPI）［9］，革命的社会党［5］，全インド前衛ブロック［2］
- その他
大衆社会党（Bahujan Samaj Party）［5］，ハリヤーナー・ロク・ダル（Haryana Lok Dal）［4］，ムスリム連盟（Muslim League）［2］，ケーララ会議派（マニ派）（Kerala Congress (Mani)）［1］，アッサム少数派統一戦線（United Front of Assam Minorities）［1］，社会主義人民党（Samajwadi Janata Dal）［1］，民族ロク・ダル（Rashtriya Lok Dal）［1］，マニプル州会議派（Manipur State Congress）［1］，自治州要求委員会（Autonomous State Demand Committee）［1］，シッキム民主戦線（Sikkim Democratic Front）［1］，農民労働者党（Peasants and Worker's Party）［1］，全インド・ムスリム評議会（All India Majlis-E-Ittehadul Muslimeen）［1］，全インド・インディラ会議派（世俗主義）（All India Indira Congress (Secular)）［1］，無所属［3］

【1999 年総選挙後の主要政党の協力関係】

- 会議派とその友党　［総計 136］
会議派［114］，全インド・アンナ・ドラヴィダ進歩連盟（AIADMK）［10］，民族ジャナター・ダル［7］，民族ロク・ダル［2］，ムスリム連盟［2］，ケーララ会議派（マニ派））［1］
- 国民民主連合（NDA）と友党　［総計 304］
BJP［182］，ジャナター・ダル（統一派）（Janata Dal (United)）［21］，シヴ・セーナー［15］，ドラヴィダ進歩連盟（DMK）［12］，ビジュー・ジャナター・ダル［10］，草の根会議派［8］，労働者党［5］，インド国民民衆党（Indian National Lok Dal）［5］，JK 民族協議会［4］，復興ドラヴィダ進歩連盟［4］，アカリー・ダル［2］，民主会議派党（Akhil Bhartiya Lok Tantrik Congress）［2］，マニプル州会議派［1］，ヒマーチャル開発会議派（Himachal Vikas Congress）［1］，シッキム民主戦線［1］，MGR アンナ・ドラヴィダ進歩連盟（MGR Anna Dravida Munnetra Kazhagam）［1］，無所属［1］

テルグー・デーサム党［29］＊
・その他
《左翼戦線》インド共産党（マルクス主義）（CPI (M)）［33］，インド共産党（CPI）［4］，革命的社会党［3］，全インド前衛ブロック［2］，ケーララ会議派（Kerala Congress）［1］
《地方政党》社会主義党［26］，大衆社会党［14］，ナショナリスト会議派党（Nationalist Congress Party）［8］，ジャナター・ダル（世俗主義）（Janata Dal (Secular)）［1］，インド共産党（マルクス・レーニン主義）（解放）（Communist Party of India (Marxist-Lenist) (Liberation)）［1］，社会主義人民党［1］，大衆協会（Bharipa Bahujan Mahasangha）［1］，農民労働者党［1］，全インド・ムスリム評議会［1］，アカリー・ダル（マン派）（Akali Dal (Mann)）［1］，無所属［5］

＊：閣外からNDAを支持。

【2004年総選挙後の主要政党の協力関係】

・統一進歩連合（UPA）＊［総計222］
会議派［145］，民族ジャナター・ダル［24］，ドラヴィダ進歩連盟（DMK）［16］，ナショナリスト会議派党［9］，労働者党［6］，テーランガーナー民族会議（Telangana Rashtra Samithi）［5］，ジャールカンド解放戦線（Jharkhand Mukthi Morcha）［5］，復興ドラヴィダ進歩連盟［4］，人民の力党（Lok Jan Shakti Party）［4］，ジャンムー・カシミール人民民主党（Jammu and Kashmir People's Democratic Party）［1］，ムスリム連盟［1］，インド共和党（アーンベドカル派）（Republican Party of India (Ambedkar)）［1］，全インド・ムスリム評議会（All India Majlis-E-Ittehadul Muslimeen）［1］
《左翼戦線》（UPA支持）
インド共産党（マルクス主義）（CPI (M)）［43］，インド共産党（CPI）［10］，革命的社会党［3］，全インド前衛ブロック［3］
《その他UPA支持》
社会主義党［36］，大衆社会党［19］，民族ローク・ダル［3］，ジャナター・ダル（世俗主義）［3］，シッキム民主戦線［1］，ケーララ会議派［1］
・国民民主連合（NDA）とその友党［総計187］
BJP［138］，シヴ・セーナー［12］，ビジュー・ジャナター・ダル［11］，ジャナター・ダル（統一派）［8］，アカリー・ダル［8］，全インド草の根会議派（All In-

dia Trinamool Congress）[2]，ナガランド人民戦線（Nagaland People's Front）[1]，ミゾ民族戦線（Mizo National Front）[1]，インド連邦民主党（Indian Federal Democratic Party）[1]，全インド・アンナ・ドラヴィダ進歩連盟（AIADMK）[0]テルグー・デーサム党[5]**

・その他

アッサム人民評議会[2]，JK 民族協議会[2]，国民民主党（National Loktantrik Party）[1]，社会主義人民党（民族）（Samajwadi Janata Party (Rashtriya)）[1]，インドの新しい力（Bharatiya Navshakti Party）[1]，無所属[5]

*：UPA は選挙後に結成された。
**：閣外から NDA を支持。NDA が政権から転落後，協力関係をやめる。

【2009 年総選挙後の主要政党の協力関係】

・統一進歩連合（UPA）[総計 262]

会議派[206]，全インド草の根会議派[19]，ドラヴィダ進歩連盟（DMK）[18]，ナショナリスト会議派党[9]，JK 民族協議会[3]，ジャールカンド解放戦線（Jharkhand Mukti Morcha）[2]，ムスリム連盟（Muslim League）[2]，ケーララ会議派（マニ派）[1]，全インド・ムスリム評議会[1]，解放パンサー党（Viduthalai Chiruthaigal Katchi）[1]，インド共和党（アトヴァレ派）（Republican Party of India (Athvale)）[0]

・国民民主連合（NDA）[総計 159]

BJP[116]，ジャナター・ダル（統一派）[20]，シヴ・セーナー[11]，民族ローク・ダル[5]，アカリー・ダル[4]，テーランガーナー民族会議[2]，アッサム人民評議会[1]，インド国民民衆党（Indian National Lok Dal）[0]

・第 3 戦線[総計 79]

《左翼戦線》インド共産党（マルクス主義）（CPI (M)）[16]，インド共産党（CPI）[4]，革命的社会党[2]，全インド前衛ブロック[2]

《その他》大衆社会党[21]，ビジュー・ジャナター・ダル[14]，全インド・アンナ・ドラヴィダ進歩連盟（AIADMK）[9]，テルグー・デーサム党[6]，ジャナター・ダル（世俗主義）[3]，ハリヤーナー人民会議派（Haryana Janhit Congress）[1]，復興ドラヴィダ進歩連盟[1]，労働者党[0]

・第 4 戦線[総計 27]

社会主義党[23]，民族ジャナター・ダル[4]，人民の力党[0]

・その他政党，無所属[16]

アッサム統一民主戦線（Assam United Democratic Front）［1］，ナガランド人民戦線［1］，シッキム民主戦線［1］，大衆開発戦線（Bahujan Vikas Aaghadi）［1］，ボドランド人民戦線（Bodoland People's Front）［1］，ジャールカンド開発戦線（民主主義）（Jharkhand Vikas Morcha (Prajatantrik)）［1］，自尊党（Swabhimani Paksha）［1］，無所属［9］

出所：筆者作成。
注：［　］内は基本的に選挙後の獲得議席数であるが，直近に行われたやり直し選挙や補欠選挙の結果を含むこともある。原則としてインド選挙委員会の統計に従った。政党名は様々な言語で表記されるため日本語訳だけでは混乱を生むので，（　）内にローマ字表記の政党名を初出時に入れた。

第 II 編

政治意識の変化と民主主義体制

第II編では，第I編で詳述した政治変動，特に政党システムの変動がどのような社会経済の構造変動によって引き起こされているのか，さらには政党システムも含めて民主主義制度を人々がどのように捉えているのか，マクロな視点から探ってみたい。民主主義体制では中心的な政治的決定を行う場である政党システムは，人々の政治意識の変化に影響されて変化していくが，政治意識の変化は社会の変動と密接な関係があるだろう。社会変動が，大きなうねりとして，人々の政治意識を通じて政党システムにどのような影響を与えてきたかを把握することは，民主主義のダイナミクスを把握するために不可欠である。政党システムと人々とを媒介する主要な制度的チャンネルは選挙である。インドでは連邦下院，州立法議会から下位のパンチャーヤト制度まで様々なレベルで選挙が行われている。選挙はジャンムー・カシミール州や北東部などでは政府の圧力があらわで公正な選挙と認められない場合もあったし，また多くの不正が見られることも事実である。しかし，それら周辺部を除けば，連邦下院選挙と州立法議会選挙を所管する中央の選挙委員会の役割は高く評価され，選挙委員会は大体において公正かつ自由な選挙を行ってきたとされる。従って，インドの主要地域で人々の政治意識をマクロに捉えるものとして選挙データを分析することは非常に有用であると考えられる。特に連邦下院選挙は全インド的な構造変化を捉えるためには重要である。

　この第II編では，まず，第4章において連邦下院選挙の投票率に焦点を当て政治参加と社会構造，あるいは州という政治構造との関係を探る。社会経済変動は中長期的に見ると，人々の政治参加という，民主主義体制において最も重要な変数に影響を及ぼすことは間違いない。政治参加の一形態としての選挙において，社会構造や，州という政治的境界がどのような影響を与えるのか，この点を時系列的にたどることによって，政治参加が社会経済構造の影響から徐々に脱し，「政治的なもの」となる姿が浮かび上がってくるであろう。次に第5章では，長期にわたって政権与党をつとめた会議派に焦点を当て，人々

の政党選好がどのように変化してきたかを探る。第I編の大きなモチーフは，社会経済の発展あるいは停滞と，政党政治との相互関係を探ったポリティカル・エコノミー論であった。人々の政党選好を決める要因は非常に多く，詳細に分析することは不可能であるが，長らく政権与党であった会議派政権の実績に対する人々の評価は非常に重要な要素である。政権与党が選挙でどのような審判を受けるかは，政党システム全般の変動を引き起こす中心的な要因である。この点を分析することにより，長期的な会議派の退潮，1980年代以降の多党化の様相をよりよく理解できるであろう。最後の第6章では，民主主義体制に対する人々の信頼感がどのような要因によって維持されているのかを，世論調査データを使って探究する。政治体制は究極的には人々の幅広い信頼感を確保しない限りは安定的に存在しえない。人々の政治体制に対する信頼感＝トラストの社会心理学的構造が世論調査データに基づいて明らかにされる。

　方法論的には，この編では統計的手法を用いて選挙データ，世論調査データの分析を行うが，それは「投票行動論」や「トラスト論」など一般理論の対象とされてきた分野でもある。従って，より豊かな分析を行うためにも，一般論の知見も動員しつつ，分析を進める。それによってインド政治論と一般論の距離はより縮まるであろう。

第4章　社会変容と政治参加
——連邦下院選挙の分析[1]

　民主主義体制において最も重要な要素は人々の政治参加である。参加の形態は様々であるが，成人全てが自由に参加できる選挙は，最も重要なチャンネルである。人々は，選挙という場をかりてその思いを政治に投影してきた。投票を通じた人々による政党の選択という行為がなければ，民主主義体制は社会との接点を喪失し，究極的には立ちゆかなくなる。選挙というプロセスを通して様々な問題が政治にフィードバックされることにより政策の失敗が修正され，試行錯誤の結果として政治システムは政治社会の変動に適応してきた。選挙がこのような役割を果たすためには，選挙制度は国民の大部分から信頼されるものとなっていなければならないが，様々な欠点はあるものの，制度全体の信頼を揺るがすものとはなっていない。社会的弱者層や宗教的少数派も含めて民衆の間では選挙への信頼感は高い[2]。いわば，最大の世論調査ともいえる選挙が人々の信頼を基礎に，今日，民主主義体制の根幹となっているのである。よって，その分析は民主主義体制のダイナミクスを捉えるためには欠かすことのできない作業であろう。選挙には様々な面があるが，本章で分析するのは選挙へ

---

1) 本章は Kondo [2003] の姉妹論文である。2003年の本と比べて，本章では2004年の選挙データ，2001年の人口センサスデータ，2005-2008年の農業生産データ（Bhalla and Singh [2012]）などを追加した。それに伴い1990年代以降のデータの調整を行い，カバー範囲を2004年まで広げた。また，「習慣化」仮説を論じた上で推定を行い，推定方法を適切に簡略化した。さらに，州の重要性をより明確に論じた。

2) 1996年の連邦下院選挙での大規模なサンプル調査に基づく，Mitra and Singh [1999: 141, 260] では，選挙における投票の有効感および民主主義諸制度への高い信頼感がはっきり見て取れる。

の参加度を示す投票率である。それがどのような社会的構造変数や州などの構造変数によって説明されるのか，そのメカニズムを把握することは，政治と社会の関係を理解するために不可欠である。

以下では，最初にこのテーマに関して研究状況を概説し，次に筆者が整備したデータに基づき統計的分析を行うことにより，投票率という政治参加と社会構造変動との関係を探る。

1 政治参加の一形態としての投票率を決める要因

ここでは，まず，主に欧米で発展してきた投票参加の一般論に触れ，インドへの適応可能性を考察する。次にインドでの研究を概観し，どのような分析が必要とされるかを検討する[3]。

投票行動は最終的には個人の決断によることはいうまでもない。よって欧米での投票行動の理論構築の中心に据えられたのは，個人がどのような心理的メカニズムによって投票するか，そのモデル作りであった。理論化の転機となったのは W. H. ライカーと P. オルデショークの，合理的有権者は自分の効用を最大化するために投票するというモデルである。彼らによれば，有権者は自分の1票によって候補者が勝利したときに期待される便益に加えて，投票に参加するだけで得られる心理的効用，例えば，投票が市民の正統な義務でその義務を果たしたことなどによって得られる一定の満足感という形で効用を得る。これから，投票に行くコストを差し引いた，その有権者にとっての純効用がプラスの場合は投票し，マイナスの場合は投票しないとした（Riker and Ordeshook［1968］）。効用論に基づく理論に関しては「効用最大化」モデルのほかにも，J. A. フェレジョーンと M. P. フィオリナが唱える，考えられる最大の後悔を最小化するように投票するかどうか決めるという「最大後悔最小化」モデルなどがある（Ferejohn and Fiorina［1974］）。

---

3) 1990 年代までのより詳しい研究の概観として，Kondo［2003：41-54］。

これらのモデルは，有権者個人が投票によって何らかの形で効用が得られる，または失われることを個人が明確に認識し，行動に反映させるであろうと前提する。しかし，例えば有権者数が数十万人になる選挙では，合理的個人はその1票が選挙を左右し，従って，その効用計算に大きく影響するとは考えないであろう。合理的な個人は投票に行こうが行くまいが，選挙結果にほとんど違いがないと考え，投票のコストを考えれば結果的に投票に行かないだろう。しかし，多くの国で現実は異なり，人々は選挙に行く。これらのモデルは投票行動を考える演繹的理論の出発点にはなったが，現実的には非現実な前提に立った理論化である（Aldrich [1993]）。

　そのような非現実性を乗り越えるためのモデルも提唱された。例えば，G. ブレナンとL. ロマスキーは，有権者は実質的便益を得るためというより，自己の主張を表現するために参加するとする「表現」モデルを提唱している（Brennan and Lomasky [1997]）。また，C. J. ウーラナーは投票行動が独立した個人レベルの行動というより，所属グループやその指導者に強く影響を受ける「グループ投票」だと考える。ウーラナーによれば，投票参加では個人は自分が所属するグループも同じように投票すると考え，主観的にはその分だけ自分の願う選挙結果が実現する可能性が拡大すると考える。よって主観的な期待効用も大きくなり，投票に参加する確率は高まると考える（Uhlaner [1989]）。また，M. N. フランクリンは先進国の投票率に変化が起きる原因をより現実的に考察した。彼は「グループ投票」，選挙競争，その時々の政治状況といった短期的な要因を考慮しつつ，長期的な変化を引き起こす要因を実証的に考察した。彼によると，大きな慣性を持つ投票率が長期的に変化するのは，政治状況に，より敏感な新しい世代が選挙に参入することによってである。新たな傾向を持った世代が次々に参加する累積的な効果＝世代交代の効果こそが投票率の構造的な変化をもたらすというのである（Franklin [2004]）。

　以上の欧米のモデルは先進国社会を念頭に置いた理論である。初期の効用論を軸にするモデルは特に演繹的であるが，非現実的である。それに対して，「表現」モデル，「グループ投票」モデル，世代交代の効果などは現実の一側面を強く意識したモデルである。従って，これらの考え方はインドの分析でも意

識すべき点である。例えば，多くの人々は，非常事態宣言あけの1977年の連邦下院選挙では会議派に対する反対を，インディラ・ガンディー首相暗殺後の1984年の選挙では首相に対する同情を「表現」するために投票し，投票率を顕著に押し上げたと考えられる。また，カーストや宗教コミュニティでまとまって投票するのは「グループ投票」そのものである。1950年代から1960年代の投票率の継続的増加は「世代交代」を抜きには説明できないであろう。すなわち，これらのモデルはインドでも程度の差はあれ有効である。

しかし，これらのモデルでも発展途上国の現実から見れば，考慮すべき重要な要因が抜け落ちている。例えば，フランクリンは「投票率の変化は，社会やそのメンバーの特徴が引き起こすものではない」（Franklin [2004：147]）と述べているが，これは途上国の実態には当てはまらない。例えば，後に示すが，インドでは識字率という社会の特徴は投票率を説明する重要な指標である。先進国を分析対象としたフランクリンとは異なり，インドという社会の構造変化が激しい途上国では「社会の特徴」を考慮しなくては投票率の十分な説明はできないのである。社会構造がより安定した先進国の経験に基づいて作られた欧米の理論は，途上国の現状を部分的にしか説明できない。従って，途上国の現実に即したモデルを作るためには，その社会構造の変動を踏まえたより帰納的な分析が必要とされるのである。インドでもそれは同じであるが，現実はどうであろうか。次にインドの研究状況に触れてみたい[4]。

インドで選挙と社会経済変動の関係を長期的かつ体系的に分析した研究は少ない。確かにケーススタディやサンプルサーベイに基づく研究は多くなされ，選挙キャンペーンの影響，階層別の投票行動，個々の争点の影響など重要な知見を提供しているものの，その多くは特定の時期に一部の地域で行われた調査に基づく研究であり，得られる知見は有用ではあるが，限定的である。

ただし発展途上社会研究センター（CSDS）のサンプルサーベイは例外的に包括的である。CSDSは全インド的かつ定期的に調査を行っており，他の調査とは一線を画している。CSDSの調査については次章でも触れるが，その調査

---

4) 詳細な研究レビューはここでは行わない。インドにおける選挙研究レビューとしては，Kondo [2007]。

は応答者の社会的出自を含めて多方面にわたり，データを時系列的に分析すれば投票行動と社会変容の関係を探ることができ，極めて有益なものであることは間違いない。しかし，調査はあくまでサンプルサーベイであり，しばしば，実態とはかなりのずれが生じる。例えば，1996年の連邦下院選挙の調査でCSDSのサーベイでは投票率は87.3%となっており，実際の投票率57.9%とはかなり乖離している。階層別の投票率は大卒以上の高学歴の階層の投票率が低いなど，一般的傾向と合致する結果も示されているが，指定部族（STs）が平均とほとんど変わらないなど，合致しない点も多い（Singh［1997：25］）。何より階層別の投票率は82%から90%の狭い範囲に集中しているため，統計的に意味のある差異があるかどうかはっきりしないし，それが実態を反映するかどうか疑問が残る。

　このようにサンプルサーベイに基づく研究には限界がある。政治参加の最も重要な指標である投票率が社会経済構造の変動によってどのように影響されてきたのか，それを政治的コンテクストを考慮しながら分析するためには，選挙委員会のマクロな集計データに頼らざるをえないだろう。

　選挙委員会のマクロな集計データに依拠して投票率や得票率について長期的な構造変動を分析した研究は多くない。その原因の一つは，マクロな集計データでは個人の情報がほとんど消失してしまうため，分析に大きな限界が存在するからである。例えば，男女別投票率を除けば，階層別にまとめられたデータはないので階層別の投票行動を正確に推定することは困難で，あえてそれをやろうとすると，いわゆる「生態学的」誤謬（Ecological fallacy）を引き起こす可能性が高い。これはマクロな集計データに基づく推定が，個人レベルの情報が使えないがゆえに正しい推定を行えず，間違った推定を行ってしまうことである。また，選挙データと社会経済関連データを統計的に関連づける際にデータの地理的範囲を一致させなければならないという実際的な困難も伴う。これらが選挙委員会のデータを用いての研究が必ずしも盛んでない理由であろう。

　このような限界はあるが，統計的手法を工夫し，かつケーススタディやサンプルサーベイに基づく研究から得られる知見と組み合わせて考えれば，大きな誤謬をおかすことなく，選挙委員会の集計データを用いる研究は有益な知見を

提供するであろう。選挙委員会のデータは何より，実際に行われた選挙データそのものの集計であるからである。

インドの場合，投票率を選挙委員会のマクロなデータで統計的に分析したものは少ない。D. L. エルキンズの統計的研究は先駆的なものである。彼は，南部4州の1952年から1967年までの州立法議会選挙データに基づいて，投票率や候補者数を説明する変数として，州の状況，識字率，地域のコミュニケーションの発展が重要であることを示した（Elkins [1975]）。また，B. ダスグプタと W. H. モリス＝ジョーンズは，1952年から1967年までの州立法議会選挙データに依拠して，投票率，候補者数，政党の得票率と社会経済変数の統計的な関係を検証した（Dasgupta and Morris-Jones [1975]）。彼らの研究は，投票率に関しては意味のある相関性を見つけたが，候補者数，政党の得票率に関しては意味のある相関を見いだせなかった。R. D. ディクシットのパンジャーブ州立法議会選挙に関する「選挙地理学」の研究では，投票率と社会経済変数の相関が検討された（Dikshit and Sharma [1995：416-422]）。しかし，ディクシットの研究は投票率と個々の変数の相関を計算しただけであり，説明変数間の関係から生じる可能性がある誤謬などは検討されておらず，相関も年度によって大きく異なる。集計データを使った研究の中でも P. K. チッバーのものはユニークである。彼によると，1960年代の終わりまでに新しい有権者層の動員はほぼ終わり，飽和点を迎えたという。また，会議派への支持が1960年代半ばに減少したのは，世代交代を通じた長期的な社会経済的影響によるものであるとした（Chhibber [1999：112]）。近藤則夫は，1957年から1999年までの連邦下院選挙データを人口センサスや農業生産性のデータと関連付けることにより，投票率が1990年代初めまで識字率や農業生産と密接に関係していること，都市化の効果は近年になるほどマイナスであることがはっきりしてくること，州の重要性などを統計的に明らかにした（Kondo [2003]）。

上で述べたように，階層別でない集計データから階層別の推定を行うことは困難であるが，いくつかの試みはある。例えば，H. W. ブレアーはビハールに焦点を当て，1972年の州立法議会選挙について，ムスリムや指定カースト（SCs）の多い選挙区では投票率が低くなることを示した（Blair [1979]）。

これらの研究から1980年代までは投票率は，得票率に比べると，マクロな社会経済変数，例えば識字率などで説明される部分が大きいこと，後進的コミュニティの投票率は低くなる傾向があることなどが明らかにされたといえよう。しかし，ディクシットのパンジャーブ州の研究のように，州や選挙の時期によっては関係がはっきりしない場合もある。これは政治社会状況や政治的コンテクストが州，時期によってかなり異なることの影響があると考えられる。

　以上のように，既存研究は投票率に関して一定の知見を提供しているが，しかしまだ断片的で，本書のように長期のインド政治の構造変動を分析するために政治参加と社会経済変動の関係を把握しようとするときには，不十分である。この章で1957年から2004年の連邦下院選挙に焦点を当てて全インド的分析を行うのは，このような分析状況を補い，大きな構造変動を検出するためである。

2　選挙制度の変遷とデータセットの整備

　具体的な分析に入る前に選挙制度を簡単に説明しておきたい。憲法では中央の選挙委員会が連邦および州レベルの選挙を管轄する。選挙制度やそのプロセスは，具体的には「人民代表法」(Representation of People Act, 1951) によって規制される。連邦下院，州立法議会の基本的なしくみと制度の変遷は表4-1の通りである。政党は州における得票率の実績などの要件によって全国政党，州政党，非認定政党に区分される[5]。また，供託金制度があり，有効投票数の

---

5) 第1章注11) を参照。2000年以降における定義では，政党はまず，「認定政党」(recognised political party) と非認定政党 (unrecognised political party) に分類する。前者はさらに全国政党 (national party) と州政党 (state party) に分類される。全国政党の定義は，(A) 直前の連邦下院選挙または州議会選挙で，4つ以上の州において有効投票の6%以上を獲得し，かつ直前の連邦下院選挙で4名以上の候補者を当選させた政党，または，(B) 直前の連邦下院選挙で，四捨五入して少なくとも2%以上の選挙区で当選者を出し，かつその当選者が3つ以上の州から出ている政党である (Election Commission of India [2004: 3])。

第 4 章 社会変容と政治参加　251

表 4-1 連邦下院，州立法議会の制度の変遷と基本的な特徴

1952 年	大統領のもとでの区割り
1956 年	第 1 次選挙区区割り委員会による区割り
1961 年	2 人選挙区廃止法案可決
1966 年	1961 年センサスに基づいて，第 2 次選挙区区割り委員会による区割り
1971 年	1971 年の選挙以降は連邦下院選挙と州議会選挙が分離される
1976 年	1971 年センサスに基づいて，第 3 次選挙区区割り委員会による区割り。2000 年までは新たな区割りをしない
1985 年	憲法改正により議員の党籍変更を特定の条件以外の場合を除き，禁止（党の所属議員の 1/3 以上がまとまれば，議長は党の分裂と認定し，党籍変更とはならず，議席は失わない）
1988 年	有権者の年齢を 21 歳以上から 18 歳以上に引き下げ
1996 年	候補者の出馬可能選挙区が 2 つに制限される
2001 年	憲法改正により，連邦下院および各州の州立法議会の議席数を現行の議席数に固定
2008 年	2001 年センサスに基づいて第 4 次選挙区区割り

出所）筆者作成。
注）連邦下院：小選挙区制に基づく直接選挙で選出され，任期 5 年。現在 543 議席。このうち SCs/STs に対して人口に応じた留保議席が設定される（SCs：79 議席，STs：41 議席]）。これに加えて，大統領はアングロ・インディアンから 2 名を任命。連邦上院：州立法議会から選出。解散なし。任期 6 年，2 年ごとに 3 分の 1 が改選。憲法上定員は 250 議席で，このうち，12 議席は大統領の任命。233 議席が州立法議会（デリーおよびポンディチェリー（2006 年にプドゥチェリーと改名）の立法議会を含む）選出（2013 年現在）で，12 議席が大統領任命。州立法議会：小選挙区制に基づく直接選挙で選出され任期 5 年。全州で合計 4,120 議席。このうち，SCs/STs に対する人口に応じた留保議席が各州で設定される。これに加えて，州の知事が必要と判断すればアングロ・インディアンから 1 名を任命。州議会上院：州によっては上院が存在。自治体選挙区，大学生選挙区，教員選挙区などから間接選挙にて選出（議席数は特に説明がなければ 2001 年時点の値）。

6 分の 1 以上の得票がなければ没収される。選挙資金には規制があり，法定選挙費用が選挙委員会によって定められる。候補者は選挙支出勘定を作成し，選挙終了後，選挙委員会に提出しなければならない。ただし，政党や他の団体がその個人のために支出するお金は含まれておらず，この点が規制の抜け道になっている。選挙区の区割りは 10 年ごとの人口センサスに基づいて行われるが，州間の議席数の配分は，1971 年の人口センサスを基にして作られた 1976 年の区割り改訂から今日まで変更はない。1976 年以降，今日まで人口分布の大きな変動があるにもかかわらず，配分数の変更がなされないのは，南部州など人口抑制に比較的に成功している州から，人口比に基づいた議席配分が行わ

れると人口抑制に失敗した州が政治的に有利になるという批判が根強いからである（Sivaramakrishnan［1997：2］）。選挙は小選挙区制で，1961年まで1選挙区から2人が当選する選挙区があったが，同年以降は廃止された。また，SCs/STsに対する人口比に応じた留保制度がある。

　本章のデータのカバー範囲は1957年から2004年までである。1952年の選挙は制度が整備され区割りが厳密になされる以前の選挙であり，また，人口センサス，農業生産性データなど関連データをそろえるのが難しいため扱わない。2009年選挙もデータの整備ができなかったため扱わない。1957年には2人選挙区があり，分析対象期間の1957年から2004年まで，区割り，候補者数の制限など選挙制度には何回か改正があり，また，SCs/STsへの留保が適用される選挙区があるなど，選挙区の性格も全てが同じではない。しかし，投票率に決定的影響を及ぼす制度の違いや変更はなかったと考えられ，選挙データはほぼ比較可能であると考えられる。

　説明変数に関しては，人々の政治参加は長期的には社会発展あるいは社会的動員と密接に関係すると思われ，その代表的な指標として「識字率」，「都市化率」を選んだ。基本的な教育が行き渡った先進国の場合と異なり，識字率は途上国の社会発展度のよい指標となるであろう。都市化自体は必ずしも発展の指標とはいえないが，伝統的な社会の変容や産業の高度化に伴う人口移動などの社会変動の指標である。また，経済発展も社会的動員，ひいては政治参加と密接に関連すると考えられ，経済変数として「農業生産性（主要35作物の1ヘクタール当たりで金銭換算した生産）」を説明変数の候補として選択した。今日でも人口の約7割は農村部で暮らしており，農業生産性はその点からも重要な指標と考えられる。社会階層の違いも政治参加に大きな影響を与えると予想されることから，「SCs人口比率」，「STs人口比率」，「非ヒンドゥー人口比」を説明変数候補とした。

　説明変数の数はこのように限られているため，他に重要な説明変数が抜け落ちている可能性は否定できない。しかし，これらのマクロな変数は他の様々な社会経済変数と密接な相関があると考えられ，その意味で社会経済構造を代表する変数であり，分析する意味が大きい。また，「投票率」の性格を明確にす

第4章 社会変容と政治参加　253

表4-2　分析で用いられる変数

変数	単位	データ源	データの地理的単位	対象年／地域
投票率	%	選挙委員会資料	連邦下院選挙区	1957, 1962, 1967, 1971, 1977, 1980, 1984, 1989, 1991, 1996, 1998, 1999, 2004
会議派得票率	%	同上	同上	同上
候補者数（有権者100万人当たり）	人	同上	同上	同上
識字率	%	10年ごとの人口センサス	県	1961, 1971, 1981, 1991, 2001
都市化率	%	同上	同上	同上
SCs人口比	%	同上	同上	同上
STs人口比	%	同上	同上	同上
非ヒンドゥー人口比	%	同上	同上	同上
農業生産性（主要35作物の1ヘクタール当たりで金銭換算した生産）	1,000ルピー/ヘクタール	Bhalla and Singh [2001] [2012]	1971年の県および県の組み合わせを基本とする1962年から2008年まで，地理的境界は不変	1962-65, 1970-73, 1980-83, 1990-93, 2005-08（3年平均）
州ダミー変数	1 or 0	―	―	アーンドラ・プラデーシュ州，アッサム州，ビハール州，グジャラート州，ハリヤーナー州，カルナータカ州，ケーララ州，マディヤ・プラデーシュ州，マハーラーシュトラ州，オリッサ州，パンジャーブ州，ラージャスターン州，タミル・ナードゥ州，ウッタル・プラデーシュ州，西ベンガル州（マハーラーシュトラ州とグジャラート州は1960年，パンジャーブとハリヤーナー州は1966年に分割され創設されたが，分析においては，それ以前の年も分割した州区分を適応。逆に2000年に分割創設されたウッタラーカンド州，ジャールカンド州，チャッティースガル州はそれぞれウッタル・プラデーシュ州，ビハール州，マディヤ・プラデーシュ州の区分に含める）

出所）筆者作成。

るため,「会議派得票率」,「候補者数」(有権者100万人当たり) も対比的に検討を行う。同じ選挙関連変数でも後2変数の性格はかなり違ったものになり,その対比によって投票率の性格が浮き彫りになるからである。

　分析で使う変数は表4-2の通りである。技術的に問題となるのは,出所の異なるデータセットはデータの地理的境界線が異なるため,単純に比較できないという点である。様々な由来のデータをどのように整合性のとれた一つのデータセットに再編成するかが大きな問題となる。この問題を解決するために,ここではG. S. バッラとG. シンが整備した農業生産のデータセットの地理的区分に合わせて他のデータを再編成した。バッラとシンは1960年代から2000年代まで長期にわたる農業関連統計をきめ細かく追跡するため,表で示されるように5時点で県 (district) レベルのデータをそろえパネル・データにした。ただし,農業関連データは欠損なども多く,それを補うため推定を行ったり,複数の県を統合したりしている。また,丘陵部や北東部の県は扱っていない。時代とともに県も細分化されたり,再編成されたりするが,バッラとシンの県区分は1971年の県区分で全ての時点を統一し,主要15州の計279県(複数県を合体させたものも含む)について5時点でデータをそろえたパネル・データとなっている。バッラとシンの研究で使った県区分をこれ以降,「サンプル県」と呼ぶことにする。データの再編成の詳細に関しては,本章末の資料2を参照してもらいたい。

3　投票率の性格

　まず投票率の基本的な性格を検討しよう。図4-1は連邦下院選挙における投票率の変遷である。第1回の選挙から1960年代半ばまで順調に投票率は上昇し,その後60%台を中心に変動しているが,安定的である。投票率が安定した現象であることは連続する2回の連邦下院選挙間の対比からもわかる。表4-3は連続する2回の連邦下院選挙間の相関を計算したものである。相関性を表す相関係数の2乗の決定係数 (R^2) を示した。全体的に見ると,投票率

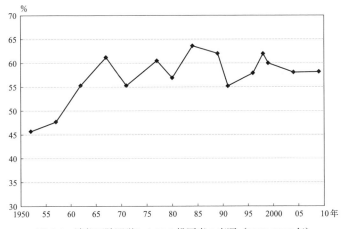

図 4-1 連邦下院選挙における投票率の変遷（1952-2009 年）

出所）第 1 章の表 1-1 より筆者作成。

表 4-3 連続する 2 回の連邦下院選挙間の相関の決定係数（R^2）（1957-2004 年）

連続する 2 回の選挙間の相関の決定係数（R^2）	1957〜62 年	1962〜67 年	1967〜71 年	1971〜77 年	1977〜80 年	1980〜84 年
投票率（n＝243）	0.806	0.893	0.871	0.802	0.763	0.852
候補者（n＝258）	0.393	0.522	0.502	0.421	0.496	0.689
会議派得票率（n＝113）	0.264	0.247	0.259	0.551	0.731	0.240
連続する 2 回の選挙間の相関の決定係数（R^2）	1984〜89 年	1989〜91 年	1991〜96 年	1996〜98 年	1998〜99 年	1999〜2004 年
投票率（n＝243）	0.898	0.865	0.837	0.811	0.813	0.849
候補者（n＝258）	0.639	0.580	0.333	0.411	0.674	0.646
会議派得票率（n＝113）	0.203	0.434	0.685	0.760	0.776	0.688

注）1957 年から 2004 年の選挙まで同一の条件で相関を計算するため，この期間中，欠損値を含むサンプル県は全て除いた上で計算。

の決定係数は非常に高く，時間的に極めて安定した現象であることがわかる。それは候補者数や会議派投票率の決定係数と比べれば明らかである。以下では，会議派得票率と対比して投票率の性格を分析してみたい。候補者数は投票

率や会議派得票率と比べると政党システムの状況を示す指標として重要性は相対的に小さいと考えられるから，ここでは検討しない。

　投票率が安定した現象なのは，どうしてであろうか。一つの仮説は投票が社会的に「習慣化」される行動，すなわち，一旦参加行動が身につくと習慣化され，しかも，習慣化は家族において親から子へ，地域において隣人から隣人へ世代を超えて受け継がれる傾向が強いので，安定するという考え方である。しかし，この仮説のみが重要だとすると第1回の成人普通選挙である連邦下院選挙で，45.7%という投票率が実現されたことを説明できない。なぜなら，第1回の選挙の時点ではほとんどの人々にとって投票は初めての経験であったからである。また，1950年代から1960年代にかけて投票率が上昇したあと，なぜ，それ以降約60%の水準にとどまっているのか，その変化をうまく説明することもできない。また次に検討するように投票率は1950年代から1990年代初めまでは，社会経済変数と強く相関している。もし，習慣化だけが意味のある仮説であるならば，識字率が高い地域と低い地域，農業生産性が高い地域と低い地域，あるいはSCsやSTsが多い地域と少ない地域で投票率に明確な差ができるであろうか。習慣化は本質的には本章で扱う社会経済構造とは独立的な現象であり，習慣化のみが意味があるのであれば，投票率と社会経済構造変数との明確な相関は現れない可能性が高いと考えられる。しかし，次に示すように実際には相関は高く現れている。

　他の仮説は投票構造がマクロな社会経済構造に強くリンクしているため，安定しているという考え方である。識字率や農業生産性などマクロな社会経済構造は安定的に変化する。従って，投票率が社会経済構造に強くリンクする性格のものであれば，その変化は連続的かつ安定的なものとなろう。この仮説を「社会経済動員仮説」とすると，それを検討するためには，社会経済変数によって，どの程度投票率が説明できるか，検討すればよい。例えば，図4-2は投票率と識字率の関係を1957年と2004年について示したものである。2004年のグラフは関係ははっきりしないが，1957年のグラフは両変数の関係がかなり密接であることがわかる。このことから「社会経済動員仮説」は時代によって説明力は変化するが，一つの有力な説明仮説であろうと思われる。

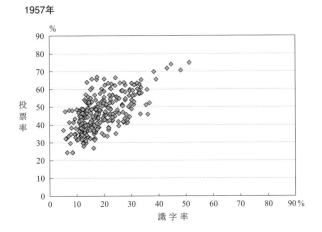

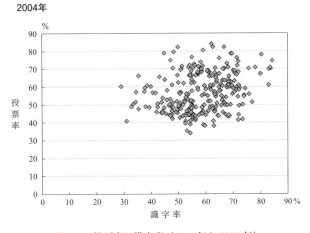

図 4-2 投票率と識字率（1957 年と 2004 年）

出所）筆者が整備したデータセットより作成。
注）欠損値を含むサンプル県は除いたため，観測値は全インドにわたり266サンプル県である。

　以上の 2 つの仮説は相互背反的ではなく，おそらく両者とも重要性があるであろう。この点は，本章の分析に影響するので両者が投票率を説明する場合，どの程度重要であるかを検証してみたい。推定する式は以下の通りである。

258　第Ⅱ編　政治意識の変化と民主主義体制

　　投票率(k)＝α×社会経済変数(k)＋β×投票率(k−1)＋定数＋誤差項　　　(1)

　　k：選挙回（3［＝1962年選挙］, 4［＝1967年選挙］, 5［＝1971年選挙］, 6［＝1977年選挙］, 7［＝1980年選挙］, 8［＝1984年選挙］, 9［＝1989年選挙］, 10［＝1991年選挙］, 11［＝1996年選挙］, 12［＝1998年選挙］, 13［＝1999年選挙］, 14［＝2004年選挙］）

　　α, β：説明変数の係数

　それはk回めの選挙の投票率が, その時の社会経済変数と前回の投票率によって推定されるという考えを表している。前回の投票率によって予測される割合が高ければ, それだけ習慣化仮説で説明される割合が高いということになる。これを本章のデータセットを使って計測する。その場合, クロス・セクションのデータセットではなく, 時系列のデータセットを使って計測する[6]。変数は各回の選挙時の平均値を使って検証してみたい。「社会経済変数」については, 前掲表4-2の中の, 「SCs人口比」, 「STs人口比」, 「非ヒンドゥー人口比」は分析対象期間中, あまり変化しないため, 代入する意味があまりない。よって「識字率」, 「都市化率」, 「農業生産性」を代入すればよいが, これらは時間的に安定しており, また各選挙時における値は, 年次をベースとして内挿または外挿された値である。よって, ほとんど西暦年と比例し, これらを複数導入すると多重共線性の問題が大きくなり, 複数導入してもあまり意味はない。よってこのうちで最も当てはまりのよい「都市化率」を「社会経済変数」を代表するものとして使う。最小二乗推定量（OLS）による推定結果は以下の通りである。

投票率(k)＝0.5691×都市化率(k)−0.09135×投票率(k−1)−49.559＋誤差項　(2)
　　　　　　(1.42)　　　　　　　　(−0.32)

---

6) (1)式をクロス・セクションのデータセットで分析する場合, 誤差項に系列相関があるかどうかを検証できない。ラグ付きの従属変数を説明変数に含む場合, 誤差項に系列相関が含まれる可能性があるかどうかは, 推定に大きな影響を与える可能性がある。これを評価できないクロス・セクションの検証よりは, サンプル数が少なくても, 系列相関を評価できる時系列のデータセットの分析の方が検証にはよいであろう。

n＝12, R^2＝0.2184

係数の下の（　）内は t 値。t 値による検定では 2 つの変数の係数とも 10％レベルで統計的に有意ではない。

Durbin の h 統計量＝0.123．帰無仮説 h＝0 に対する有意確率＝0.7262 であり系列相関はないと判断される。

　上式は時系列データでの検証なので，一般的には系列相関の問題が発生しうる。しかし実際に出力した(2)式によると誤差項に系列相関は検出されないので係数の一致性には大きな問題はなく，また，説明変数の係数は統計的有意性を検証できると考えられる[7]。2 つの係数とも有意ではないが，2 つを比べると「社会経済変数」のほうが重要性は高いと判断してよいだろう。また前回の「投票率(k－1)」にはほとんど有意性はなく，無視してもよいレベルと思われる。従って，この検証結果から習慣化仮説は無視できるレベルであるといってよいだろう。「都市化率」を「識字率」や「農業生産性」に変えると「投票率(k－1)」の有意性はさらに低下する。よって以下の回帰分析では前回の投票率の影響は無視して議論を進める。

　習慣化仮説を無視できるとした上で，「投票率」を被説明変数として，「識字率」，「都市化率」，「SCs 人口比」，「STs 人口比」，「非ヒンドゥー人口比」，「農業生産性」を説明変数として回帰分析を行ったときの決定係数の変化を見てみる。その際，「投票率」の他に「会議派得票率」についても同じ 6 説明変数で回帰させた決定係数を計算し，グラフで示した。両者を対比することによって「投票率」の性格がより鮮明になると考えられるからである。図 4-3 がその結果である。

　図 4-3 から，投票率は 1950 年代から 1990 年代初めまでは，社会経済変数

---

[7] ラグ付きの従属変数が説明変数に含まれるので，Durbin の h 統計量で系列相関の有無を検証した。この式では，外生変数である「社会経済変数」に自己相関など時間的傾向がない時は誤差項に系列相関があっても，α，β とも「一致性」はある。しかし，社会経済変数に何らかの時間的傾向があり，かつ誤差項に系列相関がある場合，α，β とも真の値から偏向する。ここでは誤差項に系列相関が確認されないので，社会経済変数に時間的傾向があっても α，β とも一致性はある。この点に関しては，Achen [2000：29-35] を参照。

260 第Ⅱ編　政治意識の変化と民主主義体制

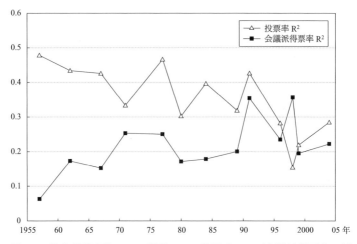

図 4-3　社会経済変数のみで説明される投票率および会議派得票率の割合：回帰分析の決定係数（R^2）（1957-2004 年）

出所）筆者が整備したデータセットより作成。
注）各年において欠損値を含むサンプル県は除いて計算したため，観測値は，投票率の場合は 265-279 サンプル県，会議派得票率の場合は 202-274 サンプル県である。

と強く相関していることがわかる。よってこの期間，投票率は社会経済変数に強く規定されていたと考えることができる。このことから，1960 年代に投票率が単直線的に増加するのは，例えば識字率など社会経済変数の増加の影響が大きいと思われる。しかし，1990 年代中頃からその規定力は低下していく。その大きな理由の一つは，独立後約半世紀をへて社会経済発展が一定のレベルに達したため，全般的に人々の政治参加を規定するボトルネックではなくなりつつあるということが考えられる。たとえば 1996 年時点ではサンプル県の平均識字率は約 47％と推定されるが，新聞，ラジオ，TV のかなりの普及，経済発展に伴う人々の移動の活発化，そして何より，長年の選挙政治によって，地域の発展度や社会経済階層といった制約を超えて人々の政治化が広く進行したと見ることができる。それが社会経済変数の規定力低下につながった。もっとも社会経済変数の影響は低下するものの一定のレベルを維持しており，ある程度の規定力は維持されている。

　一方，会議派得票率に関しては，社会経済変数の規定力は全般的に低いこと

が明らかである．特に会議派が一党優位体制を維持していた1960年代の規定力は低い．この時期，会議派は4割から5割弱の非常に高い得票率を維持していた時期である．高い得票率と社会経済変数の規定力の低さという2点を合わせて考えると，会議派はこの時期，特定の地域，特定の社会経済階層だけでなく幅広い層の支持を得ていたと推定される．特徴的なのは，規定力が1991年から1998年の選挙にかけて激しく変動しつつ増加している点である．1990年代は会議派支持基盤が変動しつつ縮小する時期で，支持基盤の縮小過程で，いわば，浮動票的な有権者が会議派を離れ，社会経済的に，より特徴がはっきりとした有権者が支持基盤に残った結果とも考えられる．いずれにせよ，1990年代の変動は激しいため，より詳細な検討が必要とされる．

　以上，投票率と会議派得票率を社会経済変数によって説明することにより，特徴を対比的に叙述した．全般的に1990年代中頃までは投票率に対する決定係数はかなり高いレベルにある．それはすなわち，投票率の方が社会経済構造に強く規定された変数で，いわば社会に半ば埋め込まれていた変数であったからといえよう．対照的に，会議派得票率は，時期により変動はあるが，基本的には社会経済変数が規定する部分は投票率よりは小さい．

　上で示された6つの社会経済構造だけでは投票率は十分に説明できず，他にも多くの説明変数を含める必要があることは明らかである．特に考慮すべき点は，インドのような広大で多様な社会では政治社会は地域的に極めて多様であり，分析にも何らかの地域を代表する変数を入れるのが適当であるという点である．その場合，「州」が最もまとまりのある単位なので，「州」を代表する変数を分析に組み込んでみたい．州は言語を大きな基準として区分されているので，政治行政の単位であるとともに社会や文化の単位であり，そのため，まとまりのある政治変動の単位となってきた．それゆえ州の違いによって投票率がどの程度，説明できるかを検討することには大きな意味がある．

　ここでは州を代表させる変数としてダミー変数をつくり，「州ダミー変数」全体によって投票率と会議派得票率がどれだけ説明できるか，回帰分析の決定係数を見ることで検討する．州ダミー変数はサンプル県が当該州に属するときは「1」，そうでないときは「0」が割り当てられる変数に過ぎないので，それ

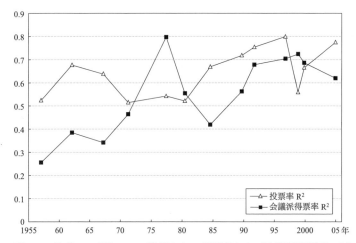

図 4-4 州ダミー変数のみで説明される投票率および会議派得票率の割合：回帰分析の決定係数（R^2）（1957-2004 年）

出所）筆者が整備したデータセットより作成。
注）各年において欠損値を含むサンプル県は除いて計算したため，観測値は，投票率の場合は 265-279 サンプル県，会議派得票率の場合は 202-274 サンプル県である。

が当該州のどのような側面を代表するか，特定はできない。州ダミー変数は他の州と比較しての当該州の特殊性を代表するに過ぎない。その特殊性の内実が何であるかは，分析のコンテクストの中で推定し判断するしかない。そのような限界はあるが，長期的に見て一党優位体制が終わったあと，インドの政治的多様性が州を単位として噴出することを考えると，州の特殊性は投票行動の基本的パラメーターとなっている可能性が高く，州を考慮することは不可欠である。

図 4-4 が州ダミー変数群で投票率および会議派得票率を説明した結果である[8]。全般的に見ると，社会経済変数よりも説明力は高く，かつ近年になればなるほど説明力が増加する傾向にある。すなわち，投票率，会議派得票率とも全般的に州の違いにより説明される部分は大きく，かつ近年，漸増傾向にある。これは，一党優位体制が過去のものとなり，州レベルで有力政党が成長し

---

8) 州ダミー変数を全て導入すると，定数項も含め数学的に一次従属となるので，どれか一つを除いて計算した。どの州ダミーを除いても結果は変わらない。

て多党化が顕著となり，州ごとの政治状況の差異が明確化している政治状況と合致している[9]。

　投票率は会議派得票率と比較すると，1970年代後半，1990年代末の選挙を除き，全般的に州ダミー変数群で説明される割合が高い。投票行動に影響を与えるであろう州の独自性は当該州特有の社会構造など中長期的にかなり安定した要素，政党政治のようにかなり短期に変化する要素の両方があると考えられる。投票率が会議派得票率よりも安定しているのは，投票率には前者が相対的に強く影響するからと考えられよう。

　会議派得票率に関しては，1950年代から1960年代の選挙では投票率に比べて，州ダミー変数の説明力はかなり低い。それは，会議派が一党優位体制を維持し，多くの州で高い支持を得ていたため，州間の違いが小さかったからと考えられる。その後，支持基盤が激しく変動しつつ，次第に縮小していく中で，支持が安定した州と，そうでない州との州間の違いが明確化していくため，州ダミー変数群が説明できる部分は大きくなっている。もう一つの大きな特徴は，グラフの長期的にゆっくりとした上昇傾向から逸脱して，説明力が1977年の選挙は顕著に上昇し，1984年の選挙は顕著に低下している点である。1977年の選挙は「ジャナター・ウェーブ」と俗に呼ばれた選挙で，インディラ・ガンディー首相率いる会議派の非常事態体制が否定された選挙である。既述のように，この選挙では南部と北部およびその他の州では人々の会議派への批判の強さはかなり異なり，会議派得票率も州によってかなりの差が生じた。これが，州ダミー変数群の説明力をより重要なものとしたことは疑いない。他方，1984年の選挙はインディラ・ガンディー首相暗殺直後に行われた，分析対象期間中最も高い投票率を記録した選挙である。暗殺という衝撃的な事件は「同情のウェーヴ」となって母親を引き継いだラジーヴ・ガンディー率いる会議派に大勝をもたらした。この同情のウェーヴは州の別なく広く観察された。そのため州別の会議派得票率の差異は縮小し，それが州ダミー変数群の説明力の大幅な低下となって現れたものと考えられる[10]。いわば，同情のウェーヴは

---

9) このような近年のトレンドは多くの論者が主張しているが，CSDS の調査に基づいて実証的に説明しているものとして，Yadav and Palshikar [2009a]．

州の垣根を乗り越えて広く行き渡ったといえる。

以上，投票率と会議派得票率を社会経済変数と州ダミー変数で大まかに説明した。投票率に関しては社会経済変数や州ダミー変数に規定される部分が大きく，いわば社会構造に密着した変数であることは明白であると思われる。ただし，社会経済変数の影響は1990年代半ば以降大きく低下している。それに対して会議派得票率はあまり密着性は高くない。また，選挙ごとにかなり変動する性格のものであることも，上述の1977年や1984年の例で明らかである。

以上の分析は「社会経済変数」群，「州ダミー変数」群に分けての分析であった。この2つの変数群の個々の変数は独立ではなく，重なり合う部分が大きい。例えば，識字率はケーララ州は高い。よって，ケーララ州の州ダミー変数が代表するものは，実質的には識字率の高さであるということも想定できる。それゆえ，より正確な実態を把握するためには両変数群を同時に含めて，よりきめ細かい分析を行う必要がある。投票率について，次にこれを行ってみたい。

4 社会的動員と州政治の多様化

以下では，投票率を個々の社会経済変数と州ダミー変数によって分析する。個々の変数について各選挙ごとに分析を行うことで，より詳細な変動の様相が浮かび上がってくるからである[10]。説明変数には「候補者数」を新たに加えた。これは，候補者は支持を訴えて有権者を動員するので，候補者が多いほど投票率も高くなるであろうという仮説に基づいている。推定はOLSによって

---

10) 1971年，1977年，そして1984年の連邦下院選挙は情緒的な争点に有権者が大きく影響される「ウェーヴ」(wave) 選挙であるといわれることが多い (Jeffrey [1994b: 181])。

11) 説明変数の係数は長期的には変化すると考えるのが自然である。よって，連続する2回の投票率の階差を被説明変数としたり，パネル分析を適用することは適切でないと考え，各選挙年においてOLSを行うにとどめた。また被説明変数である投票率に対して，ここで導入する説明変数の内生性は問題にならないと考えられる。

行った。分析では，「候補者数」および6つの社会経済変数については各選挙でその効果を測定するため，全て回帰式に導入した。それに対して，州ダミー変数に関しては被説明変数＝投票率を統計的に有意に説明する変数のみを導入した。本来は全てのダミー変数の効果を測定するのが望ましいが，多重共線性の問題が生じるので，次善の策としてこのようにした。具体的な取捨選択は，t値＝0の帰無仮説の有意確率が5％以下となる州ダミー変数だけを選択するようにステップワイズ（前進）法によって取捨選択した。出力された回帰式は多重共線性のチェックを行い問題がないことが確かめられた。表4-4がその結果である。また，社会経済変数の説明力の変化を追跡するため，統計的有意性を表すt値を説明変数の重要性の尺度と捉えグラフ化した。それが図4-5である。

社会経済変数

社会経済変数の中で，発展に関する変数について最も重要な変数は「識字率」である。1950年代から1960年代中頃にかけては，その影響は特に強く，1957年選挙では州ダミー変数を含めて全ての説明変数の中で最も説明力が強かった。この時期には，識字率の高い地域ほど投票率が高いことが明確に表れている。このことから，この時期の投票率増加の大きな要因の一つは識字率の増加であったと考えられる。識字率の向上は政治的・社会的認識能力の向上を代表するものであり，それが投票率の増加につながったと考えられる。一方で，図4-5から，識字率の影響力はその後，変動しつつ徐々に弱まり，1990年代以降，重要性はかなり低下していくことがわかる[12]。これは独立後の長期にわたる社会発展および政治化のプロセスの結果，投票参加が識字率という社会的な制約を乗り越えて拡散したことを表している。

発展に関する変数の中で，次に重要なのは「農業生産性」である。2000年代でも農村居住人口が約7割を占めることを考えると「農業生産性」は農村

---

12) 投票率，識字率とも2000年代初めの平均は50％から60％代であるから，両変数が100％の上限に近づいたため相関が低くなったということではない。1990年代以降の識字率の影響力低下は，社会的な意味で実質的なものと考えるべきであろう。

表 4-4　投票率の説明（OLS）（1957-2004 年）

説明変数	1957 係数	1957 t 値	1957 P>$|t|$	1962 係数	1962 t 値	1962 P>$|t|$	1967 係数	1967 t 値	1967 P>$|t|$
候補者数	0.0341	0.22	0.829	0.1931	1.21	0.229	−0.1074	−1.06	0.289
識字率	0.7386	9.34	0.000	0.5542	6.94	0.000	0.2877	4.18	0.000
都市化率	−0.0874	−1.64	0.102	−0.0848	−1.56	0.120	−0.0319	−0.77	0.442
非ヒンドゥー人口比	0.0930	2.65	0.008	0.1248	4.40	0.000	0.0190	0.44	0.658
SCs 人口比	−0.1077	−1.65	0.100	0.0219	0.37	0.709	−0.0122	−0.19	0.848
STs 人口比	0.0170	0.50	0.619	−0.0468	−1.38	0.168	−0.0918	−2.32	0.021
農業生産性	−0.0823	−0.26	0.792	0.5431	1.84	0.066	0.6868	2.99	0.003
AP				8.20	3.72	0.000	5.54	3.37	0.001
AS	−11.09	−4.85	0.000	−10.22	−4.85	0.000	−8.47	−4.10	0.000
BI	−8.90	−5.40	0.000	−9.51	−5.69	0.000	−9.64	−5.12	0.000
GJ	−4.17	−2.10	0.036						
HY	12.55	4.81	0.000	9.54	4.34	0.000	10.58	6.60	0.000
KE				−5.23	−2.03	0.044			
KT									
MH									
MP	−7.99	−6.45	0.000	−6.80	−5.63	0.000	−4.26	−3.53	0.000
OR	−15.13	−8.67	0.000	−29.70	−16.65	0.000	−18.17	−8.47	0.000
PJ							4.74	2.40	0.017
RJ	−5.74	−3.64	0.000						
TN	−4.88	−4.68	0.000	9.29	7.25	0.000	9.12	5.63	0.000
UP				−4.30	−3.15	0.002	−6.02	−5.31	0.000
WB	−4.85	−3.15	0.002	−6.88	−3.90	0.000			
定　数	37.43	15.15	0.000	37.98	14.42	0.000	51.20	21.30	0.000
	n＝266 R^2＝0.6588			n＝274 R^2＝0.7672			n＝276 R^2＝0.7226		

第4章 社会変容と政治参加

説明変数	1971			1977			1980		
	係数	t値	$P>|t|$	係数	t値	$P>|t|$	係数	t値	$P>|t|$
候補者数	0.0925	0.66	0.508	−0.0664	−0.45	0.653	−0.1227	−1.56	0.120
識字率	0.2230	2.97	0.003	0.2281	4.61	0.000	0.3106	5.16	0.000
都市化率	−0.0753	−1.59	0.114	−0.0542	−1.59	0.114	−0.0796	−1.81	0.071
非ヒンドゥー人口比	0.0161	0.47	0.636	0.1027	3.33	0.001	0.0111	0.43	0.668
SCs人口比	−0.0201	−0.25	0.806	−0.0035	−0.06	0.950	0.0962	1.41	0.160
STs人口比	−0.1513	−3.43	0.001	−0.1177	−2.91	0.004	−0.0750	−2.31	0.022
農業生産性	0.2278	0.88	0.378	0.9580	5.81	0.000	0.7559	4.51	0.000
AP				2.93	2.37	0.019			
AS	−8.90	−3.21	0.002	−9.31	−3.53	0.000	−	−	−
BI	−9.14	−3.34	0.001						
GJ									
HY	6.00	4.09	0.000	12.46	12.16	0.000	7.52	6.63	0.000
KE							−10.48	−3.27	0.001
KT									
MH									
MP	−5.53	−3.90	0.000						
OR	−13.63	−6.90	0.000	−14.17	−8.14	0.000	−11.17	−6.81	0.000
PJ									
RJ							4.10	3.11	0.002
TN	10.45	6.09	0.000						
UP	−10.27	−7.99	0.000	−3.29	−2.96	0.003	−5.35	−4.46	0.000
WB							11.86	7.25	0.000
定数	50.07	19.86	0.000	47.52	23.90	0.000	42.65	18.01	0.000
	n=279			n=279			n=272		
	$R^2=0.5815$			$R^2=0.6427$			$R^2=0.5994$		

説明変数	1984 係数	t値	$P>|t|$	1989 係数	t値	$P>|t|$	1991 係数	t値	$P>|t|$
候補者数	−0.0451	−0.63	0.529	−0.0687	−1.41	0.159	−0.0248	−0.46	0.648
識字率	0.2509	6.25	0.000	0.1680	3.41	0.001	0.0783	1.46	0.146
都市化率	−0.0994	−3.04	0.003	−0.1224	−3.57	0.000	−0.1026	−2.71	0.007
非ヒンドゥー人口比	0.0340	1.11	0.268	0.0373	1.40	0.161	0.1355	2.84	0.005
SCs 人口比	−0.0110	−0.19	0.851	−0.0407	−0.67	0.502	−0.0443	−0.55	0.583
STs 人口比	−0.1166	−3.89	0.000	−0.1376	−5.02	0.000	−0.1205	−3.72	0.000
農業生産性	0.5017	3.28	0.001	0.2867	2.11	0.036	0.2956	2.14	0.034
AP	7.67	6.71	0.000	9.95	8.45	0.000	11.26	7.71	0.000
AS	13.06	4.56	0.000	−	−	−	18.07	7.96	0.000
BI							7.58	3.66	0.000
GJ	−4.77	−3.94	0.000	−4.83	−2.69	0.008	−3.86	−2.74	0.007
HY	4.31	2.80	0.005	4.82	3.71	0.000	14.31	9.33	0.000
KE				10.70	4.84	0.000	14.74	4.70	0.000
KT				5.55	4.59	0.000	4.41	2.49	0.013
MH									
MP									
OR	−5.02	−4.02	0.000				5.35	3.95	0.000
PJ							−	−	−
RJ									
TN	4.38	2.21	0.028	4.32	2.36	0.019	10.76	5.80	0.000
UP	−4.85	−4.44	0.000	−9.13	−9.10	0.000	−2.48	−2.09	0.038
WB	15.24	16.57	0.000	19.01	18.90	0.000	24.26	12.91	0.000
定数	51.66	24.18	0.000	54.19	27.55	0.000	45.90	15.62	0.000
	n=279 $R^2=0.7341$			n=272 $R^2=0.7746$			n=265 $R^2=0.7858$		

説明変数	1996			1998			1999		
	係数	t値	P>|t|	係数	t値	P>|t|	係数	t値	P>|t|
候補者数	−0.0054	−0.33	0.743	0.4585	3.92	0.000	0.1696	1.17	0.243
識字率	0.1273	2.46	0.015	0.0716	2.02	0.044	0.0367	0.66	0.510
都市化率	−0.1346	−3.88	0.000	−0.1612	−5.73	0.000	−0.1671	−4.60	0.000
非ヒンドゥー人口比	0.1091	2.96	0.003	0.1247	3.55	0.000	0.0771	1.87	0.062
SCs人口比	−0.0396	−0.54	0.587	0.0994	1.69	0.092	−0.0041	−0.06	0.950
STs人口比	−0.0249	−0.97	0.334	−0.0377	−1.58	0.116	−0.0543	−2.07	0.039
農業生産性	0.4610	3.26	0.001	0.4005	4.05	0.000	0.3215	3.43	0.001
AP	2.88	2.39	0.018	3.31	2.73	0.007	11.21	11.21	0.000
AS	11.16	6.61	0.000	−6.94	−2.09	0.037	8.94	4.87	0.000
BI									
GJ	−22.26	−16.62	0.000				−7.79	−5.33	0.000
HY	8.41	4.99	0.000	3.27	3.32	0.001	5.73	4.09	0.000
KE							7.53	2.32	0.021
KT				3.30	2.21	0.028	10.63	8.70	0.000
MH	−5.14	−3.16	0.002				6.97	4.77	0.000
MP	−4.25	−3.17	0.002						
OR				−2.66	−2.18	0.030			
PJ	−6.26	−2.53	0.012	−11.24	−5.21	0.000	−5.83	−2.11	0.036
RJ	−13.38	−9.63	0.000						
TN				−6.11	−3.63	0.000			
UP	−13.79	−9.56	0.000	−9.75	−9.97	0.000	−5.36	−3.89	0.000
WB	19.25	13.14	0.000	13.05	8.96	0.000	15.48	9.33	0.000
定数	51.96	19.88	0.000	52.27	23.17	0.000	54.09	17.91	0.000
	n=279 $R^2=0.8230$			n=279 $R^2=0.6453$			n=279 $R^2=0.7142$		

説明変数	2004 係数	t値	P>|t|
候補者数	0.4215	2.33	0.021
識字率	0.1600	3.76	0.000
都市化率	−0.1624	−5.53	0.000
非ヒンドゥー人口比	0.0661	2.46	0.014
SCs 人口比	−0.0236	−0.48	0.635
STs 人口比	0.0030	0.12	0.908
農業生産性	0.2935	2.89	0.004
AP	13.90	10.21	0.000
AS	8.27	4.85	0.000
BI			
GJ	−9.67	−6.37	0.000
HY	6.00	2.76	0.006
KE	5.39	2.27	0.024
KT	10.67	8.00	0.000
MH			
MP	−7.13	−5.28	0.000
OR	9.98	6.31	0.000
PJ			
RJ	−4.37	−2.52	0.012
TN			
UP	−10.06	−9.56	0.000
WB	18.37	13.26	0.000
定 数	45.38	14.72	0.000

n=279
$R^2 = 0.8149$

出所）筆者が整備したデータセットより作成。
注1）AP=アーンドラ・プラデーシュ，AS=アッサム，BI=ビハール，GJ=グジャラート，HY=ハリヤーナー，KE=ケーララ，KT=カルナータカ，MH=マハーラーシュトラ，MP=マディヤ・プラデーシュ，OR=オリッサ，PJ=パンジャーブ，RJ=ラージャスターン，TN=タミル・ナードゥ，UP=ウッタル・プラデーシュ，WB=西ベンガル。
2）最初の7つの社会経済変数および候補者数は全ての回帰式に導入，州ダミー変数はステップワイズ（前進）法によって取捨選択した。その際，t値の有意水準が5%以下となる有意なものだけを選択した。空欄の州ダミー変数は採択されなかったもの。
3）標準誤差は頑強な標準誤差を用いてt値を算出。
4）全ての回帰式において，VIF（分散拡大要因）を説明変数について計算した。全ての回帰式の全説明変数について最大のVIFは4.32である。よって，多重共線性はほとんど問題とならない。
5）マハーラーシュトラ州とグジャラート州は1960年，パンジャーブ州とハリヤーナー州は1966年に分割され創設されたが，分析においては，それ以前の年も分割した州区分を適応。逆に2000年に分割創設されたウッタラーカンド州，ジャールカンド州，チャッティースガル州はそれぞれウッタル・プラデーシュ州，ビハール州，マディヤ・プラデーシュ州の区分に含めた。
6）政治的混乱からアッサム州では1980年は2選挙区を除き他の選挙区では選挙が行われず，1989年は全ての選挙区で選挙が行われていない。よって，この2年度のアッサム州は計算に含めない。パンジャーブ州では治安問題で1991年の選挙が実施されておらず，計算に含めない。これらの諸理由から選挙ごとにサンプル数は若干変化しているため選挙間で厳密な比較はできないが，大まかなトレンドを知るためには十分と考えられる。

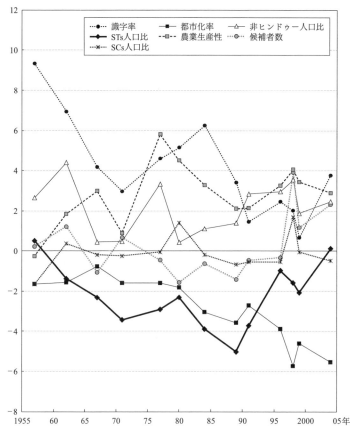

図 4-5 投票率に関する社会経済変数の統計的重要性の変化（t 値）（1957-2004 年）

出所）表 4-4 より筆者作成。

の経済発展を代表する指標と考えられる。経済発展は社会的な動員を介して政治参加を促すと考えられ投票率に影響を及ぼすであろう[13]。実態はどうであろうか。

表 4-4 によると，農業生産性は 1960 年代前半までは投票率にはっきりとし

---

13) このような点を論証した研究は多くない。例えば，Meyer and Malcolm [1993]．

た影響を持たないが，1960年代後半以降，1971年を例外として，投票率を上げる大きな要因となっている。1960年代以降は既に述べたように「緑の革命」が各地で徐々に普及し，普及した地域では農業生産性が顕著に増加していく。それに伴い富農・中農層の政治力の増大，それに対抗して下層の貧困農民の政治的意識の目覚め，中央政府による農村貧困層の発展のための農村開発事業の導入などが起こった。これらが人々の政治参加レベルを押し上げたと考えられる。1971年の選挙で影響力が著しく低下する原因ははっきりしないが，その大きな要因の一つとしてインディラ・ガンディー首相の会議派（R）が「貧困追放」を唱え，選挙戦において農業生産性が低い貧困地域の大衆の支持を掘り起こしたことの影響が考えられる。それに対して，1977年の選挙では農業生産性が投票率を押し上げる効果は非常に大きくなっている。1977年の政治状況は「ポスト非常事態体制」の政治であり，チャラン・シンに象徴されるように反会議派による富農・中農層の政治動員が激しかった選挙である。このような背景から農業生産性の高い地域で投票率が顕著に押し上げられたのではないかと推定される。以上のように，その影響力は政治的文脈によってかなり変化するが，1960年代後半以降，農業生産性で代表される農村の経済発展は政治参加を促す無視できない要素となっていると考えられる。

　識字率や農業生産性とは異なり，「都市化」は必ずしも社会経済「発展」を直接的に表す指標ではない。しかし，社会の変化を示す重要な指標であることは間違いなく，投票率との関係を検証することは重要である。「都市化率」は1970年代までは投票率に目立った影響を与えていないが，1980年代以降は投票率を押し下げる要因となっている。特に1990年代以降マイナスの効果は非常に顕著である。1960年代までは投票率と都市化率の単相関係数は1957年：+0.356，1962年：+0.379，1967年：+0.336となり，一見，都市化はプラスの影響を与えるように見える。しかし，表4-4の分析によると，それは都市化そのものではなく，他の変数の影響によるものと考えられる[14]。中でも重

---

14) このような表面的な投票率と都市化との相関関係から，1970年代までの研究では都市化が投票率にプラスの効果を発揮するとされたが（Benjamin et al.［1971 : 237］），1990年代以降の研究ではマイナスとなるという分析が指摘される（Dikshit and Shar-

要なのは識字率である。都市部は農村部より教育設備が整い識字率が高いため，その影響で見かけ上，都市化率が高いことが高い投票率をもたらしているように見えるのである。例えば1971年人口センサスでは識字率は，都市部で52.4％，農村部で23.7％であった。また，以下に述べるように投票率にプラスの効果をもたらす非ヒンドゥー人口比は都市部では高く，マイナスの効果をもたらすSTs人口比が都市部では小さい。例えば1971年人口センサスでは非ヒンドゥー人口は都市部23.8％，農村部15.7％，STs人口比は都市部1.2％，農村部8.4％である。いずれも表面上，都市部で投票率が高くなることにつながっている。しかし，これらの影響を同時に評価すれば表4-4のように都市化率の影響は小さいのである。1980年代以降，都市化率が投票率を押し下げる効果が明白となったのは，農村部の政治化が進み投票率が上がったため，都市化の本来的効果がより鮮明になったからと考えられる。

　都市は農村に比べて政治運動がより目に見える形で行われるため政治参加を促すという側面もあるかもしれない。しかし，投票を促すより強い要因がカーストや地縁など社会的ネットワークによる動員であるとすると，様々な地域から人口が流入し，社会的ネットワークが薄弱な都市部は政治参加レベルが通常低くなるであろう。農村部がまだ政治化していない時は目立たないが，しかし，いったん農村部に政治化の波が波及すると，農村部の方がカーストや宗派，あるいは地域コミュニティといったより密な社会的ネットワークを通じた動員により政治参加のレベルはより高くなるのではないかと考えられる。

　SCs人口比とSTs人口比に関しては，前者は全ての選挙において統計的に明確な傾向は読み取れない。その理由の一つはSCsの人口分布が地理的にかなり均一なので説明変数としてSCsの効果が表れにくいことが考えられる[15]。またもう一つのより重要な理由として，SCsは極めて多様なカーストを含んでおり同質的な階層ではないので一般化は難しいが，その人口分布は一般カース

---

　　ma［1995：417］）。
15）例えばこの分析対象データでは，1957年から2004年のSCs人口比の標準偏差は7.2％から7.6％である。これに対してSTsの場合は15.8％から16.2％である。SCsの方がSTsと比べると地理的に均一に分布しているといえる。

トと広く重なっているため，投票率も一般カーストと同じ傾向を持つことが考えられる。これらが統計的傾向が明確には表れない理由であろう。

STs人口比は1960年代後半から1990年代初めまで，投票率にマイナスの効果があったことは明白である。このような結果になるのは，STsの本来の性質が表れたものと考えられる。なぜならSTs人口は地理的にかなりまとまっているので，サンプル県の間でSTs人口比が明確に高いものと低いもののコントラストがはっきりしており，偽相関は表れにくいと考えられるからである。識字率や都市化率などの影響を考慮してもなお，STs人口比が高いサンプル県では投票率が低いことは，STsの政治参加意識そのものの低さを示しているといえよう。しかし，1990年代半ば以降，STs人口比のマイナスの効果は変動しつつも統計的には不明確になっており，STsも政治参加に関しては次第に他の階層と同質化しつつあることが示される。

非ヒンドゥー人口比については1962年，1977年の選挙で投票率にプラスの効果を与えることは明確であるが，長期的に定常的な傾向を読み取ることは難しい。しかし1990年代以降の選挙では安定して投票率を押し上げていることは明確である。これは，非ヒンドゥー人口の大半がムスリムであること，1980年代以降，コミュナリズムあるいはヒンドゥー・ナショナリズムが高揚したことを考慮すれば，より積極的に政治参加することで，宗教的少数派が自己の安全をはかろうとしている姿なのではないかと考えられる。具体的には，インド人民党（BJP）などヒンドゥー・ナショナリズム政党以外の政党に積極的に投票することで，政治の場においてヒンドゥー・ナショナリズムの力を削ごうとしたのである。この点については，次の章でより精緻な方法で検討する。

以上のSCs，STs，非ヒンドゥー人口の動態はCSDSの個票データに基づく研究でも確認されており，集計されたマクロなデータによる偽相関とは考えられない[16]。

---

16) 例えば，A. マクミランは1971年と1996年のCSDSの個票データに基づいてSCs，STsの投票参加を検討した。それによると，STsについては，個人の投票を，STs留保選挙区かどうか，STsに属しているかどうかに分け，かつ他の重要な変数をコント

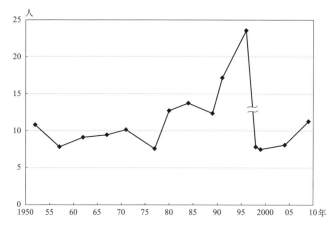

図 4-6 連邦下院選挙における有権者 100 万人当たりの平均候補者数（1952-2009 年）

出所）筆者が整備したデータセットより作成。
注）選挙改革によって 1996 年から候補者は 3 選挙区以上から同時に立候補できなくなった。このため図のように 1996 年と 1998 年の選挙では制度に断絶があるため単純比較できない。図ではその点を 2 重線で示した。

　最後に候補者数については，分析期間中，1998 年，2004 年の選挙で投票率にプラスの影響を発揮している。これは制度改革の影響があるものと考えられる。上で述べたように 1996 年選挙後，候補者の乱立を防ぐために 3 選挙区以上から同時に立候補できなくなり，また，1998 年には供託金が大幅に引き上げられたため，図 4-6 のように 1980 年代以降，急速に増加した候補者数は 1998 年以後，急減した。そのため泡沫候補者は減り，政治的に当選の可能性が高い重要な候補者のみが出馬する傾向が強まった。政治的に当選の可能性が

ロールした上でも，1971 年の場合，投票者が STs 留保選挙区にいること，STs であることは統計的に見て投票可能性にマイナスに作用することを見いだした。しかし，1996 年には STs であることの有意性は消滅している。SCs の場合，1971 年の段階で，既に SCs であることの影響はなくなっている。しかし，1971 年，1996 年とも，SCs 留保選挙区は統計的にマイナスの影響を投票率に与えている（McMillan［2005：Chapter 6］）。また，Y. ヤーダヴの研究は 1971 年，1996 年，1998 年の個票データを使って SCs，STs，ムスリムなど宗教的少数派について投票参加の傾向を計測しているが，マクミランの研究とほぼ同様な傾向が示されている（Yadav［1999：2397］）。

高い候補者とは有権者を動員できる候補者であるから，投票率を高める効果がより明確に表れたものと考えられる。

投票率の変動から見る州政治の構造変化

　表4-4の州ダミー変数は t 値を基準として5％以下で統計的に有意なものだけが選択されている。回帰分析には社会経済変数と「候補者数」が常に代入されているので，選択された州ダミー変数は，社会経済変数で説明される部分とは別の顕著な投票率＝政治参加レベルの変化をもたらした変数であることを示す。よって，選択された州ダミー変数を追跡することで，州政治を政治動員という視点から全インド的コンテクストで位置づけることができるであろう。ここでは，特徴が明らかな主要な州についてそのような観点から考察する。

　ただし，以下の点をあらかじめ断っておきたい。投票率はマクロな投票行動の中でも比較的に安定している指標であるが，その変動は各州に特殊な政治状況に影響される部分も大きい。その場合，ここでの分析は全インド的な視点から各州の大まかな位置づけを行うことであるから，各州の特殊性を考察はするが，深く分け入ることはできないという点である。一つには各州の政治的特殊性について，従来の研究からわかっていない点が多くあるからである。

　例えば，グジャラート州では1996年の選挙で急激に投票率が低下している。その推移は1991年：44.1％，1996年：35.9％，1998年：59.3％であり，表4-4でも1996年の州ダミー変数の t 値は顕著にマイナスである。しかし，この現象について決定的な説明はまだない。一つの有力な説は，人々の政治一般に対する無力感が蔓延したという説明である。同州ではBJPが1995年の州立法議会選挙で会議派から初めて州政権を奪取したが，1年足らずで内部分裂し，シャンカルシン・ワーゲラー派が政権に就いた。このような混乱はBJP州政権に期待した人々を失望させた。一方，州の会議派も派閥抗争などで人々の不満を高めるだけであった。このような状況が政治に対する人々の無力感を誘い，1996年の連邦下院選挙で投票レベルが大幅に下がった，という説明である（Patel［1999：2428］）。しかし，与党の分裂，派閥抗争は1996年だけに限ったことではなく，必ずしも説得的ではない。1999年，2004年の選挙でも

投票率はかなり低い。同州はインドで社会経済的に最も発展した州の一つであるが、1980年代中頃以降の、発展度の高さに比べて低い投票率を実証的に説明している研究はない。

このように州政治の特殊性に分け入るのには限界がある。ここでは、原則として大きな「政治構造変化」に注目して分析してみたい。特にt値がある時点で大きく変化し、かつその変化が継続する場合は、その前後で州政治に構造的な変化が起こった可能性が高いと考えられ、分析する価値は高い。州ダミー変数が選択されていても分析の全期間中、そのt値が同じレベルの場合、当該州の、何かしらの特殊性は指摘できるが、しかし、それは「変化」ではなく、州独自の文化や社会構造に根ざす固定的な構造的要素に起因するものであると考えられる。

さて、最も明確な変化を見せるのは西ベンガル州である。1960年代初めまでは係数はマイナス、すなわち、社会経済変数によって説明される投票率よりもかなり低いレベルの投票率であった。しかし、インド共産党（マルクス主義）（CPI（M））率いる左翼戦線政府が政権を奪取した1977年選挙を経て1980年以降、州ダミー変数の重要性（t値）は目立って大きくなっている。これは左翼戦線政府による土地改革政策やパンチャーヤトの活性化などによる農村部への浸透[17]、有権者の動員、それに対抗するための会議派、あるいは会議派から分裂した全インド草の根会議派の動員によって政治参加が顕著に高まったことによるものと考えられる。すなわち、左翼戦線政府が成立した後、政治化が顕著になったのである。

CPI（M）率いる左翼政党が政権に就くと政治参加を引き上げる傾向はケーララ州でも見て取れる。CPI（M）率いる左翼民主戦線（Left Democratic Front）と会議派率いる連合が頻繁に政権交代していることから、傾向を明確に捉えることは難しいが、州ダミー変数のt値が顕著に高くなっている1989年と1991年の選挙の時の州政府は左翼民主戦線であった[18]。

---

17) "Operation Barga"と呼ばれる小作人の登録・保護政策など、パンチャーヤトや協同組合など草の根レベルの組織の活性化と浸透が左翼戦線政府の改革政策であり、同時に支持基盤拡大政策であった。優れた事例研究として、例えばLieten［1992］を参照。

左翼政党との競合でなくても，州政治レベルで政党間の競合が政治参加の拡大につながる姿はタミル・ナードゥ州にも見ることができる。同州では，1960 年代はドラヴィダ民族主義を掲げるドラヴィダ進歩連盟（DMK）や学生などによる反ヒンディー語運動の激化，1967 年に連邦下院選挙と同時に行われた州立法議会選挙における DMK による会議派からの州政権奪取というサブ・ナショナルな大きな変動があったことは前に述べた。1967 年以降の州政治は DMK と 1972 年に DMK から分かれた全インド・アンナ・ドラヴィダ進歩連盟（AIADMK）が激しく競合する政治となり，会議派が州政権を奪還する可能性はほぼなくなってしまう。州ダミー変数の重要性は 1957 年にはマイナスであったのに対して 1962 年から 1971 年までは明確にプラスに変化しているが，それはこのような政治変動を反映したものである。また 1977 年，1980 年の選挙では州ダミー変数が選択されていないのは，非常事態宣言への反発とジャナター党政権の成立およびその崩壊という北インドを中心とする政治変動により北インドを中心として投票率が上がったため，相対的にタミル・ナードゥ州の投票率の高さが目立たなくなってしまったためと考えられる。このような現象は南部の他の州でも観察される。1991 年の投票率の顕著な増加はチェンナイ近郊でラジーヴ・ガンディー元首相が暗殺された事件で州民の情緒的反応が高まったことによると考えられる（Krishna［2011：386］）。

　アーンドラ・プラデーシュ州やカルナータカ州も政党システムが大きく変化し競合的になったことで投票率がレベルアップした例であると考えられる。変動は激しいが，1980 年代から定常的に相対的に高い投票率を示すようになった。より正確にはアーンドラ・プラデーシュ州が 1984 年から，カルナータカ州が 1989 年からである。その大きな要因は州の政党システムの構造的な変容

18）1962 年選挙時の州政権は会議派・人民社会党連合政権（1960-1964 年）であった。1980 年選挙前は 1977 年に会議派率いる連合が州政権に就いたが，会議派の分裂などの混乱のため 1979 年末から 1980 年 1 月にかけて大統領統治となった。1989 年と 1991 年の選挙は，CPI（M）率いる左翼民主戦線州政権（1987-1991 年）の下に行われた。1999 年の選挙も左翼民主戦線州政権（1996-2001 年）であった。2004 年の選挙の時は会議派連合州政権であった（2001-2006 年）。1990 年代までのケーララの政治的動員については，Heller［2000］。

である。既述のように1983年の州立法議会選挙で会議派は，アーンドラ・プラデーシュ州ではテルグー・デーサム党に，カルナータカ州ではジャナター党に敗北した。独立以来，州政治を独占していた会議派が敗北し，この時期以降，アーンドラ・プラデーシュ州では会議派とテルグー・デーサム党の2大政党制状況が，カルナータカ州では会議派とジャナター党およびその後身のジャナター・ダルの2大政党制状況が出現し，政治的競合が激しくなる。このような状況が投票率の増加につながった大きな要因であろう[19]。アーンドラ・プラデーシュ州の場合は，加えて，テーランガーナー地域の分離と新州創設を求めるテーランガーナー民族会議が2001年に創設され，テーランガーナー地域の人々の動員に徐々に成功しつつあったことが，政治参加レベルを押し上げたものと考えられる[20]。

投票率の上昇につながる政治動員と政治参加が広範囲に見られるのは様々な場合が考えられるが，暴力を含む政治社会の混乱は重要な要因である。アッサム州やパンジャーブ州の場合がそれにあたる。

アッサム州では1970年代まで投票率は平均に比べて明確にマイナスであったが，1980年代以降は，暴力的なエスニック問題で選挙そのものが行われなかったり，行われた場合は明確にプラスとなっている。1980年代以降，エスニック問題に揺れ，投票率は大きく変動しつつも基本的に政治参加が高いレベルにあるのは，1980年代以降，絶えず政治社会的混乱に悩まされ政党が激しく競合していることが大きな要因である。1998年の選挙が例外的に低い投票率となっているのは，アッサム統一解放戦線（ULFA）による選挙ボイコット指令と暴力の拡大によるところが大きい（Baruah［1999：159］）。1998年は1990年代以降で最もエスニック紛争の犠牲者が多かった年であった[21]。

パンジャーブ州に関しては1967年選挙で政治参加レベルは顕著に高まった。これはアカリー・ダルによって行われてきたシク教徒多数派州の「パン

---

19) 以下を参照。Srinivasulu［2003］［2007］［2011］；Gould［2003］；Hebsur［2011］。
20) 2000年代のテーランガーナー地域の分離，新州創設運動に関しては，三輪［2009］。
21) 政府系のシンクタンク，Institute for Conflict Managementの統計によると，1998年には市民，治安部隊，ゲリラあわせて，783人の犠牲者が出ている（http://www.satp.org/，2009年10月28日および2013年5月29日アクセス）。

ジャービー・スーバ」の設立運動と，その結果としての 1966 年の旧パンジャーブ州分割と新パンジャーブ州創設の影響が大きいと考えられる。この運動によって政治化のレベルが高まったのである。ハリヤーナー州ダミー変数の有意性もこの時に増加し，政治参加の拡大がはっきりと表れている。

　しかし，パンジャーブ州の特異性は，パンジャーブ紛争で暴力の応酬が激しさを増した 1980 年代末から 1990 年代初めにかけての動きである。1989 年の選挙は，シク教徒分離主義過激派のテロと治安部隊の治安行動によって多数の犠牲者が生じている中で行われた選挙であったが，政治参加は明確に上昇してはいない。また，1991 年には治安が保てず選挙そのものが行われなかった。パンジャーブ州では 1992 年に州立法議会選挙が行われるが，主要アカリー・ダル各派の選挙ボイコットにより投票率は著しく低下した。このような事態の推移を考えると，この時期は，長引く暴力的紛争の中で選挙政治への不信感が高まっていった時期と考えられる。1989 年の場合は，これが選挙への参加レベルの上昇につながらなかった要因であると考えられる。選挙政治が回復されたあとも，1990 年代は州ダミー変数は明確にマイナスであり，選挙政治への不信感が長く続いたことがわかる。政治参加レベルが通常のレベルに戻るのは，ようやく 2004 年の選挙である。後に詳しく分析するが，パンジャーブ紛争は累計で 2 万人以上ともいわれる犠牲者を出し，おびただしい人権侵害を引き起こした紛争である。ジャンムー・カシミール州や北東部を除けば，このような広範かつ暴力的なエスニック紛争を独立インドは経験していない。このような事態が選挙民主主義体制に対する不信感，政治参加の低下につながったと考えられる。このようなプロセスで 1990 年代後半にはパンジャーブ州では政治への失望＝非政治化が顕著になったのである。

　一方，ビハール州，マディヤ・プラデーシュ州，オリッサ州は，独立後の政治参加レベルが相対的に低い状態から，次第に他の州と比肩できるレベルにまで「キャッチアップ」してきた例である。コミュニケーションの発達による他地域からの政治的影響の伝播など長期的な要因，全インド的に非常に強力な政治的事件のインパクトなどがキャッチアップを促した要因であることは間違いないであろう。ヒンディー・ベルト地帯のビハール州，マディヤ・プラデー

シュ州は1970年代前半まで，オリッサ州は1980年代までに，社会経済の発展状況から考えて平均的なレベルにまで投票率は徐々に上昇した。ヒンディー・ベルト地帯の2州が1977年の選挙以降，平均的になる一つの大きな要因は，非常事態宣言期の政治抑圧に求められよう。この2州では，第2章の表2-1からわかるように非常事態宣言期の政治抑圧がオリッサ州に比べて大規模に行われた。広範囲の抑圧に対する反発が，社会の政治化を促進したことは間違いない。

定常的に投票率が高いのはハリヤーナー州である。同州は政党システムが伝統的に分裂的・流動的であり，また，首都デリーに隣接する州であるため中央政治に敏感なことが特徴である（多賀［2001］；Singh［2003］）。そのような政治状況が，この州が常に高い政治参加レベルを示すことにつながっていると考えられる。例えば，1977年のt値は顕著に高い。これは1977年の投票率が目立って高いことを意味し[22]，同年の州立法議会選挙でジャナター党が大勝していることを考えあわせれば，非常事態宣言への強い反発が投票率の急上昇をもたらしたと考えることができる。特徴的なのは，1957年，1962年も高い値を示していることである。すなわち，1966年に分離してハリヤーナー州となる以前から高い政治参加レベルを示しているが，それは上で述べたハリヤーナー州（地域）の政党政治の特徴を考慮しないと説明は難しい。

同じヒンディー・ベルト州でもハリヤーナー州とは対照的なのがウッタル・プラデーシュ州である。同州はインドで最も人口が多く，地域的多様性にとみ，カーストや宗教など社会構成も複雑で，政治参加を検証する場合，一つのまとまった単位として扱うことが適切かどうか判断は難しい。特に，西部と東部の政治社会構造はかなり異なるため，一つの州として見ると変化は複雑でその明確な説明は難しい。ただし，全般的に見て政治参加レベルは低く，全インド的な政治参加のトレンドに追従しない構造的要因があることが示唆される。

最後に，マハーラーシュトラ州，ラージャスターン州は州ダミー変数が選択される場合が少なく，選択されても散発的であり，それが意味するのは両州が

---

22) 前後も合わせて投票率は，選挙委員会資料によると1971年：64.4%，1977年：73.3%，1980年：64.8%である。

全インド的に平均的な州であるということである。しかし，散発的な投票率の顕著な増加や減少の政治的背景は，ここでは実証的に説明することは難しい。

まとめ

　本章ではまず，投票率がなぜ安定しているのか，その要因が考察された。統計的検証によると，投票が社会的に習慣化される行動であるという「習慣化仮説」の説明力は非常に低く，それに対して，投票がマクロな社会経済構造に強くリンクしているため安定しているという「社会経済動員仮説」の説明力は高い。投票率は，会議派得票率や候補者数と比べても安定的であるが，それも，投票率が社会経済構造に密接にリンクしているから，と考えられる。社会経済動員仮説の規定力は1990年代初めまで一定レベルを有したが，その後は低下している。これはコミュニケーション手段や教育の普及などにより，社会経済状況に関わりなく人々の政治化が広がったからと考えられる。

　一方，インドの政治社会の多様性を代表する変数として，州ダミー変数は社会経済変数よりも全般的に強い説明力を有する。それは，投票率が社会経済変数のレベルの違いよりも，州間の差によっていっそううまく説明できることを意味し，州固有の要因が重要であるということである。州ダミー変数の重要性は会議派得票率の場合にはさらに顕著である。投票率に比べて会議派得票率は社会経済変数によって説明される部分が小さく，より多くの複雑な要因に影響されていると考えられるが，複雑な要因の多くは各州に固有なものである可能性が高いのである。

　統計的分析の最後に，社会経済変数と候補者数および州ダミー変数の相対的な重要性を見るために，全ての変数を込みにして分析を行った。各変数の説明力は時代によってかなり変動しているが，それは各時代の政治的・社会経済的な構造特性を反映した結果と見ることができる。社会経済変数に関しては「識字率」の説明力が1950年代から1960年代中頃にかけて非常に強かったことが特徴的で，特に1957年の選挙では州ダミー変数も含めて，最大の説明力を

示す。独立初期には，政治参加は識字率に代表される社会発展レベルに極めて強く規定されていたことがわかる。経済発展の影響は識字率よりも遅れて発現しており，農業生産性は，1971年は例外となっているが，1960年代後半以降，投票率を上げる大きな要因となった。特徴的なのは都市化率で，1990年代以降は投票率を押し下げるマイナスの効果が非常に顕著となっている。社会的ネットワークが本来的に薄弱な都市部は，本質的には政治参加レベルは農村に比べて低いと考えられる。社会階層の影響に関しては，STsの投票率＝政治参加レベルが1960年代後半から1990年代初めまで低かったことが特徴的である。しかし，その後は徐々に一般レベルに追いついている。

　候補者数は，場合によっては投票率を引き上げる効果が観察された。分析期間中，1998年，2004年の選挙で投票率にプラスの影響を発揮した。これは制度改革の影響で候補者数の効果がより顕著になったからと思われる。

　最後に，選択された州ダミー変数のt値に基づいて，その州のその時点における投票率＝政治参加レベルがどのような顕著な状態にあったのか，そして，そのような状況をもたらした政治的要因は何か，が検討された。分析の結果，政治参加を高める要因として，一般的な政治化による後進州の政治参加レベルのキャッチアップ，左翼政党政権の存在，会議派に取って代わられるような有力な政党の出現による政治的競争の激化，1975-1977年の非常事態宣言，エスニック紛争などが識別された。ただし，最後のエスニック紛争に関しては，暴力が多くの犠牲者を出すように過激化すると逆に選挙への参加には結びつかないことが示された。

　全般的に投票率に対する識字率や農業生産性など社会経済発展の影響は1990年代以降，かなり小さくなり，代わって州ダミー変数の影響が徐々に大きくなっている。このような長期的傾向が意味するのは，選挙への参加という民主主義体制への最も重要なインプットが社会経済構造から徐々に解き放たれ，州の政治状況など，より下のレベルからの政治的変動に影響される度合いが相対的に大きくなっている姿である。このような長期的トレンドが1990年代以降の中央レベルにおける政治的断片化・流動化の基底にあることは確実である。

資料2　バッラとシンの県区分へのデータの再編成

以下の図を使ってバッラとシンの県区分＝「サンプル県」を基準としたデータの再編成を説明する。

(1) 人口センサスのデータ

10年ごとの人口センサスのデータをサンプル県に合わせ再編成することに大きな困難はない。サンプル県は1971年の人口センサスの県をベースとしているため，1971年であれば，ほとんどのデータがそのまま使える。サンプル県が複数の県を合体させた場合でも各県の人口を重みとして各指標を合成すれば，正確な値となる。1961年の県境は1971年とあまり変動がないため，一部を人口を重みとして比例配分などで手直しすればほぼ問題ない。1971年以降も県が単純に分割されるだけならば，各県の人口を重みとして合成すれば問題ない。問題は，例えば2つの県が合体された上で3分割されるような場合である。その場合，新しい県境が1971年の県境とクロスすることが起こりえる。これへの対処法は，1971年の県境を含む県をその県境で分割される部分の人口などを重みとして比例配分することである。このように合成されたサンプル県のデータは推定部分が含まれることになる。県は時代が下るに従って細分化されるので，1971年の県境とクロスする場合は少なくなり，かえって問題はなくなる場合が多い。そのような推定部分を含むサンプル県は，例えば，2001年の人口センサスの県データに基づき整理されたサンプル県では，全体279のうちの25サンプル県，約9％である。

(2) 連邦下院選挙データ

困難なのは本質的に県と異なる地理区分に基づく連邦下院選挙データをサンプル県に合わせて再編成する場合である。連邦下院選挙区がサンプル県の境界と重ならないように地理的に配置されていれば，単純に，サンプル県に含まれる連邦下院選挙区のデータを人口などを重みとして合成するだけで正確な値が得られる。しかし，そのような場合は少ない。従って，連邦下院選挙区がサンプル県の境界と重なる場合に何らかの方法でデータを比例配分し推定する必要がある。それを説明したのが，下図である。

法律上，連邦下院選挙区（図で，a，b，c）は複数の州立法議会選挙区（図で，a_i，b_i，c_i）からなる。そして多くの場合，より小さい単位である州立法議会選挙区の境界はサンプル県の境界と接触する場合はあってもクロスする場合はほとんどない。

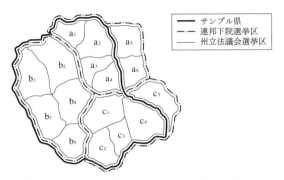

図資 2-1 サンプル県区分へのデータ再編成の説明図

出所) Kondo [2003：70].

従って州立法議会選挙区の人口（ここでは「州立法議会選挙区の有権者数」とした）を重みとして連邦下院選挙区に応じてデータを合成すればサンプル県の推定データが得られる。投票率を例にとれば算式は以下の通りである。

$$\text{サンプル県の推定投票率} = \frac{(a_1+a_2+a_3+a_4)T_a + (b_1+b_2+b_3+b_4+b_5)T_b + (c_1+c_2+c_3+c_4)T_c}{(a_1+a_2+a_3+a_4) + (b_1+b_2+b_3+b_4+b_5) + (c_1+c_2+c_3+c_4)}$$

T_a, T_b, T_c：連邦下院選挙区 a, b, c の投票率
a_i, b_i, c_i：連邦下院選挙区 a, b, c に含まれる州立法議会選挙区各々の有権者数

このようにして得られた「サンプル県の推定投票率」は，連邦下院選挙区 b のようにサンプル県に完全に含まれるものも多く，このような推定でも投票率や候補者数のように連邦下院選挙区のデータにほとんど欠損がない場合は，大きな過誤は生じないと思われる。問題は会議派得票率のように，選挙協力などで他の政党に立候補を譲る場合である。その場合，ある連邦下院選挙区のデータはゼロとなってしまい，結果として，合成されたサンプル県データの推定値が実態とかけ離れたものになる可能性がある。この点を考慮するために，統計分析ではサンプル県は極力欠損値を含まないサンプル県に限定した。

(3) データの内挿，外挿

人口センサスのデータ，バッラとシンの農業生産性データの観測年は，選挙年と一致しない。これらのデータは 2 時点間のデータの内挿または外挿によって選挙年

の値を推定した。例えば人口センサスのデータの場合，1984年のデータを得るためには1981年と1991年の人口センサスのデータを用いて内挿により推定した。また，2004年のデータを得るためには1991年と2001年の人口センサスのデータを用いて外挿により推定した。人口センサスのデータは時間的に安定しており，短期間の外挿による推定であれば大きな過誤はないと考える。

第5章 政党システムと経済変動，宗派間亀裂
　　　——連邦下院選挙の分析[1]

　前章では連邦下院選挙の投票率がマクロな社会経済変数や州によって大きく規定されることを見た。すなわち，選挙に参加するかどうかは，社会経済構造や州の政治状況にかなりの部分が規定される安定した投票行動であった。しかし，同時に行った会議派得票率の分析からわかるのは，有権者がどの政党に，あるいはどの候補に投票するかという選好は，投票率の場合に比べてより多くの変数が関係する複雑な行為であるということである。近年，その傾向は特に強い。それは第1章の表1-1のように中央レベルの選挙においても主要政党の得票率が選挙のたびにかなり変化していることから明らかである。一般的に有権者が投票先を決める要因は非常に複雑である。重要な要因としては，政党へのアイデンティティ，与党としての実績，候補者の人物，投票者の社会経済的地位，その時々の選挙の争点，などが考えられる。本章では，経済や社会の状況が選挙で有権者の投票先の選択にどのような影響を与えるか，会議派に焦点を合わせて分析する。これにより経済や社会の状況の変化によって会議派の支持基盤がどのように揺らいできたか，ひいては政党システムがどのように流動化してきたかという点について，理解が深まるだろう。

　前述のようにインドでは，連邦政府，州政府，県以下のパンチャーヤトや都市部自治体など様々なレベルで選挙が行われているが，各レベルの選挙は独自の特色を持つ。例えば村レベルのパンチャーヤト選挙など草の根レベルでは村のカースト構造，派閥構造，候補者との関係などが，投票行動に大きな影響を

---

1) 本章は，近藤［2009a］を改訂したものである。資料の一部を最新のものにし，叙述を本書の構成に合うように改訂したが，統計的計算には変更はない。

もたらし，高次の選挙とは別次元の様相を呈する。これに対して連邦下院選挙や州立法議会選挙など高次レベルの選挙は地域のミクロな社会状況から離れた選挙であり，人々が選挙で問題とする意識・争点も違ってくる。高次の選挙でも各地域のローカルな争点は重要であるが，相対的に，よりマクロな争点・イメージが人々の関心を捉える傾向が強い。本章では，社会や経済の大きな変動が人々の選挙における政党選択にどのような影響を与えるかについて，連邦下院選挙を対象として分析を行う。そのためには，選挙に際して有権者が抱く，一般的な問題関心が何であるかをまず探る必要がある。

表5-1は1980年代半ば以降，連邦下院選挙に連動して行われている世論調査であるが，ほとんどの選挙で物価／インフレや貧困，失業など生活に直結する問題が人々の重大関心事であることがわかる。これ以外に問題意識のトップにくるのは，1984年12月の「統一」，1987年8月の「腐敗」，1992年12月の「アヨーディヤー問題」である。1984年の場合は，インディラ・ガンディー首相が暗殺された後の調査であり，1987年はラジーヴ・ガンディー会議派政権でスウェーデンの兵器企業ボフォールズ社による大規模な収賄スキャンダルが発覚した後の調査，そして，1992年はアヨーディヤー問題を契機としてヒンドゥーとムスリムとの間で大規模なコミュナル暴動が起きた直後の調査である。このような例外的に強いインパクトのある事件があった場合はそれが問題関心の中心にくるが，通常は生活に直結する経済状況が選挙民の主要な関心事であるといってよい。例えば2004-2005年では農業部門も含めて労働者の約86％が非正規部門で働いていると推定される[2]ように大部分の人々が経済的に脆弱かつ不安定な状況にあるインドで，経済状況が問題関心として第1位を占めることは極めて自然である。

このような世論調査は調査方法や応答者の社会経済的属性など詳細なデータが公表されておらず，詳しい分析はできないが，大きな傾向として，連邦下院

[2) GOI（National Statistical Commission）［2012：33］のTable 4.6より筆者計算。オリジナルのデータは全国サンプル調査（National Sample Survey）第61次調査による。会社形式をとらない9人以下の従業員の事業所などで，家内工業，大部分の農家などが含まれる（GOI（National Statistical Commission）［2012：39］）。

表 5-1 連邦下院選挙および重要な政治的事件における人々の認識調査（1984-2013 年）

サーベイ時期（サンプル数）	回答の分布（％）					
問い：国が直面する最も重要な問題						
1984 年 12 月 7-14 日 (n＝11,297)	統一 47	物価 30	腐敗 18	地域の自治 5		
1987 年 8 月 （サンプリングの詳細は不明）	腐敗 36	物価 32	宗派主義 23	法と秩序 9		
1988 年 2 月 (n＝10,338, 村民：72.5%)	物価 48	腐敗 34	宗派主義 12	法と秩序 6		
1988 年 8 月 2-7 日 (n＝13,166)	物価 46	腐敗 35	宗派主義 14	法と秩序 5		
1989 年 1 月 25 日-2 月 1 日 (n＝10,929)	物価 46	腐敗 32	宗派主義 16	法と秩序 6		
問い：次の政府が直面する 2 つの主要な問題						
1989 年 11 月 22-27 日 * (n＝77,107)	物価 37	腐敗 33	宗派間の調和 21	パンチャーヤト制度 9		
問い：国が直面する最も重要な問題						
1990 年 8 月 8-16 日 (n＝10,239)	物価 54	腐敗 22	テロリズム 13	宗派主義 11		
1991 年 5 月 7-10 日 ** (n＝20,312, 村民：70.6%)	物価 47	政治不安 16	アヨーディヤー問題 15	留保問題 10	意見なし 12	
1992 年 4 月 2-8 日 (n＝8,627)	物価 53	腐敗 23	テロリズム 13	宗派主義 11		
問い：次の連邦下院選挙で最も重要な問題						
1992 年 12 月 17-23 日 (n＝12,592)	アヨーディヤー問題 44	物価 25	失業 13	腐敗 6	その他 9	
問い：国が直面する最も重要な問題						
1993 年 7 月 14-20 日 (n＝11,172)	物価 37	腐敗 23	法と秩序 16	アヨーディヤー問題 14	その他 10	
問い：今日関心ある最も重要な問題						
1996 年 3 月 27-31 日 (n＝12,810)	貧困・失業 36	腐敗 27	物価 25	政治不安 5	宗派間の調和 4	カシミール問題 3

（つづく）

サーベイ時期（サンプル数）	回答の分布（%）					
問い：取り組むべき最も重要な課題						
1996年6月6-9日 (n=12,777)	貧困 42	雇用 22	腐敗 16	国の統合 9	法と秩序 6	経済改革 5
問い：国が直面する最も重要な問題						
1998年2月4-8日 (n=8,938)	基本的ニーズ 42	腐敗 14	政情不安 13	暴力 12		
問い：今日関心ある最も重要な問題						
2004年7月26日-8月5日 (n=17,885)	失業 42	物価高騰 31	腐敗 10	法と秩序 5	政治的安定 4	安全 3
問い：最も心配ななこと						
2009年2月16日-3月10日 (n=12,374)	物価上昇 34	失業・レイオフ 29	景気後退 8	腐敗 7	治安 5	越境テロ 4
2014年の連邦下院選挙に向けてあなたにとって重要な争点は何ですか						
2013年8月2日-10日 (n=15,815)	物価上昇 33	腐敗 30	失業 9	経済成長の鈍化 8	首相候補者 7	

出所）*India Today* 誌が定期的に行ってきた世論調査より。以下の巻号の記事より筆者作成。December 31, 1984；February 29, 1988；August 31, 1988；February 28, 1989；December 15, 1989；September 15, 1990；May 31, 1991；April 30, 1992；January 15, 1993；August 15, 1993；April 30, 1996；June 30, 1996.；February 23, 1998；August 30, 2004；April 13, 2009；August 26, 2013.

注）＊：1989年11月22-27日のサーベイは出口調査。＊＊：ラジーヴ・ガンディー元首相暗殺前の調査。

選挙においても，身の回りの一般的な経済状況が投票対象の政党を決める上で非常に重要であるということは確認できる。それ以外では，インド社会に長期的に大きな影響をもたらした重要事件としてアヨーディヤー問題などに起因するコミュナル暴動が重要である。インディラ・ガンディー首相暗殺事件も大きなインパクトを与えたが，一過性の事件であるし，腐敗スキャンダルは必ずしも社会全体に深刻な緊張をもたらすわけではない。それに対してコミュナル暴動は，第7章で分析されるように社会に深刻な亀裂を作り出し，政党システムを揺るがす可能性がある。世論調査を基にしたこのような予備的検討から，経済状況，そしてコミュナル暴動[3]が政党の選択を左右する大きな要因であることは明らかである。よって本章ではこの2つの要因が会議派の選挙実績に

---

3) 本章では「コミュナル暴動」という場合は，特に説明がなければヒンドゥーとムスリムとの間の暴動を指すものとする。

どのような影響を与えたかという問題を中心として分析を行う。具体的にはインフレおよび所得の変動，そしてヒンドゥーとムスリムとの間のコミュナル暴動が，中心的な政党，すなわち会議派の得票率にどのような影響を及ぼしてきたかを検討する。

　本章の構成は以下の通りである。まず，第1節においては，インドの選挙における政党選択に関する研究を本章の分析課題と交差させつつ概観する。過去の研究を理解した上で，データを分析することで，投票行動のよりよい理解が得られるであろう。続く第2節では，選挙におけるヒンドゥー多数派と宗教的少数派の間の政治的亀裂の展開とその投票行動への長期的影響を検討する。ヒンドゥーと非ヒンドゥーに分けて政治参加や会議派への支持が長期的にどのように変化したかを把握しておくことは，コミュナル暴動の選挙への影響を理解する上で重要だからである。これは「キング（King）の生態学的推定」といわれるものを使って全インド・レベルのデータで検証される。第3節では，「経済投票」と「宗派間の亀裂投票」の影響を検証する。データセットは全インドをカバーするものではなく，都市部の地域を主な対象とする分析である。これは物価データの利用可能性についての制約のためである。ただし，対象地域は全インド中に分散している。コミュナル暴動，物価データや農業所得および都市化率などその他の変数について，1962年から1999年のデータの分析によって，会議派の得票率の変動と，インフレ，所得変動，コミュナル暴動の関係が分析され，重要な媒介変数などが識別される。第4節では，第3節の分析に基づいて1962年から1999年の選挙ごとに改めて別々に分析を行う。これは全期間のデータをプールした分析では，その時々の政治的コンテクストなどの影響を考慮しての分析が難しいからである。最後のまとめでは，会議派が与党である場合，インフレが高進したりコミュナル暴動が起こったりすれば基本的にその得票率は低下すること，また，会議派が野党である場合，地域の所得の上昇は野党である会議派の得票率を低下させる傾向があることなどが確認される。ただし，インパクトの現れ方は，都市化率や識字率といった媒介変数や，少数派の人口比率などその他の独立変数およびその時々の政治状況に大きく作用されることがわかる。そして，最後にこのような分析がインドの政党

政治でどのような意味を持つのかを検討する。

1 選挙における政党選択研究の特色

投票行動研究における政党選択は先進国を中心に一般論として多くの研究蓄積があるが[4]，それは多岐にわたり，その全容を紹介することは困難であり，また本章で議論を進めるにあたりその必要性は薄い。よって一般論は必要な限りにおいて参照するだけとし，ここではインドにおける研究を概観するにとどめたい。一つ確認しておくべきは，連邦下院選挙のように高次の選挙では，有権者が投票するのは「候補者」というよりはむしろ「政党」であるという点である。インディラ・ガンディーなど著名人の場合は候補者基準の投票が顕著になるが，それ以外では政党を判断基準とする場合のほうが多い[5]。本章の主題の見通しを良くするために，インドの選挙における政党選択を考える上で重要な経済投票，次に社会経済階層と選挙の関係，そしてコミュナル暴動の選挙への影響について過去の研究を見ておきたい。

経済投票

すでに述べたように，独立以来，会議派を中心とする政党システムを揺るがす大きな要因となったのは社会経済危機，とりわけ深刻な経済危機であった。図 5-1 は対前年度比卸売物価であるが，1960 年代から 1990 年代の物価のピークと，政治危機や政権交代といった大きな政治事件の変動は，経験的に見

---

4) 政治学では多くのモデルが提唱されているが概説として，例えば以下を参照。Merrill and Grofman [1999]；白鳥編 [1997]；小林 [2000]。
5) 近年の発展途上社会研究センター（CSDS）の調査でも投票先を決める基準として政党が最も重要との結果が出ている。例えば，政党が最も重要との答えは，ヒンドゥーの場合，1999 年：55.5%，2004 年：45.7%，2009 年：61.8%である。ムスリムの場合は 1999 年：52.7%，2004 年：43.5%，2009 年：59.1%である（*The Hindu*, March 31, 2014, http://www.thehindu.com/todays-paper/tp-opinion/a-diversified-muslim-identity/article5852819.ece, 2014 年 4 月 1 日アクセス）。

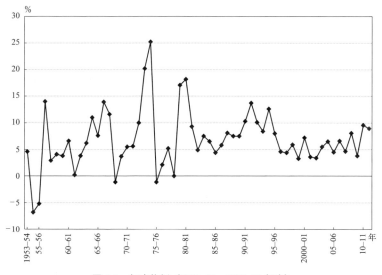

図 5-1 卸売物価 (1953-54〜2011-12 年度)

出所) インド準備銀行 (RBI) の統計データ (http://www.rbi.org.in/scripts/PublicationsView.aspx?id=8285, 2013 年 5 月 10 日アクセス); GOI (Ministry of Finance) (*Economic Survey*) [2013] より筆者作成。
注) 全物品を対象。

るとかなり対応している。1960 年代半ばまで続いた「一党優位体制」が 1967 年の総選挙において大きく揺らいだ基本的な原因は，1965 年，1966 年の 2 年続きの旱魃による経済危機であった。また，1975 年から 1977 年に非常事態体制がとられた原因は，1973 年の石油危機を契機として「社会主義型社会」政策が破綻し，経済危機に陥り，それがさらに広範な政治危機とその結果としての独裁体制を招いたからである。インディラ・ガンディー会議派政権は，1977 年には経済も安定したため，非常事態体制が人々の承認を得られるものと考えて選挙に臨んだが，独裁体制に対する国民の厳しい審判を受けて敗北した。すなわち，政府が大きな間違いをしたと考えたとき，人々は選挙で与党を「罰」したのである。これまでたびたび述べてきたように，独立後の連邦下院選挙で最も重要な転機となったのが，この 1977 年[6]の選挙であった。

このように実績が悪い場合は与党を「罰する」という投票行動は，一般には

「回顧的投票行動」（Retrospective voting）[7]，あるいは「業績投票」と呼ばれる。特に「罰する」あるいは「評価する」理由が経済実績である場合は「経済投票」と一般に概念化される[8]。経済投票は 1967 年の連邦下院選挙以外でも，強弱はあるが，見られる。例えば 1979 年の石油ショックの影響から物価が高騰した 1980 年の選挙では「玉葱」が物価高のシンボルとなり，政治的混乱という要因が加わって，ジャナター党の大敗，インディラ・ガンディー会議派の返り咲きに寄与したが，これは典型的な経済投票であると考えられる。近年，連邦下院選挙は州政治の影響を寄せ集めたものになっているという極論もあるが（Yadav and Palshikar [2009a: 401-402]），国内の市場がますます統合され，コミュニケーションが進んだ今日，経済的ショックや重大な政治的事件の影響は全インド的にますます同時的に表れるものとなっており（Chhibber [2009]），政府の実績に対する業績投票や経済投票も全インド的に現れる傾向が一方では強まっているともいえる。

もっとも，有権者が身の回りの経済状況に敏感になっているからといって，経済投票が常にはっきりと表面化するわけでもない。例えば，罰する責任与党がはっきりしない場合は，経済投票という投票行動パターンは不明確になるかもしれない。具体的には 1989 年以降は，連邦レベルでも州の有力政党が参加する連合政権が常態化したが，その場合，たとえ経済状況が悪くても，罰すべき責任与党が有権者には明確に認識されず，経済投票は明確には現出しないかもしれない[9]。

---

6) これに関しては，Vanderbok [1990] や Kondo [2003 : Chapter 3] も参照。
7) 過去の政党の実績に対する評価を基に投票を決めるという行動パターン。Fiorina [1981] を参照。経済面で業績投票を考える場合，通常，取り上げられるのは，「物価」，「所得」，「失業率」である。
8) 現実の経済投票は複数の概念的モデルに位置づけられることに注意する必要があろう。経済投票はインフレ，失業，貧困といった経済的争点に反応するという点に重きを置けば「争点投票」の一種ともいえるし，また，投票者の経済階級やエスニシティによって違った投票行動となるならば，「社会属性による投票行動」モデルとなる。この点については，例えば平野 [1997]；小林 [2000：第 4, 6 章] を参照。
9) サーベイデータを使った Suri [2009] の実証研究から，2009 年の選挙は経済に関する業績投票の存在は明らかであるといってよいであろう。

また，大きなインパクトをもたらす政治的事件があった場合，そのインパクトに隠れて，経済投票は現出しにくくなることも起こりうるだろう。典型的例としては1971年選挙での会議派の大分裂とインディラ・ガンディー首相の「貧困追放」，1975年から1977年の非常事態体制，1984年選挙でのインディラ・ガンディー首相の暗殺などがあげられる。これらの事件は経済投票以上のインパクトをもたらし，投票行動を左右したと考えられる。また大規模なコミュナル暴動も短期的には経済投票など他のパターンを覆い隠す可能性が高い。

　このように経済投票が表面化しにくい場面もある。しかし，前掲表5-1に見られるように，多くの人々の第1の関心が経済状況にある以上，経済投票はどの選挙にあっても重要な要素であることは間違いない。例えば，事前の選挙予想とは異なり，2004年の連邦下院選挙ではインド人民党（BJP）率いる国民民主連合（NDA）政権が敗北したが，敗北の背景には経済状況に対する広い不満があったものと考えられている[10]。この例のように近年，連邦下院選挙，州立法議会選挙で与党が敗北することが多く，そのような状況はしばしば「現職不利」（Incumbency disadvantage）といわれるが[11]，その背景には経済状況への不満があると考えられる。現職不利要因が重要かどうか，疑問視する研究もあるが（Borooah [2006]），基本的に現職不利現象は重要とする研究もある（Ravishankar [2009]）。本書第Ⅰ編の分析からは少なくとも経済実績が著しく悪い政権は選挙で罰せられていることは明らかであり，従って，現職不利という現象には業績投票の影響があり，特に経済投票が大きなウェイトを占めると考えなければならないであろう。確かめられるべきは，それが「どのように」そして「どの程度」影響を与えるか，ということである。この点を検証するためには，統計的な分析手法による研究が必要となる。

　過去の研究で，中央や州レベルで統計的に経済投票を検証したものは少ない。その中でも1967年の選挙において個票データに基づき，経済的苦境感が与党会議派への投票の減少につながることを示したS. J. エルダースヴェル

10）例えば，Virmani [2004] を参照。
11）例えば，Gould [1993 : 18]．

ド（Eldersveld［1970］）は重要である。また，R. C. メーヤーと D. S. マルコム（Meyer and Malcolm［1993］）は1957年から1984年までの選挙を対象として，一人当たり所得の変動と与党の得票率の変動に統計的に有意な正の相関関係を見いだした。もっとも，彼らの研究は他の変数をコントロールしないで，2変数の相関のみを単純に見たもので，しかも，全インド・レベルの集計データよりも州レベルのデータを使った場合の方が，統計的有意性のレベルは低下しているという，信頼性の点では問題を含むものである。

　州を単位とした近年のより精緻な研究でも，経済投票が示されている。例えば，州立法議会選挙の政党得票率の流動性（electoral volatility）を政府の財政的余裕と関連づけて論じたI. ヌールッディンとP. K. チッバーの研究がある（Nooruddin and Chhibber［2008］）。彼らによると，州政府に財政的余裕がある場合はそれを選挙民の支持を取り付けるために支出し，従って与党の基盤が安定するため，政党得票率の流動性は低い。逆に余裕がない場合は，選挙民の州政府に対する支持は低くなるので，流動性が増すことが示された。これはある意味，州政府が経済実績をあげられる場合は選挙民の支持を維持できる可能性が高くなることを示しており，経済投票行動の存在を示している。また，湊一樹は，1965年から2009年までの主要15州で行われた州立法議会選挙を取り上げ，選挙前の経済状況が州政権の交代・継続に重大な影響を及ぼしていることを綿密な統計的実証により明らかにした（湊［2011］）。

　経済投票は，経済実績を媒介とする，「選挙民→与党」という方向における影響力の伝達であるが，逆に，「与党→選挙民」という方向における影響力の伝達がある。これは狭義の意味では経済投票には入らないが，密接に関係するので，ここで触れておきたい。なぜなら，これと前者が組み合わさって，「与党→選挙民→与党→…」という，選挙を介して続く選挙政治のサイクルを形成しているからである。

　与党が再選を果たすために，経済政策によって選挙民の支持を得るという仮説は「政治予算サイクル」（Political budget cycle）と一般に呼ばれるが，インドについてそれを検証したのが，A. R. チョードリー（Chowdhury［1993］），チッバー（Chhibber［1995］）および M. ラルヴァニ（Lalvani［1999］）である。

チョードリーは1960年から1991年の連邦下院選挙を対象にして，経済状況と選挙のタイミングの関係を検証した。彼は政治予算サイクル仮説を，与党が経済の好況の波に選挙のタイミングを合わせる，すなわちそれに合わせて議会解散総選挙のタイミングを決めるとする「政治的波乗り仮説」(Political surfing) およびそれとは逆に財政金融政策を操作し投票時に良好な経済状況を作り出すとする「政府操作仮説」(Manipulative cabinet) の2つに整理した。どちらの仮説も，「与党→選挙民」という方向における影響力の伝達の形態を示す仮説である。2つの仮説に沿った2本の同時方程式からの統計的検証の結果，政治的波乗り仮説には十分な根拠が示されたが，政府操作仮説については，十分な根拠は見いだせなかった。一方，チッバーは中央政府から州政府へのローン，食糧供給，補助金支出が，連邦および州議会選挙のサイクルと統計的に密接な関係があるかどうか検証し，いずれの場合も1967年以降，統計的に有意な関係を見いだした。同年以降，会議派の一党優位体制が崩れ，次第に地方政党が成長し，会議派はそれらの政党と激しい競争をせざるをえなくなったが，そのような競合状況が会議派政権をして選挙に同調する形での分配サイクルを現出させている大きな原因であるという。一方，ラルヴァニは政治家が選挙において様々なロビー団体・諸階層の支持を得るための予算措置を行うという仮説の下に，連邦下院選挙のサイクルと，財政支出・金融政策など様々な予算措置との相関を検証した。彼の回帰分析の結果によると，補助金・開発支出などでは，政治予算サイクルが確認できるという。

以上の政治予算サイクルの研究は「与党→選挙のタイミング，予算編成」という過程までは，かなり明確な統計的有意性を見いだしているが，その先の，「選挙のタイミング，予算編成→経済実績」という関係については必ずしも明確な統計的有意性を見いだしていない。経済実績を決めるのは当然のことながら経済政策だけではないからである。また，仮に政府の政策によって経済実績が上昇したとしても，それは必ずしもストレートに選挙民の評価上昇につながらない場合が多い。従って，仮に与党が経済政策面で選挙対策を行ったとしても，それが最終的に選挙民の支持を得られるように作用するかどうかは定かでない。

以上のように，これまでの研究では経済投票は実在し，それが与党をして何らかの政治予算サイクルに進ませようとする圧力となっている，という基本線は明らかになっているが，しかし，予算＝短期的経済政策が成功するかどうかは，他の多くの条件に依存し，それを予見することはほぼ不可能であり，この部分で政治予算サイクルは実証されていない。いずれにせよ，研究は不十分なままである。特にインドの政治において重要と思われる物価など経済指標と投票行動の統計的分析は不十分で，その研究の空白部分を埋めていくことが必要となる。

社会経済階層と選挙

　次に，インドの選挙研究の特徴として伝統的にカーストやコミュニティ，階級ごとの政党選択の違いが重要視されてきたことを述べる必要がある。その理由は，第1に社会的亀裂がはっきりしている社会では「社会属性」は人々の政党選択を強く規定すると考えられ，争点は同じであっても階層が違えば政党選択行動は大きく異なる可能性が高いからである。カーストや宗教コミュニティは経済階層性とも密接に関連するので，経済階層とクロスさせる形で論じられることが多い。第2に，インドでは社会的亀裂が多様かつ広範囲に広がり，そのため，政治的競争が紛争に結びつきやすく，この面の研究は政治社会の統合・安定性という観点から重要だからである。

　カースト，宗教コミュニティ，および経済階層別の政党支持調査を現在まで定期的に行い，基本的な調査研究として評価されているのは，CSDS の研究である。CSDS の個票調査はサンプリング数も多く，体系性，継続性などから見て最も有用な調査で，CSDS の調査研究[12]を検討することは社会的・経済的属性と政党選考の関係およびその変化を理解する上で重要である。

　一連の CSDS の本格的な選挙調査の最初のものは，D. L. シェート（Sheth [1975]）の調査研究であろう。その 1967 年の調査のサンプル数は 2,287 であった。サンプル数は調査の精度を左右する重要な要素であるが，2004 年選

---

12) 1990 年代以降の CSDS の調査報告・分析として，以下を参照。Singh［1997］; CSDS［1999a］［1999b］［2004］; Yadav and Palshikar［2009b］.

第 5 章 政党システムと経済変動，宗派間亀裂　299

表 5-2　1967 年連邦下院および州立法議会選挙：カースト・コミュニティ別支持政党
(％)

カースト・コミュニティ	サンプル全体の比率	会議派	スワタントラ（＝「自由党」）	大衆連盟	CPI (M)/CPI	社会党	地方政党
高位カースト	31.2	31.0	36.0	50.0	26.2	31.6	10.5
中位カースト	13.4	12.4	7.0	13.8	13.8	8.4	29.0
下位カースト	20.3	20.0	28.0	15.9	33.8	24.2	8.9
SCs・STs	20.5	21.0	13.0	18.1	17.5	29.5	21.0
ムスリム	11.3	12.4	16.0	2.2	6.3	6.3	17.7
その他宗教	3.2	3.1	0.0	0.0	2.5	0.0	12.9
不明	0.1	0.2	0.0	0.0	0.0	0.0	0.0
計	100.0	100.1	100.0	100.0	100.1	100.0	100.0

出所）Sheth［1975：151］.
注）サンプリングは全インドから層化無作為抽出法によってなされた（n＝1,377）。「計」は各数値の小数第 2 桁が四捨五入されているため 100％にならない場合もある。

挙では 22,567 と約 10 倍になっている。一連の調査結果を全て紹介することは不可能なので，最初の CSDS の調査である 1967 年の研究と 2004 年の調査を比較して概要を見てみたい。表 5-2，表 5-3，表 5-4，表 5-5 に 1967 年と 2004 年のカースト・コミュニティ別支持政党および経済階層別支持政党を示した。1967 年と 2004 年とでは集計カテゴリーや当時の政党状況が異なるため比較するには注意を要する。例えば 2004 年選挙の場合，会議派や BJP は有力地方政党などと広範な協力関係を樹立したため，会議派や BJP の得票率が示すものが純粋に会議派や BJP への支持とはいえない場合がある。ただし，逆のことが連立相手の政党にもいえるので，大まかな傾向を把握するためには，大きな問題はないと思われる。CSDS の調査から，おおよそ以下のような 3 点が明らかとなる。

　第 1 に会議派は，長期的趨勢として得票率が低落傾向にあるとはいえ，包括政党の性格を基本的に維持している。より詳細に見ると，高カーストに加えて，指定カースト（SCs）や指定部族（STs），ムスリム，そして経済的には貧困層など弱者層の間で相対的に支持が多いことを特徴としてあげることができる。すなわち，A. ヒースと Y. ヤーダヴ（Heath and Yadav［1999］）の言うように，インド社会の中位階層の間で支持が相対的に薄く，社会の頂点および周辺的な部分で支持が多いのである。それは会議派の伝統的特徴[13]である。第 2

表 5-3 2004 年連邦下院選挙：カースト・コミュニティ別支持政党

(%)

カースト・コミュニティ	サンプル数（比率%）	統一進歩連合(UPA)	会議派	会議派の協力政党	国民民主連合(NDA)	BJP	BJPの協力政党	左翼政党	大衆社会党	社会主義党
高カースト	3,552 (15.7)	10.5	12.7	4.7	24.5	30.8	14.6	17.7	3.1	9.4
農民有産階層	1,907 (8.5)	8.7	7.5	11.8	11.0	9.6	13.3	4.2	1.7	5.1
OBCs 上位	4,516 (20.0)	20.0	17.7	26.0	21.7	19.1	25.7	10.0	12.0	32.0
OBCs 下位	3,602 (16.0)	16.0	14.1	20.7	17.3	16.7	18.2	20.0	9.6	12.8
被抑圧階級 (SCs)	3,632 (16.1)	16.5	17.3	14.5	10.3	8.8	12.6	20.1	67.6	9.7
部族民 (STs)	1,697 (7.5)	8.8	10.1	5.3	6.9	8.9	3.8	7.5	―	―
ムスリム	2,227 (9.9)	14.5	14.0	15.8	3.0	3.1	2.8	8.6	5.9	31.6
シク教徒	559 (2.5)	1.8	2.4	0.2	3.2	2.0	5.1	2.5	2.5	1.5
キリスト教徒	767 (3.4)	5.1	5.1	5.1	2.0	0.9	3.6	4.7	0.7	―
その他	113 (0.5)	0.4	0.4	0.3	0.4	0.4	0.5	1.4	0.3	0.1
計	22,567 (100.0)	102.3	101.3	104.4	100.3	100.3	100.2	96.7	103.4	102.2

出所) Yadav [2004 : 5390] より筆者作成。
注) ―は1%以下。原資料の一部データに集計の誤りがあると考えられるため「計」は100％とはならない。修正手段がないため原資料に基づいて計算した結果をそのまま示す。大きな誤りではないので，このまま理解しても大きな間違いはひきおこさないと考えられる。

に，「ヒンドゥー・ナショナリズム」を掲げる大衆連盟／BJP は高カーストまたは経済的に豊かなヒンドゥーが基本的支持基盤であったが，1980 年代から成長するにつれ支持基盤を中位カーストやその他後進階級（OBCs）などの階層に広げてきたことがわかる（Singh [1997]）。しかし，ムスリムの間では伝統的にほとんど支持がなく，地域的には南部・東部で弱い。第 3 に，インド共産党（マルクス主義）（CPI (M)）およびインド共産党（CPI）など両共産党や他の左派政党は地域的に西ベンガル州やケーララなどに支持基盤が限定されていることが基本的特徴である。他の政党と比べて貧困層の間で支持が高い

---

13) ウッタル・プラデーシュ州の分析で，かつて P. ブラスはそのような特徴を見いだしたが（Brass [1985]），インド全体についてもある程度いえるのである。

表 5-4　1967 年連邦下院および州立法議会選挙：所得別支持政党

(%)

所得カテゴリー	サンプル全体の比率	会議派	スワタントラ（＝「自由党」）	大衆連盟	CPI (M)/CPI	社会党	地方政党
最低	33.6	34.5	40.0	23.2	36.3	37.9	28.2
低位	28.0	27.9	18.0	27.5	25.0	32.6	36.2
中位	19.0	19.0	17.0	23.9	16.3	15.8	19.4
高位	9.6	7.7	14.0	16.7	16.3	7.4	8.1
不明	9.8	10.8	11.0	8.7	6.2	6.3	8.1
計	100.0	99.9	100.0	100.0	100.1	100.0	100.0

出所）Sheth [1975：154]．
注）サンプリングは全インドから層化無作為抽出法によってなされた（n＝1,377）。「計」は各数値の小数第2桁が四捨五入されているため100％にならない場合もある。

表 5-5　2004 年連邦下院選挙：経済階級別支持政党

(%)

	サンプル数（比率%）	統一進歩連合（UPA）	会議派	会議派の協力政党	国民民主連合（NDA）	BJP	BJPの協力政党	左翼政党	大衆社会党	社会主義党
極貧層	6,803 (30.2)	31.1	28.5	37.7	26.1	21.7	32.8	34.8	44.8	30.2
貧困層	7,783 (34.5)	35.6	35.2	36.6	34.6	34.2	35.1	31.0	32.0	41.4
中位の下	4,334 (19.2)	18.8	20.4	14.8	20.4	21.6	18.1	19.7	14.3	15.4
中位の上	3,630 (16.1)	14.5	15.8	10.9	18.9	22.5	14.0	14.5	9.0	12.9
計	22,550 (100)	100.0	100.0	100.0	100.0	100.0	100.0	100.0	100.0	100.0

出所）Yadav [2004：5391] より筆者作成。
注）階級は所得と資産によって分類される。

が，それほどはっきりとした特徴ではない。以上のような特性は2009年の選挙の調査でも基本的には変わりない（Yadav and Palshikar [2009b]）。

コミュナル暴動と選挙

　次に，コミュナル暴動やヒンドゥー・ナショナリズムと選挙の関係について，過去の研究は何を語っているであろうか。コミュナル暴動やヒンドゥー・ナショナリズムは社会的亀裂を拡大し，選挙における政党選択にも大きな影響を与える。表5-2，表5-3から，選挙でムスリムなど宗教的少数派は大衆連

盟／BJPを拒否する傾向が常に非常に強いことはその一つの証拠である。

　しかし，選挙と，コミュナル暴動またはヒンドゥー・ナショナリズムとの関係を定量的に探った研究は少ない。その中でも重要なものは S. I. ウィルキンソンの研究（Wilkinson［2004］）であろう。その研究は A. ヴァーシュネイと共同で作成したコミュナル暴動のデータセットを基に，暴動の件数や死者数を被説明変数に設定し，選挙や政党状況，社会経済的変数を説明変数として，統計的にヒンドゥー・ムスリム間のコミュナル暴動の原因を探ったものである。分析の中心は，選挙や選挙における政党間の政治的競合がコミュナル暴動を引き起こしているのではないかという仮説の検証である。ウィルキンソンの研究に関しては，問題の設定の仕方などいくつかの無視できない批判はあるが[14]，選挙とコミュナル暴動の関係を調べた定量的研究としては貴重なものであろう[15]。ただし大きな批判として，仮定される因果関係の向きが逆ではないかという批判がある。P. ブラスは主にウッタル・プラデーシュ州のミクロな事例研究に基づいて，ウィルキンソンの仮説を批判し，因果関係は，むしろコミュナル暴動が選挙における政党得票率や政党間の競合に影響を与えるとした（Brass［2003：Chapter 8］）。本章の仮定もブラスと同じである。また，子細にウィルキンソンの回帰分析[16]の結果を見てみると，州議会選挙については主張に沿った統計的分析結果が安定的に現れるが，しかし，連邦下院選挙については統計的有意性のレベルは低く，また，他の変数との組み合わせによっては統計的有意性は安定的には現れない（Wilkinson［2004：43, 45］）。従って，「過去の連邦下院選挙」が「将来のコミュナル暴動のあり方」に影響を及ぼすという

---

14) 例えば，選挙や選挙における政党間競合という要因を強調するあまり，政党の理念や支持基盤といった要因を考慮していないなどの批判がある（佐藤［2006］）。

15) 本章との関連では，ウィルキンソンは，政党の分裂度や支持基盤がコミュナル暴動に与える影響について，政党が分裂していて少数派の支持を得ようと争っているような州，特に与党がムスリムの支持を当てにしているような場合は，ヒンドゥー・ムスリム暴動は起きにくいとも分析している。特に CPI（M）など左派勢力が強い州などではそうであるという。反対に2大政党制に近く，かつ与党がムスリムの支持を期待していないような州では，2002年のグジャラートのように暴動の大規模化が起こりやすいという（Wilkinson［2004：Chapter 5］）。このような議論については第7章を参照。

16) 負の2項回帰モデル（negative binomial model）を適用している。

仮説は，今のところ明確には支持できないと考えられる。

　大規模なコミュナル暴動が政党選択に重要な影響を与えるという仮説に関する統計的により精緻な分析としては，例えば O. ヒースによる CSDS の個票データに基づくロジット分析などがある（Heath［1999］）。その研究によれば，1991 年に比べて 1996 年，1998 年の選挙では，ムスリムの BJP に対する反対票がより鮮明に現れている（Heath［1999：Table 1］）。これは 1992 年 12 月のアヨーディヤーのバーブリー・モスク破壊事件に端を発する大規模なヒンドゥー対ムスリムの暴動の影響であることは間違いない。表 5-2 のごとく，ムスリムは従来から大衆連盟／BJP には批判的であったが，最大規模の 1992 年のコミュナル暴動以降，投票行動においてそれは決定的になったと考えられる。事件後ムスリムの批判的態度が鮮明になったことは，同モスクの位置する州であるウッタル・プラデーシュ州およびデリーでの個票調査に基づく，チッバーと S. ミスラ（Chhibber and Misra［1993］）の研究でも明らかである[17]。

　同事件の投票行動への影響は以下の通りである。第 1 にムスリムは，従来から反 BJP で，「BJP 以外の政党」に投票する者が大部分であったから，その点ではあまり大きな変化はなかったと考えられる。しかし，その，BJP 以外の政党という点では大きな変化があった。すなわち，宗教的少数派を保護してくれる政党として，従来は会議派にムスリムの投票が集まったが（Dheer［1990］），事件を防げなかったことでその神話が崩れ，会議派から州政党や左翼政党に支持が流れた。CSDS の調査によれば，ムスリムの会議派に対する支持率は 1991 年は 46％であったが，1996 年には 28％に急減している[18]。宗派対立が激化している時期においてはムスリム少数派住民は，必ずしも本来の支持政党ではないがムスリムの安全を最大限に保障してくれるような政党に戦略的に投票するともいわれている[19]。多くのムスリムは，この役割を会議派がも

---

17) 以下も参照。Chandra［1993］；Kumar［1996］。
18) 雑誌に発表された以下の CSDS の調査結果より。*India Today*, July 15, 1991, p. 35；*India Today*, May 31, 1996, pp. 25-27.
19) 例えば，以下を参照。Graf［1992］；Rai［2003］. 1996 年以降の選挙で最大州のウッタル・プラデーシュ州では会議派から社会主義党にムスリムの投票が移った。ムスリムは会議派がムスリムを保護する能力に欠け，また，選挙でも勝利する見通しがない

はや果たせないと判断したのである。第2に，ヒンドゥーの一定の部分は反ムスリム感情の高揚によって，BJPへの支持を鮮明にした。量的変動でいえばこの変化が最も大きいといえるかもしれない。2002年2月末にグジャラートで独立後最大規模の暴動が発生するが，同州ではその現象が顕著に表れた[20]。それは特にムスリム多住地域のヒンドゥーについていえる。コミュナル暴動の後，しばしばムスリム多住地域でBJPの得票率が大きく伸びることがあるが，これはムスリム票がBJPに流れるのではなくて，宗派的分極化の結果として，それまで必ずしもBJP支持でなかったヒンドゥーがBJPの支持に回るからと考えられる。

　以上のように経済投票，宗派間亀裂やコミュナル暴動の投票行動への影響は，政党の得票率，ひいては政権の成立に大きな影響を与える。従って，それらの投票行動は民主主義システムのフィードバックにおいて重要な意味を持っているといえよう。世論調査の前掲表5-1の結果と合わせて考えれば，物価などの経済評価，そしてコミュナル暴動などによる宗派問題は，選挙民にとって非常に重要な争点であることが示されており，これらを研究対象とすることは大きな意味がある。以下，具体的な分析に入ろう。

2　選挙におけるヒンドゥー多数派と宗教的少数派

　1961年センサスではヒンドゥーは全人口の約83％，ムスリムは11％，2001年センサスでは各々80％，13％となっている。非ヒンドゥー人口のうちムスリムが占める割合は，1961年では約65％，2001年では69％と多数を占める。この節では多数派ヒンドゥーと宗教的少数派の投票行動の違いに焦点を当てるが，以上のような人口構成のゆえに，宗教的少数派の分析は実質的にはムスリムの投票行動の分析といっても大きな間違いはない。また，このような人口構成を見て容易に想像がつくのは，多数派ヒンドゥーが「ナショナリズ

と考えているところが大きいようである（Dyke [1999: 111]）。
20）これに関しては，第7章参照。

ム」によってまとまり，宗教的少数派に対して排他的となれば，少数派にとって社会的圧迫感は相当なものになるということである。コミュナル暴動では大きな被害者となるムスリムにとってはとりわけそうであろう。第7章の図7-3のようにアヨーディヤー事件後のコミュナル暴動やグジャラート州でのコミュナル暴動など，ムスリムにとっては現在でもその脅威感は現実のものである。それは選挙における政党選択や，インドの民主主義体制への信頼感に大きな影響を与えるだろう。この節でヒンドゥーと非ヒンドゥーのマクロな投票行動の推移に焦点を当てるのは，このような重要性のゆえにである。またそれは後の節で分析するコミュナル暴動の選挙への影響をより深く理解する助けともなる。

　具体的にはヒンドゥーと非ヒンドゥーの投票率と，会議派の得票率の変化を検証する。非ヒンドゥー人口の投票率への影響は前章でも検討したが，マクロな集計データが持つ限界から推定はかなり不正確な可能性がある。ここではより精緻に投票率を推定し，それをベースにさらに両者の会議派得票率を探る。推定はマクロな集計データを用い，G. キングの「生態学的推定」方法といわれる統計的手法によって実証的に検討する（King [1997]）。それは従来の方法では，推定があやふやなものになりがちだからである。

　宗派別の投票率や政党への支持率は，基本的には個票データでしか正確に明らかにならない。例えば，既に述べたように CSDS の一連の調査によって，ムスリムの多数は反大衆連盟／BJP であることははっきりとしている。しかし，CSDS の調査はサンプル調査であり，カバーする時期と範囲において大きな限界がある。従って，前章でも説明したように，長期的な宗派別の投票率や政党の得票率を推定する場合は選挙委員会のデータに頼らざるをえない。しかし，選挙委員会のデータには宗派別データはないため，通常の統計的分析では大きな限界があり，それをあえて行おうとすると，生態学的誤謬を引き起こす可能性がある。

　例えば，コミュナル暴動が起こって宗派間の緊張が高まる場合，ムスリムの人口割合が高い地域でかえって BJP の得票率が高くなる場合がある。これをもって，コミュナル暴動が起こった地域ではムスリムがより多く BJP に投票

していると推定することが，生態学的誤謬である。実際には世論調査などの個票データからムスリムがBJPに投票する可能性は非常に低いことは極めて明白である。暴動が起こった場合，ムスリムが多い地域ほどヒンドゥーがムスリムに脅威感あるいは反発心を強く抱き，BJPに投票する傾向が強くなると考えられる。そして通常ヒンドゥーの方が多数派なので，少数派のムスリムのBJPに対する反発があったとしても，両者を合わせた集計値としてはBJPの得票率が結果的に上昇する。このようなメカニズムによって，ムスリムの人口割合が高い地域でかえってBJPの得票率が高くなるという現象がしばしば現れる。

　このように，ヒンドゥーと非ヒンドゥー，とりわけムスリム，の別々の選挙データがないため，従来の回帰分析では各々別々の投票率や政党得票率を得ることが極めて困難である。こうした限界を乗り越えるために開発されたのがキングの生態学的推定方法である。キングの推定法も一種の回帰分析である。通常の回帰分析はサンプル全てを対象として説明変数の係数をただ一つ推定するものであるが，キングの推定法は個々のサンプルの説明変数の係数が全て異なる制約条件にあり，従って，異なる値を持つとの前提のもとで推定する方法である。キングの推定法は，係数の取りうる範囲が制約され，かつその係数は正規分布するという前提に基づいている。実際のデータが正規分布を保証しない場合は有効性は高くないであろうが，係数の取りうる範囲が定義的に限定されるという点を推定に導入していることだけでも従来の推定法より優れており，適用するメリットは高い[21]。ここでは，キングの推定法により，まず個々の選

---

21) 投票率を「非ヒンドゥー人口比」と「ヒンドゥー人口比」によって説明する例をとり，その方法を簡単に述べよう。下の式がグッドマン型，すなわち従来型の回帰式の定式化であるが，従来の推定では前提として，選挙区(i)が違っても係数は変化ない，すなわち $\beta_i^b = B^b$，$\beta_i^w = B^w$ とされた（B^b，B^wは選挙区(i)が変わっても変化しない定数）。しかし，実際これは不合理である。なぜなら選挙区ごとの投票率と非ヒンドゥー人口比によって β_i^b と β_i^w の取りうる範囲（bound）は変わるからで，投票率と非ヒンドゥー人口比が選挙区によって変わってくる以上，β_i^b と β_i^w も変化すると考えるのが自然であるからである。この制約条件を導入し，さらに β_i^b と β_i^w が2変量正規分布をするという仮定などを導入して，最尤法などの手法で選挙区ごとの β_i^b と β_i^w を全て推定するのが，キングの生態学的推定である。全体の平均は β_i^b と β_i^w を各々の選挙区人口をウェイトとして平均することによって求めることができる。個々の選挙区で非ヒンドゥーの投票率（=β_i^b）とヒンドゥーの投票率（=β_i^b）各々が推定されれば投票人口中の非ヒン

表 5-6 ヒンドゥーと非ヒンドゥーの投票率の推定：キングの生態学的推定方法の適用（1957-1999年）

選挙年	観測数（=n）	(1)非ヒンドゥーの投票率	(2)ヒンドゥーの投票率	(1)の標準誤差	(2)の標準誤差
1957	261	0.7191	0.4333	0.0224	0.0040
1962	269	0.7241	0.4926	0.0152	0.0028
1967	274	0.7501	0.5519	0.0175	0.0033
1971	227	0.6380	0.4855	0.0150	0.0027
1977	248	0.7401	0.5424	0.0237	0.0046
1980	253	0.6805	0.5111	0.0228	0.0044
1984	259	0.7603	0.5815	0.0284	0.0055
1989	256	0.7117	0.5741	0.0219	0.0043
1991	232	0.8364	0.4918	0.0306	0.0057
1996	264	0.7507	0.5168	0.0201	0.0043
1998	227	0.7205	0.5909	0.0239	0.0043
1999	231	0.7301	0.5624	0.0196	0.0040

出所）筆者計算。推定のためのプログラム EzI はキング教授のホームページ（http://gking.harvard.edu/）からダウンロードした。

挙区の「非ヒンドゥーの投票率」と「ヒンドゥーの投票率」各々を推定し，次にそれを用いて非ヒンドゥーとヒンドゥーの会議派への支持率を再びキングの推定法を使って推定する。非ヒンドゥーとヒンドゥー各々における平均投票率および会議派に対する平均支持率（＝平均会議派得票率）は，各サンプルにおける非ヒンドゥーとヒンドゥー別の投票率と会議派への支持率を人口比をウェイトとして合成する。データは前章で筆者が整備したデータセットである。キ

ドゥーとヒンドゥーの割合が推定できるので，それを使って次の段階で非ヒンドゥーとヒンドゥー別の会議派支持率が同じプロセスで推定できる。

$$T_i = \beta_i^b \times X_i + \beta_i^w \times (1-X_i)$$

i：選挙区
T_i：選挙区の投票率
X_i, $(1-X_i)$：選挙区の非ヒンドゥー人口比（0～1）およびヒンドゥー人口比（1～0）
β_i^b：非ヒンドゥーの投票率（0～1）
β_i^w：ヒンドゥーの投票率（0～1）

キングの方法は，β_i^b と β_i^w が2変量正規分布するという想定など，いくつかの前提に基づいている。β_i^b と β_i^w の取りうる範囲が定義的に限定されるという点を推定に導入していることだけでも従来の推定法より優れていると思われる。詳しくは King [1997] を参照。

表 5-7 ヒンドゥーと非ヒンドゥーの会議派得票率の推定:キングの生態学的推定方法の適用(1957-1999 年)

選挙年	観測数 (=n)	(1)非ヒンドゥーにおける 会議派得票率	(2)ヒンドゥーにおける 会議派得票率	(1)の標準誤差	(2)の標準誤差
1957	261	0.4991	0.4825	0.0190	0.0056
1962	269	0.4030	0.4675	0.0131	0.0035
1967	274	0.3315	0.4301	0.0199	0.0051
1971	227	0.5932	0.5297	0.0281	0.0067
1977	248	0.3472	0.3883	0.0199	0.0052
1980	253	0.4671	0.4582	0.0223	0.0057
1984	259	0.3509	0.5382	0.0201	0.0051
1989	256	0.2930	0.4249	0.0236	0.0057
1991	232	0.1796	0.4323	0.0231	0.0074
1996	264	0.2506	0.2990	0.0145	0.0045
1998	227	0.4833	0.2671	0.0127	0.0028
1999	231	0.2995	0.3508	0.0204	0.0054

出所)筆者計算。推定のためのプログラム EzI はキング教授のホームページ (http://gking.harvard.edu/) からダウンロードした。

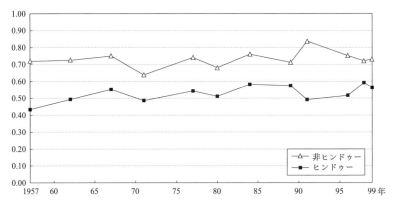

図 5-2 ヒンドゥーと非ヒンドゥーの投票率の推定:キングの生態学的推定方法の適用(1957-1999 年)

出所)表 5-6 より筆者作成。

ングの推定法によって得られた推定結果が表 5-6, 表 5-7 である。ヒンドゥーと非ヒンドゥー各々の投票率や会議派得票率とともに,参考までにその標準誤差も示した。それらをグラフ化したものが図 5-2, 図 5-3 である。

推定結果から,長期的な傾向を見ると極めて興味深い変動が読みとれる。ま

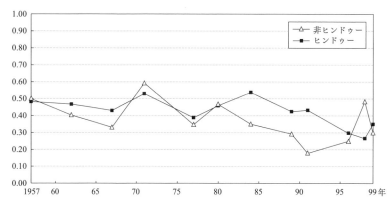

図 5-3 ヒンドゥーと非ヒンドゥーの会議派得票率の推定：キングの生態学的推定方法の適用（1957-1999年）

出所）表 5-7 より筆者作成。

ず投票率の全体的傾向を検討すると，少数派たる非ヒンドゥーは多数派のヒンドゥーよりも常に投票率が高い。すなわち政治参加に，より積極的である。特に1950年代と1990年代前半という宗派間の緊張が顕著に高かった時期には両者の投票率の差は大きい。ヒンドゥー教徒が8割を占める国においては，ムスリムなど宗教的少数派は，宗派間の緊張が高まったり暴動が起こったりする場合，容易に逃避できない状況にあり，真っ先に犠牲になるリスクがある。そのような逃げられない立場にある以上，少数派は選挙に参加し政治に影響を与えることによって，すなわち少数派の安全を保障してくれる政党を支持することによって，リスクを抑えようとする。その結果が，より高い投票率として現れるものと考えられる。

次に会議派に対する支持率＝会議派得票率に関しても興味深い推定結果が得られた。第1の特徴は，全体的に見るとヒンドゥーの間での会議派得票率よりも非ヒンドゥーの間のそれのほうが，より変動の幅が大きい，つまり政治状況に敏感に反応しているという点である。これは投票率の趨勢と一致する傾向である。例えば，1967年の経済困窮期には非ヒンドゥーはヒンドゥーよりも与党会議派への支持率が低くなっているのに対し，1971年の選挙でインディラ・ガンディー会議派が「貧困追放」を掲げて全般的に人気が高まると非ヒン

ドゥーは逆により高い支持率を見せる。

　第2の特徴は，1980年代から1990年代前半にかけて会議派得票率が全般的に低下する傾向の中で，非ヒンドゥーの間での会議派得票率はヒンドゥーの場合に比べて顕著に低くなったという点である。この時期に宗派間の亀裂が大きくなり，やもすれば暴動が起こる状況で，少数派は会議派を支持するだけでは安全を確保できないと危機感を抱いたことは間違いない。第7章で検討するように，1984年の反シク暴動，ヒンドゥー対ムスリムのコミュナル暴動では，ヒンドゥーよりシクやムスリムの方が圧倒的に犠牲者数は多かったと考えられる。それが，ヒンドゥー多数派の票を得ようとするあまり少数派の安全を確保できない会議派への失望と，他の政党への鞍替え，という結果になっている。これは様々な質的研究でいわれていることであって（Chandra［1993］；Hasan［1998：Chapter 5］），それが統計的にも裏付けられたということになる。

　以上，非ヒンドゥーが一般に政治的に敏感な存在であるということが実証的に確かめられた。非ヒンドゥーの投票率は独立以来一貫して高く，また，政治状況に応じて政党への支持率はより敏感に変化する。そのような敏感性は，ヒンドゥー多数派と非ヒンドゥーの亀裂が1980年代から1990年代半ばにかけて高まった時期には，会議派からの逃避という形で明確に現れているといえよう。しかしこの点をより説得的に実証するためには，会議派への支持を左右する「物価」など他の要因も含めた上で，総合的に分析する必要がある。以下で行うのはこれである。

3　経済投票およびヒンドゥー・ムスリム間の宗派間亀裂が政党選択に与える長期的影響

　この節ではマクロな集計データを使って経済投票と宗派間亀裂による政党選択行動の長期的傾向を検証する。具体的には，会議派得票率の変化を被説明変数として，物価や所得水準の変動，ヒンドゥー・ムスリム間の暴動などの説明変数によって説明を試みる。注意すべき点は「都市部を含む地域」のデータを

基に検証を行うという点である。主な理由はデータの制約である。分析で使う物価データは中央政府労働局（Labour Bureau）の「工業労働者消費者物価指数」（Consumer Prices Index for Industrial Workers）であり，これは都市部を含む地域で意味を持つ指標であり，純粋な農村部はカバーしていない。しかし経済投票にしろ，宗派間亀裂投票にしろ，都市部の方が農村部に比べて現象がより明確に現れる傾向が強いことから，このデータに基づく分析は政治の方向性を考える上で重要である。1973年や1979年の石油ショックによる物価高騰の影響がデモや暴動という形をとって明確に現れたのは都市部であった。コミュナル暴動についても都市部で多発する現象である。よって，2つの要因を検証するためには都市部を含む地域のデータで検証することが効率的であろう。また，それによって都市化が与える影響も推定できる。分析の単位となる「都市部を含む地域」（以下「サンプル地域」とする）の都市化率は，5％から77％で分散しており，様々な都市化率を持つサンプル地域を分析することで，都市化の影響が評価できるだろう。

　以下の分析は2段階に分けて行う。第1段階のこの節では，統計的分析手順を説明したあとで，全体的な概要を把握するため，対象となる1962年から1999年の選挙のデータをプールしたデータセットで物価，所得変動，暴動の影響を検証する。第2段階では，同じデータセットに基づいて各選挙を個々に分析する（次節）。このようにするのは，選挙はその時々の固有の政治状況の中で行われているため，それらをプールすると，その時々の政治状況の影響が隠れてしまうからである。

　以下「都市部を含む地域」のデータを基に分析を行うが，近年，都市部と農村部の政治が密接になっていることを考えれば，分析で得られる知見は全インド・レベルにもかなりの程度，適応可能であろうと思われる。

分析の手順

　分析における被説明変数は会議派得票率の変動で，説明変数は，経済業績変数，宗派間の緊張を表す変数，そしてその他の重要と思われる変数である。政党に関してはデータの制約から会議派のみにとどめる。会議派は独立以降，短

期間を除いて，最大の政党であったし，分析対象期間中では1977-1980年，1989-1991年，1996-2004年の期間を除き，中央政府与党であり大部分の期間，責任を有権者から問われる政党であった。また，会議派は1999年の選挙までほとんどの選挙区で候補者を立てておりデータの欠損があまりないことも分析で重要な点である。しかし，2004年以降の選挙では，会議派は地方政党との協力を大々的に進めたためにかなりの選挙区で候補者を立てていないし，候補者を立てた場合でも協力政党の支援を受けたりすることがあり，投票者の政党選択を検証するためには極めて複雑な状況となっており，分析対象とすることを断念した。また，BJPなど他の主要政党については候補者を立てない選挙区も多く，また選挙協力の問題がより頻繁に発生し，長期的に分析することはさらに難しい。会議派得票率は前選挙からの「階差」を取り，被説明変数とした。階差を取ることによって，両期間中変動しないと考えられる潜在的な変数の影響を取り除くことができるからである。

　説明変数では経済変数については，所得と物価を用意した。所得レベルの指標に関しては各選挙区や県レベルのデータは存在しないので，前章で用いたG. S. バッラらが整理した県レベルの農業生産性データ（Bhalla and Singh [2001]）を代用する。上に述べたようにサンプル地域は都市部を含むデータとはいえ，実際の都市化率は高くはなく，また，都市と農村間の一定の経済的連続性も想定でき，農業生産性は所得の代理変数として有効と考える。

　物価変数に関してはいくつかのシリーズがあるが，ここで使用するのは前述の「工業労働者消費者物価指数」である[22]。この選択には2つの理由がある。第1の理由は，統計的検定のためにサンプル数をある程度確保する必要があるからである。工業労働者消費者物価指数は都市部を中心として全インドにわたり1960年以降は50カ所で，1982年以降は70カ所で月ごとに定点観測されており，一定のサンプル数が確保できる。第2の理由は，同指数は「都市

---

22) 物価を計測する品目は各地点で計測対象となっている全ての部門とした。食料品のみを対象とする物価も検証したが大きな差異はなかった。物価のシリーズはその他，「卸売り物価指数」（Wholesale Prices Index），「都市部非肉体労働者消費者物価指数」（Consumer Prices Index for Urban Non-Manual Employees），「農業労働者消費者物価指数」（Consumer Prices Index for Agricultural Labouers）などがある。

部非肉体労働者消費者物価指数」と比べて都市部の大衆の生活に直接的に関連する物価指標としてより適切であると考えられる点である。都市部ではホワイトカラーなど非肉体労働者よりも工業労働者の方が多いであろう。従って後者の指標の方が，より大衆の生活感覚に合う指標を提供すると考えられる。物価上昇率の観測対象期間は検証の過程で決定する。

　宗派間の緊張を表す変数としては，ヒンドゥーとムスリムとの間のコミュナル暴動件数を取り上げる。これはウィルキンソンとヴァーシュネイが『タイムズ・オヴ・インディア』(*Times of India*) 紙などを基に作り上げた1950年から1995年までのデータベース（Wilkinson (ed.) [2005: Appendix]）から得た[23]。このデータは暴動の日にちや継続日数，死亡者数や負傷者数など詳細かつ包括的に記載されており有用なものとなっている。ただし，ここではデータを加工した。具体的には当該都市を含む州全体の選挙前5年間の累積暴動件数を使う。これにはいくつかの理由がある。まず，データの正確さの問題がある。特に死亡者数や負傷者数のデータは正確さを期しがたいと考えられる。それに対して暴動件数はより正確に把握されるであろう。また，州全体の暴動件数を合算してその州全体に当てはめるのは，コミュナル暴動の情報は比較的短期間に拡散しやすいと考えられるからである。別の都市での暴動であっても投票行動は影響を被るであろう。例えば1992年12月のアヨーディヤー事件などは全インド的な影響があった。ただし，それほど大規模でない暴動の影響は一定の地理的・文化的連続性の範囲で収まるであろう。通常そのような連続性がとぎれるのは州境であると考えられるので，結局暴動の影響が一様に及ぶ範囲として州を考えることは意味がある。暴動が選挙民の心理に影響を与え続ける期間は定かではないが，ここでは政権担当の任期が5年であることから，選挙前5年間の累積を取って影響を調べた[24]。

　問題点としては，ウィルキンソンらのデータは1995年までしかないのでそ

---

[23] 連邦政府内務省もこの種のデータベースを持つと考えられているが，我々には利用は不可能である。

[24] 例えば，ある選挙においてその州全体の過去5年の累積暴動件数をrとするとその州に含まれる全ての観測地にr件数が与えられる。

れ以降の分析に使うのは難しい点である。しかし，ここでは1996年の選挙に関して1992年から1995年までの累積データを当てはめて使った。理由は1992年12月の大暴動の後，宗派主義に反対する一般的な雰囲気や政治状況が広がり，治安維持が強化されたため，1994年から1996年までは大きな暴動は起こっておらず，情勢が比較的穏やかであったからである（Engineer［1997］）。しかし，1998年，1999年の選挙に関してはウィルキンソンらのコミュナル暴動データは時期がずれ過ぎているため適用しなかった。また件数に加えて，「州人口1,000万人当たりの累積暴動件数」（以下，暴動密度）も説明変数候補とした。

　その他，得票率の変動に影響を与える可能性がある変数として「都市化率」，「識字率」，「非ヒンドゥー人口比」を説明変数候補とした。これらの変数はマクロな社会的属性を表す変数であり，会議派得票率に影響を与える可能性がある。特に，前2変数は投票者の認識をより鋭敏にする媒介変数としての機能がある可能性がある。例えば，農村部よりも都市部の方が物価や暴動の影響は大きい可能性があることは前述した。これらは説明変数としては「物価×都市化率」や「暴動件数×都市化率」という2変数の交互作用として表現される。また識字率の高い地域の方が人々の政治に対する認識が鋭くなり，それだけ物価や暴動に鋭敏になる可能性がある。よって識字率も「物価×識字率」や「暴動件数×識字率」が重要という場合が考えられる。ただし，このデータセットでは都市化率と識字率の相関が高く，これらの変数，またはこれらの変数が構成する交互作用項の間で多重共線性の問題が発生する可能性が高い[25]。それを避けるために「都市化率」に関連する変数群か，「識字率」に関連する変数群か，一方のみを選択する。どの形の変数群を選択するかはt値によって判断する。暴動についても同様であるが，単純な暴動件数および暴動密度の2つについて検証する。

　データソースに関しては会議派得票率，識字率，都市化率，非ヒンドゥー人

---

25) 都市化率と識字率のデータは共通部分が多いということ，すなわち2つの変数セットには冗長な部分が多く，どちらかを除いてもあまり分析には差し障りがない状況とも考えられる。

口比は前章のデータセットから，消費者物価データが観測された地点を含む地域＝「サンプル地域」のデータを選定し利用した。検証すべき基本的な関係をモデルとして記すと以下の通りになる。

$$\Delta V_t \equiv V_t - V_{t-1} = f(y_t, \Delta y_t, \Delta p_t, \Delta r_t, u_t, l_t, pc_t, rc_t, nh_t, \langle 他の変数 \rangle) + \varepsilon \quad (1)$$

V_t：t 選挙時における会議派の得票率

$\Delta V_t \equiv V_t - V_{t-1}$：$t-1$ 選挙時と t 選挙時の会議派の得票率の階差

y_t：t 選挙時における農業生産性レベル

$\Delta y_t \equiv y_t - y_{t-1}$：$t-1$ 選挙時から t 選挙時の農業生産性上昇（所得上昇の代理変数）

Δp_t：t 選挙時における物価上昇率（過去3カ月（＝$P03$）/ 過去6カ月（＝$P06$）/ 過去12カ月（＝$P12$）のいずれか）

$\Delta r_t \equiv \Delta r_{et}$，または，$\Delta r_{dt}$：ヒンドゥー・ムスリム間の暴動の指標

　　$\Delta r_{et}=$ 5年前から t 選挙時までのヒンドゥー・ムスリム暴動累積数

　　$\Delta r_{dt}=$ 5年前から t 選挙時までの人口1,000万人当たりのヒンドゥー・ムスリム暴動累積件数（＝暴動密度）

u_t：t 選挙時における都市化率

l_t：t 選挙時における識字率

pc_t：物価と，都市化率または識字率の交互作用（＝$\Delta p_t \times u_t$，または $\Delta p_t \times l_t$）

rc_t：暴動関連指標と，都市化率または識字率の交互作用（＝$\Delta r_t \times u_t$，または $\Delta r_t \times l_t$）

nh_t：t 選挙時における非ヒンドゥー人口割合

ε：誤差項

左辺が近似的に線形で記述できるとする検証すべきモデルは以下のようになる。

$$\Delta V_t = b_{ya} \times y_t + b_y \times \Delta y_t + b_p \times \Delta p_t + b_r \times \Delta r_t + b_u \times u_t + b_l \times l_t + b_{pc} \times pc_t + b_{rc} \times rc_t$$
$$+ b_{nh} \times nh_t + \langle 他の変数 \rangle + constant + \varepsilon \quad (2)$$

b：係数

ただし物価の交互作用項 pc_t は，「都市化率」との交互作用か，「識字率」とのそれか，どちらかとする（両方を同時に投入しない）。暴動関連の交互作用項 rc_t についても「都市化率」との交互作用か，「識字率」とのそれか，どちらかのみを投入

インフレ，所得変動，コミュナル暴動：1962-1999年の全体的傾向と媒介変数

　次に，前述した物価や，暴動の諸変数から具体的にどの変数が会議派得票率の変動の説明に適しているのかを検討する。まず物価上昇の対象期間を決める。投票行動に影響を与える物価上昇というのは，過去何カ月間を対象とするものであろうか。これは選挙民のいわば「時間感覚」に関係する。物価上昇率として，過去3カ月，過去6カ月，過去12カ月の3つのうち，被説明変数である会議派得票率の変動にとって最も重要であろうと思われるものをまず確定する。そのために1962年から1999年の長期間のデータをプールしたデータセットで投票行動に影響すると思われる物価の期間を決める。注意すべきは，会議派が与党である時と，野党である時の業績評価の現出の方向性が逆になるという点である。例えば，大衆にダメージを与える物価上昇は，会議派が与党であれば，その責任を問われてマイナスの評価＝得票率減少，逆に会議派が野党であれば，物価上昇は与党へのマイナス評価の反動として会議派にプラスの評価＝得票率増加につながることが予想できる。暴動の場合も同様である。そのような点を考慮に入れるため，データセットでは会議派が野党であった場合は得票率の変動の符号は逆にしてある。

　物価の観測点は年によって変化し，また，後年ほど多くの観測点が設定されている。従って物価データに合わせた観測数は選挙年によって違う。しかし，かなりの観測点で継続的に観測がなされているので，バランスはとれていないが，パネルデータの性質を保持すると考えられる。期間効果が重要であることが明白であるので，「ランダム効果モデル」ではなく，「固定効果モデル」を想定し，最小二乗ダミー変数（Least Squares Dummy Variable：LSDV）推定を行った。(3)式のように各期間に対応するダミー変数＝「選挙時ダミー」を代入し，

各選挙特有の効果を除くようにした。推定は最小二乗法（OLS）によって行い，事後診断として多重共線性については分散拡大要因値（Variance Inflation Factors：VIF），分散不均一性についてはホワイトのテストによって問題があるか確認した。

$$\Delta V_t = Price + b_{d67} \times d67 + b_{d71} \times d71 + b_{d77} \times d77 + b_{d80} \times d80 + b_{d84} \times d84 + b_{d89} \times d89 \\ + b_{d91} \times d91 + b_{d96} \times d96 + b_{d98} \times d98 + b_{d99} \times d99 + constant + \varepsilon \quad (3)$$

ただし，$Price = b_p \times \Delta p_t$，または，$= b_p \times \Delta p_t + b_u \times u_t + b_{pc} \times \Delta p_t \times u_t$，または，$= b_p \times \Delta p_t + b_l \times l_t + b_{pc} \times \Delta p_t \times l_t$

変数名は(2)の場合と同じ。b：係数。dk：選挙時ダミー：k選挙時$dk=1$，その他の場合$dk=0$

表5-8が計測した物価上昇率の係数b_p，またはその交互作用項b_{pc}，の係数のt値を示したものである。物価計測期間が3,6,12カ月各々の場合について，「物価」そのものおよび「物価と都市化率との交互作用」，「物価と識字率の交互作用」が計算されている[26]。後2者の交互作用項の場合，交互作用項の正確な推定を行うため交互作用項を構成する変数も代入されている[27]。その結果，「物価」，「物価と都市化率の交互作用」，「物価と識字率の交互作用」のいずれを選ぶにせよ，得票率の変化との関係においては選挙前6カ月の物価上昇率が3つのうちでは最も有意であることが明白である。時間感覚のピークが正確に6カ月にくるかどうかは定かではないが，投票行動に影響する物価認識期間は3カ月では短すぎるし，12カ月では長すぎるということになろう。よって以下の分析では「選挙前6カ月物価上昇率」$=P06$を基本として分析を進める。

次に選択すべきは，選挙前6カ月間の「物価」，「物価と都市化率の交互作用」，「物価と識字率の交互作用」のうち，どれを選択するかという問題であ

---

26) 交互作用項の推定においては交互作用項だけでなく，それを構成する変数も代入しないとその係数は正しく推定することが原理的に難しいので，その構成変数も同時に代入して推定した。

27) これに関しては，例えばBrambor et al.［2006］を参照。

表 5-8 物価上昇率による会議派得票率の変動の説明（1962-1999 年選挙）：パネルデータによる LSDV 推定

被説明変数：会議派得票率の変動説明変数		物価上昇率計測期間が選挙前3ヵ月の場合			物価上昇率計測期間が選挙前6ヵ月の場合			物価上昇率計測期間が選挙前12ヵ月の場合		
		t 値	統計的有意性	VIF	t 値	統計的有意性	VIF	t 値	統計的有意性	VIF
P_i	物価上昇率	−0.89		1.43	−1.86		1.36	−0.43		2.03
		t 値	統計的有意性	VIF	t 値	統計的有意性	VIF	t 値	統計的有意性	VIF
P_i	物価上昇率	0.95		3.96	0.76		4.29	0.92		4.30
U	都市化率	0.56		1.48	1.19		1.94	1.07		3.30
$P_i \times U$	物価上昇率×都市化率	−1.83		4.74	−2.18	*	5.44	−1.70		6.09
		t 値	統計的有意性	VIF	t 値	統計的有意性	VIF	t 値	統計的有意性	VIF
P_i	物価上昇率	0.80		9.73	1.32		9.07	1.33		11.13
L	識字率	0.08		2.33	0.76		2.70	1.13		4.51
$P_i \times L$	物価上昇率×識字率	−1.24		10.81	−2.23	*	9.96	−1.68		12.59

出所）GOI (Labour Bureau) [Annually]；GOI (Labour Bureau) [Monthly] および筆者が作成したデータセットなどより計算。

注1） $i=03, 06, 12. \; n=367.$ ＊：5％以下で統計的に有意。
 2）選挙年を表すダミー変数を定数項を考慮し，［選挙回数−1］回分加えて OLS によって推定。各 OLS において，ホワイトのテストによって分散不均一性の問題はないことが確認された。
 3）多重共線性の問題を判断するための分散拡大要因（VIF）の目安を 10 とすると，物価上昇率と識字率の交互作用を検討した回帰式で多重共線性が問題となる。

る。t 値を見る限り，「物価と都市化率の交互作用」および「物価と識字率の交互作用」が「物価」より重要であろう。すなわち，経済投票に対しては物価単独の効果よりも，物価と都市化率や識字率の複合的効果のほうが大きいと考えられる。ただし，「物価と識字率の交互作用」と「物価と都市化率の交互作用」のうちどちらが重要かははっきりしない。物価が 6 カ月の場合，前者は後者よりも t 値はやや大きいが，分散拡大要因が 10 近くになっており，多重共線性の影響が無視できない。

以上の分析を踏まえて，次に所得上昇を加えて検討したものが表 5-9 である。「物価と都市化率の交互作用項」およびこの交互作用項の正確な推定を行うため，それを構成する変数である「物価上昇率」と「都市化率」を代入した上で，これに所得上昇の代理変数として「前回選挙時から今回選挙時の農業生

表 5-9 物価および所得上昇による会議派得票率の変動の説明（1962-1999 年選挙）：パネルデータによる LSDV 推定

	説明変数	係数	標準誤差	t 値	$P>|t|$	VIF
P06	選挙前 6 カ月物価上昇率	0.204	0.250	0.82	0.414	4.30
U	都市化率	0.050	0.041	1.22	0.223	1.94
P06_U	P06×都市化率	−0.018	0.008	−2.19	0.029	5.44
yh2_1	前回選挙時から今回選挙時の農業生産性上昇	1.002	1.039	0.96	0.336	1.28
d67	選挙時ダミー	1.905	2.997	0.64	0.525	2.39
d71	選挙時ダミー	18.515	3.138	5.90	0.000	2.03
d77	選挙時ダミー	−9.324	3.226	−2.89	0.004	2.15
d80	選挙時ダミー	−2.369	3.116	−0.76	0.448	2.23
d84	選挙時ダミー	9.733	3.031	3.21	0.001	2.24
d89	選挙時ダミー	−6.639	2.914	−2.28	0.023	2.97
d91	選挙時ダミー	7.164	2.905	2.47	0.014	2.49
d96	選挙時ダミー	−1.927	2.881	−0.67	0.504	2.74
d98	選挙時ダミー	3.980	2.961	1.34	0.180	2.77
d99	選挙時ダミー	5.261	2.902	1.81	0.071	2.66
定数		−5.903	2.479	−2.38	0.018	—

出所）GOI (Labour Bureau)［Annually］; GOI (Labour Bureau)［Monthly］および筆者が作成したデータセットなどより計算。

注 1) n＝367. $F(14, 352)$＝12.79. Prob＞F＝0.0000. R^2＝0.3372. 自由度調整済み R^2＝0.3108. ホワイトの分散不均一性テスト：カイ 2 乗（自由度＝63）＝68.59, Prob＞chi2＝0.2935. VIF：分散拡大要因。

2) 選挙時ダミー d62 は定数項を含めるため除去した。

産性上昇」を加え，さらに選挙時ダミー変数を加えて，LSDV を行った。結果から見ると所得上昇は物価に比べて説明力は弱く，符号から判断すると所得上昇が与党の得票率にプラスとなる可能性があることは確認できるが，全体的に見ると統計的に有意ではない。これは所得上昇が複雑な要因によって決まり，選挙民にとって政府の責任があまり明確ではないから，と考えられる。それに対して物価の影響は短期的で，政府の責任は相対的により明確に選挙民に映る。

以上のように長期的なデータセットに基づく検討では，経済投票に関しては，「選挙前 6 カ月物価上昇率」＝P06 よりも，その P06 と「都市化率」または「識字率」の交互作用項が重要とわかった。「選挙前 6 カ月物価上昇率」は与党の時の会議派の得票率を減らすこと，そしてそれは都市化によって増幅されるということである。それに比べると所得上昇の影響ははっきりしない。

表 5-10 物価および暴動密度による会議派得票率の変動の説明（1962-1996 年選挙）：パネルデータによる LSDV 推定

説明変数		係数	標準誤差	t 値	$P>|t|$	VIF
P06	選挙前 6 カ月物価上昇率	0.268	0.273	0.98	0.327	4.44
U	都市化率	0.048	0.044	1.09	0.279	1.73
P06_U	P06×都市化率	−0.019	0.010	−1.99	0.048	5.37
HMr_pp	暴動密度	−0.254	0.186	−1.37	0.172	1.24
d67	選挙時ダミー	1.726	2.993	0.58	0.565	2.34
d71	選挙時ダミー	18.614	3.129	5.95	0.000	2.00
d77	選挙時ダミー	−9.692	3.223	−3.01	0.003	2.12
d80	選挙時ダミー	−2.913	3.108	−0.94	0.349	2.19
d84	選挙時ダミー	9.929	3.016	3.29	0.001	2.19
d89	選挙時ダミー	−5.397	2.886	−1.87	0.062	2.83
d91	選挙時ダミー	7.661	2.919	2.62	0.009	2.46
d96	選挙時ダミー	−1.326	2.822	−0.47	0.639	2.56
定　数		−5.091	2.444	−2.08	0.038	—

出所）GOI（Labour Bureau）［Annually］；GOI（Labour Bureau）［Monthly］；Wilkinson（ed.）［2005：Appendix］および筆者が作成したデータセットなどより計算。
注 1 ）n＝287. F(12, 274)＝14.73. Prob＞F＝0.0000. R^2＝0.3921. 自由度調整済み R^2＝0.3655. ホワイトの分散均一性テスト：カイ 2 乗（自由度＝53）＝55.56, Prob＞chi2＝0.3786. VIF：分散拡大要因。
　 2 ）選挙時ダミー d62 は定数項を含めるため除外した。

さらに経済投票変数に加えてコミュナル暴動の影響を探る。(4)式がモデルである。ここまでの分析から経済投票変数には「選挙前 6 カ月物価上昇率」と「都市化率」の交互作用項（＝$\Delta p_t \times u_t$＝$P06 \times u_t$）を入れる。また"Riot"には「暴動」，または，「暴動」と「都市化率」または「識字率」の交互作用項およびそれを構成する変数が入る。ただし「暴動」には「累積暴動件数」，または「暴動密度」を代入する。1998 年と 1999 年についてはコミュナル暴動のデータがないので計算対象から外す。「暴動密度」で計算した例を表 5-10 に示す。5％レベルで統計的には有意ではないが，暴動が起これば与党の支持が減少するという関係は現れている。その他，累積暴動件数や都市化率や識字率との交互作用項については簡便のため，t 値だけをまとめて表 5-11 に示す。

$$\Delta V_t = b_p \times \Delta p_t + b_u \times u_t + b_{pc} \times \Delta p_t \times u_t + Riot + b_{d67} \times d67 + b_{d71} \times d71 + b_{d77} \times d77 + b_{d80} \times d80 + b_{d84} \times d84 + b_{d89} \times d89 + b_{d91} \times d91 + b_{d96} \times d96 + constant + \varepsilon \qquad (4)$$

第5章 政党システムと経済変動，宗派間亀裂　321

表 5-11　会議派得票率の変動の説明におけるコミュナル暴動の交互作用項の t 値（1962-1996 年選挙）

変数	交互作用項	t 値	VIF
HM_riot	「累積暴動件数」	−1.09	1.37
HMriotU	「累積暴動件数」×「都市化率」	−1.05	10.76
HMriotL	「累積暴動件数」×「識字率」	−1.56	38.62
HMrtppU	「暴動密度」×「都市化率」	−0.29	12.16
HMrtppL	「暴動密度」×「識字率」	−0.05	56.06

出所）Wilkinson（ed.）［2005：Appendix］および筆者が作成したデータセットなどより計算．
注1）n=287. VIF：分散拡大要因．
　2）表 5-10 における HMr_pp の変数の代わりに HM_riot, $HMriotU$, $HMriotL$, $HMrtppU$, $HMrtppL$ を代入して得られたもの．$HMriotU$, $HMriotL$, $HMrtppU$, $HMrtppL$ は交互作用項なので，それを構成する変数も投入した上での値である．そのため VIF が 10 に比べて非常に大きいものがあり，多重共線性が現出しているが，これは予備的検査なのでこれ以上の処理はしない．

ただし，$Riot=b_r\times\Delta r_t$，または，$=b_r\times\Delta r_t+b_{rc}\times\Delta r_t\times u_t$，または，$=b_l\times l_t+b_r\times\Delta r_t+b_{rc}\times\Delta r_t\times l_t$

　以上のように長期的なデータをまとめて検証すると，物価という明らかに重要な説明変数を同時に考慮した後では，暴動の影響は与党の得票率を下げるという大まかな方向性は表れるものの，統計的有意性は低く，それほど明確な結果ではない．このような不明確性は長期にわたるデータをプールしたことによって生じている可能性があり，より細分化された検証がなされる必要があることを示唆する．それは次節で行う．

　最後に争点間の「相互背反性」の問題を考えておきたい．表 5-1 の世論調査のように，1984 年のインディラ・ガンディー首相暗殺事件や 1992 年の大コミュナル暴動の後では，人々にとっては社会的・政治的危機感が第 1 に重要になり，物価など日常レベルの経済的関心は重要性が後退している．このような事態は投票パターンにも当然影響が表れてくるものと考えられる．すなわち，それらの大事件の衝撃のゆえに，経済投票の重要性が選挙民の心理において低下すると考えられる．この点を本章のマクロなデータで検証してみたい．これは，宗派間で大暴動が起こると，経済投票の重要性が低下するという形で

表 5-12 物価とコミュナル暴動の相互背反性の検討（1989年, 1996年選挙）：アンバランスなパネルデータによる LSDV 推定

説明変数		係　数	標準誤差	t 値	$P>|t|$	VIF
P06	「選挙前6カ月物価上昇率」	-1.865	0.4102	-4.55	0.000	1.86
HM_riot	「累積暴動件数」	-0.2997	0.1100	-2.72	0.008	7.00
P06×HM_riot	P06×HM_riot（交互作用項）	0.04285	0.01600	2.68	0.009	8.09
d96	選挙時ダミー	0.6861	2.240	0.31	0.760	1.43
定　数		-1.660	2.518	-0.66	0.512	

出所）GOI (Labour Bureau)［Annually］; GOI (Labour Bureau)［Monthly］; Wilkinson (ed.)［2005：Appendix］および筆者が作成したデータセットなどより計算。
注）n=87. F(4, 82)=8.25. Prob>F=0.0000. R^2=0.2869. 自由度調整済み R^2=0.2521. ホワイトの分散不均一性テスト：カイ2乗（自由度=12）=7.45, Prob>chi2=0.8263. VIF：分散拡大要因。

以下のように定式化できるであろう。大暴動が起こると物価にかかる係数の大きさが事件の重要性に応じて低下するというモデルである。

$$\Delta V_t = -b_p \times (1-\alpha \times \Delta r_t) \times \Delta p_t - b_r \times \Delta r_t + b_{dk} \times dk + ...constant + \varepsilon$$
$$= -b_p \times \Delta p_t - b_r \times \Delta r_t + b_p \times \alpha \times \Delta r_t \times \Delta p_t + b_{dk} \times dk + ...constant + \varepsilon \quad (5)$$

変数名は(2), (3)の場合と同じ。b, α：係数

2つの重要な争点の，会議派得票率に対する影響が相互背反的であるならば，単に物価や暴動の影響が重層的に表れるのではなく，その交互作用が重要となるというモデルである。これを検証するために適当なのが1989年と1996年の選挙の場合である。両方とも会議派は，ほぼ単独与党であり物価の影響がストレートに表れやすいし，また選挙の前にはヒンドゥー・ムスリム間の大きな緊張または暴動があり，このような仮説を検証するためには適当な選挙であった。結果は表5-12の通りである。物価，交互作用項，暴動の係数はそれぞれ(5)で予想された符号を持ち，かつ1％レベルで統計的に有意である。しかし，"P06×HM_riot"，"HM_riot" の VIF 値はかなり高く，多重共線性の影響が懸念される。よって，同じ変数セットにリッジ（Ridge）回帰を適用して多重共線性の影響を抑えたものを検討した。表5-13がその結果である。リッジ軌跡の検討（図5-4）からパラメーター $k=0.1$ で係数は安定し始めるので，

表 5-13 物価とコミュナル暴動の相互背反性の検討（1989 年, 1996 年選挙）：リッジ回帰による推定（k＝0.1）

	係数 B	標準誤差 SE (B)	Beta	B/SE (B)	
P06	−1.367	0.3211	−0.4233	−4.257	**
HM_riot	−0.1171	0.05037	−0.2625	−2.324	*
P06×HM_riot	0.01512	0.007041	0.2507	2.147	*
d96	1.455	1.942	0.07245	0.7495	
定　数	−4.580	1.956	0	−2.342	―

出所）GOI (Labour Bureau) [Annually]；GOI (Labour Bureau) [Monthly]；Wilkinson (ed.) [2005: Appendix] および筆者が作成したデータセットなどより計算。
注1) n＝87. F(4, 82)＝6.756. Prob＞F＝0.0000. R^2＝0.2479. 自由度調整済み R^2＝0.2112.
　2) ＊：5％レベルで統計的に有意，＊＊：1％レベルで統計的に有意。

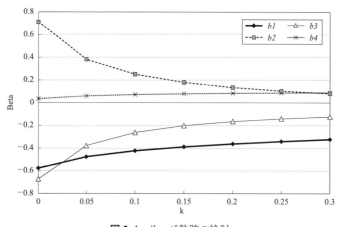

図 5-4　リッジ軌跡の検討

出所）筆者作成。
注）b1＝P06, b2＝P06×HM_riot, b3＝HM_riot, b4＝d96

　k＝0.1 のときの推定を表のごとく採用した。結果は「物価」×「累積暴動件数」の交互作用項および「累積暴動件数」の統計的有意性は低下するが，5％レベルで有意である。よって3つの変数はやはり有意と考えられる。従って，重要な争点の間の相互背反性は認められるといってよいであろう。大コミュナル暴動の場合は，物価問題などは選挙民の意識の後方に退いてしまうし，逆に，物価など日常的問題が大きい場合，小規模な緊張・暴力などは陰に隠れてしま

うということである。これは表 5-1 の世論調査が示すものと全く一致するといってよい。

　以上の結果をまとめると，経済投票に関しては，半年程度の物価上昇を参照して政府与党の業績を判断し政府を罰するという経済投票は，確かに存在すると考えられる。そして，それは都市化あるいは識字率といった経済状況をより敏感に認識させる変数に媒介されるときに，よりはっきりと現出する。すなわち，選挙前 6 カ月の物価上昇が高いほど与党である会議派は票を減らし，逆に野党のときはより多くの票を得る。そしてその効果は都市化や識字率の高い地域ほど強い。一方，全期間を通して見た場合，所得変動の影響はあまり明確ではない。

　ヒンドゥー・ムスリム間のコミュナル暴動に関しては，政府与党の得票率を落とすという傾向は出たが，統計的にはそれほどはっきりとした傾向ではなく，都市化率，識字率の媒介効果についてもはっきりしない。しかし，物価に比べてコミュナル暴動の影響が全体として必ずしもはっきりしないのは，大規模なコミュナル暴動が 1980 年代までは少ないからとも考えられる。この点を考慮するため，宗派間の緊張が高まった，あるいは大きな暴動が起きた 1989 年，1996 年のデータをプールしたデータに基づいて検証すると，物価に加えて暴動の影響，さらにはこの 2 つの変数の交互作用項も統計的に有意となる。このことから，宗派間の大規模な緊張や暴動といった事態は与党会議派に対する評価を下げ，また，それは物価などを焦点とする経済投票のパターンを相互背反的に弱めるものと考えられる。

　以上のような傾向は予想された通りであった。しかし，所得上昇やコミュナル暴動の影響が明確に検出できないのは，政治的コンテクストが大きく異なる選挙をプールしたことから生じる可能性もある。従って，観測数は少なくなるが，各選挙ごとに分析をする必要がある。次の節ではこれを行う。

4 宗派間亀裂投票と経済投票の顕在化——1962-1999年の展開

　この節で行う選挙ごとの分析は上の第3節と同じデータセットに基づいて行う。手順は探索的なもので基本的にステップワイズ（後進）法を適用する。最初に前節で検討した説明変数を全て投入し，統計的有意性を基準として重要でない変数をふるい落としていく。ただし，3つの重要な注意点がある。一つは，物価および暴動の指標で，重複し，従って多重共線性を引き起こす類似の変数は除くということである。これは冗長な情報を排除するということである。物価変数については，前節の検討結果を踏まえて観測期間6カ月のものだけを検討に含めた。

　2つ目は，交互変数項が選択された場合，ステップワイズ（後進）法の後で改めて交互変数を構成する変数を含めて再検討することである。交互変数項の係数をより正確に推定するためである。交互変数項が選択されず単独の変数のみが選択された場合は，このような処理は必要ない。

　最後に，1998年と1999年の選挙では暴動のデータがないので説明変数候補としては含めない。もっとも，1994年から1999年にかけては大きな暴動は発生していないので，暴動の影響が相互背反的に他の変数の影響を大きく歪める可能性は小さいものと思われる。

　表5-14が分析結果である。予めこれらの表を解釈するに当たって重要なポイントを述べると，各々の選挙を取り巻く政治的コンテクストを十分考慮する必要があるということである。得票率は比較的短期間の政治変動や大きな事件の突発によって大きく違ってくることが多いからである。例えば，1969年の会議派の分裂とインディラ・ガンディー首相の大衆貧困層への直接的アピールという政治的展開，1984年の同首相の暗殺，1992年のアヨーディヤー事件とそれにつづく大コミュナル暴動などは，選挙に多大な影響を与えた。このような大事件が起こった場合，人々の政党への支持はかなり流動的になる。この点を考慮しつつ分析を行ってみたい。

　まず，1960年代の選挙に関しては本章の説明変数で説明できる部分はほと

表 5-14　各選挙における会議派得票率の変動の分析：ステップワイズ（後進）法

①1962 年：会議派は与党
　会議派得票率の変動を説明する有意な説明変数なし

②1967 年：会議派は与党
　会議派得票率の変動を説明する有意な説明変数なし

③1971 年：会議派は与党

説明変数		係数	標準誤差	t 値	$P>|t|$	VIF
P06	「選挙前 6 カ月物価上昇率」	1.877	0.422	4.44	0.000	—
定　　数		19.66	1.907	10.31	0.000	—

n＝25. $F(1, 23)$＝19.76. Prob＞F＝0.0002. R^2＝0.4621. 自由度調整済み R^2＝0.4387. ホワイトの分散不均一性テスト：カイ 2 乗（自由度＝2）＝3.84, Prob＞chi2＝0.1464

④1977 年：会議派は与党
　会議派得票率の変動を説明する有意な説明変数なし

⑤1980 年：会議派は野党
　会議派得票率の変動を説明する有意な説明変数なし

⑥1984 年：会議派は与党

説明変数		係数	標準誤差	t 値	$P>|t|$	VIF
HMr_pp	「暴動密度」	−2.535	1.208	−2.10	0.045	—
定　　数		9.370	3.139	2.99	0.006	—

n＝30. $F(1, 28)$＝4.40. Prob＞F＝0.0450. R^2＝0.1359. 自由度調整済み R^2＝0.1050. ホワイトの分散不均一性テスト：カイ 2 乗（自由度＝2）＝2.27, Prob＞chi2＝0.3217

⑦1989 年：会議派は与党

説明変数		係数	標準誤差	t 値	$P>|t|$	VIF
P06	「選挙前 6 カ月物価上昇率」	−1.832	0.466	−3.94	0.000	—
定　　数		−3.249	2.601	−1.25	0.218	—

n＝45. $F(1, 43)$＝15.49. Prob＞F＝0.0003. R^2＝0.2648. 自由度調整済み R^2＝0.2477. ホワイトの分散不均一性テスト：カイ 2 乗（自由度＝2）＝0.16, Prob＞chi2＝0.9245

⑧1991 年：会議派は野党

説明変数		係数	標準誤差	t 値	$P>|t|$	VIF
nh	「非ヒンドゥー人口比」	−0.486	0.143	−3.40	0.002	—
定　　数		6.315	2.707	2.33	0.026	—

n＝37. $F(1, 35)$＝11.53. Prob＞F＝0.0017. R^2＝0.2478. 自由度調整済み R^2＝0.2263. ホワイトの分散不均一性テスト：カイ 2 乗（自由度＝2）＝2.88, Prob＞chi2＝0.2365

⑨1996年：会議派は与党

説明変数		係数	標準誤差	t値	P>|t|	VIF
HM_riot	「累積暴動件数」	−0.378	0.130	−2.91	0.006	1.00
nh	「非ヒンドゥー人口比」	0.352	0.098	3.60	0.001	1.00
定　数		−8.622	2.422	−3.56	0.001	—

n＝42. $F(2, 39)$＝10.91. Prob＞F＝0.0002. R^2＝0.3588. 自由度調整済み R^2＝0.3260. ホワイトの分散不均一性テスト：カイ2乗（自由度＝5）＝13.05, Prob＞chi2＝0.0229

⑩1998年：会議派は野党
コミュナル暴動のデータなし

説明変数		係数	標準誤差	t値	P>|t|	VIF
yh2_1	「農業生産性の上昇＝所得上昇」	−13.385	5.862	−2.28	0.029	1.05
P06*	「選挙前6カ月物価上昇率」	0.965	0.452	2.13	0.040	1.08
L*	「識字率」	0.284	0.203	1.39	0.172	1.29
P06_L*	P06*×L*	0.0138	0.0458	0.30	0.764	1.26
定　数		7.679	2.581	2.97	0.005	—

n＝40. $F(4, 35)$＝2.45. Prob＞F＝0.0640. R^2＝0.2189. 自由度調整済み R^2＝0.1296. ホワイトの分散不均一性テスト：カイ2乗（自由度＝13）＝14.16, Prob＞chi2＝0.3627
＊：平均＝0となるように，元の値から平均値を引いた値（centered）。これは交互作用項のセット，P06*，L*，P06_L*の間の多重共線性を防止するためである。

⑪1999年：会議派は野党
会議派得票率の変動を説明する有意な説明変数なし（コミュナル暴動のデータなし）

出所）筆者作成．
注1）この表で変数の選択は次のような手順で行った。まず，ステップワイズ（後進）法で，取り込みの確率値は5％水準，取り除く確率値は5.1％の水準に設定して変数を選択した。物価および暴動に関する変数が各々複数選択された場合はt値の絶対値の低い方を取り除いて再計算し，類似か冗長な変数が残らないようにした。冗長な変数を削除するのは観測数が少ないことからくる多重共線性の可能性を低めることが主な目標である。次に，選択された変数に交互作用項が含まれれば，その交互作用項を構成する変数を再代入して分析を行った。これはそうしないと交互作用項の係数が正しく推定されない可能性があるからである。ただし，その時の変数は，その値から平均値を引いた値（centered）を使用しこれで改めて交互作用項を作って代入した。多重共線性を防止するためである。この処理が必要となるのは⑩の場合のみである。
　2）⑨の1996年の分析でホワイトのテストによると分散不均一性の問題が大きいことがわかる。これは1992年から1993年のアヨーディヤー事件によって「累積暴動件数」が局地的に急増していることによるところが大きいものと考えられる。これによって推定の効率は落ちるが係数の偏向をもたらすものではないので，他の選挙年の場合と整合的に結果を提示するため，特に修正手段は加えないで示した。VIF：分散拡大要因．

んどない。1962年，1967年の選挙については統計的に有意な説明変数は検出できなかった。コミュナル暴動に関してはこの時期は比較的に平穏で，そのため影響が現れにくかったものと考えられる。一方，経済投票に関しては

1965-1966 年に厳しい困窮を経験し物価上昇もかなり急であったにもかかわらず，その影響はあまりはっきりしない。

その大きな理由の一つは，1960 年代までは会議派を中心とする一党優位体制とそれを支える伝統的な農村の支配階層や有力者の支持構造がそれほど揺らいでおらず，経済投票の影響が現れにくかったのではないかと考えられる。会議派と選挙民をつなぐ中間的な「構造」が強固であれば物価，所得変動などの影響は現れにくいと考えられる[28]。もう一つ重要な点は，この時期における会議派への信頼の高さである。一般的にいえば，独立を勝ち取り長年まがりなりにも政権を担当してきた会議派への，そのときどきの争点に捕らわれない「党派的アイデンティティ」の強固さである。このような一党優位体制の状況が急速に崩れていくのが 1960 年代末以降の展開であったことは，既に説明した。それは次の 1971 年の選挙の分析で浮かび上がる。

1971 年の場合は，物価上昇が高い地域で，インディラ・ガンディー首相率いる与党会議派に対する支持が増加している。この結果は，物価が高い地域ほど与党が支持されるということを意味するから奇異な感じを受けるであろうが，1967 年から 1971 年の政治展開を考えればそうではない。経済投票の結果が通常とは逆に現れたのは，要するに 1971 年の選挙を率いたインディラ・ガンディー会議派が「与党」ではなく，「新政党」と多くの選挙民から認識されたからである。前述したように，1969 年に会議派は，党の中枢および州レベルの党組織を押さえていた保守派シンジケートと，インディラ・ガンディー首相率いる派閥に大分裂した。選挙戦ではインディラ・ガンディー首相は「貧困追放」という貧困大衆に直接訴えるポピュリスティックなスタイルで支持を集めることに成功した。このようなスタイルが効果的だったのは，それまで，同時に行われていた州議会選挙を分離し，地方的要因が選挙でできるだけ顕在化しないようにしていたことも大きいと考えられる。いずれにせよ，1971 年のインディラ・ガンディー首相の会議派は，いわば，新しく生まれ変わった政党として選挙民に認知されたのである[29]。このような展開から，経済的困窮にあ

28）多くの論者がこのような点を指摘している。例えば，以下を参照。Sisson and Roy ［1990］；Kohli ［1990］.

えぐ地域でむしろインディラ・ガンディー首相の会議派への支持が広まったと考えられる。

1977年の選挙は，経済変数も暴動変数も説明力が弱く，重要な変数として選択されなかった。最も大きな理由は，非常事態宣言による強権体制の是非という生々しい争点によって，経済的な争点やコミュナル暴動などの争点の影響力が相対的に弱くなったからであると考えられる。加えて，1975年から2年弱の強権体制期は経済的には比較的に安定していた時期であり，経済投票が明確に現れる可能性は低かったと考えられる[30]。また，言論や集会の自由が剝奪されるなど強権的に治安維持がなされていたためコミュナル暴動の発生も最低レベルであった。それに対して，強権体制による抑圧・人権侵害などは生々しい状況であった。そのような状況で，非常事態宣言が解除され民主政治の復活を受けて，主要野党が合同してジャナター党が結成されて反会議派票の受け皿となり，強権体制の是非という争点が選挙において発現しやすい政党状況が成立した。そのため，この選挙の争点構造においては非常事態宣言の是非が最大となり，他の争点を脇に追いやったと考えられる。結局，選挙では，既述のように会議派は人権侵害が顕著であった北部，そして西部の選挙民から大きな反発を受け，ジャナター党に敗北した。

次の1980年の選挙でも統計的に有意な説明変数は何も選択されなかった。それは政局の混迷によるところが大きいのではないかと考えられる。この時，会議派は独立以来初めて連邦下院選挙を「与党ではない状態」で迎えたが，完全に野党という状況でもなかった。すなわち，既述のように1977年に発足したジャナター党のモラルジー・デサイー政権は内紛から1979年7月に瓦解し，インディラ・ガンディー元首相の会議派の支持を得て同党分派のチャラン・シン派政権が発足するものの，1カ月ももたずに崩壊する。このようにめまぐるしく変わる政局の中でインディラ・ガンディー元首相の会議派は1979

---

29) 例えば，Tameri［1971］を参照。
30) この時期は強権を背景に密輸，脱税，賄賂などのブラック・エコノミーの摘発が厳しく行われ，経済規律が一定程度浸透した。また天候にも比較的に恵まれ農業生産が順調であったことも経済の安定に寄与した。

年には政権の一端を担っており，選挙民からは，中途半端なイメージを抱かれていたのではないかと思われる。これが経済投票にせよコミュナル暴動にせよ，与党または野党として選挙民から明確に評価されなかった背景であろう。

1984年の選挙はインディラ・ガンディー首相の暗殺直後に行われ与党会議派が大勝した選挙である。推定結果では暴動密度のみが選択されており，大勝の中でもヒンドゥー・ムスリム間の暴動が政権党にマイナスの影響を与えていることがわかる。しかし，物価などは選択されていない。これはシク教徒警備兵によるインディラ・ガンディー首相の暗殺と北インドを中心とした反シク暴動が選挙の大きな争点として浮かび上がったため，他の争点の重要性が相対的に低下したからと考えられる。むしろ，反シク暴動のさなかにもヒンドゥー・ムスリム間の暴動が重要な変数として選択されたことは，この時期のヒンドゥー対ムスリムのコミュナル暴動の影響の根深さを示している[31]。

1989年の選挙は会議派与党政権が大敗した選挙である。分析結果によれば，物価が高い地域ほど会議派は票を減らしており，経済投票が典型的に顕在化したといえる。一つの大きな理由は，この選挙が会議派対反会議派という構図で戦われた点にあると考えられる。この選挙で勝利することになるジャナター・ダルを中心とする国民戦線は反会議派を掲げたが，それを右翼からBJPが，左翼からCPI (M) などが支えた。BJPと左翼政党という互いに相容れない政党も間接的ながら連携するという幅広い反会議派連合が形成されたわけで，その分，選挙民にとっては会議派政権の責任や実績を明確に判断する状況が現出した。これが物価の影響を「典型的に顕在化」した大きな要因であったと考えられる。この例からいえることは，選挙で「政府与党」対「まとまった野党」という責任の所在が単純かつ明瞭に選挙民にとって判断されやすい状況になれ

---

31) 1980年代前半はアーンドラ・プラデーシュ州ハイデラバード，西部ウッタル・プラデーシュ州，そして1984年にはボンベイ（現在「ムンバイ」）からビワンディ（Bhiwandi）などで，かなりの規模のヒンドゥー対ムスリムのコミュナル暴動が起こっている。従ってシク教徒過激派のテロが荒れ狂う状況の1986年9月の「国家統合評議会」(National Integration Council) の主要議題が，ヒンドゥー対ムスリムの対立の審議に設定されているのは不思議ではない（GOI (National Integration Council) [1986]）。

ば経済投票は顕在化しやすくなるという点である。

　一方，分析ではヒンドゥー・ムスリム間のコミュナル暴動の影響は見られないという結果となっている。その理由の一つはやはり，「まとまった野党」という構図に求められると思われる。すなわち，ヒンドゥー・ナショナリズムを掲げるBJPとそれに反対する左翼政党という互いに相容れない政党の間で間接的ながら連携が成立した状況では，コミュナル暴動に影響された有権者であってもコミュナル暴動は会議派か野党連合かという政党の選択において重要な参照基準とならなかったと考えられる。

　1991年の選挙では会議派は野党であった。選挙時の政治社会状況を整理すると，その第1の特徴は，与党の分裂，政権崩壊という政局の不安定性であった。1989年12月に成立したV. P. シン首相率いる国民戦線政府は1年ももたずに分裂した。1990年11月にはチャンドラ・シェーカール首相率いる超少数派政権が会議派の支持を得て誕生したが，当然政権担当能力は極めて限られていた。第2の特徴は，社会不安であった。V. P. シン政権が発表したOBCsへの優遇政策をめぐる社会的混乱と，BJPが進めたアヨーディヤーにおけるラーマ寺院建立運動がヒンドゥー・ムスリム間の社会的緊張を高め，1990年10月には各地で大規模な暴動が起こっている。さらに第3の特徴として，選挙期間中の5月にラジーヴ・ガンディー元首相が暗殺されたことをあげる必要があろう。これにより暗殺後に投票が行われた選挙区では一定の同情票が会議派に集まった[32]。

　以上のように社会的に混乱し，かつ，与党と野党が入り乱れて政権を窺うような状況からは争点の効果が明確に現出しがたいことはこれまでの分析からも予想されるところである。分析結果を見ると，この時期は比較的頻繁にコミュナル暴動が起こった時期であるにもかかわらず，その影響はやはり明確ではない。

---

32) ラジーヴ・ガンディー元首相の暗殺は選挙のまっただ中で起こっており，同情票を呼び起こしたが，それは暗殺後に行われた投票地域に限られている。同じ州内で暗殺前と暗殺後を比べると，会議派は暗殺に対する同情票で6パーセント・ポイント程度得票率を高めている（近藤［1993：12］）。

しかし，分析結果のより重要なポイントは，非ヒンドゥー人口＝宗教的少数派が多い地域で会議派が票を減らしていることである。それでは，非ヒンドゥー人口の多い地域でどの集団が会議派への支持を低下させたのであろうか。非ヒンドゥーであろうか，ヒンドゥーであろうか。この点については第 2 節の検証結果である前掲図 5-3 が，会議派への支持を低下させたのは非ヒンドゥーであるという推定結果を与えている。非ヒンドゥー人口の多くはムスリムであるから，この間，会議派はムスリムの支持を大きく失ったということである。すなわち，非ヒンドゥー，とりわけムスリムの会議派への支持が急減したことが，非ヒンドゥー人口比が高い地域で会議派の支持が減少した大きな理由である。1980 年代半ば以降の政治の「コミュナル化」の責任の一端が会議派にあることを宗教的少数派が広く認識していたことが，このような事態を招いた理由であると考えられる。第 1 章の表 1-1 からわかるように，会議派は 1989 年から 1991 年にかけて，議席数は増やしたが，得票率はむしろ減少している。その大きな原因の一つが政治のコミュナル化であったといえる。1992 年 12 月のアヨーディヤーにおけるバーブリー・モスクの破壊とヒンドゥー・ムスリム間の大暴動は，以上のような流れの延長線上にある。

　1996 年の分析結果を見るとコミュナル暴動の影響が極めて明白に出ており，暴動件数が多い地域では与党会議派への評価は低下し，得票率ははっきりと低下した。しかし，注意を要する点は，その結果としてヒンドゥー多数派と宗教的少数派のどちらの票が会議派からより離れたのか，という点である。これは本節の分析からは明らかにすることはできず，再び第 2 節の推定結果を参照する必要がある。図 5-3 より 1996 年の選挙では，ムスリムなど宗教的少数派は会議派へ一定程度回帰したことがわかる。1992 年 12 月から翌年にかけての暴動では 1,000 人以上の犠牲者が出たと見られているが，その多くはムスリムであったといわれ，従って宗教的少数派の不安感はより高まったはずである。よって危機感を募らせたムスリムなど少数派が，伝統的な「庇護者」である与党会議派への支持に戻ったことは不思議ではない。また，1980 年代末から多くのムスリムはジャナター・ダルを中心とする国民戦線を支持していたが，それが 1990 年代初めに早くも分裂，弱体化したことも会議派への「回帰」を促

した要因であると考えられる。図 5-3 から一般的傾向としてヒンドゥー多数派はむしろ会議派から離れたことがわかるが，そのような中でも非ヒンドゥーが会議派の支持に回帰しつつあったことが，「非ヒンドゥー人口比が高い地域」ほど相対的に会議派の得票率があまり低下しなかった，という結果をもたらしたと考えられる。

それでは，1990 年代中頃までにヒンドゥーが会議派から離れた理由は何であろうか。それは端的にいえば，会議派の統治能力に対する評価が低下したからである。相次ぐコミュナル暴動やスキャンダルなどの噴出，そして 1991 年に開始された構造改革でもなかなかよくならない一般庶民の経済状況は，会議派の統治能力に対する信頼感を低めた。そして重要なのは，会議派に対する不満を受け止める政党が各地で成長していたという点である。例えばウッタル・プラデーシュ州では OBCs，とりわけヤーダヴ・カーストおよびムスリムの支持を基盤とする社会主義党や，SCs を基盤とする大衆社会党などが成長しており，会議派の支持基盤を蚕食した。不満とその受け皿の存在によって会議派の支持基盤は縮小していったのであるが，そのようなプロセスをさらに加速する重要な契機となったのがコミュナル暴動であったと考えられる。1991 年に成立した P. V. ナラシンハ・ラーオ会議派政権は経済構造改革・自由化を開始したが，多くの人々はまだその成果を享受することもできず，社会政策では失敗し，スキャンダルにまみれ選挙民の支持を失って 1996 年選挙では敗北することになったのである。

1998 年の選挙では会議派は野党であったが，経済投票の影響がはっきりと見られる。すなわち，野党であるため，所得が伸びた地域では票を減少させ，物価上昇が激しい地域で票を伸ばした。コミュナル暴動の影響は先に説明したようにデータがないため検証できないが，1994 年から 1999 年まではそれほど大きな暴動はなく比較的に平穏であったため，影響はあったとしてもそれほどはっきりとは現出しないと推察される。選挙では会議派は今まで述べたように 1980 年代末以降の OBCs の運動や宗派間対立の激化など社会の流動化による支持基盤の長期的縮小傾向に抗えず得票率をさらに減らし，加えて，BJP を中心とする野党の連合政策が有効に働いたこともあって，政権に復帰できなかっ

た。

　選挙の結果，BJPを中心として州の有力政党が連合した政権が誕生するが，先に説明したように過半数ぎりぎりであったため翌1999年4月に崩壊し，9月に再度選挙が行われた。選挙ではBJP陣営は20以上の政党と選挙協力を設定したことにより成功し，NDAは安定過半数を得る。BJPは与党であったが，20以上の地方政党と連合を組んだため，経済運営や治安維持など，その業績または失敗は選挙民の視点からは明確に判断できないことになったと考えられる。1999年の選挙の分析で統計的に有意な変数が一つも選択されなかったのは，このような政党政治の流動化と連合による与党の実績評価の不明確化によるものと考えられる。

まとめ

　本章では，マクロな集計データに基づき長期的分析を行った。分析から，会議派政権の経済実績が悪い場合は与党を「罰する」という経済投票は，1970年代以降，顕著に表出していること，そしてそれは長期的には都市化や識字率などの媒介変数によって強まる傾向があることが確認できた。また，コミュナル暴動の影響もそれが大規模なものであれば1980年代以降その影響が明確に見られた。そして経済運営の失敗とコミュナル暴動という2つの争点は有権者の認識において相互背反性があることが見いだされた。大規模なコミュナル暴動など衝撃的事件が起こったときはインフレなど経済的争点の重要性は相対的に低下する。ただし，注意すべき点は，長期的な趨勢と短期的な趨勢の違いである。長期的趨勢としては都市化や識字率などの媒介変数が重要という分析結果となったが，しかし，媒介変数は個々の選挙においては明確には重要性が現れなかった。これは短期的な趨勢においては政治的コンテクストなどがより重要な説明変数となり，長期的な趨勢を覆い隠してしまうからではないかと考えられる。

　政治的に見ると，本章で分析した2つの要因によって与党会議派がその支

持基盤を弱体化させたことが重要である。急速なインフレなど経済政策面で失敗があったとき，人々は支持を撤回した。また，コミュナル暴動によって有力な支持基盤である非ヒンドゥー＝宗教的少数派の支持が，さらにはコミュナル暴動による会議派の統治能力への不信感によりヒンドゥーの支持が，1980年代以降は失われていく。これらの要因がこの間の会議派凋落の大きな原因となったことは間違いない。最後に，このような過程が政党政治に与える影響をまとめてみたい。

第1の影響は，会議派の衰退に伴う政党システムの「断片化」とその政権の安定性への影響である。本章で実証したように，大きな流れを見ると，連邦下院選挙における会議派は1970年代以降，人々の経済投票，そして1980年代以降顕著になる宗派間対立などの影響により，支持基盤は動揺し，縮小していく。もちろん，経済運営の失敗やコミュナル暴動だけがその凋落の原因ではなく，前章で分析したような州独自の有力政党の成長など，その他の要因も当然ある。しかし，経済運営の失敗と宗派間対立は，その中でも重要な要因であったと考えられる。

会議派の後退の結果，1990年代後半以降，中央レベルでは単独過半数を担いうる政党が出現せず，比較的大きな「全国政党」と州レベルの有力政党の連合政権が常態化している。このような状況は政党システムの断片化となり，政情不安を慢性化する可能性を高めた。1996年のジャナター・ダルを中心とする中道連合である統一戦線政権，1998年のBJPを中心とする連合政権はいずれも1，2年で崩壊しており，そのような懸念は現実のものとなった。しかし，その後，諸政党が連合政権の協力関係を「学習」する過程があり，政党間の協力は次第に安定化する傾向を見せている。1999年のBJPを中心とするNDA政権は5年の任期を全うしたし，2004年に成立した会議派を中心とする統一進歩連合（UPA）は5年の任期を全うし，2009年の選挙で勝利して再び政権に就いた[33]。よって政党の断片化が政権不安に直結するとは必ずしもいえ

---

33) 2014年4，5月の連邦下院選挙では，会議派は惨敗しBJPが単独過半数の議席を確保した。しかしBJPが勝利した要因は，会議派の経済運営の失敗，ナレンドラ・モディの人気に加えて多くの地方政党との協力関係の構築にあった。

ないであろう。

　第2の影響は，政党システムの断片化とも関係するが，宗教的少数派が民主主義体制の中で政治的重要性を高めたという点である。第2節で明らかにしたように，宗教的少数派は全般的に政治参加レベルが高く，かつ政治変動に敏感である。これが示すところは，宗教的少数派は民主主義体制自体に対しては信頼感を有するということである。むしろ，民主主義体制に頼り，政治に敏感に反応して，その存在意義を維持していこうとしているといえよう。その意味で少数派が体制に不信感を抱き，深刻な亀裂を生じているスリランカやパキスタンなどとは一線を画しており，インドの民主主義はその意味で「包摂的」である。

　このような状況が政党の断片化とあいまって，少数派がキャスティングボートを握るような政治状況を作り出す。そこでは，選挙政治の力学によって少数派の支持を得るために主要政党はその利害関係を無視できない。極端な場合，そのような少数派を代表する小政党が存在するとき，それは「拒否権」を握ることにも通じ，少数派はそのような拒否権をちらつかせることによって，許容範囲ぎりぎりまで自らの要求を政府に突きつけることができよう。もっとも，インド政治の現実では少数派の要求が「度を過ぎたもの」になる可能性は低いと考えられる。その理由として第1に，ムスリムなど宗教的少数派は各地で分裂しており，そのような「瀬戸際政策」を政党政治において強力に推し進める統一的な全国政党がない。第2に，そのような政策を追求する結果として宗派間の暴力事件や暴動などが降りかかる危険性がある。後の章で詳しく分析するが，大きなコミュナル暴動では宗教的少数派の損害は多数派より格段に大きくなる。従って，多数派を強く刺激するような方向性をあからさまに示すリスクは非常に大きい。以上のような理由から，少数派の要求はBJPを除く主要政党で「最大限」考慮されるが，しかし，それが極端なものになる可能性は極めて低いと考えられる。まとめると，少数派は民主主義体制内で政治的存在感を高めうる状況にあるし，極端に走らない限りにおいて，そしてBJP以外の政権下においては，今やより明確に影響力を与える状況にあると思われる。

　最後に，長期的に見ると，経済投票やコミュナル暴動の影響がはっきりと顕

在化するのは 1980 年代頃からである。これらの要因が会議派の支持基盤を揺り動かし，縮小させ，それと反比例する形で BJP や州レベルの政党が台頭した。このようなプロセスが，1990 年代以降，多党化という形で政党システム全体の流動化を引き起こしたと考えられよう。しかし，流動的な状況の中でも，例えば宗教的少数派の方が民主主義体制への参加レベルが高いことが示すように，民主主義体制自体の信頼感は維持されているといえるだろう。

第6章 民主主義体制における「トラスト」
——政治的安定性の認識構造[1]

　前の2章においては主として連邦下院選挙のデータに依拠して人々の政治参加，政党選択の動態を分析した。第4章では，社会の長期的・構造的変化が人々の政治参加に及ぼす影響を検討し，選挙という政治参加の形態が，識字率などマクロな社会経済構造に密接に関連するものであることを示した。しかし，時代が下るにつれ，社会経済変数の影響力は低下傾向を示し，代わって各州の違いが顕著になってきた。第5章では，中央で長らく与党であった会議派の支持基盤が，高い物価上昇など政府の経済業績の悪化やコミュナル暴動によって揺り動かされ，人々の期待に沿うことができなかった与党会議派への支持が収縮していく様相が示された。実績を上げられない与党を罰するという選挙民の投票行動は，例えば中央レベルの政党が会議派単独政権の場合など，罰すべき与党が明確であるときに顕著になった。

　このような投票率，会議派の得票率の長期的変動の分析が示すことは，有権者の政治認識が社会経済構造という要因から規制されることが徐々に少なくなり，代わりに，より政治的なもの，とりわけ州政党の台頭など，州レベルの政治的動きが相対的に重要になってきたということである。そして実績を上げられない政府与党は有権者によって容赦なく交代させられる。このようなマクロな構造変化こそ，現在の政党システムの細分化，流動化，その結果として，中央における連合政権の常態化をもたらしていることは疑いない。しかしながら，1990年代末以降の中央レベルの政党政治を見れば，1999年の国民民主連

---

1) 本章は，近藤［2014］を一部改訂したものである。叙述を本書の構成に合うように改訂したが，統計的計算には変更はない。

合（NDA），2004年の統一進歩連合（UPA），2009年のUPAと，連合政権はいずれも5年の任期を全うしている。1977年のジャナター党政権，1989年の国民戦線政権，1996年の統一戦線政権，1998年のインド人民党（BJP）を中心とする連合政権など，多くの連合政権が1，2年で崩壊したことを考えれば，近年の連合は比較的に安定しているといえよう。安定化の要因としては，既述のように連合の中心となった会議派とBJPが政権獲得のために，他の政党と妥協することを学習したことが大きい。

しかし，政党間の妥協が比較的容易に成立するためには，政党の政治指導者や，より広くは一般の人々の間で，民主主義体制に対する基本的な信頼＝「トラスト」が存在しなければならないであろう。人々のこのような一般的なトラストは政党に責任ある行動をとらせる圧力となる。なぜなら，そのようなトラストをないがしろにした政党に対しては，有権者は多くの場合，選挙で評価を与えないからである。逆に，人々の間で民主主義体制に対する広範なトラストがなければ，政党政治の不安定化が長期に続くような場合，民主主義体制自体も不安定化することも考えられる。また，何らかの理由で民主主義体制が危機に陥った場合，トラストがない民主主義体制の復元は容易ではないであろう。1975-1977年の非常事態体制末期に比較的スムーズに選挙と民主主義体制が復活し，その選挙でインディラ・ガンディー首相の会議派が敗北を受け入れ，政権をジャナター党に明け渡したことは，1970年代までにインドの民主主義体制が頑健な復元力を備えていたことを示している。それはすなわち，政党や大衆の間で民主主義体制に対するトラストが広く存在していたことを示すものと考えられる。南アジア諸国に視点を広げると民主主義体制とトラストの相関はより明らかである。

表6-1は南アジア諸国の制度，政党に対する信頼＝トラストのレベルの調査である。表から読みとれる一つの明確な傾向は，民主主義体制が最も脆弱なパキスタンでトラストのレベルが全ての対象に対して低いという点である。民主主義体制がたびたび失敗してきたからトラストのレベルが低いのか，逆にトラストのレベルが低いことが，民主主義体制がうまくいかない原因となっているのか，因果関係はわからないが，両者が密接な相関にあることは最低限指摘

表6-1 南アジア諸国における民主主義制度，政党に対するトラストのレベル（2004-2005年）
(%)

	サンプル数	選挙委員会	司法	中央政府・全国政府	政党
バングラデシュ	2,504	52	75	81	57
インド	5,205 （「中央政府・全国政府」：5,204)	51	58	62	36
ネパール	3,249	54	60	48	41
パキスタン	2,681	21	33	31	24
スリランカ	4,632 （「司法」：4,631，「中央政府・全国政府」：4,630)	63	70	58	32

出所）Centre for the Study of Developing Societies（CSDS）[2008：246-254] より筆者作成。
注）集計は，「非常に信頼」と「ある程度信頼」を加えた値。

できよう。

　人々の民主主義体制や政治に対するトラスト，あるいは社会的なトラストは捉えがたい面があり，それが，政治にどのように作用するかは実証的に検証することが難しい面がある。本章では世論調査データを統計的に分析することで，この捉えがたい「トラスト」と政治社会の関係に接近してみたい。それによって社会的差別，経済的後進性や不平等性，エスニシティ間の亀裂といった社会的には民主主義的価値観が必ずしも十分に行き渡っていない状況のインドで，民主主義体制が頑健性を備えている理由の一端が理解できる可能性があるだろう。

　トラストという問題は民主主義体制を成り立たせる要素として近年多くの論者によって，一般論として論じられているが，インドでの研究は，特に統計的・実証的な研究はほとんどない。このような研究状況を考えて，本章では一般論としてのトラストの研究を整理し，次にインドでの議論を簡単にまとめ，その上で近年の世論調査の個票データに基づき分析を進める。データは「アジア・バロメーター」の2003年と2005年のデータを使用する。調査は大都市部に限られているが，近年の世論はコミュニケーションの発達や出稼ぎなど人々の移動の増加などで，都市部と農村部での違いは小さくなる傾向にあるといわれ，このデータに基づく研究も，かなりの一般性を持つものと考える。

1 トラストと民主主義体制

「トラスト」という概念は,いわゆる「社会関係資本」(social capital) という概念と密接な関係を持つものと考えられてきた。社会関係資本とは人々の協調行動を促し,社会の諸制度を円滑に作動させる社会的要素と想定され,それは,政治の最も重要な機能である「集合的行動」を円滑に行わせ,ひいては民主主義体制をスムーズに機能させる基礎とされる。また,それは経済主体間で取引費用を低減させ経済取引を円滑に行わせる基礎となるがゆえに,経済発展を促進する可能性を持つとされる。社会関係資本がこのように概念化されるとき,トラストはその重要な構成要素となる。例えば,J. S. コールマンは権威,トラスト,規範は社会関係資本の形であると述べた (Coleman [1990 : 300])。また,この概念を広めるにあたって大きな役割を果たした R. D. パトナムらの研究は,規範,水平的な社会的ネットワーク等と並んで,トラストが社会関係資本の本質的構成要素であるとした (Putnam et al. [1993 : 170, 174])。

このように,トラスト概念は社会関係資本の中心的要素であり,そのため社会関係資本の研究の多くが実際上トラストの研究となっている。ただし,そこにはもう一つの理由があると思われる。それは社会関係資本概念を操作化し,指標化することの難しさ,という問題である。パトナムらは様々な自律的・水平的な「社会団体」(association) のネットワークの存在が効果的な社会的協調に重要だとし,従ってそのような団体の密度が社会関係資本の良い指標となると考えた (Putnam et al. [1993 : 89-99])。しかし,団体には排他的性格を持つものもあり,そのような団体には社会的協調と信頼を広める機能は期待できないであろう。多くの研究では,社会団体への加入や団体の数は必ずしも当該社会の社会関係資本のよい指標とはならず,また,それは社会関係資本の重要な要素であるトラストとも相関しないことが報告されている[2]。

---

2) 多くの指摘がある。例えば以下を参照。Knack and Keefer [1997 : 1284];Newton [1999 : 172, 185];Marschall and Stolle [2004 : 130];Rothstein and Stolle [2008 : 441]。

確かに P. パクストンのクロス・カントリーのデータに基づく研究のように，社会関係資本の指標として社会団体への加入数を使い，社会関係資本と自由民主主義との間に相互的な関係を見いだした研究もある。しかしそこでは，団体は「孤立的団体」と「他と社会関係を有する団体」に2分類された上で統計的検証がなされている。彼によると，前者は民主主義に負の影響があり，後者は正の関係があり，また，トラストのレベルによって団体の民主主義に対する効果は違うという（Paxton [2002]）。社会団体を2分類し，それらが正反対の効果を持つことを見いだしたことは重要であるが，それは翻って社会団体というものの性格が極めて多岐にわたり，団体一般と民主主義の関係を一般化することの難しさを示している。ただし，そこにおいてもトラストは重要な変数であることが示された。このように社会関係資本研究がより実態をえぐり出そうとすれば，社会団体ではなくトラスト自体の研究に進むことは自然の流れであるといえよう。大規模なサンプル調査によって各人の社会に対する信頼が，他の変数とどのように関連しているか，統計的に詳しく分析できる状況が現れるにつれ，そのような傾向は徐々にはっきりしているように思われる。

一般化トラストと特定化トラスト

トラストは，見知らぬ人も含む，広く社会に一般化された抽象的な信頼感である「一般化トラスト」（generalized trust），そして，特定の組織・制度や自らが帰属する集団といった特定の集団に対して，特定の状況で成り立つ「特定化トラスト」（particularized trust）という概念に分けられる場合が多い。社会が円滑に機能するためには一般化トラストが重要とされる。以下ではまず，トラストの研究を本章の課題に関係する形で簡単に整理してみたい。政治社会におけるトラストを様々な統計的データに基づき現在まで最も体系的に検討したのは E. M. ウスライナーであるから，ここでは出発点としてまずその大枠を紹介し，問題を整理してみよう。

ウスライナーの，主にアメリカの調査データを基にした研究によれば，トラストは，人々を広く無条件に信頼する「モラル・トラスト」と，具体的な何かを得るために相手を信頼するところの「戦略的トラスト」に分けられる。前者

は特定の集団だけに対する信頼ではなく，広く社会に一般化された抽象的な信頼感であり，その意味で一般化トラストである。それに対して戦略的トラストは，例えば，特定の制度や組織，そして「身内のグループ」（ingroup）といった集団において，特定の状況で成り立つものであり，特定化トラストと重なる概念である。彼の統計的実証研究が示すところによれば，モラル・トラスト／一般化トラストは各人を取り巻く文化と社会経験によって形成される認識で，より具体的には楽天的な価値観と所得の平等に裏打ちされた主観的・抽象的認識であり，一旦形成されればあまり変化しないものである。

そしてモラル・トラスト／一般化トラストが人々の間に広く行き渡った社会では「集合的」行動がとりやすく，また，寛容性が期待され，従って社会的・経済的な再配分をやりやすくさせ，社会をよりうまく機能させる可能性を高める。ただし，それは基本的に市民間のトラストであり，社会をうまく機能させる基礎となりうるとしても，それが，民主主義をうまく機能させることにつながるかどうかは直接的には保障されないという。つまり，民主主義をうまく機能させるためには民主主義諸制度に対する人々のトラストが必要であろうが，それは別ものなのである。それは彼の実証研究によると，特定の評価基準をベースに自己との関係において特定の状況の下で決まる戦略的トラスト／特定化トラストの一種である。一般化トラストが主観的で抽象的な認識であるのに対して，制度や政府へのトラストはその実態・実績を見て形成される特定化トラストであるという（Uslaner [2002]）。

以上のウスライナーの研究から，本章の課題との関連で，(a) 一般化トラストのあり方を決める諸要因，(b) 政治体制に対する特定化トラスト，(c) 民主主義的統治とトラストの関係，という3つのポイントを中心に近年の研究を整理してみたい。

(a) 一般化トラストのあり方を決める諸要因

一般化トラストを決める要因としては，社会構造および個人の社会的属性や経験を重視する研究が多い。

例えば，上述のようにウスライナーは楽天的価値観，社会の経済的平等感が人々の一般化トラスト認識を形成する上で本質的なものだとし，個人の社会的

属性については，個人の経験や教育レベル，人種が影響することは認めたものの，所得レベル自体の影響は認めなかった。また，C. ビョルンスコフは内生性や因果関係の方向性に注意しつつ変数のクロス・カントリーデータの統計的分析を行ったが，それによると，所得の不平等性，宗教，特にカトリックやイスラーム，共産主義の歴史的経験は一般化トラストを低下させ，君主制の存在は逆にそのレベルを上げるという。しかし，エスニック集団の混淆や教育，法秩序については明確な影響を見いださなかった（Bjørnskov [2006]）。

また，アメリカの意識調査データを使ったA. アレシナとE. フェッラーラの研究は，一般化トラストと重なる「人種間トラスト」を対象とした研究で，経験，教育，所得といった個人的要素，差別されてきた集団に属しているかどうか，居住地が人種的に混在しているかどうか，および所得格差が大きい地域かどうか，などの要素がトラストのレベルに影響を与えるとした。ただし，これらの要素のうち人種的混在については，一種の媒介変数であり，もともと人種の混在を嫌う人はその傾向を助長するが，そうではない人はトラストの低下にはつながらないとした（Alesina and Ferrara [2002]）。一方，M. J. マーシャルとD. ストールはアメリカ・デトロイトの調査から白人と混在して居住している黒人の方が，黒人だけでかたまって居住している者よりも白人との社会交流が頻繁で，一般化トラストが高い傾向にあることを見いだした（Marschall and Stolle [2004]）。

人種も含めてエスニック集団の混交がトラストにどう影響するかは重要なテーマであるが，上述の研究と同じように，いくつかの研究はエスニック集団の混交や接触それ自体がトラストの低下につながることはないことを示している。D. バーリーらのロシア連邦のタタールスタン共和国やサハ共和国のサーベイに基づく研究では，身内のエスニック集団（ingroup）へのトラストは異なるエスニック集団へのトラストの障害とはなっていないことが示された。それでは，どのような要因が異なるエスニック集団間のトラストを支える要因になっているのかというと，彼らによれば政府に対する信用（confidence）が重要な働きをしている可能性がある。政府への信用が媒介となってエスニック集団間のトラストが橋渡しされると考えるのである（Bahry et al. [2005]）。また，

個人と国のマルチレベル・モデルを適用した C. J. アンダーソンと A. パスケヴィシュートの研究によると，民主主義が発展していない国では，言語的不均質性は人々の間のトラストを減じるが，エスニック集団の不均質性は明確な影響はないという（Anderson and Paskeviciute［2006］）。

　このように，人々の社会認識における一般化トラストは，社会構造および個人の社会的属性や経験との関係において説明されることが多い。しかし，政治制度や体制の役割を重視する見方も重要である。例えば，上述のバーリーらの研究の後半では政治制度の重要な役割が指摘された。政治制度は社会全体を覆うがゆえに，様々な特定化トラストをつなぎ合わせ，一般化トラストの形成に寄与するという考え方である。ここから，制度，特に政治体制こそが一般化トラストの源泉であるという考え方が出てくる。B. ロスシュタインと D. ストーレは，国家制度のうち特に警察や司法などの秩序維持機関が効率的かつ平等に機能することこそが，一般化トラストの維持に貢献しているとした（Rothstein and Stolle［2008］）。

　以上から，一般化トラストと密接な関係が指摘される変数として，経済的不平等性とそこから発生する不平等感がまず指摘されなければならないだろう。また特定の宗教（カトリックやイスラーム）との関連や個人的経験もその重要性が指摘される。また，インドのような多民族国家にとって重要なのは多様なエスニック集団間のトラストの問題であるが，これに関しては人種やエスニック集団の「多様性や混在」自体が一般化トラストを減じるという研究は少数派である。多様性や混在がマイナスに働くのは，異なるエスニック集団に属する人の間で，あらかじめ何らかの「異質感」，「嫌悪」などが存在する場合である。そのような場合はエスニック集団の多様性や混在はエスニック集団間のトラストを低下させる。逆に，そのような初期条件がない場合はトラストの状況は影響を受けない可能性がある。

　しかし，その他の変数については，多くの国に共通するような要因は指摘しがたい。例えば教育レベルは一般に重要な変数であるが，一般化トラスト研究については重要であるかどうか，判断が分かれている。注目すべきは，政治体制の役割で，政治体制が一般化トラストを促進する要因であるという主張であ

る。この点も含めて政治体制に対する特定化トラストの研究を次に概観してみたい。

(b) 政治体制に対する特定化トラスト

特定化トラストについては，特定化される集団が何なのかによってそのあり方を決める要因が大きく違ってくる。重要なのは政治体制に対するトラストである。これは政権交代などで短期的に変動しうる政府と，あまり変化しない政治制度に対するトラストに，さらに分けられる。

政治体制に対するトラストと一般化トラストとの関係は国によってかなり違い，実証的に一般化は難しいともいわれる（Newton［1999 : 179-180］）。J. B. ロッターの言うように，「社会を信頼する人間」は何でも信頼する「馬鹿」ではない（Rotter［1980］）。社会を信頼する人が，政治体制を信頼しやすいというのは無条件には当てはまらない。しかし，S. ズメリーと K. ニュートンは，より適切な質問項目と尺度で構成されたヨーロッパ社会サーベイ（European Social Survey）のデータを用いて，個票レベルで両者の間に明確な相関を見いだしている（Zmerli and Newton［2008］）。また，アメリカの世論調査データを時系列分析した L. キーレは，政府へのトラストは，長期的には「市民活動」（civic engagement）や「人々の間のトラスト」（interpersonal trust）という社会関係資本によって影響されることを見いだした（Keele［2007］）。この例では人々の間のトラストという一般化トラストから政府へのトラストにポジティヴな影響があることになる。

それでは政治体制に対するトラストはどのような要因によって左右されるのであろうか。この分野ではアメリカを対象とした研究が充実している。1970年代までの選挙民の意識調査に基づく研究では，政府へのトラストに対して，職業や所得など社会的属性の多くは影響力を持たず，それよりも個人の経験や政治態度が重要であるといわれた（Citrin［1974 : 973］）。後者には社会一般に関する認識や政府の「実績」に対する認識が含まれる。選挙時の意識調査に基づいて研究を行った M. J. ヘテリントンも，行政府や議会への政治的トラストは，個人の社会的属性というよりも，経済状況が良いという認識，政府や議会が有能であるという認識によって高まることを見いだした（Hetherington

[1998]）。K. ニュートンと P. ノリスの研究は，政治制度へのトラストが社会心理学的，あるいは社会文化的な要因ではなく，政府の実績によって高まることを示している（Newton and Norris［2000］）。上述のキーレの研究も政府の経済運営など「実績」が政治トラストの上昇につながることを指摘している（Keele［2007］）。また，時系列分析によって V. A. チャンレーらも経済実績の影響，さらには政治疑獄および犯罪が明確な影響を与えることを見いだしている（Chanley et al.［2000］）。これらの研究から，政府の経済や治安面での実績は人々の政府に対するトラストに大きく影響を与えることが確認される。

（c）民主主義的統治とトラストの関係

上の諸研究で扱われた一般化トラストやそれと重なるトラスト概念は，様々なエスニック集団・民族などを含む広く社会に及ぶトラストである。本章では社会に広く及ぶトラストという側面を強調したいので，以下では一般化トラストを改めて「社会的トラスト」（social trust）と呼ぶこととする[3]。さて，社会的トラストや政治体制へのトラストは政治経済体制の中でどのような機能を果たすと考えられているのであろうか。

基本的な主張は，トラストは政治社会がうまく持続するための社会的・心理的なインフラになるというものである。例えば，E. P. カプステインや N. コンヴァースは，若い民主主義国が独裁化することなく民主主義の足場を固め，さらにクライアンティズム，レント・シーキングが発達することを押さえ込み，経済開発を成功させるためには，適切な政治的競合が維持されることが必要だとしたが，そのためには政治的・経済的な力が集中することを防ぐ役目をする，有効で信頼に足る制度があることが重要だとした（Kapstein and Converse［2008：120］）。そこでは社会的トラストや政治体制へのトラストの存在を前提にした政治的競合があることが重要だとされている。民主主義を定着・安定化させるためのトラストの必要性は，これまで参照してきたほとんど全ての研究が指摘するところである。

トラストが経済の円滑で効率的な運営にも不可欠とされるという点について

3）一般化トラストと重なる社会的トラストという概念も，かなり広く使われている。例えば，Zmerli and Newton［2008］.

も肯定的研究が優勢であると思われる。例えば，S. ナックと P. キーファーの研究では社会的トラストのレベルが高い国ほど経済実績はよいことを見いだしている（Knack and Keefer [1997]）。また，キーファーは，若い民主主義体制では指導者は社会において信用がないため，パトロン・クライアント関係とレント・シーキングが蔓延し，一般の人に広く渡るべき公共財を適切に供給できなくなる，とした（Keefer [2007]）。彼が分析対象とした「政治的信用」（Political Credibility）は政府へのトラストと同じものと理解できる。それが公共財の円滑な供給の重要な要因であるということである[4]。

最後に，「政治的有力感」（efficacy）の重要性も指摘しておきたい。政治的有力感は，政府へのトラストや民主主義制度へのトラストと密接に関係している可能性がある。なぜならば政治的有力感を持つ人とは，自分の行動が何らかの政治的影響力を持ちうる可能性があると感じ，また，政府も人々の要求に応じる姿勢があると認識している人々であるから，そこには政府や民主主義制度に対する何らかのトラストがあると考えられるからである（Craig et al. [1990]）。そして政府や民主主義制度に対するトラストは，「民主主義的統治」を評価する認識につながっていくであろう。このように政治的有力感は民主主義的統治に対して密接な関係を持ちうる。また，それは，政府や制度の実績に対する認識によって影響されるであろう。

以上のほかにも「寛容性」や「連邦制」といった要素が民主主義的統治とトラストをめぐる問題でインドのような多民族国家にとっては重要であろう。しかし，それを分析に含めることは分析を散漫にするので，ここでは扱わない[5]。

インドにおける社会関係資本と民主主義研究

インドについては，パトナムらの研究から刺激を受けて社会関係資本をテー

---

4) 民主主義，特に政治的競合が公共財の提供にプラスに働く，という議論は多い。例えば，Lake and Baum [2001]。
5) これらの諸問題に関しては，例えば Bermeo [2002]；Peffley and Rohrschneider [2003] などを参照。

マとした研究が少なからず見られるようになったが，社会的トラストや政治体制へのトラストを中心に据えた研究は少ない。よって，ここでは社会関係資本の研究を対象として，本章との関係で重要なポイントを述べるにとどめたい。

インドの社会関係資本研究の一つの特徴は，一部の欧米の研究に見られる，社会関係資本が社会の発展にプラスに働くという考え方を無条件には受け入れていないことである。カーストなど様々な社会的亀裂に悩むインドにおいては，特定の社会関係資本の発展は社会全体の発展には必ずしもつながらない。特に社会関係資本が伝統的なカースト団体とか，宗教セクトなどの団体を指すものとすると，それは社会全体の協調行動や信頼にかえって分裂を持ち込む可能性を高めるものとなる。また，社会関係資本のレベルがこのような伝統的な社会団体の密度ではなく，社会的トラストを含む社会の連携や協調を基準として判断されるとしても，それが民主主義の発展，経済発展などに自動的につながるという主張は，むしろ少ない。例えばA. V. クリシュナは，ラージャスターン州とマディヤ・プラデーシュ州の村の実証的研究から，社会関係資本はそれ自体では村の経済開発，共同体的平和および民主主義的参加には貢献しないとした。社会関係資本の役割は，ただ，社会と行政・政治をつなぐ有能な教育ある層＝新しいエージェンシーが発展という役目を担おうとするときに，よりよい環境を提供することにあるという（Krishna ［2002］）。社会関係資本があれば自動的に政府行政機関がうまく機能するという考えは，オリッサ州の事例観察でも否定的である（Mohapatra ［2004］）。

社会関係資本と民主主義の関係をインドのコンテクストの中で考えたD. バッタチャリヤらの論文集も，様々な社会的亀裂が交差するインド社会で，社会関係資本が概念としてたとえ重要であったとしても，それが現状では市民社会の発展や開発の進展に重要な概念でありうるのか疑問を投げかけている。例えばスダ・パイは，ウッタル・プラデーシュ州で村の公的な自治体である「パンチャーヤト」を観察して，社会関係資本はカーストなどの狭い範囲では確かに存在するが，それを超えて広く農村社会には存在はしないと結論づけている。そのような状況では村の指導者は社会的紛争を治め，村全体の開発のためのトラストと協調規範を作り出すことはできないとする（Pai ［2004］）。一方，

ウッターラーカンド州の村の様子を観察したN. G. ジャヤールは，分裂した社会では政治的競争を伴う民主主義や近代的な開発は，地域内の格差や分裂を助長し，元々あった社会関係資本をむしろ破壊してしまうとしている（Jayal [2004]）。このように，インドでは社会関係資本は社会の狭い集団内でしか存在せず，それゆえに，公的な開発や政治がうまく機能する基盤となりえないし，逆に開発や上からの政治によって弱体化するとする主張が目立つ。

社会の発展に必要となる社会関係資本が狭い範囲でしか存在しないことを認めるとして，しかしなお，広範囲の社会関係資本が社会の発展のために必要とされるならば，政府の働きかけによって広範囲の社会関係資本を作り出すことができないか，という発想が出てくる。その場合重要なポイントは，上述したように分裂した集団が政府へのトラストを焦点としてまとまりうるかどうかであろう。これに関してはR. セラの研究が示唆的である。セラは発展途上社会研究センター（CSDS）による1996年の選挙調査で使われた質問票を基に州を単位とした分析を行ったが，州政府，地方政府，役人に対するトラストと，諸団体への参加レベルは密接に相関することを見いだしている（Serra [2001]）。この結果を敷衍すれば，政府へのトラストが広範な人々の間で広がれば，それだけ社会の諸団体が政府を介して連結されるということになり，その意味で社会関係資本は広がる可能性がある。いわば，政治・行政「制度」が広範な社会関係資本を形成するという可能性である。近年の研究でこのような可能性を示しているのが，S. K. ミトラとV. B. シンである。

ミトラとシンはCSDSの主に1996年と2004年の調査に依拠して，政治的有力感を持ち，かつ民主主義体制を正統なものと認める人を「民主主義体制に賭ける人＝ステイクホルダー（Stakeholders）」と定義し，その割合が，1971年，1996年，2004年において29.7％，45.1％，53.4％と着実に増えていることを見いだした（Mitra and Singh [2009 : 16]）。その意味でインドの民主主義は着実に根を下ろしていると評価するのであるが，そのような人々の認識における民主主義の定着は，近代的制度および制度へのトラストの発展と密接に関わっているとする（Mitra and Singh [2009 : 39]）。このような民主主義制度への高いトラストは，パキスタンを除き，南アジアで広く見られる（Centre for the Study of Developing Societies［2008：55］）。

　以上のように，インドにおける研究は社会関係資本が中心であり，その開発や民主主義に対する影響が分析の中心となっている。しかし，社会関係資本の指標として「団体」という指標が有効ではない，あるいは不適切であるという認識は広まっていると考えられ，それに反比例して実質的にトラストの分析が重視されつつあるように思われる。特に，政府に対するトラストは多様な諸集団をつなぎ民主主義体制を安定化する鍵となるのではないか，という考えが浮かび上がっていることは注目される。

　以下では，このようなトラスト研究の状況を踏まえて，インド大都市部の人々のトラストと民主主義をめぐる認識構造を分析する。

2　インド大都市部住民のトラストと民主主義に関する認識モデル

　上の議論から，本章のトラストと民主主義をめぐる議論では「社会的トラスト」，「民主主義制度へのトラスト」，「政府へのトラスト」，「民主主義的統治」を基本的な分析対象とする。また，民主主義的統治の対に当たる「権威的統治」も分析に付け加わる。以下では，さらにどのような変数が分析に付け加えられ，そして，データからそれらの概念がどのように抽出されたか説明し，その上で民主主義とトラストの関係を探るモデル形成のプロセスを説明する。

データと構成概念の抽出

　インドでは様々な世論調査が行われている。特に近年は投票行動への関心が強く，連邦下院選挙など大きな選挙のたびに調査が行われている。しかし，社会や政府に対するトラストなどを質問項目として含んだものはあまりない。ここでは，そのような項目を含み，アジア諸国を網羅する国際比較世論調査，「アジア・バロメーター」のデータに依拠して分析を進める。インドについては2003年および2005年のデータが公開されている（2011年現在）。前者はデリー，ムンバイ[6]，コルカタ，チェンナイの4大都市，後者はそれに加えてバ

ンガロール，アーメダバード，ハイデラバートの計 7 都市の住民が調査対象となった[7]。この大規模な比較調査の利点の一つは，「世界価値感調査」（World Values Survey）など先行する欧米の諸調査と部分的に同じ質問項目を含むことで，その意味で，欧米の諸研究と共通のベースを持ちうるという点である。ただし，この調査は，応答者の属性としてインドで重要な意味を持つ「カースト」が調査されておらず，この点で一定の制約がある[8]。

表 6-2 が同サーベイから採用した質問項目と，それを研究目的に合わせて加工したプロセスを示した表である。加工プロセスは(4)〜(6)に示した。重要な点は，いくつかの質問項目をまとめたことである。複数の質問項目をまとめる理由は，一つの質問項目では質問状況や個人差によって大きな測定誤差が生じる可能性が高いが，複数の質問をまとめれば誤差は相殺される可能性が高く，また，類似した質問の背後には共通の構成概念があると考えられ，それを捉えるためには複数の質問の応答をまとめた方が構成概念の実態に接近できると考えられるからである。因子分析を抽出方法として適用した T. リースケンスや M. フーゲらの研究によると，そのようにしてまとめられた「一般化トラスト」はヨーロッパの多くの国の間で，そして一定の時間がたっても安定的である（Reeskens and Hooghe [2008]）。

ここでも複数の質問の回答を，その背後の構成概念に近づけるために統合し

---

6) 1995 年まではボンベイ（Bombay）であった。本章では簡便のため 1995 年以前についても名称は「ムンバイ」を使用するが，固有名詞などで固定化しているものは「ボンベイ」を使用。
7) アジア・バロメーターの調査では多段階無作為サンプリング法によって都市部の住民を選出し，調査員による面接で質問票の回答を得ている。都市別のサンプル数は以下の通りである。

年	デリー	ムンバイ	チェンナイ	コルカタ	バンガロール	ハイデラバード	アーメダバード
2003	206	216	200	200	0	0	0
2005	296	350	117	115	125	100	135

8) 調査が大都市部という匿名性が強く，カースト意識がある程度低下する雰囲気の中で行われていることから，農村におけるほどは，その影響は分析を左右しないのではないか，とも考えられるが，この点は将来の研究によって判断されるべきであろう。

第6章 民主主義体制における「トラスト」 353

表6-2 本章で使用される変数の作成

質問番号	質問		回答のコーディング*	因子の探索	因子の確定/因子負荷量		他の修正	変数名
(1)	(2)		(3)	(4)	(5)		(6)	(7)
q10	あなたは一般に人々が信用できると考えますか，それとも，人々とつきあうのに注意しすぎることはないと思いますか		1（信用できる），2（注意すべき），9	EFAにより，1因子を確認	EFA-1 (0.553)	0.7683	都市差修正	社会的トラスト
q11	あなたは一般に人々が助けになると考えますか，それとも，人々は自分のことばかり考えていると思いますか		1（助けになる），2（自分のことばかり），9			0.8062		
q12	あなたは誰かが道でなくしものをしたのを見かけたら，立ち止まって助けてあげますか		1（常に立ち止まり助ける），2（他の人がしなければ助ける），3（たぶん立ち止まって助けはしない），9			0.3960		
q25_1	あなたは以下の問題について懸念してますか	貧困	1（懸念），0（不記入）	q25に含まれる全ての質問についてEFAにより，2因子とその因子に強く関連する変数((1)列)を確認	EFA-1 (0.624)	0.5292	都市差修正	暴力的脅威感
q25_4		テロリズム				0.6559		
q25_6		戦争および紛争				0.6135		
q25_12		犯罪				0.6452		
q25_2		社会における経済的不平等			EFA-1 (0.695)	0.6937	都市差修正	経済・社会不安感
q25_5		環境破壊／汚染／天然資源の問題				0.7144		
q25_9		保健問題				0.5657		
q25_10		経済問題				0.6159		
q27a	社会の利益のため以下の制度はどれだけ信頼できますか	中央政府	1（とても信頼），2（ある程度信頼），3（あまり信頼しない），4（まったく信頼しない），9	q27に含まれる全ての質問についてEFAにより，2因子とその因子に強く関連する変数((1)列)を確認	EFA-1 (0.788)	0.8886	都市差修正	政府へのトラスト
q27b		地方政府				0.8886		
q27d		法システム			EFA-1 (0.735)	0.8030	都市差修正	民主主義制度へのトラスト
q27e		警察				0.7909		
q27f		国会				0.7450		
q28a	政府は以下の問題に関してどの程度うまく対処していると思いますか	経済	1（とても良く対処），2（大体良く対処），3（あまり良くない），4（まったくだめである），9	q28に含まれる全ての質問についてEFAにより，2因子	EFA-1 (0.846)	0.6416	都市差修正	政府評価：政治経済
q28b		政治的腐敗				0.7384		
q28c		人権				0.6759		

(つづく)

質問番号	質問		回答のコーディング*	因子の探索	因子の確定／因子負荷量		他の修正	変数名
q28d	か	失業		とその因子に強く関連する変数((1)列)を確認		0.7734		
q28e		犯罪				0.7713		
q28f		行政サービスの質				0.6517		
q28g		移民の増加			EFA-1 (0.795)	0.7082	都市差修正	政府評価：エスニック問題
q28h		民族紛争				0.8692		
q28i		宗教対立				0.8578		
q30a	選挙への参加	国政選挙	1（毎回），2（大体），3（時々），4（まれ），5（行かない），6（投票権なし），9	EFAにより，1因子を確認	EFA-1 (0.984)	0.9810	都市差修正	選挙参加
q30b		地方選挙				0.9810		
q31b	以下の社会，政治に関する質問にどの程度同意しますか	国の統治者の間で広範囲に腐敗がある	1（強く同意），2（同意），3（同意も否定もしない），4（不否定），5（強く否定），9	q31に含まれる全ての質問についてEFAにより，1因子とその因子に強く関連する変数((1)列)を確認	EFA-1 (0.785)	0.6975	都市差修正	政治的有力感
q31c		概していえば，私のような人々には，政府の政策あるいは行動に影響を及ぼす力はない				0.5613		
q31d		政治および政府は非常に複雑なので，しばしば何が起こっているか理解できない				0.7216		
q31f		概していえば，国会に選ばれた人は一旦選ばれれば，公衆について考えることをやめてしまう				0.7491		
q31g		政府の役人は，私のような市民が思うことに注意をほとんど払わない				0.6645		

第6章 民主主義体制における「トラスト」　355

質問番号	質問	回答のコーディング*	因子の探索	因子の確定／因子負荷量		他の修正	変数名
q34a	次の統治システムをどのように思いますか	議会または選挙の制限のない強力なリーダーによる統治	1（非常に良い），2（まあ良い），3（悪い），9	q34 に含まれる全ての質問についてEFAにより，2因子とその因子に強く関連する変数（(1) 列）を確認	EFA-1 (0.497)	0.7909	都市差修正	権威的統治
q34b		特別の分野での専門知識を持った官僚などの専門家が国にとって最良と考えることに従って決定がなされるシステム				0.7909		
q34c		軍政			EFA-1 (0.315)	−0.7573	都市差修正	民主主義的統治
q34d		民主主義の政治システム				0.7573		
F1	性別	1（男），2（女）						男性
F2	年齢	年数						年齢
F3	教育レベル	1（正式な教育なし），2（小中学校），3（高校），4（高校レベルの職業・技術学校），5（専門学校，技術学校），6（大学以上），9						教育レベル
F4	英語能力	1（まったくわからない），2（非常に少し），3（日常生活に十分な程度会話できる），4（流暢に話せる），9						英語能力
F5	結婚	1（結婚している／したことがある），0（その他）						結婚
F8IN	所得	5段階，99（未回答）**						所得
F9	宗教	ヒンドゥー（1, 0, のダミー変数）						ヒンドゥー
		ムスリム（1, 0, のダミー変数）						ムスリム
		キリスト教徒（1, 0, のダミー変数）						キリスト教徒
		仏教徒（1, 0, のダミー変数）						仏教徒
		シク教徒（1, 0, のダミー変数）						シク教徒
Region IN	都市	デリー（1, 0, のダミー変数）						デリー
		ムンバイ（1, 0, のダミー変数）						ムンバイ
		チェンナイ（1, 0, のダミー変数）						チェンナイ
		コルカタ（1, 0, のダミー変数）						コルカタ
		バンガロール（1, 0, のダミー変数）						バンガロール

（つづく）

質問番号	質問	回答のコーディング*	因子の探索	因子の確定/因子負荷量	他の修正	変数名
		ハイデラバード（1, 0, のダミー変数）				ハイデラバード
		アーメダバード（1, 0, のダミー変数）				アーメダバード

出所）データベース *AsiaBarometer Survey Data 2003 and 2005* より筆者作成。
注）＊：(3)はオリジナルのコーディング。多くの場合，「より良い状況」が低い得点となっている。その場合，解釈しやすいように「より良い状況」が高得点となるように値を反転させて(4)，(5)，(6)，(7)列の処理に提供した。またコーディングの「9」は「わからない」であり，その場合は「欠損値」として扱った。＊＊：所得の区分は名目表示による区分で示されている。2003年と2005年では区分は異なるが，一致する境界値で統一的に区分した。EFA：探索的因子分析：主成分主因子法を適用した後，固有値1以上の因子についてプロマックス斜交回転（κ=4）。「欠損値」を含むサンプルはリストワイズで排除。EFA-1：探索的因子分析（主成分主因子法）で1因子を抽出。「欠損値」を含むサンプルはリストワイズで排除。（ ）内の数値は因子を構成する諸変数の「信頼性係数」（Cronbach's α）。ただし全てカテゴリカル順位変数であるため基になる相関行列はポリコリック（polychoric）相関係数を計算して使用した。都市差修正：2003年，2005年のデータを結合した上で，都市ダミー変数を各変数に回帰させその残差を得ることによって都市の違いの影響を除去。

た。具体的には，まず政治社会認識として関連すると考えられる複数の質問項目に探索的因子分析を適用し，抽出すべき因子数および因子を構成する個々の質問を推定した（表中(4)）[9]。具体的には主成分主因子法を適用した後，固有値1以上の因子についてプロマックス斜交回転（$\kappa = 4$）を適用した[10]。ただし，計算は2003年および2005年のデータをまとめて行った。諸変数の両年間の平均値の相対的構造を乱さないようにするため，そして，時間的にあまり変化しない，より安定した因子を抽出するためである。その後，まとめるべき質問群に同様に探索的因子分析を適用して各々一つの因子を抽出した（表中(5)）[11]。(5)の右列の値は，各質問事項の因子負荷量であり，その大小によって

---

9) リースケンスやフーゲによると安定した構成概念を得るためには，最低3つの質問がまとめられるべきという。しかし，質問票の構成の制約もあり，また，実質科学的に意味のない統合を回避すべく，質問項目が2つしかなくともまとめた。ウスライナーは逆に一つの質問項目しか使うべきでないとの考えであるが（Uslaner [2002: 70]），リースケンスやフーゲの方が合理的と考えられる。

10) 変数には2値，3値，4値，5値しかとらないカテゴリカルな変数が多く含まれているため，多変量正規分布と考えることに無理があり，最尤法の適用は好ましくないだろう。また，できるだけ変数をまとめる，すなわち「共通性」を大きくするような手法を使った方が良いという判断から，主因子分析で初期の共通性の推定を各々1として，反復収束計算をする必要のない主成分主因子法を適用した。

因子＝具体的質問の背後に潜在する「構成要素」の性格がより明確に理解される。例えば，質問番号のq10, q11, q12はいずれも一般化トラストに関連した質問と考えられるが，その因子負荷量は0.768, 0.806, 0.396であり，q10, q11の比重が，q12よりも目立って大きい。前2者の質問項目は社会が一般に信頼でき，助けになるかという認識に関するものであるのに対し，後者は，見ず知らずの人を助けるかどうかという具体的行動に関する質問であり，それぞれ「抽象的認識」と「行動のための具体的認識」である。前2変数の比重の方がかなり大きいことも考えて，この構成概念は抽象性が高い「社会的トラスト」とした（表中(7)）。

ただし，表中(5)から(7)に移る過程で，応答者がどの都市に属するかによる影響をできるだけ除く修正を行った。多民族国家インドは州による社会的・政治的状況の差異が非常に大きい。例えばヒンディー語圏に属し連邦の首都であるデリーと，長らくインド共産党（マルクス主義）（CPI（M））に率いられた左翼戦線の支配下にあったベンガル語圏のコルカタ，独特のドラヴィダ民族主義の傾向を持つ地方政党の支配下にあるチェンナイ，そして，インドの中ではメトロポリタン的な雰囲気を持ちつつも地域主義，排外的傾向も垣間見せるムンバイはそれぞれ独自の社会・文化・政治風土を持つ。このような州の間の差を考慮しないと分析は思わぬ間違いをおかす。しかし，そのような地域差を組み込むことはモデルの複雑性を大幅に増し，理解を難しくする。よって，ここでは地域差要因を大まかに除いた上で，その他の要因の分析に集中する。そのため(5)で得られた因子に各都市を表すダミー変数を回帰させ，その影響を差し引いた残差を求めた（表中(6)）。その重回帰分析による決定係数（R^2）は表6-3に示したが，いずれも全体の分散の1割にも満たない。ただし，「政治的有力感」については約13％となっており，大都市によって政治的有力感にある程度の違いがあることがわかる。

他の変数についても同様なプロセスで統合と修正が施された。政治体制への

---

11) 求める因子数が一つだけであるならば，ほとんどの場合，一般に使われているどの手法もほぼ同じ因子を出力する可能性が高い（石川［2009］）。よって，この因子数が一つだけの探索的因子分析の場合にも主成分主因子法を適用した。

表6-3 都市による違いの修正

	R^2
社会的トラスト	0.0907
暴力的脅威感	0.1053
経済・社会不安感	0.0336
政府へのトラスト	0.0634
民主主義制度へのトラスト	0.0312
政府評価：政治経済	0.0625
政府評価：エスニック問題	0.0409
選挙参加	0.0173
政治的有力感	0.1304
権威的統治	0.1069
民主主義的統治	0.0663

出所）データベース *AsiaBarometer Survey Data 2003 and 2005* より筆者計算。

特定化トラストの指標としては「政府へのトラスト」および「民主主義制度へのトラスト」が抽出された。前者は「中央政府」と「地方政府」への信頼を統合した概念であり，その時々の与党によって短期に変化することが予想される。後者は「国会」，「法システム」，「警察」という民主主義体制の中核たる法・秩序維持制度に対する信頼である。探索的因子分析を適用すると，諸制度に対するトラストはこのように2つに分かれる。それは応答者が諸制度をそのように分類して認識していることの反映と考えられる。また，政治体制へのトラストと関係するものとして「選挙参加」を抽出し，他の構成概念との関係を検証する。

以上のような政治体制の2つのトラストと関係する可能性があるのが，政府実績に対する評価である。物価や失業問題などに対する政府の対応，そしてインパクトは落ちるがエスニック問題への政府の対応などの政府の実績は，有権者の政府に対する評価を大きく左右するが（近藤［2009a］），そのような政府評価の変動は，過去の研究を検討したところで述べたように，政府や民主主義的制度に対するトラストを左右する可能性がある。これを検証するため，政治や経済面での政府の実績の評価である「政府評価：政治経済」と，民族や宗教の紛争や移民問題が政府によってどのように扱われているかを評価する「政府評価：エスニック問題」を抽出した。

一方，過去の研究から「政府へのトラスト」や「民主主義制度へのトラスト」との相関が指摘されている「政治的有力感」も抽出した。これは，政治を理解することができ政治に何がしかの影響を与えうるし，政治体制も市民の要望に応じる可能性があるという認識であるが，それは上述のように「民主主義的統治」とも関係する可能性が高い。また，社会不安感に関連する，貧困，テロ，紛争，犯罪などについての「暴力的脅威感」と，経済的不平等や社会・経

済問題への懸念の表れである「経済・社会不安感」も抽出した。社会が不安であるという認識は，「政治的有力感」を左右する可能性があるし，また，過去の研究が示すように「社会的トラスト」と何らかの関係も予想されるからである。

次に，どのような政治的統治形態をより好ましいものと考えるかに関して，民主主義を好ましく認識し軍政を嫌う「民主主義的統治」，および強力なリーダーと専門家による指導を評価する「権威的統治」という，2つの認識パターンを抽出した。注意すべきはこの2つの統治概念は完全に正反対のものではないという点である。民主主義体制の下でも強力な指導者は現れるし，官僚など専門家は必要とされる。最後に，個人の社会的属性である「所得」，「教育レベル」，「性」，「年齢」，「宗教」を検討すべき変数に加えた。

以上の因子抽出の過程で注意すべきは因子の信頼性係数である。特に「社会的トラスト」，「権威的統治」，「民主主義的統治」については値が0.6以下であり，因子を構成する変数間の整合性という点からは一般的には問題が残るとされる[12]。値が低い大きな理由は質問項目の数が2,3個しかないことで，これは質問構成による限界である。しかし，探索的因子分析を通して選択された変数の組み合わせであり，かつ，政治社会認識として一定の意味のある組み合わせと考えられるので，ここではそのまま採用した。例えば最も低い値 (0.315) を示す「民主主義的統治」は「軍政」と「民主主義の政治システム」に対する善し悪しの判断を合成したものであるが，前者を「悪い」という認識は後者が「良い」という認識に密接につながると考えられ，逆もそうであり，このような統合は実質的に意味がある。

なお，この段階で探索的因子分析により抽出された因子は以下のモデルでは単に1変数として扱われる。

---

12)「信頼性係数」は複数の変数をまとめ因子を構成する場合の，「構成」の適切さを示す一つの指標ではあるが，絶対視するべきではないと思われる。理論的に必要ならば，信頼性係数が低くても変数をまとめることも可であろう。

トラストと民主主義の認識モデルの探索

　モデルを構成することが次の作業である。第1節で述べたようにトラストと民主主義が人々の認識においてどのように位置づけられているか，多くの変数がかなり複雑に絡み合っていることは間違いない[13]。そのような認識の構図に接近するために，ここでは2003年と2005年のデータを平均・共分散構造分析によってまとめて分析する。2004年は連邦下院選挙が行われ，その結果，中央でBJPを中心とするNDAから，会議派を中心とするUPAに政権が移った年である。従って2年と短期間であるが，2時点で一定の政治認識の変化があった可能性がある。2時点のデータを同時分析することによって，短期の政治変動が諸変数にどのような変化を及ぼしたか確認できる可能性がある。

　第1節で述べたように，トラストの既存研究で重要変数として意見の一致が見られるのは「経済的不平等」などごく少数の変数しかない。しかも，時系列分析で変数間の因果関係を探ったキーレの研究は一定の説得力を持つものの，概して因果関係の方向性は確定したとはいいがたいように思われる。これは因果関係が一方的なものではなく，双方向性を持つ可能性があることや，調査対象の社会構造の差異などによるのではないかと思われる。特に欧米先進国とインドのような国では社会構造も，そして政治社会変化の様相も大きく異なるがゆえに，欧米の既知の知見はあまり参考にならないかもしれない。よって本章では既存研究の成果を参考にしつつも，基本的にはデータから帰納的に知見を得ることによって問題に接近したい。その場合大きな手がかりとなるのが，2003年，2005年のデータを込みにして計算された表6-4の相関係数行列である。煩雑さを避けるために，ここでは最終的にモデルに残った変数についてのみ示した[14]。

---

13) 本章では共分散構造分析のモデルの通常の用語法に従って「内生変数」は「他の変数から影響を受ける変数」，「外生変数」は「他の変数に影響を与える変数」と定義される。具体的にはモデル図では前者は他の変数から片端矢印を受ける変数である。ただし，両端矢印を受けることは「相関関係」を示すだけであり，それだけでは内生変数とはいえない。外生変数は内生変数以外の変数として定義され，基本的に片端矢印の出発になる変数である。

14) 全ての変数は基本的にカテゴリカル順序変数であるので相関係数は高くはない。基本

第 6 章　民主主義体制における「トラスト」　361

表 6-4　相関係数行列

	社会的トラスト	暴力的脅威感	経済・社会不安感	政府へのトラスト	民主主義制度へのトラスト	政府評価：政治経済	政府評価：エスニック問題	政治的有力感	民主主義的統治	権威的統治	教育レベル	英語能力
欠損数を引いたサンプル数	2,005	2,060	2,060	2,019	1,954	1,904	1,776	2,005	1,947	1,921	2,054	2,051
社会的トラスト	1.000											
暴力的脅威感	−0.081	1.000										
経済・社会不安感	−0.093	0.241	1.000									
政府へのトラスト	0.026	0.022	−0.020	1.000								
民主主義制度へのトラスト	−0.024	−0.021	0.011	0.420	1.000							
政府評価：政治経済	0.018	−0.023	0.044	0.219	0.257	1.000						
政府評価：エスニック問題	0.021	0.000	0.028	0.139	0.112	0.606	1.000					
政治的有力感	−0.001	−0.073	−0.052	0.024	0.032	0.233	0.119	1.000				
民主主義的統治	−0.020	−0.019	0.045	0.084	0.101	0.131	0.067	0.174	1.000			
権威的統治	0.061	−0.011	0.068	0.013	0.078	0.126	0.079	−0.127	−0.170	1.000		
教育レベル	0.022	−0.003	0.070	−0.009	−0.035	−0.035	−0.020	0.014	−0.033	−0.012	1.000	
英語能力	−0.013	0.002	0.101	0.005	0.023	−0.034	−0.076	0.056	−0.006	0.017	0.662	1.000

出所）データベース *AsiaBarometer Survey Data 2003 and 2005* より筆者作成。
注 1 ）全サンプル数は 2,060（2003 年：822，2005 年：1,238）。2 組の変数間で欠損値を除いたペアワイズの相関係数。リストワイズで削除すると 583（28.3％）の削除となり，情報をかなり浪費することになるので，ここではペアワイズで計算した。
　 2 ）網掛けは，ピアソンの積率相関係数に基づいて 1％以下レベルで統計的に有意な相関であることを示す。

(a) 主要変数間の関係

本章で主要分析対象となる変数は，「社会的トラスト」，「政府へのトラスト」，「民主主義制度へのトラスト」，「民主主義的統治」，「権威的統治」である。よって，これら 5 つの変数間の関係をまず検討してみたい。相関係数行

的に最低 4 件（4 値）以上の値をとるし，「都市差修正」を経ればその 4 倍の件数（値）を取り，16 件（値）となる。よって変数間の関係を線形として扱っても大きな誤謬は起こさないと考える。

図 6-1　主要な 5 つの構成概念の基本的関係

出所）筆者作成。
　注）＋, －はそれぞれ正の相関，負の相関を表す。

列から窺える大まかな関係は，図 6-1 のようになるだろう。「民主主義制度へのトラスト」と「政府へのトラスト」の相関は非常に高く，これらは密接に関係している。政府は短期的に変化する可能性が高く，それに対して制度は長期的に安定して存在するにもかかわらず，人々の認識においてはかなりの程度一体なのである。インドが議会制民主主義を維持する以上，選挙で選ばれた政党の指導者が政府＝執行部に就き，そして政府執行部が行政制度を動かす。よって，人々の認識において両者が密接に関わるのは自然であろう。この点を踏まえると 2 つの変数の背後に，より基本的な「政治体制へのトラスト」という認識が存在するとすべきであろう。その上で，「政治体制へのトラスト」と「民主主義的統治」が密接に関係することも極めて自然と考えられる。民主主義体制の中で体制を信頼するということは，すなわち，民主主義的な統治システムを肯定していることに他ならないからである。そして「民主主義的統治」へのプラスの評価は「権威的統治」へのマイナスの評価につながる。相関係数行列から読みとれるこのような変数の関係はインド政治の「常識」と無理なく一致するといってよい。

　問題は「社会的トラスト」と「権威的統治」の間のプラスの相関である。相関の程度は低いとはいえ 1％水準で統計的に有意な正の相関は実体に裏打ちされたものなのであろうか。「社会的トラスト」は社会共同体に信頼と安定性を求める認識に密接に関係すると考えられる。インドでは民主主義政治は必要とは認識されているが，同時に様々な問題を抱え，批判されるべきものとしても認識されていることを考えると，社会的トラストの高い人は，騒がしくて腐敗やスキャンダルが多発する民主主義的統治よりも，強いリーダーとテクノク

ラートによる専門的な統治に信頼と安定性を見いだす可能性がある。この点は全体の構図の中で再検討してみたい。

　以上の変数に密接に関係するのが，「政治的有力感」，政府実績に対する認識である「政府評価：政治経済」や「政府評価：エスニック問題」，そして社会不安を表す「暴力的脅威感」や「経済・社会不安感」である。

　「政治的有力感」は多くの変数と相関している。相関が高いのは，「民主主義的統治」や「権威的統治」という統治認識である。また「政府評価：政治経済」や「政府評価：エスニック問題」との相関も高い。政治的有力感が民主主義的統治や政府の評価に対する認識に密接に関連することは従来の研究結果に沿う。また相関のレベルは落ちるが，「経済・社会不安感」や「暴力的脅威感」など社会不安認識ともマイナスの相関があることも理解できよう。社会不安が高まれば政治的有力感も低下する可能性が高いと考えられるからである。

　次に「政府評価：政治経済」と「政府評価：エスニック問題」であるが，まず指摘されるべきは両者が互いに深く関係するという点である。これは，両者が政府という同じ対象に対する評価である以上，人々の認識においては密接に相関せざるをえないからであろう。これらの政府評価と「政治的有力感」の相関は上で指摘した通りである。一方，これらの評価は「政府へのトラスト」や「民主主義制度へのトラスト」，すなわち「政治体制へのトラスト」を高めるという関係も読みとれる。政府の実績に対する高い評価が政治体制のトラストを高めるというのは従来の研究と一致する。

　「経済・社会不安感」や「暴力的脅威感」など社会不安認識と「政治的有力感」との相関は既に指摘したが，それに加えて「社会的トラスト」との相関も指摘される。社会不安が高まれば社会的トラストが低下するとも考えられるが，社会的トラストが短期間に変化しがたいことを考えると，逆に，社会的トラストがもともと低い人がより強く社会不安を感じるという関係も考えうるであろう。

　最後に，以上の主要変数に社会的属性の諸変数が関係する可能性も考えられる。特に教育は過去の研究で示されるようにトラストに一定の影響を与える可能性がある。

以上，主要変数間の関係を既存研究および相関係数行列を参考にして，ラフにスケッチした。次の段階では，このようなラフスケッチにさらに関連変数を肉付けし，出てきたモデルが統計的に妥当なものか検討し，必要があれば修正する。この作業を繰り返し，与えられたデータにできるだけ適合するようにモデルを改善していく。作業は基本的に探索的・帰納的なものであるが，そのために採用した手法が共分散構造分析（平均・共分散構造分析も含めて）である。共分散構造分析は重相関分析を拡張した手法ともいわれるが，与えられたデータ変数間の共分散構造と研究者が考えたモデルから推定される共分散構造を比較し，モデルを改善していく手法で，今日では多方面で使われている。極めて柔軟にモデリングが行えるため，本章のような多くの変数間の複雑な関係を検証するには適した方法といえる。

(b) 2母集団平均・共分散構造分析によるモデルの確定

図6-2が上述のラフスケッチを基本として最終的に確定したパス図によるモデルである。探索は表6-4の相関係数行列を分析した上の(a)「主要変数間の関係」の考え方に沿って大まかにモデルを作ることから出発した。それに加えて，「英語能力」，「教育レベル」，「社会的トラスト」は安定した変数であることがデータから明らかになったので，2003年と2005年のその平均値は等しいという基本的制約を置いた[15]。このような設定から出発して，その後は2003年と2005年のサンプルに対するモデルの適合度を判断基準として帰納的方法でモデルを修正していく。結果に行き着くまでには多くの試行錯誤があるが，その過程は紙幅の関係で示すことができない。以下は要点のみの説明である。

(1) まず(a)の議論に沿って組まれたモデルのパス図を2003年，2005年のデータを込みにして最尤法に基づく共分散構造分析によって修正・改善していく。途中の各段階ではGFI（Goodness of Fit Index），AGFI（Adjusted GFI），CFI（Comparative Fit Index），RMSEA（Root Mean Square Error of Approximation），AIC（Akaike Information Criterion）などの適合度指標が改善されるようにモデ

---

15) これらの変数の2003年と2005年の平均値の差は t 値による統計的検定では1%以下では有意でない。特に「社会的トラスト」は10%以下で有意でない。

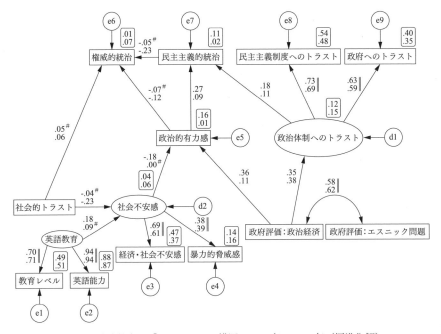

図 6-2 政治社会と「トラスト」の構図：2003 年，2005 年（標準化解）

出所）データベース *AsiaBarometer Survey Data 2003 and 2005* より筆者計算。用いたソフトウェアは Amos 18 である。

注）サンプル数は 2,060（2003 年：822，2005 年 1,238）。欠損値は完全情報最尤推定法（FIML）によって処理した。各数値の上段が 2003 年の値，下段が 2005 年の値。各内生変数の右上の角が取れた四角で囲った数値は決定係数（R^2）を表す。右肩に # が置かれている係数は 5% 以上の確率で有意ではないことを示す。e＊，d＊（＊は数字）：観測変数および因子に対する誤差変数を表す。縦の 2 本線が右に置かれている 2003 年，2005 年の 2 つの係数はその間に等値制約が置かれていることを示す。

ルを修正する。ただし，この段階では共分散構造分析を適用するため欠損値をリストワイズで削除したデータを適合度計算に用いている[16]。

---

16) この段階でリストワイズで削除するのは，共分散構造分析を適用して GFI や AGFI を算出するためである。リストワイズでのサンプルの削除は欠損値以外の有用な情報も削除することとなり望ましいものではない。そのような情報も最尤法で利用するためには，完全情報最尤推定法（Full Information Maximum Likelihood Estimation：FIML）を適用する必要がある。そのためには平均・共分散構造分析をする必要があるが，そうすると GFI，AGFI などは出力されない（ソフトウェアは Amos 18 を使用）。よって暫定的にリストワイズデータを使用する。28.3% のサンプルがそれによって削除さ

(2) また，いくつかの変数はその背後に共通する因子があると考えた。具体的には上で議論したように，「民主主義制度へのトラスト」と「政府へのトラスト」を説明する「政治体制へのトラスト」因子，そして，「経済・社会不安感」や「暴力的脅威感」の背後に「社会不安感」因子が想定された。これらの因子から各変数に伸びるパス係数は全体の構図の中で統計的に最適となるように定められるが，これら2つの因子に関しては係数も高く，また，両年間で大きな差もない。一方，「政府評価：政治経済」と「政府評価：エスニック問題」については，両者は互いに深く関係し，背後に何らかの因子を想定した方が良いとも考えられるが，しかし，因子を構成すると「政府評価：政治経済」の標準化パス係数は「1」を超える。これはあまり好ましい状態とはいえない。またモデルの適合度は改善しないか，やや低下する[17]。よってこの因子は構成しない。この場合，両者の間で明確な因果関係の方向は想定しがたいので，関係は因果関係ではなく「相関」（双方向矢印）とした。

(3) 次にその他の関連する変数をモデルに組み込む。その場合，適合度の改善がほとんど見られない変数は本質的にモデルにとって重要とは考えられないので組み込まなかった。その結果「教育レベル」と「英語教育」のみが取り入れられた。この両変数の相関は高く，背後に「英語教育」という因子があると考えた。適合度を基準とした試行錯誤によると「英語教育」因子は主要変数との間では「社会不安感」を説明するものとしてモデルに組み込むのが最も適当である。

(4) 全体のパス図が概略確定したら変数間の因果関係の方向（一方向矢印）を，想定した方向でよいかどうか，向きを反転して検証し，適合度が良好な方向を採用する。

(5) 2003年と2005年の2つの母集団単独で適合度を算出し，各々，良好な適合度であることを確認した後，2集団の同時推定を行い，適合度が良好であ

---

17) 例えばAICは最終モデルで，いくつかの母数について等値制約ありの場合が418.947，なしの場合が420.958．これに対して因子をもうける場合，前者が420.521，後者が423.351となる．AICは小さい方が良いモデルと判断されるので，最終モデルの方が良いということになる．

表 6-5　暫定的モデルの適合度（2003/2005 年）

2003 年単独

モデル	GFI	AGFI	NFI	RFI	IFI	TLI	CFI	RMSEA
	0.971	0.954	0.903	0.869	0.945	0.925	0.944	0.045

2005 年単独

モデル	GFI	AGFI	NFI	RFI	IFI	TLI	CFI	RMSEA
	0.975	0.960	0.903	0.870	0.935	0.911	0.934	0.046

2003 年，2005 年同時推定

モデル	GFI	AGFI	NFI	RFI	IFI	TLI	CFI	RMSEA
	0.973	0.957	0.903	0.870	0.939	0.917	0.938	0.032

出所）データベース *AsiaBarometer Survey Data 2003 and 2005* より筆者計算。
注）GFI, AGFI, CFI, RMSEA 以外の適合度は，NFI : Normed Fit Index, RFI : Relative Fit Index, IFI : Incremental Fit Index, TLI : Tucker-Lewis Index.

ることを確認した（表 6-5）。

(6) 最後に，元のデータセットに基づき 2 母集団平均・共分散構造分析を行う。欠損値の処理は完全情報最尤推定法によって処理し，データの情報を最大限活用する。その過程で 2 集団の間で，因子と一部のパス係数の安定性を確認する。因子不変については表 6-5 での単独集団の適合度は良好なので，配置不変は既に問題ないといえる。従って，確認すべきは測定不変であり，具体的には「政治体制へのトラスト」から「政府へのトラスト」に行くパス係数，「社会不安感」から「暴力的脅威感」に行くパス係数，そして，「英語教育」から「教育レベル」へ行くパス係数が，2 集団間で統計的に差異がないかどうか確認する[18]。また，「政府評価：政治経済」と「政府評価：エスニック問題」

---

[18] 「政治体制へのトラスト」因子については「民主主義的統治」も因子を構成する変数でありえるし，また，「社会不安感」因子について「政治的有力感」もそうである。しかしこれらは各々の因子が本来内包する変数とは考えられないし，また，パス係数も低く，2003 年と 2005 年でその値がかなり異なる。よって測定不変を考える際にこれらの変数は含めない。いうまでもないが，「等値制約」を置くのは「非標準解」におけるパス係数である。また，通常の手順に沿って，「政治体制への信頼」から「民主主義制度へのトラスト」に行くパス係数，「社会不安感」から「経済・社会不安感」に行くパス係数は，既に「1」に固定している。

表 6-6　最終（等値制約）モデルの適合度：2 母集団平均・共分散構造分析

モデル	NFI	RFI	IFI	TLI	CFI	RMSEA	AIC
等値制約	.918	.879	.949	.922	.948	.028	418.947
（等値制約なし）	.920	.877	.949	.920	.948	.028	420.958

出所）データベース *AsiaBarometer Survey Data 2003 and 2005* より筆者計算。

との相関係数にも等値性を想定する。4つのパスで「等値制約」を付けたモデルと，付けなかったモデルで全体として統計的に差異があるかないかは，両モデルのカイ2乗 (χ^2) を検討した。両モデル間のカイ2乗の差は 5.989，自由度の差は 4 であり，確率値は 0.200 となり，統計的に両モデルの間に有意な差があるとはいえない。また，適合度指標の一つである AIC も等値制約ありの場合が 418.947，等値制約なしの場合が 420.958，と前者の方がより適合度の高いモデルである。よって等値制約ありのモデルを採用する[19]。

以上の過程を経て最終的に到達したのが，前掲図 6-2 のモデルである。パス係数，決定係数は上段が 2003 年の値で，下段が 2005 年の値である。また，適合度は $\chi^2 = 268.947$ と自由度 105 で統計的に有意となるが，これはカイ2乗統計量がサンプル数に敏感に影響されるため，本章のようにサンプル数が多いモデルではいたしかたない。その他の適合度は表 6-6 に示したが，RFI の値はやや低いもののその他の値は概ね良好な値を示すといってよいだろう（参考までに上述の4つの母数制約のない等値制約なしのモデルについても示した）。よって概ね適合の良いモデルと判断される。

得られたモデルの検討

　得られたモデルを検討してみたい。最初に注意すべきはモデルに取り込まれなかった変数である。個人の所得や年齢，そして「ヒンドゥー」や「ムスリム」などの宗教変数，これらはモデルにとって重要ではないということになる。特にヒンドゥーとムスリムの宗教対立が大きな政治的課題となってきたインドにおいて，少なくとも近年のインドの大都市部では宗教変数がこの認識モ

19）また，等値制約なしのモデルで対応するパス係数の差の統計的有意性を確認した。全て 5％以下で有意ではなく，従って統計的に等値としても問題ない。

デルにおいて重要ではないということは[20],通常の生活において宗教は社会的トラストや政治へのトラストに大きな影響は与えていないということを意味する[21]。この結果は,多様なエスニック集団の混在そのものは社会的トラスト,政治体制へのトラストに大きな影響を与えないとする第1節の一般論と整合的である。

　社会的属性変数で重要なのは「英語教育」のみである。モデルでは英語教育レベルの高い人は社会的不安感が強いという結果が2003年の場合はっきりと出ている。英語教育レベルの高い人の中心は中産階級であろう。従って,NDA政権期の大都市部の教育ある中産階級は社会不安を感じる傾向にあったことがわかる。

　次にモデル全体の構図を検討する。2003年と2005年のパス係数を比較してみると,「社会不安」,「政治的有力感」,「民主主義的統治」,「権威主義的統治」に関係するパス係数の絶対値はそれほど高くなく,また両年間で安定しない。パス係数がそれほど明確な値を示さないのは,これらの変数どうしの関係がもともと個人レベルではあまり一様でないからであろう。また,2年の間で差が生まれるのは2003年から2005年に政権がBJPを中心とするNDAから,会議派を中心とするUPAに変わったことで,両年間で人々の政治社会認識が一定程度変化したことを示すものと思われる。後述するが,例えば,2003年に比べて2005年には「政治的有力感」のレベルは顕著に大きくなり,「権威的統治」のレベルは顕著に低下していると推定される（後掲表6-8）。このような変化は,2004年に,より強力な政府を目指したNDAから,相対的に「大衆」の生活をより重視したUPAに政権が交代したという変化を考えなければ理解できないであろう。ただし,2003年と2005年の統計的に有意なパス係数の方向（プラス・マイナス）は一致しているので,2003年から2005年にかけてモデルの構造が決定的に変わったということは考える必要はないと思われる。

---

20)「ヒンドゥー」,「ムスリム」変数と「社会的トラスト」の相関係数は10%以下で統計的に有意でない。
21) 2002年に大コミュナル暴動を経験したアーメダバードは2005年の調査対象都市であるが,その中ではムスリムの応答者数はごくわずかである。このような状況も一つの要因であろう。

以上の点に注意しつつモデルを眺めると，最も大きな特徴は，「社会的トラスト」および「社会不安感」の部分と，「政府評価：政治経済」および「政治体制へのトラスト」の部分が分かれていることである。前者に関しては基本的に「社会的トラスト」が「社会不安感」を低下させるという関係になる。その関係は 2003 年は不明確だが，2005 年の方は明確に表れている。

　後者に関しては，両年で安定かつ明確に「政府評価：政治経済」は「政治体制へのトラスト」を増加させるという関係が読み取れる。政府が実績を上げれば確実に政治体制へのトラストはかなりの割合で増大する。ただし，注意すべきは政府を評価する場合「政府評価：政治経済」が第 1 義的に重要なのであって「政府評価：エスニック問題」は直接的には重要でないという点である。経済的不平等やその他の経済問題，保健や環境問題など，これらの人々にとって日常的に重要な問題が政府によって解消されることが政治体制への明確なトラスト上昇につながるのであって，民族紛争，宗教対立，移民問題などの諸点における実績は間接的な効果にとどまる[22]。

　繰り返すが，重要な点は，両方の部分が基本的に独立しているということである。「社会不安感」は政府ではなく社会から発する以上，政府評価から基本的に独立していると考えるのは自然である。また「社会的トラスト」と「政治体制へのトラスト」が基本的に関係を持たないという点も重要である。つまり，第 1 節で述べたように社会的トラストと政府や制度に対するトラストとの関係は研究によって異なる主張がなされているが，少なくともインドでは別ものであると考えられる。インドでは人々は社会と政治体制に対する認識を一応は分けているのである。

　これら 2 つの部分をつなげるのが「政治的有力感」と「民主主義的統治」である。さらに前者は後者に対してプラスの影響を持つから，「政治的有力感」はこの構図において重要な位置を占める。この「政治的有力感」に対しては「社会不安感」がマイナスの，「政府評価：政治経済」がプラスの影響を持つことが 2003 年にはっきりと現れている。しかし，問題は 2005 年の場合に関係

---

22) 政府評価に関する 2 つの変数の位置を試しに逆にすると，適合度は明確に低下する。

性が不鮮明になることであり，特に「社会不安感」は説明力を持たなくなる[23]。「民主主義的統治」については「政治体制へのトラスト」や「政治的有力感」が増加すれば「民主主義的統治」を好ましいものとする認識が増えることが明確にわかるが，2005年にはその関係はかなり不鮮明になる。

「権威的統治」を好む認識については，まず，「社会的トラスト」との関係は弱いがプラスの関係にある。これは前に説明したようにやはり，社会的トラストの高い人は，腐敗やスキャンダルが多発し一種「ショー」と化した騒がしい民主主義的統治よりも，強いリーダーとテクノクラートによる専門的な統治に信頼と安定性を見いだす可能性があることを示唆している。しかし，関係性はかなり弱い。一方，「権威的統治」を好む認識は，想定した通り，「政治的有力感」が高まり「民主主義的統治」を好ましく思うにつれて減少することが確認できた。注意すべきは「権威的統治」と「民主主義的統治」の関係である。適合度から見て，「民主主義的統治」が「権威的統治」を説明することにしたが，これはどのような実体に根ざしているのであろうか。これについては，インド人は実際に選挙など民主主義政治は日々経験しているが，反対に「権威的統治」の経験はほとんどない，という事実によるところが大きいと思われる（1975-1977年の非常事態宣言期は除く）。「民主主義的なもの」に関する認識の方がより鮮明に形成される可能性が高く，従って「民主主義的統治」認識のほうが「権威的統治」認識より独立的と考えられるのである。

次に，各変数がパスを通して他の変数に対して総合的にどのような影響を与えるか，標準化総合効果を表6-7に示す。表は第1行の変数が左第1列の変数にどの程度の総合的な効果を与えるか示したものである。上に説明したように2003年と2005年では認識に一定の変化があるが，その揺らぎの背景を詳細に説明することは難しいので，ここでは仮に標準化総合効果の絶対値が0.05以上の場合を明白な関係が表れていると解釈して分析を集中する。以下の関係が浮かび上がってくる。

すなわち，両年の表を概観すると，「英語教育」，「社会不安感」，「政治体制

---

23) これは誤差変数e5の中に「政治的有力感」を説明する有力な変数が含まれている可能性を示唆する。

表 6-7 標準化総合効果

2003 年

	英語教育	社会的トラスト	政府評価：政治経済	社会不安感	政治的有力感	政治体制へのトラスト	民主主義的統治
社会不安感	0.182	−0.045	0.000	0.000	0.000	0.000	0.000
政治的有力感	−0.032	0.008	0.356	−0.175	0.000	0.000	0.000
政治体制へのトラスト	0.000	0.000	0.346	0.000	0.000	0.000	0.000
民主主義的統治	−0.009	0.002	0.156	−0.047	0.267	0.177	0.000
教育レベル	[0.697]	0.000	0.000	0.000	0.000	0.000	0.000
英語能力	[0.938]	0.000	0.000	0.000	0.000	0.000	0.000
経済・社会不安感	0.126	−0.031	0.000	[0.689]	0.000	0.000	0.000
暴力的脅威感	0.069	−0.017	0.000	[0.380]	0.000	0.000	0.000
政府へのトラスト	0.000	0.000	0.217	0.000	0.000	[0.629]	0.000
民主主義制度へのトラスト	0.000	0.000	0.253	0.000	0.000	[0.733]	0.000
権威的統治	0.003	0.045	−0.033	0.015	−0.083	−0.009	−0.050

2005 年

	英語教育	社会的トラスト	政府評価：政治経済	社会不安感	政治的有力感	政治体制へのトラスト	民主主義的統治
社会不安感	0.091	−0.229	0.000	0.000	0.000	0.000	0.000
政治的有力感	0.000	0.000	0.109	0.002	0.000	0.000	0.000
政治体制へのトラスト	0.000	0.000	0.382	0.000	0.000	0.000	0.000
民主主義的統治	0.000	0.000	0.052	0.000	0.085	0.111	0.000
教育レベル	[0.713]	0.000	0.000	0.000	0.000	0.000	0.000
英語能力	[0.935]	0.000	0.000	0.000	0.000	0.000	0.000
経済・社会不安感	0.055	−0.139	0.000	[0.606]	0.000	0.000	0.000
暴力的脅威感	0.036	−0.090	0.000	[0.394]	0.000	0.000	0.000
政府へのトラスト	0.000	0.000	0.225	0.000	0.000	[0.588]	0.000
民主主義制度へのトラスト	0.000	0.000	0.265	0.000	0.000	[0.694]	0.000
権威的統治	0.000	0.063	−0.024	0.000	−0.135	−0.025	−0.227

出所）データベース *AsiaBarometer Survey Data 2003 and 2005* より筆者計算。
注）[ ] は因子とそれに連なる変数の間の効果。網掛け部分は，それ以外で効果の絶対値が「0.05」以上のものを示した。

へのトラスト」などの因子とそれにつらなる変数との関係を除けば，最も注目されるのが，「政府評価：政治経済」の重要性である。これが全体的に大きな影響を持つことは明らかである。政府の政治経済面における評価が高まれば，それは「政治的有力感」や「政治体制へのトラスト」を高め[24]，「民主主義的

統治」に対する評価を上げ，かつ，「政治体制へのトラスト」を通じて「民主主義制度へのトラスト」と「政府へのトラスト」を高める。関連して，「政治的有力感」を持つことは「民主主義的統治」のポジティヴな評価につながり，逆に「権威的統治」に否定的認識を高める。また，「政治体制へのトラスト」が高ければ「民主主義的統治」のポジティヴな評価につながり，「民主主義的統治」の評価が高ければ「権威的統治」に否定的認識が高まる。これらの一群の変数のつながりは明白である。

　次に「英語教育」の効果も無視できない。「英語教育」が指し示すのは中産階級以上の階層である。そのような階層は「経済・社会不安感」，「社会不安感」を持ちやすいという結果となっている。

　なお，「社会的トラスト」と「社会不安感」が以上の諸変数にほとんど影響を与えないという点を改めて指摘しておきたい[25]。

　最後に，各変数の平均値と切片をモデルによって推定した値を表6-8に示す。政権交代を挟むこの2時点で，外生変数である「政府評価：政治経済」と「政府評価：エスニック問題」の平均値はやや減少しているが，両年間の差は統計的には有意ではなく，人々の政府への評価は大きな変化はないと考えられる。2003年から2005年にかけてインドの政治社会全体を揺るがすような大きな事件はなかったし，経済的にも2005年は2003年に比べて経済不況であったということもなく，これは実態を反映したものと考えられる。

　解釈に注意を要するのは，内生変数の切片の理解である。切片であるから，これは他の変数の影響がゼロのときの平均値である。実際には，他の変数の影響があるからそれも考慮しなければ正確な位置づけは難しい。他の変数の影

---

24) 一例として，選挙における世論調査では選挙民は「物価」，「雇用」などを重要な争点と認識しているから，このような面で実績を上げなかった与党は選挙において「罰」せられ，反対に実績を上げた政権は評価される傾向がある（前章参照）。すなわち，この例では経済実績によって，政府に対する支持が影響を受ける。政府に対する支持は政府へのトラストにポジティヴに作用すると考えられる。このような例からも「政府評価：政治経済」が「政治体制へのトラスト」にプラスに働くことは支持される。

25) パス係数や標準化総合効果がはっきりと現れない変数間関係は，本章で取り上げた変数以外に重要な説明変数が誤差変数に潜んでいる可能性を示唆するが，それは本章の分析の限界となっている。

表 6-8 モデルから推定される 2003 年,2005 年の平均値と切片およびその差

	2003 年			2005 年			2003 年と 2005 年の差	
〈平均値〉	推定値	検定統計量	確率	推定値	検定統計量	確率	差	検定統計量
社会的トラスト#	−0.004	−0.208	0.835	−0.004	−0.208	0.835	―	―
政府評価:政治経済	0.016	0.454	0.650	−0.021	−0.745	0.456	−0.037	−0.817
政府評価:エスニック問題	0.018	0.499	0.618	−0.031	−1.058	0.290	−0.049	−1.046
〈切 片〉	推定値	検定統計量	確率	推定値	検定統計量	確率	差	検定統計量
政治的有力感	−0.149	−4.186	***	0.099	4.252	***	0.248	5.827
民主主義的統治	0.079	2.278	0.023	−0.041	−1.500	0.134	−0.120	−2.718
権威的統治	0.15	4.632	***	−0.088	−3.210	0.001	−0.238	−5.609
民主主義制度へのトラスト	0.073	2.082	0.037	−0.053	−1.947	0.052	−0.126	−2.838
政府へのトラスト	−0.098	−2.893	0.004	0.066	2.469	0.014	0.164	3.801
暴力的脅威感	−0.064	−1.758	0.079	0.045	1.819	0.069	0.109	2.475
経済・社会不安感	0.095	2.750	0.006	−0.060	−2.184	0.029	−0.155	−3.517
英語能力#	2.411	104.678	***	2.411	104.678	***	―	―
教育レベル#	4.088	115.798	***	4.088	115.798	***	―	―

出所) データベース *AsiaBarometer Survey Data 2003 and 2005* より筆者計算。
注) 確率の *** は 0.001 以下である(0.1%以下)で統計的に有意であることを示す。#:両年間で等値との制約を置いているので差の統計的有意性の検討は行わない。検定統計量に関しては絶対値で 1.96 以上であれば 5%水準で有意,2.33 以上であれば 1%水準で有意,2.58 以上であれば 0.1%水準で有意と判断される。

響を考慮しないという前提の下では,表 6-8 では全ての内生変数の 2003 年と 2005 年の間の切片の差は明確に統計的に有意であり,両年間でこれらの変数で代表される政治社会認識に一定のシフトがあったと推定される。

　因子の平均値と切片に関しては図 6-2 のモデルでは両年ともゼロという制約を入れてあるため,表 6-8 には出てこない。それを計算するためには因子によって説明される観測変数の切片を両年ともゼロとする制約を入れる必要があるが,その場合モデルの適合度は全体的に低下する。そもそも政治的・社会的事件に影響される観測変数の切片を,両年とも等しくゼロに固定化するのは現実にそぐわない。ただし,「社会不安感」,「政治体制へのトラスト」は重要な因子であるので,両因子に関する観測変数のみ両年でゼロとし,その他の条件は変えないで計算した結果を示すことにする。切片は「社会不安感」の場合

2003年，2005年でそれぞれ「0.10」，「−0.05」，「政治体制へのトラスト」はそれぞれ「−0.02」，「−0.02」となる。よって，他の変数の影響を考慮しないという前提の下ではあるが，2003年から2005年にかけて，「社会不安感」はかなり減少したが，「政治体制へのトラスト」は変化していないということになる。制約が一部異なるモデルでの算出ではあるが，一定の参考にはなるであろう。

　繰り返すが，以上の切片の解釈は他の変数との関係において解釈する必要があり，それ自体で解釈をすると思わぬ誤謬を犯す可能性がある。一例をあげると，表6-8から他の変数の影響がない（ゼロ）という前提で，両年間で「政治的有力感」は増加しているが，「民主主義的統治」は低下しているという結果となっている。しかし，「民主主義的統治」が低下したのは，「政治的有力感」がゼロであることを前提とする計算である。ところが実際には，「民主主義的統治」は図6-2のように「政治的有力感」からプラスの影響を受け，後者は顕著に増加しているから，現実の値はその影響を考慮したものになり，表6-8の値とは異なる。要するに図6-2の関係を考慮しないと現実的な知見は得られないのである。よって，ここではこれ以上の考察は行わない。

ま　と　め

　以上のように，図6-2のパス図から大都市部の人々のトラストと民主主義に関する認識の構図がかなり鮮明に浮かび上がった。人々の認識構造において「社会的トラスト」や「社会不安感」など社会に対する認識と，「政治体制へのトラスト」に代表される政治体制に関する認識が分離されていることが最大の特徴である。これが意味するのは，「社会的トラスト」や「社会不安感」を大きく変動させるような事件や変動が起こっても，「政府評価：政治経済」や「政治体制へのトラスト」に影響を与えないということである。インド社会の基底レベルでは，社会経済変動過程においてカーストや宗派間の紛争や暴力，犯罪，差別など様々な問題が絶え間なく起こっている。このような問題は「社

会的トラスト」を不安定化し，「社会不安感」を高めると考えられる。また，社会の近代化は「英語教育」で代表されるような中産階級を成長させるが，彼らは社会不安に対してより敏感である。しかし，本章で導き出したモデルに従えば，社会的トラストが不安定化したり，社会不安感が高まったとしても，それらは人々の認識構造において「政府評価：政治経済」や「政治体制へのトラスト」に影響を与えない。人々の認識において社会部門に対する認識と政治部門に対する認識が分離され，いわば「層化」しているのである。従って，社会的トラストが低下したり，あるいは社会不安感が大きくなったとしても，それは政府の実績評価が低下したり，政治に対するトラストが低下したりすることにはつながらない。このように社会的なものが政治的なものに容易に持ち込まれないため，政治的なものが「安定」しているといえよう。

　しからば，なぜ社会に対する認識と，政治に対する認識が分離しているのであろうか。それは，選挙，議会（国会や州議会），司法や警察など民主主義的諸制度は多くの人々にとって日常生活からかけ離れた領域であると認識されているから，と考えられる。5年をサイクルとして行われる選挙，その結果成立する国会・州議会などの政府・行政に対しては政治的安定，社会開発，経済成長など一定の期待が集まる。しかし，そのような高次のレベルの政治・民主主義過程は多くの庶民の生活にとって「直接的」なつながりはない。このような状況が社会に対する認識と，政治に対する認識が分離している要因と考えられる。

　政治部門について見ると，繰り返しになるが，「政府評価：政治経済」は非常に重要な変数である。2004年以降政権を担当している第一次のUPA政権期においては，平均的に見れば経済成長は独立後もっとも順調であり，モデルに従うと，それだけでも「政治体制へのトラスト」を高め，民主主義的統治に対する評価を高めていると考えられる。

　最後に，本書の第Ⅰ編では政治分析をポリティカル・エコノミー論を基軸として行ったが，図6-2で政治部門全体に影響を与える起点となるのが「政治評価：政治経済」であることが見いだされたことは，ポリティカル・エコノミー論を基軸として政治を分析するという視点が現実をふまえた極めて説得的

なものであることをはからずしも示す結果となっている。

　本章では，インドの大都市部の人々を対象として分析を行った。近年都市部と農村部で人々の政治認識はあまり差がなくなってきたといわれることから，本章の分析はインドのかなりの部分に当てはまるであろうと予想される。しかし，当てはまるかどうか不明な地域も存在する。それはジャンムー・カシミール州や一部の北東部地域など分離主義と暴力によって，政治的不安定性と社会的不安定性がリンクしていると考えられるインド民主主義体制の周辺部である。そのような地域では，民主主義体制と「トラスト」そして政治的安定性という問題は別な角度から検討することが求められるであろう。

　　付記：本章のデータは，以下のデータベースに依拠している。データの使用を心よく許可していただいた The AsiaBarometer Project Executive Committee に深く感謝いたします。Takashi, Inoguchi et al., *AsiaBarometer Survey Data 2003 and 2005* (These data were downloaded from AsiaBarometer Project (http://www.asiabarometer.org/) on October 26, 2011 with the prior permission of the The AsiaBarometer Project Executive Committee). "AsiaBarometer" is a registered trademark of Professor Takashi Inoguchi, President of University of Niigata Prefecture, Japan, Director of the AsiaBarometer Project (e-mail address: info@asiabarometer.org).

第III編
民主主義における多様性の中の調和

インドの民主主義に内在する潜在的に最も大きな危険性は，おそらく，民主主義プロセスを通じて「多数派の専制」が現れることであろう。インドは世界で最も多様な社会であり，政治に社会的構造が「自然」に反映されるとすると「多数派」が形成される可能性は低い。宗教的にはヒンドゥーが約8割を占めるが，ヒンドゥーは言語，カースト，地域性など様々な要因によって分かれており，政治的にも極めて多様である。また，人々の生活が交わる社会の基底レベルでヒンドゥーと他の宗派の人々が敵対することは，一般的に稀である。インド社会は時には暴力的な対立を経験することはあっても，多様な隣人と共存してきた時間の方が遙かに長く，多様性が平和的に共存してきた。第Ⅰ編では会議派中心の「一党優位体制」から危機の時代を経て多党化が進む過程で，州レベルで多くの州政党が出現し政党システムが多様化した様態を説明したが，それは，いわば独立後の一党優位体制という，本来の政治社会実態とは乖離した政党システムが，政治化する社会の多様性に突き崩されていくプロセスであったともいえる。変容のプロセスは，特に危機の時代には困難なものであったが，民主主義体制は結局，変化に対応できた。本来不自然とはいえ一党優位体制が1960年代半ばまで維持されたことは，民主主義体制を定着させる上で大きな意味を持った。民主主義体制が初期の段階で一党優位体制という良い土台を得て出発したことは，政治社会の大きな変動に耐える適応性，頑健性という特質を体制として獲得することを促進したと考えられる。そして，そのような適応性，頑健性こそが，その後の危機の時代に入っても民主主義体制を存続させる大きな要因の一つとなったのである。

第Ⅱ編の人々の政治意識の長期的分析では，社会の構造変化が選挙を通じた人々の政治参加と政党選択にどのような影響を与え，政党システムを変動させたかを分析した。さらに，政治体制へのトラストが，社会一般に対するトラストと分離され，それゆえに，社会不安は直ちに民主主義体制への不信にはつながらない構造が明らかになった。第Ⅰ編と合わせて考えると，社会の長期的

構造変化は政党システムを多党化の方向に変化させたが，一方では人々の認識構造においては社会領域と政治領域が分離されており，政権の不安定性や政府の政策的失敗からくる政府への不信感の増大は，自動的には社会不安につながらないし，逆に，社会不安は，自動的には政治不信にはつながらない認識の構造があるということが明らかになった。インドの民主主義体制の安定性とは，このような，いわば「層化」した人々の政治社会の認識構造によるところが大きいと考えられる。

　以上のように，通常の政治プロセスが維持されていれば，民主主義体制は社会の多様性を反映させた後にも安定性を維持する能力を持つ。しかし，社会と政治を横断する大規模な暴力的混乱はそのような能力の限界を超えるかもしれない。特に多数派が関与する暴力の場合，多数派であるがゆえに，その暴力的行動は民主主義体制のプロセスでも拒否されず，すり抜けてしまう可能性があり，多数派の専制として民主主義を歪める可能性がある。本編で検討する第1の問題はこれである。

　独立期を除いて，ヒンドゥー 対 他の宗派グループの暴力的対立が顕著に拡大したのは1980年代から2000年代の初めにかけてである。これに関連してまず第7章では，1980年代にパンジャーブを中心として大きな問題となったシク教徒の分離主義の問題を分析した後，1990年代から2000年代初めにおいてヒンドゥー・ナショナリスト勢力によって引き起こされたコミュナル暴動の問題を検討する。2つの紛争のうち，分析の力点はコミュナル暴動にあるが，それはパンジャーブ問題が，基本的にシク教徒分離主義過激派 対 治安部隊であって，シク教徒 対 ヒンドゥー教徒という構図ではなかったのに対して，ヒンドゥーとムスリムとの間のコミュナル暴動の場合は民衆レベルでも深刻な対立と暴力の応酬があり，それだけ政治社会の亀裂が深刻だからである。

　パンジャーブ問題とコミュナル暴動などエスニック紛争の特徴は，紛争が州独自の政治社会構造に規定されるがゆえに，影響が州の境を越えて広がりにくいという点である。確かに，問題の深刻さによってその影響が州の境を越えて，広い地域に影響が及ぶ場合もある。例えば，1992年12月のウッタル・プラデーシュ州アヨーディヤーのバーブリー・モスク破壊事件に端を発するコ

ミュナル暴動は北部・西部の州に広がった。しかし，その場合も南部や東部の州では影響は極めて限られていた。そこにインドの多様性が問題の拡散を抑える防波堤となっている構造を見ることができる。この例でもわかるように州の多様性，そして州をまとめてインド国家としている要因を考えることが，インドの政治体制の全体像を考えるとき非常に重要である。第8章でインド連邦制における中央-州関係を扱うのは，このような理由からである。

第7章 ヒンドゥー・ナショナリズムと多数派主義
——州政治と宗派間の暴力[1]

　インドでは「ヒンドゥー・ナショナリズム」あるいは「ヒンドゥー多数派主義」(Hindu majoritarianism) の問題は潜在的に大きな緊張を生み出しかねない要素である。ヒンドゥーは人口の約8割を占めるため，もし，ヒンドゥーがまとまり，その主張や価値観を当然のものとし，少数派に対して不寛容となる「多数派の専制」という事態が生まれると，少数派にとっては逃れられない重圧になるからである。民主主義体制においては，多数派の専制は選挙という民主主義体制のチャンネルを介して起こりうるが，しかし，序章で述べたようにインドでは独立以降，インド全体を覆うヒンドゥー多数派の専制というようなものが確立されたことはなかった。その理由の一つは，1970年代までの会議派政権，特にジャワハルラール・ネルー首相下の会議派政権では宗教が政治に持ち込まれないようにされていたからである。また，インドは世界で最も複雑な社会で，ヒンドゥー社会は様々なカーストや地域性によって分裂が顕著であり，「ヒンドゥー」として強くまとまることが難しいことも重要な要因である。そもそも宗教，言語，カーストなどは交錯し，人々の間では共存，相互依存が常態である社会において，宗教やカーストなどのエスニックな差異があろうとも，それは自動的には対立につながらない。

　従って，多様性に富むヒンドゥーを一つの多数派民族にまとめ，「他者」を

---

1) 本章は，近藤［2009c］を全面的に改訂したものである。大きな変更はパンジャーブのエスニック紛争問題についての分析を付け加えたこと，結論部分などを中心に分析を修正したことなどである。加えて，本書の構成に合うように全体的に叙述を修正した。

排除する方向に向かわせるヒンドゥー・ナショナリズムが勢いを増すとしたら，そこには何らかの政治的事件や運動が存在しなければならない。ヒンドゥー・ナショナリズムは1980年代以降高揚するが，第3章で説明したように，その前段階として会議派の後退と変質があった。それに加えて重要なのは宗派間の大規模な暴力の応酬である。大規模な暴力の応酬は民族的，エスニック的なアイデンティティを際立たせ，対立する双方にナショナリスティックな感情を高め，対立と分裂の常態化を引き起こすことは，独立前の民族運動でヒンドゥー対ムスリムの「コミュナル暴動」がインドとパキスタンの分離独立につながったことを思い出せば理解できよう。またそれは第5章で分析したように，長期的には会議派の支持基盤を揺り動かした。

　本章では，近年のヒンドゥーと他のコミュニティとの間の暴力の問題を分析し，それが政治社会にいかなる影響を与えたかを検討する。その際，重要な概念は P. ブラスの言う「組織化された暴動システム」（Institutionalized riot systems）である。ブラスはミクロなフィールドワークに基づく緻密な研究によって，大規模なコミュナル暴動はそれによって利益を受ける者が人為的に生み出すもの，つまり，極めて政治的に組織されたものであるとし，それをこのように名付けた（Brass [2003]）。全てのコミュニティ間の暴動がこの概念に当てはまるというわけではないが，近年のコミュニティ間の大規模な暴力の応酬をヒンドゥー・ナショナリズムの拡大という政治的なコンテクストの中で考える場合，重要な概念となる。

　注意すべきは，コミュナル暴動も含めて，エスニック紛争の要因を検討する場合，インド社会の複雑さゆえに，多様性を考慮することが重要であるという点である。そのためインド全体のコンテクストを考慮しつつも多様性の基本的単位である州を単位とした分析が重要となる。コミュニティ間の暴力の構図は社会構造に大きく規定され，社会構造は州によって大きく異なるからである。本章では1980年代の北インドを揺るがしたパンジャーブ問題と反シク暴動，そして，ヒンドゥー対ムスリムの暴力的対立の問題を分析する。2つの紛争はその背景も，紛争を暴力的に拡大した要因も異なるが，ともにヒンドゥー多数派意識の形成に寄与していると考えられ，関連づけて理解することに意味があ

ると考えられるからである。

　ヒンドゥー対ムスリムの対立に関しては，アヨーディヤーでの 1992 年 12 月のバーブリー・モスク破壊事件に端を発する大暴動を経験したマハーラーシュトラ州，2002 年 2 月末のゴードラでの列車火災事故を契機として最大のコミュナル暴動が発生したグジャラート州，そしてアヨーディヤー問題の震源地であり潜在的に宗派間の緊張が存在するにもかかわらず，近年大規模なコミュナル暴動を起こしていないウッタル・プラデーシュ州を比較分析する。これ以外にも重要な事例は多く存在する。例えば，アヨーディヤー運動の中で 1989 年 10 月には，会議派政権下にあったビハール州のバーガルプル (Bhagalpur) で最大規模のコミュナル暴動が起こった。しかし，この例では 1990 年にラッルー・プラサード・ヤーダヴ率いるジャナター・ダルの州政権になってからは大規模なコミュナル暴動は起こしていない。それはウッタル・プラデーシュ州の場合と類似する。よって，議論を単純化するため，本章ではウッタル・プラデーシュ州の例に集中したい[2]。

　以下，まず，パンジャーブ問題と反シク暴動の検討からはじめる。シク教はもともとヒンドゥー教の改革派として現れてきたという歴史的経緯から，両者は社会的に極めて親密な関係にあり[3]，両者が対立する大きな理由はない (Singh [2007])。この点において独立以前から対立の構図が構成されてきたヒンドゥー対ムスリムとの関係とはかなり性格を異にする。それは暴力の形態にも現れている。1984 年以降，パンジャーブ州を中心として泥沼化するシク教徒の分離主義運動では，確かに民間人も多数犠牲となったが，基本的にはシク教徒過激派による政府要人に対するテロ，あるいは，警察や準軍隊，軍隊の過

---

2) 約 1,000 名の犠牲者を出したバーガルプル暴動は世界ヒンドゥー協会 (VHP) などヒンドゥー・ナショナリストの関与が明らかである。また，当時の州警察がまったく役割を果たさなかったことも明らかである (Government of Bihar (Bhagalpur Riot Inquiry Commission) [1995: 91-106])。人権団体の報告では，警察はヒンドゥーの暴徒に荷担したとされる (People's Union for Democratic Rights [1996: 1])。しかし，ヤーダヴとムスリムを支持基盤とするラッルー政権になってから大規模なコミュナル暴動は起こっていない。この点でウッタル・プラデーシュ州の例と類似する。中溝 [2012: 159-203] の優れた分析があり，詳細はそれを参照してもらいたい。
3) 例えばカーストが同じであれば，両者の通婚も珍しいことではない。

激派や，過激派と関係を持つと見られたシク教徒に対する暴力の問題であって，ヒンドゥー教徒「大衆」とシク教徒「大衆」との間の大規模暴力の応酬は，一つの例外を除いてほぼなかった[4]。例外は，インディラ・ガンディー首相暗殺直後の1984年のデリーを中心とする北インドでの反シク暴動である。この反シク暴動は，シク教徒過激派を刺激しパンジャーブ問題の泥沼化の大きな要因となった。

このように，一般市民レベルでのヒンドゥー対シク教徒の大規模な暴動の事例は1984年の反シク暴動しかないが，にもかかわらず，その後泥沼化したシク教徒過激派のテロと治安部隊の抑圧という現実は，一般のヒンドゥーとシク教徒との関係において心理的懸隔を作り出し，その反作用として「ヒンドゥー多数派」意識の形成に無視しえない影響を与えていることは間違いない。この点において，ヒンドゥー対ムスリムのコミュナル暴動の問題と通底する。まず反シク暴動について分析する。

1 パンジャーブ問題と反シク暴動

パンジャーブ紛争の大まかな展開は，既に第3章で述べた。推定者によって異なるが，シク教徒分離主義過激派によるテロと治安部隊の暴力によって1981年から1994年にかけて，1万から2万人の死者が出たと推定されている[5]。まず，焦点となる1984年10月末から11月初めの反シク暴動を理解するためにもパンジャーブ紛争の要因をもう一度簡単に整理していきたい。パンジャーブ紛争はその衝撃が大きかったこともあり，多くの分析がなされてい

---

[4] 1983年にはアカリー・ダルの運動に関連してパンジャーブのパティアラ（Patiala）など一部で噂に扇動されてヒンドゥーとシク教徒との間で暴力事件が起こっている（Dhillon [2006: 98]）。しかし，大衆間の大規模な暴力の応酬は，紛争が泥沼化した1984年以降，起こっていない。

[5] 死者数は，パンジャーブ州における民間人，過激派，警察，シク教徒，ヒンドゥー教徒など全てを含む。以下の資料を参照した。*India Today*, April 15, 1993 ; *The Week*, June 5, 1994 ; *The Economist*, May 22, 1993.

る[6]。それらの分析によると問題は大きく分けて，背景要因としてパンジャーブの社会経済変動，州の自治権をめぐるアカリー・ダルと会議派の競合，中央の会議派政権の政治的介入に分けられると考えられる。

　第1に，パンジャーブの急速な社会経済変動という要素を無視することはできない。パンジャーブ州は1960年代以降，「緑の革命」で最も成功した州で，その担い手であり受益者でもある一定の規模の土地を持つ農民カースト，特にジャート・カーストなどの中規模以上の農民層は経済力の拡大とともに，政治的な発言力も強めていった。しかしながら，1970年代から農業の交易条件の悪化（Gill [1995：198]）によって農民は不満を抱くと同時に，さらなる発展を求めて農業用水などのインフラへの投資のための補助金の増額，小麦や米などの政府買い入れ価格の上昇を求めて要求を強めていく（GOI [1984：75]）。このような経済的に上昇しつつある農民層の不満や要求の受け皿となったのが，アカリー・ダルであった。従ってアカリー・ダルは宗教政党という側面と農民の利害を代表するという2面性を強めたが，2つの面はともに中央の会議派政権との対立を強める要素であった。

　また経済発展とともに，農村での階層分化によるシク教徒零細農民の困窮や，都市部での生活様式の変化，世俗化が起こり，シク教徒社会も急激な社会変容の波にさらされ，過激な思想を持つグループが成長する背景となる。急速な社会変動の影響はとりわけ若年層に指摘される。例えば，あるケーススタディでは紛争中「テロリスト」として逮捕された若年層のうち，「カーリスターン」の教義に賛同したとされるのは約10％だけである。残りの約50％は「冒険主義」，約40％は「貧困」のゆえに過激派に走ったとされる（Dang [1988：127]）。また，1980年代に輩出する多くのシク教徒過激派は，ある程度の教育があるジャート・カーストの零細農民や，シク教徒でも最下層に位置づけられるマジャビ（Mazhbi）・カーストなどの若者という出自を持つともいわれており，階層分化が問題の背景にあることが指摘される（Jeffrey [1994a：176], Deol [2000：141-143], Bal [2005：3980]）。

---

[6] 例えば，邦文では長谷 [1988] が1980年代までの研究をよくまとめている。また広瀬 [1994] も参照。

第2に，シク教徒による州の自治権拡大をめぐるアカリー・ダルと会議派の競合が重要なポイントである。自治権拡大の要求は1966年のシク教徒多数派州の成立でも収束することはなかった。シク教徒の政治の底流にそのような方向性があることを象徴するのが，1973年のアカリー・ダルの「アーナンドプル・サーヒブ決議」（Anandpur Sahib resolution）[7] であった。これは農民政党としての利益追求に加えて，中央-州関係の見直しと自治権の拡大，シク教徒の独自性の尊重などを求めるものであった。当時は注目されなかったが，後年「分離主義」を進めるものとして政治的焦点となる。アカリー・ダルの自治権拡大要求は，図7-1のように会議派との選挙政治における激しい競合を通じて急進化していく。第8章で説明するように，同党は1981年9月には45項目要求（翌月15項目要求に再編）を中央政府に提出し，1982年8月から大衆運動を展開して，会議派州政権および中央政権と対立する。

　第3に，第2の点と関係するが，中央の会議派政権の政治的介入が州政治の混迷を助長した。特に問題であったのは過激派への肩入れであった。会議派中央は1980年1月の連邦下院選挙から5月の州立法議会選挙の時にはアカリー・ダルを切り崩すために，ジャイナル・シン・ビンドランワーレーなどシク教徒過激派の助けをかりたとされる[8]。ビンドランワーレーの一派は1978年4月には，シク教の異端とされたニランカリ派を襲撃する事件などを起こし，当時州政権に就いていたアカリー・ダルの立場を微妙にしていた。アカリー・ダルは政権党として治安の乱れを放置できないが，一方正統なシク教政党としてニランカリ派を積極的に擁護することも難しかったからである。また，アカリー・ダルには過激派の運動を容認し会議派に対抗するという目論見もあった[9]。

---

7) この決議の資料にはいくつかのバージョンがあるが，ここで検討したのはGOI［1984：79-90］．これはアカリー・ダルの党首ハルチャンド・シン・ロンゴワルが後に正式なものとして認定したバージョンである。
8) 1972年から1977年まで会議派州首相であったザイル・シンなどが工作に当たったとされる。例えば，Brass［1988：181］．
9) 例えば，1982年7月にビンドランワーレーは逮捕された支持者の釈放を求めて示威運動を行ったが，アカリー・ダルはその運動を支持し8月の自らの示威運動に組み入れ

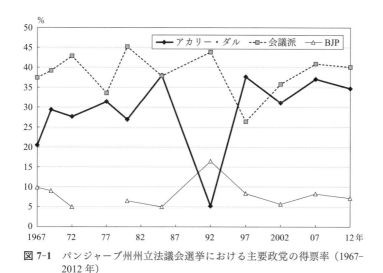

図7-1 パンジャーブ州州立法議会選挙における主要政党の得票率（1967-2012年）

出所）Election Commission of India (http://eci.gov.in/eci_main1/index.aspx, 2013年10月23日アクセス）のパンジャーブ州立法議会選挙の統計データより筆者作成。

　会議派，アカリー・ダル双方の黙認のもと，ビンドランワーレーなど過激派は急速に勢いを強め，シク教の総本山であるアムリットサルの黄金寺院を根拠地として暴力によって影響力を広めていく。結局，ダルバラ・シンを州首相として1980年6月に就任した会議派州政権は対応能力を失い，1983年10月に大統領統治による中央政府の介入，翌1984年6月上旬のブルースター作戦のもと軍の突入による黄金寺院の解放，そして軍の黄金寺院破壊をシク教への冒瀆とみなして反発したシク教徒警備兵による10月31日のインディラ・ガンディー首相の暗殺と，暗殺を契機に起こった反シク暴動という展開をたどる。12月に連邦下院選挙が行われ，インディラ・ガンディー首相の長男であるラジーヴ・ガンディーを総裁に据えた会議派は同情票を得て大勝するが，パンジャーブ州では報復とシク教徒の国「カーリスターン」を求めるシク教徒分離主義過激派のテロと，治安部隊の暴力の応酬によって社会の混乱は拡大し収拾

た (Sandhu [1992: 142])。Dhillon [2006: 142] ; Alexander [2004: 244] も参照。

が困難となる[10]。

　このようなお互いに関係する3要因がパンジャーブ問題の暴力的泥沼化につながる基本的要因であった。とりわけインディラ・ガンディー中央政権の介入が大きな問題であった。それがシク教徒の反発を強め，首相暗殺，そして反シク暴動につながる。このような暴力の連鎖はシク教徒とヒンドゥーの間の社会的緊張を強め，反作用としてシク教徒分離主義過激派の影響を広め，事態を泥沼化した。

デリーを中心とする反シク暴動と連邦下院選挙

　反シク暴動に関しては，様々な団体や政府委員会が実態を明らかにする努力を行ってきた。ここでは中央政府の2つの主要な委員会報告に主に依拠して説明してみたい[11]。一つはラジーヴ・ガンディー会議派政権によって任命されたランガナート・ミスラ判事を委員長とする委員会によって1985年に出された報告書で，他はインド人民党（BJP）主導の国民民主連合（NDA）政権期の2000年に任命されたG. T. ナナヴァティ判事を委員長とする委員会が2005年に提出した報告書である。両委員会報告を比べてみると，それぞれ異なる政権下で任命されたことが内容に無視できない違いをもたらしている。最も大きな違いは，ミスラ委員会報告が，反シク暴動が基本的には「自発的」なものであったとしたのに対して，ナナヴァティ委員会報告は，一定の「組織化」があったとして，暴動の組織者として会議派の国会議員などを断罪したことである。ミスラ委員会報告も会議派の党員あるいは指導者が暴動へ参加したこと自体は認めている。しかし，それは「おそらく，党自体が，虐殺と呼ばれるもの

---

10) 1984年のインディラ・ガンディー暗殺までのパンジャーブ問題については，Nayar and Singh [1984] および Tully and Jacob [1985]，長期にわたる社会文化変動の観点を強調するものとしては，Deol [2000] などを参照。中央政府の説明としてはGOI [1984]. カーリスターン要求が過激派によって明確に要求されるようになるのは1986年ぐらいともいわれる（Sidhu et al. [2009: 334]）。

11) 2005年の同報告以前の主要な委員会は次のとおり（GOI (Ministry of Home Affaris) [2005b]）。Rangnath Misra Commission of Enquiry (1985); Kapoor Mittal Committee (1987); Jain Banerji Committee (1987); Ahuja Committee (1987); Poti Rosha Committee (1990); Jain Aggarwal Committee (1990).

を組織することに関与したということにはならない」とした（Misra [n.d.: 53]）。このような立論によってミスラ委員会報告は会議派の組織的な関与を認めなかったのであるが，少なくともデリー会議派指導者の関与があった以上，何らかの「組織性」は検討の俎上に載せるべきであったと考えられる[12]。よって会議派政権期のミスラ委員会報告は必ずしも実態を正確に映し出したものとはいえないだろう。以下，ナナヴァティ委員会報告に依拠しつつ他の資料も織り交ぜながら，要点を記したい。

反シク暴動はウッタル・プラデーシュ州カーンプルや，ビハール州ボカロ（Bokaro：現在はジャールカンド州）などでも起こったが，圧倒的に多くの犠牲者を出したのはデリーである。デリーでは11月7日までに2,733人のシク教徒が虐殺されたとされるが，犠牲者は11月1，2日に集中した[13]。注意すべきは，一般に大規模な「暴動」は各地の部分的な暴動の集合であり，全体を一様に理解することは難しいという点である。デリーで起こった事件もそうである。

不穏な動きは首相暗殺がラジオで報道された10月31日の午後から始まった。まず，報道があった午後2時頃以降，怒った民衆が街頭に繰り出した。この時点で街頭に繰り出した人々の行動は，組織されない自発的なものであった（Misra [n.d.: 18]）。しかし，31日の夜中から特定の地域を中心として人々の動きはシク教徒の襲撃に発展する。襲撃の第1の対象となったのは，男性のシク教徒であった。

デリーでシク教徒の犠牲者が集中したのは，シク教徒が集中するデリー周辺部の比較的に新しい開発地，例えば独立以降，避難民が定住した地域などであったとされる[14]。これらの地域の開発には会議派政権が深く関わっており，地域の住民，特に貧困層に会議派の影響力が強いとされる。次に「誰が」襲撃

---

12) 会議派の党員や指導者の関与については，多くの指摘がある。例えば，Tambiah [1996：129-131]．
13) GOI (Ministry of Home Affairs) [2005b：17]．ただしナナヴァティ委員会報告が採用した犠牲者数は，最も信憑性が高いと考えられた，デリーの市政が暴動の犠牲者を把握するために組織したAhooja commissionの1987年の報告書の数字である。
14) Munrika, Mangolpuri, Sultanpuri, Trilokpuri, Kalyanpuri, Jahangiripuri 等である。

を行ったかという点であるが，ナナヴァティ委員会報告では，カーストは特定していないが，襲撃者の多くは，貧困で不満を抱えるデリーのスラムの住人であったとされる（Kishwar［1998：37］; GOI（Ministry of Home Affairs）［2005b：15］）。人権団体の調査によれば，襲撃者には指定カースト（SCs）が多数参加した。また西部および南部デリーに隣接する村ではジャート・カーストやグッジャール・カーストの人々が襲撃に加わったとされる（People's Union for Democratic Rights and People's Union for Civil Liberties［1984：2-3］; Kishwar［1998：21］）。

　問題は襲撃において会議派がどのような役割を果たしたかという点である。多くの地区で会議派のローカルな政治家が暴動を扇動したとされ，それがシク教徒の犠牲者を拡大した。ナナヴァティ委員会報告も，影響力のある人物の影響がなければこれほどの襲撃は行えないとした（GOI（Ministry of Home Affairs）［2005b：179-180］）。そのような政治家として，ナナヴァティ委員会報告だけでなく他の委員会報告や人権団体から繰り返し指摘されるのが，当時デリー選出の国会議員であったサッジャン・クマール，H. K. L. バーガト，そしてジャグディシュ・タイトラー[15]である（GOI（Ministry of Home Affairs）［2005b：152-166］）。彼らは暴徒を扇動してシク教徒への暴力を広げ，また警察に影響力を及ぼしたとされる。ラジーヴ・ガンディー首相を含め当時の会議派中央が暴動を扇動したことはないとされるが（GOI（Ministry of Home Affairs）［2005b：181］），しかし，会議派中央はこれらの地元の会議派政治家をコントロールできなかったことは明らかである。

　襲撃を防止すべき警察の対応も極めて不十分であった。特徴的なのは地区によって対応に大きな差があったことである。警察が効果的に介入し，群衆をコントロールし，暴徒からシク教徒を救った地区も多くある。しかし，他の地区で警察は数千人の暴徒に対して，なすすべなく傍観者となり，群衆がシク教徒やグルドワラ（シク教寺院）を襲撃するのに対して何もしなかった。また，暴徒を扇動したり，暴徒に加わった警察もいたとされ，そのような場合，暴徒は

---

15) ナナヴァティ委員会報告の発表直後，タイトラーはマンモーハン・シン首相の勧告で2005年8月に連邦大臣から辞任した。

表 7-1　連邦下院選挙の会議派得票率の変化（1980-1984 年）

(％)

州　名	得票率の変化	州　名	得票率の変化
ハリヤーナー	22.5	ケーララ	2.8
デリー（連邦直轄領）	17.3	オリッサ	1.5
ビハール	15.2	マハーラーシュトラ	−1.4
ウッタル・プラデーシュ	14.5	グジャラート	−1.4
西ベンガル	10.7	カルナータカ	−4.7
ラージャスターン	9.7	アッサム	−10.4
マディヤ・プラデーシュ	8.6	パンジャーブ	−11.1
タミル・ナードゥ	5.5	アーンドラ・プラデーシュ	−15.1

出所）Election Commission of India（http://eci.gov.in/eci_main1/index.aspx, 2013 年 10 月 23 日アクセス）の統計データより筆者作成。

警察に逮捕される恐れなく襲撃を行ったとされる。軍が 11 月 1 日にデリーに導入され，暴力と混乱が収拾されたのは，4 日であった。

　以上のように会議派中央は暴動の組織化に関与したわけではないが，一部の地元の会議派政治家は暴動を扇動し組織化したことは明らかである。このような意味でデリーの反シク暴動は，部分的に「組織化された暴動システム」の性格を備えている。彼らが何のために暴力を組織化し，シク教徒を襲撃したのか，必ずしも明らかではない。しかし彼らは代表していたデリーの 3 つの連邦下院選挙区[16]において直後の選挙で大勝し，かつこれ以降も会議派にとどまっていることを考えると，ヒンドゥー大衆の感情に迎合することにより，ヒンドゥーの間での支持基盤を拡大することが一つの重要な動機であった可能性は高い。それは，暴動直後に行われた連邦下院選挙で表 7-1 のように会議派の得票率が反シク暴動など反シク感情が高まったヒンディー・ベルト地帯で顕著に増加していることからも支持される仮説である。

　社会的にはパンジャーブ問題の紛糾とインディラ・ガンディー首相暗殺は，ヒンドゥー教徒の間でシク教徒に「罰」を与えることを正統化する心理を作り出し（People's Union for Democratic Rights and People's Union for Civil Liberties ［1984：14］；Chakravarti and Haksar［1987：214-215］），一方，反シク暴動はシ

---

16) Outer Delhi, East Delhi, Delhi Sadar である。選挙委員会資料によるとバーガトとタイトラーは 1984 年も出馬したがクマールは出馬していない。

ク教徒に決定的な社会的疎外感を与え，一部のシク教徒をテロに駆り立てることになる。デリーの反シク暴動では，ヒンドゥー教徒が近隣のシク教徒を襲撃から守った例も多く報告され，またヒンドゥー教徒とシク教徒との間の伝統的な社会的紐帯の強さから，反シク暴動とその後のシク教徒分離主義過激派のテロが両者の間の亀裂を決定的にしたとはいえないが，両者の社会的な懸隔を広げ，ヒンドゥー教徒の多数派意識を刺激したことは間違いない。

パンジャーブ紛争の展開と政党システムの変化

以上のように，シク教徒が圧倒的な少数派であるデリーでは，反シク暴動はシク教徒の社会的疎外感を深めることになった（Chakravarti［1994］）。これに対してパンジャーブ州ではシク教徒は多数派であり，状況は異なる。この点も含めその後の展開を簡単に整理し，シク教徒問題がどのようなインパクトを与えたか考えてみたい。

反シク暴動後，パンジャーブ紛争の収拾をはかる会議派中央政府が必要としたことは，シク教徒穏健派と妥協し事態の収拾のために協力を得ることであった。そのため会議派はアカリー・ダルと合意を結び，1985年9月に州立法議会選挙を実施した。この選挙ではアカリー・ダル，会議派，BJPは単独で選挙を戦ったにもかかわらず，アカリー・ダルが勝利した。会議派中央政権はアカリー・ダルをして選挙に勝たせ州政権をまかせることにより，事態を収拾する戦略をとったことは明らかである。しかし，アカリー・ダル政権はロンゴワル総裁が暗殺されるなど，テロにより州内のヒンドゥーとシク教徒との間にくさびを打ち込みシク教徒を分離主義に導こうとするシク教徒過激派を押さえる能力がなかった。そのため1987年5月には大統領統治が導入され，政府の厳しい抑圧や過激派への浸透と分断工作など力の政策が前面に押し出される（Pettigrew［1995：Chapter 5］）。それに対して過激派もテロで対抗した。その結果，図7-2のように1980年代後半から1990年代の初めまで多数の犠牲者を出し，また，おびただしい人権侵害を引き起こした[17]。治安部隊や警察の力による押

---

17) 治安当局に不法に殺害された者は多数にのぼると考えられる。殺害された身元不明の埋葬死体の調査は十分に進んでいない（*Outlook*, "Punjab：The Vanished", August 15,

第 7 章　ヒンドゥー・ナショナリズムと多数派主義　395

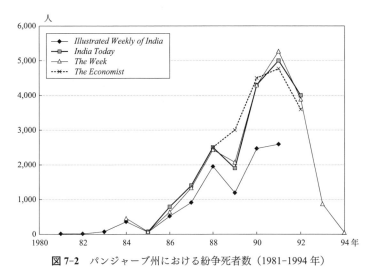

図 7-2　パンジャーブ州における紛争死者数（1981-1994 年）

出所）Singh［2000：164］より筆者作成。オリジナルのデータは *Illustrated Weekly of India*, January 18-24, 1992；*India Today*, April 15, 1993；*The Week*, June 5, 1994；*The Economist*, May 22, 1993.

注）死者数は，パンジャーブ州における民間人，過激派戦闘員，警察，シク教徒，ヒンドゥー教徒など全てを含む。

さえ込みで治安が回復に向かい，大統領統治が解除されて州立法議会選挙が行われるのは，1992 年 2 月のことである。

　選挙では，軍が厳重な警備の中，主要なアカリー・ダルの分派政党は実際上ボイコットし，会議派，BJP，大衆社会党（BSP）は単独で参加した。アカリー・ダル諸派の不参加により会議派は圧勝したが，投票率は記録的に低い 23.82％となり，正統性を回復するという意味では大きな成果をあげられなかった。特にシク教徒は主要アカリー・ダル諸派のボイコットに呼応してその多くが棄権に回った。

　しかし，この頃までに政府による力の政策およびテロへの嫌悪感の広まりによって，シク教徒の過激派への共感は徐々に薄れていった（Stepan, Linz and Yadav［2011：97］）。そのため政治的争点は，シク教徒の宗教的要求や分離主

2005）。

義から徐々に離れ，経済開発などより穏健な争点に移っていく（A. Kumar [2004]；Jodhka [2005]）。主流派のアカリー・ダルにとっても，州政治への不参加を続けることは政治的影響力の漸減を意味する。そのため選挙政治への復帰が模索されるようになる。それは民主主義的プロセス回復への転換を意味した（Chandhoke and Priyadarshi [2006]）。パルカーシュ・シン・バダル率いる穏健派のアカリー・ダルが1996年3月のモガ（Moga）での集会で，従来の過激な主張と決別し，パンジャーブ州のための政治を掲げたのはそのような背景があった[18]。このような過程を通じて1997年の州立法議会選挙以降，選挙が定期的に行われ，ようやく実質的に選挙政治が復活する。

　以上のように紛争は徐々に収束するのであるが，その中でパンジャーブ州の政党システムはどのように変化したであろうか。最も顕著な特徴はアカリー・ダルとBJPの距離が縮まって両者の連合が安定し，結果としてアカリー・ダルとBJPの連合 対 会議派という構図が安定化したことである。1997年の選挙ではバダルのアカリー・ダルはBJPと連合を組み，インド共産党（CPI）と連合を組んだ会議派に対して勝利する。2002年の州立法議会選挙では逆に，会議派・CPI連合がアカリー・ダル・BJP連合に勝利した。次の2007年の選挙ではCPIが会議派とは協力を行わなかったこともあり結果は逆転し，アカリー・ダル・BJP連合が，会議派を破った。アカリー・ダル・BJP連合は2012年の州立法議会選挙でも会議派に僅差で勝利し，引き続き政権にとどまった。このように政党システムは会議派勢力，または，アカリー・ダル・BJP連合いずれが担当しようとも，5年の任期を全うし安定した。これまでのパンジャーブの政党政治の不安定性はアカリー・ダルの分裂性，不安定性に起因することが多かったが，1997年以降，アカリー・ダル自体およびBJPとの連合も安定した。このような政党システムの安定化の背後にはどのような変化があったのであろうか。

---

18) *India Today*, "Middle-of-the-roaders : Akali Dal led by Parkash Singh Badal break from the past to forge a moderaqte agenda", March 31, 1996（http://indiatoday.intoday.in/story/akali-dal-led-by-parkash-singh-badal-break-from-the-past-to-forge-a-moderate-agenda/1/283383.html，1996年3月23日アクセス）。この記事によれば，バダル率いるアカリー・ダルは初めてシク教徒以外に党員資格を認めた。

第1に重要な点は，シク教徒分離主義過激派の排除により，過激な政治イデオロギーが影響力を失い，政治的争点が「経済開発」などに移ったことである。2000年代以降の選挙では各政党とも農業用電力料金の無料化の継続などポピュリズム的な要求とともに，物価や雇用の問題，開発問題や腐敗などのガバナンスの問題にアピールの重点を置く。アカリー・ダルは言語問題やパンジャーブ語地域の編入の問題を要求から落としたわけではないが，例えば2007年の選挙綱領には「アーナンドプル・サーヒブ決議」の文字はなく，「協調的連邦制」が強調され，要求は穏健化している[19]。

　第2に，紛争を泥沼化させた会議派に対する反発がアカリー・ダルの政治的ポジションを微妙に変化させ，ヒンドゥーを支持基盤とするBJPとの距離が相対的に縮まった。従来，ジャート・シクなどのシク社会の有力層を支持基盤とするアカリー・ダルは，正統なシク教の要求を前面に押し出す宗教政党でもあり，シク教をヒンドゥー教に包摂されるべきものとみなす民族奉仕団（RSS）と密接な関係を維持するBJPとの連合には抵抗があった[20]。しかし，過激派の排除によって，シク教を前面に出す「アイデンティティ政治」の限界が突きつけられたとき，アカリー・ダルにとって州政治では脅威ではないBJPと，反会議派を共通項として連合を組むことに大きな矛盾はなかった。シク教徒とヒンドゥーの関係が正常化に向かい，シク教徒の間でBJPに対する抵抗感が薄れたこともそれを後押しした。例えば，2007年の州立法議会選挙時の世論調査を見ると，アカリー・ダルとBJPの連合については，アカリー・ダル支持者の約72％がBJPとの連合は宗派間の友好関係のためと答え，約20％が選挙のときの義務であると答えている。一方，BJP支持者は，約85％が選挙で有利になるからと答え，14％が宗派間の友好関係のためと答えている。両政党の支持者の述べる理由は同じではないが，しかし，お互いに排斥することなく，妥協しうるものと認識している（Kumar［2010：99-100］）。また，近年行われた世論調査では，シク教徒はヒンドゥー以上に，ヒンドゥー・ナショ

---

19) 以下を参照。Shiromani Akali Dal［2007］; Bhartiya Janata Party（Punjab）［2007］; Indian National Congresss（Punjab Pradesh Congress Committee）［2007］.
20) これに関しては，Chatterjee［1996：93］などを参照。

ナリスティックな傾向を垣間見せている[21]。

　以上のような2つの変化によってアカリー・ダル，および同党とBJPの連合は安定化した。それは全インド的なヒンドゥー・ナショナリズムの展開という視点から見ると，BJPがパンジャーブ州における連合相手を見いだしたということを意味する（Hansen and Jaffrelot (eds.) [1998 : 18]）。1980年代から1990年代のパンジャーブ紛争が，ヒンドゥーとシク教徒の分離を目指す過激派の除去につながり，逆説的ではあるが，結果として，両宗派が関係を深める障害がなくなったことが大きな要因である。

　以上の分析をまとめると次のようになろう。すなわち，会議派によるパンジャーブ州政治への介入を発端とするパンジャーブ問題の深刻化は，デリーで部分的に組織化された暴動として反シク暴動を引き起こし，少数派のシク教徒に疎外感を植え付けた。反シク暴動は反作用としてシク教徒分離主義過激派を広めたが，両宗派の伝統的な紐帯の強さもあり，パンジャーブ州ではヒンドゥーとシク教徒の決定的な亀裂にはつながらなかった。それがシク教徒分離主義過激派が成功しなかった大きな要因であった。そして過激派が排除されたことにより，逆にアカリー・ダルとBJPの距離は縮まり，パンジャーブ州ではヒンドゥー・ナショナリズムが受け入れられる政治空間が広がってしまった，といえる。

　ヒンドゥー・ナショナリズムの政治空間は，ヒンドゥー対ムスリムのコミュナル暴動でより直接的かつ広く発展する。なぜなら，そこではヒンドゥー民衆とムスリム民衆の直接的な暴力の応酬があり，それによって政治社会の包摂性がより大規模に破壊されるからである。これを次に検討する。

---

21) 本章以下第5節で分析されるように，グジャラートのナレンドラ・モディBJP州政府は，2002年の最大規模の反ムスリム暴動に何らかの関与があったと見られる。2013年2月に行われた世論調査はこれに関して，「モディ州首相は謝罪すべきかどうか」と問うた。宗派別の応答を見ると，ヒンドゥーの44%，ムスリムの52%が謝罪を要求しているのに対して，シク教徒は23%しか謝罪を要求していない（*India Today*, "Mood of the Nation", February 4, 2013, p. 15）。サンプリングは19州の102連邦下院選挙区から計12,823名の投票者にインタビューした。

2 ヒンドゥー・ナショナリズムとコミュナル暴動——問題構造の把握

「ヒンドゥー・ナショナリズム」とヒンドゥー対ムスリムのコミュナル暴動はインドでは非常に重要な問題であり，ヒンドゥー対シク教徒の暴力の問題に比べて，格段に多くの研究がなされてきた。この問題の歴史的背景として，多くの研究が指摘しているのは，分裂し弱体なヒンドゥーを統合し，インドを多数派ヒンドゥーの国家としようとする運動が近現代史の底流に流れてきたという点である。中でも最も重要な運動と指摘されているのが，ヒンドゥー社会の改革運動の中からヒンドゥーの団結と強化を目指して 1925 年に設立された RSS である。RSS を母体として創設された大衆連盟／BJP，世界ヒンドゥー協会（VHP），青年行動部隊である バジュラング・ダルなど多くの関連組織には，RSS の幹部活動家[22]が派遣され，全体として「サング・パリヴァール」（Sangh Parivar: RSS の一家）と呼ばれるネットワークを作っている。RSS を中心とするこれらサング・パリヴァールこそ，1980 年代以降のヒンドゥー・ナショナリズム拡大の主役となるのであるが，その影響力が広がる政治的・社会的状況を効率よく用意したのが「コミュナル暴動」であった。「他者」＝他の宗派との暴力的対立は反作用として，分裂したヒンドゥー社会を最も効果的に束ねるからである。この問題の広さと深さを認識するためには従来の研究の足跡をたどることが必要である。まずこの点から始めたい。

RSS を中心とするサング・パリヴァールは現在「ヒンドゥー・ナショナリスト」と呼ばれる場合が多い。しかし，彼らがインド独立を戦った会議派のナショナリズムと区別され，そのように呼ばれるようになったのはそれほど古いことではない。RSS のヒンドゥー・ナショナリズムの中心的概念である「ヒンドゥトゥヴァ」（Hindutva），すなわち「ヒンドゥー性」という概念がヒンドゥー大連合（Hindu Mahasabha）の V. D. サヴァルカルによって唱えられたのは 1923 年である。それによると，ヒンドゥトゥヴァとはヒンドゥーを糾合す

---

[22] Pracharak と呼ばれる組織化，宣揚などを行う幹部活動家が RSS と関連組織をつなぐとされる。Malik and Singh［1994: Chapter 5］などを参照。

る単純なイデオロギーではなく，ヒンドゥー性であり，ナショナルで文化的なものである。それはインドを「母なる地」とする地理的概念でもあり，「共通の血」と文化的伝統を過去から受け継ぐものであるとされる（Savarkar [1989]）。ヒンドゥー社会の改革運動からこのようなイデオロギーが生まれ出たのは，西洋の文化的優位性によって苛まれる植民地下のヒンドゥー社会，それも特に，高カースト・ヒンドゥーの挫折感やその裏返しとしての虚勢という心性があるとされる。このようなヒンドゥトゥヴァを，「ナショナル・アイデンティティ神話」の基にすべく受け継いだのが，RSS である。

　従来 RSS の運動は「ナショナリズム」というよりもヒンドゥー至上主義の「コミュナリズム」というラベルが当てはめられることが多かった[23]。それはヒンドゥトゥヴァが，ナショナルで文化的なものとされているにもかかわらず，実体はヒンドゥー中心の概念であり，したがって，ムスリムやクリスチャンなどを排除し，ヒンドゥー・コミュニティによる多数派の専制につながるものと受け取られたからである。特に，RSS 勢力や大衆連盟の影響力が狭い範囲に限られていた時はそうである。

　しかし，1980 年代後半以降 BJP やサング・パリヴァールがその影響力を拡大させるとその評価も変わってくる。元来，コミュナリズムとナショナリズムの境界はそれほど画然としているものではない[24]。しかし，ヒンドゥーのコミュナリズムは「多数派のコミュナリズム」（Basu et al. [1993 : 2]）であるがゆえに，中央権力に接近する可能性が大きく，そのためナショナリズムと評されるようになったと考えられる。このようなコミュナリズムからナショナリズムへの展開は「多数派の専制」という問題と関わってくるが，そのような概念的展開を理解することはヒンドゥー・ナショナリズムやコミュナル暴動の今日的位相を理解するためにも重要である。以下やや長くなるがこの点を過去の研究をたどることによって整理してみたい。

　今日のヒンドゥー・ナショナリズムの歴史的出自は様々な要因から成り立っ

---

23) コミュナリズムの歴史的位相については，Panikkar (ed.) [1991 : Introduction]．
24) 歴史的に見ても，植民地時代からコミュナリズムとナショナリズムの関係は微妙であった。長崎 [1994]；サルカール [1993] などを参照。

ている。まず，第Ⅰ編で説明したように1980年代までに会議派が社会経済開発に大きな成果をあげられず，人々の信頼を失い選挙で後退していったことが重要である。その結果，従来から会議派に不満を抱く層は，独自の政治的代表を求める動きを強めた。中でも重要なのは数的に優位な，その他後進階級（OBCs）であり，OBCsの支持を基盤とする州レベルの反会議派政党の成長であった。OBCsに関する政治が，州によって異なる極めて雑多な階層（カースト／コミュニティ）がこの範疇に含まれるにもかかわらず「OBCs政治」として括られるのは，留保制度との関係で論じられること（Béteille [1985]; Galanter [1984]; Kondo [2001]），そして会議派政治を突き破る勢力として各州の政党政治の構図において似たような位置づけが与えられる場合が多いからである。

　本章の以下の部分で扱う3州については，マハーラーシュトラ州に関してはM. カラス（Carras [1972]），J. レーレー（Lele [1990]），D. W. アットウッド（Attwood [1992]），S. パルシカル（Palshikar [1996]）などの研究，グジャラート州に関してはG. シャー（Shah [1990] [1996] [2007]）やP. シェート（Sheth [1998]）の研究，そしてウッタル・プラデーシュ州に関してはP. ブラス（Brass [1984] [1985]）やZ. ハサン（Hasan [1998]）などの研究が，OBCsの政治について大きく焦点を当てて分析している。これらの研究から州の状況の違いを簡単に類型化すると，マハーラーシュトラ州とグジャラート州ではOBCsの台頭は，ある時期には会議派へ取り込まれる面もあったが，他の時期には地域政党やBJPに取り込まれる場合もあり，その流動性が州政治を流動化させているといえる。それは特にグジャラート州についていえる。一方，ウッタル・プラデーシュ州ではOBCsの台頭は会議派政治に取り込まれなかった勢力の台頭であり，それは会議派の支持基盤を掘り崩すことになった。

　このような会議派の後退とOBCsの政治的顕在化が政党システムを流動化させ，1980年代以降，流動化した人々の政治意識に浸透する形で，BJPなどサング・パリヴァールによるコミュナリズム／ヒンドゥー・ナショナリズムが浸透していく。前にも述べたように，それは会議派政治への対抗という側面に加えて，州レベルで台頭するOBCs政治への対抗のプロセスでもあった。問

題は，ヒンドゥー・ナショナリズムを喧伝する過程においてムスリムとの社会的緊張，コミュナル暴動の可能性が高まることも厭わなかったこと，あるいは意図的に暴力的緊張関係をつくりだそうとしたことである。コミュナルな対立あるいは暴力は，第5章で見たように選挙で会議派の威信を掘り崩し，一方，「他者」（＝ムスリムなど宗教的少数派）の脅威といった単純化されたアピールを浸透させ，OBCsも含めヒンドゥー社会の多様な集団のBJPへの支持を拡大する効果をもたらすことは，既に意識されていたと考えられる。そのプロセスのクライマックスが，1992年12月6日のウッタル・プラデーシュ州アヨーディヤーのバーブリー・モスクのヒンドゥー・ナショナリスト勢力による計画的破壊とそれに続くコミュナル暴動であった。それは，幅広い階層の支持を集め社会的妥協を引き出すところの，会議派的な包摂政治の有効性を損ね，社会的不寛容と緊張を高めた。これが多くの研究者の注目を引きつけた大きな理由である。

　以上のように，政治社会的ダイナミズムと，コミュナリズム／ヒンドゥー・ナショナリズムの絡み合いによって非常に大きな政治問題が発生したことが，1990年代後半以降，研究が盛り上がりを見せる契機となった[25]。まず，歴史や思想面では，複雑に絡み合った歴史的出自を論じた小谷汪之（小谷［1993］），サング・パリヴァールと密接な関係を持つに至ったマハーラーシュトラ州の排他的地域政党であるシヴ・セーナーの展開を分析した内藤雅雄（内藤［1998］），宗教，言語，カーストなど多様なエスニシティの基盤が混在する複雑な社会で，ヒンドゥー・ナショナリズムが「ヒンドゥー」という大概念の下に社会を強引に統合しようとすることを宗教や思想的な面から批判的に分析したP. ビドゥワイら（Bidwai et al. (eds.) ［1996］）や，近藤光博（近藤［2002］），中島岳志（中島［2005］）などがいる。またA. バス（Basu［2001］）は，ヒンドゥー・ナショナリズムを積極的に支持するのはヒンドゥー社会でも

---

25) ヒンドゥー・ナショナリズムの政治に関する研究が1980年代までそれほど多くないのは，このような現実の裏返しであった。少ない研究のうちでも重要なのは，C. バクスター（Baxter［1969］）やW. K. アンダーソンとS. ダムレー（Andersen and Damle［1987］）の研究である。彼らはヒンドゥーの歴史的改革運動からRSSの展開や大衆連盟／BJPの成長の過程など基本的な分析を行った。

優越的なカーストで，SCs などはむしろ批判的傾向があることを示した。

　一方，政党政治の次元から BJP の成長を分析したものとして，ヒンドゥトゥヴァを近代における多数派ヒンドゥーのナショナリズムと明確に特徴づけ，大衆連盟／BJP をその実現のための前衛政党として位置づけた Y. K. マリックと V. B. シン（Malik and Singh［1994］）や，選挙政治における BJP の成長を論じた近藤則夫（近藤［1998a］），および RSS などサング・パリヴァールと BJP の関係に焦点を当てつつ BJP の成長を包括的に分析した P. ゴーシュ（Ghosh［1999］）などがあげられよう。特にマリックとシンやゴーシュの研究が示す一つの特徴は大衆連盟／BJP が，ヒンドゥー・ナショナリズムを広める，いわば前衛政党としての存在と，現実の政党政治の中で政権を獲得するために政治的妥協を繰り返さざるをえない存在との間で揺れ動いているという点である。

　歴史，思想史，政治分析の次元で運動を統合的に最も洗練した形で捉えているのは C. ジャフレロット（Jaffrelot［1996］）であろう。彼によるとヒンドゥー・ナショナリストはヒンドゥー自らの脆弱性の裏返しとして対抗する「他者」を作り上げ，それに対抗するものとして多数派「ヒンドゥー」のアイデンティティを形成し，政治的影響力を拡大している，と分析する。これは必ずしもジャフレロットの独創的な考え方ではないが，ジャフレロットの分析は最も洗練された定式化であるといえよう。このようなヒンドゥー・アイデンティティの形成過程はミクロなレベルでサング・パリヴァールによって不断に行われている。例えば，B. ナーラーヤンはウッタル・プラデーシュ州やビハール州で，社会的上昇とアイデンティティの確立を求めるダリト（「被抑圧階級」の意味。多くの場合 SCs を指す）と，彼らの支持を得たいサング・パリヴァールが「サフロン化」（Saffronisation：高カースト的言説を基礎とする「ヒンドゥー化」）を媒介にして結びつき，従来共存していたイスラーム的なものを排除するプロセスが進行していることを示した（Narayan［2009］）。また，T. B. ハンセンとジャフレロット（Hansen and Jaffrelot (eds.)［1998］）は州レベルにおけるヒンドゥー・ナショナリズムの広がりを分析し，ハンセン（Hansen［1999］）などはヒンドゥー・ナショナリズムと社会階層の関係を分析した。こ

れらの研究は，ヒンドゥー・ナショナリズムが各地の多様なヒンドゥー集団を吸収してヒンドゥー・アイデンティティを形成し，混淆的な文化が「純化」される過程で，各地で独特な作用と反作用があること，その過程で重要なやり方が，対抗する「他者」を作り上げることであることを示している。コミュナル暴動が重要なのはこのような「他者」を効率的に作り上げる点にある。

　ヒンドゥー・ナショナリズムの拡大におけるコミュナル暴動の重要性は，多くの研究者に認識されている。コミュナル暴動を分析する視角としては，それが発生する社会経済構造に焦点を当てるもの，および政治展開に焦点を当てるものに大きく分類されると考えられるが，実際の分析は両者の視点の組み合わせである。1980年代以降の代表的研究としては以下のものがあげられよう。

　P. R. ラージゴーパルの研究（Rajgopal [1987]）はコミュナル暴動の統計を整備することによって本格的に類型化を試みた最初のものである。J. マクガイヤら（McGuire et al. (eds.) [1996]）や A. ナンディら（Nandy et al. [1997]）はアヨーディヤー運動がいかに暴力的なプロセスと絡み合っているかを分析した。また，コミュナル暴動が都市部で多発する条件を探り，コミュニティ内の凝集性は強いがコミュニティ間のつながりが弱い場合に暴動が起こりやすくなるとした A. ヴァーシュネイの研究（Varshney [2002]），地方の社会的ネットワークの存在がコミュナル暴動などを局地化する上で重要だとする R. カウルの研究（Kaur [2005]），州レベルのデータを基に統計分析を行い経済成長がコミュナル暴動が起こる確率を低下させるとする A. T. ボールケンと E. J. セルゲンティの研究（Bohlken and Sergenti [2010]）などは，コミュナル暴動と社会的背景の関係について重要な知見を与えてくれる。また，選挙政治とコミュナル暴動の関係を統計的に分析して，地域の選挙政治が生み出す政治的インセンティヴが宗派間の分極化やコミュナル暴動を引き起こすとした S. I. ウィルキンソンの研究（Wilkinson [2004]）や，本章の冒頭に述べたが，現代の大規模なコミュナル暴動は「自然発生的」に起こるのではなく暴動によって利益を得る勢力が引き起こす「組織化された暴動システム」であるとしたブラスの研究は，コミュナル暴動と政治過程を実証的に関連付けている。

　以上のようにコミュナル暴動は多くの面から研究されているが，現代政治と

の関係で重要なのは，ブラスの「組織化された暴動システム」仮説である。なぜなら，この仮説は政治とコミュナル暴動の関係を直接的に概念化しようとしているからである。社会的・経済的要因も重要であるし，統計的視点からの分析も必要であるが，それらは基本的には「背景」，すなわち，コミュナル暴動が起こる蓋然性を高める要素の分析であって，コミュナル暴動の直接的引き金の分析ではない。政治との接点でコミュナル暴動を分析する場合，その「直接的引き金」を分析することが欠かせず，その場合，ブラスの組織化された暴動システム仮説が重要な視角となる。

以下で分析するよう1992-1993年のムンバイ，そして，2002年のグジャラート州のコミュナル暴動ではヒンドゥー・ナショナリスト勢力が組織的に関与した[26]。彼らが関与した動機の一つは州政治で有利になることを期待したからであった。デリーでの反シク暴動にもそのような動機があったことを指摘した。近年の大規模なコミュナル暴動を政治の次元において分析する場合，組織化された暴動システムという概念は重要な視点となるのである。

ただし，繰り返しになるが，この問題を考えるとき州レベルの分析が重要である。宗派間のコミュナル暴動が特定の州の特定の地域（都市）で特に頻繁に起こるという「偏り」を持っていることは，地域／州の独自の社会や政治関係が重要であることを示す。そのような異なる条件や背景を持つ州を比較することによって，大規模なコミュナル暴動が発生する要因，州政治へのインパクトなどをよりよく理解できるであろう。1990年代以降に最大規模のコミュナル暴動を経験したマハーラーシュトラ州とグジャラート州の分析で暴動の推移を詳述するのはそのためである。また，逆に大規模なコミュナル暴動が発生しない条件を探ることも重要である。これを探るためには潜在的に暴動発生要因はあるが，実際には発生を許していない州との比較が必要となる。アヨーディヤー問題を抱え歴史的にコミュナル問題の震源地であるにもかかわらず，近年大きな暴動を経験していないウッタル・プラデーシュ州を分析の対象とするの

---

26) グジャラート州は宗派間の「暴動」が操作され，ヒンドゥー・ナショナリズムが「人工的」に拡大したヒンドゥー・ナショナリズムの「実験場」とも揶揄される州である。2002年の暴動の資料集として，例えばEngineer (ed.) [2003].

はそのためである。各州の分析に入る前に、まず、あらためてアヨーディヤー問題の展開を説明しておく必要があろう。

3　ヒンドゥー・ナショナリズムとアヨーディヤー問題の展開

　ヒンドゥー・ナショナリズムとコミュナル暴動の関連を考える場合、サング・パリヴァール、特に BJP の政治的動きを考えることが重要である。BJP は大衆連盟の時代は連邦下院選挙での得票率は 10% を超えることはなく、獲得議席も 1967 年の 35 議席が最高であったが、1989 年の選挙では得票率が 11%、獲得議席は 86 となり、1990 年代以降の選挙では得票率は 2 割以上、獲得議席も 1998 年と 1999 年の選挙では 182 議席にまで上昇した。図 7-3 は BJP の連邦下院選挙における得票率とコミュナル暴動の規模を示したものであるが、BJP の得票率は 1980 年代以降、コミュナル暴動の拡大と歩調を合わせるように高まったように見える。この時期のヒンドゥー・ナショナリズムの最も重要な争点は、いうまでもなくアヨーディヤー問題であるから、まずここでは以下の 3 州の分析の共通のコンテクストとなるアヨーディヤー問題の展開を説明したい。

　まず、注意すべきは、サング・パリヴァールの活動というよりは、従来政治に宗教を持ち込むことを禁忌としていた会議派の変質がヒンドゥー・ナショナリズムの拡大、特にその初期の段階での拡大を許す起点となったという点である。会議派が経済運営の失敗や OBCs の台頭などにより人気が低下し、1980 年代から次第に多数派ヒンドゥーの宗教感情に訴えて人気を維持する方向性を見せ始めたことは、たびたび述べた。宗教的感情を政治的に利用することに対する抵抗感が次第に薄らいでいくそのような政治状況の中で、ラジーヴ・ガンディー会議派政権は従来の支持基盤であるムスリムにも、そしてそのバランスをとるためにヒンドゥー勢力にも配慮し、ヒンドゥー大衆の人気を取り付けようとする。その結果が、1949 年から封印されていたアヨーディヤーのバーブリー・モスクをヒンドゥーの礼拝に開放するという 1986 年の決定であった。

第7章　ヒンドゥー・ナショナリズムと多数派主義　407

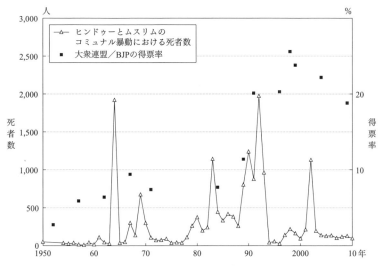

図 7-3 ヒンドゥーとムスリムのコミュナル暴動による死者数および大衆連盟（1951-1977 年）／BJP（1980 年-）の連邦下院選挙における得票率（1950-2010 年）

出所）Rajya Sabha［2000］；Lok Sabha［2004］；Engineer［2004: 223-224］；Lok Sabha［2005］；GOI（Ministry of Home Affairs）［2007: 37］より筆者作成。

注）研究者の間では政府資料における基準のとりかた，正確性に疑問を投げかけるものも多い。しかし例えば，Wilkinson（ed.）［2005: Appendix］などの新聞報道に基づく集計を見ても，大まかなトレンドは似通っているといってよい。

開放は VHP などが従来から要求していたものであった。

会議派政権は 1986 年 5 月に，離縁されたムスリム婦人に不利になりかねない「ムスリム婦人（離婚における権利の保護）法」（Muslim Women (Protection of Rights on Divorce) Act）を制定し，ムスリム保守派に譲歩した。これに対して，時代にそぐわないとしてヒンドゥーから批判が出ていたが，そのような批判をかわし，バランスをとるためにヒンドゥーへのバーブリー・モスクの開放がなされたと考えられている[27]。ヒンドゥー・ナショナリストは同モスクが，ラー

---

[27] インドでは強制力を持つ統一民法はなく，宗派ごとに異なる。ムスリム婦人（Shah Bano）は夫からイスラーム法の「タラーク離婚」（3 度離婚を通知すれば一方的に離婚できる）の手続きによって離縁されたが，離婚後の扶養費を求めて司法で争った。これに対して 1985 年 4 月に最高裁は刑事訴訟法に則って裁判を行うことを認め，扶養費の支払いを命じる判決を出した。ムスリム保守派はこれはイスラーム法に対する

ム神の寺院を破壊してムガール朝の武将が建設したものだと主張し，歴史の汚点を拭うためにその地にラーム神の寺院を建立する運動を展開していたが，これに配慮したのである。ラジーヴ・ガンディー政権は 1989 年の連邦下院選挙直前の 11 月 9 日にも，サング・パリヴァールがラーム寺院建設のためヒンドゥーに呼びかけて，清められた煉瓦をアヨーディヤーに集め寺院建立の定礎とする儀式[28]が行われるのを，コミュナルな感情が刺激され治安上大きなリスクがあるにもかかわらず，黙認した。さらに，ラジーヴ・ガンディー首相がアヨーディヤー近郊から連邦下院選挙の選挙戦を開始するなど，ヒンドゥー教徒への「配慮」は明らかであった。自らの支持基盤を掘り崩すことになるアヨーディヤー問題の再浮上は，会議派自身がそのきっかけを作ったといえる。もっとも，そのような動きを最大限利用したのは BJP などサング・パリヴァールであった。

　第 3 章で述べたように 1989 年 11 月の連邦下院選挙では野党は広範な反会議派連合を組み，会議派に勝利した。会議派の不人気という状況で，BJP は連合形成の効果と，アヨーディヤー問題の政治化によるヒンドゥー・ナショナリズム感情の広がりによって，北インドを中心として議席を伸ばし，改選前の 2 議席から 86 議席へ躍進した。ウッタル・プラデーシュ州では州立法議会選挙も同時に行われ，第一党にはジャナター・ダルがなり，ムラーヤム・シン・ヤーダヴ政権が発足した。しかし，同党の内部分裂のために政権は崩壊し，1991 年の選挙では BJP は過半数の 221 議席を得てカリヤーン・シン単独政権が成立した。1991 年の選挙で成立した P. V. ナラシンハ・ラーオ会議派中央政権は，この BJP 州政権を相手として話し合い[29]，それが不可能な場合は司

　　介入であるとして反発した。これに対してラジーヴ・ガンディー政権が制定したのが，1986 年 5 月の「ムスリム婦人（離婚における権利の保護）法」で，それはイスラーム法に歩み寄る保守的な立法であり，最高裁の判決を無意味にしかねない内容を持った。これに対して今度はヒンドゥーの方が反発した。これが同政権がバランスをとるためにヒンドゥーの保守的勢力にも何らかの譲歩を行わざるをえないと考えた背景である。ムスリム個人法における婦人の地位，実態については，Vatuk [2010]。

28) Shilaanyaas と呼ばれる儀式である。ラジーヴ・ガンディー首相の役割については，Malik and Singh [1994 : 129]。
29) ヒンドゥー・ナショナリスト側では VHP，ムスリム側では全インド・バーブリー・マ

法の裁定によって，穏健な形でアヨーディヤー問題を処理しようとしていた。P. V. ナラシンハ・ラーオ首相は BJP 州政府は責任者としてバーブリー・モスクの暴力的な破壊行為を容認しないであろうし，また，連邦制国家では中央政府による州政府への介入は制約されるとして，強引な介入は控えた（Rao [2006：169, 255]；Parikh [1993]）。

　以上のような政治状況から BJP や VHP，バジュラン・ダルは大きな活動の自由を得た。例えば 1990 年の L. K. アドヴァーニ BJP 総裁による「ラト・ヤートラ」（Rath yatra）[30] と呼ばれるラーム寺院建立のための全国的示威運動や，「カール・セーヴァー」（Kar Seva：宗教的奉仕）と呼ばれるラーマ寺院建立に向けてたびたび行われた奉仕活動は，宗派間の緊張と暴力を伴うものであったが，大きな制約を受けることなく，ヒンドゥー教徒を動員することができた。そのクライマックスが 1992 年 12 月 6 日のバーブリー・モスクの破壊である[31]。破壊は計画的であってウッタル・プラデーシュ州の警察は傍観しているだけであった。後にこの事件を調査したリバーハン委員会は，「12 月 6 日の事件は自然発生的でも防げないものでもなかった，（中略）それは宗教的，政治的，そして暴徒の指導者を含むところの，よく練り上げられた計画の頂点で起こった」と述べた。リバーハン委員会は RSS，VHP，バジュラン・ダルなど破壊に直接的に関わった組織とともに，BJP のウッタル・プラデーシュ州首相のカリヤーン・シン，BJP 中央の指導者アドヴァーニ，A. B. ヴァジパーイー，ムーリー・マノーハル・ジョーシーなども「疑似穏健派」として厳しく断罪している[32]。

　　スジッド行動委員会，そして政府代表の 3 者による交渉によって妥結を目指した。
30）山車による示威行進を意味するが，この場合，アドヴァーニはラーム神のイメージを祭ったトラックに乗って全国遊説の行進を行った。その過程で各地で宗派間の緊張を生み出し，しばしば暴動を引き起こした。
31）最高裁は 12 月 6 日予定のカール・セーヴァーで寺院関連の建立活動を許可せず，州政府もそれを受け容れたことで，モスクの破壊など過激な展開は回避されるものと考えた。
32）GOI（Ministry of Home Affairs）[2009：722-23, 941]．1992 年 12 月のアヨーディヤー事件を調査するため中央政府により，M. S. リバーハン元最高裁判事を委員長として同年末に設立された委員会。委員会は当初，3 カ月で報告書を提出するものとさ

破壊の報は直ちに伝わり，北部や西部でムスリムの抗議行動が起こり，それに対するヒンドゥーとの衝突によって暴動が発生した。破壊直後，中央政府はVHP，バジュラン・ダル，RSS，および「インド・イスラーム協会」(Jamaate-Islami Hind)，「イスラーム奉仕団」(Islamic Sevak Sangh)をコミュナルな組織として非合法化し，また，BJPが政権に就いていたウッタル・プラデーシュ，マディヤ・プラデーシュ，ラージャスターン，ヒマチャル・プラデーシュの各州政府を解任し，大統領統治により中央政府の下に置いた。暴力的衝突，暴動は北部や西部が中心であったが，今や，政治的には「コミュナル紛争の全国化」(Jaffrelot [1998：81]) ともいわれるような状況が出現した。最大規模の死者を出したのは，大統領統治が布かれた上記の州ではなく，マハーラーシュトラ州のムンバイであった。

4 マハーラーシュトラ州1992-1993年──コミュナル暴動とヒンドゥー・ナショナリズムの拡大

マハーラーシュトラ州では1992年から1993年の暴動を除くと大規模なコミュナル暴動は図7-4のように，1970年と1984年に起こっている。前者はムンバイに隣接するターナ (Thana) 県のビワンディ (Bhiwandi) を中心とする暴動である。マハーラーシュトラ州の歴史的英雄であるシヴァージーの生誕祭におけるヒンドゥーとムスリムの衝突が大規模な暴力に発展したものであるが，その背景にはアーメダバードで前年に起こったコミュナル暴動が両者間の緊張を高めていたという事情があった。1984年の暴動もビワンディからムンバイを中心とする暴動である。投石事件から両宗派間の対立が強まったところに，ムスリムを「よそ者」と排斥する地方政党のシヴ・セーナーの扇動が事態を悪化させ，大きな暴動となった。

シヴ・セーナーは1966年にB. タークレーによってムンバイで設立された

れたが，その後，頻繁に延長を重ね，最終的に提出したのは2009年であった。この報告にはヒンドゥー・ナショナリズム勢力からの反論もある。

第 7 章　ヒンドゥー・ナショナリズムと多数派主義　411

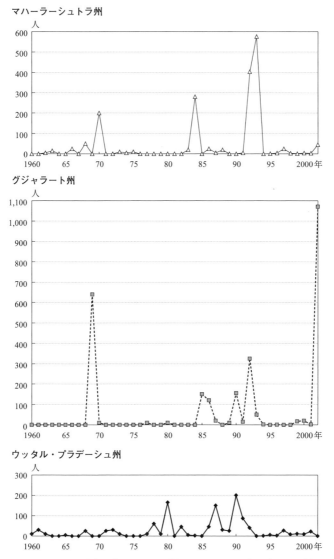

図 7-4　マハーラーシュトラ州，グジャラート州，ウッタル・プラデーシュ州におけるヒンドゥー対ムスリムのコミュナル暴動の死者数（1960-2002 年）

出所）Engineer［2004：228］より筆者作成。
注）暴動の犠牲者数は資料によって異なる場合があり，このグラフで示される数値と本文中の数値は異なる場合がある。

政党である。当時のマハーラーシュトラ州は旱魃などで経済的・社会的に困窮した人々がムンバイに多数流入し、また教育、就業においてよい機会は南インドなど他地域からの移民が多くを占めており、マラータなど地元の人々の不満を高めていた。シヴ・セーナーは南インドからの移住者などを敵視し、マラータなど「土地の子」（Son of the soil）の不満を吸収して影響力を拡大していった政党である。しかし、シヴ・セーナーは、1980年代から次第にヒンドゥー・ナショナリズムに同調し始めた。ムンバイでの1992年末から翌年にかけての暴動の一方の主役となったのは、このシヴ・セーナーであった[33]。この暴動は、より大規模で組織化されたものであったことが大きな特徴であった。以下では、まず州政治の状況に触れた後、暴動の分析を行う。

マハーラーシュトラ州の政治とシュリクリシュナ委員会報告

マハーラーシュトラ州は1960年の創設以来、基本的に会議派が政権を担当してきた。例外は1978年から1980年にかけてのシャラド・パワールの「進歩的民主戦線」（Progressive Democratic Alliance）[34]および1995年から1999年までのシヴ・セーナー・BJP連合政権である。アヨーディヤー事件当時は1991年の州立法議会選挙で勝利した会議派のスダカールラーオ・ナイク州首相が政権を担当していたが、暴動に有効な手を打てなかった。暴動後、州政府は原因を調査するため、ムンバイ高裁判事B. N. シュリクリシュナを委員長とする委員会を1993年に設立した。この委員会は以下のように州政治に巻き込まれスムーズには活動できなかったが、「暴動」の実態を明らかにする上で大きな役割を担うことになる。

委員会の調査は会議派政権中には終わらなかった。そこで1995年の州立法議会選挙で勝利したシヴ・セーナー・BJP連合州政府は時間がかかりすぎるとして1996年にいったん委員会を解散した。これは後述するようにシヴ・セー

33）シヴ・セーナーはムンバイのスラム住民や中産階級の一定の支持を得て成長してきたといわれる。また、そのイデオロギーは根っからのヒンドゥー・ナショナリズムではないという研究者もいる（Heuzé [2011]）。

34）後に会議派に合流。

ナー，特に党総裁のタークレーが暴動に深く関与していることが明らかになったからである。しかし，中央で政権に就いたヴァジパーイー BJP 政権[35] は解散が偏った決定であるとの批判を恐れ，州政府に委員会再開を助言した。その結果委員会は再開され，最終的に 1998 年に州政府に報告が提出されることになる[36]。このようにいわくつきの委員会であったが，報告の内容は公正なものと見られている。以下は主として同委員会報告に依拠する説明である。

アヨーディヤー事件とムンバイのコミュナル暴動

　ムンバイを中心とする暴動は 2 波に分かれる。第 1 波は，1992 年 12 月 6 日のバーブリー・モスク破壊直後 5 日間の暴動で，第 2 波は翌年 1 月 6 日からの 15 日間である。第 1 波の暴動に至る背景としては，シヴ・セーナーや RSS/BJP 勢力が 1992 年 7 月頃からアヨーディヤー問題に関してさかんに扇情的活動を行い，そのため両宗派間の緊張が高まっていたという状況が重要である。そのような状況においてバーブリー・モスク破壊の報道が伝わる。

　モスク破壊の報道により，シヴ・セーナーなどを先頭としてヒンドゥーが「勝利」を祝うため街頭にくりだした。しかし警察はこれを宗教的行進であるとして阻止しなかった。一方ムスリムの間では憤激と反発が高まり，街頭でのデモンストレーションなど抗議行動を起こした。多くの場合，それは平和な抗議として始まったが，次第にエスカレートして警察そしてヒンドゥー群衆との衝突となり，第 1 波の大規模な暴動となった。ただしこの段階では，暴動はヒンドゥー，ムスリム双方とも組織されたものではなく，その意味で「自然発生的」性格のものであった。

---

35) 1996 年の連邦下院総選挙で BJP は少数であったが第一党となり一旦は政権に就いたが，他党の協力を得られなかったため，13 日間だけの政権に終わった。

36) 委員会の報告書 Government of Maharashtra (Sr) [1998]（以下，Sr [1998] とする）は Anand (ed.) [1998] に収録されているものである。同書には州政府がシュリクリシュナ委員会報告に関してどのような行動をとったかその対応を示した，"Memorandum of Action to be Taken (ATR)" = Government of Maharashtra (ATR) [1998]（以下，ATR [1998] とする）および 1970 年にビワンディ，ジャルガオン，マハドで発生したコミュナル暴動に関する D. P. マダン委員会報告の一部も収録している。

この第1波の暴動では、警察は当初両コミュニティから攻撃されたが、暴動鎮圧のための発砲による死者はムスリムの方がはるかに多かった。ただし、この第1波段階においては警察がムスリムを組織的に目標にしたとは考えられないという（Sr［1998: para 12］）。

　この第1波の暴動の後、両宗派の間の緊張をさらに高める展開が起こった。その中の重要なものとしてまず、12月26日からシヴ・セーナーとBJPによってはじめられた「マハー・アールティー」（Maha Aarti：大いなる儀礼）があげられる。「アールティー」はもともと灯明の盆を回すヒンドゥー教の一般的儀礼であるが、それがシヴ・セーナーによって大規模に組織されたのが「マハー・アールティー」である。これはヒンドゥー教の儀礼を利用したヒンドゥー大衆動員の一形態で、ムスリムの集団礼拝であるナマーズ（Namaz）に対抗して組織されたとされる（Katzenstein et al.［1998: 228］）。このマハー・アールティーは、会場で行われるシヴ・セーナーやBJPのムスリムに対する一方的な演説とともに、コミュナルな感情を扇動する役割を果たし、実際、ムスリムに対する暴力行為に発展することもあった。これは翌年2月まで各地で行われた。第1波の大規模な暴動があったにもかかわらず、警察がマハー・アールティーを規制しなかったのは、警察、特に現場の警官はシヴ・セーナーの影響が強いこと、また、規制することがかえってシヴ・セーナーなどを刺激しコミュナル暴動につながることを恐れたのではないかといわれる[37]。州首相ナイクも少なくとも表面的には宗教儀式であるとして、介入には積極的ではなかったという（Sr［1998: 218］）。

　ムスリムの側でも第1波後には、ナマーズに出席する人数が大幅に増えたといわれ（Sr［1998: 12］）、それは翻って、ムスリムが「復讐」を煽っているという疑念をヒンドゥー側に引き起こしたとされる。マハー・アールティーはこれに対抗する意味を持つことになる。

　また、対立の雰囲気を助長するにあたっては、現地マラーティー語新聞の

---

[37] 警察はマハー・アールティーを宗教的行事とみなしたといわれているが、明らかに言い訳である。暴動中の外出禁止令のときにさえ、シヴ・セーナーに配慮してマハー・アールティーが許された場合がある（Sr［1998: 70］）。

『サームナ』(Saamna) や『ナヴァーカル』(Navaakal) が扇情的な報道を行い，宗派間の相互不信と緊張を高めた。とりわけシヴ・セーナー総裁タークレーはムスリムを攻撃する扇動的な言動を発し，状況を悪化させた。そのような状況で暴力事件の増加が第2波の暴動につながる。

第2波は1993年1月6日から始まった。同日から殺傷事件などが増加し，ムスリムが攻撃してくるという噂が地方新聞などに扇動されて広がった。そしてヒンドゥー勢力による「反発」が本格的な暴動に転化するのは8日からで，シヴ・セーナーが暴動の先頭に立ってムスリムに「報復」した。その場合，ヒンドゥーの側からの襲撃はかなり組織化されたものであった。ムスリムの側ではこの時点でも有効な指導者はなく，ヒンドゥーの暴徒からの攻撃に対処できなかった。しかも警察はヒンドゥー寄りで，発砲によって多くのムスリムが死亡した。その後，軍隊が鎮圧に動員され，1月20日には暴動は沈静化する。

第1，2波の暴動中，会議派の下にあったムンバイの市政は混乱で機能停止し，警察は全体としてムスリムへの暴力を阻止しようとしなかったといわれる。第1波と第2波の期間を通じて暴動の死者数は900人に及んだ。そのうち宗派別ではムスリム：575名，ヒンドゥー：275名，その他：5名，不明：45名となっている。原因別に見ると警察の発砲：356名，刃物による殺傷：347名，放火：91名，暴徒による殺人：80名，発砲事件によるもの：22名，その他：4名となっている（Sr［1998：18］）。

以上が2波にわたる暴動の推移であるが，暴動の後，1993年3月12日にはムンバイで連続爆弾テロ事件が起こり257人が犠牲者となった[38]。テロはムスリムによる報復であるとも受け止められた。いずれにせよ，これらの一連の暴動，テロ事件によって宗派間の亀裂は深まった。

シュリクリシュナ報告書は暴動が大規模化した背景として経済や社会の停滞

---

38) ボンベイ証券取引所やエア・インディアなどを狙った連続爆破事件。これは無差別テロであることから当初は暴動に無関係とも考えられたが，調査が進むにつれドバイをベースとする密輸業者で犯罪社会の大物であるダウード・イブラヒム，マフィアのメノン兄弟（Menon Brothers）などムスリムの犯罪者が関わっている疑いが浮上し，報復という性格が強いものと推定されている（GOI (Ministry of Home Affairs)［1993：1］)。

をあげている。組織部門で雇用が乏しいこと，インフォーマル・セクターの増大とスラムの拡大による住民の不満，人口の増加とムスリムのゲットー化傾向などである。政治的状況としては，ヒンドゥー・ナショナリストの運動の激化によるムスリムの社会的疎外感の高まりが指摘された。確かに社会的・経済的背景，そして長年にわたるシヴ・セーナーやBJPなどの運動によるムスリムの疎外感は重要な要因である。しかし，それと同様に重要な要因は州政府の問題である。州政府が暴動が続いている時でさえマハー・アールティーを多くの場合禁止しなかったこと，上級の警察が巡査など下級レベルの警官を統制できず後者がシヴ・セーナーなどの影響を受けてムスリムに偏見を抱く傾向が強かったこと，暴動後今日に至るまで会議派州政権や司法もシヴ・セーナーを罰することができないこと[39]，要するにシヴ・セーナー勢力がムスリムを襲撃している時に，コミュナル暴動を起こさせないという明確な意志が州政府に欠如していたことが，暴動の大規模化・長期化の原因と考えられる。

コミュナル暴動後の州政治の展開

ナイク州首相は，コミュナル暴動に有効な手を打てなかったことで多くの批判を浴び，2月下旬には会議派中央政府の国防大臣シャラド・パワールに州首相の座をゆずることになる。パワールは，上述したようにマハーラーシュトラ州首相を務め，同州に大きな影響力を持つ政治家である[40]。

本節の最後に，暴動が主要政党に対する人々の評価をどう変えたか州立法議

---

39) インド中央政府内務省は1993年3月には州政府に対してタークレーに対して何らかの行動を起こすように要請した。24の提訴のうち，16については州政府は起訴の裁可を出さず，6つについては起訴の裁可を与えたものの後に取り下げ，残りの2つの提訴は係争中となった（Sr [1998: 202]）。暴動に関する1998年までの公益訴訟（public interest writ petition）においてもムンバイ高裁は暴動期間中のタークレーの新聞紙上の扇情的発言を，インド刑事訴訟法（Indian Penal Code）第153条の「特定の宗教コミュニティに対して憎しみを広げる」発言とは認めていない（*Communalism Combat* [1998]）。
40) もともとナイクはパワールの後ろ盾を得て州首相となったが，次第に独自性を強めた。パワールはこれを嫌っていた。したがって州首相の交代は権力闘争の意味合いも持っていた。

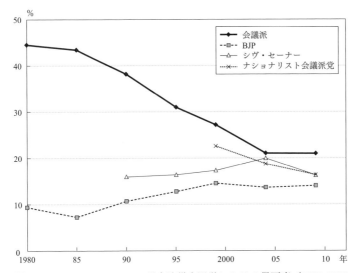

図 7-5 マハーラーシュトラ州立法議会選挙における得票率（1980-2009年）

出所）Election Commission of India（http://eci.gov.in/eci_main1/index.aspx, 2013 年 10 月 23 日アクセス）のマハーラーシュトラ州立法議会選挙の統計データより筆者作成。

会選挙データから検討してみたい。図 7-5 は州立法議会選挙の結果である。得票率の推移からわかるように，会議派の支持基盤は徐々に縮小していたが，1990 年の選挙[41]までは政権を維持できた。しかし，1995 年の選挙では定員 288 議席中，会議派は 80，シヴ・セーナーは 73，BJP は 65 という結果となり，シヴ・セーナー・BJP 連合が勝利した。ここでコミュナル暴動が人々の政党選好に与えた影響を見るため，1990 年から 1995 年の州立法議会選挙の変化を検討してみたい。

州全体では 2 回の選挙の間で得票率の変化は会議派が−7.3％，シヴ・セーナー・BJP 連合が＋2.5％であった。会議派が 7.3％支持を失ったのは，まず，コミュナル暴動の拡大を阻止できなかった責任を選挙民，特にムスリムに問われたことがあろう。

---

41) 1990 年の選挙結果は州立法議会 288 議席のうち，会議派：141，BJP：42，シヴ・セーナー：52 であった。

表7-2 マハーラーシュトラ州立法議会選挙におけるカースト別の政党選好（1995年）
(％)

カースト	政　党			
	会議派	会議派脱党者	BJP	シヴ・セーナー
高カースト	13.6	2.3	56.8	6.8
中間カースト	34.4	6.6	36.1	3.3
マラータ・クンビー	39.8	13.7	8.2	17.6
OBCs	33.3	11.7	19.0	11.3
SCs	31.4	5.1	7.1	5.8
STs	75.0	3.9	10.5	1.3
非マハーラーシュトラ人	30.0	3.3	35.0	13.3

出所）Palshikar [1996：176].
注1）サーベイは州立法議会選挙が終了した2週間あとの1995年2月に行われた。サンプル数は1,055.
　2）他の政党があるため各カーストの合計は100％には達しない。

　宗派別のサーベイは得ることが難しいが，S. パルシカルの調査（Palshikar [1996：177]）では，ムスリムの約70％が自分たちの利益を保護してくれる政党はないと答え，1995年の選挙では多くのムスリムは伝統的に支持してきた会議派に投票しなかったと推定される。また，カースト別の政党支持構造を表7-2で見ると，「中間カースト」や「マラータ・クンビー」，および「OBCs」といった人口の大きな部分を占める中間層のかなりの部分が1995年の選挙ではシヴ・セーナー・BJP連合を支持したことがわかる。これが同連合の躍進に貢献したと考えられる。一方，会議派内部の要因としては，政権の腐敗，州会議派からの有力政治家の造反などが指摘されるが，特に後者の要因が大きいといわれる（Vora [1996：172]）。

　次に暴動の中心であったムンバイについて検討しよう。ムンバイでは得票率の変化は会議派が−6.3％，シヴ・セーナー・BJP連合が＋6.9％となっている[42]。ムンバイと州全体との変化率の差は会議派が＋1.0％，シヴ・セーナー・BJP連合は＋4.4％となる。したがって，他の地域と比べるとムンバイではコミュナル暴動の影響は，シヴ・セーナー・BJP連合への支持をより広げ

---

42) ここで計算対象としたのは，「ムンバイ」選挙区に関しては市街地「大ムンバイ」（Greater Mumbai）市に属する34州立法議会選挙区である。ただし，会議派が候補者を立てていない2つの選挙区は計算から除いた。

たという形で発現した可能性が高い。その際ムスリムは暴動によって，シヴ・セーナー・BJP 連合を支持するようになるとは考えられないので，同連合への支持を拡大したのはヒンドゥーであったということになる。

　1995 年の選挙の結果生まれたシヴ・セーナー・BJP 連合は，前述したようにシュリクリシュナ委員会をいったんは解散させようとした。また，報告書が提出された後に州政府は「政府がとるべき行動に関するメモランダム」を出しているが，それは責任回避に終始するものであった（ATR [1998]）。この連合政権はムスリムなど少数派の利害関係には冷淡で，例えば 1992 年 2 月に設置された「マハーラーシュトラ州少数派委員会」（Government of Maharashtra (Maharashtra State Minorities Commission) [n.d.]）は少数派の状況の改善のための勧告を行う機関であるが，1995 年 3 月に 3 年間の設置終了期が来たとき，新政府はその任期を延長せず解散を決めた。同委員会が再び設置されたのは，会議派が州政権に復帰した後の 2000 年 2 月である（Government of Maharashtra (Maharashtra State Minorities Commission) [n.d.: 8]）。

　まとめると，1992 年 12 月から翌年 1 月にかけてのコミュナル暴動とその後の展開が示すポイントは，以下の通りである。会議派州政権にコミュナル暴動を阻止しようとする政治的意志が弱く，一方，シヴ・セーナーの現場レベルの警察への影響力があり上級の警察もそれを排除できなかったという状況下で最初自然発生的な暴力が，メディアの誇張やマハー・アールティーなどの過程を通じてヒンドゥーの側では次第にシヴ・セーナーによる組織化された暴力へと移行し，その結果ムスリム側に多大な人的損害を与えた。そしてこのような宗派間暴力によって与党会議派は威信を失墜し，また州政治はヒンドゥー多数派に，より迎合的なものに変化したため，1995 年の州立法議会選挙でシヴ・セーナー・BJP 連合に勝利がもたらされたと考えられる。1999 年の州立法議会選挙で会議派・ナショナリスト会議派連合は返り咲いたが，前掲図 7-5 に見る通り，シヴ・セーナー・BJP 連合の得票率は減少していない。

　シヴ・セーナーは内紛から 2006 年にタークレーの甥のラージ・タークレーが離脱し「マハーラーシュトラ再建セーナー」（Maharashtra Navnirman Sena）を設立したため，2009 年の選挙では得票率は低下するが，両党の得票率を会

わせると，大きな変動はない。会議派とナショナリスト会議派党の合計の得票率は37.4%であったのに対して，2つのセーナーとBJPの合計は36.0%であり，拮抗している[43]。確かにシヴ・セーナーは「土地の子」のマラータ優先主義という出自から，北インドからの労働者を迫害するなど，BJPのヒンドゥー・ナショナリズムと矛盾する側面も有する[44]。しかし両勢力の連携関係に大きな亀裂はない。この州は都市部を中心に近代化が進み，市民NGO（非政府組織）などによる反コミュナリズム運動も盛んである。また，都市の基底レベルでは住民委員会[45]などが組織され，宥和活動を行ったり，事件の火種を早期に摘み取る活動を行ったりしている。しかし，以上のように全体的に見ると，ヒンドゥー多数派のヒンドゥー・ナショナリズムへの傾斜傾向は一定の定着を見たといえよう。このような傾向はグジャラート州でより極端な形で見ることができる。

5 グジャラート州2002年──コミュナル暴動とヒンドゥー多数派の専制

　グジャラート州はたびたびコミュナル暴動に見舞われてきたが，2002年に起きたコミュナル暴動は独立後最悪のものであった。2002年以前では，前掲図7-4のように1969年，1985-86年，1990年，1992年に大きなコミュナル暴動が起きている。1969年の暴動はアーメダバードのジャガンナート寺院近くでの小競り合いが発端となり，それが大規模化した（Government of Gujarat [1971]）。また，1985-1986年のアーメダバードを中心とする暴動は，政府の

---

43) インド選挙委員会の統計データ（http://eci.nic.in/eci_main/StatisticalReports/AE2009/Statas_MH_Aug2009.pdf, 2014年2月15日アクセス）より筆者計算。
44) 最近の例では，州南部の都市コルハプル（Kolhapur）で2013年8月13日にシヴ・セーナーとマハーラーシュトラ再建セーナーの党員が北インドからの労働者のレイプ事件に憤慨して，北インド出身者の襲撃を行っている（http://www.ndtv.com/video/player/news/mns-shiv-sena-thrash-north-indians-after-minor-raped-in-kolhapur/286747, 2013年8月20日アクセス）。
45) 「地区委員会」（Mohalla Committee）などといわれる。より上位レベルでは「平和委員会」（Peace Committee）などが組織される。地域の警察が組織する場合もある。

OBCsへの留保枠の拡大に反対する暴力がコミュナル暴動に転化したものである（Shani [2007: 80-88]）。これらのコミュナル暴動の発端は異なり，また大衆連盟／BJPやRSSの扇動があったにせよ，後年のものと比べるとより「自然発生的」であることが特徴である。1987年から1991年にかけてグジャラート州で行われた調査（n=1,257）によると，コミュナル暴動の原因として人々が考える主な要因は，多い順に「政治的競争」：22.6％，「宗教行事の行進」：22.6％，「選挙宣伝」：17.9％，「突然の口論」：15.1％などであった（Pillai [2006: 120]）。政治的要因もウェイトが大きいが，「宗教行事の行進」，「口論」など偶発的要素も大きなウェイトを占めており，その意味で，1980年代までのコミュナル暴動は1990年代以降のものと比べると，相対的に「自然発生的」であったといえよう。

しかし，1990年と1992年の暴動はアヨーディヤー運動が原因であり，その意味でヒンドゥー・ナショナリズム運動に密接に関連している。1990年の暴動はアドヴァーニ率いる前述のラト・ヤートラ，1992年はバーブリー・モスクの破壊が原因となっている。1992年の暴動では，独立以降は大規模なコミュナル暴動を経験したことのないスーラトでも暴動が広まった（Chandra [1993]）。グジャラート州がこの運動に極めて敏感なのは，同州から多数のヒンドゥーがラーム寺院建立のため一連のカール・セーヴァーに参加していたこと（Concerned Citizens Tribunal—Gujarat, Volume I (CCTG I) [2002: 14]）から推察できる。そして2002年の暴動は1990年以降の流れが極端な形で現れるものとなった。その原因の一つはBJPが州政権に就いていたことである。以下ではBJP政権成立の経緯を説明したのちに，同政権の下で起こった「暴動」の分析に入る[46]。

会議派の退潮とBJPの伸張

グジャラート州は1980年代までは，1975-1976年および1977-1980年の

46）グジャラート州は，ヒンドゥー・ナショナリズムという点でかなり例外的な州である。その歴史的，社会的背景については紙幅の関係で十分説明できないので，例えばShah [2007] を参照。

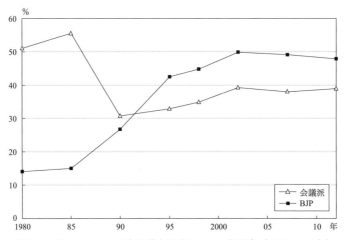

図 7-6 グジャラート州立法議会選挙における得票率 (1980-2012 年)

出所) Election Commission of India (http://eci.gov.in/eci_main1/index.aspx, 2013 年 10 月 23 日アクセス) のグジャラート州立法議会選挙の統計データより筆者作成。

ジャナター党政権を除き，会議派が政権を握っていた。会議派の支持基盤は 1970 年代中頃以降はクシャトリア，SCs，STs，ムスリムなど，いわゆる KHAM (Kshatriyas, Harijans (=SCs), Adivasis (=STs), Muslims の頭文字の組み合わせ) といわれる幅広い連合からなっていたといわれる。しかしこのような動員戦略は，パティダールなど実力を持つ上位カーストの利害関係を重視しなかったため，上位カーストの不満を高めた。加えて政権の腐敗，1985 年の暴動などによって人々の支持を失っていく。その結果，図 7-6 のように州立法議会選挙では会議派への支持は 1990 年には大きく減少した。これが党内の権力闘争を激化させ，造反したチマンバーイ・パテールの政権 (1990-1994 年) が成立する。

　会議派の混乱と反比例して勢力を伸ばしたのが BJP で，1995 年の選挙で初めて州政権を獲得する。しかし，急速に勢力を伸ばしたがゆえに内部に様々な要素を抱えて内紛が絶えず，翌年には分裂し，離脱した S. ワゲーラー派が政権に就いたことは前に述べた。しかしこの政権も安定せず，1998 年には解散総選挙が行われ，BJP が再び勝利してケシュバーイ・パテール BJP 政権が成

立する。以上のような政党の支持基盤の流動化と，政党間，すなわち会議派対 BJP および政党内の派閥間の政治的競争の激化は，多数派ヒンドゥーの支持をめぐる競合を激化させる。それが州政治のコミュナル化の背景にある。

BJP 政権の成立の頃から，州政治の「ヒンドゥー化」が顕著となる。例えば州政府は 2000 年には RSS の州政府職員への採用を解禁したり，ムスリム警官を重要なポストからはずしたりした（Concerned Citizens Tribunal—Gujarat, Volume II（CCTG II）[2002：89]）。また，市中ではヒンドゥーとムスリムの対立を扇動する大量のパンフレットが撒かれたりした。もっとも RSS の州政府職員への解禁は強い批判を浴び，後に撤回されている。その後，同政権は 2001 年のパンチャーヤト選挙で不人気が明らかになった。そこで BJP 党中央が建て直しのために送り込んだのが，RSS メンバーでヒンドゥー・ナショナリズムの強硬派であるモディ新首相であった。その下でコミュナル「暴動」が発生する。

ゴードラ事件と暴動の特徴

暴動の発端は，2002 年 2 月 27 日にアーメダバードから東約 110 km の位置にあるゴードラ（Godhra）で起きた列車火災で，アヨーディヤーのカール・セーヴァーから帰郷途中の VHP 団員などヒンドゥー教徒 58 名が死亡したことである。この報が伝わるや翌日から数日中に 24 県のうち 16 県で暴動がおき，ムスリムが主な標的にされた（CCTG I [2002：18-22]）。暴動はその後，3 月中頃から再燃し，断続的に 6 月頃まで続く。

この事件の理解は政治的立場の違いによって大きく分かれる。そもそも列車火災が「事故」であるのか，一部のムスリムの「計画的犯行」であるのか，政府でも意見が分かれる。中央では 2004 年に政権に就いた会議派率いる統一進歩連合（UPA）政権の鉄道省が任命した U. C. バネルジーを委員長とする委員会は，2006 年に提出した報告書の中で火災は事故であるとした[47]。これに対

---

47) この委員会の報告書は 2005 年 1 月に中間報告書（GOI [2004]）が，2006 年 3 月に最終報告書が提出されている。しかし同年 10 月には，高裁はこの報告書が無効との判決を下している。

してBJP州政府が設立したナナヴァティを長とする委員会が2008年9月に州政府に提出した報告の第Ⅰ部（Government of Gujarat [2008]）では，火災が仕組まれたものであったとしている[48]。このように事件は今なお極めてセンシティヴでどのような資料に基づくかによって理解に大きな差が生まれかねない。ここでは著名なジャーナリスト，元最高裁判事，人権団体などから組織され，信頼性が高いと思われる「グジャラートの殺戮を調査する市民法廷」[49]の報告書に主に依拠して事件の概要を説明したい。

　2月27日の列車火災直後，VHPなどが抗議のバンド（＝ゼネスト）を行うことを発表した。一方，モディ首相も現地を訪問し，列車火災は「事前に計画されたテロ」であるとして異例の州のバンドを実施することを決めた。また，グジャラート語地方紙の『サンデーシュ』（*Sandesh*）や『グジャラート新聞』（*Gujarat Samachar*）などが事件をセンセーショナルに報道し，対立を煽った（Indian Social Institute [2002: 108]）。そのような関係悪化の中，サング・パリヴァールは列車火災をムスリムのテロと決めつけ，ムスリムへの攻撃を準備したという（CCTG II [2002: 18]）。報告書によると暴動の特徴は以下の通りである。

　まず基本的特徴は，暴動と通称されるものの，多くの場合VHP／バジュラン・ダル／BJPなどに扇動されたヒンドゥーによるムスリムへの「襲撃」であったことである。2001年人口センサスによるとムスリムの人口比は都市部で14.2％，農村部で6.0％，全体で9.1％である。したがって圧倒的多数のヒンドゥーがムスリムと対峙することになり，そのため「一方的」な結果になる

---

48) ナナヴァティ委員会報告の第Ⅱ部は暴動を調査する部分である。2008年12月に提出予定であったが，委員会は1年の調査延長を申し出て受理された。11回目の期間延長である（*The Hindu*, December 20, 2008）。

49) CCTG I [2002]；CCTG II [2002]. この事件に関しては，Indian Social Institute [2002] など，様々な報告書が出されている。しかし，この「市民法廷」の報告が市民による調査としては最大規模のものである。合計2,094件の聞き取りや陳述書に基づいて詳細な報告書を提出している。そのうちの94.5％の証言はムスリムの生き残りからで，4.5％はヒンドゥーからである。暴動の調査という性格上，被害コミュニティからの聞き取りの方が圧倒的に多い。しかし報告書は多くの事実を丹念に検討しており，叙述の信憑性は高いと思われる。

可能性が高いが[50]，その傾向を助長したのは，暴力がサング・パリヴァール側で意図的，組織的に行使されたことによる。アーメダバードなどでは，襲撃は数千人ものヒンドゥーからなる大規模なものが見られ，しかも多くの場合正確にムスリムの住居や商店を狙ったものであった。例えば，ヒンドゥーとムスリムが混在している地域でもムスリムの住居や商店だけが正確に襲われた。そのような正確な襲撃に必要なムスリムの住居地のリストは，VHPなどによって作成されたという（CCTG I [2002: 84, 209, 222, 260]）。

アーメダバード周辺で事態は最も深刻であったが，2002年の特徴はコミュニティ間関係が何世代にもわたり比較的に平穏であった農村部でも広範に襲撃が行われたことである（*Communalism Combat* [2002: 100]）。この場合も襲撃はBJP，VHPやバジュラン・ダルなどの扇動や指導抜きには考えることは難しい。また，村長（sarpanch）などヒンドゥーの地域有力者がその先頭に立つ場合が相当数見られた（CCTG I [2002: 67, 83, 96]）。襲撃の先頭に立った者はパテール（Patel）など村内の有力なヒンドゥーの高カーストが多いが[51]，SCsや指定部族（STs）の村長などの例もある。SCsやSTsがムスリムを襲撃する例は比較的に近年のことで，STsについては1987年に初めて見られるという（CCTG I [2002: 84, 209, 211]）。そこにはVHPやRSSの運動によってヒン

---

50) 「自然発生的」とされる1969年の暴動でも，圧倒的犠牲者はムスリムであった。警察の報告に基づく政府集計では512名の犠牲者のうち430名，すなわち84％がムスリムであった（Government of Gujarat [1971: 180]）。

51) 近年，ゴドラ事件後の暴動を裁くいくつかの特別法廷（Special Fast Track Courts）で判決が下されている。それによると加害者はやはり村の有力なカーストである「パテール」コミュニティが圧倒的に多い。パテールは，そのサブ・グループとして，「パティダール」（Patidar）も含む。例えば，2011年11月8日の判決では，メーサナ県のサルダルプラで起きた33人のムスリムが焼き殺された事件に関して31人が終身刑とされたが，そのうち30人はパテールであった。また，2012年5月4日の特別法廷の判決では，オデで起こったムスリム3人を虐殺した事件に関して9人に終身刑の判決が下されているが，9人すべてパテールであった。さらに，2012年7月29日の他の判決では，ディプダ・ダルワージャーで起こった虐殺事件に関連して21人が終身刑とされたが，全員がパテールであった。以下の *The Hindu* 紙の記事を参照。http://www.thehindu.com/news/national/article2611534.ece，2011年11月9日アクセス，http://www.thehindu.com/news/national/article3384799.ece，2012年5月4日アクセス，http://www.thehindu.com/news/national/article3702882.ece，2012年7月30日アクセス。

ドゥー社会の周縁コミュニティがヒンドゥー・ナショナリズムに取り込まれてきた影響が見られる。

　それに加えて，深刻な問題に発展した原因は，警察など州の治安機構が有効な対応を行わなかったことである。襲撃中ムスリムは警察に助けを求めたが，多くの地域で警察は傍観し，動かなかったといわれる（CCTG I [2002 : 247]）。さらに，警察がヒンドゥーの暴徒側に加担した場合もある。このような警察の態度は，州政府指導部の指示によるものと報告書は断定している。また，軍の展開が2日遅れの3月1日からと遅れたため犠牲者の数を増やすこととなった。このような事態に対して，州政府指導部やBJP/VHP指導者は暴動をゴードラ事件に対するヒンドゥーの「自発的な反発」であるとし，ムスリムへの攻撃を暗に正当化した（CCTG II [2002 : 19, 37, 60, 76]）。また，中央ではヴァジパーイー首相率いるNDA政権は結局のところモディ政権の責任を問わなかった[52]。首相は4月4日に現地を訪問し，残虐行為を恥ずべきことと述べたが，BJP内でモディ州首相を擁護する勢力もあり，結局モディ州政権の責任を強く問うことはなかった。党としてもBJPは，4月中旬のゴアでの全国執行委員会で，モディの州首相辞任の申し出に対して，その必要なしとして免罪した（Bharatiya Janata Party [2002]）。

　以上のようにサング・パリヴァールの組織的扇動と州政府・警察の意図的不作為またはヒンドゥーへの肩入れ，という要因から暴動はアーメダバードだけでなく広範な農村地域にも広がり，かつ，ムスリムに一方的な犠牲を強いるものとなった。暴動が断続的に約3カ月近く続いたことは州政府・警察が真剣に暴力行為を抑止しようとしたかどうか疑念を抱かせるものである。暴動直後のグジャラートでの約1,800人に対する世論調査によると，その65％が，「州政府とVHPは協力してムスリムをターゲットとした」と認識していた[53]。暴

---

52) モディ州首相を解任するようにヴァジパーイー首相に圧力はあったようであるが，結局はサング・パリヴァールのタカ派の反対で特別な措置はとられなかった。例えば，Dev [2004 : 115-119]および *The Hindu* (http://www.hinduonnet.com/thehindu/2002/04/13/stories/2002041308430100.htm, 2002年4月16日アクセス）の記事を参照。

53) *Outlook*, "65% Say VHP, State Connived In Riots", April 15, 2002 (http://www.outlookindia.com/article.aspx?215184).

動の犠牲者は，政府発表によるとムスリムが 790 名，ヒンドゥーが 254 名であり，ムスリムが 76％ を占めた[54]。

暴動後の州立法議会選挙と州政治

　暴動の影響は大きく，両コミュニティ間の社会的亀裂はさらに深刻化した。例えば暴動後ムスリム住民はヒンドゥーから逃れるように一部地域に集まりゲットー化した。2005 年から 2006 年にかけて行われたある調査では，アーメダバードのムスリムが近年都市部で住居を変えた理由の 86.8％ がコミュナル暴動と安全確保のためと答えている[55]。そのような亀裂をさらに悪化させたのは BJP 州政府の姿勢である。暴動後の救済措置にしても一部の NGO を除き，ムスリムの団体のみが避難民の救助キャンプを運営する一方で（CCTG II [2002：122]），モディ州政府は冷淡な態度をとり続けた。BJP 政権がこのような社会的亀裂の深化を放置する理由の一つは，それが多数派ヒンドゥーの票を BJP にまとめ，州立法議会選挙で優位に立つことが期待できるからと考えられる。実際，州 BJP 指導部は暴動後「BJP の"ネーション・ビルディング"への貢献の記憶が人々の心から消えないうちに」州立法議会選挙を早期に行う必要を感じていたという（Indian Social Institute [2002：3]）。この場合の「ネーション・ビルディング」とはヒンドゥーを BJP にまとめ，ヒンドゥーの「ネーション」に従わないものを排除することを意味する。そのような状況下で 2002 年 12 月の州立法議会選挙が行われた。

　図 7-7 の 2 つのグラフは県別の 1998 年から 2002 年の州立法議会選挙における BJP および会議派の得票率の変化とコミュナル暴動の関係を見たものである。グラフから明らかなように，暴動が深刻であった地域ほど BJP の得票

---

54) 連邦上院（Rajya Sabha）で 2005 年 5 月に内務省国務大臣スリプラカーシュ・ジャイスワルが明らかにした。ゴードラでの犠牲者も含まれる。2005 年 5 月 11 日付の BBC 電子ニュース（http://news.bbc.co.uk/2/hi/south_asia/4536199.stm，2009 年 1 月 16 日アクセス）。
55) アーメダバードでのサンプル数は 243。アーメダバードでは 2002 年の暴動後，ジュハプラ地区などへのムスリム住民のゲットー化が急速に進んだ（Jahangirabad Media Institute, ActionAid India, Indian Social Institute [2006：109-110]）。

428　第III編　民主主義における多様性の中の調和

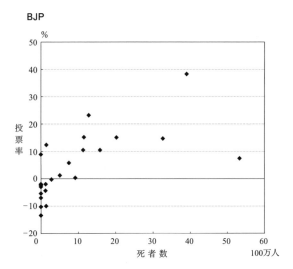

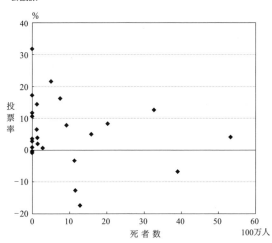

図 7-7　1998年から2002年の州立法議会選挙における BJP および会議派の得票率の変化とコミュナル暴動

出所）筆者作成。

表 7-3 州立法議会選挙における BJP 得票率の変化とコミュナル暴動（1998-2002 年）

従属変数：「BJP2002-1998」

変　数	係数	t 値	有意確率	VIF
ムスリムの人口比（％）	−0.2302	−0.36	0.724	1.03
人口 100 万人当たり暴動死傷者	0.4288	2.41	0.031	1.03
（定数）	4.582	.65	0.526	—

出所）県（district）別人口およびムスリム人口比：Census of India 2001, 県の境界に合わせた州立法議会選挙データ：Lobo and Das (eds.) [2006 : 210], コミュナル暴動死者数：Communalism Combat [2002 : 100] より筆者計算。

注）5％水準で分散不均一性の問題はない。VIF（分散拡大要因）の値から見て説明変数間の多重共線性は考慮する必要ない。OLS（最小二乗法）による推定。R^2＝0.330. 自由度調整済み R^2＝0.227. サンプル数＝16（死者数/100 万人＞0 の場合のみ）. ホワイトの分散均一性テスト：カイ 2 乗（自由度 = 5）＝9.86, Prob＞chi2＝0.0794.

　率が伸びる傾向が顕著である。グラフのデータをムスリム人口比率も組み込んだ上で回帰分析を行ったのが表 7-3 であるが[56]，暴動が BJP 得票率を伸ばす効果は明らかである。反対に会議派の得票率には大きな影響は見られない。ただし，暴動の犠牲者がほとんどない県では総じて会議派の得票率は上昇しており，暴動がなければ会議派優位に選挙が進む可能性があったことが示唆される。

　それではコミュニティ別の政党支持構造に暴動はどのような影響を及ぼしたのであろうか。表 7-4 はサンプル調査に基づく，連邦下院選挙と州立法議会選挙におけるコミュニティ別の政党への支持率である。表によると，BJP の最も頑健な支持基盤は高カーストで，最も弱い支持基盤はムスリムであるが，得票率の変動に最も大きな影響を与えているのは OBCs である。OBCs の BJP への支持率は 1998 年から翌 1999 年にかけて急減したが，次の 2002 年の選挙では急増し，結果的に 1998 年までのレベルに回復している。OBCs が多くのカーストやコミュニティを含む人口的には最大のカテゴリーであることを考え

---

[56] これは暴動が起こった県のデータのみを使って計算した。「暴動による死者」はマイナスの値はとりえない。これは説明変数が切断されているとも考えられる。このように説明変数で「切断」されたサンプルを含むと係数のバイアスが大きくなるものと予想される。よってここでは次善の策として説明変数で切断されたサンプルを除く，すなわち「暴動による死者」＝「0」の県は除いて算出した。

表 7-4　サンプル調査に基づくカーストやコミュニティの政党選好
(％)

カースト／コミュニティ	BJP					
	1995*	1996	1998*	1999	2002*	2004
高カースト	67	76	77	77	79	67
OBCs	38	65	57	38	59	40
SCs	17	61	47	33	27	24
STs	29	34	43	33	34	48
ムスリム	7	33	38	10	10	20
	会議派					
高カースト	20	18	13	16	16	26
OBCs	38	30	28	61	38	55
SCs	61	35	45	64	67	67
STs	59	55	46	67	49	46
ムスリム	47	68	62	90	69	60

出所）Shah［2007：173］．
注）応答者数：1996 年：n=484, 1998 年：n=340, 1999 年：n=381, 2002 年：n=1,853, 2004 年：n=914．＊：州立法議会選挙．その他：連邦下院選挙．

ると，OBCs の BJP への支持急増が 2002 年の BJP の勝利に大きく貢献したと考えられる．そして，そこにはコミュナル暴動の影響が見てとれるのである．一方，会議派に関して重要な点はムスリムと OBCs の支持率が急減したことである．ムスリムに関しては，暴動ではムスリムの犠牲者が圧倒的に多かったことが，ムスリムをして会議派も含め既成政党一般に失望させる状況を作り出したと考えられる．OBCs に関しては，BJP への支持拡大が会議派に対しては逆に作用した．

　以上のような状況は州政治にどのような影響を及ぼしているであろうか．暴動後の人々の意識に関して以下の興味深い調査がある．2004 年 3 月に州全体を対象として行われた意識調査では，「多数派であるヒンドゥーが統治すべき」(n=2,961) との設問に，「強く同意」および「同意」が計 64％，「強く反対」および「反対」が計 32％となった．また「RSS は愛国主義を推進しているから政府はその活動を援助すべきである」との設問については，それぞれ 57％，31％であった（Ganguly et al.［2006：65, 68］）．つまり，ヒンドゥー・ナショナリズムが「多数派」によって正当化されたのである．これがグジャラート州に

おける長年にわたるヒンドゥー・ナショナリズムの浸透，そしてコミュナル暴動の影響である。そして政党政治の次元でその最も顕著な影響は「ムスリム問題」が背後に押し込められてしまったことである。

　従来ムスリムを支持基盤としていた会議派でさえ，ムスリムの「問題」を強く前面に出せなくなってしまった。なぜなら，ヒンドゥー・コミュニティの政党支持が流動的で，かつ社会的亀裂が深刻な状況では，それは多数派ヒンドゥーの反発を引き起こし選挙で不利になるからである。会議派が仮にムスリムの利益を考慮して反ヒンドゥー・ナショナリズム的な要求を前面に出すと，9％というムスリム人口比以上の反発をヒンドゥー有権者に引き起こし，選挙では差し引き支持率がマイナスとなる可能性が高い。したがって，会議派もムスリムの要求に積極的に対応することは難しい。よって，社会的亀裂の深刻化という大きな問題が存在するにもかかわらず，州の政党政治においては，ムスリム問題は大きく取り上げられず，その意味で，州政府はコミュナル暴動を防止する積極的意志は持ちづらいのである。

　2007年の州立法議会選挙では「開発」（development）が最も重要な争点となったといわれるが，それは野党である会議派がヒンドゥー多数派の反発を恐れてムスリムが切実に求める争点を前面に押し出せなかったからである。会議派の選挙綱領は確かに，ムスリムなど少数派に対する政策として福祉や2002年の事件に対する迅速な判決，そしてコミュナル暴動を煽る勢力の抑止なども一応は掲げているが，綱領の大部分は，開発問題に割かれている（Indian National Congress (Gujarat Pradesh) [2007]）。2012年の選挙綱領ではそのような傾向はさらに顕著で，2002年の暴動に関する記述はなくなっている（Indian National Congress (Gujarat Pradesh) [2012]）。

　一方，BJPの2007年の選挙綱領は過去5年の経済開発の成果とBJP政権の統治能力の高さを強調することが中心で，2002年の暴動，ムスリムなど少数派の福祉などには一切言及がなく，またヒンドゥー・ナショナリズムに対する言及もなく，開発を中心に据えた主張となっている（Bhartiya Janta Party (Gujarat Pradesh) [2007]）。BJPが勝利した2012年の選挙綱領でもその点は同じである（Bhartiya Janta Party (Gujarat Pradesh) [2012]）。政治の言説のレベルでは

ヒンドゥー多数派の専制という状況が成立してしまっているのである。

このようなグジャラート州のケースは特異かもしれない。その点を確認するために州比較の最後として，アヨーディヤー問題の震源地であったウッタル・プラデーシュ州の状況を簡単に検討してみたい。

6　ウッタル・プラデーシュ州——ヒンドゥー・ナショナリズムの「抑制」

ウッタル・プラデーシュ州は歴史的にコミュナリズムの震源地とされ，事実，近年でもメーラト（Meerut）からモラーダーバード（Moradabad）の西部地域や，アリーガル（Aligarh），カーンプル（Kanpur）など，たびたびコミュナル暴動を起こしてきた都市がある。1990年以前では，前掲図7-4でわかるように3回の大きな暴動が発生している。1980年代は1980年にモラーダーバードで，1987年にはメーラトで大暴動が起こっている。前者は偶発的事件が発展したものである。後者も発端は偶発的事件であったが，暴動に発展したのはアヨーディヤー運動の影響が大きい（Engineer［2004: 51, 86］）。これらはいずれも会議派州政権下で起こり，州武装警察隊（Provincial Armed Constabulary）がムスリムを暴力的に抑圧したことがムスリムに大きな犠牲者を出す原因となった。メーラトの場合はSCsがムスリム襲撃に加わったのも大きな特徴である（Engineer［1988: 26-30］）。1990年の場合はビジノール（Bijinor）で大きな暴動が起こっているが，これもアヨーディヤー運動が発端となっている。

これらの暴動は，しかし，前述のムンバイやグジャラート州の暴動に比べれば相対的に規模は小さい。バーブリー・モスクが破壊された1992年末から翌年にかけての時期の暴力はさらに低レベルで，1993年以降は大規模な暴動は起こっていない。これは特筆すべき現象である。ヒンドゥーとムスリムが対立する歴史的，潜在的要素は前述の2州と比べても少なくないにもかかわらず，なぜウッタル・プラデーシュ州では近年大規模な暴動が起こっていないのか問われねばならない。考えられる最も重要な要因は州政府のあり方である。

1992年12月のバーブリー・モスクの破壊後，ウッタル・プラデーシュ州は中央政府による大統領統治の下に置かれた。大統領統治後，暴動の広がりが回避されたのは中央政府による治安部門も含む州行政の掌握が最大の要因であった。ここから「組織化された暴動システム」を押さえ込むには政府の意志が決定的に重要であるとの考えが出てくる（Brass [2003]）。1993年以降そのような「政府の意志」がどのように定着したのか，ウッタル・プラデーシュ州の政党政治の推移を見てみよう。

主要政党とコミュニティの「系列化」
　ウッタル・プラデーシュ州でも，1980年代までに社会経済開発の失敗，OBCs など中間カーストの台頭[57]，そしてヒンドゥー・ナショナリズムの高まりなどから州の会議派は人々の支持を失っていく（Hasan [1998]）。会議派のように多くのコミュニティから支持を得る包摂的な政党が存在しなくなった結果，ウッタル・プラデーシュ州では1993年以降，2007年の選挙まで単独で議会過半数を制する政党は現れなかった。そのような1980年代末以降の政治的空隙をついたのは，まず，OBCs を主要な支持基盤とするジャナター・ダルで，その崩壊後は BJP であった。BJP は1990年代初めには，ヒンドゥー・ナショナリズムの昂揚によって高カーストのみならず他のカーストにも一定の支持を広げた。しかしそれは長くは続かず，図7-8のように1990年代後半以降は退潮傾向がはっきりした。変わって台頭したのがジャナター・ダルの後を継いだ社会主義党，そして1984年に創設された SCs を支持基盤の核とする BSP であった。会議派や BJP による多階層の支持を得ようとする試みが安定して

---

[57] 独立以降，同州の政治の大きな変動要因は中間カーストの台頭である。中途半端な土地改革を経て1960年代以降の西部ウッタル・プラデーシュ州から広まった緑の革命や選挙政治の定着による自律的政治意識の高まりなどから，経済的に上昇し，数的に優位な中間カースト層は政治意識を高めその利害関係を代表する政党を持とうとした。その動きが，ブラーマンやタークルなど高カーストが指導権を握る会議派支配を揺るがしてきた。代表的中間的カーストは，西部ではジャート・カーストでありチャラン・シンが率いた諸政党を代表として持った。東部ではヤーダヴやクルミーなどで統一社会党などの社会党系の政党をその代表として持った（Brass [1984] [1985]）。

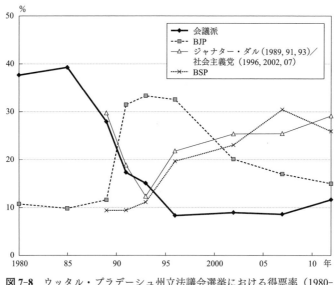

図 7-8 ウッタル・プラデーシュ州立法議会選挙における得票率（1980-2012 年）

出所）Election Commission of India（http://eci.gov.in/eci_main1/index.aspx, 2013 年 10 月 23 日アクセス）のウッタル・プラデーシュ州立法議会選挙の統計データより筆者作成。

成功しなくなるのは，OBCs など中間的なカーストとそれを代表する政党の台頭によって政治的・社会的分裂が深まり，一旦，会議派が弱体化すると，自らの政治的利害関係の保護を会議派に託していた SCs やムスリムなどの社会的弱者層が，自らの政治的利益を代表しうる新たな政党を求めざるをえなくなるからである。SCs，中でもチャマール（Chamar）などは人口比が高いためもあって BSP を自らの代表として結集する。一方，社会的・政治的に内部分裂し弱体なムスリムは，独自の政党を持つというよりも他の有力な政党，具体的には社会主義党に頼らざるをえなくなる。このようにして特定のカースト／宗教コミュニティと特定政党との結びつきが明確化する「系列化」現象が顕著になる（近藤［1998a］）。それは表 7-5 に明らかである。BJP は高カースト，社会主義党はヤーダヴとムスリム，そして BSP は SCs と安定的に結びつく状況が 1990 年代後半以降できた。このような政党とコミュニティの結びつきは比

表7-5 ウッタル・プラデーシュ州における連邦下院選挙の社会階層別政党得票率（1996年）

(%)

	会議派	BJP	BSP	統一戦線（主力は社会主義党）*
高カースト	6.5	87.3	0.9	11.9
ヤーダヴ	8.6	7.2	4.3	72.7
ヤーダヴ以外のOBCs	6.9	41.7	16.8	20.4
SCs	8.2	8.6	63.4	11.3
ムスリム	6.4	1.2	4.7	72.7

出所）Chandra and Parmar [1997].
注）Centre for the Study of Developing Society によって1996年6月11-30日に行われた調査。サンプル数1,430。＊：「統一戦線」は「国民戦線」と「左翼戦線」の他に会議派（テワリー）などを含むが、ウッタル・プラデーシュ州での最大勢力は社会主義党である。統一戦線の当選者数は、社会主義党が110名に対してその他が25名であった。

較的安定的である。なぜなら政党はコミュニティの利益を代表することによってその支持を得ているから、コミュニティ間の利益関係がゼロサム的である場合、他のコミュニティの利益を代表する政党とは容易に妥協できない。そのような妥協は支持基盤のコミュニティに裏切りと見られかねないからである。逆に、各コミュニティにとっては政局が分裂しており、他の政党が政権につく可能性を見通せない以上、そして「自分」の政党が自らの利害を代表してくれるとわかっている以上、自らのコミュニティを代表する政党を支持し続ける方が理にかなう（Chandra [2004]）。

この「系列化」現象によって選挙では政党の支持基盤の固定化、従って、政党間の分裂が固定化される傾向が強くなった。これは人口の相当部分を占める単一のコミュニティ／エスニック集団が存在しない状況では、単独過半数を制する政党が現れることを難しくさせる。したがって選挙後の政党の合従連衡による連合政権が常態となり、それがうまくいかなくなる場合は大統領統治の適用（1995-1997年、2002年）となり、不安定な政権が続いた。たとえば1993年以降2007年までの州首相の平均任期は約1.2年である。2007年の選挙ではBSPが、そして2012年の選挙では社会主義党が約3割の得票率をあげ小選挙区制のゆえに単独過半数を制したが、得票率の変化は小さく系列化の構造が大きく変わったとは考えにくい。このような中でムスリムなど少数派の問題が政

治的にどのように位置づけられたのかが重要である。以下，それを主要政党の代表的言説である選挙綱領をもとに検討する。

系列化状況における主要政党のムスリム問題

結論的にいうと，主要政党の選挙政治における言説では，BJP を除いては，ムスリムに対するアピールが顕著なことが大きな特徴である。BJP はそのヒンドゥー・ナショナリズムゆえにムスリムからの支持を実際上ほとんど当てにしてない。しかし，それ以外の主要政党は以下のようにムスリムの支持を求めて競合している姿がはっきりとしている。

まず社会主義党に関しては，その支持基盤がヤーダヴ・カーストとムスリムで，どちらの支持が欠けても選挙で勝つことは難しい。そのうちヤーダヴは安定的支持基盤であるが，ムスリムは自分のコミュニティの利益や安全を保障してくれる政党に戦略的に投票する傾向が強いためその支持は流動的である。したがってムスリムに対する働きかけが重点的にならざるをえない。2007 年や 2012 年の州立法議会選挙の選挙綱領でもそれは明確に表れており，社会主義党がウッタル・プラデーシュ州政権に就いた時期にはコミュナルな勢力を押さえ込みコミュナル暴動を起こさせなかったこと，ムスリムに様々な援助を行ってきたし行う用意があることなどが述べられ，懸命といってよいほどのアピールがなされている（Samajwadi Party [2007: 1, 5, 9, 10] [2012: 3]）。それは 2004 年の連邦下院選挙の綱領（Samajwadi Party [2004]）の場合よりも懸命である。

一方，BSP の基本的な支持基盤は表 7-5 のように従来から SCs であったが，1990 年代後半以降，支持基盤を広げるために他のコミュニティにも働きかけを活発にしていった。ムスリムにも積極的にアピールを行っており，例えば 1990 年代末に出されたムスリムへのアピールでは，高カーストがコミュナル暴動などを引き起こし SCs とムスリムを敵対させていること，1997 年に BJP と連合を組んで州政権に就いたがそれはムスリムに敵対的な政策をさせないためであったこと，BSP 政権の下でこそムスリムは安心して暮らせることなどを主張している（Bahujan Samaj Party [n.d. a]）。しかし，BSP が議会で安定過

半数を得るためには，SCs やムスリムだけでなく他のカーストの一定の支持も必要とする。そのため BSP は 2000 年代に入ると次第に上位カーストの不安を取り除くような姿勢をも見せるようになる。例えば 2006 年頃に出されたアピールでは，BSP はマヌ法典の説くような不平等な社会には反対であるが，「サヴァルナ」（上位の 3 種姓，すなわちブラーマン，クシャトリア，ヴァニアに属するカースト）の人々とも差別の思想に影響されなければ敵対しないこと，現に選挙では上位カーストの人々を候補者に立てたことなどをアピールしている（Bahujan Samaj Party [n.d. b]）。このようなムスリムにも上位のカーストにも一定の支持を広げる戦略が成功を収めたのが，2007 年州立法議会選挙である。同選挙では単独過半数を制して州政権を樹立した。2012 年の選挙では社会主義党に敗れるが，そのような姿勢には変わりない。

　最後に，会議派もムスリムの支持獲得に力を置いていることは明らかである。もともとウッタル・プラデーシュ州のムスリムは 1980 年代までは会議派支持者が多かった。その支持は 1980 年代末以降は低レベルにとどまっているが，会議派へ回帰する可能性もある。それゆえ選挙のたびに支持を再び得ようとするアピールが繰り返されてきた。2007 年州立法議会選挙の選挙綱領では，少数派への警察や行政の配慮，人権委員会の強化，コミュナル暴動への断固たる対処，ムスリムへの留保制度の適用，ウルドゥーの重視，ムスリム民事法（Muslim Personal Law）の堅持，家内工業の保護などを唱え，ムスリムに強くアピールしている（Uttar Pradesh Congress Committee [2007: 19-23]）。2012 年州立法議会選挙の選挙綱領でも，OBCs への留保制度内での留保の拡充，教育への援助，バーブリー・モスク問題は法廷の判断に沿って解決することなどを主張している（Indian National Congress (Uttar Pradesh Congress Committee) [2012: 17-18]）。この点はグジャラート州の 2007 年や 2012 年の州立法議会選挙における会議派の綱領とは顕著な違いである。

　以上のように，ウッタル・プラデーシュ州では政党とコミュニティの系列化が近年はっきりとしてきたことにより，選挙では激しい競合状況が続いている。そのため BJP を除く主要政党はムスリムの支持を得ようと激しく競い，特に社会主義党においてはムスリム大衆の支持を失うまいとする懸命な姿勢が

窺われる。このような状況がBJPを除く主要政党にとってはムスリムの要求を無視しえないものにしている。また，系列化のもう一つの効果として，SCsなど社会的には弱い立場にあるカーストが，少なくとも政治的には高カーストなどから独立的になったことが重要である。それは具体的にはBSPの成長と不即不離の関係にあるのであるが，それによってBJP，RSS，VHPなどによる農村社会の基層からの「ヒンドゥトゥヴァ」浸透の努力にもかかわらず[58]，その動きが低カーストへ拡散する可能性は低くなっていると考えられる。「組織化された暴動システム」としての大規模なコミュナル暴動が1993年以降見られないのは，以上のような政治状況の変化によると考えられる。

まとめ

　本章のまとめとして以下の点があげられる。まずコミュナル暴動の歴史を概観すると，全般的傾向として，1970年代までの暴動は宗教的行事などにからむ突発的衝突やあるいは都市の犯罪組織間の暴力などが発端になって起こる「自然発生的」なものが主流であったといえよう。しかし，1980年代から2000年代初めにかけて起こった大規模な暴動の場合は，性格を異にする。大規模暴動のきっかけは，1984年の反シク暴動の場合はインディラ・ガンディー首相の暗殺，1992年12月から翌年にかけてのマハーラーシュトラ州ムンバイを中心とする暴動はアヨーディヤー事件，2002年2月以降のグジャラート州の暴動は列車火災によるカール・セーヴァーの死亡と様々である。しかし，それが大規模化し宗教的少数派への一方的な暴力に発展したのは「組織化された暴動システム」という要素があったからであった。

　いずれの場合も各地域の有力政党やその関連組織が暴動の大規模化に大きな

---

58) ウッタル・プラデーシュ州東部を中心に調査を行っているナラーヤンによると，BJP，RSS，VHPは従来農村にあった様々な折衷的な文化を様々なやり方で，イスラーム的要素を排した，よりヒンドゥー的な文化に変える活動を行っているという（Narayan [2009]）。

役割を果たしている。また，政治的・社会的影響力によって，警察など治安機構が本来の役割を果たさなくなるという点も組織化された暴動システムの一つの典型的な兆候である。ウッタル・プラデーシュ州の場合を除く3つの事例の全てに程度の差はあれ，そのような例が見られた。しかし，「組織化」のレベルは3つの事例でかなり異なる。1984年の反シク暴動の場合はデリーの会議派議員が大きな役割を果たしたが，それは会議派中央の意向だったわけではなく，暴動は短期間に終息した。1992-1993年のマハーラーシュトラ州ムンバイの暴動の第2波，および2002年のグジャラート州の暴動は各々，シヴ・セーナーおよびVHP／バジュラン・ダル／BJPなどサング・パリヴァールが組織として関与した。そのため暴動は広範囲に広がり，かつ長期化した。さらに後2者を比較すると，グジャラート州の方がそのような傾向がはっきりしている。そのような違いを生み出した要因は，マハーラーシュトラ州では州政府が会議派であったのに対してグジャラート州ではBJPが州政権に就いていたからである。マハーラーシュトラ会議派州政府は暴動に有効に対処できなかったが，しかし，暴動に積極的に加担したわけではない。それに対してグジャラート州ではモディBJP政権はサング・パリヴァールの暴力を見過ごす以上のことをしたと考えられている。

　このように，コミュナル暴動が大規模化する要因は，少数派に対する暴力を遂行しようとする組織的な勢力が存在し，かつ州政府与党や警察などが，暴力の拡散を抑制する意志に欠ける場合である。つまり，「暴動を組織する側の組織化のレベル」および「州政府の暴動を抑制する意志」という2つの変数が重要である。このような基準で見ると，1984年の反シク暴動，1992-1993年のマハーラーシュトラ州ムンバイの暴動の第2波，2002年のグジャラート州の暴動の順に，暴動を広めた勢力はより組織化され，一方，州政府（デリーは連邦直轄領なので中央政府）はそのような組織を抑制する意志をより明確に欠いていたといえよう。具体的事例がこのように整理されるとすれば，暴動を大規模化させないという点から見ると，2変数はどのように評価されるであろうか。「暴動を組織する側の組織化のレベル」が低いことが重要であるのはいうまでもない。それでは「州政府の暴動を抑制する意志」はどうであろうか。

この点を考察するためには，ウッタル・プラデーシュ州とグジャラート州の比較が重要な示唆を与えてくれる。単純化して考えると，両者を決定的に分けるのは，2つの変数のうち，「州政府の暴動を抑制する意志」であり，アヨーディヤー事件後の状況を比べると，ウッタル・プラデーシュ州の場合はそれが強固で，グジャラート州の場合は薄弱であるという点である。

　先に述べたようにウッタル・プラデーシュ州は伝統的にコミュナル暴動の震源地で1990年代初めまで比較的に規模の大きいコミュナル暴動を経験してきた。しかし，1992年以降はアヨーディヤー問題が紛糾したにもかかわらず，大規模なコミュナル暴動が抑制されている。その背景には既に分析したように，同州では，政党とコミュニティの「系列化」が進んでいる状況があり，BJP以外の主要3政党は人口の18.5％を占めるムスリムの支持を求めて競合しているため，ムスリムが求める安全に敏感で，それが州政権に反映されやすいという状況がある。これが基本的な要因である。具体的には，BJP以外の政党が政権の座にあれば，それらの政党はコミュナル暴動が拡大する可能性を放置しない。それは特にムスリムの支持が死活問題である社会主義党に当てはまる。すなわち，「州政府の暴動を抑制する意志」が強固である。付随して，系列化の結果，高カーストはBJP支持，SCsはBSP支持と分裂が顕著なため，ヒンドゥー・ナショナリズムがSCsなど低カーストなどに拡散しにくく，その意味で少数派に対して暴力を遂行しようとする組織的な勢力の影響力は限定されている。

　対照的にグジャラート州の場合，以下の2つの要因から「州政府の暴動を抑制する意志」は弱い。一つは，ムスリムを除けばBJPと会議派の2大政党とカーストの関係はかなり流動的で，系列化が進んでおらず，そのため，ムスリムの人口比が約9％と小さいこともあって，ムスリムの利害関係が政権に反映され難いことである[59]。2番目の要因は，ヒンドゥー・ナショナリズムがSCsやSTsも含め広い層に浸透している点である。BJP州政府は本質的にヒンドゥー・ナショナリズムの政権であり，VHP／バジュラン・ダル／RSSな

---

59) これはある意味では，グジャラートが近代化が進み社会の流動性が高いことの反映でもある。

ど密接な関係にある組織がコミュナル暴動に積極的に関与したとき，コミュナル暴動を迅速に抑制する意志に欠けたことは明白である。

　たとえ，「暴動を組織する側の組織化のレベル」が高く，ヒンドゥー・ナショナリズムが浸透していようとも，州の警察や他の治安機構，さらには，中央政府の準軍隊，そして最終的には軍隊を迅速に動員すれば，大規模な暴動であっても，初期の段階で鎮圧可能である。従って州与党がどれだけ真剣に「組織化された暴動システム」を押さえ込む政治的意志を持つかという点が決定的に重要となる。ウッタル・プラデーシュとグジャラートの明暗を分けたのはこの点であった。

　次に，大規模コミュナル暴動「後」の影響をまとめる。デリーでの反シク暴動の場合，シク教徒がデリーでは少数派であることもあってヒンドゥーとの亀裂が深まったことは間違いないであろう。しかし，反シク暴動に続くパンジャーブ州での暴力は両宗派間の一般人の亀裂を深めることはなかった。暴力は，過激派のテロと治安当局によるものであって，両宗派の一般の人々の間での対立はほとんどなかったからである。そこには両宗派の伝統的な社会的紐帯の緊密さという背景もある。従って，ヒンドゥー対ムスリムの暴動に見られるように，シク教徒を「敵」としてシンボル化し，その反動でヒンドゥーの間でヒンドゥー・ナショナリズムが広がるというメカニズムは顕著ではなかったといってよい。パンジャーブ紛争の場合はシク教徒過激派が力で排除されたことにより，アカリー・ダルとBJPの関係はかえって緊密化し，ヒンドゥー・ナショナリズムはこの州でパートナーを得ることとなった。両党の関係は現在まで安定的に継続している。

　一方，組織化された暴動システムが表れたマハーラーシュトラ州や，グジャラート州の場合は，ムスリムを「敵」としてシンボル化し，その反動でヒンドゥー・ナショナリズムが広がるというメカニズムが見られたことが確認される。それは，州議会選挙でシヴ・セーナーやBJPの得票率の上昇，あるいは，低落傾向の阻止という形で現れた。さらに，組織化された暴動システムがBJP州政権の下で典型的に現れたグジャラート州では，社会的にもムスリムの排除・疎外が進み，ヒンドゥー・ナショナリズムの拡散と「ヒンドゥー多数派の

専制」が明確となっている。それは社会的には同化圧力として現れる。D. グプタによると，ムンバイでは多くのムスリムは教育でウルドゥー語を選ぶが，グジャラートのムスリムはヒンドゥーと同じ学校へ通い言語もグジャラート語を選ぶ傾向が強まった。それは就職，修学で有利ということもあるが，エスニックな圧力も大きな理由であるという（Gupta［2011 : 93-98］）。

　本章は基本的に州レベルの比較研究であったが，最後にアヨーディヤー問題や組織化された暴動システムを契機として広がった「ヒンドゥー・ナショナリズム」という現象がどの程度一般化できるかという点を考えてみたい。確かに中央レベルでも BJP を中心とする連合政権が 1998 年と 1999 年に成立するという状況は，一面ではヒンドゥー・ナショナリズムの広がりを示している。しかしながら，1998 年と 1999 年の BJP 連合政権は，あくまで地方政党の協力が前提となっており，そして多くの地方政党は OBCs やムスリムを有力な支持基盤として持つこともあって，ヒンドゥー・ナショナリズムには大きな関心はない。すなわちヒンドゥー・ナショナリズムは多様な州政党によって制約された形でしか，中央政権に登場できなかった。それはヒンドゥー・ナショナリズムの発展というよりも，限界とも考えられる。さらに，ヒンドゥー・ナショナリズムの暴力的拡散はその反作用も生み出す。ウッタル・プラデーシュ州でヒンドゥー・ナショナリズムが抑制され BJP が勢力を失ったのは，政党とカースト／コミュニティの系列化の中でヒンドゥー・ナショナリズムに反対するムスリムの要求が取り入れられる状況ができたからであるが，それは反作用の現出と見ることができる。同様な現象はビハール州の政党システムでも起きている。また，州政治をコンパートメント化する連邦制の効果で，ある州の政治変動は他の州には直接的には伝わらない。グジャラート州では「ヒンドゥー多数派の専制」が他の州からのそれほど大きな干渉を受けずに成長できたが，逆に同州から他の州へはその影響を効果的に拡散できていない。要するにヒンドゥー・ナショナリズムは州レベルの多様な制約，反作用に直面しているのである。

　ヒンドゥー・ナショナリズムに対する制約は，中央政府にどの政党が就くかによっても違ってくる。例えば，1992 年 12 月のアヨーディヤーのバーブ

リー・モスクがヒンドゥー・ナショナリスト勢力によって破壊されコミュナル暴動が広がったとき，中央のナラシンハ・ラーオ会議派政権は直ちにBJP州政権を大統領統治によって中央の下に置き，事態をコントロールしようとした。しかし，2002年のグジャラート州の暴動は中央ではBJP主導のNDA政権の時であり，中央政府は結局そのような措置をとることを見送った[60]。BJPが中央政権であるかどうかは，ヒンドゥー・ナショナリズムの拡散を左右する重要な要因となりうる。しかし，ヒンドゥー・ナショナリズムが多様な制約，反作用に直面せざるをえないことから，BJPが有力な州政党の支持を得て中央で政権をとるにはかなりの制約がある。現に2004年，2009年の連邦下院選挙でBJPはNDAを維持するも，敗北した。逆にいうと，1990年代末から2000年代前半のヒンドゥー・ナショナリズムの高揚とBJPの急速な拡大という状況の方がむしろ例外的な状況であったといえるかもしれない。確かに今やBJPはヒンディー語圏を中心に支持基盤を拡大することに成功したが，単独で連邦下院を制することは難しい[61]。連合政権が不可避な今日，現状ではBJPが中央で政権に復帰するとしたら，ヒンドゥー・ナショナリズムを過激化することではなく，穏健化，または自制することでしかそれは実現しないであろう。

　最後に，「暴動」後の政治社会が如何にバランスを回復しうるか，その展望に若干触れておきたい。グプタによると，多数派と少数派の「和解」のためには犠牲者に対する経済的補償も重要であるが，何よりも組織化された暴動システムの首謀者を罰するという「正義」が少数派に示される必要がある（Gupta [2011]）。しかし，それは現実には極めて困難である。1984年の反シク暴動に

---

60) 2010年の第2次の中央‐州関係委員会報告は，頻発するグジャラート州のコミュナル暴動は，中央政府による「介入」が必要とされる明確なケースである，と述べている（GOI [2010b: 116]）。

61) 本章は2014年4，5月の第16次連邦下院選挙前に書かれたものである。同選挙ではBJPは31.1％の得票率で，過半数の282議席を得た。しかし，BJPの大勝はヒンドゥー・ナショナリズムというよりも，選挙戦を率いたモディ州首相の経済の復活，決断力のある強いインドというアピール，そして他の州政党との効率的な選挙協力という要因が，他の政党が分裂している状況で，その勝利に大きく貢献したものと考えられる。よって，ヒンドゥー・ナショナリズムが制約されていること，BJPが大きくなるためには「連合」の必要性という本章の主張は変更される必要はないと思われる。

おける会議派大物政治家，1992年12月のアヨーディヤー事件におけるBJP指導部，続いて起こったムンバイのコミュナル暴動におけるシヴ・セーナー指導部，そして2002年の暴動におけるBJPのモディ州首相率いるBJP政権など，大物政治家の暴動への関与は明白であるが，中心人物は誰一人として実際に罰を受けていない。

　コミュニティの共存のために政治的に可能な次善の策は，組織化された暴動システムの再発を抑止する制度を強化すると同時に，社会的・経済的に後進的な少数派，特にムスリムに何らかの補償を与えることである。前者は，例えば2004年に中央政権に復帰した会議派率いるUPA連合政権が2005年に提出した「コミュナル暴力（防止，抑制，および被害者のリハビリテーション）法案」（GOI（Ministry of Home Affairs）［2005c］）にその趣旨が盛り込まれている。同法は2011年にも修正を経た法案が提出されたが，BJPなどの抵抗で成立していない[62]。後者については，1990年代から2000年代初めのコミュナル暴動は少数派ムスリムの社会経済状況に関する関心を政府部内で呼び覚まし，その後進性に関する調査と後進性からの脱却に関するサチャル委員会勧告（GOI（Prime Minister's High Level Committee）［2006］），少数派に対する留保制度の可否などを調査するミスラ委員会（GOI（Ministry of Minority Affairs）［2007］）の設立につながった。これらの委員会の勧告はムスリムの発展，あるいは後進性の克服の手助けをするという形で補償を提唱していると理解できる。また，2005年2月に連邦政府は「少数派の福祉のための首相の15項目プログラム」（Prime Minister's New 15 Point Programme for Welfare of Minorities）を発表し，また同年中に「少数派問題省」（Ministry of Minority Affairs）を創設し，少数派の教育や社会経済発展の支援強化を打ち出した[63]。このような措置が実態として

---

62) 同法案は，中央政府が州政府を指導できること，首謀者の処断などを含み中央政府が州政府を飛び越えて暴力の抑制に介入することを可能にする内容を持つ。2011年の同法案については，*India Today*, July 18, 2011（http://indiatoday.intoday.in/story/congress-sonia-gandhi-nac-bill-godhra-riots/1/144111.html, 2013年9月10日アクセス）を参照。

63) 連邦政府内閣が事業を採用したのは2006年6月である。ムスリムのための「15項目プログラム」は1983年のインディラ・ガンディー政権の時にも州政府に示されてい

ムスリムの社会的・経済的上昇に結びつくものなのかどうかは長期的に観察していかなければならないが、いずれにせよ、これら一連の措置はいずれも、2004年の総選挙でBJPのNDAが敗北し会議派主導のUPA連合が中央政権に就いた後であったことが注目されるべきであろう。

る（Gandhi［1983］）。BJPはこれらの政策、事業を「ムスリムへの甘やかし」と批判した（Hasan［2009: 55］）。

第8章 中央-州関係の展開
―― 多党化と協調的連邦制[1]

　インドのような多民族・多階層社会が民主主義体制の下で国家統合を維持する困難さについては，第7章も含めて本書ではたびたび言及してきた。インドでは国家統合を維持するためには，選挙制度に加えて連邦制が重要な要素となる[2]。連邦制の重要性はこれまでたびたび触れたが，この章ではインドの連邦制の核心部分である「協調的連邦制」の形成について分析する。

　多民族・多階層からなる社会が一つの権力機構の下で長期にわたり共存するためには，様々な構成要素の間の紛争や利害関係を柔軟に調整するメカニズムが必要なことはいうまでもない。選挙は，政党-選挙民というパイプを通じて様々な利害関係が動的に調整されるメカニズムを提供する。しかし，今まで見てきたように，選挙政治はその過程で人々の政治意識を呼び起こし，民族的，あるいはエスニック的なアイデンティティ政治をエスカレートさせたり，社会的・経済的少数派や弱者の利害関係を無視することで，かえって政治の不安定性を増幅させる側面がある。自由民主主義体制の中で様々な集団が共存するためには，民族的，エスニック的な多様性を保障しつつ，同時に共存を保障する制度が必要となる。南アジア大陸では1947年のインドとパキスタンの分離独立，1971年のパキスタンとバングラデシュの分離など，民族間の差異が修復

---

[1] 本章は，近藤［2000］を全面的に改訂したものである。大きな変更は理論的検討を強化したこと，2000年以降の展開の分析を追加したこと，結論部分などを中心に分析を修正したことなどである。加えて，本書の構成に合うように全体的に叙述を修正した。

[2] インドの連邦制の制度的特徴の簡潔にして要領のよい位置づけとしてVerney［1995］，インドの連邦制の非対称性についてSaxena［2012］，多様性を管理するものとしてインドの連邦制を評価する論考としてFleiner［2001］を参照。

不可能な対立に陥る可能性は現実のものである。インドのカシミールや北東部などの暴力的な分離主義が民主主義体制の中で容易に収束しないこともそのような潜在的危険性の存在を示している。このように多様性があふれ，お互いにアイデンティティを確立しようと競い合っている地域で，多様なアイデンティティを否定し同質化することが不可能であるとすれば，共存のためのプラグマティックな制度的対応策は何であろうか。おそらく，それは何らかの形の連邦制しかないであろう。

インドの連邦制の起源はイギリス植民地時代にまでさかのぼる。先に述べたように，植民地下では統治にどの程度インド人を参加させるかという問題が，会議派による民族運動との関係で大きな問題であった。これが分権化，自治権強化を推し進めるエネルギーとなった。イギリスが直接統治する英領インド部分ではインド人による「州自治」が徐々に拡大され，最後の統治法となった「1935年インド統治法」では1937年に選挙が行われ，様々な制限付きとはいえインド人による州レベルの統治が実現した。

独立後のインド憲法も連邦制を採用した。立法行政権の役割分担が中央政府と州政府との間で規定され，現在，憲法第7付則では中央政府管轄事項のリストⅠに97項目，州政府管轄事項のリストⅡに66項目，両レベルの政府が共に管轄する共同管轄事項のリストⅢに47項目が列挙されている。中央と州との制度面での関係は様々な面で中央優位であり，そのためインドの連邦制は「フェデレーション」（Federation）ではなく，「ユニオン」（Union）とされる。例えば，上述の共同管轄事項およびリストに記載されない残余事項については中央政府に優先的管轄権があること，非常事態などの場合に典型的に見られるように中央政府は様々な形で州政府に強制的に介入できること，州が連邦から離脱することを定めていないことなど，憲法上では様々な形で中央政府優位が規定されている。そのような体制が受け継がれたのは，独立インドが，旧英領インドと複雑に入り組む大小様々な藩王国からなる，「つぎはぎ」だらけの極めて複雑な民族，エスニック集団の構成を受け継ぎ，ともすれば分裂に向かう傾向があったからであった。各地の分離主義や自治権運動，あるいは，ナクサライトなど極左武装勢力の胎動など，現在でも国民統合の問題は解決され

たとはいいがたい。

　連邦制が民族的，エスニック的紛争を管理し共存するための制度であるとすると，それはどのようにしてであろうか。まず，憲法に基づいて，特に潜在的な紛争を処理するという観点から機能を整理してみたい。それは大きく分けて3つに整理されよう。第1に，中央と州，州対州という憲法的，民族的，領域的な分割の構造そのものが，州の問題や紛争を局地化・限定化していることである。今まで取り上げてきた，パンジャーブ州のエスニック紛争，グジャラート州のコミュナル暴動など暴力的紛争は，州の境界を越えて，他の州に広がることは稀であった。多くの州で紛争が連鎖反応的に起こり，中央政府が手に負えなくなる事態は経験していない。1992年12月のアヨーディヤー事件を発端とするコミュナル暴動も，全インド的視点からは限定的な紛争であった。1956年の言語州への再編成によって州境が文化や民族の境界と重なるようになったことも，州の境界が局地化・限定化に大きな意味を持つようになったことに寄与している。

　第2に，そもそも紛争，緊張が起きないように利害関係を不断に調整するメカニズムが存在している。憲法の第7付則における立法行政権の分割については既に述べた。また，中央-州，または州間の行財政権の関係を規定する精巧な憲法的，行政的メカニズムが発達している。5年ごとに設置される財政委員会（Finance Commission）は中央対州という垂直的財源の分配，または州間の水平的財源の分配の仕組みを時代に応じて調整してきた。計画委員会も州政府の5カ年計画への援助という形で計画財源の分配を行ってきた。また，インド特有の官僚制度としての「インド行政職」（Indian Administrative Service）や「インド警察職」（Indian Police Service）といった「全インド職」（All India Services）[3]は中央と州との間の行政関係を円滑化している。このような様々な

---

3) 全インド職とは，インド連邦制に特有の職種である。インド行政職やインド警察職などが含まれるが，これらは中央政府と州政府にまたがり官僚制の頂点に配置されるエリート職種である。全インド・レベルで採用が行われ，採用後は各州に配置されるが，中央政府から手厚い身分保障措置を適用される。また各州を基盤としつつも定期的に中央政府の枢要なポストに出向する。中でもインド行政職は中央と州の最高位の行政ポストをほぼ独占的に占めるエリート職であり，政治家との関係も深い。Potter

利害関係調整メカニズムが紛争防止に大きな役割を果たしていることは疑いない。

　第3に，紛争が激化し，調整機能が柔軟に働かなくなる場合には，紛争を強制的に封じ込めるメカニズムがある。中央政府による州政治の強制的接収を定めた「大統領統治」の仕組みや，非常事態宣言下では連邦的な分権制から単一の政体となる様々な仕組み，そして最終的には中央による軍事的抑圧力である。ジャンムー・カシミール州や北東部の分離独立運動など国家の統合を脅かす運動には決して譲歩はなく，力による統合が維持されている。

　このようにインドの連邦制は，国家統合を維持するため中央政府が大きな権限を持つ体制である。このような連邦制を強制的に成り立たせている仕組みのため，インドの連邦制は真の連邦制ではなく「擬似連邦制」であるともいわれる[4]。

　しかしながら，政治の実態を観察すれば中央集権的とは必ずしもいえない。国家統合を脅かさない限りの政治的要求や運動には，中央政府はむしろ柔軟に譲歩を重ねてきた。1956年の言語州への再編成，1965年のヒンディー語を唯一の「連邦公用語」とする決定の取り下げ，1960年代以降，分離主義を懐柔するため北東部であいついで州の創設を認めたことなどは，その例である。特に近年では，中央政府レベルでは新州の創設は，暴力的な運動がなくとも比較的に簡単に認められている。2000年末にビハール州からジャールカンド州が，マディヤ・プラデーシュ州からチャッティースガル州が，そしてウッタル・プラデーシュ州からウッタラーカンド州（新州創設当時の州名は「ウッタラーンチャル」。2006年に現在の名称に。以下2006年以前であっても煩雑さを避けるため「ウッタラーカンド」を使用）が分離，創設されている[5]。一方，既に述べたように，中央政府は国家統合を脅かすことになりかねない社会改革などには決し

　　［1986］を参照。
4) Austin［1972 : 186-216］．G. オースティンが述べているように，憲法的に連邦制を「擬似」か否かで区別しても連邦制の実態を説明するものとしてどれだけ意味があるかは疑問ではある。
5) 2013年にはアーンドラ・プラデーシュ州テーランガーナー地域の分離がほぼ確定した。この地域の分離，新州創設運動の歴史に関しては，三輪［2009］．

て積極的ではなく，そのため政治を不安定化させかねない州政治の領域には積極的に介入しなかった。ジャワハルラール・ネルー政権期でさえ，州の土地改革には強く踏み込めなかったことは既に述べた。国家統合の危機がある周辺部以外の地域，ここでは「主要部」とすると，インドの主要部では中央政府は，州政府の自律性を大幅に認めてきた，あるいは認めざるをえなかったといってよい。そして中央政府と州とが，協調的に共存していることがインドの民主主義体制に「安定性」を与えているのである。

　注意すべきは，インドの州が「ネーション」ともなりうる単位であることである。州は，中国やロシアあるいはアメリカなどの大国を除けば普通の国家規模の人口，地理的面積を持ち，また，大まかに言語別に編成されているため文化的にも州内の同質性は高く，かつ州の間の異質性は大きい。このような民族的・社会的な境界と，政治的自律性の境界がほぼ一致する単位がインドの州なのである。従って，序章で論じたように州は潜在的にはネーションとなりうる「エスニー」，あるいは「プロト・ナショナリティ」ともいいうる。独立期のネルー会議派政権が恐れたのは，このような潜在的にネーションとなりうるものが，ネーションに発展してインドの国家統合を掘り崩してしまうことであった。しかし，インド現代史の展開はジャンムー・カシミール州や北東部地域などを除けば，実際にはそのような状況には陥らなかったことを示している。インドの主要部では，分離独立を目指すような強力な運動は起こっておらず，様々な問題はあるにせよ，国家の統合を決定的に脅かすような要因はない。このようなインドのあり方は世界的に見ても非常にユニークといえる。この章では，まず，A. ステパン，J. J. リンツ，Y. ヤーダヴによる近年の議論を取り上げ，独立後，インドの連邦制を評価する上で何に注目すべきか検討する。その上で連邦制が，少なくともインドの主要部でなぜ安定した国家統合を維持しているのか，その要因を検討する。

1 「ステート・ネーションズ」としてのインド

　ステパン，リンツ，そしてヤーダヴはその共著書で，インドの州を一種のネーションと捉え，複数のネーションが一つの民主主義国家に包摂されている体制を「ステート・ネーションズ」（state-nations）と呼んだ（Stepan, Linz and Yadav [2011]）。これは従来の「多民族国家」概念よりも精緻な概念である。その特徴は，ネーションと国家が一致するところに生まれる伝統的な「民族国家」（nation-state）概念の逆転である。彼らによると，インドはまさにステート・ネーションズなのであり，そうであることによって，民族的，あるいはエスニックな分裂・対立などの国家や社会の統合の危機を回避してきた，という。

　彼らの議論では，そもそも民族やエスニシティをめぐる紛争の起源の一つは，「民族国家」が形成される過程で，多様な民族やエスニシティのアイデンティティや固有性が無理矢理「均一化」されるところで生じるとされる。特に自由な民主主義制度が実質的に存在し，選挙などの民主主義的プロセスを通じて個々の民族やエスニシティのアイデンティティが噴出する状況は，理論的には容易に紛争が起きやすく（Rabushka and Shepsle [1972]），そのような状況で言語や，歴史的・文化的シンボルなど民族やエスニシティのアイデンティティを無理矢理均一化しようとすることは，民族やエスニック集団間の暴力的紛争拡大の大きな要因となる。例えば，南アジアの例では，スリランカでは1956年に「シンハラ・オンリー政策」[6]によりタミル語が公用語からはずされたことが，シンハラ人とタミル人の泥沼の内戦の一つの起源となったのは周知の通りである。多民族を含む民主主義国家で，多様なアイデンティティを保障しつつ紛争を防止するためにはどのような体制が必要なのか，それをインドを元に概念化したのがステート・ネーションズである。

---

6) Official Language Act No. 33 of 1956 である。これはスリランカの公用語を英語からシンハラ語に変える法で，タミル語は公用語とされなかった。これも含め，スリランカの現代史は，de Silva [1993] を参照。

表 8-1 ステート・ネーションズと地域的民族アイデンティティ

国家概念	民族国家	ステート・ネーションズ	分裂した多民族の集合
「地域的にまとまった社会文化的な民族アイデンティティ」の程度	弱い	中程度	強い

出所）Stepan, Linz and Yadav［2011：10］より筆者作成。

　ステパン，リンツ，ヤーダヴによれば，ステート・ネーションズの概念は，単一の民族国家と複数民族の集合国家の中間に位置づけられる，複数民族が各々のアイデンティティを失うことなく共存できる国家である。それは，国民が国家への積極的な帰属意識および国家や州に対して排他的でなく補完的な多元的アイデンティティを持ち，かつ国家の諸制度へのトラストおよび民主主義への支持が広く行き渡っている状況で成立する体制である（Stepan, Linz and Yadav［2011：8］）。「国家および州に対して排他的でなく補完的な多元的アイデンティティ」が強調されるように，彼らによると現実の多民族国家がステート・ネーションズの概念に近づくためには「地域的にまとまった社会文化的な民族アイデンティティ」がどの程度の強度であるか，が重要である。それが強すぎれば，民族は国家にまとまることができず分解し，単に複数の民族国家の集まりとなる。反対に非常に弱い場合は，潜在的には複数の民族集団になる可能性のある政治社会は国家のもとで一つの民族となり，民族国家が成立する。この両極端の中間の状態，すなわち，地域的民族アイデンティティは存在するが，分裂して互いに反発し合う複数の民族アイデンティティに分立するほどではない場合にステート・ネーションズが成立しうるという。図式的に示すと表8-1の通りである。また，ステート・ネーションズは民族やエスニック集団の交渉と妥協によって成り立つが，複雑な社会ほど民族やエスニック集団間の差異が大きく，その差異に応じた形態となるので，「非対称的」なものになりやすいという。例えば，インドではジャンムー・カシミール州は独自憲法を許されているし，後進的部族民や後進地域に「指定地域」（Scheduled area），あるいは「自治県および自治領」（Autonomous districts and autonomous regions）を与える措置が取られている[7]。

　彼らによればステート・ネーションズは，民族，エスニック紛争に悩まされ

ている国家が採用すべき一つの回答であり，そのフレームワークの下，協調的な連邦制の諸制度を作り上げることによって，紛争を引き起こすことなく多様な民族，エスニック集団を一つの国家に共存させることができるという。

　以上が，ステパン，リンツ，ヤーダヴの議論の要点であるが，インドの主要部に適合的なモデルといえよう。逆にいえば，そこにはインドをステート・ネーションズの成功モデルとして，「一般化」するという意図があるといえる。

　それではステート・ネーションズモデルは，一般的に容易に実現可能なモデルであろうか。彼らの理論に従えば，地域的な民族アイデンティティの強さが「中程度」の地域でこそ，ステート・ネーションズの可能性は高まるが，それは現実にはありうるものであろうか。理論的に考えれば，そのような条件が存在する可能性は多くの国では低いと考えられる。一旦，地理的にまとまりのある一つの民族やエスニック集団のアイデンティティが刺激され，自律性や独立性を高める運動が始まると，その反作用として他の民族にも同様な動きが広がり，政治的アイデンティティの競り合いがエスカレートしやすい。その場合，究極的に行き着くところは内戦や，場合によっては国家の解体になることは，インドとパキスタンの分離独立，バングラデシュのパキスタンからの分裂，あるいは旧ユーゴスラビアなどの例を見ても理解できよう。もちろん単に多様な民族やエスニック集団のアイデンティティが混在しているというだけで，政治的アイデンティティの競い合いが自動的に始まり，紛争にエスカレートするというわけではなく，多くの場合，平和的に共存している[8]。しかし，一旦，民族やエスニック集団間にそのアイデンティティを刺激する鋭い緊張が起これば，暴力的な紛争に「エスカレート」する可能性は高い[9]。緊張や紛争の性質が本質的にエスカレートするものであるとすると，表8-1では「地域的な民族アイデンティティ」のレベルという条件は「弱い」または「強い」状況が安定的で，「中程度」の状況にとどまることは難しいであろう。また，中央政府

---

7) 憲法第5付則，第6付則。後者については，例えば井上［2009］.
8) この理論的考察としては，Anderson and Paskeviciute［2006］；Bahry et al.［2005］；Bjørnskov［2006］.
9) この理論的考察としては，Chapman and Roeder［2007］.

は紛争がエスカレートすることを傍観しないだろうし，その場合は，地域的・民族的アイデンティティは初期の「弱い」レベルにとどまるか[10]，あるいは中央政府が弱体，あるいは対応に失敗した場合は，「強い」レベルまでエスカレートすると思われる。

このような考察から，地域的な民族アイデンティティが中程度の状況にあることは，通常は稀な状況と思われる。にもかかわらず，インドの地域的・民族的アイデンティティの状況が実際にステート・ネーションズを支える中程度の状況にあるとしたら，それはインド特有の要素がそれを可能としているから，と考えられる。とりわけインドの「主要部」ではそうであろうと考えられる。それは何であろうか。

一つの重要な要因は，社会的亀裂に基づく州内の分裂であると考えられる。インドは州内でもカースト，宗教，教育レベルなどによって多元的分裂が顕著である。従って，ある社会的亀裂に基づく紛争や運動は，他の社会的亀裂に阻まれて発展することが難しい（Manor [1995a: 121]）。そのような状況が，州の地域的な民族アイデンティティが極端に先鋭化することを妨げる。例えば，植民地期には自尊運動（Self-respect Movement）や反ブラーマン運動を率い，会議派の支配を北部インドのブラーマン支配とみなして反発したラマスワミー・ナイカルによって「ドラヴィダ・ナードゥ」の独立が構想された。しかし，ナイカルも，そしてナイカルから1949年に分裂し「ドラヴィダ民族主義」を継承したドラヴィダ進歩連盟（DMK）も，マドラス州（現在のタミル・ナードゥ州）を一つの民族主義にまとめることはできなかった[11]。ドラヴィダ運動の指導者はブラーマンではないとはいえ，教育を受けた社会のエリートで

---

10) A. コリーは地域的自治運動の「逆U字型」モデルを提示しており，ここでの議論に参考となる。彼によると中央政府が強力な民主主義体制では，民主主義体制の自由な環境によって地域的自治運動は比較的自由にスタートでき，成長できる。成長した運動は要求を通そうとすると国家と衝突する可能性が高まる（逆U字型の「山」）。しかし中央政府が強力な場合，交渉や運動指導者の体制への取り込み，場合によっては抑圧などの諸手段によって運動はエネルギーを失い，結局終息するとする（Kohli [1998: 8]）。

11) 例えば，Hardgrav [1965: Chapter IV]。

あり，社会の下層など幅広い階層を糾合することはできなかったからである。DMK は 1967 年のマドラス州立法議会選挙で勝利し，州政権に就くと分離主義的言動は影を潜める（Viswanathan［1994：94］）。また最近の例として，ウッタル・プラデーシュ州では，1990 年代以降，指定カースト（SCs）を基盤とする大衆社会党（BSP），ヤーダヴやムスリムを基盤とする社会主義党などが互いに競い合い，政党システムと支持基盤の「系列化」が起こっていることは前章で述べた。そのような状況はウッタル・プラデーシュ州全体がまとまる民族主義・地域主義を決して生み出さない。インドの主要部の州では，分裂の軸は様々に異なるものの，社会的亀裂に基づく多元的分裂によって，何らかの運動や紛争がエスカレートし州全体をまとめる地域的・民族的アイデンティティに先鋭化することは，構造的に難しいと考えられる。

　さらに第 6 章で分析したように，人々は政治領域と社会領域におけるトラストを分けていることから推定されるように，人々の意識において 2 つの部門のどちらかの不安定性は他の部門の不安定性には直に結びつかない。この，いわば意識の「層化」も政治社会で不安定性が伝播しにくいという意味において政治に安定性を与えている。

　このような「社会的亀裂に基づく州内の分裂」，政治社会意識の層化は，「地域的・民族的アイデンティティ」の先鋭化を難しくしていることは明らかであろう。

　他の重要な要因は独立以来の歴史の特質そのものである。たとえインドの主要部の州が多元的な社会的亀裂や層化に特徴付けられていたとしても，「国家への帰属意識」，「排他的でなく補完的な多元的アイデンティティ」，「諸制度へのトラスト」，および「民主主義への支持」が台無しになるような大きな政治的インパクトがあれば，当該州では地域的な民族アイデンティティが多元的社会的亀裂を乗り越えて発展するであろう。カシミールや一部の北東部という周辺部はその例である。

　例えばカシミール地域の場合，分離独立を支援するパキスタンからの介入という要素はあるが，地域的な民族アイデンティティが強まった大きな要因はインド中央政府の統合政策および介入そのものにある。インド憲法第 370 条で

ジャンムー・カシミール州の特別な自治を認めているにもかかわらず、中央政府は、1959年には州議会の選挙行政を中央政府に移管し、州高裁判事の罷免権を連邦議会に移管した（Lyngdoh［2004：30］；Government of Jammu and Kashmir［1999：77］）。また、1964年には憲法第356条の大統領統治が同州に及ぶようになった。政治的には1974年にインディラ・ガンディー首相とJK民族協議会のシェイク・アブドッラーとの間で「カシミール合意」が結ばれ、第370条が保持されジャンムー・カシミール州の特別な地位が認められて、シェイク・アブドッラーが州首相として政治に復帰することを許す代わりに、同州のインドへの最終的統合が認めさせられた（Naqash and Shah［1997：120-121］）。重要なのは州立法議会選挙への影響力の行使であり、先に述べたように同州では1977年と、そしておそらくは2008年の選挙を除き、中央政府の介入は露骨であった（Gauhar［2002］；Lyngdoh［2004：130］；Puri［2009］）。このような強引な統合政策がカシミール地域の大きな反発を引き起こし、地域的な民族アイデンティティをかえって高揚させたことは間違いない[12]。

　以上のようにインドの主要部では社会的亀裂、人々の政治社会意識の層化が明確で「地域的にまとまった社会文化的な民族アイデンティティ」が中程度であるため、少なくとも、ステート・ネーションズが成功しやすい条件にある。しかし、それは必要条件であって十分条件ではない。ジャンムー・カシミール州の例のように、独立以降の歴史的経緯によって地域（具体的にはカシミール地域）の政治社会的アイデンティティが強固となり、中央政府と対立することでステート・ネーションズに部分的失敗をもたらしている例もある。インドの主要部でも、必要条件を無にするような強力な政治的インパクトがあれば、ステート・ネーションズは維持される可能性が低くなるはずである。すなわち、必要条件がそろっていようとも、ステート・ネーションズの成功は、様々な政治的アクターが織りなす政治に「経路依存」する。従って、現在インドの主要部でステート・ネーションズが成功していると考え、その成功を理解するため

---

12) これに関しては、邦文で優れたルポルタージュとして廣瀬［2011］を参照。1990年代の政党政治については伊豆山［1999］、パキスタンとの関係では近藤治［1994］；井上［2005］；堀本［1997：164-191］も参照。

には，独立以降の政治がたどった経路を分析し，重要なアクター間の関係が「協調的」になる道筋を捉える必要がある．それは具体的には中央-州関係に焦点を当てることである．

2 会議派による一党優位体制と中央-州関係の不安定化

　独立初期にネルー首相の率いる会議派は1960年代の初めまで中央および大半の州において政権を握っており，中央と州の関係は会議派という政党の内部過程で調整されたとされる．そのような「一党優位体制」が，民主主義体制を定着させる役割を果たしたことは，既に述べた．また，当時の状況では会議派政権を揺るがすような強力な反中央のまとまりが生まれる可能性は低く，そのことも一党優位体制の安定性を高めた（Manor［1998］）．繰り返しになるが，いわば，一党優位体制という初期条件は，協調的な連邦制の伝統が発展する良い出発点となったのである．

　しかし，1960年代半ば以降は，経済政策の失敗などによって会議派への支持は揺らぎ，それとともに一党優位体制は弱体化し，1967年の総選挙では会議派は大きく後退して，多くの州で非会議派政権が登場する．それがインド連邦制に対してあからさまな疑義が突きつけられる状況を用意し，連邦制の枠組みの見直し，特に中央-州関係の見直しが政治の場で本格的に議論されるようになる．具体的には，1967年の選挙で多くの州で非会議派の州政権が成立したことで，それまで，いわば隠蔽されていた中央-州関係の緊張，矛盾があらわになるのである[13]．中央政界では1960年代の後半は，会議派内の権力闘争を勝ちぬき野党勢力を押さえ込むためにも，インディラ・ガンディー政権は中央集権的な性格を強めざるをえず，そこにおいて力を蓄えつつある州レベルの非会議派政権との様々な軋轢が展開する状況が生まれ，中央-州関係は不安定

---

13) 一党優位体制の下では中央-州関係は「調整」というよりも「隠蔽」されてきたというほうが正しいかもしれない．例えばネルー時代の閣僚C. スブラマニアムは1970年までの中央-州関係を振り返ってそのように述べている．Subramaniam［1993］．

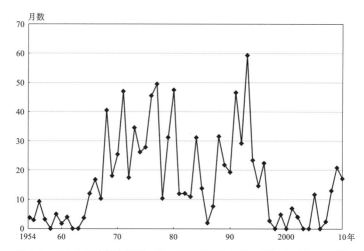

図 8-1 州および連邦直轄領への大統領統治延べ適用月数（1954-2010 年）

出所）Lok Sabha Secretariat ［2010：100-102］より筆者作成。
注）横軸の当該年において大統領統治の下に置かれていた月数を全ての州および連邦直轄領について合計したもの。ジャンムー・カシミール州の「知事統治」（Governor's Rule）は計算に含めていない。

化して，政治問題化する状況が生まれる。

　中央−州関係の不安定化は，例えば図 8-1 で明確に示される。この図は 1954 年から 2010 年まで大統領統治がどの程度導入されたかを示したものである。大統領統治は，政権が議会過半数の支持を確保できず州政権が不安定化した場合やパンジャーブ州のように暴力的紛争が激化して州政府が対処できなくなった場合など，憲法が本来的に意図した方向での導入もある。しかし，1977 年のジャナター党や 1980 年のインディラ・ガンディー会議派政権のように，中央政権が意にそぐわない州政権を打倒する場合の介入の道具として適用される場合もあった。つまり，大統領統治は州政権自体の不安定化と統治能力低下と同時に，中央から州への介入という，2 つの密接に関連する事態から生じるものである。従って大統領統治によっては憲法の意図に沿うものか，あるいは政治的介入の結果であるか判然としないものもある。

　いずれにしてもネルー時代に比べ，1960 年代後半以降いかに大統領統治が多く導入されているか一目瞭然である。1980 年代前半は若干落ち着く傾向を

見せるが，1990年代前半は再び頻繁かつ長期に適用されるようになっている。ピークは1993年で，アヨーディヤー事件で北インドのインド人民党（BJP）州政権が罷免され，州が中央直轄になった時である。このような大統領統治適用の頻度の変遷が示すのは，州政権の不安定化およびそれと密接な関係にある中央の介入傾向，すなわち中央-州関係の不安定化が1960年代後半から1990年代半ばまで，高いレベルにあったということである。

以下では中央-州関係がどのように議論され，どのように政治的に展開したのかを追跡する。まず，行政改革委員会の設置から始めて，1967年の総選挙以降に成立した非会議派州政権の中央-州関係に関する諸要求，そして中央政府レベルで1987年に提出された「中央-州関係委員会」，すなわち通称サルカリア委員会の報告書を検討する。この委員会報告が，今日に至る中央-州関係の基本的方向性を定めた。この委員会の後も，2002年に提出された憲法見直し委員会の中央-州関係に関する報告，2010年の第2次の「中央-州関係委員会」，通称パンチ委員会の報告などが出されている。しかし，政治に重要なインパクトを与え議論の基調を定めたのはサルカリア委員会報告であったといえる。以下では，会議派中心の政党システムが激変する1960年代半ば以降，中央-州関係がどのように政治的争点となったのかを検討し，中央と州との緊張または協調関係がどのような展開をたどったかを把握したい。

3 行政改革委員会における中央-州関係の検討

1960年代半ば以降，本格的に中央-州関係が検討されたのは行政改革委員会の検討が最初である。先に述べたように1960年代半ばの経済危機によって会議派中央政権は政治的に何らかの対応をせざるをえない状況に陥った。特に会議派が「社会主義型社会」実現のための要とした経済計画体制を中心とする行財政制度の包括的改革は，経済再建との関連で大きな焦点となった。そのような政治的文脈の中で，中央政府が1966年1月に設置したのが「行政改革委員会」（Administrative Reforms Commission）であった（Frankel [1978: 307]）。モ

ラルジー・デサイーを委員長とする同委員会は主要10項目について詳細な検討を行ったが[14]，その中の一つに含まれたのが中央-州関係であった。委員会はその報告書の作成のためにいくつかの研究チームを発足させ詳細な検討を行った後に報告書を提出している。中央-州関係についての研究チームは1966年5月に設置され，1967年10月に報告書を提出した。それに基づいて委員会は1969年6月に最終的な報告書を提出している。これが独立後，中央政府が中央-州関係について検討した最初の本格的な報告書である。

委員会本体の報告書は，1967年2月に行われた連邦下院および州立法議会に対する第4次総選挙の結果，多くの州で非会議派政権が成立するという政情の変化を視野に入れている点で，研究チームの報告書と若干のニュアンスの違いがある。すなわち，中央の会議派政権と州の非会議派政権の緊張が激化する可能性を示唆しているのである。にもかかわらず，報告書の基調に変更はなく，大きな制度的改正は必要ないとの考えを示していた。報告書によると，総選挙の結果成立した非会議派州政権，中でもインド共産党（マルクス主義）（CPI（M））を中核とするケーララや西ベンガル州の連合政権は，確かに州の自治権拡大と分権化を求めてはいるものの，基本的にはインドの統合を支持し，かつ中央-州関係の見直しも行財政次元の見直し要求を主としているとされた。このような事情も考慮して，結局委員会は，中央-州関係の円滑化と行政の効率化のためには憲法改正のような大きな改革は必要ないとした（GOI（Administrative Reforms Commission）［1980：i-ii］）。表8-2が勧告のポイントである。

報告書の要点は以下の通りである。報告書は，中央-州関係の最大の問題は財政関係にあるとした[15]。とりわけ重要な問題は，中央政府から州政府に計画

---

14) 以下が主要10項目である（GOI［1970：1］）。(1) the machinery of the Government of India and its procedures of work ; (2) the machinery for planning at all levels ; (3) centre-state relationships ; (4) financial administration ; (5) personnel administration ; (6) economic administration ; (7) administration at the state level ; (8) district administration ; (9) agricultural administration ; (10) problems of redress of citizens' grievances.
15) 中央と州との間の財政関係は極めて重要な問題であるが，紙面の制約もあって政治的側面を主な検討の対象とする本章では詳細には扱わない。この点についてはさしあた

表 8-2 1969 年行政改革委員会・中央−州関係委員会

「基本的に現行憲法を大きく制度的に変更する必要は認められない。中央−州関係を円滑なものにするためには憲法改正よりも健全な慣習の成長が必要」

- 中央政府が州管轄事項において果たすべき役割として，
  全体的評価・計画，知識の普及，ガイダンス，先導的役割などに力点を置くべきであり，それ以上の役割は控えるべき。
- 財政・計画関係
  中央の州に対する計画事業の総額がまず決められ，次にローン額が決められるべき。贈与の形での援助の一定部分は国家的重要性を持つ事業のために連結されるべき。州の計画事業が未達成な場合，それと連動して支出された中央政府の助成額が，州の計画支出額と比例して許される額を超えた場合，超えた部分は中央の助成額から差し引かれるべき。「その他開発ローン」は廃止されるべき。中央政府が財政的に助成し，州政府が実施する「中央助成事業」(Centrally Sponsored Schemes)* は可能な限り少なくすべき。
  計画事業へのローンは生産的事業に対してのみ与えられるべき。非生産的事業に対しては贈与で。中央政府のローンの元利の返済基金の設立に関しては専門家委員会の答申を求めるべき。財政委員会は計画事業の贈与分配に関する原則についても勧告しうるようにすべき。相互調整のために計画委員会の委員の何名かは財政委員会の委員を兼任すべき。財政委員会は州政府職員の給与増加についても考慮すべき。財務省計画財政局の強化。州政府は灌漑，電力など大型事業の受益者に適切に料金を課すべきである。
- 知事の役割
  行政経験が豊富で，公正かつ人格的に評価が高い人物が推薦されるべき。任命の前に州首相と事前に相談するという慣習が守られるべき。「州間評議会」で知事の裁量権に関するガイドラインを作るべき。大統領への任意の報告書，州法の大統領への留保は知事自身の自由裁量権に基づいて行うべき。州政府が議会で多数を失ったと信じるべき理由ができた場合，議会で信任を確認すべき。州政府の主要政策が議会で否決され州首相が議会の解散を助言した場合はそれに従って議会を解散するべき。
- 「州間評議会」と「州間水紛争」
  前者の設立を勧告。州間の水系利用に関する紛争に関しては 3 年の仲裁期間でも解決できない場合は裁定機関を作り強制的裁定で決着を。
- 治安維持
  中央政府は州政府の了解の下，またはその裁量で，州の警察を助け治安維持のために軍事力を展開できる。
- 高裁の判事の任命は現行通り。
- 中央政府の代理として行政を州政府が行う場合でもできる限りの分権化を。

注）＊：財政負担割合は，中央政府と州政府で通常，50 対 50 である。事業の実施は州政府の職員・機構を通じて行われるが，事業の実施においては中央政府のガイドラインなどがあり，そのため州政府が制約を受けること，これに分類される事業が増加し，行政的にも予算的にも州政府の自由度の制約が大きくなっていることなどの問題が指摘されている。代表的な事業には，既出の総合農村開発事業（IRDP）やマハトマ・ガンディー全国農村雇用保証事業（MGNREGS）などがある。

事業の実施のために貸し付けるローンの返済が滞り，中央政府に対する州政府の債務が累積している点であった。委員会は債務返済が大きな政治問題となっている現状を指摘し，その改善のための方策を提言する。他の重要な検討項目は，知事の役割，憲法第263条の「州間評議会」(Inter-State Council) の設置，州間の河川水の分配の取り決めに関する問題，憲法的に州政府の管轄下にあるべき治安維持機能への中央政府の介入の問題，高等裁判所判事の任命，一般的な分権化要求などであった。これらの財政関係以外の諸点に関していえば，委員会の基本的な視点は，中央政府が州政府に制度的に割り当てられている領域へ恣意的に介入することをいかに防止するか，ということが中央-州関係の円滑化の決め手である，というものであった。

しかし委員会は，円滑化のための抜本的な制度改革は提言しなかった。求めた主な制度的変革は，もともと憲法で設置が認められている州間評議会の設置および同評議会による知事の裁量権に関するガイドラインの作成などであった。委員会は，例えば州へ知事が任命される場合，中央が州首相に予めその意向を確認する健全な「慣習」(GOI (Administrative Reforms Commission) [1980: 23]) が存在することをあげ，政党政治の成熟，相互理解の蓄積などによって中央-州関係が安定化することが望ましいと考えた。

以上のように，勧告が求めた制度的改革は極めて限定的なものであった。しかし，そのような限定的改革でさえ，結果的に見ると中央の政策にはほとんど影響を与えなかった。例えば1971年5月にインディラ・ガンディー首相は連邦上院で，州の権限拡大を検討するための委員会を設置すべきとの要求に対して，そのような委員会の設置そのものが州の分権化要求に火をつけかねない，より大きな権限の付与によって州の諸資源が増えるということはないし，心情的に国家の統合が進むということもない，また，現行の憲法体制でも中央-州関係は適切に調整できる，として要求を拒絶した[16]。また，州間評議会の設置という本来憲法に規定されている事項に関しても対応は極めて冷ややかであっ

り以下を参照していただきたい。Gulati (ed.) [1987]; Sato [1994]; 根本他 [1994]; 仁科・青木 [1994].

16) *The Hindu*, May 28, 1971.

た。それが設置されるのは，V. P. シンを首班とする非会議派諸政党連合の国民戦線政府が成立する 1990 年 5 月を待たなければならなかった。

　このような状況は当時の政情と密接な関係がある。第 2 章で分析したように，1967 年の総選挙での大幅な勢力後退から，1969 年にはインディラ・ガンディー派の会議派（R）と，州レベルに基盤を持つ党有力者を中心とする反インディラ・ガンディー派の会議派（O）に分裂し，政権の座を求めて激しく競合した[17]。そこでインディラ・ガンディー首相が国民の支持を糾合するためにとった路線は，銀行国有化など「社会主義型社会」政策の急進化であり，1971 年 3 月の連邦下院選挙で打ち出した貧困大衆に直接的に訴える「貧困追放」のスローガンであった。このような社会主義路線の強化，政党を通さず直接的に貧困大衆に支持を訴えるポピュリズム的な諸政策の強化は，とりもなおさず中央政府の強力な行財政的指導力を前提とするものであった。また，人気の絶頂にあった 1972 年が過ぎその低落が顕著になる時期には，インディラ・ガンディー政権は，会議派か否かを問わず，州レベルの有力な指導者や政党を中央に対する脅威とみなし，有力な指導者，野党が州レベルで成長することを様々な戦略によって阻止しようとした。そのような戦略のうちでも，州に任命される知事を通じての影響力の行使，とりわけ大統領統治による州政府への介入は便利な「道具」であった。従って，行財政的にも政治的にも中央政府の権限を弱め州の発言力を強める要求は，それが行政委員会報告のようにささやかなものであっても，受け入れる余地はほとんどなかったのである。

　反対に，インディラ・ガンディー政権の，行財政的中央集権化を求める方向性および州政権への介入的傾向，つまり中央集権化傾向は，非会議派州政権にとっては受け入れがたいものであった。インディラ・ガンディー政権の中央集権化の傾向に対して非会議派州政府がどのような反発を示したかを，次に検討してみたい。

---

17) この経過の優れた分析として，Singh［1981］．

4 非会議派州政権の分権化要求

　1967年の選挙の後,非会議派政権が多くの州で成立すると,会議派の中央政府と非会議派州政権との間の緊張が本格的に表面化し,その緊張が中央−州関係の見直し要求という形で顕在化してきたことは前に述べた。その見直し要求がどのようなものであったのか,非会議派州政権のうちでも中央−州関係の見直しを迫った代表的な例を取り上げて検討してみたい。最初にタミル・ナードゥ州のDMK政権を取り上げる。

タミル・ナードゥ州のDMK政権

　DMKは1962年の総選挙ではマドラス州(1969年1月にタミル・ナードゥ州と改名)で一定の地保を確保すると同時に,反会議派・反中央のトーンを徐々に弱め,インドの統合を支持し,実際上その主張をインド憲法体制の限界内の最大限の自治に収めた。1965年の反ヒンディー語運動の高まりに乗り,反会議派中央を掲げて1967年2月の選挙で大勝したDMKは憲法体制内で最大限の分権化を要求する方向性を明確にする。政権獲得後の1967年4月にはC. N. アンナドゥライDMK州首相は中央−州関係で権限の分配を見直すための委員会の設置が必要であると述べた(Government of Tamil Nadu [1971: 7])。そして,州自治の強化を目指し中央−州関係の見直しのためにDMK政権が設置したのが,P. V. ラージャマンナルを委員長とする「中央−州関係検討委員会」(以下,ラージャマンナル委員会)であった。

　ラージャマンナル委員会は1969年9月に設立され,1971年5月に報告書を提出している。DMK政権は同報告を直ちに中央に送付した。また,DMKは政府部内の検討などを経て1974年4月には,同報告に基づく州政府の見解を示し,同委員会の勧告を中央政府が受け入れて憲法を改正するように決議した。1971年の報告書の提出から中央政府に対する決議が行われる1974年まで3年のギャップがあるのは,今や責任政党として州政権に就くことによって既得権益を持ち1963年以前のように明確に分離主義的スローガンを唱えること

が難しくなった DMK の変質と密接に関係している[18]。すなわち，インド憲法を基本的に認めその意味で体制内化せざるをえなかった DMK 内で一定の調整過程があったのである。ラージャマンナル委員会報告と DMK 政権の勧告とは完全には同じでないが，しかし基本線は同じであるといってよい。すなわち，「真の連邦制においては，連邦政府は国防，外交，通信，通貨に関する権限のみを持つべきである。他の全ての権限および残余権限は州に付与されるべきである。連邦政府と州政府は各々の領域では完全に独立であるべきである」(Dravida Munnetra Kazhagam［1983：17］)，というものである。これは中央と州の立法・行政領域を完全にコンパートメント化するという最大限の過激な分権化要求であった。このような要求が中央に対してなされたのである。従って，インディラ・ガンディー会議派中央政権の態度は，ほぼ完全な無視としかなりようがなかった。

　当時の政情は，1971 年 3 月に行われた連邦下院選挙ではインディラ・ガンディー首相率いる会議派（R）は，タミル・ナードゥ州では DMK に惨敗したものの，全インド・レベルでは第 1 章の表 1-1 に見られるように 518 議席中 352 を得て大勝を収めた。また，同年 12 月にはパキスタンとの第 3 次印パ戦争で圧倒的な勝利を収めて人気の絶頂にあり，政権は極めて安定していた。従って，自らが持つ行財政的権限，政治的権力を犠牲にして一部の州の自治権拡大要求を許容する政治的必要はまったくなかったといってよい。また，1974 年以降は，経済不振を背景とする反会議派運動の盛り上がりから首相は窮地に陥り，1975 年 6 月に非常事態宣言となることは既に述べたが，このような危機的状況においては逆に州の自治権拡大・分権化要求は，中央政権の弱体化を狙ったものと認識されざるをえず，それゆえ受け入れられなかったのは想像に難くない。従ってこの時期は，権力の絶頂期にあった時とは別の理由で州の自治権拡大・分権化要求には応じられなかった。

　非常事態宣言が解除され，1977 年 3 月に第 6 次連邦下院総選挙が行われたが，選挙の結果，インディラ・ガンディー会議派（R）政権が崩壊し，会議派

---

18) この DMK の変質過程については，Barnett［1976：Chapter 10］．

(O), 大衆連盟, インド民衆党, 会党が融合してジャナター党政権が成立した。選挙綱領で非常事態宣言期になされた中央集権的な内容を持つ第42次憲法改正を否定し, また憲法第356条に基づく大統領統治制度の見直しを主張するジャナター党政権の登場は, 分権化へ向けての好ましい環境と期待された (Janata Party [1977: 9])。しかし, ジャナター党政権がすぐさま行ったことは, 実際は会議派政権が行ってきたことの繰り返しであった。ジャナター党中央政権は民意を問うという名目で, 4月末に9つの会議派州政権に大統領統治を導入し6月に選挙を行って各州会議派政権を打倒してしまうのである。この時期に積極的に中央-州関係の見直しを求めたのは, 権力を握ったジャナター党ではなく, むしろ, 新しく成立した西ベンガル州のCPI (M) を中心とする左翼戦線政府である。CPI (M) やインド共産党 (CPI) が参加した連合政権は, 1957年, 1969年のケーララ, 1968年, 1970年の西ベンガルのように政権の不安定性から中央の介入を許し州政権を打倒された苦い経験を持つからである。従って, 中央でジャナター党政権が成立し州レベルでも多くの非会議派政権が誕生するという政治環境下で, CPI (M) が積極的に中央-州関係の見直しを求めるのは自然な成り行きであった。

西ベンガル州左翼戦線政権

1977年6月に成立したCPI (M) のジョティ・バスを首班とする左翼戦線内閣は同年12月に中央-州関係に関する要望文章を採択して公開した。その要点は以下のようなものであった。すなわち, 連邦制を強化するためには強い中央と同時に強い州政府の存在が不可欠であり, 連邦制の中で中央政府の役割は基本的に国防, 外交, 通貨, 通信, 経済的調整など調整機能にとどめるべきであって, 州への不必要な介入は控えるべきである, と。また, 大統領統治制度の廃止, 州が財政危機に陥った場合に中央が介入できる仕組みの廃止, 知事が州法を留保できる仕組み[19]を廃止し, 州議会が州の立法過程では至高のも

---

19) 憲法第200条によると, 州の法案は議会を通過した後, 知事に提出されその裁可を得て初めて法となる。知事は裁可を与えるか, 議会に再考を促すため裁可を与えないで返却するか, または中央の大統領の考察を求めて留保する。また憲法第201条による

のとされるべきこと，憲法で保障されている州の管轄事項に対して中央が立法する権限を削除すること，残余立法権を州の管轄事項とするべきこと，州の財政権の強化，全インド職の廃止，計画や経済の調整については，中央は国家開発評議会を強化してそのガイドラインに従うべきこと，中央の計画委員会を制定法上の機関とするべきこと，中央は準軍隊などを派遣することによって州の治安維持に勝手に干渉するべきではないということ，憲法第370条に規定されているジャンムー・カシミール州の特別な地位が保持されるべきこと，などを主張した[20]。

西ベンガル州左翼政権の要求の特色は，分権化を強く主張するものの，1974年のタミル・ナードゥ州DMK政権が求めたような中央と州との間の機能の完全なコンパートメント化は必ずしも求めなかった点にある。強い中央と強い州の両立，中央-州間の調整の重視などがそのことを示している。タミル・ナードゥ州のDMKがいわば民族主義政党であるのに対して，左翼戦線が階級的イデオロギーに基づく政党で中央政府の国家統合に果たす役割，経済計画において果たす役割を積極的に評価する傾向を持つことがその大きな要因であろう。左翼政権は要望文章を公開する前にジャンムー・カシミール州の州首相シェイク・アブドッラーとは協議を行っているが，タミル・ナードゥ州のDMK政権州首相M.カルナニディとは行っていないことが，このような方向性を物語っている（Government of West Bengal ［1978：11］）。

州政府は以上の分権化要求を中央政府および各州政府に送付し，議論の機運を盛り上げようとした。州政府の中ではジャンムー・カシミール，パンジャーブ，ケーララなどの非会議派，非ジャナター政権が積極的な反応を示した（Government of West Bengal ［1978：9-12］）。しかし，デサイー首相率いるジャナター党中央政権は中央の権限の弱体化は望まず，要求を正式には取り上げなかった（Government of West Bengal ［1978：1-2］）。そこには，西ベンガル州に

と，そのように大統領の考察のために留保された州法案に対して大統領は，知事に州議会に法案を返却し，その再考を促すことができる。この仕組みを通して中央政府は州の立法過程に介入しうる。邦文では例えば，落合［1974：267］．
20) Government of West Bengal ［1977］から要点を作成。

おけるジャナター党とCPI（M）の関係は協力的というよりも競合的であるという状況があった[21]。1977年5月の時点での州立法議会選挙での選挙協力についての協議でも結局物別れに終わり，CPI（M）は選挙後に中央政権への参加を辞退している（Limaye［1994：344］）。また既述のように，ジャナター党政権は旧大衆連盟とチャラン・シンやジャグジーヴァン・ラームなどその他の勢力の主導権争いが深刻化し，政権が不安定化つつあった。このような事情からも分権化要求，州自治権拡大に積極的に応じる状況ではなかった。

ジャナター党政権は内紛のために結局1980年に崩壊し，同年1月の第7次連邦下院選挙でインディラ・ガンディーの会議派（I）（以下，単に「会議派」とする）が中央政権に返り咲くことになる。会議派政権はジャナター党政権と同じく非会議派州政権に介入し，再び中央−州関係の緊張，不安定化を招いた。すなわち，同年2月には9つの非会議派州政権に大統領統治が適用されて州政権が解任され，5月末に選挙が行われた。パンジャーブ州でも会議派はシク教徒過激派を使ってアカリー・ダルを揺り動かし，同党から政権を奪還した。これに対してアカリー・ダルは1981年頃から反会議派の運動を強め，その過程で中央−州関係の見直しを求める。このような展開が，1980年代を通じてインドを揺るがすパンジャーブ問題につながることは既に述べた。ここでは，本章の趣旨に従って中央−州関係に関してアカリー・ダルがどのような要求を行ったかを検討してみたい。

パンジャーブ州のアカリー・ダル

すでに述べたように，アカリー・ダルは従来からシク教徒の「パンジャービー・スーバ」の設立要求を行い，1966年の旧パンジャーブ州分割とシク教徒多数派のパンジャーブ州創設に大きな役割を果たした政党で，また，農業で成功したジャート・カーストのシク教徒富農層を中心とする政党という性格も持つ。同党は1967年，1977年の選挙で州政権を得たが，野党にあった1973

---

21) この時期CPI（M）のジャナター党に対する評価はかなり厳しく，1978年4月に行われた第10回大会で基本的に資本家や地主などの既得権益層の政党であると批判している（Communist Party of India (Marxist)［1978：13-17］）。

年10月にその運営委員会で出されたのが「アーナンドプル・サーヒブ決議」である。先に説明したように、これは当時はほとんど注目を集めなかったが、1978年10月に開かれた同党の全国大会で同決議をベースにして12の決議がなされたのち、同党の基本的政策として政治的焦点となった[22]。アカリー・ダルがこのアーナンドプル・サーヒブ決議をたてにアジテーションを本格化させるのは、1980年にインディラ・ガンディー首相の会議派の介入を受けて州立法議会選挙で敗北し政権を失った後の1981年からである。アカリー・ダルは同年9月に中央政府に対して45項目要求を提出し、翌月にそれを15項目要求に再編して再提出した。また、1982年8月にはハンチャンド・シン・ロンゴワル総裁のもとで要求実現のために大衆運動を展開した。

パンジャーブ州では、この時期、ビンドランワーレーらシク教徒過激派が会議派とアカリー・ダル双方から利用される一方、その庇護を受けて影響力を拡大し、結局、州政府の手に負えなくなってしまい、インディラ・ガンディー首相が軍を使って排除したが、それが自分自身の暗殺、反シク暴動、シク教徒過激派のテロの拡大につながったことは既に述べた。しかし、このような政情の激変にもかかわらず、アーナンドプル・サーヒブ決議はアカリー・ダルの自治権拡大要求として重要な位置を占めてきた。同決議は、シク教の尊重を求めるほかに、農業近代化への援助要求や、農産物買い上げにおいて利益が保証される適切な価格を設定することを求めている点など、パンジャーブ州の富農層の利害関係を前面に出している点が特色となっている。これら諸点以外の中央-州関係に関するものを要約すれば、以下の通りとなる。

中央-州関係一般については、中央の機能を国防、外交、通貨、通信に限定すること、公共部門を重視し、また州間の発展格差を考慮して公共部門の工場を配備すること、食糧管理区域制度（Food Zone）[23]の廃止などをあげている。

---

22) アカリー・ダルの州首相プラカーシュ・シン・バダルも1978年の同決議を承認している（GOI [1984: 67-78]）。

23) これはインドをいくつかの「食糧ゾーン」に分け、ゾーン間の食糧の移送を制限する制度である。この制度によって豊作のゾーンでは食糧を政府は安く買い付け、不作で食糧価格が高騰しているゾーンで販売することで、インド全体として食糧価格の安定をはかることを目的とする（GOI (Ministry of Food and Agriculture (Directorate of

一方，パンジャーブ州独自の中央への要求として，ハリヤーナー州との共同の州都であるチャンディガル（Chandigarh）のパンジャーブ州への移譲，隣接する地域のうちパンジャーブ語話者多住地域をパンジャーブ州に統合すること，シク教徒など少数派への差別を撤廃しシクの伝統を尊重すること，などをあげた。

このような中央-州関係一般に関する諸要求は，インディラ・ガンディー政権にとっては受け入れがたいものであった。1984年7月の政府報告書では，「アーナンドプル・サーヒブ決議の中央-州関係に関する諸提案は，憲法にある国家の統合や保全といった基本的概念とは正反対のものである。これらを議論のための基礎として受け入れることはできない」（GOI［1984：17］），と極めて明確に拒絶している。

1980年代初めのインディラ・ガンディー会議派はジャナター党の自壊で政権を掌中にしたとはいえ，首相個人への権力の集中，会議派党組織の弱体化，長期的な社会経済変動の結果としての伝統的な支持基盤の不安定化とその縮小など，様々な要因から政権は決して安泰というわけではなかった。このことが州野党政権への強引な介入の背景にある。この時期にパンジャーブ州以外にもインディラ・ガンディー会議派政権が露骨に介入し，野党州政権を打倒しようとした例は，ジャンムー・カシミール州やアーンドラ・プラデーシュ州である。そのような介入に至った背景には，1983年頃にまとまりつつあった野党の反会議派への動きがあった。

非会議派州政党の集結と反会議派中央への動き

第3章で述べたように，1983年1月にアーンドラ・プラデーシュ州とカルナータカ州で州立法議会選挙が行われ，両州とも会議派は敗れて政権を失った。両州はそれまで会議派の安定した地盤と見られており，両州を失ったことはインディラ・ガンディー会議派政権にとって痛手であった。特にアーンドラ・プラデーシュでは，人気俳優出身のN. T. ラーマ・ラーオによる結党から

Economics and Statistics））［1966：10］）。しかし実際の制度運営では非効率で，食糧価格安定化にもあまり寄与していないと批判が多かった。

1年にも満たないテルグー・デーサム党によって会議派が敗北したことは大きな衝撃であった。そして会議派政権の苛立ちをさらに増したのは，ラーマ・ラーオなど非会議派州政権による反会議派を目的とした結集への動き，およびその動きと密接に関連する中央–州関係の見直し要求の高まりであった。

最初の動きは，州立法議会選挙で政権に就いたカルナータカ州ラーマクリシュナ・ヘグデ首相率いるジャナター党政権によってなされた。同政権の呼びかけで1983年3月に「南部州首相会議」(Council of Southern Chief Ministers) の設立のために南部諸州の州首相の会合がバンガロールで開かれた (Hegde [1988：1])。会議にはヘグデ州首相の他にラーマ・ラーオ州首相や，タミル・ナードゥ，ポンディチェリー連邦直轄領の州首相が参加した。しかし，ケーララの会議派州首相 K. カルナカランは，会議は国家の統合を脅かすものとして参加を見送っている。会議の目的は中央–州関係の見直しであった。特に財政関係の見直しに焦点が置かれ，財源の州へのいっそうの分権化，州への財政移転における中央の恣意的な裁量の排除などが求められた[24]。また，憲法第256条，第257条の改正によって州の行政権を拡大することも求められた。このような中央–州関係の変革を求める動きはその後加速し，同年5月から1984年1月にかけて主要野党による一連の会談 (Conclave) が行われることになる。

1983年5月にはアーンドラ・プラデーシュ州ヴィジャヤワダで会談が開かれ，4人の州首相を含む14の政党が参加した。会議では，インドが直面する問題の多くは会議派中央政権の存在に関係する，との考えから中央–州関係の見直しが改めて求められ，財政関係など構造的な中央–州関係の見直しを検討

24）中央政府から州政府への財政移転のチャンネルは，大きく分けて3つある。一つは5年ごとに設置される財政委員会によって示される税などの分与方式に従う分配，2つめは計画委員会による州の5カ年計画などへの補助であり，それは2005-2006年まではローンと贈与2つの形態をとった。後述するようにローンは同年に廃止された。以上の2つのチャンネルの大部分は，各州の人口や後進性，あるいは州財政の必要と不足分の「ギャップ」などの指標によって作られる方式によって額が決められる。3番目は中央政府省庁の事業を通じての移転である。移転においては政治的，経済的に重要な州に対して，中央から州への移転額が大きくなるとの研究もある (Rao and Singh [2005：Chapter 11])。

する委員会の設立が求められた。政治的にはこの会議は非会議派州政党による反インディラ・ガンディー会議派中央政権という色彩が強く，イデオロギー的に大きな違いがある諸地域政党が連合して会議派に対抗する可能性を示すものとなった[25]。続いて同年6月末にはデリーで会談が行われ，会議派やインド人民党（BJP）などを除く16の政党が参集した[26]。ラーマ・ラーオや，JK民族協議会党首でシェイク・アブドゥラーの息子であるファルーク・アブドゥラー・ジャンムー・カシミール州首相が積極的な役割を果たしたこの会議は，反会議派の色彩を明確に打ち出した。当時緊迫が高まったパンジャーブ問題については，それは中央政府が作り出した問題であること（もっとも会議に参加したアカリー・ダルはシク教徒過激派の分離要求であるカーリスターン設立要求には反対を表明），ポンディチェリー連邦直轄領政府の解任における知事の役割は中央の意向を受けたものであること，ジャンムー・カシミール州の州立法議会選挙での選挙委員会の中立性が疑問であることなど，中央に対する批判が相次いだ。しかし，参加政党は会議派を批判する点では共通項を見いだせるが，その他の点については多くの矛盾が存在することも明らかになる[27]。

続く同年10月のジャンムー・カシミール州スリナガルでの会談には18政党が参加した[28]。会議は州首相ファルーク・アブドゥラーの主導の下，パン

---

[25] *Statesman*, "A Close Look — The Vijayawada Conclave", Calcutta, June 2, 1983.

[26] 英語表記のみとするが，以下の政党が参集した。Akali Dal, Congress (J), Congress (S), CPI, CPI (M), Democratic Socialist Party, Forward Bloc, Janata Party, Janwadi Dal, Lok Dal, Jammu and Kashmir National Conference, Revolutionary Socialist Party, Republican Party (Gavai), Republican Party (Kamble), Rashtriya Congress, Telugu Desam Party (*Hindustan Times*, "Opposition meet favours Chandigarh for Punjab", July 1, 1983).

[27] BJPのほかに，有力な野党指導者のチャンドラ・シェーカールやチャラン・シン，タミル・ナードゥ州首相で全インド・アンナ・ドラヴィダ進歩連盟（AIADMK）の党首であるM. G. ラーマチャンドラン，ジャナター党のカルナータカ州首相ヘグデなども会議には冷淡であったとされる（*Hindustan Times*, "Opposition unity still a far cry", July 2, 1983）。

[28] 英語表記のみとするが，以下の政党である。National Conference, CPI, CPI (M), Democratic Socialist Party, Forward Bloc, Revolutionary Socialist Party, Janata Party, Congress (S), Congress (J), Rashtriya Congress, Janwadi Party, Telugu Desam Party, Akali Dal, DMK, Republican Party (Gavai), Republican Party (Kamble), Assam Jatiyakawad Dal, Sanjay Vichar Manch.

ジャーブ問題やアッサム問題に関して中央の会議派政権を非難し，またカルナータカやジャンムー・カシミール州の非会議派政権を不安定化させた知事の行動を非難した。会議は，中央が恣意的に州政権を解任してきたことを指摘し，知事の行動を規制する必要性があると述べた。また，国家開発評議会を憲法上の機関とし，計画委員会を制定法上の機関とすべきこと，財政委員会の役割の強化，高裁判事の任命と異動の適正化，ラジオやテレビの管轄，中央から州への財政移転の問題，州間評議会の設置などについてコンセンサスを得た[29]。会議は中央-州関係の見直しを求める 31 項目の合意文章を採択し，また次の会談がカルカッタ（2001 年に名称は現在の「コルカタ」に変更）で開かれることを確認して閉会した[30]。同合意文章は，後述する中央政府の「中央-州関係委員会」にも提出されたが，これが結果的には一連の会談の成果を示す文章となる[31]。表 8-3 が 31 項目要求の要点である。

カルカッタでの会談は翌 1984 年 1 月に西ベンガル左翼政権の主導のもとで開かれた。この会議の特色は，非会議派地域政党と左翼の関係強化が強調され，会議派に対抗して次の選挙での選挙協力の可能性が検討されるなど，野党の結束を内外に示したことにある。ヒンドゥー・ナショナリズムを掲げる BJP とさえも，その支持母体である民族奉仕団（RSS）との関係を清算できるならば連合可能との考えも示された[32]。会談のトーンでもう一つ特徴的なのは，会議派の経済政策に関する批判に力点が置かれたことである。すなわち，インフレ政策が批判され，経済的自立，貧困層や労働者の犠牲において多国籍企業や独占企業の便宜を図る政策をやめること，必需品への補助金，労働権を憲法の基本権に含めること，労働者への最低賃金の保障，農産物への報酬価格の保障，土地改革の早期実施，農業における低利の信用供給と安い投入財の供給などが求められ，左翼政権の主催する会議の特色が出た[33]。

---

29) *Hindustan Times*, "Conclave call to Curb powers of Governors", October 6, 1983 ; *Hindustan Times*, "PM under attack at conclave", October 7, 1983.
30) *Hindustan Times*, "Conclave wants curb on powers to dismiss Govts", October 9, 1983.
31) 以下を参照。Communist Party of India (Marxist)［1983］.
32) *The Statesman*, "Direction From Calcutta", January 17, 1984.
33) *Statesman*, "Conclave offers economic programme", January 15, 1984.

表 8-3　1983 年会談における 31 項目要求

「一党支配が続いたため中央集権化と権威主義へ向かう傾向があり，中央-州関係は緊張している。中央-州関係を検討するサルカリア委員会の設置は歓迎するがそれだけでは十分ではない」

- 州政府を恣意的に解任する中央の権利を制限すべき。
- 知事の役割の適正化。知事は州政府の推薦をもとに大統領が任命すべし。
- 州が憲法的破綻に陥った場合は 6 カ月以内に選挙で新政権を。それが不可能な場合は大統領は設立される州間評議会と協議の上で大統領統治を導入（第 356，第 357 条）。
- 高裁の権限に関する法案を除いて州事項に関しては州議会が最高の権限を持つべし（第 200，第 201 条）。残余立法権は州政府に（第 248 条，中央リスト-97）。中央が州事項についても立法できる条項を削除（第 249 条）。中央が複数の州について立法しうる仕組みの見直し（第 252 条）。連邦首相と州首相などで構成される州間評議会の設置（第 263 条）。州が財政的非常事態に陥ったときに中央が介入する措置の廃止（第 360 条）。中央の指示を州政府が受け入れない場合，中央が州政府を解任できる仕組みが乱用されないように改正（第 365 条）。ジャンムー・カシミール州の特別な地位の保持（第 370 条）。
- 全インド職を州政府の全面的な管理に置く。
- 司法，特に任命，異動において政治的影響力の排除。最高裁に司法委員会を設立。
- 選挙委員会の公平性，信頼性の確保のため 3 人の委員の任命は司法委員会の勧告で大統領が行う。
- 治安維持は州事項であり，中央の準軍隊が州に導入される場合は州の事前の許可を必要とする。
- ラジオや TV を中央政府が乱用することを防ぐために，制定法上の「中央コミュニケーション評議会」を設置すべき。同じ機関が州レベルでも設置されるべし。

「経済・財政関係」

- 弾力的な財源である法人税，追加所得税を州に分配されるべき税目に。州に回されうる財源を十分に活用すべき（第 268，第 269 条）。追加物品税（additional duties of excise）の廃止。管理価格値上げによる収入の 40％を州に。州の主な財源である売上税は中央が国益に関わると判断すれば，税率の上限を定めることができるがその品目の見直し。鉱区使用料は州との協議の上で従価ベースで決める。州との協議の上で当座貸越（overdraft）の基準の見直し。中央と州が財政について協議する場の設置。
- 国家開発評議会と計画委員会に各々憲法上，制定法上の地位を与え州をより適切に代表するようにする。その機能を明確に規定する必要。
- 計画委員会や中央省庁が裁量的に贈与を州に与えられる権限を制限し，州への移転は財政委員会の管轄に置くべき。
- 州間の移転の割合に関しては後進性，貧困，SCs，STs の割合などを考慮。
- 州への中央計画補助は現在その 70％がローンであるがそれを贈与とし，過去の負債は帳消しにすべき。「国家負債委員会」の設立を。
- 「国家支出委員会」の設立を。
- 中央から州への資源の移転は州内でさらに地方自治体に適切に分配されるべき。
- 1951 年産業（開発と規制）法の完全な見直し。
- 州間取引に関する中央の権限の見直し。
- 中央は食料，原材料など必需品の価格を全国一律に維持すべき。

出所）Communist Party of India（Marxist）［1983：1-10］．
注）（　）は関連する憲法条項。

以上のような，一連の反会議派の政治的動きとリンクした中央−州関係見直し要求に対し，インディラ・ガンディー政権は硬軟両方の対応を行っている。そのうち軟らかい対応が，中央−州関係見直しのための委員会の設立であった。一連の会談の気勢を制するタイミングでインディラ・ガンディー首相は1983年3月に国会で，中央−州関係の包括的見直しを検討するために委員会を設立することを表明する[34]。それが同年6月に設立されたR. S. サルカリアを委員長とする「中央−州関係委員会」（以下，サルカリア委員会）である。同委員会の設立については，州政府と協議されないまま会議派中央政府によって委員会の諮問事項が決められ，また中央政府は委員会の活動に必ずしも積極的に協力しなかったとの批判を受けた（Hegde［1988 : 2］）。明らかに当時のインディラ・ガンディー政権の意図は，高まる中央−州関係見直し要求をかわし，野党を牽制することであったといえよう。しかし，そのような意図とは別に，1987年10月に提出される同委員会の報告書は様々な批判を受けつつも中央−州関係の焦点となる。

　一方，「硬い」対応については，野党州政権の基盤を掘り崩すために様々な直接的工作が行われたことがあげられる。それには以下のような背景があった。先に述べたように前年1983年1月にはカルナータカとアーンドラ・プラデーシュで会議派は州政権を失った。また，同年2月にはアッサムで民族対立のため数百人が犠牲となる事件が起こり，パンジャーブではシク教徒分離主義過激派の活動が過激化して，政情は会議派中央政権にとって急激に悪化していた。インディラ・ガンディー首相が1984年1月の国家統合評議会（National Integration Council）で「連鎖反応」的に政情が悪化している（GOI（Ministry of Home Affairs）［1984 : 17］）と，危機感を抱いた背景にはこのような状況があったことは間違いない。このような首相の危機感は，しかし，国家・国民統合の危機という以上に会議派中央政権の危機認識であったことが，その後の強権的行動で明らかになる。既述のように1984年6月にはパンジャーブ州でシク教徒分離主義過激派の排除のため黄金寺院へ軍隊を突入させ，シク教徒の大

34）GOI［1988 : iii］．

きな怒りを買った。また，ジャンムー・カシミール州の JK 民族協議会政権とアーンドラ・プラデーシュのテルグー・デーサム党政権に対しては，以下に述べるように露骨に介入して州政権の切り崩し工作を行った。

　ジャンムー・カシミール州の JK 民族協議会は 1983 年 6 月に行われた選挙で会議派を押さえて州政権を獲得したが，その後知事は JK 民族協議会の内紛に乗じて州立法議会で JK 民族協議会の多数を確認することなく 1984 年 7 月にファルーク・アブドッラー政権を解任した。この内紛から知事による解任劇においては，中央の介入が大きな役割を占めていたことは間違いない（Widmalm［1998：158-66］）。この強引な介入劇は野党の大きな反発を引き起こし，同月の国家開発評議会で西ベンガル，トリプラ，アーンドラ・プラデーシュ，カルナータカ州の州首相が抗議のため退席する事態となった（GOI (Planning Commission)［n.d.：16］）。カシミールに親中央的な政権を強引に打ち立てたのは，同州がパキスタンと領有権を争う政治的に非常にセンシティヴな州であるという要因があることは間違いないが，この事件はかえって 1980 年代後半以降のカシミールの不安定化の一つの大きな原因となる（Chadda［1997：140-144］）。

　またアーンドラ・プラデーシュでは，テルグー・デーサム党の内紛から有力閣僚の辞任，党の分裂という事態が起こり，知事は 1984 年 8 月にはラーマ・ラーオ政権を強引に解任した。しかし，中央からの明らかな介入に対して，抗議のための暴力事件の頻発，反会議派のストライキ，主要野党の反会議派への結集という事態を招いたため，結局翌 9 月にはラーマ・ラーオの政権復帰を認め，ラーマ・ラーオは議会の信任を得ることに成功した[35]。これら JK 民族協議会政権の切り崩し工作，失敗に終わったテルグー・デーサム党政権引き摺り下ろし工作は，パンジャーブ問題における中央の役割などとともに，会議派中央政権への強い反発を野党の間に残すものとなった。

　以上のように 1980 年代中頃には，中央の会議派政権と，反会議派でまとまりつつある州レベルの非会議派諸政権の対立が一つの頂点に達し，その中で論

---

35) アーンドラ・プラデーシュ州政府はサルカリア委員会に提出した覚書（Memorandum）でこの時の知事の役割を厳しく非難している（GOI［1987：64］）。

じられる中央-州関係は両者の対立的構図の中でコンセンサスに収斂する余地はほとんどなかったといってよい。しかし，このような対立の構図のゆえに生まれたサルカリア委員会は，それを生み出したインディラ・ガンディー首相の意図とは別に，中央-州関係の焦点となっていく。

5 サルカリア委員会と政党

　1987年10月に提出されたサルカリア委員会報告は，独立以来の中央-州関係を包括的かつ詳細に検討した。その叙述は多岐にわたり，最終的には247の勧告を行っている。委員会の基本的性格には注目すべき一点がある。それは，ジャンムー・カシミール州の特別な地位を認めた憲法第370条に対する姿勢において見ることができる。すなわち，委員会はこの措置が政治的に極めて複雑なものであって，単に法的・制度的変革の問題とするわけにはいかないとして，本格的な検討の対象外としているのである（GOI［1988：88］）。つまり，委員会の検討はあくまで国家統合を規定する政治的基本イデオロギーには手をつけない範囲での中央と州，あるいは州間の協調の問題に限られていた，といえるのである[36]。

　その範囲内における委員会の基本的認識は，次のようなものであった。すなわち，インドのような国では権力が中央集権化する一般的な傾向が存在するが，不適切な中央集権化は病的な状況を招き，非効率につながり人々の問題を解決するどころか問題を悪化させるため，そのような傾向に対抗する意識的な努力が必要である（GOI［1988：543］），と。しかしながら，制度改革で焦点となる憲法の運営状況に関しては，「過去37年間の憲法の施行状況を見れば，憲法の基本的な構造や条項は，雑多な要素からなる社会が目標に向かって発展する際に不可避的に生じる緊張や重圧によく耐えうるものであることを証明してきた。憲法は環境の変化に適応するため何回も改正されてきた。我々は，憲

36）このような指摘については，Ray［1988］．

法の基本的特性を大きく変える必要はないと考えるし，またそのように勧めるつもりもない」(GOI [1988:544])，とした。要するに，サルカリア委員会報告は基本的に大規模な制度改革は必要ないとするものであったが，一方では中央集権化傾向に抗し，安定的な中央-州関係を構築するために部分的な改革は必要であるとしたのである。そのために委員会が強調したのが健全な「慣習」(convention) の形成であった。

　サルカリア委員会はこのような認識に到達する前に，州政府，政党，専門家など多方面からの意見を聴取している。本章ではこれまで，DMK，CPI (M)，テルグー・デーサム党，アカリー・ダルという，中央-州関係の見直しを強く求める代表的政党の要求を検討した。これら諸政党は，サルカリア委員会の質問にも，今まで検討してきたものとほぼ同じ内容を回答しているが[37]，それはいわば従来の中央-州関係を変革しようとする異議申し立てである。中央-州関係の議論の構造を適切に把握するためには，そのような異議申し立てとは対照的な主張を検討する必要がある。そのような主張を展開する政党のうちで最も重要なのは，独立以来ほとんどの時期，中央政権を担ってきた会議派である。また他の政党で重要なのは，BJP である。BJP はヒンドゥー・ナショナリズム的な色彩を強く持つ政党である。その中央-州関係に関するイデオロギー的特色は，独立時の分離独立の否定，インドの統合，カシミールの特別な憲法上の地位（憲法第 370 条）の否定，強力な中央政府などであり，このような中央集権的性格は DMK，CPI (M)，テルグー・デーサム党，アカリー・ダルなどと大きく異なる。以下では，会議派，BJP の順に，サルカリア委員会に提出した回答をまとめることで，「中央の強化」を求める代表的な政党の認識を検討する。

会議派

　会議派の考え方をまとめれば，それは強い中央が必要であり，現行の憲法体制はどのような改革も必要ないというものである。このような会議派の認識

---

37) GOI [1987:49-68, 638-657, 711-737, 856-859] を参照。

は，パキスタンとの分離独立，藩王国の統合という歴史的事実によって「ゆるやかな連邦制」（GOI [1987：661]）というものはもはや存在しないし，また，パンジャーブ問題でインディラ・ガンディー首相が命を落とした例を見ても，インドの統合と保全は所与のものではなく不断に維持強化される必要があり，それゆえに強い中央が必要とされる，という考え方に基づいている。特に近年，中央の強化が必要とされる点として，治安，宗派対立，分離主義，テロ，州をまたぐ犯罪，麻薬，密輸，経済犯罪など，地方レベルの治安維持機構の手に負えない事件が起こっていること，また教育の普及など中央の介入が必要とされる領域がまだ多く存在することなどをあげている。ただし，強い中央の存在は州との対立を意味するものではなく，中央と州の関係はパートナーであるべきとも述べている。以下少し長くなるが，やや詳細に会議派が主張する内容を要約して紹介しよう[38]。

・中央と州の立法管轄事項の分配に関しては，それを定める憲法第7付則に問題はない。むしろテロなど州の手に負えない事態の多発にかんがみて中央の管轄事項を強化すべきである。また州の管轄事項について国会が定めうることを規定した憲法第279条は今まで一回も州の不利になる形で使われた例はなく，改正される必要はない。
・知事の役割については，知事はその役割を適正に果たしてきた。知事の自由裁量を制限するガイドラインの制定については，複雑な事態に対処できるようなガイドラインの制定は不可能であり，また，知事の役割はまさにその自由裁量によっており，それを制限することは適切ではない。
・行政関係については，第356条に基づく大統領統治が州政権打倒のため中央によって乱用されてきたとの非難に対して，それは実際にはより大きな国益のために適切に施行されてきたとした。また，同条項は1978年の憲法第44次改正によって期間が1年と改正されており，乱用される危険は小さくなった。全インド職は中央と州の行政関係の円滑化のために大きな役割を

---

38) 以下のまとめは，サルカリア委員会に提出された All India Congress Committee (I) の回答をまとめたものである（GOI [1987：657-674]）。

果たしている。多くの中央政府機関が設立され，州の権限を犯しているとの批判があるが，それらは中央政府管轄事項または共同管轄事項に含まれるものである。中央予備警察隊（Central Reserve Police）など中央の準軍隊の州への展開に対する批判はあたらない。パンジャーブ問題やアッサム問題などを見ても中央の準軍隊を強化する必要がある。新聞，書籍，印刷物が共同管轄事項に含まれるのは，一方では州言語の印刷物は州に任せるべきであるからだが，しかし統一性の維持などのために中央が介入できる余地を残したほうがよいからである。通信，ラジオ，TVは中央政府管轄事項に含まれるが，これらは州を越えて，さらには外国にも届くものであり，統一的な管理の下に運営される必要があり，中央の管轄のままでよい。第263条に基づく州間評議会は，もし設立され，それが中央政府の方針と違った方針を出す場合，困難な状況が生まれうる。従って，設立される必要はない。

・財政関係については，憲法で定める仕組みは基本的に健全で変更の必要はない。基本的焦点は，中央から州へ今まで以上の財源を移転できる可能性があるかどうかという点である。中央から州への移転は代々の財政委員会で移転率が高められている。また，中央は国防，外交，経済計画などに責務を負っているため，今まで以上の財源を州に移転する余裕はない。中央の非計画経常支出では国防費，各種補助金，利払いにその約70％が当てられる状況で，経常勘定の赤字が拡大し，それを資本勘定の資金でまかなうような事態である。また，中央は通信，石油化学，鉄鋼など基幹部門へ投資を行っており，このような中核的部門への生産的投資は削減できない。一方，州は，州の財源が中央のものに比べて非弾力的であると述べているが事実は違う。州は灌漑，電力，州営交通などで大きな赤字を抱えているが，それは州の責任であって収益を増大することが先決である。また州は徴税努力をすべきである。例えば，ケーララを除く州は地主・富農層の意に沿って農業部門に課税していない。州政府は中央政府に要求する前に州自身の改革努力をなすべきである。

・経済計画，社会開発に関しては変革の必要はない。産業は州事項であるにもかかわらず，「1951年産業（開発と規制）法」に基づいてますます多くの

産業が中央の管轄下に移されてきたことに関して批判があるが，稀少な原材料を分配する必要性など合理性がある。

独立以降のほとんどの期間，与党として政権を担当し，現行の体制を作り上げてきた会議派が以上のごとく，ほぼ完全な現状肯定であることは当然であった。

BJP

BJPはサルカリア委員会へ提出した覚書で次のような基本的な考え方を示している（GOI [1987: 619-621]）。すなわち，インドは広大な国であるがゆえに民主主義を強化し効率的な政府を実現するために何らかの分権化が必要であるが，しかし一方で国の統合を弱めるいかなることもなされるべきでない，と。憲法についてBJPは，憲法は十分に柔軟であって時代の変化に対応できるとする。しかし，変化への適応が慣習や手続きの確立にのみよってできるとは考えられず，一定の憲法改正も必要であるとし，次のような改正を提案している。

・第3条に関して，州境の変更は憲法改正によってのみ行えるようにすべきである。
・州法案が州議会を通過した後に知事に回され，知事が認証を与えるか，または，法案を大統領に回しその裁可を得ることを定めた第200条は，今まで乱用されてきた。そのような乱用を防ぐためにも改正する必要がある。
・州事項でも複数の州の同意決議があれば，それらの州に対して中央が立法できることを規定した第252条，財政危機の場合，中央が州を指導できることを規定する第360条，憲法に沿って中央から州に出される指示に州が従わない場合，大統領が当該州が憲法に則って運営されていないと判断を下すことを規定した第365条は，乱用されないよう見直す必要がある。
・第263条に基づいて，連邦首相および州首相を委員とする州間評議会を設置すべきである。
・ジャンムー・カシミール州の特別な独立性を認めた第370条は廃止すべ

きである。

　憲法改正以外では，連邦直轄領デリーに立法議会が与えられるべきこと[39]，知事は州間評議会で5年の任期をもって任命され，国会の弾劾によってのみ解任されるようにされるべきこと，州首相の信任は州立法議会の場においてのみ決められるべきことなどが提案されている。しかし，BJPがその覚書で最も重点を置いているのは財政関係の見直しである。中央−州関係で最も問題になっているのは財政関係であり，州は財源の分配において不利な扱いを受けているとの認識から，次のような見直しを要求している。

・憲法第269条では中央が課税・徴収し州に配分される税として7つが規定されているが，現在そのうちの一つのみしか課税・徴収の対象となっていない[40]。鉄道の運賃・貨物輸送料に対する課税は，現在廃止されて代わりに補助金が州に支払われているものの，その率は1961年の取り決めのまま固定されており，見直しが必要。中央は残りの6つの税を課税・徴収しないのであれば，それを州に移譲すべきである。
・現在法人税は所得税と分離され州に分配されていないが，中央と州で分配される税の対象とされるべきである。追加所得税（Surcharge on the Income Tax）も同様に分配される税に含まれるべきである。
・州に払われる鉱区使用料は従価ベースでなされるべきである。
・州は州内で行われる発電に対して課税できるようにすべきである（電力の販売とは別に）。
・財政委員会は現在のように中央の下で恣意的に構成されるのではなく，より適切な形で構成されるべきである。計画委員会も同様である。

　このようにBJPの覚書は，中央−州関係の安定化のための州間評議会の設置やその他の若干の措置，財源の州へのさらなる移譲を求めているが，DMK,

---

39) デリーは1952年から1956年に州として立法議会を持った経験がある。その後1991年には憲法第69次改正で州立法議会を付与された。同年「デリー首都圏法」（National Capital Territory of Delhi Act, 1991）が成立し，自治が強化された。
40) 1982年の憲法改正で，第269条に含まれる税は8項目となっている。

CPI（M），テルグー・デーサム党，アカリー・ダルなどと比べると明らかに現状肯定的である[41]。州間評議会の設置や，ジャンムー・カシミール州の統合問題を除けば会議派の考え方に近い。

以上，主な政党の考え方の概略を検討したが，それを踏まえてサルカリア委員会がどのような勧告を行ったか簡単にまとめてみたい。

サルカリア委員会報告

サルカリア委員会の勧告の要点は表8-4の通りである。勧告の特徴として，全体の勧告数から比べれば憲法改正の勧告数が非常に少ないということが指摘できる。大統領統治の乱用を防止するため憲法的規制を強化することなど中央から州への介入を本来の目的に沿うものに限ることを求める勧告，一部の残余立法権の州への移管や法人税を州への分与対象税目とすることなど州の権限・財源の強化を求める勧告などがなされているが，これらは基本的に制度の部分的手直しにとどまるといえよう。また，憲法改正以外については，知事の地位の安定化と非政治化，州間評議会をより大きな権限を持つ「政府間評議会」として設置すること，地方自治体の強化など，中央と州の円滑化と調整機能の強化，州レベル以下の分権化の強化を求めていることが特徴である。

以上のように，極めて詳細かつ包括的な検討の結果，サルカリア委員会がたどり着いた勧告は，予想されたようにドラスティックな制度的変革を求めるものとはならなかった。中央-州関係の円滑化は，部分的な制度改革および制度が様々な変化に柔軟に対応していく過程で，健全な「慣習」が中央と州の間に形成されることにより達成されるべきというのが基本的な考え方であった。従って，制度から「柔軟性」を奪うような変更要求は慎重に避けられている。例えば，知事の行動にガイドラインを設けることや，計画委員会に制定法上の地位を付与することは，知事や計画委員会の自由裁量，柔軟性を損なう可能性

---

41) 1984年1月の国家統合評議会の会合でBJPのL. K. アドヴァーニは，憲法は行政，政治的・制度的側面においては大体において健全であるが，財政的には州が独自の開発を進められるように財源の州への分権化を進めるべきと述べ，サルカリア委員会にその任を期待すると述べている。ただし，実際の中央-州関係の運用には大きな問題があるとも述べている（GOI (Ministry of Home Affairs) [1984: 89]）。

表 8-4 サルカリア委員会の勧告

「何らかの分権化が必須であり過度の中央集権化は非効率。しかし憲法は基本的に健全で大きな改正は必要ない」

《憲法改正》
- 知事の任命に関して州首相と相談することを憲法上で規定すべき（第155条）。
- 高裁判事の任命における遅滞防止（第217条）。
- 残余立法権のうち課税権は中央に残すべきであるが、他の残余立法権は共同管轄リストに含まれるようにすべき（第248条、中央リスト-97）。
- 国会が複数の州のためその同意を得て立法した法は、国会のほかに当該州議会が大統領の認証を得て改正できるようにすべき（第252条(2)）。
- 中央が課税・徴収し州に分配する税の中にラジオやTVの広告に対する税を含めるべき（第269条(1)(f)、中央リスト-92）。
- 中央が課税・徴収し中央と州に分与される税として法人税を含めるべき（第272条）。
- 州が特定の職業、取引などに課税する上限を現行の一人当たり250ルピーから引き上げるべき（第276条(2)）。
- 大統領統治による州立法議会の解散は、大統領統治の宣言が国会に上程されるまではなされないようにする。また、連邦下院の決議によって大統領は大統領統治の宣言を撤回できること、あるいは連邦下院議員の10分の1が署名によって大統領統治撤回を求めた場合、国会を召集しなければならないという条項を挿入すべき（第356条）。
- 地方自治体行政の定期的な選挙と適切な運営のために、管轄を州リストから共同管轄リストへ移動すべき（州リストの5を共同管轄リストに移動）(GOI [1988：545])。

《その他の制度改革》
- 知事に関しては、知事の地位を安定化し非政治化すべきであり、また州首相の選定、州政府の信任、議会の召集における知事の役割の適正化と制度化が必要。しかし知事の行動を規制する包括的ガイドラインを設けることは好ましくなく、また自由裁量権に変更を加える必要はない (GOI [1988：135-137])。
- 知事が州法案を大統領の検討に供するために留保する措置に関しては、不必要な留保は行わないこと。また、通常は州政府の助言に従うが憲法と明白に矛盾していると判断される場合は、知事自身の自由裁量に基づき行動すべき。州議会で定める州法の代わりに政令を乱発することによって行政を行うことはやめるべきである (GOI [1988：157-158])。
- 中央が州政府の行政を指導できることを定めた第256, 第257, 第365条は最後の手段とすべきである (GOI [1988：110])。大統領統治の導入は厳格に適用されるべきで、また最後の手段とすべきである (GOI [1988：179])。
- 州間評議会を包括的性格を持つ「政府間評議会」として発足させる (GOI [1988：242])。
- 既存の国家開発評議会の権限を強化し「国家経済開発評議会」とする。ただし、柔軟性を持たせるため憲法上で規定する必要はない。計画委員会の専門性を高める (GOI [1988：388])。
- 中央助成事業は必要なものにとどめる（特に州政府管轄リストに含まれる事項について）(GOI [1988：387])。
- 州計画委員会に中央の財政委員会が持つ財政の分配、検討を行う機能を与え自律性を強化し、改めて「州財政計画委員会」として改組すべきである (GOI [1988：388])。

- パンチャーヤト制度の県評議会（ジラ・パリシャド）および市自治体を財政的，機能的に強化し，また選挙を適正に行い，社会経済発展における役割を高める（GOI ［1988：388］）。
- 一般的に共同管轄リストの事項は政策の統一性が必要な場合にのみ中央政府が行うべきである。その場合でも州政府と事前に協議することが望ましい（GOI ［1988：89］）。
- 「1951年産業（開発と規制）法」によって中央の管轄下に入る産業を定期的に見直し，必要がなければ州に管轄を戻す（GOI ［1988：414］）。
- 州や都市自治体への市中借り入れに対する規制を緩和すべき（GOI ［1988：317］）。

注）（　）は関連する憲法条項。

があるとして反対している（GOI ［1988：378］）。要するに，サルカリア委員会が求めたものは，明白ないくつかの欠陥の最低限の手直し，および調整機能の強化によって中央と州が利害関係を柔軟に調整する動的な過程から両者の間に慣習化された安定的なバランスが生まれることであった，といえよう。

サルカリア委員会報告を焦点とする1980年代までの中央–州関係の言説

　サルカリア委員会報告は1980年代までの中央–州関係の議論をまとめるものであり，1990年代以降は，議論は同委員会の勧告を軸にして進むことになる。その大きな理由は報告の穏健性とプラグマティックな性格によって，既存の中央–州関係を肯定する党からも，その変革を要求する党からも政治的に議論の共通土台となりえたからである。ここではサルカリア委員会報告を焦点として，ここまでの議論を比較検討してみたい。主要政党の要求に関しては，会議派の主張はほぼ現状維持，BJPはジャンムー・カシミールの完全統合などの点を除けば大きな現状変革は主張していないので，考察の対象からはずす。分権化への要求という点でいえば，非会議派，非BJP政党が重要であることはこれまでの検討で明らかである。DMK，CPI（M），アカリー・ダル，テルグー・デーサム党など有力政党の主張はお互いかなり異なる点があるが，1983年10月の会談でこれら政党は31項目要求として妥協し，共通認識として表明している。よってこの31項目要求を考察の焦点とする意味は十分ある。

　その前にまず，中央の2つの委員会の比較を行おう。2つの報告書に共通した考え方は次の通りである。すなわち大規模な制度的変革ではなく，その部分

的手直しおよびその運用の適正化,健全な慣習の形成によって中央と州の間の協調的な関係を作るべき,というものである。部分的手直しとしては,州間評議会の設置,知事の任命とその役割の適正化など,いくつかの制度改革が両方で勧告されている。

一方,2つの委員会で大きく違う点は,以下の通りである。最も大きな違いは,各項目の検討に割り当てられているプライオリティの違いである。1969年の行政改革委員会の中央-州関係委員会の報告では,財政関係の見直しに最大のプライオリティが置かれているのに対して,1987年のサルカリア委員会では,財政関係の比重は相対的に小さい。これは後者の検討対象が非常に広範で相対的に財政関係の比重が小さくなってしまったからであるが,それは2つの時代における現実の中央-州関係の問題構造の違いに起因するものと考えられる。つまり,1960年代後半においては,経済危機と州財政の悪化という状況の中で財政関係の見直しに最大限の重点が置かれざるをえなかった[42]。それに対して1980年代後半においては財政関係に加え,当時顕在化していた他の様々な問題に対しても重点を割かざるをえなかった。例えば,1969年の行政改革委員会報告では大統領統治の改正に関する勧告はなされていないのに対して[43],サルカリア委員会では大統領統治が乱用されないように一定の憲法改正が要求されている。これは明らかに,1970年代から1980年代にかけて大統領統治が乱用されたため,何らかの制度的歯止めが要求されるようになった時代の変化に対応したものである。

また行政改革委員会では,パンチャーヤトについては「行政改革委員会・州行政に関する報告」(GOI (Administrative Reforms Commission) [1970: 47-62])

---

[42] それは「中央-州関係研究チーム」の報告書に明白に表れている。報告書は3つのセクションからなり,セクション I「中央-州財政関係」に76ページ,セクション II「計画,開発における中央-州関係」に78ページ,セクション III「計画,開発以外の分野における中央-州関係」に144ページが割り当てられている。知事の役割や,州間評議会の設置などはすべてセクション III に含まれ,財政や計画以外の「その他」の問題として扱われている(GOI (Administrative Reforms Commission) [1968a])。

[43]「中央-州関係研究チーム」の報告書には大統領統治について明示的に言及している個所があるが,単なる説明,言及のみで大統領統治の検討や,是非を論じてはいない(GOI (Administrative Reforms Commission) [1968a: 276-277])。

および「県行政研究チーム」(GOI (Administrative Reforms Commission) [1968b: 17-76])内では検討されたが,中央-州関係における分権化,自治拡大との関連においては検討されていない。しかし,サルカリア委員会では,中央から州への分権化だけでなく,州から地方自治体への分権化の必要性が強調され,パンチャーヤトや都市部自治体の役割や機能の適正化・活性化が中央-州関係という文脈の中で勧告されている。パンチャーヤトや都市部自治体は住民の生活に直結する重要な問題であるが,1960年代から1970年代にかけてパンチャーヤトの機能が沈滞し,地方の開発・自治において期待された役割を果たさない例が多く見られるようになった[44]。パンチャーヤトが不活性化した大きな要因の一つは,州レベルの政治家にとってパンチャーヤトの権限・権力の増大が自らの政治基盤を掘り崩すものと考えられ,パンチャーヤトの活性化に積極的でなかったということがある(GOI (Department of Rural Development, Ministry of Agriculture) [1986: 7])。つまり,州レベルの中央集権化である。分権化・自治権拡大が大衆にとって真に意味を持ちうるためには,パンチャーヤトや都市部自治体への分権化がなされなければならないのは理の必然であり,これがサルカリア委員会がパンチャーヤトや都市部自治体を中央-州関係のコンテクストにおいて取り上げた基本的な理由である。パンチャーヤトや都市部自治体の行政の憲法的枠組みが変更されるのは,会議派政権下で第73次・第74次憲法改正が連邦議会を通過する1992年12月である。

次に1983年の31項目要求とサルカリア委員会報告を比較するが,その前に31項目要求の特徴を整理しておきたい。

前掲表8-3に示された31項目要求の基本的特徴は,州への分権化・自治権拡大は,強い中央と矛盾するものではない[45],という考え方である。ただし,強い中央と分権化が調和的に存在しうるためには中央と州の関係が協調的(cooperative)でなければならず,この点において1974年のDMK政権の要求のように中央と州の完全なコンパートメント化を求める主張とは一線を画している。例えば,DMK,そしてCPI (M) が従来求めてきた大統領統治制度の

---

44) 邦文では,例えば以下を参照。浅野 [1997];金子 [1997];井上 [1998].
45) *Hindustan Times*, "PM under attack at conclave", October 7, 1983.

廃止は，この31項目要求ではその乱用に対する歯止めを設けるという，より穏健な要求に変わっている。多くの欠点があるとはいえ国家統合の基本的枠組みとなってきたインド連邦制のフレームワークを認め，かつ多くの政党が同意しうる綱領として採択されるためには，交渉における妥協的調整の過程において，要求は一定程度穏健化せざるをえなかった。

31項目要求とサルカリア委員会の勧告とは，州間評議会の設置など共通の主張もあるが，依然として大きな懸隔がある。31項目要求では知事の役割，州法を知事が留保する仕組み，残余立法権，州リストについて中央が立法できる仕組み，財政的非常事態，税の分与・分配方式，財政委員会の地位，国家経済委員会や計画委員会の地位，中央の準軍隊，全インド職の地位，「1951年産業（開発と規制）法」などに関して，州の自律性が保障されるように，サルカリア委員会報告よりもはるかに明確な形で大幅な制度的改革が要求されている。

しかし一方で注目されるのは，サルカリア委員会の方がより「急進的な」勧告をしている部分があるという点である。それは上に述べたパンチャーヤトや都市自治体に対する分権化である。上に述べたように，サルカリア委員会ではその分権化の必要性が謳われているのに対して，31項目要求では単に資源の移転についてのみパンチャーヤトや都市部自治体に分権化が勧められている。つまり，野党州政権のほうがこの点に関しては慎ましいのである。

これは2つの要因があると考えられる。一つは，西ベンガル州の左翼政権や，カルナータカのジャナター党政権，アーンドラ・プラデーシュのテルグー・デーサム党政権などは既にパンチャーヤトや都市部自治体へのより大胆な分権化，機能の適正化を行っており，中央主導の改革が新たに導入される必要性が認められなかったことである。例えば，1989年にはラジーヴ・ガンディー会議派中央政権は，憲法改正によって全国一律にパンチャーヤトや都市部自治体の機能の整備，分権化を進めようとしたが[46]，アーンドラ・プラデー

---

46) ラジーヴ・ガンディー首相は，既に1985年頃には分権化がパンチャーヤトのレベルまで必要と述べている（GOI (Planning Commission) [n.d. : 44]）。また，同首相は憲法改正の目的が州を飛び越して自治体と直接的に接触し州の権限を侵食するものでは

シュのテルグー・デーサム党政権や，西ベンガルやケーララの左翼戦線政権などから激しい反発を受けた[47]。これらの先進州では既に制度が整備されており，州政府を飛び越えて中央とパンチャーヤトや都市部自治体を直接的に結びつけるような会議派の改正案は，すなわち州政権の政治的基盤を掘り崩す行為と認識されたからである。もう一つの要因は，その他多くの州では上で述べたように，県以下レベルへの分権化に対して州レベルの政治家が積極的でないという事情である。このように31項目要求では，中央と州の間で強い分権化を要求することでは一致できても，州以下のレベルへの分権化に関しては必ずしも強い共通認識を形成できないという州の状況が露呈されているのである。

政治状況が州ごとに大きく違い，お互いに対立点を持つ州政権があくまで州レベルの政権でとどまる限り，そのような不一致は反中央へのエネルギーの結集において大きな障害でありえた。そのような障害を乗り越え有力地域政党を結集させる状況が生まれたのは，皮肉にも今まで説明したように1970年代から1980年代の前半にかけて会議派中央政権が州へ頻繁に介入し，その結果，非会議派州政権の間で反会議派中央という共通の政治認識・戦略が形成されたことによるところが大きい。そのような勢力の結集は，当然のことながら中央で反会議派政権を打ち立てることを視野のうちに入れたものであり，中央権力に参加する展望が諸政党間の妥協・調整をさらに進展させることになる。

6 非会議派連合政権の成立と中央-州関係の進展——1980年代末以降の展開

以上のように，1980年代の終わりには中央-州関係の言説の焦点はサルカリア委員会の勧告に移った。以下，1980年代後半以降の政治の動きと議論の流

ない，と再三主張している（Shah (ed.) [1991 : 125]）。
47) 井上 [1998 : 18-19]．元カルナータカのジャナター党州首相で当時パンチャーヤトに先進的な分権化を行ったヘグデも，会議派の改正案は州政府への介入以外の何物でもないと激しく非難している（Hegde [1991 : 7]）。

れを整理してみたい。

　1984年末から1989年に政権を担当したラジーヴ・ガンディー会議派中央政権は，インディラ・ガンディー政権と同様に中央-州関係の「制度的」見直しに熱心に取り組んだ様子はない。同政権は，確かにインディラ・ガンディー政権時代に累積した連邦制の「政治的歪み」に対処するために，たとえ対立する政治勢力であっても関係改善を試み，反対勢力を体制内に積極的に取り込むことによって州の民族紛争，分離主義的傾向を穏健化しようとした。1985年の「パンジャーブ合意」，同年8月の「アッサム合意」，翌年6月の「ミゾラム合意」，1987年1月のカシミールの州立法議会選挙におけるJK民族協議会との選挙協力，1988年7月の西ベンガル州における「ダージリン・ゴルカ丘陵評議会合意」などでは，紛糾した民族対立・分離主義運動について，紛争当事者の要求に可能な限り譲歩することによって自治権運動のレベルで紛争に政治的決着をつけようとした。しかし，ミゾラム，ダージリンの場合など比較的に規模が小さい場合を除き，結局失敗してしまう。既述のように中央のトップと紛争勢力のトップが「合意」を結び連邦制の枠内で可能な限りの譲歩を行うことによって紛争の政治的固定化・安定化を図るというやり方は，パンジャーブ問題やカシミール問題[48]など問題が複雑化・大規模化し，かつ国家統合の問題に触れる場合には，結局うまくいかなかった。中央政府は国家統合の基本的な「たが」を緩めるような分離主義的要求には決して譲歩できなかったし，パンジャーブ問題の場合などパンジャーブ州とハリヤーナー州の利害関係の調整にも大きな役割を果たせなかった。他方，反対政党や反対勢力の側のエリートは自らの側の分裂した様々な勢力，利害関係をまとめ上げる能力がなかった。

　一方，連邦制における中央-州関係の制度的改善にもラジーヴ・ガンディー政権は積極的ではなかった。1987年10月に提出されたサルカリア委員会報告に対しても検討するとしただけで[49]，積極的な動きは見せなかった。会議派は

---

[48] カシミール情勢は1980年代以降急速に悪化していく。悪化した原因は会議派の介入など様々であるが，1987年の選挙におけるJK民族協議会と会議派の選挙協力および選挙における広範な不正操作も大きな要因であること間違いない（Widmalm [1998]）。これに対してより広範な要因を考慮しているものとして，Wirsing [1994: 113-118].

1984年の連邦下院総選挙で542議席中405議席を獲得していたため，野党の攻勢を恐れる必要はなく，潜在的に自分自身の基盤を掘り崩す可能性のある制度改革に自ら積極的に手をつける理由はなかった[50]。対照的に，同政権が1987年末から政権の末期まで熱心であったのは，前述したように野党の非難を受けたパンチャーヤトや都市自治体に関する憲法改正であった（Mukarji and Mathew［1992：281-282］）。

　サルカリア委員会報告に沿って中央-州関係の見直しの第一歩が着手されたのは，1989年末に成立したV. P. シンを首班とする国民戦線政府においてである。国民戦線政権はジャナター・ダルや会議派（S），およびテルグー・デーサム党，アッサム人民評議会，DMKなどの州政党からなる国民戦線を，反会議派を共通項として閣外からBJP，そしてCPI（M）などが支える政権であったことは既に述べた。政権にテルグー・デーサム党，DMK，アッサム人民評議会が含まれていることからも分権化への明確な指向性が速やかに現れるものと考えられたが，しかし，中央-州関係に関して国民戦線が行ったのは「州間評議会」の設置だけであった。1990年5月末には憲法第263条に基づいて州間評議会が大統領令によって設置され，同年10月には初会合がV. P. シン首相によって開催された[51]。その初会合においては，サルカリア委員会の勧告を審議し具体的な提案を作成するために同評議会の下に小委員会（Sub-committee）を作ることが同意され，小委員会は1990年12月に設置された。しかし政権が極めて短命だったためもあって，中央-州関係に関してはこれ以外の大きな成果は見当たらない。むしろ，同中央政府は1990年1月に全ての州知事に国民戦線政権が新しい知事を任命できるように辞表を提出することを求め[52]，22の州知事に辞表を提出させるなど，1983年の31項目要求やサル

49）10月の知事会で知事を前にそのように発言している（Venkataraman［1994：88］）。

50）先に述べたように，ラジーヴ政権は，スウェーデンのボフォールス社からの武器調達に伴うスキャンダルが1987年4月に発覚したことをきっかけとして政治的指導力を失っていく。連邦制の変革に大きな役割を果たせなかった背景には，このような一般的理由もある。

51）発足時には独立の秘書室も持たない，かなり不充分な形での発足であったようである（Mukarji and Mathew［1992：287］）。

カリア委員会の勧告とは相容れない権威主義的な行動をとっている。一旦政権の座に就き議会少数派政権という不安定な政治基盤の下で，会議派の影響力を削減しつつ自己の影響力を州レベルで涵養するためには，知事を把握することが手っ取り早い方法であったためである。現実の権力政治との「妥協」がなされたわけである。

　その後政局は，国民戦線政府がBJPの支持を失って1990年11月に崩壊した後，会議派の支持を得た超少数派政権のチャンドラ・シェーカール政権の成立，会議派の支持撤回による同政権の崩壊（1991年3月），1991年5月の第10次連邦下院選挙とめまぐるしく推移する。選挙はラジーヴ・ガンディー元首相が暗殺されたことで一定の同情票が集まり，会議派はP. V. ナラシンハ・ラーオを首班とする政権を成立させることに成功する。この会議派政権の下では中央-州関係の議論の速度は低下したが，一定の前進はあった。中央-州関係の議論は，先に設立された州間評議会の小委員会でサルカリア委員会報告の勧告を審議する中で進んだ。1990年12月に設置された小委員会は，1995年までに6回の会合を行っている。その会合の中で，サルカリア委員会勧告247のうち191が審議されて，119の勧告が全面的に受け入れられ，36が改変を加えた上で受け入れられた。36勧告の中でも1991年の経済自由化政策で規制緩和，許認可権の自由化が進んだ10の事項に関しては，審議必要なしとされた。また24の勧告が拒否された。一方，1995年までに11の勧告について合意がならず，一つは審議中となっていた（GOI (Departments of Internal Security, States and Home) [n.d. a: 42]）。州間評議会の本会議は開かれなかったものの，会議派政権下でも一定の進展があったといってよいだろう。

　会議派政権は1996年5月の第11回連邦下院選挙で惨敗し，第一党となったBJPが13日の超短命政権で辞任した後，ジャナター・ダル，DMK，テル

52）当時の大統領の回顧によると1990年1月14日に内相ムフティ・モハンマド・サイードが大統領を訪れ，特定の知事の更迭を示唆したが，特定の知事の更迭は政治的に問題があるとの考えから，首相と協議の上，全ての知事に辞任を求めることになったという。一方，知事の中ではジャンムー・カシミール州知事のK. V. クリシュナ・ラーオのように，政権が代わったことから自発的に辞任を申し出る者もいた（Venkataraman [1994: 335-336]）。

グー・デーサム党，アッサム人民評議会などに，CPI（M）など左翼政党が閣外から協力した「統一戦線」政権が成立する。統一戦線政府は分権化を掲げ「共通最小綱領」で，「サルカリア委員会勧告については既に幅広いコンセンサスがあるが，適切な立法や行政的措置によって勧告を実施する」（United Front [1996]）ことを表明した。共通最小綱領はまた，5カ年計画体制の中で州への最大限の自律性の保障，中央助成事業の州への最大限の移管を速やかに行い，さらにサルカリア委員会勧告を再検討する高レベルの委員会を設置し，国家開発評議会や州間評議会の活性化を約束した（United Front [1996]）。同政権の下で中央−州関係の議論が加速することになる。

統一戦線政権発足後1996年10月中旬には，1990年以来の第2回目の州間評議会本会議が行われる。首相デーヴ・ゴウダは開催にあたり，中央−州関係から偏狭な対決的態度を取り除き，協調的連邦制の精神に基づいて密接な関係を打ち立てることが必要だと述べた[53]。会議は，それまで小委員会が審議したサルカリア委員会勧告のうち179勧告を承認し，政府に早期に実施するよう勧告した。また，分権化の諸局面について審議を深めるために，新たに常設委員会を設置することが決定された。その常設委員会においては，特に財政権限の分権化，第356条に基づく大統領統治の改正問題を重点として審議を進めることとされた（GOI (Departments of Internal Security, States and Home) [n.d. b : 38]）。内相を議長とする常設委員会は1997年1月の第1回会合を皮切りに同年中は5回の会合を行い，その過程で中央と州の財源分与については，第10次財政委員会が勧告した「選択的中央税分与方式」（Alternative Scheme of Devolution of Share in Central Taxes to States）[54]の採用を承認した。しかし，第

---

53) *The Indian Express*, "CMs call for repeal of Article 356 of Statute", October 16, 1996 (http://express.indiaworld.com/ie/daily/19961016/29050082.html, 1996年10月18日アクセス).
54) 第10次財政委員会は，現行の制度が柔軟性に欠け，経済改革の変動に適応力がないことなどを理由に，中央税の州への分与は所得税，中央物品税など税目ごとに異なる基準，分配率を適用するのではなく，主な中央税の総額に単一の分配率を適用することによって分配を行うことを勧告し，必要な憲法改正を行った上で1996年4月1日から実施するよう求めた。これが選択的中央税分与方式である（GOI (Finance Commission) [1994 : 59-61]）。

356条の改正についてはこれら一連の会合でもコンセンサスは得られなかった。一方，第3回目の州間評議会本会議が同年7月に行われ，上の選択的中央税分与方式が承認された。この方式は2000年の第80次憲法改正によって実現することになる。第4回目の州間評議会本会議は1997年11月に行われ，常設委員会が答申したサルカリア委員会勧告の財政関係，森林，州間河川水紛争などについて審議して決定を行った。州間評議会本会議はこの時点までにサルカリア委員会勧告のうち，行政関係，連邦の治安部隊の展開，全インド職，政府間評議会，財政関係，鉱山・鉱物，農業に関する91勧告について決定を行っている (GOI (Departments of Internal Security, States And Home) [n.d. c: 45-46])。

以上が1990年代半ばまでの展開である。大局的に見れば，中央–州関係の議論におけるコンセンサス形成がサルカリア委員会の勧告の線に沿って進展したことは明白である。ナラシンハ・ラーオ会議派政権下でも州間評議会の小委員会で議論とコンセンサスの形成が徐々に進行したといってよい。それはインディラ・ガンディー，ラジーヴ・ガンディー政権の対応とは対照的であるといえよう。連邦議会で野党の協力なしには政策を安定して運営できない同政権にとっては，憲法に基づいて既に制度化された州間評議会を無視することは考えられなかった。会議派は1996年の選挙綱領ではサルカリア委員会や州間評議会に言及してないが，1998年の連邦下院選挙の綱領では，州間評議会や国家開発評議会を定期的に開催することを明確に提唱することになる (Indian National Congress [1998a])。しかしながら議論の展開速度に関しては，1989年の国民戦線政府，1996年の統一戦線政府，特に後者の下において急であった。連邦下院において数的にはさほど優位ではない統一戦線政権下で議論が比較的スムーズに展開しえたのは，会議派やBJPなど主要野党の間で既に議論が収斂する妥協点が，サルカリア委員会勧告を道筋として1990年代後半に入るころにはかなり明白になってきたからに他ならない[55]。この点を検証するため

---

55) この頃アカリー・ダルも連邦制に関する要求を穏健化させる気配を見せている。1996年2月25-26日にモガ (Moga) で行われた党会議で，憲法と民主主義に対する忠誠を決議し，また同党がシク教徒だけの政党ではなく，パンジャーブ人全ての政党であ

に，1996年から1998年までの統一戦線政権下の第11次連邦下院本会議の議論において，サルカリア委員会がどのような形で取り上げられたかを検討してみたい。

表8-5は，第11次連邦下院本会議において明示的にサルカリア委員会へ言及した議論を抽出し要点をまとめたものである。第11次連邦下院本会議の議事録はインターネット上にほぼ完全な形で公開されており，その中からサルカリア委員会に明示的に言及している議論すべてを検索した。

表からわかる通り，第3会期，第4会期，および第5会期の特別会議でサルカリア委員会勧告への言及が多い。第3会期の場合は，1996年9月から10月にかけて実施された州立法議会選挙でも過半数を制する政党が出現しなかったウッタル・プラデーシュ州への大統領統治の導入と，導入における知事の役割に関して[56]，大統領統治を支持する政府側と，それを拒否し自党に州政権の組閣機会を与えるべきとするBJPとの間の論戦で言及されている。どちらもサルカリア委員会勧告を自己の論議の権威付けのために持ち出している。第4会期および第5会期の特別会議の場合は，中央-州間の分権化に関する中央の対応に関してサルカリア委員会が多く言及された。

ることを改めて表明している。このような「軟化」は目前に迫った連邦下院選挙で幅広い階層の支持を集めるためのアピールという一面もある（*Times of India* (Mumbai), February 26 and 28, 1996）。

56) ウッタル・プラデーシュ州立法議会選挙では，BJPは174議席で第1党の座を確保したものの425議席の過半数に遠く，また安定した連立政権ができる可能性も低いと見なされ知事R. バンダーリーの勧告に沿って10月17日に再び大統領統治が布かれた。このとき知事はBJPに政権樹立の試みを許さずに大統領統治の勧告を行った点が，BJPなどに激しく非難されることになる。大統領統治は連邦下院では12月5日に承認されている。その後1997年3月19日にBSP・BJP連合政権樹立の意向が確認され，21日には大統領統治は撤回されることになる（*The Indian Express*, "BJP takes its protest against Bhandari to the streets", October 18, 1996 (http://express.indiaworld.com/ie/daily/19961018/29250532.html, 1996年10月20日アクセス）; *The Indian Express*, "Quick Takes — LS okay for Delhi rule in Uttar Pradesh", December 5, 1996 (http://www.expressindia.com/ie/daily/19961205/34050792.html, 1996年12月7日アクセス）; *The Indian Express*, "Will the BJP withstand cracks in its UP foundation?", March 22, 1997 (http://www.expressindia.com/ie/daily/19970322/08150473.html, 1997年3月24日アクセス）; GOI (Departments of Internal Security, States and Home) [n. d. b : 38]）。

表 8-5 第 11 次連邦下院本会議におけるサルカリア委員会への言及（1996-1997 年）

会期	会議年月日	論者	政党・ポスト	要点	言及のあり方
1	1996. 5.24	Dr. S. D. Sharma	大統領	大統領演説：中央-州関係の改善。大統領統治（第356条）の検討。州間評議会の設置	政府方針の提示
	5.27	P. Chidambaram	TMC（M）	BJPのヴァジパーイー政権は議会で少数派。多数を確保している者だけが首相に	主張の権威化のため
	5.28	Murli Manohar Joshi	BJP・内相	強い中央と同時に強い州が必要。両者の関係にはフレキシビリティが必要	〃
	6.11	Surjit Singh Barnala	SAD	アーナンドプル・サーヒブ決議と分権化。サルカリア委員会勧告は棚上げされてきた	勧告の実施を支持
	〃	Birendra Prasad Baishya	AGP	AGPの1987年党大会でサルカリア委員会勧告実施を要求。ゴウダ政権支持。第356条の乱用を指摘	〃
2	1996. 7.10	Jagmohan	BJP	ジャンムー・カシミール州について第370条に反対。分権化一般には賛成だが，アイデンティティの分裂は反対	主張の権威化のため
	9.10	Jagmohan	BJP	ジャンムー・カシミール州について第370条に反対。甘やかしはやめるべき。開発を促す分権化を	〃
3	1996.11.28	Sudhir Giri	CPI（M）	オリッサの旱魃と飢餓。その対策。災害援助のための制度的改革を	勧告の実施を支持
	11.29	H. D. Deve Gowda	JD・首相	多くの州首相は州への権限の委譲のためにサルカリア委員会勧告を持ち出す	単純な言及
	12. 3	Murli Manohar Joshi	BJP	ウッタル・プラデーシュ州政権確立［以下の同日の議論の論点］。知事は最大党BJPを指名すべき。知事の役割	主張の権威化のため
	〃	P. Kodanda Ramaiah	JD	過半数を構成する党または連合なし。議会での多数証明は政権が構成されてから	〃

第 8 章　中央-州関係の展開　　497

会期	会議年月日	論　者	政党・ポスト	要　点	言及のあり方
	1996.12. 3	Somnath Chatterjee	CPI（M）	BJP は孤立。選挙はたびたび行うべきではない。州議会場での多数の確認が必要	主張の権威化のため
	〃	Shri Iliyas Azmi	BSP	BJP のジョーシーと CPI（M）のソムナート・チャテルジーがサルカリア委員会を引用したが，州議会で多数を確認するべき	〃
	〃	Santosh Kumar Gangwar	BJP	最大党 BJP に組閣が任されるべき。BJP で組閣が無理な場合は選挙を	〃
	12. 4	G. M. Banatwalla	MUL	ウッタル・プラデーシュ州政権確立［以下の同日の議論の論点］。大統領統治。BJP は過半数を確保しておらず，他の政党の反対で組閣できない。知事は多数を構成できる党または連合に組閣を求めるべきである	〃
	〃	Ompal Nidar Singh	BJP	政府サイドはサルカリア委員会勧告をよく理解すべき	〃
	〃	Pramothes Mukherjee	RSP	大統領統治導入は望ましくないが，過半数政党が見当たらず政治的危機，行き詰まり状態である以上仕方ない	〃
	12. 5	Pramothes Mukherjee	RSP	ウッタル・プラデーシュ州への大統領統治導入は政権の確立を促すためのもの	〃
	〃	George Fernandes	SAP	ウッタル・プラデーシュ州への大統領統治導入決議［以下の同日の議論の論点］。決議に反対。サルカリア委員会は最も多数の支持を得られる党または連合が知事により組閣を要求されるべしとする	〃
	〃	Singh Chandumajra	SAD	SAD は大統領統治に反対。BJP に政権樹立を。アーナンドプル決議	〃
	〃	Pramod Mahajan	BJP	JD 自身，サルカリア委員会に対して最大党指導者が政権を構成すべき，州首相への支持は議会の場でのみ決められるべきといっている。現在の知事は不適切な	〃

（つづく）

会期	会議年月日	論者	政党・ポスト	要点	言及のあり方
				人物	
	1996.12.5	Indrajit Gupta	CPI・内相	大統領統治は州間評議会で議論。知事が州議会を解散することなく大統領統治を導入する勧告をしたことは正しい	主張の権威化のため
	12.18	B. K. Gadhvi	INC	会議派が政権を失って以来ウッタル・プラデーシュ州では開発が停滞。過半数を制する政党はいなくても,知事は多数を構成できる党連合を考慮すべき	〃
	〃	G. M. Banatwalla	MUL	ウッタル・プラデーシュ州で過半数を制する党がない。知事は大統領統治しか選択肢なし	〃
4	1997.2.20	Dr. S. D. Sharma	大統領	大統領演説：1996年10月の州間評議会は政府が財政権限の委譲,第356条の改正などサルカリア委員会勧告の多くを実施するよう勧告した	政府方針の提示
	2.24	Sharad Yadav	JD	第356条の扱い。州間評議会で常設委員会を設け検討	政府の勧告実施の意向を確認
	2.25	Somnath Chatterjee	CPI (M)	産業許認可制度の廃止を。サルカリア委員会の勧告の検討を	勧告の検討を要求
	〃	Krishan Lal Sharma	BJP	パンジャーブ問題解決のためのラジーヴ・ロンゴワル協定で言及されたアーナンドプル決議は州に権限を移譲することを求めるもので,統一と統合の範囲内での協定。選挙で負けた人物をその州の知事に任命すべきでない	主張の権威化のため
	2.27	Surjit Singh Barnala	SAD	サルカリア委員会に提出されたアーナンドプル決議は分裂のためでなく統合のためのもの。統一戦線政府は勧告を早急に実施すべき。会議派のやってきたことは分割統治である	〃

会期	会議年月日	論 者	政党・ポスト	要 点	言及のあり方
	1997. 2.27	Prabin Chandra Sarma	AGP	連邦制の重視。サルカリア委員会勧告の重視	勧告の実施を支持
	2.28	Chitta Basu	FBL	政府はサルカリア委員会勧告の多くを受け入れていることを歓迎。会議派政権のころは考えられなかったことである	政府の勧告実施の意向を歓迎
	3. 3	Qamarul Islam	JD	前政権はサルカリア委員会勧告を棚上げ。現政権は連邦制の強化のため勧告を速やかに実施するよう行動	〃
	〃	P. Kodanda Ramaiah	JD	現政権はサルカリア委員会の勧告実施を進めている。BJPは分権化に興味がなく，権力の集中が狙いである	〃
	〃	Prem Singh Chandumajra	SAD	ウッタル・プラデーシュ州に大統領統治が布かれているのを見ると現政権はサルカリア委員会の勧告を尊重していないといえる。パンジャーブに対する差別。後進的な州にも自治拡大は必要	主張の権威化のため
	3.18	K. P. Singh Deo	INC	全インドラジオ。分権化のことが議論されているが放送は民主主義的中央集権化が必要	単純な言及
	4.11	H. D. Deve Gowda	JD・首相	現政権は中央-州関係改善のために，州間評議会を活性化しサルカリア委員会勧告を検討してきた	政府の勧告実施の意向を確認
	〃	Pramod Mahajan	BJP	若干の言及	単純な言及
	〃	Kumari Uma Bharati	BJP	政府の政策策定はうまくいってない。サルカリア委員会勧告についても立法が伴わない	勧告の検討を要求
5	7.24	Atal Bihari Vajpayee	BJP	統一戦線は第356条を除去するとはいってない。乱用を防ぐとした。しかしビハールには適用した。サルカリア委員会勧告検討の政府方針	主張の権威化のため

(つづく)

会期	会議年月日	論者	政党・ポスト	要点	言及のあり方
5SP	1997.8.26	Somnath Chatterjee	CPI (M)	擬似連邦制はうまく行かない。諸資源が中央集権化。先進州にインフラなどが集中。サルカリア委員会勧告の実施を政府は怠っている。第356条は汚点である	主張の権威化のため
	8.27	Surjit Singh Barnala	SAD	統一戦線はサルカリア委員会勧告の実施，第356条の検討などを掲げた。中央集権化の是正。宗教的少数派の保護の必要性	〃
	8.28	Badal Choudhury	CPI (M)	東北部では開発の遅れが分離主義に。県自治評議会の設置を。自由化で州の権限が縮小。財源の不足。強い中央は望むが，独裁的な中央は望まない。第356条適用に関する最高裁の判断	〃
	8.29	P. Upendra	INC	将来の政策展望。サルカリア委員会の実施を求める	政府の勧告実施の意向を確認
	8.30	Lakshman Singh	INC	民主主義安定のため2大政党制が必要。中央-州関係に関して再検討の時期。小さい州の誕生は国家の統合に危険ではない	主張の権威化のため
	9.1	P. M. Sayeed	INC	連邦直轄領には民主主義がない。連邦直轄領にも3層のパンチャーヤト制度の浸透を	〃

出所）http://164.100.24.8/ht/11ls（1999年2月6日アクセス）より筆者作成。
注1）インターネット上に公開された議事録は英語およびヒンディー語で表記されており，議論の検索は英語およびヒンディー語の「サルカリア」を検索語として行った。
 2）会期で「5SP」は第5会期の特別会議（special sitting）を示す。
 3）政党名略語：AGP＝アッサム人民評議会，FBL＝全インド前衛ブロック（All India Forward Bloc），JD＝ジャナター・ダル），INC＝会議派，MUL＝ムスリム連盟（Muslim League），RSP＝革命的社会党（Revolutionary Socialist Party），SAD＝アカリー・ダル，SAP＝サマター党（Samata Party），TMC（M）＝大タミル会議派（ムーパナル）（Tamil Maanila Congress（Moopanar））。他は本文中略語と同じ。

　以上の議論の中で，全体的に最も対立的な論点となっているのは大統領統治の扱いに関してである。大統領統治の適用は，判断を誤れば中央政府の正当性が傷つくことから，その適用の基準はセンシティヴな争点になる。それは，一般的に客観的ルールが形成されにくく，政治的な判断を要するもので，州知事の自由裁量による判断は，政治的に微妙な状況では中央政府と州政府のが衝突

する状況につながる。例えば，表でウッタル・プラデーシュ州への大統領統治導入に関して第3会期中の1996年12月に行われた議論では，統一戦線政府の行動および同政権と密接な関係を維持する知事の行動に対して，BJPから強い批判がなされた[57]。多くの政党は何らかのセーフガードを憲法に挿入することによって大統領統治の乱用を押さえるべきと主張したが[58]，たとえそのような措置がなされたとしても，2つの政府委員会が一般的方向性として説いた「健全な慣習」の形成には困難が伴うことは明らかである[59]。

　最後に，表から読みとれる最も明白かつ基本的な特徴は，サルカリア委員会の勧告が政策の指針として肯定的にほぼ全ての主要政党から評価されていると

---

57) ウッタル・プラデーシュ州は議会で過半数議席を確保する安定した政権ができなかったため，1995年10月以降大統領統治が布かれていた。1996年9月から10月にかけて行われた州選挙でもBJP，BSP，社会主義党の3党鼎立状況になり，過半数の支持を得られる政権が成立しなかったため，10月18日に大統領統治が再度布かれることになった。大統領統治の正当化のためには，2カ月以内に連邦下院および上院の賛成決議が必要となる。12月の下院本会議における議論は，これに関する議論である。この大統領統治導入に対する批判として，例えば以下を参照。*The Indian Express*, "Constitutional massacre", October 19, 1996 (http://express.indiaworld.com/ie/daily/19961019/29350522.html, 1996年10月21日アクセス).

58) 大統領統治に関する1994年の連邦政府対ボンマイ訴訟における最高裁の判決では，与党が多数を確保しているかどうかは議会の場でのみ確定すべきこと，布告から2カ月以内に両院の賛成決議を得られないうちは議会は解散されない，などセーフガードとなりうる基準が示され，現在では一定の規定力を発揮している。例えば，被抑圧民への残虐行為が起こったことを治安維持能力の欠如として1999年2月12日にビハール州に大統領統治が布告された。しかし，布告後から両院での承認議決を得るまでの期間はボンマイ訴訟の判決に沿って議会は解散されなかった。布告は連邦下院では賛成決議を得られたが，上院では得られず効力を失った（*Frontline*, "Article 356 fraud-induced crisis", March 12, 1999 (Vol. 16, No. 5, February 27) (http://www.the-hindu.com/fline/fl1605/16050180.htm, 1999年3月22日アクセス)）。

59) 州間評議会の常設委員会のレベルで大統領統治に関する議論が進められていたが，セーフガードに関する合意がならず，1997年7月17日の第3回本会議に持ち越された。1998年12月19日の第6回の常設委員会では，国防相を委員長として大統領統治のセーフガードに関する小委員会を設置することが決定された。1999年1月22日に開催された第6回の州間評議会では，この件に関してまたも合意がならず，いくつかの州から疑義が出されたため，小委員会にタミル・ナードゥとラージャスターンの代表を加えて審議を続けることとした（*The Indian Express*, January 23, 1999 (http://www.indian-express.com/ie/daily/19990123/02350895.html, 1999年1月30日アクセス)）。

いうことである。CPI（M）のソムナート・チャテルジーなどが，産業許認可制度についてサルカリア委員会勧告を不充分としてそれよりも進んだ分権化を求める例（1997年2月25日）もあるが，それは同委員会の否定ではない。サルカリア委員会勧告は，実際上すべての政党にほぼ肯定的に受け入れられることによって中央-州関係に関する政策議論のベースになったといってよい。

　このように大統領統治以外の点については，1990年代後半には主要政党間で議論がサルカリア委員会勧告をベースとして一定の均衡に収斂したといってよいだろう。それが示すのは，共通認識としてより安定的・協調的な中央-州関係の枠組みを，会議派やBJP，そして有力な州政党が1990年代までに受け入れるようになったということである。例えば1999年2月に国家開発評議会で承認された第9次5カ年計画では，「協調的連邦制と分権化」に一つの章が割り当てられている。そこでは，プランニングにおける，中央-州関係，州間関係，州とパンチャーヤトおよびその他の自治体との関係が分権化に関連して一つのまとまった問題領域であり，分権化が中央-州関係だけでなく，州とそれ以下の自治体との関係にも適用される，つまり最上部の行政から基底部の行政に至るまで一貫したものであるべき，という認識が示されている[60]。第9次計画以前の5カ年計画書には，このようなまとまった認識を明示的に示した部分はない。そのような認識の変化の政治的背景には，1990年代後半の中央レベルでの相次ぐ連合政権の成立と州レベルの有力政党のその連合への参加という，政党政治の長期的・構造的な変化があったことはこれまでの説明から明らかであろう。

---

60) プランニングにおける「協調的連邦制」の考え方は，前政権の統一戦線政権が既に1996年の第9次5カ年計画アプローチ・ペーパーの段階で重点として出している。アプローチ・ペーパーの協調的連邦制の要点は第9次5カ年計画書にほぼ引き継がれている（GOI (Planning Commission) [1996: 105-114]）。第9次5カ年計画は1997年から2002年までの期間に適応されるものであるが，統一戦線政権時には完成せず，1999年1月にようやく内閣で承認され，2月に国家開発評議会で承認された。2年の遅れが出たものの対象期間には変更は加えられていない（GOI (Planning Commission) [1999: Chapter 6]）。

2000 年代以降の展開

　以上のように，州政党が中央政権に参加する形の連合政権が常態化したことから，サルカリア委員会報告を契機として，1990 年代後半にはより協調的な連邦関係が定着した。2000 年代以降も，様々な個別的軋轢は生じるものの，1970 年代後半から 1980 年代に現れた会議派の中央政府 対 他政党の州政府連合という対立の構図は薄らぎ，中央-州関係はより柔軟なものとなる。それを象徴するのが，先に述べた 2000 年末のジャールカンド州，ウッタラーカンド州，チャッティースガル州の創設である。

　ジャールカンド州の場合，植民地期から抑圧された部族民の運動があり，独立後も独自の自治州を求める地域運動があった[61]。しかし 1955 年の州再編成委員会報告は，資源豊富なビハール南部を分離すると地域経済に大きな問題が生じかねないこと，既に部族民以外の人口が多く，部族民は人口比が当時でも約 3 割しかなく少数派となっていること，また，多くの部族があり，単一の「部族民のエスニシティ」が不在であること，地域全体を代表する政党がないことなどを問題として，同地域を州とすることは拒否した（GOI (Ministry of Home Affairs)［1990：14-15］）。しかし，1980 年代に入ると，会議派ビハール州政権の下での開発の遅れに対する不満を背景に，ジャールカンド解放戦線（1973 年創設）の運動や他地域の自治権運動にも刺激され，州創設運動が広がった（GOI (Ministry of Home Affairs)［1990：36-38］）。ただし，それは既に人口的に少数派になっている「部族民」の運動というよりは「地域」運動としてである。それを象徴的に示したのが，州創設に当たりジャールカンド解放戦線ではなく BJP への支持が広がったことである。1999 年の連邦下院選挙では，後にジャールカンド州になる 14 選挙区のうち 11 議席を BJP が獲得した。一方，ジャールカンド解放戦線は 1 議席も獲得できなかった（Prakash［2011：52］）。しかし，2004 年の連邦下院選挙では各党の獲得議席は，14 議席中，BJP はわずか 1 議席，会議派 6 議席，ジャールカンド解放戦線 4 議席となった。会議派とジャールカンド解放戦線の選挙協力が大きな違いを生み出した一

---

61) ジャールカンド運動については多くの優れた分析があるが，Prakash［2001］および Munda and Mullick (eds.)［2003］；Corbridge［2003］などを参照。

つの原因であるが，もう一つは州の創設が実現したため BJP の存在感が薄れたためである。いずれにせよジャールカンド州の創設は激しい闘争や紛争を伴なくても実現したのである。

　ウッタラーカンド州については従来，州政府および中央政府は州の分割には前向きではなかった。しかし 1990 年代中頃から，ウッタラーカンド革命党（Uttarakhand Kranti Dal：1979 年創設）などによる，新州設置を求める地域運動が活発化した。また，1994 年にウッタル・プラデーシュ州政府が行ったその他後進階級（OBCs）への留保制度を，人口構成が異なる同地域でも実行するという決定への反発が地域感情を刺激した。これらの要因を背景にして州政府，中央政府ともに新州創設を認める方向に転換した。ウッタル・プラデーシュ州の州立法議会は 1991 年から 2000 年までに，新州創設を求める決議を 5 回採択している（Robinson［2001：202］）。ヒマラヤに連なる丘陵地域ではブラーマンやクシャトリア（ラージプート）など高カーストの人口比が平野部よりかなり高い。1998 年から中央政府を率いる BJP にとって，そのような地域に州を与えることは新たな BJP 州を獲得することにつながる。他方，高カースト以外の OBCs や他の諸階層に支持基盤を置くウッタル・プラデーシュ州政権にとっては，自己の支持基盤の薄い地域を切り離すことは選挙で有利となる。地域の自治権運動に加えて，このような政治的計算が，ウッタラーカンドを州として分離するコンセンサスにつながった[62]。

　この 2 州の場合，地域運動を進め州創設を求める地域政党や運動，そして地域住民の支持は，弱体ではあったが，一応存在した。しかし，チャッティースガル州に関しては，その存在感は薄弱であった。同州も部族民人口は約 32％（2001 年）と少数派で，多くの部族に分裂している。部族民が社会的疎外にさらされていることは，州南部のバスタール（Bastar）やダンテワダ（Dantewada）県でナクサライトなど極左武装闘争が極めて活発であることにも現れている。しかし，それは部族民の政治的アイデンティティ形成には寄与し

62）当時の中央政府の統一戦線政府や BJP 主導の連合政権は政治基盤が弱体であったため，可能な限りの政治的支持を必要としていたという状況も重要である。このような状況に関しては，以下を参照。Mawdsley［1996］；Kumar［1999］．

ているとはいいがたい。要するにこの地域から独自州の創設の動きが自発的に現れる可能性は，低い状況であった。それはすなわち，州創設の主たる動きは中央政府からのものであったということである（Berthet［2011］）。

　この3地域が目立った暴力的運動や紛争を経ないで州となったことが意味するのは，もはや中央政権にとって，穏健な新州創設運動は国家統合への脅威とは認識されていないということである。国家統合の問題に敏感なBJPさえ，支持基盤を広げるため1999年には「新州創設」を利用したといえる。また，中央政府が州境の変更に大きな障害でなくなったとき，州内の地域運動が対するのはむしろ州政府であり，これが州政府の立場にも重要な変化をもたらした。西ベンガル州ダージリン地域のゴルカ人の運動，アッサム州の平野部の部族民のボドなどのように，独自州を獲得しようとする地域運動が中央政府に頼りつつ州政府に対峙するという構図は珍しいものではなくなった。このような事態も中央と州の対立という単純な構図の意味を低下させる要因となっている。

　国家の統合を侵さない限りでの「地域」の自律性の保障が「協調的連邦制」の重要な特徴だとすると，3州の創設の事例は，それが少なくともインドの主要部ではほぼ定着していることを示している。

　以上のように，少なくともインドの主要部では，長期にわたる過程を経て協調的連邦制は定着した。2002年に提出された「憲法審議会報告」の「連邦－州関係」の検討でも，現行憲法体制では連邦制に関する部分は概ね変更の必要なしとした[63]。逆に，このような状況が2000年代に入ると中央－州関係の議論が政治の場で希薄になっていく要因となっている。例えば，会議派の選挙綱領ではサルカリア委員会や州間評議会に関する言及は，1999年の選挙綱領では存在するが，その後2004年，2009年には姿を消し，単純に「強い中央」，「強い州」，「強い自治体（パンチャーヤト）」を求めることが言及されているだけである。ただし，州政党の協力を得て政権を樹立するために，協力政党とともに

---

63) GOI (Department of Legal Affairs)［2002：Chapter 8］。憲法改正が必要な部分として，大統領統治を定める第356条に関して州立法議会の接収手続きに関する改正などを提案している。

作成した統一進歩連合（UPA）の 2004 年の共通最小綱領には言及がなされている。BJP については 1998 年の選挙綱領，国民民主連合（NDA）の枠組みのもと，独自綱領は出さず協力州政党と作り上げた 1999 年および 2004 年の選挙綱領では，サルカリア委員会や州間評議会に関する言及がある。しかし，2009 年の選挙における独自綱領ではその言及はなくなる[64]。州政党の協力が強く求められるときに会議派，BJP はサルカリア委員会や州間評議会についての考えを表明したものの，中央-州関係の議論が政治的に一応収斂し，かつ州政党との協力関係が常態化した後は，ホットな政治的争点として言及する必要性は薄れたのである。特に 2000 年代後半以降はそうである。

このような政党レベルの状況に対応して，州間評議会の活動も 2000 年代後半には明らかに低下した。州間評議会の本会議は，第 5 回が 1999 年 1 月，第 6 回が 2000 年 5 月，第 7 回が 2001 年 11 月，第 8 回が 2003 年 8 月，第 9 回が 2005 年 6 月，第 10 回が 2006 年 12 月に行われているが，10 回目を最後として，2013 年まで行われていない[65]。一方，第 9 次 5 カ年計画で 1 章が設けられた「協調的連邦制」は，第 10 次，11 次，12 次[66]の 5 カ年計画にはほぼ登場しなくなる。以上のように協調的連邦制関係の定着は，逆説的ではあるが，その政治的論議の低下という状況につながったのである。

しかし，それは，中央-州関係も含めて連邦制の実態に問題がなくなったことを意味しない。何より，協調的連邦制はジャンムー・カシミール州や北東部の一部など周辺部には及んでおらず，それらの地域，特に前者では紛争は暴力的になる傾向が顕著である。また，様々な組織によるテロ活動や 2000 年代に

---

64) 会議派に関しては，Indian National Congress [1999] [2004] [2009]; United Progressive Alliance [2004] の各資料から確認した。BJP については，Bharatiya Janata Party [1998]; National Democratic Alliance [1999] [2004]; Bharatiya Janata Party [2009] の各資料から確認した。

65) 州間評議会のホームページ（http://interstatecouncil.nic.in/meetings.html#subnav1_5, 2013 年 9 月 11 日アクセス）および GOI (Ministry of Home Affairs) [2013 : 48] より確認。

66) 第 12 次 5 カ年計画書第 2 巻の「農村開発のための柔軟な資金」の節において「協調的連邦制」という語が出てくるのみである（GOI (Planning Commission) [2013 : Vol. 2, 316]）。

入って活性化した極左武装運動のナクサライトやマオイストの暴力的運動への対応は州政府の能力を超える場合があり，中央政府がどのように介入するか，治安維持が州政府に属することとの関係で大きな問題となる。一方，1991年以降のインドの経済自由化とグローバル化の進展や，1993年のパンチャーヤト制度改革も，従来の連邦制の枠組みの下での産業開発政策，中央-州間の財政移転に対して，様々な面での再検討を迫っている。例えば，自由化の進展により，州間のFDI（海外直投投資）の誘致競争など州政府間の関係が，協調というよりも競争という性格が強くなったり（Sáez［2002 : 158］；Jenkins［2003 : 604］），先進的な州と後進的な州との経済格差が拡大し，不満が高まる傾向も指摘される。

　これらの新しい諸問題に向き合うためには，中央-州関係，あるいは州間の関係を再検討することが必要となる。その審議のためにUPA政権により2007年4月に設置されたのが第2次中央-州関係検討委員会であった。M. M. プンチを長とする委員会（以下，プンチ委員会とする）は2010年3月に報告書を提出した。

　プンチ委員会報告が発足した背景について同委員会自身は，「サルカリア委員会は主要政党や野党州政権の度重なる要求でできたが，この委員会は，第1次UPA政権によって，将来的により調和的・健康的な中央-州関係を築くために，そして，1993年から法的に構成された第3層のガバナンス（パンチャーヤト制度。都市部自治体のこと——引用者）をさらに強化するために，問題を先取りして（pro-active）設置された」と説明している（GOI［2010a : xxii］）。中央-州関係が大きな政治問題化した時期のサルカリア委員会と違って，プンチ委員会はあまり注目されなかったが，それは既に協調的連邦制がかなり定着した時代における委員会であったからである。同委員会は，(1)インドにおける中央-州関係の展開，(2)憲法体制と中央-州関係の運営，(3)中央-州間の財政関係およびプランニング，(4)地方自治体および分権化されたガヴァナンス，(5)国内治安維持，刑事裁判および中央-州間の協力，(6)環境，天然資源およびインフラストラクチャ，(7)社会経済発展，公共政策およびグッド・ガヴァナンス，の7巻からなる報告書を出した（GOI［2010a］-

[2010g])。

　プンチ委員会報告はあまり注目されていないとはいえ，その検討範囲は広く，その報告を検討することは現在の中央-州関係の位相を確認するために重要である。同委員会は，大統領統治の適用プロセス，知事の任命プロセスの明確化，連邦上院の位置づけなど，従来から問題とされる点についても詳細な検討を行った（GOI [2010b]）。しかし，プンチ委員会の基本的特徴は，新しい時代に突入する中で連邦の統合に関して問題点を再検討したところにある。同委員会は次のように述べている。「政治的には地域政党や連立政権が勢力を増してきたため，州が統治の多くの面で優位になった」，「中央はある地域で深刻な治安問題が発生しても動けないでいる」，「ネーションが集まって連邦を作る主要因である統合されたマーケットは勢いをつけて成長できないでいる」（GOI [2010a : x]）と。このような国家の統合を脅かす問題，および自由化やグローバル化の時代における国内マーケットの統合という問題にインドが対処するため現在の連邦制の仕組みが十分であるかどうか，不十分であればどのような制度変更が必要となるか，これを検討することが委員会の中心的な課題であったと考えられる。まず，国家統合を脅かす問題について委員会の考えをまとめてみたい。

　プンチ委員会報告は，国家統合への脅威を治安問題という視点から捉えていることが特徴である。治安問題は憲法上，州政府の管轄事項であるが，近年，州政府の能力を超える深刻な問題が発生している。例えば，1992年12月のウッタル・プラデーシュ州アヨーディヤー事件後のコミュナル暴動，ジャンムー・カシミールの問題，2008年11月のムンバイで起こったパキスタンに根拠地を持つグループによる大規模テロ事件などである。委員会は，州政府から見ると通常，治安維持における中央政府の役割は，助言，諜報，準軍隊の派遣などに限られるべきであるとしたが（GOI [2010e : 13]），一方で，深刻な問題には州政府は対応できないとした。また，コミュナル暴動や偏狭な地域利害が絡む場合は州政府の中立性が問題となり，その適切な対応が期待できない場合は中央政府による不偏不党かつ迅速な介入が必要であるとした（GOI [2010e : 14, 25]）。同委員会はこれらの要因が，中央政府が州に介入する理由となりう

ると考え，中央が州を外敵や内乱から保護することを規定する憲法第355条などを基に，「正統な」介入のプロセスを検討すべきとした。

　しかし，国家統合への脅威を治安維持という視点に限定しつつ捉えていることが，委員会の議論の限界となっている。例えば，カシミール問題について委員会は，近年の選挙での投票率の上昇などをあげて状況は改善していることを指摘したが，一方では，武装ゲリラの侵入が続いているため，問題の多い「軍特別権限（ジャンムー・カシミール州）法」を撤廃するにはまだ時期尚早とした（GOI［2010e：89-90］）。委員会はサルカリア委員会より一歩踏みこんで，あえてカシミール問題を取り上げたが（GOI［2010e：69］），その捉え方は，ほとんど治安問題としてであった。カシミール問題は地域の自治権，民族自決，パキスタンとの関係などが絡み合う複雑な問題で，その根本的解決のためには主要な反体制勢力や政党との交渉と妥協，そのような妥協を制度化するための州レベルの民主主義過程の改革など，パキスタンという要素を抜きにしても，政治レベルで様々な問題に決着がつけられなければならない。そのような検討抜きで治安面のみで問題を捉えることは，根本的問題解決のためには極めて不十分である。逆にいえば，多元的な政治的背景を切り捨てて治安問題に単純化したことで，「問題」を報告の中に組み込むことができたともいえよう。そのような委員会の方向性は大規模テロリズムへの対処に関しても現れている。

　例えば「国家捜査局」（National Investigation Agency）の設立についてである。2008年11月のムンバイでのテロ攻撃ではアラビア海から侵入した武装ゲリラの無差別テロで183人が犠牲となり，事件後マハーラーシュトラ会議派州政権は引責辞任した。州の警察や捜査機関が対処できないこのような大規模な武装ゲリラの侵入に対して，中央政府は同年12月には立法によって，国家捜査局を設置し，また，非合法活動防止法を改正してテロ対策を強化した。州政府の権限を大きく浸食しかねない国家捜査局が必ずしも慎重な議論を経ないで急遽設立されたのであるが，プンチ委員会は中央政府の対応に対して批判的検討をしていない（GOI［2010e：37-42］）。もっとも，深刻な脅威に対しては国家捜査局では不十分であり，州政府の協力を得つつ包括的な体制を構築することが必要だとしているのであるが（GOI［2010e：45］）。

このように，プンチ委員会は国家統合への脅威をほぼ治安対策として捉え，その排除のために中央政府の強い権限を是認することで対処しようとした，といえよう。

一方，自由化やグローバル化の時代における国内マーケットの統合に関しては，委員会の議論は従来の議論と大きな違いはない。一般に自由化やグローバル化の時代においても，国家の役割は重要であり，直接的な経済統制や介入は避けられるべきだとしても，間接的に経済を誘導し調整する機能は以前にも増して重要となっている。インドでは，通常の財政金融政策や全国的な産業政策，インフラ建設政策の策定に加えて，先進州と後進州の格差是正などにおいて，中央政府の積極的役割は不可欠である。このような国家の基本的な役割はプンチ委員会も認めるところであるが，あえて同委員会報告の特徴をあげるとすると，州政府の役割を経済発展において重視し（GOI［2010c：19］），州政府の自律性が十全に発揮される環境作りを強調した点にあるように思われる。この点をプンチ委員会報告の分析に沿って，以下簡単にまとめてみたい。

プンチ委員会はまず改革の流れを次のように整理した。州政府の自律性が発揮されるためには，経済成長に応じて弾力的に拡大する財源を州政府が確保することなど，財政基盤の安定化が必要であり，税制改正が必要となるが，そのために1991年の構造改革以来いくつかの改正がなされてきた。例えば，1994年には，中央政府が徴収して中央と州の間で分配される「サービス税」が創設され，サービス取引にも課税されることになった（GOI［2010c：43］）。サービス部門は経済成長に伴って急速な税収増が期待できる部門であり，その意味では州政府にとって有利となった。また，既述の選択的中央税分与方式が2000年から実施されたことも州政府の財源の安定化につながった。一方，中央政府と州政府の複雑な税制の網の目の中で，物品やサービスの流通を統一的に捉えて課税することはマーケットの統合のためには不可欠であるが，この点でも改革は徐々に進み，1984年に付加価値税が導入され，1990年代以降，中央付加価値税，州付加価値税とも徐々に適用範囲を広げてきた。さらに，物品とサービスの区別がますます曖昧になってきた現在，「物品・サービス税」（Goods and Service Tax）への移行が模索されている。プンチ委員会はこのような改革

の流れを高く評価した。

　しかし，プンチ委員会が大きな問題としたのは，州政府の5カ年計画財源への中央政府の補助が削減される一方で州政府に対する規制が，硬直化していることである。中央政府は，州政府の5カ年計画の補助のため政府ローンと贈与という2つの形態で財源を移転してきた。しかし，2005-2006年度から政府ローンを廃止し，代わりに市中ローンを州に割り当てた（GOI [2010c: 23]）。市中ローンは政府ローンに比べて条件が厳しく，それだけ州政府の負担は増えることになった[67]。中央政府から見るとこれは中央政府の債務軽減という面がある。また，従来から指摘されている中央助成事業の拡大の問題が州政府にますます重くのしかかっていることが指摘された。既に説明したように，中央助成事業は中央政府と州政府で財政負担が分担され実施されるが，事業の実施は州政府の責任である。マハトマ・ガンディー全国農村雇用保証事業（MGNREGS）などが代表的なものであることからわかるように，政治的にポピュリスティックなものが多い。問題は実施において中央政府の規制，ガイドラインがあり，そのため，州政府の開発事業における自由度が大きな制約を受けることである。州政府は支出面で制約を受けることに加えて，同事業のために組織的・人的資源を固定しなければならないことも大きな負担となる。プンチ委員会は，同事業の削減が実現しないのは中央省庁の抵抗が大きいためだとしている（GOI [2010c: 70]）。以上のように，プンチ委員会は2010年までの状況を整理し，問題点を指摘し，その上で州政府がより自律的に，能力を発揮できる環境整備を求めた。

　プンチ委員会は，すでに協調的連邦制が政治的に当たり前のものとされた時代に，伝統的に中央政府の役割を強調する会議派のUPA政権によって設置された委員会である。そのため，総じて現状肯定的で，政治的には中央-州関係に大きなインパクトを与えるものではないといえる。しかし，そのような中でプンチ委員会報告の検討を通じて見えてくる一つの重要なポイントは，協調的連邦制が機能しているインド主要部に関しては中央政府は意味のある検討をで

---

67) 政府ローンは返済期間25年でモラトリアムが5年であるのに対して，市中ローンは返済期間10年でモラトリアムなしである（GOI [2010c: 23]）。

きるが，ジャンムー・カシミール州など協調的連邦制が機能していない地域では，中央対州の関係を基本的に治安問題としてしか捉えられないことである。力による押さえ込みだけでは根本的な解決にはほど遠いことはいうまでもない。プンチ委員会報告がはからずしも露呈しているのは，依然として周辺部を取り込めないインドの連邦制の限界であると思われる。

ま と め

表 8-6 は本章の議論の概要をまとめたものである。1960 年代半ばまでは不断に進行する社会経済発展の中での社会的動員レベルの高まりにもかかわらず，中央と州を貫く一党優位体制の下で中央-州関係は一応の安定性を示していたと考えられる。

しかし，1960 年代のインドの政治経済危機を一つの重要な契機として 1960 年代後半からは州レベルで相次いで非会議派政権が誕生する状況になる。すなわち，1960 年代末から 1970 年代にかけて，中央-州関係は，中央＝会議派対いくつかの州＝非会議派政権という対立的な政治構図が生まれることになる。そのような対立的構造の成立ゆえに，中央の政権，特にインディラ・ガンディー会議派政権は州に対して中央政府の権限をベースとする権威主義的・介入主義的傾向を強めた。そのような構図は中央政府が不安定化し，その不安定性を権威的・抑圧的手段によって乗り切ろうとした 1975 年から 1977 年までの非常事態宣言の期間に完成の域に達したといってもよい。その対立の構図は，1977 年の選挙でジャナター党が勝利し中央で政権に就いた時期，また 1980 年以降のインディラおよびラジーヴ・ガンディー会議派政権の下でも基本的に継続する。

このような対立的構図における中央-州関係の特徴は，それが会議派と反会議派の政治的対立構造と平行的にリンクされてしまい，政党間のゼロサム・ゲームとなってしまった，という点である。DMK，アカリー・ダル，CPI (M) など，1983 年から 1984 年にかけての非会議派政党の一連の会談におけ

表8-6　インド主要部における社会変動，政党制，中央-州関係（1950-2013年）

年	1950-66	1967-77	1977-88	1989-2013
政治社会的動員		■	■	■
州レベルの政党システムの不安定化		■	■	■
中央レベルの政党システムの不安定化と政権交代			■	■
中央レベルの政党システム多党化と連合政権				■
インド主要部における連邦制の実態	一党優位体制下の相対的安定	中央集権的，介入主義的		協調的

注）網掛けは左列の各要因が顕在化していることを示す。

る諸要求の政治的背景にはインディラ・ガンディー中央政権に対する反発が極めて濃厚に出ている。このような状況では中央と非会議派州政権の間の歩み寄りの余地は少なく，議論が収斂する可能性はなかった。それは1977年に成立したジャナター党政権に関しても同様である[68]。

しかし，1980年代末から中央でも非会議派政権の常態化が現実的なものとなり，有力州政党を構成要素とする非会議派連合は政権担当を通じて，ともすれば非現実的・遠心的な自らの要求を徐々に修正し，次第に現実的・妥協的な姿勢に転じる。それは1996年に成立した統一戦線政権においてサルカリア委員会勧告が議論され受け入れられる過程ではっきりする。

一方，会議派も中央で多数を安定的に維持することが長期的に難しいことが明らかになりつつある現実の中で，表向きはどうあれ，大局的にはより妥協的・協調的な中央-州関係を受け入れざるをえなくなる。1998年の選挙綱領ではじめて州間評議会に明示的に言及しているのはその一つの表れと考えてよかろう。

このようなプロセスで，1990年代にようやく，中央-州関係の議論が会議派・反会議派の政治対立の構図から分離され，それゆえに中央-州関係の議論がより協調的な焦点を持ちうる状況になった。そしてそのとき双方に共通の議論の場を提供し，歩み寄りの方向性を示したのがサルカリア委員会報告であっ

68）この場合は，中央＝反会議派諸政党の連合体であるジャナター党 対 会議派が押さえる諸州という構図となる。

たと考えられる。その中で，主要政党間で中央-州関係についての議論は進み，ぎこちないながらも一定の均衡点に収斂してきた。州間評議会で審議されたサルカリア委員会勧告の多くは受け入れられた。1990年代後半には以上の過程を経て，少なくともインドの主要部では協調的連邦制が定着したといえる。2000年代は中央レベルではNDAとUPAという2大連合はともに有力な州政党を含み，協調的連邦制を支え定着させる政治的要素が強まった。いわば，協調的連邦制はインドの主要部では当たり前のものになっており，そのことが逆に議論の低下につながった。プンチ委員会の政治的意味合いが薄い背景にはそのような状況の変化がある。

　以上の過程で，特に1977年以降の政党システムと中央-州関係の動態の特徴を大きくまとめると，会議派があまりに中央集権的，権威主義的になったとき，野党は反発してまとまり会議派政権を打倒することに成功するが，寄せ集めの野党政権は内部矛盾で崩壊するという展開が1990年代初めまで続く。しかし，会議派の支持基盤の長期的収縮が顕著になった1990年代以降は，選挙で勝利するためには会議派も含め全ての政党は他の政党と協力することを学ばざるをえず，そこに「慣習」としての協調的連邦制が発展する必然性が出てくるのである。もっともその前提条件として「ステート・ネーションズ」というインドの特質，および一党優位体制から1980年代に至る政党政治のインド特有の歴史がある。

　本章のはじめに述べたように，一般的に「ステート・ネーションズ」は理論的には成立が難しい体制であると考えられる。しかし，インドの主要部では現実にそれは成立しているといえる。従って，そこにはインド特有の条件がなければならないが，それは州内の社会的・多元的分裂の存在や人々の政治社会認識の「層化」という構造的要因である。しかしそれに加えて重要なのは，ネルー政権期の一党優位体制からはじまり，会議派の後退と様々な州レベルの有力政党の成長と中央政治への進出という状況の中で，中央-州関係の議論を介在して行われた主要政党間の政治的交渉と妥協のプロセスが長年にわたって作り上げた「慣習」としての協調的連邦制の形成過程そのものである。これら2つの要素があってはじめて現在インドのステート・ネーションズは存在してい

るのである。

　ただし注意すべきは，インドの周辺部は依然として協調的連邦制の枠外になっている点である。例えば，カシミール地域は「地域的にまとまった社会文化的な民族アイデンティティ」が顕著に強化されてしまった地域である。インドはこの地域を協調的連邦制に組み込もうとしてきたことは既に説明したが，一旦，強化されたアイデンティティ政治は，それを著しく困難なものにしている。すなわち，この地域は未だステート・ネーションズに包摂されていない，ということである。インドが真の連邦制ではなく「擬似連邦制」であると，しばしば評価される大きな理由の一つがここにある。

終章　多様性の中の民主主義

　本書はインドの民主主義体制の構造変化を，主に政党システムと社会との相互作用を長期的かつマクロ的に分析することによって描き出そうとしたものである。1947年の独立から2000年代の長期にわたる構造変化が分析された。分析の方法論的特徴は叙述的分析に加えて，選挙データや世論調査データの統計的分析を行うことで，より深く構造変化の様相を捉えようとしたことである。

　インドは独立以来，1975-1977年の非常事態宣言期を除き，一貫して自由民主主義体制を維持してきた。貧困に窮し様々な分裂要因を抱えていたインドが，自由な政治活動を許し，選挙・議会・司法などの民主主義を支える諸制度を維持してきたことは，発展途上国の中では数少ない事例である。序章で述べたように，従来の欧米の「一般論」では，様々な不利な条件を抱えたインドがなぜ民主主義体制を維持してこられたのかは「パズル」とされた。注意すべきは，このパズルはインドで民主主義体制が存在していることを前提とした上で問われていることである。しかし，その前提，すなわちインドで「民主主義体制」が存在しているかどうか，存在しているとしてもその限界はどのようなものなのか，このような点をまず問うてみることが必要であった。選挙や議会制度には不正行為も見られるし，民主主義の価値観と相容れない抑圧や暴力も多くあるからである。

　ただし，この問いに対しては，「主要部」と「周辺部」を分けて考える必要がある。植民地という過去を背負うインドは国境と民族の境界が一致しない部分があり，2つが矛盾する部分では，すなわち，民族あるいはエスニック集団が国家にうまく包摂されない部分では，民主主義が正常に機能していないのが

実態だからである。具体的にはジャンムー・カシミール州や北東部の一部である。これらの国境と民族の矛盾に苛まれる地域における根強い分離主義は，民主主義プロセスというよりも，力で抑圧することが基本であって，その意味で，民主主義はこれらの周辺部分では極めて不完全である。周辺部の問題はインドの民主主義体制に深刻な疑問を投げかける重要なポイントであるが，問題を複雑化するので，まず民主主義の主要部を中心にまとめたい。インド政治の主要部では，民主主義はその名に値する形で存在しているであろうか。

　答えは，インドの主要部では民主主義は機能している，となろう。様々な問題はあるとしても，連邦下院選挙や州立法議会選挙は基本的に5年をサイクルとして，問題はあるにせよほぼ公正に実施され，議員内閣制は機能し，中央でも州でも選挙によって政権交代が行われている。制度的には最低限の民主主義プロセスが存在することに疑問の余地はない。また，表現・信条・結社の自由といった「市民的自由」や，公正な選挙への参加や自由な政党制の保障といった「政治的権利」などの民主主義の価値も基本的に保障されている。確かに封建的社会構造の残存から，市民的自由や政治的権利を実質的に台無しにしてしまう社会的不平等・差別などが存在していることも事実である。しかし，最低限，選挙への参加は社会的弱者層を含めて大部分の人々に平等に保障されているし，長期的にはそのような人々の要求が政治を通じて社会的歪みの解消のための政策を導き出してきた歴史がある。例えば，指定カースト（SCs）／指定部族（STs）やその他後進階級（OBSc）の人々のためには留保制度をはじめ様々な優遇政策，すなわち積極的差別是正制度が導入されてきたが，それはこれらの人々の政治参加の拡大とそれを捉えようとする政党システムの反応を抜きにしてはありえなかったといえよう。すなわち，インドの民主主義は，非常に時間がかかり跛行的ではあるが欠点を修正する能力を基本的に備えており，よって機能しているといってよい。

　また，少数のグループや階級による中央権力の独裁によって民主主義プロセスが実質的に無意味化したり，ヒンドゥー多数派によって「多数派の専制」が行われ少数派が民主主義から実質的に排除されたりすることも，その危険性は多くの論者が指摘しているにもかかわらず，少なくとも全インド・レベルでは

なかったといえる。すなわち，パズルの前提としての民主主義体制は，少なくとも体制の主要部では実質的に存続してきたといえる。

以上のようにインドの主要部では，民主主義が続いてきたことは間違いなく，従って，様々な不利な条件にもかかわらず民主主義体制はなぜ今日まで続いてきたのであろうか，という問いを発しうる。それは，民主主義体制の安定性と頑健性を支える要因を分析することに他ならないが，これは本書の各所で既に明らかにした。しかし，本書全体の要点をまとめ全体構造を提示することは，個々の論点の分析だけでは見えてこないインド民主主義政治の安定性と頑健性のダイナミクスを浮かび上がらせる可能性がある。この終章で行うことはそれである。

1　経済改革と政治的自律性のポリティカル・エコノミー

独立時，会議派政権が民主主義体制をスムーズに開始できた一つの理由は，植民地時代の制度を大きな変更なく基本的に受け継いだためである。植民地起源の制度が改めて民主主義体制の制度として受け入れられるには，民主主義を行うべく正統性を持つ政党，すなわち会議派による制度の正統化が必要であった。正統化は会議派が議会制民主主義を1960年代まで安定的に運営することで，次第に定着したと考えられる。しかし，民主主義体制が「スムーズ」に発足しえた，より大きな理由は，独立運動期の運動が多様な階層を巻き込んだものであったことを反映して，民族運動を受け継いだ会議派が様々な階層の集まりとなったため，階級あるいは階層間の政治的バランスを大きく崩し政治を不安定化する急進的な改革を行わなかった点にある。会議派に集まった様々な階層は，植民地時代に台頭した中間層や州レベルの農村地主や富農層などが大きな割合を占めていたが，いずれも既存の体制を揺るがすような急進的な改革を推し進める動機を持つ階層ではなかった。確かに，独立初期には国家統合にとって大きな課題であった藩王国の統合，過激な階級運動や分離主義の抑圧など，必要ならば力による政策をとる場合もあったが，そのような力の行使は国

家統合の強化のため,および既存の社会構造が急激に変化することを防ぐためのものであり,既得権益層の利害関係を大きく損なうものではなかった。

このような,国家統合を強化して社会の安定性を保ちつつ社会経済の発展を穏健な形で徐々に推し進めようとする会議派の政治は,議会制民主主義のプロセスと適合的であったといえる。選挙に基づき議会を通じてのみ政治的決定が行われる議会主義が中心的な決定過程となる以上,全ての政治勢力は選挙において多くの人々の支持を得なければ,政治的影響力を発揮できる位置に到達できない。多くの人々の支持を得るためには多様な既成勢力との一定の妥協が必要となり,それだけ急進的勢力には不利になる。階級闘争を掲げるインド共産党(CPI)など急進左派勢力の影響力は極めて限られていたし,ヒンドゥー・ナショナリズムを掲げる大衆連盟の存在もまだ小さいものであった。穏健な勢力が圧倒的多数を占めるこのような状況は,会議派中心の「一党優位体制」の存続の必要条件であった。しかし,このような体制は裏を返せば,急進的な社会改革には極めて不向きな体制であった。その典型例が州における土地改革の失敗である。

会議派中心の一党優位体制は,中央政府レベルでは法曹界出身者など植民地時代に生まれた中産階級が主導権を握っていたが,州政府レベルでは地主や富農層,封建的勢力などが大きな影響力を持っており,その利害関係を無視することはできない体制であった。これらの勢力の利害に反する急進的改革を中央からトップダウン的に実施することは,農村社会の階級的不安定化につながる可能性があり,一方,彼らは選挙では人々の支持を調達するマシーンの重要な一部でもあったからである。このような制約によって,極めて不十分な形でしか土地改革は行われず,成果は中間介在者層の廃止のみであった。土地改革は農村において単に封建的な経済構造の改革を意味するだけでなく,社会構造の改革,近代化を意味するはずのものであったから,独立初期の段階における土地改革の失敗は,経済発展のみならず,多方面にわたって社会発展の制約となったことは疑いない。

一方,農村・農業部門のような大きな社会的制約のない工業化政策においては,中央政府は輸入代替を主軸とする政府主導の重工業化政策である「社会主

義型社会」政策を1950年代半ばから推進することができた。この背景には，既述のように中央政府レベルでは中産階級が主導権を握っていたという背景もある。非常に単純化すれば，農村・農業は富農や地主階層の支配する州政府が，工業化は都市の中産階層の影響が大きい中央政府が担当するという「役割分担」ができあがったのである。発展段階が非常に低位なレベルから出発した経済開発は，第2次5カ年計画が終わる1950年代終わりまで一定の成果をあげた。

　一党優位体制モデルは，農村の制約，上のような役割分担，そして会議派内での様々な勢力の均衡の維持という制約が組み合わさった政治で，それが政治的「コンセンサス」の実態であった。そのようないわば政治権力に対して様々な制約が働いた状況は，確かに約20年にわたって議会を中心として政党システムに安定性を与えたといえよう。それは，会議派とはイデオロギーも出自も大きく異なる左右の政党さえも，議会主義に同意すれば，包摂されえた政党システムであった。CPI，インド共産党（マルクス主義）（CPI (M)）など左翼政党も，ヒンドゥー・ナショナリズムを掲げる大衆連盟も，第1回の連邦総選挙以来，議会主義の下で政治に参加している。これら政党が独立の当初から議会主義の下で活動することを長期にわたり学習したことは，政党システムに包摂性を与えたといえる。

　しかし，一党優位体制モデルが穏健な既得権益層の政治勢力のコンセンサス・モデルで，土地改革など急進的な改革を行うことが困難であったことは，農業生産発展の大きな桎梏となった。また，重化学工業中心の工業化優先政策は農業部門への投資を不十分なものにした。そのため農業部門，特に食糧生産基盤は脆弱で，1960年代半ばには天候不順をきっかけとして2年続きの深刻な食糧危機，経済危機を惹起し，人々の困窮を深め不満を広げた。これが，会議派政権の一党優位体制モデルにおけるコンセンサス政治を堀り崩した。このような状況は人々の不満を政府与党に投影することとなり，従来の政治や政策の大きな変更を迫る不安定な政治状況を作り出した。具体的には1967年の第4次総選挙における会議派の大幅な後退によって会議派システムの包摂性は縮小し，政党間の競争が激化した。また，多くの有力州で政権を地方の州政党に

譲ったことは，中央と州との間の政治的妥協も相対的に困難になることを意味した。このような一党優位体制モデルの崩壊が次の段階に政治の急進化につながる。

　この時期に政治的不安定性が増したのは，別の視点から見ると，人々の政治参加が社会の発展に伴って拡大したことにも原因がある。投票率の統計的分析によれば，識字率の拡大などに示される社会発展とともに，1960年代までに投票率は着実に上昇し，都市と農村の投票率の差も長期的に次第に縮小した。政治経済的危機の時代に政治参加が拡大したことは不安定性を一層高める結果につながる。特に，社会発展によって高カーストや社会の上層だけでなく，中間的な層の政治的覚醒や政治参加が急速に広まる状況は，従来会議派政治の恩恵を十分に受けられなかった農村の中間的カーストなど社会の中間的階層の要求を代表する政党の成長を促し，政党システムを不安定化した。そのような政党はまず州レベルで勢力を拡大し，いくつかの州では会議派と激しく競り合い，その過程で人々をさらに政治参加に巻き込んで，会議派の支持基盤を蚕食し，十分な支持を獲得できた場合，会議派に代わって政権に就くことに成功する。そのような政党はサブ・ナショナルなイデオロギーを掲げる政党である場合もあるし，よりあからさまに農村の利益を標榜する政党であるかもしれないが，共通する点は中間的な層の台頭に対応した政党であったという点である。また長期にわたる停滞は搾取にあえぐ下層民の間でナクサライトなど極端な階級政治も生み出し，政治をさらに不安定化した。

　以上のようなプロセスを経て現出した政治競争の激化は，会議派を揺り動かし，1969年の会議派の大分裂とインディラ・ガンディー会議派による「社会主義型社会」政策の急進化につながる。「社会主義型社会」政策の急進化によって対外的に閉鎖的な経済政策が実行され，また，公企業の拡大，民間部門への硬直的な官僚的統制強化が5カ年計画体制を通じて行われた。その一方で農村社会や農業の改革は遅々として進まなかった。その結果，インド経済はダイナミックな成長の波にのれず，かつ脆弱なままであった。その脆弱性が露わになったのは，1973年の石油ショックによる経済危機であった。インフレの高騰など経済危機はインディラ・ガンディー会議派政権への広範囲の不満に

つながり，その不満をジャヤプラヤーシュ・ナーラーヤンら野党勢力が吸収し，反会議派勢力を結成し，会議派政権を追い詰める。その結果，インディラ・ガンディー首相は1975年に非常事態宣言を発動し，独立以来初めて民主主義体制を停止した。同体制下では，独裁的権力の下で発言の自由など基本権の停止，反対派の弾圧など権威主義的政策が行われた。インディラ・ガンディー首相の独裁体制が出現した引き金は同首相個人の政治危機にあったが，そのような状況が現出したのは，以上のような大きなポリティカル・エコノミーの流れがあったのである。

この非常事態体制の特徴はインディラ・ガンディー首相の独裁と反対派の強権的抑圧にあったが，もう一つの特徴は，一党優位体制のコンセンサス重視の民主主義的政治では行いえなかった社会改革を強権をもって行おうとしたことであった。SCs/STsなど社会的弱者層への余剰地の分配や債務拘束労働からの解放が行われ，密輸や腐敗の摘発など社会規律の立て直しが行われた。しかし，強制断種を含む強引な家族計画などが押し付けられたことは社会に大きな爪痕を残し，非常事態宣言が解除されたとき，会議派政権に対する大きな反動が生じる理由となる。

非常事態宣言は明らかに民主主義の停止であったが，しかしそれは「憲政的独裁」ともいわれたように，形式的には憲法を無視するものではなかった。確かに憲法第42次改正に見られるように中央集権的体制を目指す一定の憲法体制の改変はあった。しかし，非常事態宣言が解除されたときに，連邦制や三権分立，議院内閣制など中心的制度に大きな改変は加えられていなかった。また，クーデターに見られるような特定の集団や階層が従来の既得権益層に力で取って代わったということもなかった。非常事態体制の末期にはほぼ公正な選挙が行われ，インディラ・ガンディー会議派政権は敗北したが，敗北を無視して政権にとどまるようなことはせず，憲法に沿って退陣した。このようなプロセスを見ると，非常事態宣言は民主主義体制の「停止」であっても，「崩壊」とはいえないと考えられる。にもかかわらず，インドの現代史で決定的なインパクトを政党システムに与えた。そのインパクトは投票率の構造変化に如実に表れている。投票率は政党システムと社会構造を結ぶ指標であるが，1977年

の連邦下院選挙の前後で大きく変化した。それは，非常事態宣言が政党システムと社会の関係を強く揺り動かしたことを意味する。特に北部や西部ではそうであった。

1977年の選挙の特色は，非常事態体制期の民主主義的諸権利や人権の抑圧に対する反発が北部や西部を中心に強く表れたことである。そのような反発は，主要4野党が融合してジャナター党が結成され反会議派票の受け皿となったことで極めて効果的に影響力を発揮した。これが会議派が連邦下院選挙で初めて敗北することにつながった。ジャナター党政権は元の4政党間の内紛で短期に自己崩壊するが，しかし，従来の会議派政治では代表されることの少なかった諸階層，特に北インドの中間的な諸階層を支持基盤とするジャナター党が中央政権に上り詰めたことは，1967年から1977年までの危機の10年とその後の混乱によって，政党政治とその基盤にある社会の関係が大きく「かき混ぜられた」ことを示す。それに伴って，連邦下院選挙の分析で示されたように，投票率と会議派得票率ではマクロな社会経済変数の影響が低下し，逆に州の重要性がますます鮮明になっていく。後者は左翼政党も含め州レベルの政党の台頭がますます顕著になったことに示される。同時に，独立から所与のものと考えられてきた「会議派的なもの」は大きく変質した。最も重要な変化は「社会主義型社会」イデオロギーの変質であった。説明したように，1960年代中頃の危機はそれを急進化させたが，1970年代中頃の危機はその存在意義を逆に掘り崩した。危機の10年は，その初めと終わりにおいてまったく逆の方向性へのモメントを政党システムの中心である会議派に与えたといえよう。1980年以降も会議派は表向きは同イデオロギーを取り下げないものの，実際にはその意味は小さくなり，それが跛行的なその後の経済自由化への方向転換につながる伏線になる。

以上のような政治変化の基礎には人々の政治意識の構造的変化がある。長期的な識字率や教育レベルの高まり，様々なメディアの拡大など社会発展や，選挙政治の定着による社会の政治化によって，人々の政府の実績に対する評価はますます敏感なものになっていく。統計的分析によれば，1970年代以降，特に生活に密着した物価上昇など経済実績は，与党へ支持を与えるかどうかとい

う判断においてますます重要な基準として表れるようになった。人々の政党選好は，その時々の選挙の争点や政党間の合従連衡など多くの要因に影響されるため，単純に経済実績だけで決まるわけではないが，ますます多くの人々が生活に密着した経済の改善を重視して政党選択をするようになると，政府の経済実績に対する評価が悪い場合は与党を「罰する」という傾向が次第に顕著になる。このように人々が要求するものが変化したことは，選挙政治を通じて主要政党の意識を変えたことは確実で，イデオロギー的政治から，よりプラグマティックな政治を志向するようになる。一方，独立以来，土地改革も中途半端に終わり，おそらく非常事態宣言期を除けば，基本的に強い政治的介入がなされなかった農村部では，「社会主義型社会」イデオロギーに対する関心はもともと希薄であったと考えられる。このような状況も従来の「社会主義型社会」政策からの転換を容易にした。

　振り返れば，1960年代中頃の農業不振に端を発する経済危機が，1969年の会議派の大分裂とインディラ・ガンディー政権の左方向への急進化につながり，1973年の石油ショックが2年後に非常事態宣言につながったように，自然災害や外部の経済環境の悪化が増幅され，「必然的に」といってもよいほど，経済危機から政治危機に発展する脆弱性は，政治家，テクノクラート，そして大衆の間に社会主義型社会の政策体系に対する失望感を徐々に浸透させたことは間違いない。このような大きな流れの中で構造改革・経済自由化に踏み出すとき，硬直的な「ライセンス・ラージ」を利用して利益を得たとされる企業，手厚く保護された公共部門の労働組合など既得権益層の抵抗は相対的に小さいものであった。このような状況が，1990年の湾岸戦争による外貨危機・経済危機を引き金として1991年にP. V. ナラシンハ・ラーオ会議派政権自身による経済政策の大転換，すなわち経済の構造改革・自由化という転換につながるのである。冷戦が終わり，長らく同盟を結び経済的にも密接な関係にあったソ連が崩壊しつつあったこと，また経済危機と国際通貨基金（IMF）や世界銀行など国際金融機関などの圧力も政策転換の契機となったことは事実である。しかし政策が大転換した基本的原因は，1980年代までに「社会主義型社会」政策の欠点が政治家やテクノクラートなどに広く認識され，転換が既に模索され

ていたからであった。構造改革が左翼政党も含めて主要な政党から大きな反発なく開始されたことはそのことを物語る。

　ただし，構造改革は無制約に進んだわけではない。インド民主主義体制の特性が反映され，その過程は「跛行的」であった。インドが民主主義体制をとる以上，階層間の不平等，地域間の格差などがはなはだしい状況で，弱い社会階層，後進的地域を置き去りにすることはできない。「貧困大衆」や「農民」はどのような政権であっても無視できない支持基盤だからである。これらの諸階層の支持をつなぎ止めるため，すなわち政治的に「包摂」するためには，改革の痛みやコストを緩和しつつ構造改革が行われることが，政治的に不可欠であり，そこに「競合的ポピュリズム」が大きく現れる要因があった。具体的には，補助金事業や農村貧困緩和事業が強化され，組織部門労働者への雇用を危うくするような公企業改革などの政策変更や，大衆の雇用を危うくするような海外直接投資（FDI）への門戸開放は跛行的にしかなされていない。しかし，跛行的にせよ改革は大きく進んだことは間違いない。そこには3つの大きな要因があると考えられる。

　第1の要因は政治の自律性である。1991年に至る過程は，政党政治は「その時々の政治社会環境の制約」を受けるものの，それは決定的制約ではなく，経済改革においても重要な政治的方向転換ができること，逆にいえば与党の「政治的自律性」が基本的に保持されていることを示した。構造改革は1991年の開始以降も，様々な制約から跛行的とならざるをえないが，進んでいる。もっとも，その速度は時々の政権の性質や置かれた状況に応じて差がある。中・上位の階層を支持基盤の中心とする1999年以降のインド人民党（BJP）主導の国民民主連合（NDA）政権では改革のスピードは相対的に速く，それに対して貧困大衆に支持基盤の重点がある2004年以降のマンモーハン・シン会議派主導の2つの統一進歩連合（UPA）政権では，競合的ポピュリズムがより濃く現れて，改革スピードは遅い。いずれにせよ，政治の自律性は改革を推し進める重要な要因となっている。

　第2は経済構造改革の特質そのものに根ざす要因である。改革が経済成長につながることが徐々に認識され，人々の間に浸透してきた。特に2003年か

ら2010年までは顕著な実績を収めた。それは確かに階層間の格差を広げたが，貧困層をさらに窮乏化させるようなものではなく，少なくとも全体のパイを顕著に大きくした。格差拡大など問題はあっても改革が成長につながるという認識の広まりは，改革が改革を呼ぶという連鎖反応を生じさせる条件となった。例えば，貿易やFDIの自由化は，国内の様々な不合理な規制を撤廃させる圧力になった。また，構造改革が進む州では投資，その結果としての経済成長のスピードアップ，雇用の増加など好循環が生まれる可能性がますます高まり，それは他の州にも改革をまねることを促し，改革は多くの州に広がった。もっとも，組織労働組合の雇用が関係する公企業や労働関係諸法の改正などの分野では，根強い抵抗にあい改革は思うように進んでいない。また，後進州でも改革のスピードは遅い。いわば，改革は一様に進んでいるのではなく，「まだら模様」である。しかし，今日まで基本的に後退はない。

　第3にあげられるのは，人々の政治意識のあり方である。第6章で分析したように，経済パフォーマンスも含め政権の実績は政治体制へのトラストを上昇させる。それはひいては民主主義的統治を良しとする態度を強化する。従って，経済改革が経済成長につながるものであることを実績で示すことは，長年停滞の中に置かれていた人々が改革を受け入れる大きな要因となったことは間違いない。

　以上，危機の10年間に至る「社会主義型社会」政策の左方向への急進化，非常事態体制への移行と民主主義プロセスへの復帰，そして1980年代の跛行的な経済自由化の試みと1991年の構造改革の開始など，政策の大きな流れを決める構造的に重要な方向転換は，基本的には与党会議派指導部がその時々の政治社会環境の制約下で自律的に決断したものであった。「その時々の政治社会環境の制約」には過去からの政策の継続性＝「慣性」や，特定の経済的階級やグループの利害関係があったし，また，個別の政策決定やプロジェクト決定においては，例えば，影響を受ける州政府や特定ビジネス・グループなどの個別的影響があった場合もあろう。しかし，それは本書の分析によれば決定的な制約ではなかったと考えられる。すなわち，政治は中・長期的に見れば，特定の階層やグループの利害関係に決定的にとらわれることなく，基本的には自律

的に決定を行ってきたといえる。大きな制約があるとすれば，それは人々のトラストを維持するため実績をあげ続けなければならないという点であった。

　特定の階層やグループの利害関係にとらわれないという意味での自律性は，選挙政治が多様な人々の多様な要求を政治に反映させる過程において政党システムの中に生み出したものである。短期的な「ぶれ」はあるが，選挙政治の中で，政党は特定のグループではなく，可能な限り広範囲の人々の支持を調達しようとするから，大政党ほど，特定のグループに制約される可能性は低くなる。また，政党間の競合は，個々の政党の支持基盤の制約を超える行動や決定をしばしば政党に強いる。このようなメカニズムは政治の自律性を高める。そして政治が基本的自律性を保持してきたことは，インド民主主義体制がポリティカル・エコノミーの変化に中・長期的には柔軟に対処することを大体において可能とした。例外は非常事態宣言であったが，それは民主主義体制を「停止」させたものの，「崩壊」させたわけではない。非常事態体制が短期間に終わり，民主主義体制が復活したことは，かえって民主主義体制の頑健性を示すものとなった。

2　会議派政治の後退とアイデンティティ政治の高まり

　一方，危機の 10 年は，人々の政治意識の流動化と政党政治における競合激化をもたらし，それが，独立以来，会議派政治が押さえ込んできた様々な争点を，政党間の政治的競り上げのプロセスを通じて政治の前面に持ち出すことになった。そのような競り上げられた争点のうち，民主主義の安定にとって大きな問題となったのは，エスニック問題の紛糾，ヒンドゥー・ナショナリズムの高揚，OBCs 政治の顕在化など，いわゆるアイデンティティ政治であった。しばしば，競り上げの開始は会議派自身によって行われた。

　例えば，1980 年代から 1990 年代初めにかけて最も暴力的であったアイデンティティ政治はパンジャーブ問題であった。それは同州の急速な社会経済変容を背景にして社会が不安定化しつつあった時に，会議派が州政権を奪還するた

めに露骨にパンジャーブ州へ介入したことにより悪化した。介入は，シク教徒分離主義過激派の台頭を促し，暴力的紛争を拡大し，州政府の手に負えないものとなった。結局1984年に軍による武力制圧が行われ，それは翻って，聖地を蹂躙されたシク教徒によるインディラ・ガンディー首相の暗殺を引き起こし，暗殺に反発した反シク暴動，それを起点とするシク教徒分離主義過激派と治安部隊の暴力的闘争につながった。紛争が力で制圧されるのは1990年代の初めである。

また，インディラ・ガンディー，ラジーヴ・ガンディー両首相は会議派の支持基盤の不安定化を解消するために，ともにヒンドゥー多数派におもねる姿勢を示した。しかし，これは会議派への支持拡大につながらず，かえってBJPがウッタル・プラデーシュ州アヨーディヤーのラーム寺院建立問題を梃子にして北部や西部インドでヒンドゥー大衆の動員に成功する道を開くことになる。

1980年代後半以降，BJPがアヨーディヤー問題を持ち出しヒンドゥー・ナショナリズム運動で人々を動員しようとしたもう一つの理由は，OBCsへの留保制度創設をめぐる政治に対抗するためでもあった。OBCsへの留保制度創設問題はヒンドゥー高カーストとOBCsを分断する可能性が高く，ヒンドゥー社会を結束させようとするBJPの戦略に反するからである。長期的なプロセスである中間層の政治化を背景として，OBCsへの留保制度創設の政治は最初は南部州で顕在化し，次第に他の州，そして中央レベルでもV. P. シン政権によって争点となる。

これらの要因からBJPはアヨーディヤーのラーム寺院建立問題を中心にヒンドゥー・ナショナリズム運動を強化するのである。その過程で1992年12月にはバーブリー・モスク破壊事件を引き起こし，大規模なコミュナル暴動をもたらした。「暴動」では少数派のムスリムが多数，犠牲となったが，事件は会議派に対するヒンドゥー，ムスリム双方の支持を揺り動かし，ヒンドゥーの支持はBJPに引きつけられる。統計的分析においても，アヨーディヤーのモスク破壊事件後の暴動が会議派の支持基盤を蚕食したことが確認される。

ヒンドゥー・ナショナリズムやコミュナル暴動の拡散は，従来の会議派の支持基盤を動揺させ，結果としてBJPへの支持を押し上げる効果があったと考

えられる。ただし、ヒンドゥー・ナショナリズムの宣揚はヒンドゥーの高カースト・中間層などの間で支持を広げる要因となったが、しかし、他の階層では逆に反発を強める場合があった。特に「組織化された暴動システム」によって影響力を広めるやり方は、ヒンドゥー・ナショナリズムの影響が圧倒的なグジャラート州では少数派ムスリムの犠牲の上にうまくいったが、他の地域では政治的・社会的亀裂を深め、反発も強めた。例えば、BJPのヒンドゥー・ナショナリズムへの反発は、ウッタル・プラデーシュ州では社会主義党、ビハール州では民族ジャナター・ダルをしてヤーダヴに代表されるような農村の中間的カーストとムスリムのブロックを形成せしめ、BJPの影響力をかえって縮小させた。これらの州ではBJPのヒンドゥー・ナショナリズムはカースト政治の力学を通して反作用を生み、反BJPの州政権を成立せしめたのである。そのため、BJPはこれらの州では会議派とともに支持基盤をかえって縮小させてしまう。

このように、ヒンドゥー・ナショナリズムだけではBJPの影響力拡大には大きな制約があった。それは1996年の連邦下院選挙で第一党となったにもかかわらず、他の政党の支持を得られず政権を辞任せざるをえなかったことからも明らかであった。中央で政権に就くためには、有力な州レベルの政党と協力しなければならず、それにはヒンドゥー・ナショナリズムの主張を自己規制すること、それに加えて、連合政治を結集させる共通の要素、すなわち経済開発を前面に押し出す必要があることは明白であった。その成果が現れたのが、1998年、そして1999年であった。BJPはヒンドゥー・ナショナリズムを自制し、経済開発を前面に掲げることで、州レベルの有力政党と効果的に協力関係を結び、中央政権を獲得することに成功する。

このようにBJPはヒンドゥー・ナショナリズムを鋭く前面に出せば出すほど、高カーストなど一部の階層の支持を得られるが、それは反作用も惹起し、その意味で壁に突き当たったのである。そしてそのような壁の存在を受け入れ、他政党と協力を打ち立てるためにヒンドゥー・ナショナリズムを自制し、経済開発を前面に出したところで、初めて中央政権に到達できた。このような過程で、インドの政治社会は民主主義のプロセスを通じてヒンドゥー・ナショ

ナリズムに対して反発し，制約を課したのである。その意味でインドの民主主義体制は，極端な動きに対しては，常に反作用を用意し，一種の均衡を回復する「復元能力」を持っているといえよう。

3　民主主義体制の頑健性

　危機の10年とその後の過渡期の1980年代を経て，会議派の支持基盤の縮小は露わになり，それが政治や政策体系の大きな変動につながった。具体的には経済構造改革への転換とアイデンティティ政治の顕在化である。この2つの大きな潮流が重なり合って，政党システムの多党化，流動化，そして結果としての連合政治の定着につながった。

　1990年代以降，常態化する「多党化」は，ある意味では特殊な歴史的条件の下で出現し，本来不自然な政党システムであった会議派中心の「一党優位体制」が，経済・政治危機やアイデンティティ政治の噴出によって壊れ，多様な社会構造を反映したいっそう「自然な姿」になる過程でもあったといえる。そしてそのような変動過程は大局的に見ると，民主主義過程を経由して比較的にスムーズに進んだと考えられる。南アジアの他の国では，経済政策の転換やアイデンティティ政治の高揚が引き起こす社会的混乱が民主主義過程を通じては解決できず，大規模な暴力に発展し，それは翻って，民主主義体制の正統性を失墜させることがあったことは，既にいくつかの例をあげて説明した。インドでも民主主義体制の枠組みからはみ出る大規模な暴力は起こっているが，しかし，民主主義体制の正統性は決定的には揺らいでいない。それは上で述べたように，「政治の自律性」や「復元能力」が民主主義体制の正統性を保持・回復させるからである。その意味で民主主義体制は柔軟かつ頑健である。多党化は政党システムの細分化によって，一見そのような特性を弱めてしまうように見えるが，実態はどうであろうか。結論的にいうと，政治の自律性や復元能力は多党化に向かう一般的傾向の中でも保持されているといえる。そこには2つの要因が指摘できよう。

第1に，長期にわたる政党システムの構造変動や相次ぐ社会経済「危機」を経験したにもかかわらず，連邦下院選挙の比較的に高い投票率に示されるように，民主主義制度に対する信頼感＝トラストは基本的に維持されているという点である。それには独立以来の政党システムの歴史的展開の特質が関わっている。とりわけ，初期の一党優位体制が重要で，この体制期に人々の民主主義制度に対する政治的トラストが育まれた。1960年代半ばまでの，幅広い政党を内包した一党優位体制において多くの政党が選挙政治に参加することで民主主義体制にコミットメントを深め，連邦および州レベルにおける選挙と議会主義の正統性が定着した。その結果，1960年代末頃には，民主主義体制に対するトラストは一定のレベルに達したと考えられる。それは最大の危機であった1975-1977年の非常事態宣言直後の1977年に，すぐさま民主主義過程が正常に回復したことからもわかる。1977年にインディラ・ガンディー首相が選挙を実施することを決意したのは，選挙による自己の正統化を必要としたのであるが，そのような正統化は，民主主義体制に対する多くの人々のトラストがなければ意味はなかったのである。このような意味で民主主義体制に対する人々のトラストは，民主主義体制の頑健性の基礎になっている。

　また，政治社会的な心理面をより詳しく見てみると，統計分析によれば，政治的なものへのトラストは社会に対するトラストと距離がある。これはすなわち，社会的混乱や不安定性が政治的トラストにそれほど大きな影響を与えない，あるいは逆に政治的混乱が社会に大きな影響を与えないという，「層化」された構造になっていることを意味する。このような政治認識と社会認識の層化も，政治領域における民主主義体制へのトラストの安定性を支えているといえる。

　いずれにせよ，民主主義体制への基本的トラストは民主主義体制の頑健性を支える重要な要素となっている。

　第2のポイントは，政党システムの柔軟性と変化への適応能力の高さである。これは2つのレベルに分けて考えることができる。一つは連邦制のレベルである。インドの連邦制は「ステート・ネーションズ」としてモデル化できると第8章で主張した。ステート・ネーションズは多くの民族，エスニック

集団が多重のアイデンティティを維持しつつ一つの国家の中で共存するモデルであるが，インドにおいてステート・ネーションズを支える大きな要素は「協調的連邦制」である。それは会議派の支持基盤が恒常的に縮小して多党化が進み，州政党が中央政府の連立相手として中央政権に参加することが常態化し，さらに，中央でも頻繁に政権交代が起こる過程で発展した中央–州の間の「協調関係」の慣習である。会議派，BJP にしても政権を獲得するためには多くの政党と協力関係を結ばざるをえなくなったことから，それは形成された。協調的連邦制の発達によって，中央政府による州への露骨な介入は少なくなり，1990 年代半ば以降，大統領統治の頻度も顕著に減少する。

　もう一方は中央政治のレベルである。1980 年代末以降，中央において連立政権が常態化した。そのうち，1989 年成立の国民戦線政府，1996 年の統一戦線政府，1998 年の BJP 連合政権は 1, 2 年で崩壊したが，1991 年の会議派政権，1999 年の BJP 主導の NDA 政権，2004 年と 2009 年の会議派主導の UPA 政権はいずれも 5 年の任期を全うした。すなわち，1999 年以降，連合政権は基本的に安定している。1990 年代末以降の特色として，主要政党間でより妥協が成り立ちやすい状況を作り出し連立政権の安定化に寄与しているのは，政策的・イデオロギー的対立軸の相対的な希薄化であろうと考えられる。会議派はかつてのように圧倒的な存在ではなくなり，それに伴って反会議派主義は意味合いを失い，また先に説明したようにヒンドゥー・ナショナリズムは BJP がそれを強く打ち出せば打ち出すほど反発も大きくなり，BJP は政権を狙うためには自制する必要に迫られる。また，経済自由化は既に大きな争点ではなく，政党間に違いがあるとすれば，それは自由化の速度や，改革に伴う「大衆」や「農民」の痛みをどれだけ考慮して進めるかの違いにある。もちろん政策的・イデオロギー的対立軸は完全にはなくなったわけではない。例えば，左翼政党と BJP のイデオロギーはかけ離れており，両者の距離が縮まることはないが，それは所与の固定的条件である。このような変化を総体として見ると，政策的・イデオロギー的対立軸の相対的な希薄化は主要政党間でより妥協がなりやすい状況を生み出しているといえる。

　このような協調的連邦制の発展，中央政治レベルにおける政策的・イデオロ

ギー的対立軸の希薄化は，政党システムに柔軟性と変化に対する適応能力を与えている。

　以上の諸要因，すなわち，民主主義制度に対するトラストの定着，トラストの政治領域と社会領域への層化，協調的連邦制の発展と政策的・イデオロギー的対立軸の希薄化は，政治の自律性，均衡を回復する復元能力を高めていると考えられる。このような諸要因が結合した構図こそが，インドの主要部で民主主義体制が柔軟性と頑健性を備えている主な理由と考えられる。

4　多様性の中のインド民主主義体制

　以上のような民主主義体制の柔軟性・頑健性が成立する上で無視できない要素をより深く考察すると，インドの政治社会の多様性に行き当たる。民族的／エスニック的，あるいは地域的な政治社会の多様性が民主主義過程において存在することで，様々な相互反応を生じ，政治に流動性を与える。この多様性と流動性によって，インドでは真の意味で固定的な「多数派の専制」という状況は成立しない。例えば，ヒンドゥー・ナショナリズムはそれに対する反作用，あるいは制約を作り出したことは既に述べた。

　また様々な集団が民主主義体制に参加することは，政治における何らかの協調関係とチェック機能を発展させる可能性を高める。支配的な集団が存在しない以上，政治的に優位に立つためには他の集団と協調関係を打ち立てなければならないからである。しかし，協調関係に含まれる，集団を代表する政党連合は「最小勝利連合」の規模を大きく超えることはないであろう。利害関係の異なる政党の数が増えれば，政権運営は硬直的にならざるをえないし，分裂要因も多く抱え込むことになるからである。従って，政治社会の本来の多様性を反映し，かつ妥協的な政党システムは協調的連合を生み出すが，それが過半数を大きく超える可能性は高くないであろう。逆にいえば，対立する他の政党連合がかなりの大きさの連合となりうるということである。それはすなわち，与党政党連合を政治的にチェックし，強く制約できるということを意味する。その

ようなチェック機能は，与党が失敗したときにそれを修正する復元力となろう。

　最後に民主主義体制の「周辺部」の問題を考えておかねばならない。本書では広義に周辺部というとき，SCs/STs あるいはムスリムのように社会階層的周辺部，あるいは農業労働者のように階級的周辺部も含めて考えてきた。民主主義体制においてこれらの人々が極めて不利な位置に置かれていることは間違いないからである。インドの民主主義体制は跛行的ながら，これらの内なる社会的・階級的周辺部の解消を目指してきたことは間違いない。それが成功し彼らの疎外感を解消したとは必ずしもいえないにしても，選挙における投票率の高さ，様々な世論調査における民主主義制度への信頼感の高さに示されるように，社会から区別されるところの政体としての民主主義体制は，このような周辺部の間でも最低限の信頼感を維持している。その意味において彼らを「包摂」しており，この周辺性の問題が民主主義体制の正統性に決定的なダメージとなってはいない。

　それに対して，地理的にも民族／エスニック次元においても周辺部にあたる人々はインドの民主主義体制に対する信頼感を未だ十分に有していないという点で，民主主義体制の正統性に大きな疑義を突きつけている。インドは国家の分裂を決して許さず，ジャンムー・カシミール州や北東部の一部など周辺部を力で押さえつけてきたことは事実である。インド民主主義体制の限界が最も明白に表れるのはこの点である。従って，インドに包摂されることを望まないジャンムー・カシミール州や北東部の一部をどのようにして協調的な関係の中に取り込めるか，これが現在に至るインド民主主義体制の最大の問題である。

　そもそも，これらの周辺部がインドに包摂されることが望ましいか，そうでないかという根源的な問題がある。この疑問に対しては本書も決して満足な答えを持たない。しかし，これらの地域が既にインド国家に含まれているという現状から出発すると，より良い答えは，これらの周辺部が最低限，民主主義体制により矛盾が小さい状態で包摂されることである。その場合，それが可能となる条件は，周辺部の独自性・自律性が尊重され，周辺部自体が主要部との共存を容認できることが基本となる。本書の議論から，それは具体的には，宗教

や民族／エスニック特性が尊重された上で，ステート・ネーションズ体系における協調的連邦制の中に包摂されることでしかありえない。宗教や民族／エスニック特性の独自性が尊重されないなら，周辺部はインドの主要部を民主主義体制ではなく権威主義体制とみなすであろう。そこには主要部の正統性はない。

　それでは，周辺部の特性を最大限尊重するためにはどのような条件が必要であろうか。最も重要なのはインドの主要部がステート・ネーションズ体系において最大限の多様性を保障し，周辺部が可能な限り自律的に主要部に参加できる状況を作り出すことである。例えば，ジャンムー・カシミール州の独自性を保障する憲法第370条は少なくとも当面は保持する必要がある。もし撤廃が望ましいとしてもそれはジャンムー・カシミール州の自主的同意を得るというプロセスを経る必要があるだろう。その上で，周辺部に適用されている「軍特別権限法」など抑圧的法律を撤廃し自由を保障しなければならない。特に公正な選挙は重要である。このプロセスなくして周辺部が主要部に正統性を認めることはないからである。それに加えて，主要部による周辺部の経済社会発展に対する援助は主要部への求心力を高めるであろう。第6章で示したように，好ましい政府の実績は，政治体制へのトラスト，ひいては民主主義的統治への方向性を強めるからである。

　以上，インドの主要部そして周辺部の問題も視野に入れて民主主義体制の頑健性を考える場合，民族／エスニック次元の「多様性」は不可欠の要素であるといってよいであろう。それは「多数派の専制」が成り立たず，少数派の政治的スペースが容易に確保できる政治のシステムである。政治社会の多様性・複雑性が民主主義にとってマイナスになると考えた欧米流の単純な「一般論」とは違って，インドでは民族／エスニック次元の多様性は，本書で分析したような様々な制約はあるものの，民主主義体制の柔軟性と頑健性のベースになっていると考えられる。ただし注意すべきは，そのような多様性の機能は，インド特有のポリティカル・エコノミーの展開，人々の政治参加の多様な拡大，協調的連邦制の成熟化など，本書で分析・整理した様々な要因の相互反応の結果

として，民主主義体制の「柔軟性と頑健性」の源となることができたという点である。すなわち，独立以来のインド特有の歴史がそこにある。

参考文献

日本語文献

浅野宣之［1997］「インド憲法改正と地方制度――村落パンチャーヤットを中心として」安田信之編『南アジアの市場化・法・社会』名古屋大学大学院国際開発研究科

アジア経済研究所（日本貿易振興機構）［各年版］『アジア動向年報』

アンダーソン，ベネディクト（白石隆・白石さや訳）［1987］『想像の共同体――ナショナリズムの起源と流行』リブロポート（Benedict Anderson, *Imagined Communities : Reflections on the Origin and Spread of Nationalism*, New York : Verso, 1983）

井坂理穂［2011］「インドにおける州再編問題――ボンベイ州の分割過程」*Journal of Asian and African Studies*, No. 81

石川慎一郎［2009］「因子分析における因子抽出法間の比較――日本人英語学習者の語彙学習方略データを利用して」統計数理研究所共同研究レポート，No. 232, pp. 25-38（http://language.sakura.ne.jp/s/ilaa/ishikawa_20090315a.pdf, 2013年3月5日アクセス）

伊豆山真理［1999］「ジャンムー・カシュミールにおける選挙――政党政治の基盤構築へのゆるやかな前進」広瀬崇子編『6億人の審判――第12回インド連邦下院選挙分析』プリントワールドタンネ，pp. 153-172

――――［2009］「インドのテロ対策法制」近藤則夫編［2009］pp. 317-353

伊藤正二［1972］「独立後の独占資本の発展と経済的従属」中村平治編『インド現代史の展望』青木書店，pp. 99-151

――――［1975］「独立前後における経済計画構想の諸系譜」山口博一編『インドの経済政策と諸階層』アジア経済研究所，pp. 1-31

――――［1988］『インドの工業化――岐路に立つハイコスト経済』アジア経済研究所

稲正樹［1993］『インド憲法の研究』信山社

井上あえか［2005］「カシミール問題」日本国際問題研究所編『南アジアの安全保障』日本評論社，pp. 142-165

井上恭子［1988］「1970年代のカルナータカ州政治――インディラ・ガンディー時代への試み」佐藤宏編『南アジア現代史と国民統合』アジア経済研究所，pp. 171-207

――――［1998］「インドにおける地方行政――パンチャーヤット制度の展開」『アジア経済』第39巻第11号，pp. 2-30

――――［2009］「憲法第6付則を通してみるインド北東地方――多民族地域における差別的保護政策の問題点」近藤則夫編［2009］pp. 231-265

イラル，カカ・D.（木村真希子・南風島渉訳）［2011］『血と涙のナガランド』コモンズ（Kaka D. Iralu, *Nagaland and India : The Blood and the Tears*, Kohima, (2nd ed.)）

ウィーアルダ，H. J.［1988］（大石啓介他訳）『比較政治学の新動向』東信堂（H. J. Wiarda,

ed., *New Directions in Comparative Politics*, Boulders : Westview, 1985)

絵所秀紀［1987］『現代インド経済研究――金融革命と経済自由化をめぐる諸問題』法政大学出版局

――――［2002］『開発経済学とインド――独立後インドの経済思想』日本評論社

――――［2008］『離陸したインド経済――開発の奇跡と展望』ミネルヴァ書房

大内穂［1971］「インド政府内務省報告にみるインドの農業問題」松井透編『インド土地制度史研究』東京大学出版会，pp. 295-366

――――［1982］「土地改革の概要」山口博一編『現代インド政治経済論』アジア経済研究所，pp. 199-224

――――編［1980］『危機管理国家体制――非常事態下のインド』アジア経済研究所

押川文子［1994］「反留保アジテーションとインド社会――1990年の事例を中心に」『アジア経済』第35巻第4号，pp. 25-49

落合淳隆［1970］『現代インド問題要論』敬文堂

――――［1974］「第4章 中央・州関係と経済開発」森利一・落合淳隆共著『インドの開発行政』アジア経済研究所，pp. 241-301

――――［1975］『カシミール問題の研究』拓殖大学海外事情研究所

加藤篤史［2009］「インドにおける競争環境の変化」小田尚也編『インド経済――成長の条件』アジア経済研究所，pp. 151-174

金子勝［1997］「インドの地方分権化とパンチャーヤット財政――発展途上国における地方財政問題」『専修経済学論集』第32巻第1号，pp. 55-86

河合明宣［1994］「農村における対立――ナクサライトを中心に」岡本幸治・木村雅昭編著『紛争地域現代史(3) 南アジア』同文舘，pp. 83-111

木曽順子［2012］『インドの経済発展と人・労働者』日本評論社

久保木一政［2011］「経済政策」広瀬崇子・北川将之・三輪博樹編著『インド民主主義の発展と現実』勁草書房，pp. 85-91

グラムシ，A.（片桐薫編訳）［2001］『グラムシ・セレクション』平凡社

グレイ，ジョン（松野弘監訳）［2006］『自由主義の2つの顔――価値多元主義と共生の政治哲学』ミネルヴァ書房（John Gray, *Two Faces of Liberalism*, New York : The New Press, 2000）

ゲルナー，アーネスト（加藤節訳）［2000］『民族とナショナリズム』岩波書店（Ernest Gellner, *Nations and Nationalism*, Oxford : Blackwell, 1983）

小島眞［1993］『現代インド経済分析――大国型工業発展の軌跡と課題』勁草書房

小谷汪之［1993］『これからの世界史5 ラーム神話と牝牛――ヒンドゥー復古主義とイスラム』平凡社

コタリ，ラジニ（広瀬崇子訳）［1999］『インド民主政治の転換――一党優位体制の崩壊』勁草書房

小林良彰［2000］『選挙・投票行動――社会科学の理論とモデル1』東京大学出版会

近藤治［1994］「インド・パキスタン紛争――カシミール問題を中心に」岡本幸治・木村雅昭編著『紛争地域現代史③ 南アジア』同文舘，pp. 219-265

近藤則夫［1993］「1991 年の連邦下院議員選挙とインドの民主主義」『アジア経済』第 34 巻第 12 号，pp. 2-32．
─── ［1997］「ラジーブ・ガンディー政権期のインドの国際関係」近藤則夫編著『現代南インドの国際関係』アジア経済研究所，pp. 21-69．
─── ［1998a］「90 年代のインドの政党政治と社会集団──ヒンドゥー主義の衝撃と政党システムの分化」近藤則夫編『1990 年代インドの政治経済の展開』アジア経済研究所，pp. 39-77．
─── ［1998b］「インドにおける総合農村開発事業の展開（I，II）」『アジア経済』第 39 巻第 6 号，pp. 2-22，第 39 巻第 7 号，pp. 22-52．
─── ［2000］「インドの中央・州関係の展開──協調的連邦制への可能性」『アジア経済』第 41 巻第 10-11 号，pp. 66-107．
─── ［2003］「インドの小規模工業政策の展開──生産留保制度と経済自由化」『アジア経済』第 44 巻第 11 号，pp. 2-41．
─── ［2008］「インドにおける現代のヒンドゥー・ナショナリズムと民主主義──研究レビュー」近藤則夫編『インド民主主義体制のゆくえ──多党化と経済成長の時代における安定性と限界』日本貿易振興機構アジア経済研究所，pp. 211-248．
─── ［2009a］「インド：連邦下院選挙におけるインド国民会議派──経済変動と宗派間亀裂の影響」間寧編『アジア開発途上国の投票行動──亀裂と経済』〔研究双書 No. 577〕，アジア経済研究所，pp. 41-108．
─── ［2009b］「インド民主主義体制のゆくえ」近藤則夫編［2009］pp. 3-31．
─── ［2009c］「インドにおけるヒンドゥー・ナショナリズムの展開──州政治とコミュナル暴動」近藤則夫編［2009］pp. 267-316．
─── ［2011］「インド，パンジャーブ州の「競り上げ」の政党政治の理解のための予備的考察」間寧編『差異との共存』〔調査研究報告書〕，アジア経済研究所（http://www.ide.go.jp/Japanese/Publish/Download/Report/2010/pdf/2010_412_02.pdf）．
─── ［2013］「インド・国内政治」日本貿易振興機構アジア経済研究所『2013 アジア動向年報』アジア経済研究所，pp. 467-475．
─── ［2014］「インドにおける民主主義体制と「トラスト」──政治的安定性の認識構造」『アジア経済』第 55 巻第 2 号，pp. 2-35．
───編 ［2009］『インド民主主義体制のゆくえ──挑戦と変容』〔研究双書 580〕，アジア経済研究所．
近藤光博［2002］「インド政治文化の展開」堀本武功・広瀬崇子編『現代南アジア 3　民主主義へのとりくみ』東京大学出版会，pp. 173-194．
佐藤宏［1970］「テバガ運動の展開とその背景──ディナジプール県を中心に」『アジア経済』第 11 巻第 10 号，pp. 30-64．
─── ［1988］「西パキスタンの統合（1955 年）とベンガル──東パキスタン自治権運動の再検討」佐藤宏編『南アジア現代史と国民統合』アジア経済研究所，pp. 327-365．
─── ［2006］「書評：Steven I. Wilkinson, Votes and Violence : Electoral Competition and Communal Riots in India」『アジア経済』第 47 巻第 2 号，pp. 77-81．

―――［2009］「インドの民主主義と連邦下院議会」近藤則夫編［2009］pp. 33-79
―――・金子勝［1998］「自由化の政治経済学――会議派政権期（1980～96年）における政治と経済（I）（II）」『アジア経済』第39巻第3号，pp. 20-30，第39巻第4号，pp. 47-81
サルカール，シュミット（長崎暢子他訳）［1993］『新しいインド近代史――下からの歴史の試み』I・II，研文出版（Sumit Sarkar, *Modern India 1885-1947*, Madras: Macmillan, 1983）
サルトーリー，G.（岡沢憲芙・川野秀之訳）［1992］『現代政党論――政党システム論の分析枠組み』早稲田大学出版部（Giovanni Sartori, *Parties and Party Systems: A Framework for Analysis*, Cambridge: Cambridge University Press, 1976）
下山瑛二［1980］「非常事態下のインド憲法体制の変遷――「インディラ・ガンディー憲法」と強権政治」大内穂編［1980］pp. 19-48
―――・佐藤宏［1986］『インドにおける産業統制と産業許可制度』アジア経済研究所
白鳥令編［1997］『選挙と投票行動の理論』東海大学出版会
スミス，アントニー・D.（高柳先男訳）［1998］『ナショナリズムの生命力』晶文社（Anthony D. Smith, *National Identity*, London: Penguin, 1991）
詹彩鳳［2007］「ナガ民族自決運動とネルー政権（1947-56）」『南アジア研究』第19号，pp. 81-105
多賀政幸［2001］「ハリヤナ州政治の背景と特徴」広瀬崇子編著『10億人の民主主義――インド全州，全政党の解剖と第13回連邦下院選挙』御茶の水書房，pp. 163-172
田辺明生［2010］『カーストと平等性――インド社会の歴史人類学』東京大学出版会
チャンドラ，ビパン（粟屋利江訳）［2001］『近代インドの歴史』山川出版（Bipan Chandra, *Modern India: A History Textbook for Class XII*, New Delhi: National Council of Educational Research and Training, 1971）
トクヴィル，A.（井伊玄太郎訳）［1991］『アメリカの民主主義』上・中・下，講談社（Alexis de Tocqueville, *Democracy in America*, London: Sounders and Otlay, 1840）
内藤雅雄［1998］「インドの民主主義とヒンドゥー原理主義」古賀正則・内藤雅雄・中村平治編『現代インドの展望』岩波書店，pp. 49-73
長崎暢子［1989］『インド独立――逆光の中のチャンドラ・ボース』朝日新聞社
―――［1994］「政教分離主義と基層文化・ヒンドゥーイズム」蓮實重彦・山内昌之編『いま，なぜ民族か』東京大学出版会，pp. 81-97
―――［1996］『ガンディー――反近代の実験』岩波書店
中島岳志［2005］『ナショナリズムと宗教　現代インドのヒンドゥー・ナショナリズム運動』春風社
中溝和弥［2009］「暴力革命と議会政治――インドにおけるナクサライト運動の展開」近藤則夫編［2009］pp. 355-401
―――［2012］『インド：暴力と民主主義――一党優位支配の崩壊とアイデンティティの政治』東京大学出版会
中村平治［1977］『南アジア現代史I　インド』山川出版
仁科克己・青木伸也［1994］「インドの地方財政（後編）」『開発援助研究』第1巻第3号，pp. 120-183

日印調査委員会［1990-2007］『インド季報』日印経済委員会
根本博・金子勝・仁科克己・青木伸也［1994］「インドの地方財政（前編）」『開発援助研究』第 1 巻第 2 号，pp. 95-198
長谷安朗［1988］「パンジャーブ問題とその経済的背景」佐藤宏編『南アジア現代史と国民統合』アジア経済研究所，pp. 209-262
平野浩［1997］「第 4 章 社会経済的要因から見た投票行動」白鳥令編『選挙と投票行動の理論』東海大学出版会，pp. 81-108
廣瀬和司［2011］『カシミール／キルド・イン・ヴァレイ——インド・パキスタンの狭間で』現代企画室
広瀬崇子［1994］「パンジャーブ紛争」岡本幸治・木村雅昭編著『紛争地域現代史③ 南アジア』同文舘，pp. 113-146
——— ［1998］「ムハージル民族運動とパキスタン国民統合の課題」広瀬崇子編『イスラーム諸国の民主化と民族問題』未来社，pp. 129-177
福味敦［2013］「インド電力部門改革に関する研究」『文明』No. 18, pp. 73-77（http://www.u-tokai.ac.jp/institutions/civilization_research/publish/index/018/dl/14.pdf，2014 年 5 月 1 日アクセス）
ホブズボーム，E. J.（浜林他訳）［2001］『ナショナリズムの歴史と現在』大月書店（E. J. Hobsbawm, *Nations and Nationalism since 1780*, Cambridge : Cambridge University Press, 1992）
堀本武功［1982］「政党論」山口博一編『現代インド政治経済論』アジア経済研究所，pp. 71-91
——— ［1997］『インド現代史——独立後半世紀の展望』刀水書房
湊一樹［2011］「インド州議会選挙における「反現職要因」としての経済変動」『アジア経済』第 52 巻第 6 号，pp. 2-35
三輪博樹［2009］「インドにおける政党政治と地域主義——テランガーナ州創設運動を事例として」近藤則夫編［2009］pp. 195-229
森利一［1970a］「インド国民会議派におけるリーダーシップ——連邦政府首相と総裁の関係をめぐって I」『アジア経済』第 11 巻第 3 号，pp. 16-43
——— ［1970b］「インド国民会議派におけるリーダーシップ——連邦政府首相と総裁の関係をめぐって II」『アジア経済』第 11 巻第 6 号，pp. 31-51
——— ［1970c］「インド国民会議派におけるリーダーシップ——連邦政府首相と総裁の関係をめぐって III」『アジア経済』第 11 巻第 8 号，pp. 44-64
——— ［1970d］「インド国民会議派におけるリーダーシップ——連邦政府首相と総裁の関係をめぐって IV」『アジア経済』第 11 巻第 9 号，pp. 52-76
安田信之［1980］「非常事態下における第 42 次憲法改正——「行政国家」と「司法国家」理念の対立を軸として」大内穂編［1980］pp. 49-64
——— ［1988］「インド経済計画の機構的側面」山中一郎『南アジア諸国の経済開発計画』アジア経済研究所，pp. 223-253
山口博一［1984］「インド政府『後進諸階級委員会報告書』の研究」『アジア経済』第 25 巻

第 1 号，pp. 2-19
―――編［1982］『現代インド政治経済論』アジア経済研究所
山中一郎編［1992］『パキスタンにおける政治と権力――統治エリートについての考察』アジア経済研究所
李素玲［1980］「非常事態下の指定カースト，指定部族問題」大内穂編［1980］pp. 87-114
脇村孝平［1994］「中間カーストをめぐる政治経済学」岡本幸治・木村雅昭編著『紛争地域現代史　南アジア』同文舘，pp. 51-82

ヒンディー語文献

Bahujan Samaj Party [n.d. a] *Muslim Samaj jara soche, samjhe aur tab apne vote ka istemal kare—Bahujan Samaj Party dwara Apeal* (ムスリムの皆さん，ちょっと考えてよく理解してあなたの票を投じてください――大衆社会党によるアピール), Lucknow : Vimal Printers.

――― [n.d. b] *Bahujan Samaj ke sath-sath Savarna Samaj ka bhi hit, BSP men hi Surakshit kyon* (大衆とともにこそサヴァルナの社会の利益があり，大衆社会党においてこそ安全である), New Delhi : Taj Printers.

Samajwadi Party [2004] *Lok Sabha Chunav 2004—Samajwadi Party ka Ghoshna Patra* (2004年連邦下院選挙――社会主義党の選挙綱領), Lucknow : Vimal Printers.

――― [2007] *Uttar Pradesh Vidhansabha Chunav 2007—Samajwadi Party Ghoshna Patra* (ウッタル・プラデーシュ 2007年州立法議会選挙――社会主義党選挙綱領), Lucknow : Vimal Printers.

――― [2012] *Vidhan Sabha Chunav 2012—Pradesh ke Sammanit Matdataon se Apeel* (2012年州立法議会選挙――州の尊敬する投票者へのアピール), Lucknow : Azad Printing Press.

Uttar Pradesh Congress Committee [2007] *Uttar Pradesh ka Vikas aur Samman Ap ke Hath—Chunav Ghoshna Patra 2007* (ウッタル・プラデーシュの発展と尊敬はあなたの手に――2007年選挙綱領), New Delhi : Jain Brothers.

英語文献

Achen, Christopher H. [2000] "Why Lagged Dependent Variables Can Suppress the Explanatory Power of Other Independent Variables" (http://www.princeton.edu/csdp/events/Achen121201/achen.pdf, 2012年6月21日アクセス)

Adeney, Katharine [2007] *Federalism and Ethnic Conflict Regulation in India and Pakistan*, New York : Palgrave Macmillan.

Ahluwalia, I. J. [1985] *Industrial Growth in India—Stagnation since the Mid-Sixties*, Delhi : Oxford University Press.

Ahluwalia, Montek S. [2002] "Economic Reforms in India Since 1991 : Has Gradualism Worked?", *Journal of Economic Perspectives*, Vol. 16, No. 3 (Summer), pp. 67-88.

Aldrich, John H. [1993] "Rational Choice and Turnout", *American Journal of Political Science*, Vol. 37, No. 1, pp. 246-278.

Alesina, Alberto, Sule Ozler, Nouriel Roubini and Phillip Swagel [1996] "Political Instability and

Economic Growth", *Journal of Economic Growth*, Vol. 1, No. 2 (June), pp. 189-212.

Alesina, Alberto and Eliana La Ferrara [2002] "Who trusts others?", *Journal of Public Economics* No. 85, pp. 207-234.

Alexander, P. C. [2004] *Through the Corridors of Power : An Insider's Story*, New Delhi : HarperCollins Publishers.

All India Newspaper Editors' Conference [1968] *Code of Ethics for the press in reporting and commenting on communal incidents* (http://www.mmc2000.net/docs/leggi/INDIA.pdf, 2009年1月9日アクセス).

Anand, Javed (ed.) [1998] *Damning Verdict*, Mumbai : Sabrang Communications & Publishing.

Anderson, Christopher J. and Aida Paskeviciute [2006] "How Ethnic and Linguistic Heterogeneity Influence the Prospects for Civil Society : A Comparative Study of Citizenship Behavior", *Journal of Politics*, Vol. 68, No. 4, pp. 783-802.

Andersen, Walter K. and Shridhar D. Damle [1987] *The Brotherhood in Saffron—The Rashtriya Swayamsevak Sangh and Hindu Revivalism*, New Delhi : Vistaar.

Arora, Balveer and Douglas V. Verney, (eds.) [1995] *Multiple Identities in A Single State—Indian Federalism in Comparative Perspective*, New Delhi : Konark.

Asian Centre for Human Rights [2007] *Naxal Conflict in 2006*, New Delhi : Asian Centre for Human Rights.

Asia Development Bank [2006] *Key Indicators For Asia and the Pacific 2006*, Manila : Asia Development Bank (http://www.adb.org/Documents/Books/Key_Indicators/2006/pdf/Special-Chapter-2006.pdf, 2011年2月7日アクセス).

Attwood, Donald W. [1992] *Raising Cane : The Political Economy of Sugar in Western India*, Boulder : Westview Press.

Austin, Granville [1972] *The Indian Constitution : Cornerstone of A Nation*, Delhi : Oxford University Press.

Bahry, Donna, Mikhail Kosolapov, Polina Kozyreva and Rick K. Wilson [2005] "Ethnicity and Trust : Evidence from Russia", *American Political Science Review*, Vol. 99, No. 4, pp. 521-532.

Bal, Gurpreet [2005] "Violence, Migration and Entrepreneurship : Punjab during the Khalistan Movement", *Economic and Political Weekly*, Vol. 40, No. 36 (September 3), pp. 3978-3986.

Banerjee, Sikata [2000] *Warriors in Politics : Hindu Nationalism, Violence, and the Shiv Sena in India*, Boulder : Westview Press.

Banerjee, Sumanta [2006] "Maoist movement in India : Beyond Naxalbari", *Economic and Political Weekly*, Vol. 41, No. 29 (July 22), pp. 3159- 3162.

Banga, Rashmi and Abhijit Das (ed.) [2012] *Twenty Years of India's Liberalization : Experiences and Lessons*, Geneva : United Nations Conference on Trade and Development (UNCTAD) (http://unctad.org/en/PublicationsLibrary/osg2012d1_en.pdf, 2013年8月9日アクセス).

Bardhan, Pranab [1984] The *Political Economy of Development in India*, Delhi : Oxford University Press（プラナブ・バルダン（近藤則夫訳）『インドの政治経済学――発展と停滞のダイナミクス』勁草書房，2000年）.

Barnett, Marguerite Ross [1976] *The Politics of Cultural Nationalism in South India*, New Jersey : Princeton University Press.

Barro, Robert J. [1996] "Democracy and Growh", *Journal of Economic Growth*, Vol. 1, Issue 1 (March), pp. 1-27.

Baruah, Sanjib [1999] *India Against Itself: Assam and the Politics of Nationality*, New Delhi : Oxford University Press.

Basu, Amrita [2001] "The dialectics of Hindu nationalism", in Atul Kohli, ed., *The Success of India's Democracy*, Cambridge : Cambridge University Press, pp. 163-189.

Basu, Amrita and Atul Kohli (eds.) [1998] *Community Conflicts and The State in India*, Delhi : Oxford University Press.

Basu, Anuradha [1995] *Public Expenditure Decision Making : The Indian Experience*, New Delhi : Sage.

Basu, Durga Das [1965] *Commentary on the Constitution of India* (5th ed.), Calcutta : S. C. Sarkar and Sons.

Basu, Tapan, Pradip Datta, Sumit Sarkar, Tanika Sarkar and Sambuddha Sen [1993] *Khaki Shorts and Saffron Flags : A Critique of the Hindu Right*, New Delhi : Orient Longman.

Baxter, Craig [1969] *The Jana Sangh : A Biography of an Indian Political Party*, Philadelphia : University of Pennsylvania Press.

―――― [2004] *Pakistan on the Brink : Politics, Economics, and Society*, Lanham : Lexington Books.

Beahm, Donald L. [2002] *Conceptions of and Corrections to Majoritarian Tyranny*, Lanham : Lexington Books.

Benjamin, Roger W., Richard N. Blue and Stephen Coleman [1971] "Modernization and Political Change : A Comparative Aggregate Data Analysis of Indian Political Behavior", *Midwest Journal of Political Science*, Vol. 15, No. 2, pp. 219-261.

Bermeo, Nancy [2002] "A New Look at Federalism : The Import of Institutions", *Journal of Democracy*, Vol. 13, No. 2, pp. 96-110.

Berthet, Samuel [2011] "Chhattisgarh : Redefining the Role of the State?", Berthet, Samuel and Girish Kumar, eds., *New States for A New India : Federalism and Decentralization in the States of Jharkhand and Chhattisgarh*, New Delhi : Manohar, pp. 87-117.

Béteille, André [1985] *The Backward Classes and The New Social Order : The Ambedkar Memorial Lectures delivered under the auspices of the University of Bombay*, Delhi : Oxford University Press.

Bhalla, G. S. and Gurmail Singh [2001] *Economic Liberalisation and Indian Agriculture : A District-Level Study*, New Delhi : Sage.

―――― [2012] *Indian Agriculture—Four Decades of Development*, New Delhi : Sage.

Bharadwaj, Krishna [1997] "Agricultural Price Policy for Growth : the Emerging Contradictions", in Terence J. Byres, ed., *The State, Development Planning and Liberalisation in India*, Delhi : Oxford University Press, pp. 198-253.

Bharatiya Janata Party [1998] *Election Manifesto 1998* (http://bjp.org/manif.htm, 1998 年 2 月 5 日アクセス).

――― [1999] *Address to the Nation by Prime Minister Atal Bihari Vajpayee, October 15, 1999* (http://bjp.org/news/oct2199.htm, 1999 年 11 月 15 日アクセス).

――― [2000a] *Chennai Declaration : Adopted at the BJP National Council Meeting at Chennai on December 28-29, 1999*, Delhi : Excelprint.

――― [2000b] *Nagpur Message : August 26-28, 2000*, Delhi : Excelprint.

――― [2002] *National Executive Meeting at Panaji (Goa) : April 12-14, 2002* (http://www.bjp.org/index.php?option=com_content&view=article&id=191&Itemid=456, 2013 年 9 月 4 日アクセス).

――― [2004] *Vision Document—2004* (http://www.bjp.org/Press/mar_3104a.htm, 2014 年 4 月 5 日アクセス).

――― [2009] *Manifesto : Lok Sabha Election 2009* (http://www.bjp.org/images/pdf/election_manifesto_english.pdf, 2009 年 4 月 12 日アクセス).

――― and Alliance Parties [1998] *National Agenda For Governance* (18th March) (http://pib.nic.in/focus/fomore/nafgp1.html, 2013 年 8 月 31 日アクセス).

Bharatiya Janata Party (Gujarat Pradesh) [2007] *Manifesto of Bhartiya Janata Party, Gujarat Pradesh : General Assembly Election—2007*, Ahmedabad.

――― [2012] *Gujarat Vidhan Sabha Election 2012—Sankalp Patra* (http://infoelection.com/infoelection/index.php/gujarat-news/427-bjp-manifesto-gujarat-2012.html, 2012 年 12 月 6 日アクセス).

Bharatiya Janata Party (Punjab) [2007] *Punjab Vidhan Sabha Elections : Manifesto - 2007*, Chandigarh.

Bharatiya Janata Party (The Study Committee on Economic Affairs) [1995] *BJP—Economic Resolutions*, New Delhi : Excelprint.

Bhatia, Bela [2005] "The Naxalite Movement in Central Bihar", *Economic and Political Weekly*, Vol. 40, No. 15 (April 9), pp. 1537-1549.

Bhattacharyya, Dwaipayan, Niraja Gopal, Jayal Bishnu, N. Mohapatra and Sudha Pai (eds.) [2004] *Interrogating Social Capital : The Indian Experience*, New Delhi : Sage.

Bidwai, Praful, Harbans Mukhia and Achin Vanaik (eds.) [1996] *Religion, Religiosity and Communalism*, New Delhi : Manohar.

Bijukumar, V. [2006] *Reinventing the Congress : Economic Policies and Strategies since 1991*, New Delhi : Rawat.

Bjørnskov, Christian [2006] "Determinants of Generalized Trust : A Cross-country Comparison", *Public Choice*, No. 130, pp. 1-21.

Blair, H. W. [1979] *Voting, Caste, Community, Society—Explorations in Aggregate Data Analysis in India and Bangladesh*, Delhi : Young Asia Publication.

Bohlken, Anjali Thomas and Ernest John Sergenti [2010] "Economic Growth and Ethnic Violence : An Empirical Investigation of Hindu-Muslim Riots in India", *Journal of Peace Research*, Vol.

47, No. 5, pp. 589-600.

Boix, Carles and Susan C. Stokes [2003] "Endogenous Democratization", *World Politics*, Vol. 55, No. 4, pp. 517-549.

Bonner, Arthur, Kancha Ilaiah, Suranjit Kumar Saha, Asghar Ali Engineer and Gerard Heuze [1994] *Democracy in India : A Hollow Shell*, Washington : The American University Press.

Borooah, Vani Kant [2006] "Incumbency and Parliamentary Elections in India : An Analysis of the Congress Party's Electoral Performance, 1962-1999", *Economic and Political Weekly*, Vol. 41, No. 8 (February 25), pp. 739-746.

Brambor, Thomas, W. R. Clark and M. Golder [2006] "Understanding Interaction Models : Improving Empirical Analyses", *Political Analysis*, Vol. 14, No. 1, pp. 63-82.

Brass, Paul R. [1980] "The Politicization of the Peasantry in a North Indian State," *Journal of Peasant Studies*, Vol. 7, No. 4, pp. 395-456 and Vol. 8, No. 1, pp. 3-36.

―――― [1984] *Caste, Faction, and Party in Indian Politics, Vol. I : Faction and Party*, New Delhi : Chanakya Publications.

―――― [1985] *Caste Faction and Party in Indian Politics : Volume II : Election Studies*, Delhi : Chanakya.

―――― [1988] "The Punjab Crisis and the Unity of India", in Kohli (ed.) [1988] pp. 169-213.

―――― [1990] *The Politics of India since Independence* (The New Cambridge History of India), Cambridge : Cambridge University Press.

―――― [1991] *Ethnicity and Nationalism : Theory and comparison*, New Delhi : Sage.

―――― [2003] *The Production of Hindu-Muslim Violence in Contemporary India*, New Delhi : Oxford University Press.

Brass, Tom (ed.) [1995] *New Farmers' Movements in India*, Essex : Frank Cass.

Brecher, Michael [1969] *Political Leadership in India : An Analysis of Elite Attitudes*, New York : Praeger.

Brennan, Geoffrey and Loren Lomasky [1997] *Democracy and Decision : The Pure Theory of Electoral Preference*, New York : Cambridge University Press.

Burkhart, Ross E. and Michael S. Lewis-Beck [1994] "Comparative Democracy : The Economic Development Thesis", *American Political Science Review*, Vol. 88, No. 4 (December), pp. 903-910.

Butler, David, Ashok Lahiri and Prannoy Roy [1989] *India Decides : Elections 1952-1989*, New Delhi : Living Media.

Byres, Terence J. [1997] "State, Class and Development Planning in India", in Terence J. Byres, ed., *The State, Development Planning and Liberalisation in India*, Delhi : Oxford University Press, pp. 36-81.

Carras, Mary [1972] *The Dynamics of Indian Political Factions : A Study of District Councils in the State of Maharashtra*, Cambridge : Cambridge University Press.

Centre for the Study of Developing Societies (CSDS) [1999a] Articles on the 12th Lok Sabha election, *Economic and Political Weekly*, Vol. 34, No. 34 and 35 (August 21-28) and Vol. 34,

No. 36 (September 4).
―――― [1999b] Articles on the 13th Lok Sabha election, *Frontline*, November 5, November 19, November 26 and December 10.
―――― [2004] Articles on the 14th Lok Sabha election, *Economic and Political Weekly*, Vol. 39, No. 51 (December 18).
―――― [2008] *State of Democracy in South Asia : A Report*, New Delhi : Oxford University Press.
Chadda, Maya [1997] *Ethnicity, Security and Separatism in India*, Delhi : Oxford University Press.
―――― [2000] *Building Democracy in South Asia―India, Nepal, Pakistan*, New Delhi : Vistaar Publications.
Chakravarti, Uma [1994] "Victims, 'Neighbours', and 'Watan' : Survivors of Anti-Sikh Carnage of 1984", *Economic and Political Weekly*, Vol. 29, No. 42 (October 15), pp. 2722-2726.
Chakravarti, Uma and Nandita Haksar [1987] *The Delhi Riots : Three Days in the Life of a Nation*, New Delhi : Lancer International.
Chandhoke, Neera and Praveen Priyadarshi [2006] "Electoral Politics in Post-Conflict Societies : Case of Punjab", *Economic and Political Weekly*, Vol. 49, No. 9 (March 4), pp. 811-819.
Chandra, Kanchan [2004] *Why Ethnic Parties Succeed : Patronage and Ethnic Head Counts in India*, Cambridge : Cambridge University Press.
Chandra, Kanchan and Chandrika Parmar [1997] "Party Strategies in the Uttar Pradesh―Assembly Elections, 1996", *Economic and Political Weekly*, Vol. 32, No.5 (February 1), pp. 214-222.
Chandra, Sudhir [1993] "Of Communal Consciousness and Communal Violence : Impressions from Post-Riot Surat", *Economic and Political Weekly*, Vol. 28, No. 36 (September 4), pp. 1883-1887.
Chandramohan, N., Raju Bist and Roop Karnani [1993] "Confederation of Indian Industry : Lobby power", *Business India*, August 30-September 12.
Chanley, Virginia A., Thomas J. Rudolph and Wendy M. Rahn [2000] "The Origins and Consequences of Public Trust in Government : A Time Series Analysis", *Public Opinion Quarterly*, Vol. 64, No. 3, pp. 239-256.
Chapman, Thomas and Philip G. Roeder [2007] "Partition as a Solution to Wars of Nationalism : The Importance of Institutions", *American Political Science Review*, Vol. 101, No. 4, pp. 677-691.
Chatterjee, Manini [1996] "The BJP : Political Mobilization for Hindutva", in Bidwai, Mukhia and Vanaik (eds.) [1996] pp. 87-106.
Chatterjee, Partha [2001] "On civil and political society in postcolonial democracies", in Sudipta Kaviraj and Sunil Khilnani, eds., *Civil Society : History and Possibilities*, Cambridge : Cambridge University Press.
―――― [2008] "Democracy and Economic Transformation in India", *Economic and Political Weekly*, Vol. 43, No. 16 (April 19), pp. 53-62.
Chhibber, P. K. [1995] "Political Parties, Electoral Competition, Government Expenditures and Economic Reform in India", *The Journal of Development Studies*, Vol. 32, No. 1, pp. 74-96.

―――― [1999] *Democracy without Associations : Transformation of the Party System and Social Cleavages in India*, New Delhi : Vistaar.

―――― [2009] "Are National Elections Any More Than Aggregations of State-Level Verdicts?", *Economic and Political Weekly*, Vol. 44, No. 39 (September 26), pp. 58-63.

Chhibber, P. K. and Subhash Misra [1993] "Hindus and the Babri Masjid―The Sectional Basis of Communal Attitudes", *Asian Survey*, Vol. 33, No. 7, pp. 665-672.

Chowdhury, Abdur R. [1993] "Political Surfing over Economic Waves : Parliamentary Election Timing in India", *American Journal of Political Science*, Vol. 37, No. 4, pp. 1100-1118.

Citrin, Jack [1974] "Comment : The Political Relevance of Trust in Government", *American Political Science Review*, Vol. 68, No. 3, pp. 973-988.

Coalition of Civil Society [n.d.] *Independent Election Observers Team Report : J&K State Assembly Elections―2002*, New Delhi : Civil Society Initiatives.

Cohen Stephen P. [1988] "The Military and Indian Democracy", in Kohli (ed.) [1988] pp. 99-143.

Coleman, James S. [1990] *Foundations of Social Theory*, Cambridge : Harvard University Press.

Communalism Combat [1998] "Crime and Punishment", Mumbai, March, No. 41. p. 36.

―――― [2002] *Genocide : Gujarat 2002* (Special Reprint), Mumbai, March-April, No. 77-78.

Communist Party of India [2004] *Election Manifesto, 2004*, New Delhi.

Communist Party of India (Marxist) [1978] *Messages, Condolence And Resolutions―Adopted At The Tenth Congress Of The Communist Party Of India (Marxist), April 2-8, 1978*, Calcutta : National Book Agency.

―――― [1983] *On Centre-State Relations*, New Delhi : Progressive Printers.

―――― [2004] *Election Manifesto―14th Lok Sabha 2004*, New Delhi.

―――― [2005] Press Release "Left Participation on Coordination Committee" (June 26) (http://www.cpim.org/content/left-participation-coordination-committee, 2013 年 9 月 13 日アクセス).

Concerned Citizens Tribunal―Gujarat 2002 [2002] (CCTG I [2002] とする) *Crime Against Humanity Volume I : An inquiry into the carnage in Gujarat―List of Incidents and Evidence* (http://www.sabrang.com/tribunal/, 2008/02/10 アクセス).

―――― [2002] (CCTG II [2002] とする) *Crime Against Humanity Volume II : An inquiry into the carnage in Gujarat―Findings and Recommendations* (http://www.sabrang.com/tribunal/, 2008 年 2 月 10 日アクセス).

Corbridge, Stuart [2003] "The Continuing Struggle for India's Jharkhand : Democracy - Decentralisation and the Politics of Names and Numbers", in Andrew Wyatt John Zavos, ed., *Decentring the Indian Nation*, London : Frank Cass and Company, pp. 55-71.

Craig, Stephen C., Richard G. Niemi and Glenn E. Silver [1990] "Political Efficacy and Trust : A Report on the NES Pilot Study Items", *Political Behavior*, Vol. 12, No. 3, pp. 289-314.

Dahl, Robert A. [1971] *Polyarchy : Participation and Opposition*, New Haven : Yale University Press.

Dang, Satyapal [1988] *Genesis of Terrorism : An Analytical Study of Punjab Terrorists*, New Delhi :

Patriot Publishers.

Das, H. H. and B. C. Choudhury [1990] *Federal and State Politics in India*, New Delhi : Discovery Publishing House.

Dasgupta, Biplab [1972] "The 1972 Election in West Bengal", *Economic and Political Weekly*, Vol. 7, No. 16 (April 15), pp. 804-808.

Dasgupta, Biplab and W. H. Morris-Jones [1975] *Patterns and Trends in Indian Politics—An Ecological Analysis of Aggregate Data on Society and Elections*, New Delhi : Allied Publishers.

Datt, Ruddar [2003] *Lockouts in India*, New Delhi : Manohar.

de Silva, K. M. [1993] *Sri Lanka—Problems of Governance*, New Delhi : Konark.

Deol, Harnik [2000] *Religion and Nationalism in India : The Case of the Punjab*, London : Routledge.

Dev, Nirendra [2004] *Godhra—A Journey to Mayhem*, New Delhi : Samskriti.

Dhar, P. N. [2000] *Indira Gandhi, the 'Emergency', and Indian Democracy*, New Delhi : Oxford University Press.

Dheer, Archana [1990] "Muslims and the Congress : Gap Between Perception and Practice", in Ramashray Roy and Richard Sission, eds., *Diversity and Dominance in Indian Politics, Volume 2—Division, Deprivation and the Congress*, New Delhi : Sage, pp. 81-96.

Dhillon, K. S. [2006] *Identity and Survival : Sikh Militancy in India 1978-1993*, New Delhi : Penguin Books.

Dikshit, R. D. and J. C. Sharma [1995] "Ecological Analysis of Voting Behaviour : Examples from Punjab", in R. D. Dikshit, ed., *Geography of Elections : The Indian Context*, New Delhi : Rawat Publications, pp. 408-453.

Dravida Munnetra Kazhagam [1983] *D. M. K. on State Autonomy 1974-Speech Delivered On 16-4-1974 At The Legislative Assembly By The Chief Minister Kalaignar M. Karunanidhi*, Madras : Arivagam.

——— [2004] *Manifesto For The Parliamentary Elections 2004*, Chennai : DMK Headquaters.

Dua, B. D. [1994] "The Prime Minister and the Federal System", in B. D. Dua et al., *Nehru to the Nineties : The Changing Office of Prime Minister in India*, London : Hurst & Company, pp. 20-47.

——— [2003] "The Prime Minister and the Federal System in India", in B. D. Dua and M. P. Singh, eds., *Indian Federalism in the New Millennium*, New Delhi : Manohar, pp. 129-185.

Dubash, Navroz K. and Sudhir Chella Rajan [2001] "Power Politics : Process of Power Sector Reform in India", *Economic and Political Weekly*, Vol. 36, No. 35 (September 1), pp. 3367-3390.

Duncan, Ian [1999] "Dalits and Politics in Rural North India : The Bahujan Samaj Party in Uttar Pradesh", *The Journal of Peasant Studies*, Vol. 27, No. l, pp. 35-60.

Dutta, Puja, Rinku Murgai, Martin Rayalliqn and Dominique Van De Walle [2012] "Does India's Employment Guarantee Scheme Guarantee Employment?", *Economic and Political Weekly*, Vol. 47, No. 16 (April 21), pp. 55-64.

Duverger, Maurice [1963] *Political Parties : Their Organization and Activity in the Modern State*, New York : John Wiley & Sons.

Dyke, Virginia Van [1999] "The 1998 General Election : The Janus-faced Policies of the BJP and Religious Mobilization at the District Level in Uttar Pradesh", in Ramashray Roy and Paul Wallace, eds., *Indian Politics and the 1998 Election : Regionalism, Hindutva and State Politics*, New Delhi : Sage, pp. 105-128.

Eldersveld, Samuel J. [1970] "The 1967 Indian Election : Patterns of Party Regularity and Defection", *Asian Survey*, Vol. 10, No. 11, pp. 1015-1030.

Elkins, David L. [1975] *Electoral Participation in a South Indian Context*, Delhi : Vikas.

Engineer, Asghar Ali [1997] "Communalism and Communal Violence, 1996", *Economic and Political Weekly*, Vol. 32, No. 7 (February 15), pp. 323-326.

―――― [1988] "Meerut―Shame of the Nation", in Asghar Ali Engineer, ed., *Dehli-Meerut Riots : Analysis, Compilation and Documentation*, Delhi : Ajanta, pp. 16-32.

―――― [2004] *Communal Riots After Independence : A Comprehensive Account*, Mumbai : Centre for Study of Society and Securalism.

―――― (ed.) [2003] *The Gujarat Carnage*, Hyderabad : Orient Longman.

Fadia, Babulal [1980] *Pressure Groups in Indian Politics*, New Delhi : Radiant Publishers.

Ferejohn, John A. and Morris P. Fiorina [1974] "The Paradox of Not Voting : A Decision Theoretic Analysis", *American Political Science Review*, Vol. 68, No. 2, pp. 525-535.

Fernandes, Leela [2006] *India's New Middle Class : Democratic Politics in an Era of Economic Reform*, Minneapolis : University of Minnesota Press.

Fiorina, Morris P. [1981] *Retrospective Voting in American National Elections*, Ann Arbor : Yale University.

Fleiner, Thomas [2001] "Facing diversity", *International Social Science Journal*, No. 167, pp. 33-40.

Ford Foundation [1959] *Report on India's Food Crisis and Steps to Meet It*, New Delhi : Ministry of Food and Agriculture and Ministry of Community Development.

Frankel, Francine R. [1978] *India's Political Economy, 1947-1977 : The Gradual Revolution*, Princeton : Princeton University Press.

―――― [1988] "Middle Classes and Castes in India's Politics : Prospects for Political Accommodation.", in Kohli (ed.) [1988] pp. 225-261.

Frankel, Francine and M. S. A. Rao (eds.) [1989] *Dominance and State Power in Modern India - Decline of a Social Order-I*, Bombay : Oxford University Press.

―――― (eds.) [1990] *Dominance and State Power in Modern India - Decline of a Social Order-II*, Bombay : Oxford University Press.

Franklin, Mark N. [2004] *Voter Turnout and the Dynamics of Electoral Competition in Established Democracies since 1945*, Cambridge : Cambridge University Press.

Galanter, Marc [1984] *Competing Equalities : Law and the Backward Classes in India*, Berkely : University of California Press.

Gandhi, Indira [1975] *The Years of Endeavour, Selected Speeches of Indira Gandhi—August 1969-August 1972*, New Delhi : Publications Division (Ministry of Information and Broadcasting).

―――― [1983] *Prime Minister's Fifteen-Point Programme on Minorities*, in Iqbal A. Ansari, ed., *Readings on Minorities : Perspectives and Documents*, Vol. II, New Delhi : Institute of Objective Studies.

Gandhi, Sonia [2005] "Employment Guarantee Scheme, Promise fulfilled : Discussion on National Rural Employment Guarantee Scheme" (Speech by Sonia Gandhi in Lok Sabha, 18, August) (http://www.congress.org.in/, 2005年9月6日アクセス).

Ganguly, Kavery and Ashok Gulati [2013] *The Political Economy of Food Price Policy : The Case Study of India* (Working Paper No. 2013/034), United Nations University (World Institute for Development Economics Research) (http://www.wider.unu.edu/stc/repec/pdfs/wp2013/WP2013-034.pdf, 2013年6月23日アクセス).

Ganguly, Varsha, Zakia Jowher and Jimmy Dabhi [2006] *Changing Contours of Gujarati Society—Identity Formation and Communal Violence*, New Delhi : Indian Social Institute.

Gauhar, G. N. [2002] *Elections in Jammu and Kashmir*, New Delhi : Manas Publications.

Ghose, Sankar [1991] *Mahatma Gandhi*, New Delhi : Allied Publishers.

Ghosh, Partha S. [1999] *BJP and the Evolution of Hindu Nationalism—From Periphery to Centre*, New Delhi : Manohar.

Gill, Sucha Singh [1995] "The Farmers' Movement and Agrarian Change in the Green Revolution Belt of North west India", in Brass (ed.) [1995] pp. 195-211.

Gould, Harold A. [1993] "Patterns of Political Mobilization in the Parliamentary and Assembly Elections of 1989 and 1990", in Harold A. Gould and Sumit Ganguly, eds., *India Votes—Alliance Politics and Minority Governments in the Ninth and Tenth General Elections*, Boulder : Westview, pp. 14-49.

―――― [2003] "Political Self-Destruction in Karnataka, 1999", in Paul Wallace and Ramashray Roy, eds., *India's 1999 Elections and 20th Century Politics*, New Delhi : Sage, pp. 94-140.

Graf, Violette [1992] "The Muslim Vote", in Subrata K. Mitra and James Chiriyankandath, eds., *Electoral Politics in India : A Changing Landscape*, New Delhi : Segment Books, pp. 213-240.

Grewal, J. S. [1998] "Sikh Identity, the Akalis and Khalistan", in J. S. Grewal and Indu Banga, eds., *Punjab in Prosperity and Violence : Administration, Politics and Social Change 1947-1997*, Chandigarh : Institute of Punjab Studies, pp. 65-103.

Guhan, S. [1995] "Centre and States in the Reform Process", in Robert Cassen and Vijay Joshi, eds., *India—The Future of Economic Reform*, Delhi : Oxford University Press, pp. 73-114.

Gulati, I. S., (ed.) [1987] *Centre-State Budgetary Transfers*, Delhi : Oxford University Press.

Gupta, Dipankar [1982] *Nativism In A Metropolis—The Shiv Sena in Bombay*, New Delhi : Manohar.

―――― [2011] *Justice before Reconciliation : Negotiating a 'New Normal' in Post-riot Mumbai and Ahmedabad*, New Delhi : Routledge.

Gupta, Smita and Christophe Jaffrelot [2007] "The Bajrang Dal : The New Hindu Nationalist Brigade", in Mushirul Hasan, ed., *Living with Secularism : The Destiny of India s Muslims*, New Delhi : Manohar, pp. 197-221.

Hadenius, Axel [1992] *Democracy and Development*, Cambridge : Cambridge University Press.

Hansen, Thomas Blom [1999] *The Saffron Wave : Democracy and Hindu Nationalism in Modern India*, New Delhi : Oxford University Press.

―――― [2001] *Violence in Urban India : Identity Politics, 'Mumbai', and the Postcolonial City*, Delhi : Permanent Black.

Hansen, Thomas Blom and Christophe Jaffrelot (eds.) [1998] *The BJP and the Compulsions of Politics in India*, Delhi : Oxford University Press.

Hardgrav, Robert L. Jr. [1965] *The Dravidian Movement*, Bombay : Popular Prakashan.

Hart, Henry C. [1988] "Political Leadership in India : Dimensions and Limits", in Kohli (ed.) [1988] pp. 18-61.

Hasan, Mushirul and Nariaki Nakazato (eds.) [2001] *The Unfinished Agenda : Nation-Building in South Asia*, New Delhi : Manohar.

Hasan, Zoya [1998] *Quest For Power : Oppositional Movements and Post Congress Politics in Uttar Pradesh*, Delhi : Oxford University Press.

―――― [2009] *Politics of Inclusion : Castes, Minorities, and Affirmative Action*, New Delhi : Oxford University Press.

Hassan, M. Sajjad [2009] "The Mizo Exception : State-Society Cohesion and Institutional Capability", in Sanjib Baruah, ed., *Beyond Counter-Insurgency : Breaking the Impasse in Northeast India*, New Delhi : Oxford University Press, pp. 207-231.

Heath, Anthony and Yogendra Yadav [1999] "The United Colours of Congress : Social Profile of Congress Voters, 1996 and 1998", *Economic and Political Weekly*, Vol. 34, No. 34 and 35 (August 21-28), pp. 2518-2528.

Heath, Oliver [1999] "Anatomy of BJP's Rise to Power : Social, Regional and Political Expansion in 1990s", *Economic and Political Weekly*, Vol. 34, No. 34 and 35 (August 21-28), pp. 2511-2517.

Hebsur, Raghavendra Keshavarao [2011] "Karnataka : The Surge of Saffron : Some Genuine and Some Imitation?", in Paul Wallace and Ramashray Roy, eds., *India's 2009 Elections―Coalition Politics, Party Competition, and Congress Continuity*, New Delhi : Sage, pp. 270-285.

Hegde, Ramakrishna [1988] *Sarkaria Commission's Report―A Critique*, Bangalore : Tholasi Prints (Government of Karnataka).

―――― [1991] *Federalism―Reviving A Dying Culture*, S. N. Bangalore : Process Pvt. Ltd.

Held, David [1987] *Models of Democracy*, Stanford : Stanford University Press (デヴィッド・ヘルド（中谷義和訳）『民主政の諸類型』御茶の水書房, 1998 年).

Heller, Patrick [2000] "Degrees of Democracy : Some Comparative Lessons from India", *World Politics*, Vol. 52, No. 4, pp. 484-519.

Heo, Uk and Alexander C. Tan [2001] "Democracy and Economic Growth : A Causal Analysis",

Comparative Politics, Vol. 33, No. 4 (July), pp. 463-473.

Hetherington, Marc J. [1998] "The Political Relevance of Political Trust", *American Political Science Review*, Vol. 92, No. 4, pp. 791-808.

Heuzé, Djallal G. [2011] "The Shakha and the Mandal : The Shiv Sena, 'Popular Culture' and People's Associations in Mumbai", in Daniela Berti, Nicolas Jaoul and Pralay Kanungo, eds., *Culturtal Entrenchment of Hindutva—Local Mediations and Forms of Convergence*, London : Routledge, pp. 118-141.

Hewitt, Vernon [2008] *Political Mobilisation and Democracy in India : States of Emergency*, London : Routledge.

Houle, Christian [2009] "Inequality and Democracy : Why Inequality Harms Consolidation but Does Not Affect Democratization", *World Politics*, Vol. 61, No. 4, pp. 589-622.

Huntington, Samuel P. [1968] *Political Order in Changing Societies*, New Haven : Yale University Press.

Indian Coordination Committee of Farmers' Movements [2013] "Demands to the Government from Kisan Khet Mazdoor Mahapanchayat", New Delhi (http://agrariancrisis.in, 2013年6月21日アクセス).

Indian Institute of Public Opinion [1971] "The Fifth Lok Sabha Elections : An Analysis of Indian Political Behaviour", *Monthly Public Opinion Surveys*, No. 183/184/185, pp. 3-97.

――― [1979] "Harijan : A Trend Study of the Community—The Face of Opinion : The Origin of Conflict", *Monthly Public Opinion Surveys* (No. 282/283), pp. 15-26.

Indian National Congress [1932] *Report of the 45th Indian National Congress Held at Karachi 1931*, Karachi : Bharat Printing Press.

――― [1948] *Report of the Economic Programme Committee* (Chairman : Jawaharlal Nehru), New Delhi.

――― [1949] *Report of the Congress Agrarian Reforms Committee* (Chairman : J. C. Kumarappa), New Delhi.

――― [1992] *Indian National Congress 79th Plenary Session—14th-16th April 1992, Tirupati (A. P.) : Presidential Address by Shri P. V. Narasimha Rao*, New Delhi : C. M. Printers and Advertising Agency.

――― [1993] *Economic Policy Resolution : All India Congress Committee Meeting—Surajkund, Faridabad (Haryana) 27th & 28th March, 1993*, New Delhi : Brilliant Print.

――― [1994] *Issues Before the Nation : The Congress Perspective—The Message of Tirupati*, New Delhi : Brilliant Print.

――― [1998a] *Manifesto of Indian National Congress : For The 12th Lok Sabha Elections 1998* (http://indiancongress.org/ELECTION/ELC98-E.HTM, 2013年6月19日アクセス).

――― [1998b] *Pachmarhi Declaration : Adopted at brainstorming session of Congress Party on September 6* (http://www.aicc.org.in/index.php/making_of_the_nation/resolution_detail/11#.UiPJO9KTpw8, 2013年9月1日アクセス).

――― [1999] *Election Manifesto for The 1999 Lok Sabha Elections* (http://indiancongress.org/

manifesto/99_lok_sabha, 1999 年 9 月 1 日アクセス).
——— [2004] *Lok Sabha Elections 2004 : Manifesto of The Indian National Congress* (http://www.congress.org.in, 2004 年 4 月 5 日アクセス).
——— [2009] *Lok Sabha Elections 2009 : Manifesto* (http://www.aicc.org.in/new/index.php, 2009 年 4 月 12 日アクセス).
Indian National Congress (Gujarat Pradesh) [2007] *Congress's Pledges : Sketch of Gujarat's Future 2007-2012—Gujarat Assembly Election—2007*, Ahmedabad.
——— [2012] *Gujarat Congress Party Manifesto Highlights : Assembly Election—2012* (http://deshgujarat.com/2012/12/04/congress-manifestofree-tablet-to-school-students-sachchar-committee-implementation/, 2012 年 12 月 6 日アクセス).
Indian National Congress (Punjab Pradesh Congress Committee) [2007] *New Horizons New Vision 2007-2012*, Chandigarh.
Indian National Congress (Uttar Pradesh Congress Committee) [2012] *Manifesto of the Congress Party : Uttar Pradesh Vidhan Sabha Elections 2012* (http://www.hindustantimes.com/Images/HTEditImages/Images/Congress_UP_manifesto.pdf, 2013 年 10 月 5 日アクセス).
Indian Social Institute [2002] *The Gujarat Pogrom : Compilation of Various Reports*, New Delhi : Indian Social Institute.
Inoue, Kyoko [1992] *Industrial Development Policy of India*, Tokyo : Institute of Developing Economies.
Jaffrelot, Christophe [1996] *The Hindu Nationalist Movement and Indian Politics 1925 to the 1990s*, New Delhi : Penguin Books.
——— [1998] "The Politics of Processions and Hindu-Muslim Riots", in Basu and Kohli (eds.) [1998] pp. 58-92.
——— [2003] *India's Silent Revolution : The Rise of the Low Castes in North Indian Politics*, Delhi : Orient Longman.
Jahangirabad Media Institute, ActionAid India, Indian Social Institute [2006] *National Study on Socio-Economic Condition of Muslims in India*, New Delhi : Indian Social Institute.
Jalal, Ayesha [1995] *Democracy and Authoritarianism in South Asia*, Cambridge : Cambridge University Press.
Janata Party [1977] *Election Manifesto : Both Bread and Liberty—A Gandhian Alternative*, New Delhi.
Jannuzi, F. Tomasson [1994] *India's Persistent Dilemma : The Political Economy of Agrarian Reform*, Boulder : Westview Press.
Jayal, Niraja Gopal [2004] "Democracy and Social Capital in the Central Himalaya : A Tale of Two Villages", in Bhattacharyya et al. (eds.) [2004] pp. 71-96.
——— [2006] *Representing India : Ethnic Diversity and the Governance of Public Institutions*, New Delhi : Palgrave.
Jeffrey, Robin [1994a] *What's Happening To India? : Punjab, Ethnic Conflict, and the Test for Federalism*, Houndmills : Macmillan.

―― [1994b] "The Prime Minister and the Ruling Party", in B. D. Dua et al. *Nehru to the Nineties : The Changing Office of Prime Minister in India*, London : Hurst & Company, pp. 161-185.

Jenkins, Rob [1999] *Democratic Politics and Economic Reform in India*, Cambridge : Cambridge University Press.

―― [2003] "How Federalism Influences India's Domestic Politics of WTO Engagement : (And Is Itself Affected in the Process)", *Asian Survey*, Vol. 43, No. 4, pp. 598-621.

Jodhka, Surinder S. [2005] "Return of the Region : Identities and Electoral Politics in Punjab", *Economic and Political Weekly*, Vol. 40, No. 3 (January 15), pp. 224-230.

Joshi, Vijay and I. M. D. Little [1996] *India's Economic Reforms 1991-2001*, New York : Oxford University Press.

Kapstein, Ethan B. and Nathan Converse [2008] *The Fate of Young Democracies*, Cambridge : Cambridge University Press.

Katzenstein, Mary [1979] *Ethnicity and Equality : The Shiv Sena Party and Preferential Policies in Bombay*, Ithaca : Cornell University Press.

Katzenstein, Mary, Uday Singh Mehta and Usha Thakkar [1998] "The Rebirth of Shiv Sena in Maharashtra : The Symbiosis of Discursive and Institutional Power", in Basu and Kohli (eds.) [1998] pp. 215-238.

Kaur, Ravinder [2005] "Mythology of Communal Violence : An Introduction", in Ravinder Kaur, ed., *Religion, Violence and Political Mobilisation in South Asia*, New Delhi : Sage Publications. pp. 19-45.

Kaviraj, Sudipta [1996] "Dilemmas of Democratic Development in India", in Adrian Leftwich, ed., *Democracy and Development : Theory and Practice*, Cambridge : Polity Press, pp. 114-138.

Keefer, Philip [2007] "Clientelism, Credibility, and the Policy Choices of Young Democracies", *American Journal of Political Science*, Vol. 51, No. 4, pp. 804-821.

Keele, Luke [2007] "Social Capital and the Dynamics of Trust in Government", *American Journal of Political Science*, Vol. 51, No. 2, pp. 241-254.

Kimura, Makiko [2009] "Agency of Rioters : A Study of Decision-making in the Nellie Massacre, Assam, 1983", in Sanjib Baruah, ed., *Beyond Counter-Insurgency : Breaking the Impasse in Northeast India*, New Delhi : Oxford University Press, pp. 188-204.

King, Gary [1997] *A Solution to the Ecological Inference Problem—Reconstructing Individual Behavior from Aggregate Data*, Princeton : Princeton University Press.

Kishwar, Madhu [1998] *Religion at the Service of Nationalism and Other Essays*, Delhi : Oxford University Press.

Kling, Blair B. [1966] "The Origin of the Managing Agency System in India", *The Journal of Asian Studies*, Vol. 26, No. 1, pp. 37-47.

Knack, Stephen and Philip Keefer [1997] "Does Social Capital Have an Economic Payoff? A Cross-Country Investigation", *The Quarterly Journal of Economics*, Vol. 112, No. 4, pp. 1251-1288.

Kochanek, Stanley A. [1968] *The Congress Party of India—The Dynamics of One-Party Democra-*

cy, Princeton : Princeton University Press.

―――― [1974] *Business and Politics in India*, Berkeley : University of California Press.

―――― [1983] *Interest Groups and Development : Business and Politics in Pakistan*, Delhi : Oxford University Press.

―――― [1995] "The Transformation of Interest Politics in India", *Pacific Affairs*, Vol. 68, No. 4, pp. 529-550.

―――― [1996] "Liberalisation and Business Lobbying in India", *Journal of Commonwealth and Comparative Politics*, Vol. 34, No. 3, pp. 155-173.

Kohli, Atul [1989] "Politics of Economic Liberalization in India", *World Development*, Vol. 17, No. 3, pp. 305-328.

―――― [1990] *Democracy and Discontent : India's Growing Crisis of Governability*, Cambridge : Cambridge University Press.

―――― [1998] "Can Democracies Accommodate Ethnic Nationalism? ―The Rise and Decline of Self-Determination Movements in India", in Amrita Basu and Atul Kohli, ed., *Community Conflicts and The State In India*, Delhi : Oxford University Press.

―――― [2012] *Poverty Amid Plenty in the New India*, Cambridge : Cambridge University Press.

―――― (ed.) [1988] *India's Democracy : An Analysis of Changing State-Society Relations*, New Jersey : Princeton University Press.

―――― (ed.) [2001] *The Success of India's Democracy*, Cambridge : Cambridge University Press.

Kondo, Norio [2001] "The Backward Classes Movement and Reservation in Tamil Nadu and Uttar Pradesh", Mushirul Hasan and Nariaki Nakazato, eds., *The Unfinished Agenda : Nation-Building in South Asia*, New Delhi : Manohar, pp. 361-398.

―――― [2003] *Indian Parliamentary Elections after Independence : Social Changes and Electoral Participation*, Chiba : Institute of Developing Economies.

―――― [2007] "Election Studies in India" (Discussion Paper No. 98), Institute of Developing Economies (http://www.ide.go.jp/English/Publish/Download/Dp/pdf/098.pdf, 2008 年 6 月 1 日アクセス).

Kothari, Rajini [1964] "The Congress 'System' in India", *Asian Survey*, Vol. 4, No. 12, pp. 1161-1173.

Krishna, Ananth V. [2011] *India Since Independence : Making Sense of Indian Politics*, New Delhi : Dorling Kindersley.

Krishna, Anirudh [2002] *Active Social Capital : Tracing the Roots of Development and Democracy*, New Delhi : Oxford University Press.

Kumar, Ashutosh [2004] "Electoral Politics in Punjab : Study of Akali Dal", *Economic and Political Weekly*, Vol. 39, No. 14 (April 3-10), pp. 1515-1520.

Kumar, Pradeep [1999] "Shifting Political Loyalties in Uttarakhand", *Economic and Political Weekly*, Vol. 34, No. 34-35 (August 21-28), pp. 2459-2464.

Kumar, Pramod [2010] *Electoral Politics in India : Contestualing Changing Contours*, Chandigarh : Institute for Development and Communication.

Kumar, Sanjay [1996] "Madhya Pradesh—Muslims in Electoral Politics", *Economic and Political Weekly*, Vol. 30, No. 2 and 3 (January 13-20), pp. 139-142.
—— [2004] "Impact of Economic Reforms on Indian Electorate", *Economic and Political Weekly*, Vol. 39, No. 16 (April 17), pp. 1621-1630.
Kundu, Apurba [1998] *Militarism in India : The Army and Civil Society in Consensus*, New York : Tauris Academic Studies.
Lake, David A. and Matthew A. Baum [2001] "The Invisible Hand of Democracy : Political Control and the Provision of Public Services", *Comparative Political Studies*, Vol. 34, pp. 587-621.
Lakshman, Narayan [2011] *Patrons of the Poor—Caste Politics and Policymaking in India*, New Delhi : Oxford University Press.
Lalvani, Mala [1999] "Elections and Macropolicy Signals—Political Budget Cycle Hypothesis", *Economic and Political Weekly*, Vol. 34, No. 37 (September 11), pp. 2676-2681.
Lele, Jayant [1990] "Caste, Class and Dominance : Political Mobilization in Maharashtra", in Francine R. Frankel and M. S. A. Rao, eds., *Dominance and State Power in Modern India : Decline of a Social Order*, Vol. 2, Delhi : Oxford University Press, pp. 115-211.
Lewis, John P. [1995] *India's Political Economy : Governance and Reform*, Delhi : Oxford University Press.
Lieten, G. K. [1992] *Continuity and Change in Rural West Bengal*, New Delhi : Sage.
Lijphart, Arend [1978] "Emergency Powers and Emergency Regimes : A Commentary", *Asian Survey*, Vol. 18, No. 4, pp. 401-407.
—— [1996] "The Puzzle of Indian Democracy : A Consociational Interpretation", *American Political Science Review*, Vol. 90, No. 2, pp. 258-268.
Limaye, Madhu [1994] *Janata Party Experiment : An Insider's Account of Opposition Politics—1975-1977*, Vol. 1, Delhi : B. R. Publishing.
Lipset, Seymour Martin [1960] *Political Man : The Social Bases of Politics*, New York : Doubleday and Company.
Liu, Yanyan and Christopher B. Barrett [2013] "Heterogeneous Pro-Poor Targeting in the National Rural Employment Guarantee Scheme", *Economic and Political Weekly*, Vol. 48, No. 10 (March 9), pp. 46-53.
Lobo, Lancy and Biswaroop Das (eds.) [2006] *Communal Violence and Minorities : Gujarat Society in Ferment*, New Delhi : Rawat.
Louis, Prakash [2002] *People Power : The Naxalite Movement in Central Bihar*, Delhi : Wordsmiths.
Lyngdoh, James Michael [2004] *Chronicle of an Impossible Election : The Election Commission and the 2002 Jammu and Kashmir Assembly Elections*, New Delhi : Penguin Viking.
McGuire, John, Peter Reeves and Howard Brasted (eds.) [1996] *Politics of Violence From Ayodhya to Behrampada*, New Delhi : Sage Publications
McMahon, Robert J. [1994] *The Cold War on the Periphery—The United States, India, and Pakistan*, New York : Columbia University Press.

McMillan, Alistair [2005] *Standing at the Margins : Representation and Electoral Reservation in India*, New Delhi : Oxford University Press.

Malik, Yogendra K. and V. B. Singh [1994] *Hindu Nationalists in India — The Rise of the Bharatiya Janata Party*, Boulder : Westview Press.

Manor, James [1994] "Introduction", in James Manor, eds., *Nehru to the Nineties : The Changing Office of Prime Minister in India*, London : Hurst & Company, pp. 1-19.

—— [1995a] "Regional Parties in Federal Systems : India in Comparative Perspective", Arora and Verney (eds.) [1995] pp. 105-135.

—— [1995b] "The Political Sustainability of Economic Liberalization in India", in Robert Cassen and Vijay Joshi, eds., *India — The Future of Economic Reform*, Delhi : Oxford University Press, pp. 341-358.

—— [1997] "Parties and the Party System," in Partha Chatterjee, ed., *State and Politics in India*, Delhi : Oxford University Press, pp. 92-124.

—— [1998] "Making Federalism Work", *Journal of Democracy*, Vol. 9, No. 3, pp. 21-35.

Marschall, Melissa J. and Dietlind Stolle [2004] "Race and the City : Neighborhood Context and the Development of Generalized Trust", *Political Behavior*, Vol. 26, No. 2, pp. 125-153.

Mathur, Kuldeep [1995] "Politics and Implementation of Integrated Rural Development Programme", *Economic and Political Weekly*, Vol. 30, No. 41-42 (October 14-21), pp. 2703-2708.

Mawdsley, Emma [1996] "Uttarakhand Agitation and Other Backward Classes", *Economic and Political Weekly*, Vol. 31, No. 4 (January 27), pp. 205-210.

—— [2003] "Redrawing the Body Politic : Federalism, Regionalism and the Creation of New States in India", in Andrew Wyatt and John Zavos, eds., *Decentring the Indian Nation*, London : Frank Cass, pp. 34-54.

Mendelsohn, Oliver [1993] "The Transformation of Authority in Rural India", *Modern Asian Studies*, Vol. 27, No. 4, pp. 805-842.

Merrill, Samuel and Bernard Grofman [1999] *A Unified Theory of Voting : Directional and Proximity Spatial Models*, Cambridge : Cambridge University Press.

Meyer, Ralph C. and David S. Malcolm [1993] "Voting in India : Effects of Economic Change and New Party Formation", *Asian Survey*, Vol. 33, No. 5, pp. 507-519.

Michelutti, Lucia [2008] *The Vernacularisation of Democracy : Politics, Caste and Religion in India*, New Delhi : Routledge.

Misra, Ranganath [n.d.] *Report of Justice Ranganath Misra Commission of Inquiry*, Vol. I, Jalandhar : Takshila Publications.

Mitra, Subrata K. [2006] *The Puzzle of India's Governance : Culture, Context and Comparative Theory*, London : Routledge.

—— [2010] "Citizenship in India : Some Preliminary Results of a National Survey", *Economic & Political Weekly*, Vol. 45, No. 9 (February 27), pp. 46-53.

Mitra, Subrata K. and V. B. Singh [1999] *Democracy and Social Change in India : A Cross-sectional Analysis of the National Electorate*, New Delhi : Sage.

―――― [2009] *When Rebels Become Stakeholders : Democracy, Agency and Social Change in India*, New Delhi : Sage

Mohapatra, Bishnu N. [2004] "Social Connectedness and the Fragility of Social Capital : A View from a Village in Orissa", in Bhattacharyya et al. (eds.) [2004], pp. 97-116.

Morris-Jones, W. H. [1964] *The Government and Politics of India*, London : Hutchison.

―――― [1978] *Politics Mainly Indian*, Madras : Orient Longman.

Mukarji, Nirmal and George Mathew [1992] "Epilogue : Federal Issues, 1988-1990", in Nirmal Mukarji and Balveer Arora, eds., *Federalism In India―Origins And Development*, New Delhi : Vikas, pp. 279-293.

Munk, Gerardo L. and Jay Verkuilen [2002] "Conceptualizing And Measuring Democracy : Evaluating Alternative Indices", *Comparative Political Studies*, Vol. 35, No. 1 (February), pp. 5-34.

Munda, Ram Dayal and S. Bosu Mullick (eds.) [2003] *The Jharkhand Movement : Indigenous Peoples' Struggle for Autonomy in India*, Copenhagen : International Work Group for Indigenous Affairs.

Nakazato [2001] "The Transfer of Economic Power in India : Indian Big Business, the British Raj and Development Planning, 1930-1948", in Hasan and Nakazato (eds.) [2001] pp. 246-307.

Nandy, Ashis, Shikha Trivedy, Shail Mayaram and Achyut Yagnik [1997] *Creating A Nationality : The Ramjanmabhumi Movement and Fear of the Self*, Delhi : Oxford University Press.

Naqash, Nasir. A. and G. M. Shah [1997] *Kashmir―From Crisis to Crisis*, New Delhi : APH Publishing.

Narayan, Badri [2009] *Fascinating Hindutva : Saffron Politics and Dalit Mobilisation*, New Delhi : Sage.

National Campaign Committee Against Militarisation and Repeal of Armed Forces (Special Powers) Act [1997] *Where 'peacekeepers' have declared war―Report on violations of democratic rights by security forces and the impact of the Armed Forces (Special Powers) Act on civilian life in the seven states of the north-east*, New Delhi.

National Democratic Alliance [1999] *For A Proud, Prosperous India : An Agenda* (http://www.bjp.org/manifes/manife99.htm, 1999年8月23日アクセス).

―――― [2004] *An Agenda for Development, Good Governance, Peace, and Harmony―Elections to the 14th Lok Sabha April-May 2004*, Delhi : Kriti.

Nayar, Baldev Raj [1989] *India's Mixed Economy : The Role of Ideology and Interest in its Development*, Bombay : Popular Prakashan.

Nayar, Kuldip and Khushwant Singh [1984] *Tradegy of Punjab : Operation Bluestar and After*, New Delhi : Vision Books.

Newton, Kenneth [1999] "Social and Political Trust in Established Democracies", in Pippa Norris, ed., *Critical Citizens : Global Support for Democratic Government*, New York : Oxford University Press, pp. 169-187.

Newton, Kenneth and Pippa Norris [2000] "Confidence in Public Institutions : Faith, Culture, or Performance?" in Susan J. Pharr and Robert D. Putnam, eds., *Disaffected Democracies : What's*

Troubling the Trilateral Countries?, New Jersey: Princeton University Press, pp. 52-73.

Nooruddin, Irfan and P. K. Chhibber [2008] "Unstable Politics: Fiscal Space and Electoral Volatility in the Indian States", *Comparative Political Studies*, Vol. 41, No. 8, pp. 1069-1091.

North, Douglass C. [1990] *Institutions, Institutional Change and Economic Performance*, Cambridge: Cambridge University Press (ダグラス C. ノース (竹下公視訳)『制度・制度変化・経済成果』晃洋書房, 1994年).

Oldenburg, Philip [2010] *India, Pakistan, and Democracy: Solving the Puzzle of Divergent paths*, New York: Routledge.

O'Leary, Brendan [2001] "An iron law of nationalism and federation? A (neo-Diceyian) theory of the necessity of a federal Staatsvolk, and of consociational rescue", *Nations and Nationalism*, Vol. 7, No. 3, pp. 273-296.

ORG-MARG Research Limited [1999] *Opinion Poll on 'Kargil Conflict': A Report*, New Delhi.

Pai, Sudha [2002] *Dalit Assertion and the Unfinished Democratic Revolution: The Bahujan Samaj Party in Uttar Pradesh*, New Delhi: Sage Publications.

—— [2004] "Social Capital, Panchayats and Grassroots Democracy: The Politics of Dalit Assertion in Two Districts of Uttar Pradesh", in Bhattacharyya et al. (eds.) [2004] pp. 35-70.

Palanithurai, G. (ed.) [1994] *Caste Politics and Society in Tamil Nadu*, Delhi: Kanishka Publishers Distributors.

Palshikar, Suhas [1996] "Maharashtra-II: Capturing the Moment of Realignment", *Economic and Political Weekly*, Vol. 31, No. 2-3 (January 13-20), pp. 174-178.

Panikkar, K. N. (ed.) [1991] *Communalism in India—History, Politics and Culture*, New Delhi: Manohar.

Parikh, Manju [1993] "The Debacle at Ayodhya: Why Militant Hinduism Met with a Weak Response", *Asian Survey*, Vol. 33, No. 7, pp. 673-685.

Parmanand [1996] *Towards A New Era in Indian Politics: A Critical Study of the 11th Lok Sabha Election*, New Delhi: Segment Books.

Patel, Priyavadan [1999] "Sectarian Mobilisation, Factionalism and Voting in Gujarat", *Economic and Political Weekly*, Vol. 34, No. 34-35 (August 21-28), pp. 2423-2433.

Patnaik, Prabhat [1997] "Critical Reflections on Some Aspects of Structural Change in the Indian Economy", in Terence J. Byres, ed., *The State, Development Planning and Liberalisation in India*, Delhi: Oxford University Press, pp. 104-126.

Paxton, Pamela [2002] "Social Capital and Democracy: An Interdependent Relationship", *American Sociological Review*, Vol. 67, No. 2, pp. 254-277.

Peffley, Mark and Robert Rohrschneider [2003] "Democratization and Political Tolerance in Seventeen Countries: A Multi-level Model of Democratic Learning", *Political Research Quarterly*, Vol. 56, No. 3, pp. 243-257.

People's Union for Democratic Rights [1996] *Recalling Bhagalpur: A Report on the Aftermath of the 1989 Riots*, Delhi.

People's Union for Democratic Rights and People's Union for Civil Liberties [1984] *Who are the*

Guilty? : Report of a Joint Inquiry into the Causes and Impact of the Riots in Delhi from 31 October to 10 November, New Delhi : Excellent Printing.

Perkovich, George [2000] *India's Nuclear Bomb : The Impact on Global Proliferation*, New Delhi : Oxford University Press.

Pettigrew, Joyce J. M. [1995] *The Sikhs of the Punjab : Unheard Voices of State and Guerrilla Violence*, London : Zed Books.

Pillai, V. Kannu [2006] *Communal Violence : A Sociological Study of Gujarat*, Delhi : Shipra.

Potter, David C. [1986] *India's Political Administrators 1919-1983*, Delhi : Oxford University Press.

Powell, G. Bingham [1982] *Contemporary Democracies—Participation, Stability, and Violence*, Cambridge : Harvard University Press.

Prakash, Amit [2001] *Jharkhand : Politics of Development and Identity*, New Delhi : Orient Longman.

―――― [2011] "Identity and Development in Jharkhand : Electoral Politics, 1991-2004", in Samuel Berthet and Girish Kumar, eds., *New States for A New India : Federalism and Decentralization in the States of Jharkhand and Chhattisgarh*, New Delhi : Manohar, pp. 36-71.

Prakash, Shri [1997] "Reservations Policy for Other Backward Classes : Problems and Perspectives", in V. A. Pai Panandiker, ed., *The Politics of Backwardness—Reservation Policy in India*, Delhi : Konark, pp. 29-87.

Prasad, B. N. [2002] *Radicalism & Violence in Agrarian Structure : The Maoist Movement in Bihar*, New Delhi : Manak Publications.

Przeworski, Adam and Fernando Limongi [1997] "Modernization : Theories and Facts", *World Politics*, Vol. 49, No. 2 (January), pp. 155-183.

Przeworski, Adam, Michael E. Alvarez, Jose Antonio Cheibub and Fernando Limongi [2000] *Democracy and Development : Political Institutions and Well-Being in the World, 1950-1990*, Cambridge : Cambridge University Press.

Puri, Ellora [2009] "State Elections 2007-08 : Understanding the Paradoxical Outcome in Jammu and Kashmir", *Economic & Political Weekly*, Vol. 44, No. 6 (February 7), pp. 31-34.

Putnam, Robert D., Robert Leonardi and Raffaella Y. Nanetti [1993] *Making Democracy Work : Civic Traditions in Modern Italy*, Princeton : Princeton University Press.

Quraishi, Zaheer Masood [1979] *Elections & State Politics of India (A Case-Study of Kashmir)*, Delhi : Sunde E P Prakashan.

Rabushka, Alvin and Kenneth A. Shepsle [1972] *Politics in Plural Societies : A Theory of Democratic Instability*, Columbus (OH) : Merrill.

Rai, V. K. [2003] "A Profile of Uttar Pradesh : Stability in Instability", in Paul Wallace and Ramashray Roy, eds., *India's 1999 Elections and 20th Century Politics*, New Delhi : Sage, pp. 287-310.

Rajgopal, P. R. [1987] *Communal Violence in India*, New Delhi : Uppal.

Rao, M. Govinda and Nirvikar Singh [2005] *The Political Economy of Federalism in India*, New Delhi : Oxford University Press.

Rao, P. V. Narasimha [1995a] *P. V. Narasimha Rao — Selected Speeches, July 1994-June 1995*, Vol. IV, New Delhi : Publications Division (GOI (Ministry of Information and Broadcasting Government of India)).

―――― [1995b] *Economic Reforms For People's Ultimate Benefit* (Address of the Prime Minister, Shri P. V. Narasimha Rao, at the centenary celebrations of the Confederation of Indian Industries at Calcutta, 4 January 1995), New Delhi : Gowardhan Kapur & Sons.

―――― [2006] *Ayodhya : 6 December 1992*, New Delhi : Viking.

Ravishankar, Nirmala [2009] "The Cost of Ruling : Anti-Incumbency in Elections," *Economic and Political Weekly*, Vol. 44, No. 10 (March 7), pp. 92-98.

Ray, Amal [1988] "The Sarkaria Commission's Perspective — An Appraisal", *Economic and Political Weekly*, Vol. 23, No. 22 (May 28), pp. 1131-1133.

Reeskens, Tim and Marc Hooghe [2008] "Cross-cultural measurement equivalence of generalized trust. Evidence from the European Social Survey (2002 and 2004)", *Social Indicators Research*, No. 85, pp. 515-532.

Reeves, P. D., B. D. Graham and J. M. Goodman [1975] *Elections in Uttar Pradesh, 1920-1951*, Delhi : Manohar.

Riker, William H. and Peter Ordeshook [1968] "A Theory of the Calculus of Voting", *American Political Science Review*, Vol. 62, No. 1, pp. 25-42.

Rizvi, Hasan-Askari [2000] *Military, State and Society in Pakistan*, Houndmills : Macmillan.

Robin, Cyril [2009] "Bihar : The New Stronghold of OBC Politics", Christophe Jaffrelot and Sanjay Kumar, eds., *Rise of the Plebeians? — The Changing Face of Indian Legislative Assemblies*, New Delhi : Routledge, pp. 65-102.

Robinson, John [2001] "Regionalising India : Uttarakhand and the Politics of Creating States", *South Asia*, Vol. 24, No. 2, pp. 189-212.

Rothstein, Bo and Dietlind Stolle [2008] "The State and Social Capital : An Institutional Theory of Generalized Trust", *Comparative Politics*, Vol. 40, No. 4, pp. 441-459.

Rotter, Julian B. [1980] "Interpersonal Trust, Trustworthiness, and Gullibility", *American Psychologist*, Vol. 35, No. 1, pp. 1-7.

Sáez, Lawrence [2002] *Federalism Without A Centre : The Impact of Political and Economic Reform on India's Federal System*, New Delhi : Sage.

Sandhu, Devinder Pal [1992] *Sikhs in Indian Politics : Study of A Minority*, New Delhi : Patriot Publishers.

Santhakumar, V. [2008] *Analysing Social Opposition to Reforms : The Electricity Sector in India*, New Delhi : Sage.

Sarangi, Asha and Sudha Pai [2011] "Introduction : Contextualising Reorganisation", Asha Sarangi and Sudha Pai, eds., *Interrogating Reorganisation of States : Culture, Identity and Politics in India*, New Delhi : Routledge, pp. 1-25.

―――― (eds.) [2011] *Interrogating Reorganisation of States : Culture, Identity and Politics in India*, New Delhi : Routledge.

Sato, Hiroshi [1994] *Uneasy Federation : The Political Economy of Central Budgetary Transfers in South Asia*, Tokyo : Institute of Developing Economies.

Savarkar, Vinayak Damodar [1989] *Hindutva : Who Is A Hindu?*, New Delhi : Bharti Sahitya Sadan (原本は 1923 年出版).

Saxena, Rekha [2012] "Is India a Case of Asymmetrical Federalism?", *Economic and Political Weekly*, Vol. 47, No. 2 (January 14), pp. 70-75.

Schumpeter, Joseph A. [1950] *Capitalism, Socialism and Democracy*, New York : Harper Tochbooks (J. A. シュムペーター (中山伊知郎／東畑精一訳)『資本主義・社会主義・民主主義』東洋経済新報社, 1995 年).

Serra, Renata [2001] "Social Capital : Meaningful and Measurable at the State Level?", *Economic and Political Weekly*, Vol. 36, No. 8 (February 24), pp. 693-704.

Shah, Ghanshyam [1977] *Protest Movements in Two Indian States : A Study of the Gujarat and Bihar Movements*, Delhi : Ajanta Publications.

―――― [1990] "Caste Sentiments, Class Formation and Dominance in Gujarat", in Francine R. Frankel and M. S. A. Rao, eds., *Dominance and State Power in Modern India : Decline of a Social Order*, Vol. 2, Delhi : Oxford University Press, pp. 59-114.

―――― [1996] "Gujarat―BJP's Rise to Power", *Economic and Political Weekly*, Vol. 31, No. 2-3 (January 13-20), pp. 165-170.

―――― [2007] "Gujarat after Godhra", in Ramashray Roy and Paul Wallace, eds., *India's 2004 Elections : Grass-roots and National Perspectives*, New Delhi : Sage, pp. 151-179.

Shah, Ghanshyam, Harsh Mander, Sukhadeo Thorat, Satish Deshpande and Amita Baviskar [2006] *Untouchability in Rural India*, New Delhi : Sage.

Shah, M. C. (ed.) [1991] *Rajiv Gandhi in Parliament*, Delhi : Shipra.

Shamrao, Tanpure Sambhaji [2011] "A Study of Fertilizer Policy in India", *International Journal of Agriculture Sciences*, Vol. 3, Issue 3, pp. 145-149.

Shani, Ornit [2007] *Communalism, Caste and Hindu Nationalism : The Violence in Gujarat*, Cambridge : Cambridge University Press.

Sharma, Shalendra D. [1999] *Development and Democracy in India*, Boulder : Lynne Rienner Publishers.

Sheth, D. L. [1975] "Social Bases of Party Support", in D. L. Sheth, ed., *Citizens and Parties : Aspects of Competitive Politics in India*, New Delhi : Model Press, pp. 135-164.

―――― [1999] "Secularisation of Caste and Making of New Middle Class", *Economic and Political Weekly*, Vol. 34, No. 34-35 (August 21-28), pp. 2502-2510.

Sheth, Pravin [1998] *Political Development in Gujarat*, Ahmedabad : Karnavati Publications.

Shiromani Akali Dal [2007] *Election Manifesto―Punjab Legislative Assembly 2007-2012 : Committed to Service and A Better Tomorrow*, Chandigarh : Shiromani Akali Dal Election Office.

Siddiqa, Ayesha [2007] *Military Inc. : Inside Pakistan's Military Economy*, London : Pluto Press.

Sidhu, Lakhwinder Singh, Gurpreet Singh Brar and Sumandeep Kaur Punia [2009] *Politics in Punjab 1966-2008*, Chandigarh : Unistar.

Singh, Chandrika [2004] *North-East India—Politics and Insurgency*, New Delhi : Manas Publications.

Singh, Gurharpal [2000] *Ethnic Conflict in India : A Case-Study of Punjab*, Houndmills : Macmillan.

Singh, Mahendra Prasad [1981] *Split in a Predominant Party : The Indian National Congress 1969*, New Delhi : Abhinav.

Singh, Mahendra Prasad and Rekha Saxena [2003] *India at the Polls : Parliamentary Elections in the Federal Phase*, New Delhi : Orient Longman.

Singh, Pritam [2007] "The Political Economy of the Cycles of Violence and Non-violence in the Sikh Struggle for Identity and Political Power: implications for Indian federalism", *Third World Quarterly*, Vol. 28, No. 3, pp. 555-570.

Singh, Ranbir [2003] "Social Cleavages and Political Alignments in Haryana", in Paul Wallace and Ramashray Roy, eds., *India's 1999 Elections and 20th Century Politics*, New Delhi : Sage, pp. 351-366.

Singh, V. B. [1997] *Elections and Social Change in India : Results of National Election Study, 1996*, New Delhi : Centre for the Study of Developing Societies.

Sinha, Aseema [2005] *The Regional Roots of Developmental Politics in India : A Divided Leviathan*, Bloomington and Indianapolis : Indiana University Press.

Sisson, Richard and Ramashray Roy [1990] "The Congress and the Indian Party System", in Richard Sisson and Ramashray Roy, eds., *Diversity and Dominance in Indian Politics : Changing Bases of Congress Support*, Vol. 1, New Delhi : Sage, pp. 17-33.

Sivaramakrishnan, K. C. [1997] *Under Franchise in Urban Areas*, New Delhi : Centre For Policy Research.

Srinivas, M. N. [1955] "The Social System of a Mysore Village", in McKim Marriott, ed., *Village India : Studies in the Little Community*, Chicago : University of Chicago Press, pp. 1-35.

―――― [1959] "The Dominant Caste in Rampura", *American Anthropologist* (New Series), Vol. 61, No. 1, pp. 1-16.

―――― [1996] "Introduction", in M. N. Srinivas, ed., *Caste : Its Twentieth Century Avatar*, New Delhi : Viking, pp. ix-xxxviii.

Srinivasulu, Karli [2003] "Party Competition and Strategies of Mobilization : An Analysis of Social Coalitions in Andhra Pradesh", in Paul Wallace and Ramashray Roy, eds., *India's 1999 Elections and 20th Century Politics*, New Delhi : Sage, pp. 141-166.

―――― [2007] "Political Articulation and Policy Discourse in the 2004 Elections in Andhra Pradesh", Ramashray Roy and Paul Wallace, eds., *India's 2004 Elections : Grass-roots and National Perspectives*, New Delhi : Sage, pp. 180-205.

―――― [2011] "Andhra Pradesh : Political Mobilization, Competitive Populism, and Changing Party Dynamics in Andhra Pradesh", in Paul Wallace and Ramashray Roy, eds., *India's 2009 Elections— Coalition Politics, Party Competition, and Congress Continuity*, New Delhi : Sage, pp. 286-308.

Stepan, Alfred, Juan J. Linz and Yogendra Yadav [2011] *Crafting State-Nations : India and Other*

Multinational Democracies, Baltimore : The Johns Hopkins University Press.

Stern, Robert W. [2001] *Democracy and Dictatorship in South Asia : Dominant Classes and Political Outcomes in India, Pakistan, and Bangladesh*, Praeger : Westport.

Stuijvenberg, Pieter A. van [1998] "Structural Adjustment In India—What About Poverty Alleviation?", in C. H. Hanumantha Rao and Hans Linnemann, eds., *Economic Reforms and Poverty Alleviation in India*, New Delhi : Sage, pp. 31-89.

Subramaniam, C. [1993] *Sardar Patel Memorial Lectures 1991 : Centre-State Relations Delivered At Hyderabad On November 8-9, 1991*, New Delhi : Publications Division (Ministry of Information And Broadcasting, Government of India).

Sundrum, R. M. [1987] *Growth and Income Distribution in India—Policy and Performance since Independence*, New Delhi : Sage.

Suri, K. C. [2009] "The Economy and Voting in the 15th Lok Sabha Elections", *Economic and Political Weekly*, Vol. 44, No. 39 (September 26), pp. 64-70.

Tambiah, Stanley J. [1996] *Leveling Crowds : Ethnonationalist Conflicts and Collective Violence in South Asia*, Berkeley : University of California Press.

Tameri, Suresh K. [1971] *The Wonder Elections 1971 : Indira Versus the Right*, Delhi : Vivek Publishing House.

Tandon, B. N. [2003] *PMO Diary-I : Prelude to the Emergency*, Delhi : Konark.

Tata Service Limited [1989] *Statistical Outline of India 1989-90*, Bombay : Tata Press

——— [1994] *Statistical Outline of India 1994-95*, Bombay : Tata Press

Thakurdas, Purshotamdas, J. R. D. Tata, G. D. Birla, Ardeshir Dalal, Shri Ram, Kasturbhai Laibhai, A. D. Shroff and John Mattai [1944] *A Plan of Economic Development for India—A Brief Memorandum Outlining A Plan of Economic Development for India*, Bombay : The Commercial Printing Press.

Tsebelis, George [2002] *Veto Players : How Political Institutions Work, Princeton*, New Jersey : Princeton University Press.

Tully, Mark and Satish Jacob [1985] *Amritsar : Mrs. Gandhi's Last Battle*, Calcutta : Rupa (マーク・タリー・サティッシュ・ジェイコブ (岡田滋行訳) 『ネール＝ガンジー王朝の崩壊 アムリツァル/ガンジー女史の最後の闘い』新評論, 1991 年).

Uhlaner, Carole J. [1989] "Rational Turnout : The Neglected Role of Groups", *American Journal of Political Science*, Vol. 33, No. 2, pp. 390-422.

United Front [1996] *Common Minimum Programme* (*The Hindu*, June 6, 1996).

United Progressive Alliance [2004] *Common Minimum Programme of the Congress led United Progressive Alliance* (*May*) (http://www.congress.org.in, 2004 年 5 月 28 日アクセス).

University of Karachi (Department of International Relations) and Regional Center for Strategic Studies (Colombo) [2005] *Violence and Terrorism in South Asia—Chronology and Profiles : 1971-2004*, Karachi : Karachi University Press.

Uslaner, Eric M. [2002] *The Moral Foundations of Trust*, Cambridge : Cambridge University Press.

Vakil, C. N. [1979] *Janata Economic Policy : Towards Gandhian Socialism Aspirations and Limita-*

tions, Delhi : Macmillan.

Vanderbok, William G. [1990] "Critical Elections, Contained Volatility and the Indian Electorate", in Richard Sisson and Ramashray Roy, eds., *Diversity and Dominance in Indian Politics : Changing Bases of Congress Support*, Vol. 1, New Delhi : Sage, pp. 191-214.

Varshney, Ashutosh [1995] *Democracy, Development, and the Countryside Urban-rural Struggles in India*, Cambridge : Cambridge University Press.

―――― [2002] *Ethnic Conflict and Civic Life―Hindus and Muslims in India*, New Delhi : Oxford University Press.

Vatuk, Sylvia [2010] "Muslim Women and Personal Law", in Zoya Hasan and Ritu Menon, *In a Minority―Essays on Muslim Women in India*, New Delhi : Oxford University Press, pp. 19-68.

Venkataraman, R. [1994] *My President Years*, New Delhi : Indus.

Verma, A. K. [2004] "Samajwadi Party in Uttar Pradesh", *Economic and Political Weekly* Vol. 39, No. 14-15 (April 3 and 10), pp. 1509-1514.

Verney, Douglas [1995] "Are All Federations Federal? The United States, Canada and India", in Balveer Arora and Douglas V. Verney, eds., *Multiple Identities in A Single State―Indian Federalism in Comparative Perspective*, Delhi : Konark, pp. 19-59.

Virmani, Arvind [2004] "The Real Story of E-2004", *India Today*, June 28.

Viswanathan, V. N. [1994] "Dravidian Movement : An Epiphenomenal Study", in Palanithurai(ed.) [1994] pp. 87-95.

Vora, Rajendra [1996] "Maharashtra―I : Shift of Power from Rural to Urban Sector", *Economic and Political Weekly*, Vol. 31, No. 2-3 (January 13-20), pp. 171-173.

Weiner, Myron [1967] *Party Building in A New Nation : The Indian National Congress*, Chicago : University of Chicago Press.

―――― [1978] *India at the Polls : The Parliamentary Elections of 1977*, Washington, D.C. : American Enterprise Institute for Public Policy Research.

Widmalm, Sten [1998] "The Rise and Fall of Democracy in Jammu and Kashmir 1975-1989", in Amrita Basu and Atul Kohli, ed., *Community Conflicts And The State In India*, Delhi : Oxford University Press, pp. 149-182.

Wilkinson, Steven I. [2004] *Votes and Violence : Electoral Competition and Communal Riots in India*, Cambridge : Cambridge University Press.

―――― (ed.) [2005] *Religious Politics and Communal Violence*, New Delhi : Oxford University Press.

Wirsing, Robert G. [1994] *India, Pakistan, and The Kashmir Dispute : On Regional Conflict and Its Resolution*, Delhi : Rupa Hardback.

World Bank [2003] *India Sustaining Reform, Reducing Poverty*, New Delhi : Oxford University Press.

Yadav, Yogendra [1999] "Electoral Politics in the Time of Change : India's Third Electoral System, 1989-99", *Economic and Political Weekly*, Vol. 34, No. 34-35 (August 21-28), pp. 2393-2399.

―――― [2004] "The Elusive Mandate of 2004", *Economic and Political Weekly*, Vol. 39, No. 51

(December 18), pp. 5383-5395.

Yadav, Yogendra and Suhas Palshikar [2003] "From Hegemony to Convergence : Party System and Electoral Politics in the Indian States—1952-2002", *Journal of the Indian School of Political Economy*, Vol. 15, No. 1-2, pp. 5-44.

―――― [2009a] "Revisiting 'Third Electoral System'—Mapping Electoral Trends in India, 2004-9", in Sandeep Shastri, K. C. Suri and Yogendra Yadav, *Electoral Politics in Indian States—Lok Sabha Elections in 2004 and Beyond*, New Delhi : Oxford University Press, pp. 393-429.

―――― [2009b] "Between Fortuna and Virtu : Explaining the Congress' Ambiguous Victory in 2009", *Economic and Political Weekly*, Vol. 44, No. 39 (September 26), pp. 33-46.

Zagha, Roberto [1999] "Labour and India's Economic Reforms", in Jeffrey D. Sachs, Ashutosh Varshney and Nirupam Bajpai, eds., *India in the Era of Economic Reforms*, New Delhi : Oxford University Press, pp. 160-185.

Zmerli, Sonja and Ken Newton [2008] "Social Trust and Attitudes Toward Democracy", *Public Opinion quarterly*, Vol. 72, No. 4, pp. 706-724.

中央政府資料 (Government of India : GOI)

Comptroller and Auditor General [2008] *Performance Audit of Implementation of National Rural Employment Guarantee Act* (NREGA) (http://www.icisa.cag.gov.in, 2009年6月14日アクセス).

―――― [2013] *Report of the Comptroller and Auditor General of India on Performance Audit of Mahatma Gandhi National Rural Employment Guarantee Scheme* (http://saiindia.gov.in, 2013年6月13日アクセス).

Constituent Assembly of India [1967] *Constituent Assembly Debates : Official Report*, Vol. VII (4-11-1948 to 8-1-1949), New Delhi : Lok Sabha Secretatiat.

Election Commission of India [2004] *Political Parties and Election Symbols*, New Delhi : Publication Division (Election Commission of India).

GOI [1955] *Report of the States Reorganisation Commission*, New Delhi : Government of India Press.

―――― [1965] *Report of the Monopoly Inquiry Commission 1965*, Vol. I and II, New Delhi : Government of India Press.

―――― [1966] *Parliamentary Committee on the Demand for Punjabi Suba : Report* (Presented on the 18th March, 1966), New Delhi : Lok Sabha Secretariat.

―――― [1970] *The Administrative Reforms Commission And Its Work : A Brief Survey*, Manager, Faridabad : Government of India Press.

―――― [1977] *Industrial Policy Statement* (December 23) (www.laghu-udyog.com/POLICIES/IIP. HTM#Indus1, 2002年3月28日アクセス).

―――― [1980] *Industrial Policy Statement* (July) (www.laghu-udyog.com/POLICIES/IIP.HTM# Indus1, 2002年3月28日アクセス).

―――― I [1981] *Report of the Backward Classes Commission 1980* (Chairman : B. P. Mandal), Vol.

――― I to II, New Delhi : Government of India Press.
――― [1984] *White Paper on the Punjab Agitation*, New Delhi : Government of India Press.
――― [1987] *Commission on Centre-State Relations Report*, Part II, Nasik : Government of India Press (Chairman : R. S. Sarkaria).
――― [1988] *Commission on Centre-State Relations Report*, Part I, Nasik : Government of India Press (Chairman : R. S. Sarkaria).
――― [2004] *Interim Report of the High Level Committee* (Chairman : Umesh C. Banerjee), New Delhi : Indian Railway Traffic Service.
――― [2010a] *Report of the Commission on Centre-State Relations, Volume I : Evolution of Centre-State Relations in India* (Chairperson : Madan Mohan Punchhi) (http://interstatecouncil.nic.in/ccsr_report_2010.htm, 2012 年 12 月 8 日アクセス).
――― [2010b] *Report of the Commission on Centre-State Relations, Volume II : Constitutional Governance and the Management of Centre-State Relations* (Chairperson : Madan Mohan Punchhi) (http://interstatecouncil.nic.in/ccsr_report_2010.htm, 2012 年 12 月 8 日アクセス).
――― [2010c] *Report of the Commission on Centre-State Relations, Volume III : Centre-State Financial Relations and Planning* (Chairperson : Madan Mohan Punchhi) (http://interstatecouncil.nic.in/ccsr_report_2010.htm, 2012 年 12 月 8 日アクセス).
――― [2010d] *Report of the Commission on Centre-State Relations, Volume IV : Local Self Governments and Decentralized Governance* (Chairperson : Madan Mohan Punchhi) (http://interstatecouncil.nic.in/ccsr_report_2010.htm, 2012 年 12 月 8 日アクセス).
――― [2010e] *Report of the Commission on Centre-State Relations, Volume V : Internal Security, Criminal Justice and Centre-State Co-Operation* (Chairperson : Madan Mohan Punchhi) (http://interstatecouncil.nic.in/ccsr_report_2010.htm, 2012 年 12 月 8 日アクセス).
――― [2010f] *Report of the Commission on Centre-State Relations, Volume VI : Environment, Natural Resources and Infrastructure* (Chairperson : Madan Mohan Punchhi) (http: //interstatecouncil.nic.in/ccsr_report_2010.htm, 2012 年 12 月 8 日アクセス).
――― [2010g] *Report of the Commission on Centre-State Relations : Volume VII : Socio-Economic Development, Public Policy and Good Governance* (Chairperson : Madan Mohan Punchhi), (http://interstatecouncil.nic.in/ccsr_report_2010.htm, 2012 年 12 月 8 日アクセス).
GOI (Administrative Reforms Commission) [1968a] *Report of the Study Team on Centre-State Volume 1, Relationships* Simla : Government of India Press.
――― [1968b] *Report of the Study Team : District Administration*, New Delhi : Government of India Press, pp. 17-76.
――― [1970] *Report on State Administration*, Faridabad : Government of India Press.
――― [1980] *Report on Centre—State Relationships*, New Delhi : Ministry of Home Affairs (1st published 1969).
GOI (Department of Company Affairs) [2000] *Report of the High-Level Committee on Competition Law and Policy* (Chairman : S. V. S. Raghavan), New Delhi.
GOI (Department of Disinvestment, Ministry of Finance) [2007] *White Paper on Disinvestment of*

Central Public Sector Enterprises (*31st July, 2007*) (http://www.divest.nic.in/white%20paper. pdf, 2013 年 8 月 28 日アクセス).
―――― [2014] "Summary of receipts from Disinvestment: 1991-92 to till date" (http://divest.nic. in/SummarySale.asp, 2014 年 8 月 5 日アクセス).
GOI (Department of Economic Affairs, Ministry of Finance) [1997] *Government Subsidies in India : Discussion Paper*, New Delhi.
―――― [2004] *Central Government Subsidies In India : A Report* (http://finmin.nic.in/reports/cgsi-2004.pdf, 2013 年 6 月 15 日アクセス).
―――― [2007] *Report of the Expert Group on Agricultural Indebtedness* (http://www.hindu.com/nic/agriindebtreport.doc) (Original Source : NSSO, Some Aspects of Operational Land Holdings in India, various rounds).
GOI (Department of Industrial Development) [1969] *Report of the Industrial Licensing Policy Inquiry Committee* (Main Report), New Delhi : Government of India Press.
GOI (Department of Industrial Policy and Promotion, Ministry of Industry) [1996] *Office Memorandom* (No. 5(10)/96-FC (I)), New Delhi (July 11) (http://www.fipbindia.com/OM%20FIPB%201996.pdf, 2013 年 8 月 29 日アクセス).
GOI (Departments of Internal Security, States And Home, Ministry of Home Affairs) [n.d. a] *Annual Report 1995-96*, Faridabad : Government of India Photolitho Press.
―――― [n.d. b] *Annual Report 1996-97*, Faridabad : Government of India Photolitho Press.
―――― [n.d. c] *Annual Report 1997-98*, Faridabad : Government of India Photolitho Press.
GOI (Department of Land Resources, Ministry of Rural Development) [2009] *Report of the Committee on State Agrarian Relations and the Unfinished Task in land Reforms*, New Delhi (http://dolr.nic.in/agrarian.htm, 2012 年 5 月 20 日アクセス).
GOI (Department of Legal Affairs, Ministry of Law, Justice and Company Affairs) [2002] *Report of the National Commission to Review the Working of the Constitution* (http://lawmin.nic.in/ncrwc/finalreport/v1ch8.htm, 2013 年 9 月 20 日).
GOI (Department of Official Language, Ministry of Home Affairs) [1976] *The Official Languages Rules, 1976* (*Use For Official Purposes of the Union*), (As Amended, 1987).
GOI (Department of Rural Development, Ministry of Agriculture) [1986] *A Draft Concept Paper on Revitalisation of Panchayati Raj Institutions For Democracy And Development*, New Delhi : Committee for the Concept Paper on Panchayati Raj Institutions.
―――― [1990] *Proceedings of Conference of Chief Ministers On Panchayati Raj, Urban Local Bodies, Land Reforms and Prevention of Tribal Land Alienation*, New Delhi : Government of India Press.
GOI (Department of Rural Development, Ministry of Agriculture and Irrigation) (Chairman : Asoka Mehta) [1978] *Report of The Committee on Panchayati Raj Institutions*, New Delhi : Government of India Press.
GOI (Finance Commission) [1994] *Report of the Tenth Finance Commission* (*For 1995-2000*), New Delhi : Ministry of Finance Press.

GOI (Implementation Committee of the National Development Council) [1966] *Implementation of Land Reforms : A Review by the Land Reforms*, New Delhi : Planning Commission.

GOI (Labour Bureau) [Annually] *Indian Labour Year Book*.

―――― [Monthly] *Indian Labour Journal*.

GOI (Ministry of Commerce) [1991] *Statement on Trade Policy, August 13 1991*, New Delhi : Veerendra Printers.

GOI (Ministry External Affairs) [2005] *Report of the India-China Joint Study Group on Comprehensive Trade and Economic Cooperation*, External Publicity Division (http://www.hindu.com/thehindu/nic/0041/report.pdf, April 13, 2005 年4月13日アクセス).

GOI (Ministry of Finance) [1979] *Report of The Committee on Controls and Subsidies* – Vol. I (Chairman : Vadilal Dagli), New Delhi : Government of India Press.

―――― [1991] *Memorandum of Economic Policies sent to International Monetary Fund for 1991-92 & 1992-93*, New Delhi (August 27) (Academic Foundation, *Indian Economy Documents Library CD*, New Delhi, 2001).

―――― [1992] *Committee Report on the Financial System 1991* (Chairman : M. Narasimham) New Delhi : Standard Book.

―――― [1993a] *Report of the Committee on Industrial Sickness and Corporate Restructuring* (Chairman : Omkar Goswami), New Delhi : Ministry of Finance.

―――― [1993b] *India's Economic Reforms* : Discussion Paper, New Delhi (December) (Academic Foundation [2001] *Indian Economy Documents Library CD*, New Delhi).

―――― [1993c] *Report of the Committee on Disinvestment of Shares in Public Sector Enterprises* (Chairman : C. Rangarajan), (April) (Academic Foundation [2001] *Indian Economy Documents Library CD*, New Delhi).

―――― (*Economic Survey*) [various years] *Economic Survey* (http://indiabudget.nic.in/).

GOI (Ministry of Food and Agriculture) [1952] *Report of the Grow More Food Enquiry Committee* (Chairma : V. T. Krishnamachari), New Delhi.

GOI (Ministry of Food and Agriculture (Directorate of Economics and Statistics)) [1966] *Agricultural Price Policy in India*, Delhi : Manager of Publications.

GOI (Ministry of Home Affairs) [1964] *Report of the Committee on Prevention of Corruption* (Chairman : K. Santhanam), New Delhi : Government of India Press.

―――― [1969] *The Causes and Nature of Current Agrarian Tensions*, New Delhi : Research and Policy Division (Unpublished report).

―――― [1975] *Why Emergency?*, New Delhi (July 21).

―――― [1978a] *Shah Commission of Inquiry : Interim Report I*, New Delhi : Government of India Press.

―――― [1978b] *Shah Commission of Inquiry : Interim Report II*, New Delhi : Government of India Press.

―――― [1978c] *Shah Commission of Inquiry : Third and Final Report*, New Delhi : Government of India Press.

―――[1982] *Memorandum on The Report of the Backward Classes Commission*, Simla : Government of India Press (Reprint).

―――[1984] *Proceedings of The Second Meeting of the Reconstituted National Integration Council (1980) Held At New Delhi on 21st January, 1984*, New Delhi : Government of India Press.

―――[1990] *Report of Committee on Jharkhand Matters*, New Delhi : Government of India Press.

―――[1993] *Vohra Committee Report*, New Delhi.

―――[2005a] *Report of the Committee to Review the Armed Forces (Special Powers) Act, 1958* (http://www.hindu.com/nic/afa/, 2011年10月6日アクセス).

―――[2005b] *Report of Justice Nanavati Commission of Inquiry : 1984 Anti-Sikh Riots*, New Delhi (May).

―――[2005c] *The Communal Violence (Prevention, Control and Rehabilitation of Victims) Bill, 2005* (Bill No. CXV of 2005), New Delhi.

―――[2007] *Status Paper on Internal Security Situation As on March 31, 2007* (http://mha.gov.in/internal%20security/ISS(E)-050208.pdf, 2007年7月31日アクセス).

―――[2009] *Report of the Liberhan Ayodhya Commission of Inquiry*, New Delhi (http://mha.nic.in/uniquepage.asp?id_pk=571, 2012年11月7日アクセス).

―――[2013] *Annual Report 2012-13* (http://www.mha.nic.in/sites/upload_files/mha/files/AR(E)1213.pdf, 2013年5月29日アクセス).

GOI (Ministry of Home Affairs (Internal Security Division)) [2008a] *Status Paper on Internal Security Situation As on March 31, 2008* (http://www.mha.nic.in/pdfs/STTSPPR-IS090508.pdf).

―――[2008b] *Status Paper on Internal Security Situation - As on September 1, 2008* (http://mha.nic.in/pdfs/STTSPPR-IS171008.pdf, 2009年2月9日アクセス).

GOI (Ministry of Industry) [1991] *Statement on Industrial Policy*, New Delhi : Ministry of Information and Broadcasting (July 24).

―――[1997] *Report of The Expert Committee on Small Enterprises*, New Delhi : Thomson Press (Chairman : Abid Hussain).

GOI (Ministry of Law and Justice) [1990] *The Armed Forces (Jammu and Kashmir) Special Powers Act, 1990*, New Delhi (The Gazette of India : Extraordinary, Part II-Section 1).

―――[2003] *The Fiscal Responsibility and Budget Management Act*, 2003 (The Gazette of India : Extraordinary, Part II-Section 1).

GOI (Ministry of Minority Affairs) [2007] *Report of the National Commission for Religious and Linguistic Minorities* (Chairman : Ranganath Misra), New Delhi : Alaknanda Advertising.

GOI (Ministry of Parliamentary Affairs) [2009] *Annual Report 2008-2009*, New Delhi (http://mpa.nic.in/AR08-09.pdf, 2012年11月14日アクセス).

GOI (Ministry of Textile) [2000] National Textile Policy - 2000 (http://texmin.nic.in/policy/policy_2000.pdf).

GOI (National Integration Council (Ministry of Home Affairs)) [1986] *Verbatim Record of the Proceedings of the Meeting Held at New Delhi on 12th September, 1986*, New Delhi : Government of India Press.

GOI (National Statistical Commission) [2012] *Report of the Committee on Unorganised Sector Statistics* (http://mospi. nic. in/Mospi_New/upload/nsc_report_un_sec_14mar12.pdf?status=1&menu_id=199, 2013 年 9 月 20 日アクセス).

GOI (Planning Commission) [1956] *Industrial Policy Resolution*, in GOI (Planning Commission) *Second Five Year Plan*, New Delhi : Goverment of India Press (Annexure pp. 43-50).

―――― [1957] *Review of The First Five Year Plan*, New Delhi : Government of India Press.

―――― [1963] *Progress of Land Reform*, New Delhi : Government of India Press.

―――― [1967] *Industrial Planning and Licensing Policy Final Report* (Chairman : R. K. Hazari), New Delhi : Government of India Press.

―――― [1974] *Draft Fifth Five Year Plan 1974-79*, Vol. II, The Controller of Publications : Delhi.

―――― [1984] *The Approach to the Seventh Five Year Plan 1985-90*, New Delhi : Government of India Press.

―――― [1985a] *The Seventh Five Year Plan 1985-90*, Vol. I, New Delhi : Government of India Press.

―――― [1985b] *The Seventh Five Year Plan 1985-90*, Vol. II, New Delhi : Government of India Press.

―――― [1996] *Approach Paper To The Ninth Five Year Plan (1997-2002)*, Faridabad : Government of India Press.

―――― [1999] *Ninth Five Year Plan 1997-2002*, Vol. I (http://www.nic.in/ninthplan/vol1/, 1999 年 7 月 9 日アクセス).

―――― [2001a] *Report of The Study Group on Development of Small Scale Enterprises* (Chairman : Dr. S. P. Gupta), New Delhi.

―――― [2001b] *Approach Paper to the Tenth Five Year Plan (2002-2007)* (http://planningcommission.nic.in/plans/planrel/appdraft.pdf, 2013 年 9 月 4 日アクセス).

―――― [2002] *Tenth Five Year Plan 2002-2007*, Vol. I, II and III (http://planningcommission.nic.in/plans/planrel/index.php?state=planbody.htm, 2013 年 9 月 30 日アクセス).

―――― [2005] *Performance Evaluation of Targeted Public Distribution System*, New Delhi (Programme Evaluation Organisation) (http://planningcommission.nic.in, 2005 年 12 月 22 日アクセス).

―――― [2006] *Towards Faster and More Inclusive Growth : An Approach to the 11th Five Year Plan (2007-2012)*, New Delhi (http://www.planningcommission.nin.in, 2013 年 6 月 14 日アクセス).

―――― [2008a] *Development Challenges in Extremist Affected Areas : Report of An Expert Group to Planning Commission*, New Delhi (http://planningcommission.nic.in/reports/publications/rep_dce.pdf, 2011 年 6 月 7 日アクセス).

―――― [2008b] *Eleventh Five Year Plan 2007-2012*, Vol. I, II and III (http://planningcommission.nic.in/plans/planrel/index.php?state=planbody.htm, 2009 年 5 月 7 日アクセス).

―――― [2013] *Twelfth Five Year Plan 2012-2017*, Vol. I, II and III (http://planningcommission.nic.in/plans/planrel/index.php?state=planbody.htm, 2013 年 9 月 30 日アクセス).

――――［n.d.］*Thirty-Eighth Meeting of The National Development Council : 8th And 9th November 1985 Summary Record*, New Delhi.

GOI（Press Information Buearu）［2013］"Inclusion of Jat community in the Central List of OBCs for the States of Gujarat, Haryana, Himachal Pradesh, Madhya Pradesh, Rajasthan, Uttar Pradesh, Delhi, Uttarakhand and Bihar"（http://pib.nic.in/newsite/erelease.aspx?relid=102046, 2014 年 6 月 1 日アクセス）.

GOI（Prime Minister's High Level Committee）［2006］*Social, Economic and Educational Status of the Muslim Community of India : A Report*（Chairperson : Justice Rajindar Sachar）, New Delhi : Cirrus Graphics.

Lok Sabha ［2004］ *Starred Question*, No. 294, dated 21.12.2004

――――［2005］*Unstarred Question*, No. 239, dated 26.07.2005.

Lok Sabha Secretariat ［1985］ *Members of Lok Sabha 1952-1984 : A Study in their Socioeconomic Background*, New Delhi : Government of India Press.

――――［1989］*President's Rule in the States and Union Territories*, New Delhi : Government of India Press.

――――［1996］*President's Rule in the States and Union Territories*, New Delhi : Government of India Press.

――――［2010］*President's Rule in the States and Union Territories*, New Delhi : Government of India Press.

――――［various issues］*The Journal of Parliamentary Information*, New Delhi.

Rajya Sabha ［2000］ *Starred Question*, No. 52, dated 26.07.2000.

Reserve Bank of India ［1969］ *Report of The All-India Rural Credit Review Committee*, Bombay : Times of India Press.

州政府資料

Government of Bihar（Bhagalpur Riot Inquiry Commission）［1995］*Report of the Commission of Inquiry into Communal Disturbances at Bhagalpur in 1989*, Patna : Secretariat Press.

Government of Gujarat ［1971］ *Report of Inquiry into the Communal Disturbances at Ahmedabad and Other Places in Gujarat on and after 18th September 1969*（Chairman : Jaganmohan Reddy）, Gandhinagar : Home Department.

――――［2008］*Report by the Commission of Inquiry into the facts, circumstances and all the course of events of the incidents that led to setting on fire some coaches of the Sabarmati Express Train on 27.2.2002 near Godhra Railway Station and the subsequent incidents of violence in the State in the aftermath of the Godhra incident*, Part-I（*Sabarmati Express Train Incident at Godhra*）（Chairmen : G. T. Nanavati and Akshay H. Mehta）, Ahmedabad（http://home.gujarat.gov.in/homedepartment/downloads/godharaincident.pdf, 2009 年 1 月 10 日アクセス）.

Government of Jammu and Kashmir ［1999］ *Report of the State Autonomy Committee*, Jammu : General Administration Department.

――――［2000］*Whats New : Jammu and Kashmir Autonomy Report - Criticism and Response*（http:

//jammukashmir.nic.in/new/auto.htm, 2000年9月1日アクセス)

Government of Maharashtra [1998] (ATR [1998] とする) *Memorandum of Action to be Taken (ATR) by Government on the Report of The Commission of Inquiry Appointed For Making Enquiries into The Incidents of Communal Riots which occurred in The Police Commissionerate of Mumbai Area During December 1992 and January 1993 and Serial Bomb Blasts which occurred on 12th March 1993*, in Javed Anand, *Damning Verdict*, Mumbai : Sabrang Communications & Publishing.

―――― [1998] (Sr [1998] とする) *Report of the Srikrishna Commission : Appointed for Inquiry into the Riots at Mumbai during December 1992–January 1993 and the March 12, 1993 Bomb Blasts*, in Javed Anand, *Damning Verdict*, Mumbai : Sabrang Communications & Publishing.

Government of Maharashtra (Maharashtra State Minorities Commission) [n.d.] *First Report of The Maharashtra State Minorities Commission : For The Period 1st April 2000 to 31st March 2002*, Mumbai : Government of Maharashtra.

Government of Tamil Nadu [1971] *Report of The Centre-State Relations Inquiry Committee* (Chairman : P. V. Rajamannar), Madras : The Director of Stationery and Printing.

Government of West Bengal [1977] "Centre-State Relations", *Indian Journal of Public Administration* (Oct.-Dec.), Vol. 23, No. 4.

Government of West Bengal (Department of Information and Cultural Affairs) [1978] *Views on Centre-State Relations*, Calcutta : Sree Sankar Press.

あとがき

　筆者が初めてインドに長期滞在したのは1987年からの2年間であった。デリーの研究所に籍を置かせていただき，右も左もわからないまま初めて本格的にインド研究を始めた。当時の研究テーマはインドの官僚制，特にその中でも一握りのエリート官僚であるインド行政職がインドの国家統合や経済開発に果たす役割であった。インドはよく「象」にたとえられるが，右も左もわからないまま初学者が象のどこに触れたかで，インド「像」は非常に違ったものになる。インドにくる前に遠く日本で抱いていた像は，政治的には自由な民主主義国ではあるがカースト制度に縛られた社会，あるいは，貧困に苛まれる停滞した国というものであった。そのような停滞的な社会が急速に発展するためには何らかの形での国家の介入が必要で，その国家の中枢を握るのは一握りの政治家とトップのエリート官僚である。特に後者は行政全般を統括し，ある意味ではインドという象を操っている御者のように見えた。これがインド行政職を研究テーマとした理由であった。

　しかし，実際にインドに滞在するうちに，そのテーマに対する興味は急速に薄れてしまった。なぜかというとインドの社会や政治がダイナミックに動いている根本的なエネルギーは一握りのエリートにあるのではなく，インドの民衆にこそあることが極めて生き生きと感じられたからである。デリーで日課としていた英字新聞の購読では，極めて遠慮なく政府批判や社会的事件の論評が繰り広げられ，筆者の停滞したインド像を突き崩す役割をはたした。インドの英字紙はまだ中産階級以上のものであるといっていいかもしれないが，政治や社会に対するクリアーな批判精神は自己規制的な日本の新聞以上であり，筆者の「停滞したインド像」を引っかき回す重要な役割を果たした。しかし，新聞以上に大きな影響を与えたのは様々な地方の都市や農村を実際に訪れ，人々の話を聞いた経験であった。

　デリーや滞在中に訪れたインド各地の都市や農村の人々，特に，今はもう都

市開発で無くなってしまったが，当時私の住居に来ていたお手伝いの人たちに案内してもらったデリーのスラムの住人，北インドのウッタル・プラデーシュ州アラハバードの農村の人々など，彼らの暮らしを実際に見聞きするうちに筆者の中で次第に明確になったのは，彼らの生活に根ざした不平不満や希望が切実なもので，それゆえにこそ，それはインド社会の基底レベルで常に社会変動のエネルギーを供給しているという考えであった。改めて考えれば当然のことであるが，人々が生活をかけて懸命に暮らしている社会では人々は静止したり停滞したりすることは許されない。しかも，インドの民主主義体制はそのようなエネルギーを政治の場に導く通路を保証し，それを通じて政治は社会を変えていくことができるはずであった。

このような新たに得られた実感からすると，インドという象を動かしているのは民衆と民主主義的過程全体であり，トップの政治家やエリート官僚は，思うように象を動かそうとしても，うまく動かせない御者に過ぎないと思われた。そこで問題となるのは，インドが多種多様な民族，階層が入り乱れた混沌とした社会であり，しかも民主主義制度によって，そのような混沌としたありようが，直接的に政治の場に投影されるような象である，という点であった。混沌としたエネルギーを反映して行儀が悪くじっとしていない象を数カ所触っただけでは，その全体像を把握することは極めて困難であった。インドの現代政治の全体像の輪郭だけでも摑みたいというささやかな目標を達成するためだけでも，かくして象の様々な部分を半分当てずっぽうに触れて感じ取り，そのイメージをつぎはぎする作業が延々と続くことになる。官僚制度，選挙政治，ヒンドゥー・ナショナリズム，中間的諸階層の台頭，中央−州関係，はたまた，ポリティカル・エコノミー論，農村開発行政，小規模工業論などつぎはぎに利用した布きれは様々であり，それらを全体像の一部とすべく切り取るだけでも，20年以上の時間を費やしてしまった。時間がかかったのは，もちろん筆者の怠慢という要素もあるが。

思えばインド現代政治の全体像を描き出したいという欲望は，インド政治研究を始めた時からおぼろげながらに抱いていたといえる。できるだけ完璧を期したいという思いもあったが，一方では，上で述べたような延々とした布きれ

製作作業に絶えきれなくなったということもあった。その2つの思いの妥協の果てにできたのが本書である。従って，インドという象をまだ触りきれていない，というのが執筆を終えた筆者の素直な感想である。もっとも，決して，じっとしておらず行儀悪く動き回る巨大な象をその輪郭だけでも描き出すといのはそもそも不可能であって，現実的には結局は妥協せざるをえないものであろう。このような中途半端なものであっても本書が意味を持つとしたら，それは，たとえインドが混沌とした政治社会に見えようとも，民主主義体制という緩い枠組みのもとに，曲がりなりにも一定のまとまりを持っていることを示した点にあるのではないかと思う。

　本書を上梓するまで様々な人々にお世話になったことはいうまでもない。筆者の職場であるアジア経済研究所には長年研究の場を提供していただいた。特に，入所時の上司であった森健氏および当時の部室の皆様には工学部出身の変わり者ゆえにまったく勝手がわからなかった筆者をあたたかく指導していただいた。南アジア関係の先輩である山口博一，大内穂，平島成望，松本脩作，中村尚司，山中一郎，佐藤宏，鈴木よ志子，押川文子，安田信之，井上恭子，長田満江，深町宏樹の諸氏からは多大な刺激をうけ，また，研究でつまずくたびに助けを求めた。またいちいちお名前は記さないが，同僚，後輩諸氏にもお世話になったことはいうまでもない。

　そもそも筆者がインド研究をするきっかけとなったのは，東京大学の学部時代に参加させていただいた長崎暢子先生の授業であった。筆者はもともとアジアの現代史に興味があったのであるが，そのような興味を研究の道に導いてくださったのが長崎先生である。現在でも筆者が研究者のはしくれに名をつらねていられるのも，工学部出身の筆者の興味を大胆にもインド研究に向けていただいた先生のおかげである。公私ともに様々な形で長年お世話になった先生に本書の出版という形で感謝の気持ちを伝えたい。関連して長年研究発表の機会を提供していただき，また，南アジア研究の交流の場となっている日本南アジア学会および関係の諸先生，諸氏にも謝意を表したい。

　当然ながらインドでお世話になった様々な人々にも謝意を伝えたいと思う。

ジャワハルラール・ネルー大学でお世話になったクルディップ・マトゥール先生やニラジャ・ゴーパル・ジャヤール先生，よき研究仲間であるペンシルヴァニア大学インド応用研究所の E. スリダランさん，インド統計研究所のチランジブ・ネオギーさん，そして北インドのアラハバードの農村調査で親身にお世話していただき清廉な生活と人なつこい人柄で誰をも魅了したクリパ・シャンカール氏（故人）と献身的に調査を行ってくれた調査員など数え切れない人々にお世話になった。英語で記せないのが残念であるが，ここで謝意を表しておこうと思う。

　本書の刊行は，日本学術振興会の 2014 年度科学研究費補助金研究成果公開促進費「学術図書」の交付によって可能となった。厚く御礼を申し上げたい。

　最後に，名古屋大学出版会の橘宗吾さんには長期にわたり，ひとかたならぬサポートを受けたことを述べておきたい。怠慢な筆者にとって，常に背中を押してくれる橘さんの存在がなければ本書が世に出ることはなかったであろう。また，名古屋大学出版会は筆者の欠点だらけの原稿をあきらめず極めて綿密に編集作業を行っていただいた。本書のような大部の研究書を世に送り出していただいた名古屋大学出版会と橘さんに改めて謝意を表したい。

2014 年 12 月 10 日

近 藤 則 夫

図表一覧

地図	現代インド	ix
図序-1	インドの民主主義体制の基本的統治構造	9
図序-2	南アジア5カ国の市民的自由と政治的権利（1972-2011年）	14-15
図1-1	実質GDP年成長率（1951-52〜2011-12年度）	83
図2-1	ストライキとロックアウト：インド全土（1961-2007年）	109
図3-1	連邦下院選挙の当選者と次点者の得票率（1952-2009年）	132
図3-2	実質一人当たり純国民所得の成長（1950-51〜2011-12年度）	133
図3-3	総固定資本形成における公共部門の割合（1950-51〜2011-12年度）	153
図3-4	ヒンディー・ベルト地帯の連邦下院議員：高カーストとその他後進階級（1971-1999年）	157
図3-5	ジャンムー・カシミール州における紛争の死者数（1988-2010年）	180
図3-6	連邦議会における法律成立件数と大統領令の件数（1980-2008年）	186
図3-7	中央政府公企業の株放出による政府の歳入（1991-92〜2013-14年度）	195
図3-8	中央政府の主要な明示的補助金およびマハトマ・ガンディー全国農村雇用保証事業（MGNREGS）の規模（対GDP比）（1971-72〜2011-12年度）	215
図3-9	ナクサライト（マオイスト）との紛争による死者数（2002-2012年）	218
図4-1	連邦下院選挙における投票率の変遷（1952-2009年）	255
図4-2	投票率と識字率（1957年と2004年）	257
図4-3	社会経済変数のみで説明される投票率および会議派得票率の割合：回帰分析の決定係数（R^2）（1957-2004年）	260
図4-4	州ダミー変数のみで説明される投票率および会議派得票率の割合：回帰分析の決定係数（R^2）（1957-2004年）	262
図4-5	投票率に関する社会経済変数の統計的重要性の変化（t値）（1957-2004年）	271
図4-6	連邦下院選挙における有権者100万人当たりの平均候補者数（1952-2009年）	275
図資2-1	サンプル県区分へのデータ再編成の説明図	285
図5-1	卸売物価（1953-54〜2011-12年度）	293
図5-2	ヒンドゥーと非ヒンドゥーの投票率の推定：キングの生態学的推定方法の適用（1957-1999年）	308
図5-3	ヒンドゥーと非ヒンドゥーの会議派得票率の推定：キングの生態学的推定方法の適用（1957-1999年）	309
図5-4	リッジ軌跡の検討	323
図6-1	主要な5つの構成概念の基本的関係	362
図6-2	政治社会と「トラスト」の構図：2003年，2005年（標準化解）	365
図7-1	パンジャーブ州州立法議会選挙における主要政党の得票率（1967-2012年）	389
図7-2	パンジャーブ州における紛争死者数（1981-1994年）	395

図 7-3	ヒンドゥーとムスリムのコミュナル暴動による死者数および大衆連盟（1951-1977 年）／BJP（1980 年-）の連邦下院選挙における得票率（1950-2010 年）	407
図 7-4	マハーラーシュトラ州，グジャラート州，ウッタル・プラデーシュ州におけるヒンドゥー対ムスリムのコミュナル暴動の死者数（1960-2002 年）	411
図 7-5	マハーラーシュトラ州立法議会選挙における得票率（1980-2009 年）	417
図 7-6	グジャラート州立法議会選挙における得票率（1980-2012 年）	422
図 7-7	1998 年から 2002 年の州立法議会選挙における BJP および会議派の得票率の変化とコミュナル暴動	428
図 7-8	ウッタル・プラデーシュ州立法議会選挙における得票率（1980-2012 年）	434
図 8-1	州および連邦直轄領への大統領統治延べ適用月数（1954-2010 年）	458
表 1-1	主要政党の連邦下院選挙結果（1952-2009 年）	48
表 1-2	マドラス州（タミル・ナードゥ州）における 1962 年，1967 年の連邦下院選挙結果	57
表 1-3	経営農地面積の分布の推定（1960-1961 年度から 2003 年度）	68
表 1-4	5 カ年計画における公的部門の計画支出（1951/52-1989/90 年度）	72
表 1-5	連邦下院議員の社会的出自（1952-1984 年）	73
表 1-6	1956 年産業政策決議における国家の役割	80
表 1-7	食糧穀物生産・輸入・政府調達（1951-2010 年）	82
表 2-1	非常事態宣言期の拘留，逮捕件数：州／連邦直轄別	108
表 2-2	非常事態宣言期の「断種」（1975-76, 1976-77 年度）	111
表 2-3	1980 年における後進的階級への行政部門の採用における留保枠	125
表 3-1	識字率の増加（1951-2011 年）	134
表 3-2	バーブリー・モスク破壊に対する意識（1992 年）	178
表 3-3	中央政府与党の 5 年間の業績に対する評価（2004 年，2009 年）	223
表 3-4	家計の状況と将来展望（2009 年）	223
表 4-1	連邦下院，州立法議会の制度の変遷と基本的な特徴	251
表 4-2	分析で用いられる変数	253
表 4-3	連続する 2 回の連邦下院選挙間の相関の決定係数（R^2）（1957-2004 年）	255
表 4-4	投票率の説明（OLS）（1957-2004 年）	266-270
表 5-1	連邦下院選挙および重要な政治的事件における人々の認識調査（1984-2013 年）	289-290
表 5-2	1967 年連邦下院および州立法議会選挙：カースト・コミュニティ別支持政党	299
表 5-3	2004 年連邦下院選挙：カースト・コミュニティ別支持政党	300
表 5-4	1967 年連邦下院および州立法議会選挙：所得別支持政党	301
表 5-5	2004 年連邦下院選挙：経済階級別支持政党	301
表 5-6	ヒンドゥーと非ヒンドゥーの投票率の推定：キングの生態学的推定方法の適用（1957-1999 年）	307

図表一覧　583

表 5-7	ヒンドゥーと非ヒンドゥーの会議派得票率の推定：キングの生態学的推定方法の適用（1957-1999 年）	308
表 5-8	物価上昇率による会議派得票率の変動の説明（1962-1999 年選挙）：パネルデータによる LSDV 推定	318
表 5-9	物価および所得上昇による会議派得票率の変動の説明（1962-1999 年選挙）：パネルデータによる LSDV 推定	319
表 5-10	物価および暴動密度による会議派得票率の変動の説明（1962-1999 年選挙）：パネルデータによる LSDV 推定	320
表 5-11	会議派得票率の変動の説明におけるコミュナル暴動の交互作用項の t 値（1962-1996 年選挙）	321
表 5-12	物価とコミュナル暴動の相互背反性の検討（1989 年，1996 年選挙）：アンバランスなパネルデータによる LSDV 推定	322
表 5-13	物価とコミュナル暴動の相互背反性の検討（1989 年，1996 年選挙）：リッジ回帰による推定（k＝0.1）	323
表 5-14	各選挙における会議派得票率の変動の分析：ステップワイズ（後進）法	326-327
表 6-1	南アジア諸国における民主主義制度，政党に対するトラストのレベル（2004-2005 年）	340
表 6-2	本章で使用される変数の作成	353-356
表 6-3	都市による違いの修正	358
表 6-4	相関係数行列	361
表 6-5	暫定的モデルの適合度（2003/2005 年）	367
表 6-6	最終（等値制約）モデルの適合度：2 母集団平均・共分散構造分析	368
表 6-7	標準化総合効果	372
表 6-8	モデルから推定される 2003 年，2005 年の平均値と切片およびその差	374
表 7-1	連邦下院選挙の会議派得票率の変化（1980-1984 年）	393
表 7-2	マハーラーシュトラ州立法議会選挙におけるカースト別の政党選好（1995 年）	418
表 7-3	州立法議会選挙における BJP 得票率の変化とコミュナル暴動（1998-2002 年）	429
表 7-4	サンプル調査に基づくカーストやコミュニティの政党選好	430
表 7-5	ウッタル・プラデーシュ州における連邦下院選挙の社会階層別政党得票率（1996 年）	435
表 8-1	ステート・ネーションズと地域的民族アイデンティティ	452
表 8-2	1969 年行政改革委員会・中央-州関係委員会	461
表 8-3	1983 年会談における 31 項目要求	474
表 8-4	サルカリア委員会の勧告	484-485
表 8-5	第 11 次連邦下院本会議におけるサルカリア委員会への言及（1996-1997 年）	496-500
表 8-6	インド主要部における社会変動，政党制，中央-州関係（1950-2013 年）	513

索　引

ア　行

アーナンドプル・サーヒブ決議　388, 397, 469, 470, 497, 498
アーメダバード　352, 355, 410, 420, 421, 423, 425-7
アーメド，ファクルディン・アリー（Fakhruddin Ali Ahmed）　105
アールワリア，I. J.（I. J. Ahluwalia）　128
アーンドラ州　52
アーンドラ・プラデーシュ　60, 91, 108, 111, 116, 120, 125, 141, 142, 163, 171, 181, 184, 207, 217, 253, 278, 279, 393, 470, 471, 475, 476, 488
アーンドラ・マーハーサバー　42
IMF8条国　170
アイデンティティ政治　35, 51, 134, 233, 397, 446, 528, 531
IBM　121
アヴァディ　79
アカリー・ダル　58, 90, 116, 142-6, 149, 184, 187, 222, 236-9, 279, 280, 387-9, 394-8, 441, 468, 469, 472, 478, 483, 485, 496-500, 512
アカリー・ダル（マン派）　238
アジア・バロメーター　340, 351
アッサム　59, 91, 108, 111, 116, 136, 146-9, 163, 225, 253, 279, 393, 472, 475, 480, 505
アッサム合意　147, 490
アッサム少数派統一戦線　237
アッサム人民評議会　147, 149, 155, 235-7, 239, 491, 493, 496, 499
アッサム統一解放戦線，ULFA　147, 279
アッサム統一民主戦線　240
アットウッド，D. W.（D. W. Attwood）　401
アデニー，K.（K. Adeney）　57
アドヴァーニ，L. K.（L. K. Advani）　162, 181, 199, 223, 409, 421
アフガニスタン　179, 200, 201
アブドゥッラー，シェイク（Sheikh Abdullah）　116, 456, 467, 472
アブドゥッラー，ファルーク（Farooq Abdullah）　472, 476
アムリットサル　389
アムロハ　178
アメティ　136, 205
アメリカ　81, 87, 122, 155, 189, 191, 195, 200, 201, 207, 219-21, 342, 344, 346
アメリカ・インド原子力平和協力法　220
アメリカ原子力法　220
アヨーディヤー　151, 161-3, 173, 176, 177, 187, 188, 192, 202, 232, 288-90, 303, 305, 313, 325, 331, 332, 381, 385, 402, 404-6, 408, 409, 412, 413, 421, 423, 432, 438, 440, 442, 444, 448, 459, 508, 529
アラハーバード　104, 105, 177
アリーガル　178, 432
アル・カイーダ　201
アルナーチャル・プラデーシュ　59, 108, 111, 116, 181
アレシナ，A.（A. Alesina）　344
アンダーソン，B.（B. Anderson）　22, 23
アンダーソン，C. J.（C. J. Anderson）　345
アンダマン＆ニコバル諸島　108, 111
アンナドゥライ，C. N.（C. N. Annadurai）　464
アンベードカル，B. R.（B. R. Ambedkar）　7
イギリス閣僚使節団　39
イスラーム奉仕団　410
イスラマバード　201
一党優位体制　30, 43, 49, 51, 56-60, 74, 85-7, 135, 261, 262, 263, 293, 380, 457, 513, 514, 520-3, 531, 532
一般化トラスト　342-7, 352, 357
イラク　162
隠遁の政治　174
インド・イスラーム協会　410
インド海軍の反乱　39
インド共産党，CPI　41, 42, 44-6, 48, 64, 65, 90, 102, 107, 115, 182, 206, 216, 235-9, 299-301, 396, 466, 498, 520, 521
インド共産党（マオイスト）　218
インド共産党（マルクス主義），CPI（M）

索引 585

25, 48, 65, 102, 104, 114, 116, 141, 143, 155, 158, 159, 172, 182, 204, 206, 209, 216, 227, 235-9, 277, 299-301, 330, 357, 460, 466, 468, 478, 483, 485, 487, 491, 493, 496-8, 500, 502, 512, 521
インド共産党（マルクス・レーニン主義）（解放）　238
インド行政職　448
インド共和党　236
インド共和党（アトヴァレ派）　239
インド警察職　448
インド建設　210
インド国民軍　39
インド国民民衆党　237, 239
インド国家銀行　79
インド産業連合会, CII　171
インド準備銀行, RBI　97, 170, 194
インド小規模工業連盟　196
インド商工会議所連合, FICCI　79, 171
インド食糧公社　66
インド人民党, BJP　23, 37, 48, 131, 137, 155, 158, 159, 161-3, 172, 177-9, 181, 182, 184-93, 196, 198-204, 222-4, 233, 235-9, 274, 295, 299-306, 312, 330, 331, 333-6, 339, 360, 369, 390, 394-403, 406, 408, 409, 412-4, 416-30, 433-45, 459, 472, 478, 481, 482, 485, 491, 492, 494-9, 501-3, 505, 506, 526, 530, 533
インド全国労働組合会議, INTUC　46
インド・ソ連平和友好協力条約　99
インド統治法（1858年）　7
インド統治法（1919年）　7
インド統治法（1935年）　7, 11, 38, 62, 447
インド・ネパール貿易条約（1978年）　122
インドの新しい力　239
インド農民組合, BKU　159, 214
インド文官職　72
インド平和維持軍, IPKF　150
インド防衛および治安規則　106-8
インド防衛規則　100, 106
インド民衆党　105, 114, 117, 123, 155, 466
インド連邦民主党　239
インド労働組合センター　216
インドを出て行け　38, 44
印パ戦争（第2次）　55, 146
印パ戦争（第3次）　99, 465
ヴァーシュネイ, A.（A. Varshney）　302,

313, 404
ヴァジパーイー, A. B.（A. B. Vajpayee）　115, 122, 137, 187, 189, 191, 192, 199-202, 409, 413, 426, 496
ヴィジャヤワダ　471
ウィルキンソン, S. I.（S. I. Wilkinson）　302, 313, 314, 404
ウーラナー, C. J.（C. J. Uhlaner）　246
ヴェンカタラーマン, R.（R. Venkataraman）　135
ヴォッカリガ　60, 141
ウスライナー, E.（E. Uslaner）　342, 343
ウッタラーカンド　59, 188, 253, 350, 449, 503, 504
ウッタラーカンド革命党　504
ウッタラーンチャル　59, 449
ウッタル・プラデーシュ　25, 59, 60, 66, 69, 85, 104, 107, 108, 111, 115, 117, 125, 135, 136, 151, 159, 160, 163, 177-9, 184, 188, 192, 205, 208, 214, 221, 224, 253, 281, 302, 303, 333, 349, 381, 385, 391, 393, 401-3, 405, 408-11, 432-7, 439-42, 449, 455, 495-9, 501, 504, 508, 529, 530
ウルス, デヴァラージ（Devraj Urs）　116, 141
NTRテルグー・デーサム党　236
MGRアンナ・ドラヴィダ進歩連盟　237
エリート・バーゲニング　58
エルキンズ, D. L.（D. L. Elkins）　249
エルダースヴェルド, S. J.（S. J. Eldersveld）　295
黄金寺院　143, 187, 389
オリッサ　85, 108, 111, 116, 135, 169, 175, 181, 187, 199, 217, 253, 280, 281, 349, 393, 496
オルデショーク, P.（P. Ordeshook）　245
オルデンブルグ, P.（P. Oldenburg）　19

カ 行

カーリスターン　143, 387, 389, 472
カール・セーヴァー　409, 421, 423, 438
カールセーヴァク　162, 173
カーン, アユーブ（Ayub Khan）　28
カーンプル　391, 432
海外投資促進委員会　183
海外投資促進局　183
会議派, インド国民会議派　3, 26, 37, 39, 42,

43, 45, 46, 48-51, 56, 57, 59, 60, 65, 70, 71, 75-7, 79, 85, 91, 95, 116, 118, 120-2, 124, 128, 131, 132, 134-6, 139-46, 155, 156, 158, 162, 164, 176, 178, 179, 181-8, 191, 195, 199, 202-7, 221, 223, 224, 228, 230, 232-9, 242, 243, 253-6, 259-63, 277, 283, 288, 291, 293, 299-301, 308-12, 315, 316, 318-22, 326-35, 338, 339, 360, 383, 387-91, 394-7, 401, 402, 406, 408, 416-20, 428, 430, 431, 433-5, 437, 457-60, 463, 464, 466, 468, 470-3, 475, 478, 481, 483, 488, 489, 492, 498-500, 502, 503, 505, 506, 509, 512-4, 519-27, 529, 530, 533
会議派（O）　　91, 92, 105, 107, 114, 115, 117, 141, 463, 465
会議派（R）　　91, 92, 96, 99-101, 103-7, 110, 112, 114-6, 119, 120, 272, 463, 465
会議派（S）　　116, 118, 491
会議派（社会主義）　　235
会議派（テワリー）　　236
会議派運営委員会，CWC　　74, 89-91
会議派社会党　　44, 75
会議派農業改革委員会報告　　62
外国為替管理法　　194, 229
外国為替規制法　　93, 121, 164, 194, 229
回顧的投票行動　　294
解放パンサー党　　239
カウル，R.（R. Kaur）　　404
輝くインド　　202
核実験　　104, 189, 219
革命的社会党　　235-9, 497
カシミール藩王国　　40
ガドギル，D. R.（D. R. Gadgil）　　88
ガフール，アブドゥール（Abdul Ghafoor）　　102
カプステイン，E. P.（E. P. Kapstein）　　347
株放出委員会　　183, 193
株放出局　　194
株放出省　　194, 207
カマラージ，K.（K. Kamaraj）　　55, 84, 87
KHAM　　422
貨物通過条約（1978年）　　122
ガヤ　　103
カラス，M.（M. Carras）　　401
カラチ　　29, 61, 74
カラム，アブドゥル（Abdul Kalam）　　206
カルギル　　191
カルナータカ　　60, 91, 108, 111, 116, 118, 120,

125, 141, 181, 187, 214, 253, 278, 279, 393, 470-2, 475, 476, 488
カルナータカ会議派党　　236
カルナータカ州農民組合　　214
カルナカラン，K.（K. Karunakaran）　　471
カルナニディ，M.（M. Karunanidhi）　　467
カレルカル，カカ（Kaka Kalelkar）　　124
ガンディー，インディラ（Indira Gandhi）　　3, 4, 20, 21, 27, 34, 55, 64, 65, 84, 87-92, 95-9, 102-6, 112-4, 116-8, 122, 129, 131, 135-8, 140-2, 144, 151, 156, 164, 206, 231, 247, 263, 272, 288, 290, 292, 293, 295, 309, 321, 325, 328-30, 339, 386, 389, 390, 393, 438, 456-8, 462, 463, 465, 468-70, 472, 475, 477, 479, 490, 494, 512, 513, 522, 523, 525, 529, 532
ガンディー，サンジャイ（Sanjay Gandhi）　　106, 109, 110, 114, 136, 141
ガンディー，ソニア（Sonia Gandhi）　　187, 190, 192, 202, 204, 205
ガンディー，マハトマ（Mahatma Gandhi）　　37, 38
ガンディー，ラーフール（Rahul Gandhi）　　205
ガンディー，ラジーヴ（Rajiv Gandhi）　　136, 144, 145, 147, 150-5, 161, 163, 164, 185, 187, 263, 278, 288, 331, 389, 390, 392, 406, 408, 488, 490, 492, 494, 498, 512, 529
旱魃　　64, 81, 293
カンマ　　60
ギーシン，スバーシュ（Subhash Ghisingh）　　148
キーファー，P.（P. Keefer）　　348
キーレ，L.（L. Keele）　　346, 347, 360
キドゥワイ，R. A.（R. A. Kidwai）　　44, 71
競合的ポピュリズム　　212-4, 216, 217, 225, 227, 230, 234, 526
行政改革委員会　　88, 459, 461, 486
強制断種　　110
業績投票　　294, 295
競争法　　197, 229
協調的連邦制　　397, 446, 493, 502, 505, 506, 511, 513, 514, 533, 534, 536
共通最小綱領　　182, 183, 206, 208, 210, 214, 493, 505
共同管轄事項（リスト）　　8, 9, 447, 479, 484, 485
ギリ，V. V.（V. V. Giri）　　90

キングの生態学的推定　291, 305-9
銀行国有化　89, 90
金融システムに関する委員会報告　169
クウェート　162
草の根会議派，全インド草の根会議派　187, 193, 198, 221, 227, 236-9, 277
グジャラート　25, 53, 60, 91, 101-3, 105, 108, 111, 125, 135, 162, 181, 198-200, 204, 207, 224, 230, 253, 276, 304, 305, 385, 393, 401, 405, 411, 420-2, 424, 426, 430, 432, 437-43, 448, 530
『グジャラート新聞』　424
グジャラートの殺戮を調査する市民法廷　424
グジュラール, I. K. (I. K. Gujral)　185
グッジャール　392
グプタ, D. (D. Gupta)　442, 443
グプタ, インドゥラジット (Indrajit Gupta)　182
グプタ, バナラシ・ダス (Banarasi Das Gupta)　158
グプタ, ラーム・プラカーシュ (Ram Prakash Gupta)　192
クマール, サッジャン (Sajjan Kumar)　392
クマール, ニティシュ (Nitish Kumar)　222
グラムシ, A. (A. Gramsci)　18
クリシュナ, A. V. (A. V. Krishna)　349
クリシュナマチャーリー, V. T. (V. T. Krishnamachari)　71, 72
クリパラニー, A. J. B. (A. J. B. Kripalani)　44
グループ投票　246, 247
クンドゥ, A. (A. Kundu)　20
軍特別権限（ジャンムー・カシミール州）法　179, 509
軍特別権限法　41, 536
経営不振企業（特別規定）法　154, 228
計画委員会　9, 63, 71, 72, 75, 77, 80, 88, 94, 95, 98, 197, 218, 448, 461, 467, 473, 474, 482-4, 488
経済政策メモランダム　167
経済投票　291, 292, 294-6, 298, 310, 311, 318-21, 324, 325, 328-31, 333, 334, 336
経済特区　195, 210
警察行動　40
経路依存　30, 456
ケースリ, シータラーム (Sitaram Kesri)　184, 187, 190
ケーララ　25, 85, 87, 91, 108, 111, 115, 125, 140, 141, 163, 205, 253, 264, 277, 300, 393, 460, 466, 467, 489
ケーララ会議派　238
ケーララ会議派（マニ派）　237, 239
ゲルナー, E. (E. Gellner)　22
原子力供給国グループ　220
憲政的独裁　4, 523
憲法第9付則　70
ゴア　108, 111, 181, 207, 426
コア産業　138, 188
公共配給システム　66, 213
工業労働者消費者物価指数　311, 312
後進階級委員会（第1次）　124
構造改革　27, 32, 153, 164, 165, 169, 170, 172-5, 213, 227-30, 333, 510, 525-7, 531
ゴウダ, デーヴ (Deve Gowda)　182-5, 493, 496
公用語問題　51, 53-7
効用最大化　245
ゴーシ, アトゥルヤ (Atulya Ghosh)　55, 87
ゴーシュ, P. (P. Ghosh)　403
ゴードラ　200, 385, 423, 426
コーヘン, S. P. (S. P. Cohen)　137
コーリー, A. (A. Kohli)　26, 27, 129
コールマン, J. S. (J. S. Coleman)　341
コカ・コーラ　121
5カ年計画（第1次）　71, 72, 78
5カ年計画（第2次）　63, 72, 78, 81
5カ年計画（第3次）　72, 81
5カ年計画（第4次）　72
5カ年計画（第5次）　72
5カ年計画（第6次）　72, 138
5カ年計画（第7次）　72, 138
国営アルミニウム会社　209
国営鉱物開発公社　209
国営繊維公社　139, 140, 153
国際原子力機関, IAEA　220
国際通貨基金, IMF　138, 162, 165, 167, 173, 174, 525
国内治安維持法, MISA　100, 106-8, 120
国民計画委員会, NPC　62, 75, 76
国民戦線　134, 155, 158, 162, 163, 182, 185, 231, 235, 331, 332, 339, 491, 492, 494, 533
国民民主党　239
国民民主連合, NDA　59, 191-3, 198-200,

202-4, 207, 208, 210, 222, 223, 237-9, 295, 300, 301, 334, 338, 360, 369, 390, 426, 443, 445, 506, 514, 526, 533
5項目プログラム　109, 110
コターリー, R. (R. Kothari)　49
小谷汪之　402
コチャネック, S. A. (S. A. Kochanek)　29, 46, 129
国家開発評議会　64, 120, 197, 467, 473, 474, 476, 484, 502
国家再生ファンド　168, 229
国家政策の指導原理　113
国家捜査局　509
国家統合評議会　475
国家投資ファンド　209
国家・農民関係および土地改革における未達成課題に関する委員会報告　67
国家保安令　137
コミュナリズム, 宗派主義　23, 24, 39, 151, 182, 200, 274, 400-2, 420
コミュナル暴動　39, 162, 164, 173, 177, 179, 187, 199, 200, 203, 204, 211, 232, 288, 290-2, 295, 301-5, 310, 311, 313, 314, 316, 320, 322-5, 329-36, 338, 381, 384, 385, 399, 402, 404-7, 410, 411, 413, 416-21, 423, 427-9, 431, 432, 438, 440, 441, 443, 444, 448, 508, 529
コミュナル暴力（防止, 抑制, および被害者のリハビリテーション）法案　444
ゴルカ　148, 149, 151, 505
コルカタ, カルカッタ　351, 355, 357, 473
ゴルカ民族解放戦線　148, 149
コロンボ　150
コンヴァース, N. (N. Converse)　347
近藤則夫　249, 403
近藤光博　402

サ 行

サービス税　510
『サームナ』　415
最小限定義　5, 6, 43
財政委員会　448, 461, 473, 474, 480, 482, 484, 488, 493
財政責任・予算管理法（2003年）　197, 229
最大後悔最小化　245
債務労働システム（廃止）法（1976年）　110
サヴァルカル, V. D. (V. D. Savarkar)　399

サヴァルナ　437
サチャル委員会　444
サティヤーグラハ　38
サトパティ, N. (N. Satpathy)　114
サハ共和国　344
サフロン化　403
サマター党　187, 190, 198, 236, 497
ザミーンダール　61-3
左翼戦線　141, 163, 235
左翼民主戦線　277
サルカリア委員会　459, 474, 475, 477, 478, 481, 483-503, 506, 507, 509, 513, 514
産業金融再建委員会　154, 228
産業計画および許認可政策委員会　94
産業政策決議（1948年）　76, 78
産業政策決議（1956年）　79, 80, 138, 164, 166
産業政策声明（1981年）　138
産業政策声明（1991年）　165, 166
産業（開発と規制）法（1951年）　77, 89, 474, 480, 485, 488
産業ライセンス政策検討委員会　94
サング・パリヴァール　399-403, 406, 408, 424-6, 439
サングマー, P. A. (P. A. Sangma)　192
31項目要求　473, 474, 485, 487-9, 491
『サンデーシュ』　424
3有産階級論　17, 29
シヴァージー　410
シヴ・セーナー　187, 199, 222, 236-9, 402, 410, 412-20, 439, 441, 444
ジェイン, A. P. (A. P. Jain)　71
ジェイン委員会　185
シェーカール, チャンドラ (Chandra Shekhar)　107, 159, 162, 331, 492
シェート, P. (P. Sheth)　401
シェートゥ, D. L. (D. L. Sheth)　298
ジェトマラニ, R. (R. Jethmalani)　199
ジェンキンズ, R. (R. Jenkins)　173, 174
自尊党　240
自治県および自治領　452
自治州要求委員会　237
シッキム　108, 111, 181
シッキム民主戦線　237, 238, 240
実効支配線　40, 191, 200
シッディクァ, A. (A. Siddiqa)　29
指定カースト, SCs　11, 65, 109, 110, 123-6,

索引　589

132, 143, 159, 205, 219, 249, 252, 253, 256, 258, 266-71, 273, 299, 300, 333, 392, 403, 418, 422, 425, 430, 432-7, 440, 455, 518, 523, 535
指定地域　452
指定部族, STs　11, 109, 110, 123, 124, 126, 132, 205, 219, 248, 252, 253, 256, 258, 266-71, 273, 274, 283, 299, 300, 418, 422, 425, 430, 440, 474, 518, 523, 535
支配カースト　19, 60, 123, 474
市民的自由　10, 11, 13, 15-8, 518
市民的不服従運動　37
シムラ　202
シャー, G.（G. Shah）　401
シャー委員会　105
シャーストリ, ラール・バハドゥル（Lal Bahadur Shastri）　54, 55, 84
ジャート　60, 125, 142, 158, 387, 392, 397, 468
ジャールカンド　59, 188, 217, 218, 253, 391, 449, 503, 504
ジャールカンド開発戦線（民主主義）　240
ジャールカンド解放戦線　236, 238, 239, 503
ジャイトレー, ジャヤ（Jaya Jaitly）　198
社会関係資本　341, 342, 349-51
社会経済動員仮説　256, 282
社会主義型社会　19, 20, 74, 76, 78-80, 83-5, 88, 93, 120, 128-30, 136, 137, 139, 140, 153, 154, 164, 174, 228, 293, 459, 463, 520, 522, 524, 525, 527
社会主義者の行動のための会議派フォーラム　83, 88
社会主義人民党　237, 238
社会主義人民党（民族）　239
社会主義党　25, 182, 205, 220, 224, 236-9, 300, 301, 333, 433-7, 440, 530
社会的トラスト　347-9, 351, 353, 357, 359, 361-5, 368-76
社会党　44, 45, 105, 114, 117, 123, 299, 300
ジャガンナート寺院　420
ジャナター・ダル　48, 155-9, 162, 163, 179, 182, 185, 187, 188, 235-7, 279, 330, 332, 335, 385, 408, 433, 434, 491, 492, 496-9
ジャナター・ダル（社会主義者）　162
ジャナター・ダル（世俗主義）　238, 239
ジャナター・ダル（統一派）, JD（U）　222, 237-9
ジャナター党　4, 48, 110, 114-23, 125-7, 129,

131, 135-7, 141-3, 155, 157, 231, 236, 278, 279, 281, 329, 339, 458, 466-8, 470, 471, 488, 512, 513, 524
ジャナター党（世俗主義）　118, 133
ジャフナ　150
ジャフレロット, C.（C. Jaffrelot）　403
ジャヤール, N. G.（N. G. Jayal）　350
ジャヤラリター（Jayalalitha）　190
ジャラール, A.（A. Jalal）　21, 22
ジャワハル雇用事業　212
ジャンムー・カシミール　31, 50, 108, 111, 116, 121, 125, 142, 176, 179, 183, 188, 200, 218, 219, 242, 280, 376, 449, 450, 452, 456, 467, 470, 472, 474, 476, 477, 481, 483, 485, 496, 506, 508, 512, 518, 535, 536
ジャンムー・カシミール解放戦線　180
ジャンムー・カシミール人民民主党　238
ジャンムー・カシミール民族協議会, JK民族協議会　116, 183, 237, 239, 456, 472, 476, 490
ジャン・モルチャ　155
習慣化仮説　258, 259, 282
州間評議会　461, 462, 473, 480-4, 486, 488, 491-4, 496, 498, 499, 506, 513
19項目要求　119
州再編成委員会　53
州政府管轄事項（リスト）　8, 9, 447, 484
重点的農業開発事業　66
重点的農業地域事業　66
州電力公社　169
自由党, スワタントラ　89, 299, 300
シュクラ, V. C.（V. C. Shukla）　106
受動的革命　18
シュリクリシュナ委員会　412, 415, 419
シュリニヴァス, M. N.（M. N. Srinivas）　60
シュンペーター, J. A.（J. A. Schumpeter）　6
小企業に関する専門委員会報告　196
商工会議所協会, Assocham　171
少数派の福祉のための首相の15項目プログラム　444
少数派問題省　444
小農発展事業　97, 212
ジョーシー, ムーリー・マノハール（Murli Manohar Joshi）　199, 409, 496
食糧管理区域制度　469
食糧補助金　66, 168, 174, 213, 215, 226, 229
ジョトダール　41

シロン協定　148
シン, G.（G. Singh）　254, 284
シン, V. B.（V. B. Singh）　350, 403
シン, V. P.（V. P. Singh）　155, 156, 158–60, 162, 331, 463, 491, 529
シン, アルジュン（Arjun Singh）　181, 184
シン, カリヤーン（Kalyan Singh）　177, 408, 409
シン, ザイル（Zail Singh）　135
シン, スワラン（Swaran Singh）　116
シン, ダルバラ（Darbara Singh）　389
シン, チャラン（Charan Singh）　115, 117, 118, 120, 135, 272, 329, 468
シン, フクム（Hukum Singh）　159
シン, マンモーハン（Manmohan Singh）　165, 167, 206, 218, 220, 224, 526
新エレクトロニクス政策　152
人権侵害　10, 41, 203, 208, 280, 329, 394
シンジケート　84, 87–91, 328
新繊維政策　196
シンディア, M.（M. Scindia）　181, 184
ジンナー, ムハンマド・アリー（Muhammad Ali Jinnah）　28, 38
新「20項目プログラム」　135
新農民運動　214
シンハ, A.（A. Sinha）　198
シンハラ・オンリー主義　150, 451
進歩的民主戦線　412
人民社会党　45, 46, 79
人民戦線　105
人民戦争グループ　217
人民代表法　250
人民の力党　238, 239
スウェーデン　155, 288
スーラト　421
スターン, R. W.（R. W. Stern）　43
スタグフレーション　225
ステート・ネーションズ　451–4, 456, 514, 515, 532, 536
ステパン, A.（A. Stepan）　450–3
ストークス, S. C.（S. C. Stokes）　2
ストール, D.（D. Stolle）　344, 345
スミス, A. D.（A. D. Smith）　22
ズメリー, S.（S. Zmerli）　346
スラージクンド　171
スリナガル　179, 180, 472
スリペルムブドゥル　163

スリランカ　15, 16, 150, 336, 340, 451
スリランカ自由党　150
スワデーシー　172, 188, 193
スワラージ　74
スワラージ, スシマ（Sushma Swaraj）　192
生産留保　121, 196, 197
政治体制へのトラスト　347, 349, 358, 362, 363, 365–7, 370–6, 380, 536
政治的権利　10, 11, 13, 15–8, 518
政治的波乗り仮説　297
政治的有力感　348, 354, 357–9, 361, 363, 365, 369–72, 374, 375
政治予算サイクル　296–8
政府操作仮説　297
生命保険公社　79
世界ヒンドゥー協会, VHP　161, 173, 177, 200, 201, 399, 407, 409, 423–6, 438–40
世界貿易機関, WTO　170, 195, 210
石油ショック, 石油危機　32, 101, 119, 128, 138, 293, 311, 522, 525
石油補助金　226
セキュラリズム, 世俗主義　24, 117
世銀, 世界銀行　165, 167, 169, 525
セラ, R.（R. Serra）　350
セルゲンティ, E. J.（E. J. Sergenti）　404
全アッサム学生連合　146, 147
全アッサム人民闘争会議　146
全インド・アンナ・ドラヴィダ進歩連盟, AIADMK　116, 136, 163, 187, 189, 191, 193, 200, 202, 235–7, 239, 278
全インド・インディラ会議派（世俗主義）　237
全インド会議派委員会, AICC　90, 91
全インド前衛ブロック　235–9, 499
全インド鉄道連合　103
全インド農民組合, キサーン・サバー　41, 65, 216
全インド・バブリー・マスジット行動委員会　177
全インド・ムスリム評議会　237–9
全インド・ラジオ　107
全国食糧安全保障法　226
全国農村雇用保証事業, NREGS　210–3, 215–7, 219, 222, 226, 230
全国農村雇用保証法, NREGA　211
選択的中央税配分方式　493, 510
全党協議会　52

戦略的パートナーシップにおける次のステップ　219
総合小売業　227, 230
総合農村開発事業, IRDP　121, 140, 212
組織化された暴動システム　384, 393, 404, 405, 433, 438, 439, 441, 442, 444, 530
その他後進階級, OBCs　12, 122-7, 129, 134, 141, 157-61, 163, 216, 232, 300, 331, 333, 401, 402, 406, 418, 421, 429, 430, 433, 434, 437, 442, 504, 518, 528, 529
ソ連　32, 167, 179, 525

タ 行

タークルダス（Thakurdas）　75
タークレー, バール（Bal Thackeray）　199, 410, 413, 415, 419
タークレー, ラージ（Raj Thackray）　419
ダージリン・ゴルカ丘陵評議会　148, 490
ターター（Tata）　75, 94
ターナ　410
ダール, P. N.（P. N. Dhar）　95
ダール, R.（R. Dahl）　6
大グジャラート人民評議会　53
大衆開発戦線　240
大衆協会　238
大衆社会党, BSP　25, 159, 184, 224, 237-9, 300, 301, 333, 395, 433-8, 440, 455, 497
大衆連盟　23, 37, 45, 46, 48, 89, 102, 105, 114, 117, 118, 123, 137, 299-301, 303, 305, 399, 400, 406, 421, 466, 520, 521
大タミル会議派　181, 236, 237, 496
大統領統治　100, 115, 116, 135, 147, 184, 190, 389, 394, 395, 410, 433, 449, 458, 463, 466, 468, 474, 479, 483, 484, 487, 493, 495-502, 507, 533
タイトラー, ジャグディシュ（Jagdish Tytler）　392
大反乱　7
ダカ　38
多極共存　4, 5, 58
タシケント宣言　55
多数派の専制　21, 24, 380, 381, 383, 400, 518, 534, 536
ダスグプタ, B.（B. Dasgupta）　249
タタールスタン共和国　344
ダドラ, ナガル・ハヴェリ　108, 111
タミザガ・ラジーヴ会議派　236
タミル国解放の虎, LTTE　150, 163, 185
タミル・ナードゥ　54, 57, 66, 85, 91, 108, 111, 116, 125, 136, 150, 163, 181, 187, 189, 198, 214, 253, 278, 393, 464, 465, 467, 471
タミル・ナードゥ農民組合　214
ダリト　403
タリバーン　200
ダンテワダ　504
タンドン, P. D.（P. D. Tandon）　44, 77
チェンナイ　163, 193, 351, 355, 357
チクマガルル　118
チダンバラン, P.（P. Chidambaram）　165, 208
チッパー, P. K.（P. K. Chhibber）　249, 296, 297, 303
知的所有権の貿易関連の側面に関する協定, TRIP　210
チャッダ, M.（M. Chadda）　57
チャッティースガル　59, 188, 201, 217-9, 253, 449, 503, 504
チャテルジー, P.（P. Chatterjee）　18, 19
チャテルジー, ソムナート（Somnath Chatterjee）　497, 502
チャマール　434
チャラレ・シャリーフ　180
チャンディガル　108, 111, 145, 149, 470
チャンレー, V. A.（V. A. Chanley）　347
中央政府管轄事項（リスト）　8, 9, 447, 480
中央捜査局, CBI　189
中国　32, 81, 122
チョウターラー, O. P.（O. P. Chautala）　158, 159
チョードリー, A. R.（A. R. Chowdhury）　296, 297
ティカイト, マヘンドラ・シン（Mahendra Singh Tikait）　159
ディクシット, R. D.（R. D. Dikshit）　249, 250
ティラク, B. G.（B. G. Tilak）　37
ティルパティ　171
ティワリ, D. N.（N. D. Tiwari）　114, 181, 184
デーヴ, ナーレンドゥラ（Narendra Dev）　44
テーバガ運動　41, 62
テーランガーナー　207, 279
テーランガーナー運動　41, 62

テーランガーナー民族会議　238, 239, 279
デカン　40
デサイー, モラルジー（Morarji Desai）　84, 88, 89, 107, 114, 115, 117, 118, 120, 329, 459, 467
デトロイト　344
デリー　99, 108, 111, 145, 159, 160, 178, 190, 200, 201, 219, 303, 351, 355, 357, 386, 390-4, 398, 405, 439, 441, 482
テルグー・デーサム党　141, 142, 155, 182, 184, 188, 235-9, 279, 471, 476, 478, 483, 485, 488, 489, 491, 492
テロリストおよび破壊活動防止法　144
テロリスト浸透地域（特別法廷）法　144
テロリズム防止法　203, 208
展望ドキュメント　202
電力金融公社　209
電力補助金　226
統一社会党　65, 102
統一進歩連合, UPA　204, 206-11, 214, 217, 220-5, 227, 230, 238, 239, 300, 301, 335, 339, 360, 369, 376, 423, 444, 445, 506, 507, 511, 514, 526, 533
統一戦線　134, 182, 183, 185-7, 193, 232, 236, 237, 335, 339, 435, 493-5, 499, 500, 533
統一闘争委員会　102
統一マハーラーシュトラ委員会　53
統一民主戦線　141
同時多発テロ　200
統治のための国家的アジェンダ　188, 189, 191
トクヴィル, A.（A. Tocqueville）　21
独占および制限的取引法（1969年）　91, 152, 164, 166, 197, 229
独占調査委員会報告　93, 94
特定化トラスト　342, 343, 345, 346, 358
土地改革　60, 62, 63, 65, 69-71, 74, 100, 277, 520, 521, 525
土地占拠運動　65
ドラヴィダ進歩連盟, DMK　54, 56, 90, 116, 136, 155, 182, 185, 190, 191, 193, 200, 202, 209, 227, 235-9, 278, 454, 455, 464, 465, 467, 478, 482, 485, 487, 491, 492, 512
トラスト　243, 338-48, 350, 351, 359, 360, 363, 375, 376, 380, 452, 455, 527, 528, 532, 534
トリプラ　59, 69, 108, 111, 141, 148, 476

ナ 行

ナーグプル　52, 193
ナーヤル, クルディップ（Kuldip Nayar）　107
ナーヤル, バルデーヴ・ラージ（Baldev Raj Nayar）　20, 129
ナーラーヤン, B.（B. Narayan）　403
ナーラーヤン, ジャヤプラカーシュ（Jayaprakash Narayan）　44, 76, 103, 104, 106, 114, 523
内閣株放出委員会　194
ナイカル, ラマスワミー（Ramaswami Naicker）　454
ナイク, スダカールラーオ（Sudhakarrao Naik）　412, 414, 416
ナイドゥー, チャンドラバーブー（Chandrababu Naidu）　184
内藤雅雄　402
『ナヴァーカル』　415
ナガ　40
中島岳志　402
ナガ民族評議会　40, 148
ナガランド　31, 59, 108, 111, 148
ナガランド人民戦線　239, 240
ナクサライト　64, 102, 217-9, 224, 447, 504, 507, 522
ナショナリスト会議派党　192, 199, 202, 238, 239, 417, 419, 420
ナック, S.（S. Knack）　348
ナナヴァティ, G. T.（G. T. Nanavati）　390-2, 424
ナマーズ　414
ナライン, ラージ（Raj Narain）　106, 117, 118
ナラシンハム, M.（M. Narasimham）　169
ナンダ, G. L.（G. L. Nanda）　71, 72, 76, 83
ナンディ, A.（A. Nandy）　404
南部州首相会議　471
西ベンガル　25, 46, 69, 85, 87, 104, 108, 111, 114, 116, 140, 141, 148, 163, 172, 187, 198, 205, 217, 253, 277, 300, 393, 460, 466, 467, 473, 476, 488-90, 505
ニジャリンガッパ, S.（S. Nijalingappa）　55, 84
20項目プログラム　109
ニュートン, K.（K. Newton）　346, 347

ニランカリ派　388
ヌールッディン, I.（I. Nooruddin）　296
ネイヴェリ褐炭公社　209
ネパール　15, 16, 57, 121, 148, 340
ネリー村虐殺事件　146
ネルー, ジャワハルラール（Jawaharlal Nehru）　20, 30, 40, 43, 44, 47, 51, 52, 54, 62, 69-72, 74, 76, 77, 79-81, 83-5, 87, 124, 171, 205, 383, 450, 457, 458, 514
ネルー, モーティラール（Motilal Nehru）　52
農業労働者　67
農産物価格委員会　66
農産物コスト・価格委員会　67
農民組合（マハーラーシュトラ）　214
農民・労働者・人民党　45
農民労働者党　237, 238
ノリス, P.（P. Norris）　347
ノンディグラム　210

ハ 行

バーガト, H. K. L.（H. K. L. Bhagat）　392
バーガルプル　162, 385
パーコヴィッチ, G.（G. Perkovich）　189
パーティル, S. K.（S. K. Patil）　71, 84, 87
バーブリー・モスク　151, 161, 173, 177, 185, 199, 232, 303, 381, 385, 402, 406, 407, 409, 413, 421, 432, 433, 437, 442, 529
バーラティー, ウマ（Uma Bharti）　199
バーラト重電機　208
バーリー, D.（D. Bahry）　344, 345
パール, B. C.（B. C. Pal）　37
ハーン, リヤーカト・アリー（Liaquat Ali Khan）　28
バーンダリ, S. S.（S. S. Bhandari）　190
パイ, スダ（Suda Pai）　349
ハイデラバード　29, 352, 355
ハイデラバード藩王国　40-2
パキスタン　13, 14, 16, 19, 21, 22, 27-9, 31, 32, 39, 40, 43, 57, 58, 84, 179, 180, 189, 191, 200, 201, 336, 339, 340, 350, 384, 446, 453, 455, 465, 476, 479, 508, 509
パキスタン国民連合　29
パキスタン人民党　28
パクストン, P.（P. Paxton）　342
ハサン, Z.（Z. Hasan）　401
バジュラン・ダル　161, 173, 199, 200, 399, 409, 410, 424, 425, 439, 440
バス, A.（A. Basu）　402
バス, ジョティ（Jyoti Basu）　466
パスケヴィシュート, A.（A. Paskeviciute）　345
バスタール　504
ハズラットバル　179
バダル, パルカーシュ・シン（Parkash Singh Badal）　396
パチマリー　190
ハック, ジア・ウル（Zia-ul-Haq）　29
バッタチャリヤ, D.（D. Bhattacharyya）　349
発展途上社会研究センター, CSDS　174, 175, 247, 248, 274, 298, 299, 303, 305, 350
バッラ, G. S.（G. S. Bhalla）　254, 284, 312
パティダール　60, 422
パテール（カースト）　425
パテール, サルダール・バッラバイ（Sardar Vallabhbhai Patel）　44, 62, 76, 77
パテール, チマンバーイ（Chimanbhai Patel）　101, 102, 422
パトナー　102, 103
パトナム, R. D.（R. D. Putnam）　341, 348
パトワ, スンダルラル（Sunderlal Patwa）　192
バネルジー, U. C.（U. C. Banerjee）　423
バネルジー, ママタ（Mamata Banerjee）　187, 221
バフグナ, H. N.（H. N. Bahuguna）　114
ハリヤーナー　58, 60, 66, 69, 91, 108, 111, 115, 117, 140, 141, 145, 158, 159, 171, 208, 214, 253, 280, 281, 393, 470, 490
ハリヤーナー人民会議派　239
ハリヤーナー発展党　236
ハリヤーナー・ローク・ダル　237
バルガダール
パルシカル, S.（S. Palshikar）　401, 418
バルダン, P.（P. Bardhan）　17-9, 29
バローチ　29
パワール, シャラド（Sharad Pawar）　192, 412, 416
反会議派主義　231, 232, 533
バンガロール　89, 202, 210, 352, 355, 471
バングラデシュ　13, 14, 16, 38, 43, 57, 99, 121, 340, 446, 453
反シク暴動　143, 145, 206, 330, 384-6, 389, 390, 393, 394, 398, 405, 438, 439, 441, 443,

469
パンジャービー・スーバ　58, 279, 468
パンジャーブ　28, 37, 58, 60, 66, 69, 108, 111, 115, 116, 125, 135-7, 142-6, 149, 176, 184, 187, 214, 232, 249, 250, 253, 279, 280, 381, 384-6, 389, 390, 393-8, 441, 448, 458, 467-70, 472, 475, 478-80, 490, 498, 528
パンジャーブ合意　145, 490
パンジャーブ騒乱地域法　144
ハンセン, T. B.（T. B. Hansen）　403
パンチ委員会　459
パンチャーヤト　8, 9, 12, 120, 242, 277, 287, 349, 423, 485-9, 491, 500, 502, 505, 507
ハンチントン, S. P.（S. P. Huntington）　1
反ヒンディー語運動　54, 56, 278, 464
反ブラーマン運動　123
ヒース, A.（A. Heath）　299
ヒース, O.（O. Heath）　303
非合法活動防止法　208
ビジノール　432
ビジュー・ジャナター・ダル　187, 236-9
非常事態, 非常事態宣言, 非常事態体制　3, 21, 26, 27, 65, 88, 98, 100, 105, 106, 108-13, 118-20, 127, 129, 137-9, 247, 272, 281, 283, 293, 329, 339, 371, 449, 512, 517, 523-5, 527, 528, 532
非同盟主義　32, 81
ビドゥワイ, P.（P. Bidwai）　402
ビハール　25, 59, 85, 87, 101-3, 107, 108, 111, 115, 117, 125, 135, 160, 162, 181, 187, 188, 190, 207, 217, 221, 222, 224, 249, 253, 280, 385, 391, 393, 403, 442, 449, 503, 530
非暴力不服従運動　37
ヒマーチャル開発会議派　237
ヒマーチャル・プラデーシュ　58, 108, 111, 115, 140, 141, 177-9, 410
123協定　220
ビョルンスコフ, C.（C. Bjørnskov）　344
肥料補助金　166, 168, 172, 174, 213-5, 226, 229
ビルラー（Birla）　75, 89
ビワンディ　410
貧困追放, ガリビー・ハタオ　92, 295, 309, 328, 463
ヒンドゥー大連合　399
ヒンドゥー・ナショナリズム　22, 24-6, 34, 35, 37, 117, 134, 137, 161, 163, 173, 176, 178,

182, 188, 191, 192, 199, 200, 204, 211, 222-4, 232-4, 274, 300-2, 331, 383, 384, 398, 399, 401-4, 406, 408, 410, 412, 420, 421, 426, 430-3, 436, 440-3, 473, 478, 520, 521, 528-30, 533, 534
ヒンドゥトゥヴァ　399, 400, 403, 438
ビンドランワーレー, ジャイナル・シン（Jarnail Singh Bhindranwale）　143, 388, 389, 469
ファラッカ堰　121
フィオリナ, M. P.（M. P. Fiorina）　245
フーゲ, M.（M. Hooghe）　352
フェッラーラ, E.（E. Ferrara）　344
フェルナンデス, ジョージ（George Fernandes）　103, 198
フェレジョーン, J. A.（J. A. Ferejohn）　245
不穏当事項出版防止法　107
複合的対話　201
フサイン, ザキル（Zakir Hussain）　90
プシュヴォルスキ, A.（A. Przeworski）　2, 3
復興ドラヴィダ進歩連盟　236-9
ブッシュ（大統領）（G. W. Bush）　219, 221
ブットー, ズルフィカル・アリー（Zulfikar Ali Bhutto）　28
物品・サービス税　510
腐敗防止委員会　82
不法移民（法廷による決定）法　146
ブラーマン　60, 123, 125, 504
ブラス, P.（P. Brass）　125, 302, 384, 401, 404, 405
フランクリン, M. N.（M. N. Franklin）　246
フランケル, F.（F. Frankel）　61
フランス　221
フリーダムハウス　13
ブルースター作戦　389
ブレアー, H. W.（H. W. Blair）　249
ブレナン, G.（G. Brennan）　246
ブレヒャー, M.（M. Brecher）　85
プンチ委員会　507-12, 514
ヘグデ, ラーマクリシュナ（Ramkrishna Hegde）　141, 142, 471
ヘテリントン, M. J.（M. J. Hetherington）　346
ベンガル　28, 37, 41, 57, 146, 147, 357
ボイクス, C.（C. Boix）　2
包括的核実験禁止条約, CTBT　183
包括的輸出入取扱　152, 166, 170

索　引　595

包摂的成長　210, 222
法定流動性比率　169
ボース，スバース・チャンドラ（Subhas Chandra Bose）　39
ホール，C.（C. Houle）　2, 3
ボールケン，A. T.（A. T. Bohlken）　404
ポカラン　104, 189
ボカロ　391
北西辺境州，NWFP　28
保険規制開発庁　194
ボド　225, 505
ボドランド人民戦線　240
ボフォールズ社　155, 288
ホブズボーム，E. J.（E. J. Hobsbawm）　22
ポリヤーキー（多元的統治）　6
ポンディチェリー　108, 111, 471, 472
ボンベイ・プラン　75

マ　行

マーシャル，M. J.（M. J. Marschall）　344
マオイスト　218, 219, 507
マオイスト共産主義センター　217
マクガイヤ，J.（J. McGuire）　404
マジャビ　387
マディヤ・プラデーシュ　59, 91, 108, 111, 116, 135, 177-9, 181, 188, 190, 201, 217, 219, 253, 280, 349, 393, 410, 449
マディヤ・プラデーシュ発展会議派　181, 184, 236
マドラス　52, 54-7, 79, 85, 123, 454, 464
マニプル　59, 108, 111, 148, 181
マニプル州会議派　237
マハー・アールティー　414, 416, 419
マハーラーシュトラ　37, 53, 60, 91, 107, 108, 111, 116, 125, 135, 181, 187, 199, 214, 253, 281, 385, 393, 401, 402, 405, 410-2, 416-8, 438, 439, 441, 509
マハーラーシュトラ再建セーナー　419
マハーラーシュトラ州少数派委員会　419
マハトマ・ガンディー全国農村雇用保証事業，MGNREGS　211-3, 215-7, 226, 230, 511
マハラノビス，P. C.（P. C. Mahalanobis）　80
マハント，プラフッラ・クマール（Prafulla Kumar Mahanta）　147
マラータ　60, 187, 412, 418, 420
マラヴィヤ，K. D.（K. D. Malaviya）　83
マリック，Y. K.（Y. K. Malik）　403

マルコム，D. S.（D. S. Malcolm）　296
マンダル委員会，第 2 次後進階級委員会　122, 126, 127, 142, 159, 160
ミシュラ，L. M.（L. M. Mishra）　103
ミスラ，S.（S. Misra）　303
ミスラ委員会（n. d.）　390, 391
ミスラ委員会（2007 年）　444
ミゾ民族戦線　147-9, 239
ミゾラム　59, 108, 111, 147-9, 151, 190, 201, 490
ミゾラム合意　147, 148, 490
ミトラ，S. K.（S. K. Mitra）　4, 5, 350
緑の革命　66, 96, 122, 142, 272, 387
湊一樹　296
南アジア地域協力連合，SAARC　201
民主会議派党　237
民主主義的権威主義　21
民主主義のための会議派　114, 115
民主戦線　44
民生用原子力協力　219-21
民族ジャナター・ダル　25, 185, 190, 202, 224, 236-9, 530
民族奉仕団，RSS　23, 117, 137, 161, 177, 190, 199, 200, 397, 399, 400, 403, 409, 410, 413, 421, 423, 425, 430, 438, 440, 473
民族ロック・ダル　237-9
ムーパナル，G. K.（G. K. Moopanar）　181
ムガール朝　408
ムスリム婦人（離婚における権利の保護）法　407
ムスリム連盟　28, 38, 39, 43, 237-9, 497, 498
ムンシ，K. M.（K. M. Munshi）　71
ムンバイ，ボンベイ　46, 53, 56, 139, 177, 351, 355, 357, 405, 410, 412, 413, 415, 418, 432, 438, 439, 442, 444, 508, 509
メータ，アソカ（Asoka Mehta）　120
メータ，オーム（Om Mehta）　106
メーヤー，R. C.（R. C. Meyer）　296
メーラト　432
メガラヤ　59, 108, 111, 116
メノン，クリシュナ（Krishna Menon）　81
モガ　396
モディ，ナレンドラ（Narendra Modi）　200, 204, 423, 424, 426, 427, 439
モラーダーバード　432
モリス＝ジョーンズ，W. H.（W. H. Morris-Jones）　49, 249

ヤ 行

ヤーダヴ　60, 179, 333, 434-6, 455, 530
ヤーダヴ, Y.（Y. Yadav）　299, 450-3
ヤーダヴ, ムラーヤム・シン（Mulayam Singh Yadav）　182, 408
ヤーダヴ, ラッルー・プラサード（Laloo Prasad Yadav）　185, 385
ユーゴスラヴィア　453
輸出補助金　168, 215, 229
輸入自由化品目　152, 166
45項目要求　388, 469

ラ・ワ行

ラーイ, L. ラージパット（Lala Lajpat Rai）　37
ラーオ, M. S. A.（M. S. A. Rao）　61
ラーオ, N. T. ラーマ（N. T. Rama Rao）　141, 142, 155, 470-2, 476
ラーオ, P. V. ナラシンハ（P. V. Narasimha Rao）　135, 163-5, 170-2, 174-8, 181, 184, 333, 408, 409, 443, 492, 494, 525
ラーオ, ヴェンガラ（Vengala Rao）　116
ラーオ, グンダ（Gunda Rao）　141
ラージゴーパル, P. R.（P. R. Rajgopal）　404
ラージャスターン　60, 91, 104, 108, 111, 116, 135, 177-9, 189, 190, 201, 253, 281, 349, 393, 410
ラージャマンナル, P. V.（P. V. Rajamannar）　464, 465
ラーム, カンシ（Kanshi Ram）　159
ラーム, ジャグジーヴァン（Jagjivan Ram）　114, 115, 117, 468
ラーム寺院　161-3, 177, 188, 192, 199, 202, 331, 408, 409, 421, 529
ラール, デーヴィ（Devi Lal）　158-60, 162
ラール, バンシ（Bansi Lal）　106
ライカー, W. H.（W. H. Riker）　245
ライセンス・ラージ（許認可支配）　78, 95, 96, 128, 164, 229, 525
ラクシャドウィープ　108, 111
ラクシュマン, バンガル（Bangaru Laxman）　193, 198
ラト・ヤートラ　409, 421
ラホール　29
ラルヴァニ, M.（M. Lalvani）　296, 297
ラルデンガ（Laldenga）　148
ランヴィール・セーナー　190
ランガー, N. G.（N. G. Ranga）　76
リースケンス, T.（T. Reeskens）　352
リーマン・ショック　225
リバーハン委員会　409
リプセット, S. M.（S. M. Lipset）　2
留保制度, 留保政策　11, 12, 123-6, 159-61, 163, 232, 401, 437, 529
両頭政治　7
リライアンス社　155
リンガーヤト　60, 141
リンツ, J. J.（J. J. Linz）　450-3
ルピーの平価切り下げ　81
零細農・農業労働者発展事業　97, 98, 212
レイプハルト, A.（A. Lijphart）　4
レーレー, J.（J. Lele）　401
レッディー　60
レッディー, サンジーヴァ（Sanjiva Reddy）　55, 84, 90, 118
レッディー, ブラフマナンダ（Brahmananda Reddy）　116
労働者党　236-9
労働争議法　153, 228
ローク・シャクティ　187, 236
ロシア　207, 221, 344
ロスシュタイン, B.（B. Rothstein）　345
ロッター, J. B.（J. B. Rotter）　346
ロマスキー, L.（L. Lomasky）　246
ロンゴワル, ハルチャンド・シン（Harchand Singh Longowal）　145, 394, 469, 498
ワゲーラー, シャンカルシン（Shankersinh Vaghela）　276, 422

《著者紹介》

近藤則夫(こんどう のりお)

　　1958年　新潟県に生まれる
　　1981年　東京大学工学部卒業
　現　在　日本貿易振興機構アジア経済研究所・地域センター・南アジア研究グループ長
　著　書　『現代インドの国際関係』（編著，アジア経済研究所，2012年）
　　　　　『インド民主主義体制のゆくえ』（編著，アジア経済研究所，2009年）

現代インド政治

2015年2月10日　初版第1刷発行

定価はカバーに
表示しています

著　者　近　藤　則　夫
発行者　石　井　三　記

発行所　一般財団法人　名古屋大学出版会
〒464-0814　名古屋市千種区不老町1名古屋大学構内
電話(052)781-5027／FAX(052)781-0697

Ⓒ Norio KONDO, 2015　　　　　　　　　　Printed in Japan
印刷・製本 ㈱クイックス　　　　　　ISBN978-4-8158-0794-8
乱丁・落丁はお取替えいたします。

Ⓡ〈日本複製権センター委託出版物〉
本書の全部または一部を無断で複写複製（コピー）することは，著作権法
上の例外を除き，禁じられています。本書からの複写を希望される場合は，
必ず事前に日本複製権センター（03-3401-2382）の許諾を受けてください。

柳澤 悠著
現代インド経済
―発展の淵源・軌跡・展望―
A5・426頁
本体5,500円

脇村孝平著
飢饉・疫病・植民地統治
―開発の中の英領インド―
A5・270頁
本体5,000円

S・スブラフマニヤム著　三田昌彦／太田信宏訳
接続された歴史
―インドとヨーロッパ―
A5・390頁
本体5,600円

小杉 泰著
現代イスラーム世界論
A5・928頁
本体6,000円

末近浩太著
イスラーム主義と中東政治
―レバノン・ヒズブッラーの抵抗と革命―
A5・480頁
本体6,600円

川島正樹著
アファーマティヴ・アクションの行方
―過去と未来に向き合うアメリカ―
A5・240頁
本体3,200円

飯山雅史著
アメリカ福音派の変容と政治
―1960年代からの政党再編成―
菊・456頁
本体6,600円

毛里和子著
現代中国政治［第3版］
―グローバル・パワーの肖像―
A5・404頁
本体2,800円

倉田 徹著
中国返還後の香港
―「小さな冷戦」と一国二制度の展開―
A5・408頁
本体5,700円

木村 幹著
民主化の韓国政治
―朴正熙と野党政治家たち1961～1979―
A5・394頁
本体5,700円

曽我謙悟／待鳥聡史著
日本の地方政治
―二元代表制政府の政策選択―
A5・382頁
本体4,800円